常德市文物志

（1988－2010）

常德市地方志编纂委员会
常　德　市　文　物　局　编

方志出版社
Publishing House of Local Records

图书在版编目（CIP）数据

常德市文物志：1988～2010／常德市文物局编．——北京：方志出版社，2014.6
ISBN 978－7－5144－1300－7

Ⅰ．①常… Ⅱ．①常… Ⅲ．①文物－概况－常德市－1988～2010 Ⅳ．①K872.533

中国版本图书馆 CIP 数据核字（2014）第 127524 号

常德市文物志（1988～2010）

编　　者：常德市文物局
责任编辑：罗　滔

出 版 人：冀祥德
出 版 者：方志出版社
地址　北京市朝阳区潘家园东里 9 号（国家方志馆四层）
邮编　100021
网址　http：//www.fzph.org
发　　行：方志出版社发行中心
（010）67110500
经　　销：各地新华书店
法律顾问：北京高文律师事务所
排　　版：武陵区满园印务中心
印　　刷：武陵区宏垣彩色印刷厂

开　　本：787×1092　　1/16
印　　张：33
字　　数：695 千字
版　　次：2014 年 6 月第 1 版　2014 年 6 月第 1 版印刷
印　　数：0001～1000 册

ISBN　978－7－5144－1300－7/K·1057　　**定价**：398.00 元

常德市地方志编纂委员会

《常德市文物志》编纂领导小组

组　　长　成　健

副 组 长　裴劲锋　郑庆蒙

成　　员　阙桂质　王永彪　周世维　孙泽洪　黄贞英
　　　　　毛效华　文　智

《常德市文物志》编纂人员

主　　编　郑庆蒙

撰　　稿（以姓氏笔画为序）
　　　　　王英党　王作太　刘新农　李文涓　杨小华
　　　　　杨世球　金国锋　赵　琼　徐小林　徐铁军
　　　　　聂　辉　曹　毅　曹　莉　康丽平　彭　佳
　　　　　谭柯亮

摄　　影　徐小林　王永彪

英文翻译　吴传凤　文　微　余先玉　厉　杏

组稿联络　黄贞英　郑祖梅　余先玉　张海波

中文校稿　龙朝彬　李文涓

英文校稿　余先玉

审　　稿　裴劲锋

序

常德市人民政府副市长　陈　华

常德历史悠久，地理环境优越，钟灵毓秀，物华天宝。头枕武陵、雪峰余脉，怀抱洞庭水乡；它用大自然甘甜的乳汁，哺育着一方生灵。千百万年来，生活在沅澧流域的常德儿女，筚路蓝缕，披荆斩棘，创造了灿烂的历史文明，留下了弥足珍贵的文化遗存。常德历来就享有“文物之邦”的美誉。

《常德文物志》对常德文物的历史与现状进行了全面盘点，这本书的出版发行为读者开启了穿越历史时光隧道的大门，让人们徜徉其中，饱览历史的璀璨与神奇。

澧阳平原的遗址群落，彰显了常德这块神奇土地的原始文明，距今6000多年的澧县城头山新石器时期古城址的发掘震撼了世界考古界，被称为“华夏第一城”。分布在沅澧流域众多的楚墓群的发掘，把我们引入了金戈铁马，群雄纷争，烽火连天的岁月，临澧九里一号墓出土文物，佐证了常德乃楚文化的发祥地之一。汉代索县城遗址、临沅城址的发现，南坪汉墓群的发掘，标志着汉文化在常德境内极具辉煌。以星子宫、太和观、乾明寺、古大同寺、夹山寺为代表的佛道文化遗存，历久弥新，熠熠生辉；以市城区防洪设施石柜群、桃花源古建筑群、余家牌坊等为典型的古建系列，建筑艺术盖世，精美绝伦；以铁经幢、马援石室、龙眼洞石刻等为典范的铸造和雕刻艺术达到了历史的巅峰。还有一批石器、陶器、铜器、玉器、瓷器、金银器、漆木器等各个不同时期的馆藏文物古朴典德有关联的“澧水下层类型”“石门人”“彭头山文化”“汤家岗文化”等，在志书中第一次出现时，均加以注释。

七、本志采用规范语体文，使用的文字、标点、数字、计量单位均按国家颁发的统一规范书写，个别条目和代号采用了英语单词。按照志书编修的要求，全书编制了英文对照目录。

编　者

常德市域市级以上文物保护单位分布图

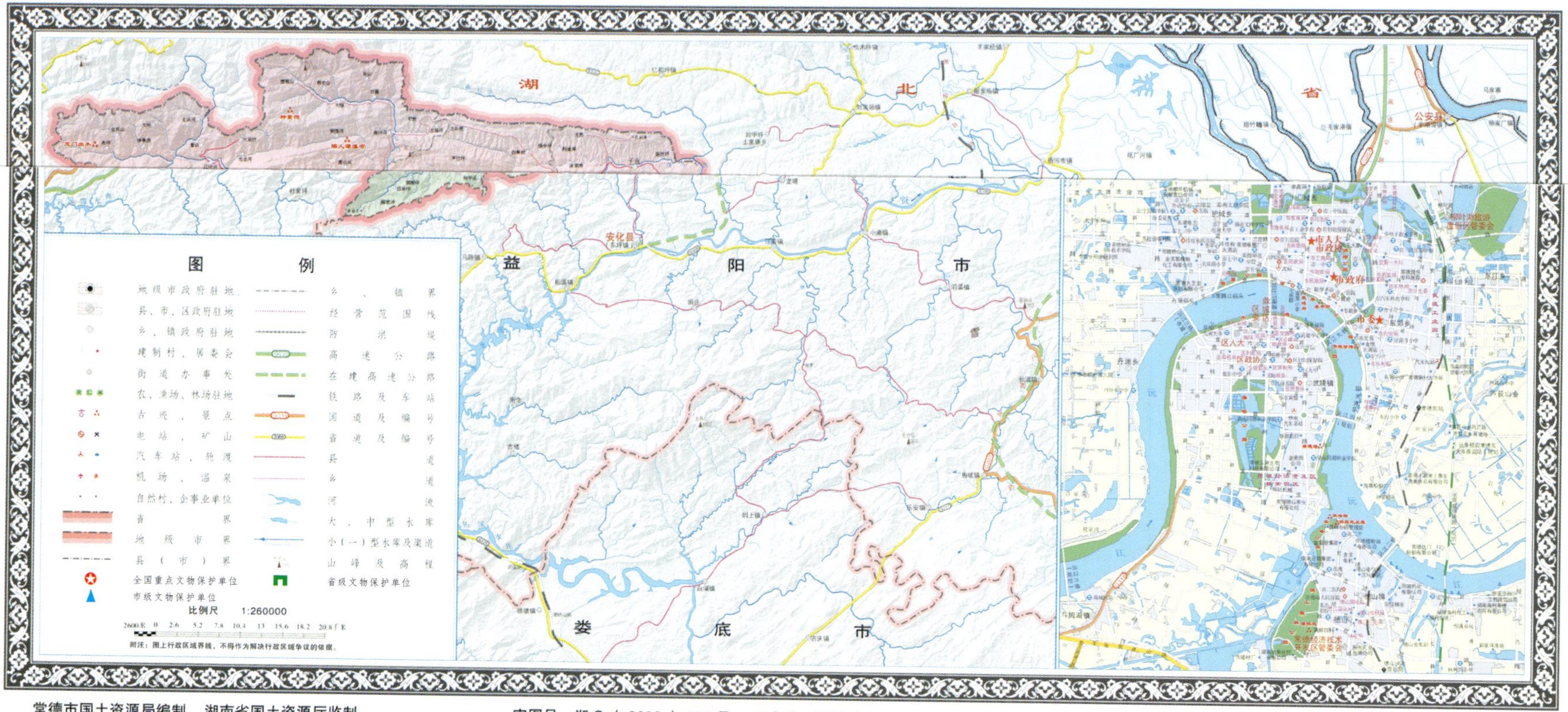

常德市国土资源局编制　湖南省国土资源厅监制

审图号：湘 S（2008）050 号　工本价：履膜图 100 元　丝绸图 200 元　湖南省地图院制作　湖南地图出版社印刷厂印刷　二〇一二年四月

常德市城区市级以上文物保护单位分布图

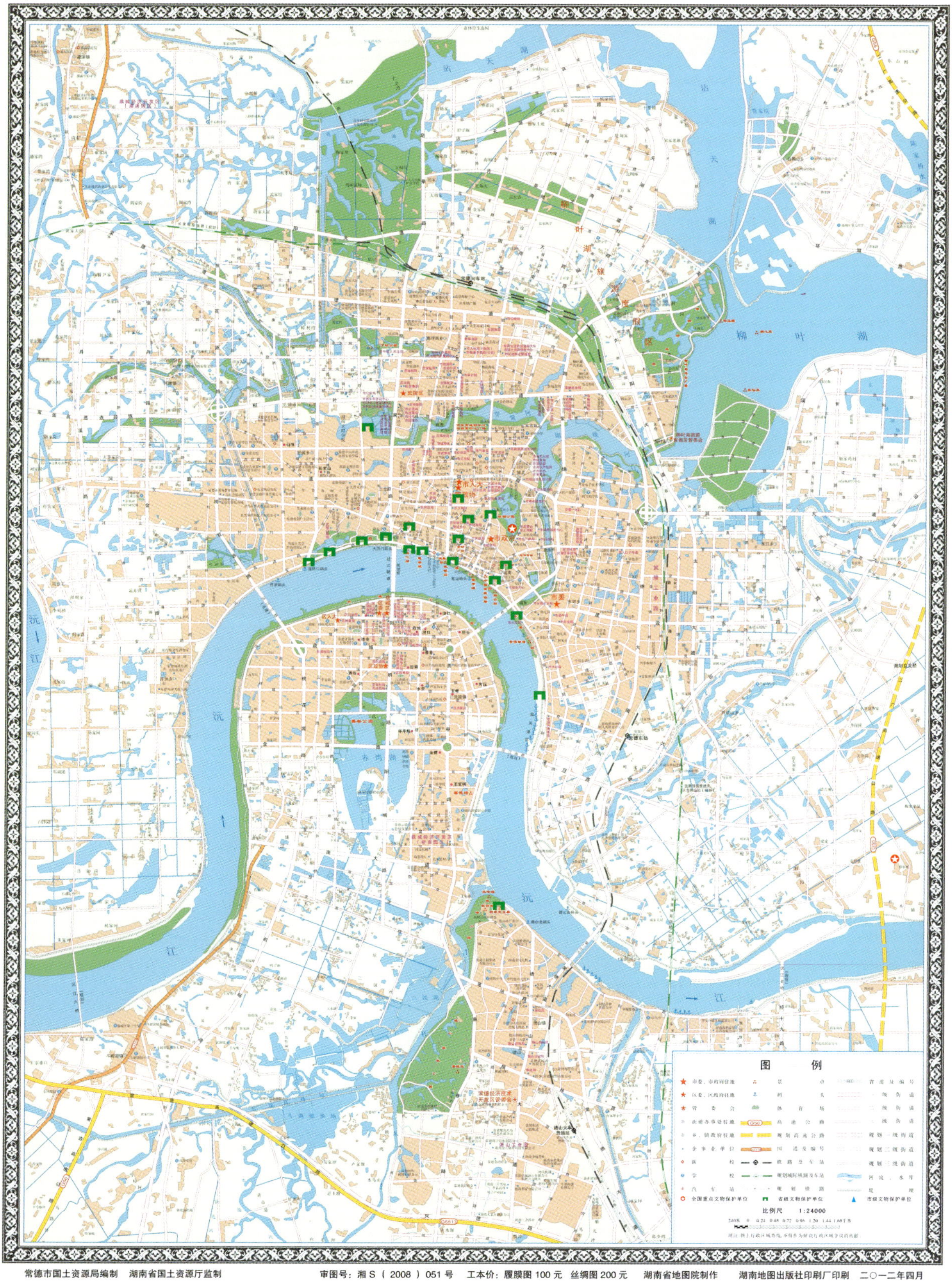

常德市国土资源局编制　湖南省国土资源厅监制　　审图号：湘S（2008）051号　工本价：覆膜图100元　丝绸图200元　湖南省地图院制作　湖南地图出版社印刷厂印刷　二〇一二年四月

澧县城头山遗址（航拍）

桃源县桃花源古建筑群头门

常德铁经幢

澧县余家牌坊

澧县澧州文庙

常德笔架城

石门县闯王陵

石门县夹山寺

临澧县林伯渠故居

常德会战阵亡将士纪念公墓

新石器时代·白陶盘

战国时期·彩绘陶壶

战国时期·彩绘陶敦

战国时期·蕉叶云纹青铜壶

东汉·车马铭纹铜镜

西汉·青瓷长颈瓶

西晋·神兽纹玉樽

汉·镂空金饼

西晋·宣成公龟钮金印

西晋·虎牙将军龟钮银印

目　录

第二篇　博物馆事业

第三篇　文博事业管理

Table of Contents

Part One Cultural Relics

Part Two The Museums

Part Three The Management of Cultural Relics

综 述

综　述

常德市地处湖南省西北部，东濒洞庭毗岳阳，南抵益阳通长沙，西临湘西接川黔，北界鄂南连荆襄，自古为“湘西门户，川黔咽喉”。碧绿清澈的沅、澧二水横贯境内，层峦叠嶂的武陵、雪峰山脉蜿蜒其间。辖武陵区、鼎城区、桃源县、汉寿县、安乡县、澧县、临澧县、石门县、津市市，总面积1.82万平方千米。整个地势自西向东倾斜，山区、丘陵、平原、湖泊兼有。这里属亚热带季风气候区，土地肥沃，雨量充沛，气候温和，四季分明。自古交通发达，特别是水路交通独具优势，沅、澧二水均可经洞庭，入长江，四通八达。宜人的自然气候和独特的地理优势，为植物的生长、动物的栖息、人类的生存和繁衍提供了良好的条件。自古以来，先人们就在这块神奇的土地上辛勤劳作，繁衍生息。同时也吸引着历代社会贤达、文人骚客、商贾僧侣游历、驻足常德，落户常德。他们共同创造了常德光辉灿烂的地域文化，为子孙后代留下了丰厚的文化遗产。据文物普查和科学考古发现，全市共有各类文物点1362处。大都是从远古至清代各个历史时期的古遗址（古城址、古窑址）、古墓葬、古建筑、古碑刻等，这些文物古迹是常德悠久历史的文化载体，为我们展现出一部用实物构成的生动形象的常德历史，不仅能看到和触摸到常德这片古老大地的历史脉搏，同时也能感受到常德先民们的伟大。

科学考古发现，常德境内有人类活动的历史可追溯到距今40万年前。1988年至2005年先后三次考古发掘的津市市虎爪山遗址是湖南省迄今发现年代最早的旧石器时代[①]遗址，出土了距今40万年前原始人类遗留下来的石制生产工具（砍砸器、切割器、刮削器等）。在距今20万年前的澧县乌鸦山，距今10万年前的澧县鸡公垱、石门大圣庙等遗址中都发现了远古人类的遗物。以大三棱尖状器等为典型代表的澧水流域旧石器文化，被考古界专家定义为“澧水文化类群”[②]，其范围涵盖澧水流域和洞庭湖西岸平原，包括沅水下游的丘陵平原地区。石门县燕尔洞洞穴遗址中发掘出土的人类左股骨、下颌骨、右臼齿、右上臼齿、前臼齿等旧石器时代晚期智人化石，距今2万至3万年，是湖南境内目前唯一发现的古人类化石，被考古界专家命名为“石门人”[③]。临澧县竹马遗址中发现了旧石器时代的台基式建筑遗迹，澧县十里岗遗址出土的细石器，都表现出旧石器时代向新石器时代[④]的过渡性质。这些旧石器时代遗存和古人类化石的发现，不仅填补了湖南省旧石器时代考古的空白，而且为研究长江中游原始文化提供了珍贵资料。

1974年冬，对澧县梦溪三元宫遗址的发掘，拉开了湖南省大规模发掘史前遗址的序幕。常德境内发掘的重要遗址有澧县丁家岗遗址、彭头山遗址、八十垱遗址、宋家台遗址、孙家岗遗址、城头山遗址；安乡县的汤家岗遗址、划城岗遗址、庹家岗遗址；临澧县的胡家屋场遗址；石门县的皂市遗址；津市市的罗家台遗址等。考古研究发现，常德境内澧水流域从距今9000年到4000年有一个完整的新石器时代文化发展序列，依次为彭头山文化[⑤]（距今9000～7800年）、皂市下层文化[⑥]（距今7800～6800年）、汤家岗文化[⑦]（距今6800～6300年）、大溪文化[⑧]（距今6300～5200年）、屈家岭文化[⑨]（距今5200～4600年）、石家河文化[⑩]（距今4600～3800年）。距今9000年的澧县彭头山遗址中出土了古老陶器和稻谷，其稻谷经专家研究为早期形态的栽培稻，这证明包括常德在内的长江中游地区是世界上水稻栽培最早的地区之一。澧县八十垱遗址中发现了目前全国最早的聚落壕沟和围墙，在距地表4.5米深处发现古河道的黑色淤泥层，内有大量的有机物和可以分辨的上百种植物、数十种动物与家畜骨骼，大量竹、木、骨器。特别是在仅数平方米的范围内出土了2万多粒稻谷和大米，数量超过目前国内已发现的总和。这些重要发现，对稻作农业的起源与发展有突破性的研究价值。到皂市下层文化时期，陶器的制作更加精美。汤家岗文化时期，最早的水稻田及其灌溉设施出现在澧阳平原上。以白陶为代表的陶器制作达到了鼎盛时期，汤家岗遗址中出土的白陶盘纹饰异常精美，堪称史前文化艺术珍品。紧随其后的大溪文化彩陶异彩纷呈。距今6000年，最古老的城头山古城出现在澧阳平原，这座兴起于大溪文化早期，鼎盛于屈家岭文化时期的古城，是全国迄今所发现最早的古城址之一。1996年，时任中共中央总书记、国家主席的江泽民亲临考察并题写了“城头山古文化遗址”八个大字。遗址中出土的大量遗迹和遗物，对研究中国城市起源和中华文明起源均有重要价值。城头山古文化遗址从1991年至2002年由湖南省文物考古研究所连续进行了12次考古发掘，并于1992年、1997年两次被评选为“全国十大考古新发现”。地处澧阳平原的澧县，其境内史前遗址达300余处，是目前湖南省史前遗址最多，内涵最丰富，发展脉络最完整、最清楚的县。安乡县划城岗遗址中出土了大量新石器时代中、晚期的遗迹和遗物，如白陶、黑陶、红陶、彩陶等各类陶器以及双孔石钺、古窑址、房屋遗迹等。属于石家河文化时期的澧县孙家岗墓地，是省内迄今发现的唯一一处与遗址分离的独立史前墓地，出土了大量精美玉器，其中龙凤玉佩采用镂雕技法雕琢而成，玲珑剔透，代表了石家河文化时期玉器雕琢的最高水平。

常德古属《禹贡》所划九州之一的荆州，境内的商、西周文化带有浓厚的土著色彩，同时也受到通过江汉平原传来的中原商文化的影响。研究表明常德境内商时期文化受到商文化强烈影响的是本地青铜文化，到西周前期则表现与后来的楚文化有较直接的联系。早在1922年，桃源县境内就出土了有“皿天全”铭文的青铜方彝。后来石门县也发现了一批典型的商代青铜器，如兽面纹提梁卣、“父乙”铭文簋等。津市市还发现了典型的商代墓葬，出土有铜觚、铜爵等典型的商式铜器，说明曾有中原地区商人在常德境内活动。常德境内还分布有不少的商周遗址，石门宝塔桅岗遗址中出土有玉璋，石门马鞍遗址、澧县斑竹遗址、保宁桥遗址、文家山遗址、津市罗家台遗址等都出土有典型的商代陶器，尤其是石门皂市商代遗址通过两次发掘，出土了大量陶器和炼铜的坩埚，还出土了相当于商代早期的小件青铜器。2001 年，汉寿县三和乡也出土了西周铜钟。这些说明，常德境内商代和西周时期的文化遗存十分丰富。

常德在东周（春秋、战国）时期属楚国黔中郡，境内楚文化内容丰富多彩，是楚文化的发源地之一。地方文献对屈原、宋玉、春申君等多有记载。澧县丁家岗发现的 3 座春秋中期楚墓，标志着早在春秋中期楚文化就已经进入了澧水流域，并不断地向南传播和发展。春秋晚期，楚文化进入沅水中、下游地区逐步遍及常德全境。到战国时期，楚文化在常德境内呈鼎盛局面，常德境内仅历年来考古发掘的楚墓就达 3000 余座。临澧县九里楚墓群在十几平方千米范围分布有 5000 座以上楚墓，为湖南境内规模最大的楚墓群。其中有不少高等级的楚国贵族墓葬，证明此处是楚国的封君家族墓地。1980 年经过科学发掘的九里一号墓是湖南省迄今为止发掘规模最大的楚墓，墓坑面积 1120 平方米，出土了 300 余件珍贵文物，如虎座凤鸟鼓架、大型镇墓兽等。全市范围内上百座的大型楚墓群有近十处之多，如常德德山楚墓群、汉寿县株木山、聂家桥楚墓群、桃源县狮子岗、三汊港楚墓群、津市市邵家嘴楚墓群、鼎城区黄土山、白鹤山楚墓群、澧县打鼓台楚墓群、临澧县太山庙、九子堆楚墓群等。从 70 年代开始，常德境内先后抢救性发掘楚墓葬 3000 余座，出土了大量金器、铜器、铁器、玉器、漆木器、琉璃器、彩绘陶器等文物。楚墓中出土的陶器组合主要以仿铜礼器的鼎、敦、壶和日常生活用品鬲、罐、钵、豆为主。其中不少器物有着完整的系列，如铜剑、铜矛、铜戈、铜镜、铜印章等。还有常德德山出土的楚王赏赐臣下士尹岁禄的记事竹简、“正阳”铜鼎、“鄂邑大夫”铜印玺、铭文带扣漆盆、鸟篆铭文铜戈。桃源县三元村一号墓出土的刻有“□十年中阳王鼎容二十五升”铭文铜鼎，汉寿县五峰山出土的“郢室畏户之玺”铜质官印等都有极其珍贵的楚文字资料，对楚国历史和楚文化的研究弥足珍贵。除了地下墓葬外，全市境内还有大量楚文化遗址，如石门县的维新古城址、临澧县的申鸣城、桃源县的采菱城、鼎城区的索县城址等。在以楚文化为主的春秋、战国时期，常德境内还发现了古代巴人、越人、濮人的遗物，如桃源县三元村一号墓中出土了巴人虎纹戈、越式鼎，石门县出土了大批铜錞于等典型的巴人器物。常德德山的官山、茅湾、二纺机，临澧县的太山庙，桃源县的二里岗等地出土有宽格青铜短剑，考证为常德古老土著濮人遗物，说明常德境内当时有多种民族文化互相交融。

秦、汉时期，常德沅水流域有临沅、索县、义陵、武陵等建制，澧水流域有孱陵、零阳、慈姑等建制，该时期常德境内的古文化已经纳入中国文化大一统的范围。短暂的秦王朝没有在常德境内留下太多的遗迹，仅在湘西里耶出土的秦简中提到临沅、孱陵、索县等常德境内的古城。常德境内汉墓分布很广，数量也较多。对汉墓的科学考古发掘始于 1952 年，考古发掘资料显示，汉文化在常德境内为汉承楚制，楚文化在汉代仍然有着强大的影响，已发现的西汉早期墓葬很难与楚国晚期墓葬作精确区别，墓中出土器物组合从楚文化演变而来的痕迹清晰可辨。可以说西汉时期的文化是楚文化的延续，依旧繁荣昌盛。到东汉时期，常德境内的汉文化有了显著发展，多墓室的砖室墓反映了当时发达的家族庄园经济。在武陵区南坪乡一带分布着上千座西汉至新莽时期砖室墓，通过对部分墓葬抢救性发掘，出土了大量的陶器、玉器、滑石器、青瓷器、金器、玻璃器、铜器等精美文物。其中陶屋、陶楼模型，是当时高超建筑技术的形象反映。青瓷器中的“长颈青瓷瓶”“双耳变形鸟纹青瓷瓿”等制作精美，保存完好，价值很高；玉器中的玉猪，其雕刻技艺精巧，为典型的“汉八刀”⑪；滑石器中的滑石面具、特别是滑石印章，如“镡成长印”“孱陵丞印”“长沙郎中令印”“酉阳长印”“索左尉印”“沅南丞印”等独具特色。除了大量的汉代墓葬外，常德境内两汉时期遗迹还有桃源县的东汉名将马援南征五溪蛮时遗留下来的马援石室。临澧县青山水轮泵电站发现有汉代崖墓，这是一种有别于汉代土坑墓的独特形制。

三国至魏晋南北朝时期，境内与周边文化得到进一步交流。三国时，常德属东吴，沅水流域称武陵郡，澧水流域有天门郡、南平郡、义阳郡等建制。2000 年在常德市城区穿紫河发掘的三国时期墓葬，出土了一批金、铜、陶器等。1991 年在安乡县黄山头镇南禅湾发掘的西晋镇南大将军刘弘墓，是湖南省迄今发现墓主身份最高的一座晋墓。该墓出土了数十件珍贵文物，其中“镇南大将军”“宣成公”龟钮金印、金镶玉龙纹带扣、神兽纹玉樽、双龙纹玉佩等均属价值连城之瑰宝。1996 年，刘弘墓被评为全国十大考古新发现之一。津市市出土的东晋铜伎俑，带有明显的北方少数民族特征，为国内罕见的晋代铜人塑像。该市孽龙岗发现六朝墓群，与文献记载当时大量北方世族迁入常德境内的情况相符。桃源县出土的“晋率善蛮夷长章”等银印章，说明晋代常德境内就有了少数民族聚居。

隋、唐时期，常德沅水流域置朗州、武陵郡、鼎州郡等，澧水流域置澧州、松州等建制。这一时期境内出土器物中比较有特色的有唐三彩陶屋、长沙窑贴花青瓷罐和陶制生肖俑及动物俑，如骆驼、马、羊等。唐代著名诗人刘禹锡在常德生活十年，写下了大量有关常德的诗文。常德境内的乾明寺、开元寺、夹山寺、古大同寺、洛甫寺、药山寺、桃花源等古建筑都兴建于唐代，但因屡遭战乱被毁，只有部分遗迹保存，如桃花源中的唐杜牧、李群玉诗碑，刘禹锡题写的《桃源佳致》碑等，其影响延续至今。唐代墓葬中出土的海马葡萄纹铜镜、龟纽四鹤纹铜镜等属常德出土铜镜之精品。津市市出土的唐代孟加拉文金币、鼎城区出土的波斯弦纹玻璃杯等反映当时常德与西域地区经济、文化交流活跃。常德境内发现的五代时期的遗迹、遗物较少。常德市城区沅江北岸现存的“上石柜”建于五代时期，是现存最早的沅江大堤防洪设施。鼎城区出土的五代四狮纹铜镜，直径达 35.5 厘米，其规格全国罕见。

北宋政和年间常德称常德军，南宋称常德府，以后行政区划均沿用常德之名。元代称常德路，明、清称常德府。澧水流域在宋、元、明、清时期建置有：澧阳军、澧阳州、澧阳路、澧州府、直隶澧州。宋元时期，常德境内留存大量文物古迹，其中最重要的是位于常德市城区内的全国重点文物保护单位宋代铁经幢，这是全国罕见的铁质经幢，具有重大的科学、历史和艺术价值。澧县的宋代花瓦塔是湖南境内唯一的密檐式砖塔。宋代周必大诗碑具有重要的文学和书法价值。现存放在常德博物馆的宋代《提刑权府寺丞请开堂疏》碑是研究宋代宗教和经济的重要资料。河洑山国家森林公园发现有北宋张颙、张颉兄弟墓，张氏兄弟均在《宋史》中有传记，其墓碑记载了张颙与王安石就变法进行争论的有关情况以及当时用金针拔白内障治疗眼疾的医学实践。鼎城区灌溪乡黄土山发现并发掘了宋代武陵知县邢倞夫妇墓，墓葬为巨石构筑，出土有精美的瓷器，还有水银、铜镜、石丹炉等。石碑上刻有佛经并有音注，对研究宋代佛教、道教和地方史均有重要价值。位于汉寿县的宋代治黄城寨古城、常德德山的南宋南城故址至今遗迹尚存。元代留存的遗迹主要有常德市城区沅江北岸笔架城下的石柜，也是常德城区最早的防洪设施之一。建于元末的澧阳路城，位于现在津市市新洲镇，至今城墙与城门遗迹尚存。始建于元代的临澧佘市桥至今仍在交通要道上发挥作用。临澧县新合乡、柏枝乡、澧县城关镇、花庙岗、石门县新关镇等地均出土了宋元时期窖藏，其中有大批金、银器。这批金银器制作精美，形制多样，采用锤揲、模压、卷接、焊接、錾刻、抛光等工艺，具有很高的艺术价值。澧县护城乡发现的瓷器窖藏，出土了50余件龙泉窑青瓷器，为研究宋元时期的瓷器工艺技术等提供了宝贵的实物资料。常德境内先后出土的元代青花蒙恬大将军人物纹玉壶春瓶、青花鱼藻纹盘、“枢府”卵白釉折腹瓷碗、卵白釉高脚瓷杯、点褐彩瓷炉以及大量影青瓷盘等都是异常珍贵的瓷器精品。

明清时期，常德境内留存的文物古迹数不胜数。澧州古城墙、常德古城墙、荣王王府、常德笔架城等均是明代主要建筑遗存。常德城内古井系列（丝瓜井、四眼井、葵花井、白龙井、崔婆井）均有深厚的历史文化内涵和美丽的传说。石门县夹山国家森林公园发现的奉天玉大和尚墓葬及其相关文物，为研究明末农民起义领袖李自成禅隐夹山说提供了重要资料。明代的藩王家族墓有常德的荣王家族墓、津市市、澧县的华阳王家族墓。此外还有明代杨鸿墓，清代黎学锦墓、陈长镇墓、陈惟凤夫妇墓等名人墓葬保存完好。这一时期的古建筑有澧州文庙、石门文庙，整体保存完好，桃源县星子宫石结构古建筑群独具特色，澧县余家牌坊雕刻精美华丽，桃花源古建筑群通过历次修缮，仍旧保留明清时期的风格。还有梯云塔、蜚云塔保存相对完好，八方楼、文昌阁、太和观、秀峰书院、泰和合茶号等建筑遗构尚存。全市各级各类文物收藏单位均藏有大量明清时期的文物，其中瓷器、玉器、木雕、石雕等品类齐全，且数量众多。

近现代，常德仁人志士层出不穷，境内留存大量的革命遗迹和遗物。桃源县的渔父祠、临澧县的林伯渠故居、汉寿县的帅孟奇故居等保存完好。任弼时、贺龙、关向应等领导的中国工农红军红二军曾在石门县境内进行革命斗争，至今保留有贺家台苏维埃旧址和百余条红军标语。抗日战争时期，常德会战举世闻名，常德抗日阵亡将士纪念公墓是中国军队保卫常德与日寇浴血奋战，视死如归的见证。防御、抵抗的碉堡、地堡、战壕等遗迹尚存。全市文博单位藏有不少革命先辈的照片、文献和遗物，如林伯渠使用过的小木箱、公文包、个人印鉴，贺龙使用过的墨盒、脸盆等。石门县博物馆、临澧县博物馆还收藏有王尔琢烈士、著名文学家丁玲的部分遗物，并举办有生平事迹展览。

上述诸多的遗迹遗物，是常德历史长河中的吉光片羽，是曾经生活在这片土地上的祖先留给子孙后代的宝贵遗产，它不仅显示了常德历史文化的辉煌，也给后人，特别是给当今常德广大文物工作者挖掘、保护和利用这些丰厚的文物资源提供了用武之地。

在以往的各个历史时期，常德也同全国其他地方一样，文物除了为绅士、富豪、官吏珍藏与鉴赏外，官方从未设立专门的管理机构予以保护、研究与管理。因此，长期以来常德境内地面地下文物或因自然侵蚀，或因时事沧桑，或因天灾人祸，流失损毁严重，文物事业百废待兴。

中华人民共和国成立后，常德文物事业得到了各级人民政府的重视，组织机构和队伍不断健全。1951 年成立常德地区行政公署文物保护委员会，1963 年地、县两级文化行政部门各配备了一名文物专职干部，1979 年成立常德地区文物工作队专事文物工作。从 1958 年第一次文物普查到 1984 年第二次文物普查；从 1958 年对石门县皂市商代文化遗址的试掘到 1977 年前后对澧县三元宫、丁家岗、安乡县汤家岗、划城岗、庹家岗等史前文化遗址的正式发掘；从 1963 年首次对桃花源部分古建筑实施维修到 1987 年前后对部分省级文物保护单位的全面修缮，标志着常德文物事业的发展进入正常的工作状态。这一时期卓有成效的工作，为全市文物事业的发展繁荣奠定了坚实的基础。从 1988 年到 2010 年的二十多年中，在各级政府的领导和重视下，全市文博系统各单位认真贯彻“保护为主，抢救第一，合理利用，加强管理”的文物工作方针，坚持拨乱反正，坚持改革开放，坚持科学发展，广大文博工作者立足本职，更新观念，开拓进取，与时俱进，扎实有效地开展工作，使全市文物事业充满了前所未有的生机与活力，各项工作都取得可喜的成绩。

文物管理机构进一步建立健全，文物工作队伍不断发展壮大。常德最早的文物管理机构桃花源文物管理所成立于 1964 年，隶属于桃源县文化部门管理。常德市级文物事业管理机构的建立和工作队伍的形成始于 70 年代末期。1979 年成立常德地区文物工作队，为正科级事业单位，当时配备事业编制 6 人。1989 年，原常德地区文物工作队更名为常德市文物工作队，人员编制增加到 19 人。1993 年又更名为常德市文物事业管理处，升格为副处级事业单位，与新成立的常德博物馆实行两块牌子、一套班子、合署办公，人员编制增加到 27 人。1995 年被确定为国家公务员参管单位，开始对部分工作人员实行公务员过渡。2001 年与常德博物馆分开设置，更名为常德市文物处，为政府工作部门，配备行政编制 11 名，实行公务员管理制度。2008 年又更名为常德市文物局，人员编制增加到 13 名。县级文物管理机构从 1983 年开始逐步建立，澧县文物管理所成立于 1983 年，是常德最早的县级文物事业管理机构，1988 年后相继有石门县、临澧县、津市市、安乡县、汉寿县、桃源县、鼎城区以及澧县城头山、石门夹山寺先后成立文物管理所（处），为正股级或副科级的事业单位。此后县级文物主管部门机构名称和级别相继进行调整。继1996年澧县文管所升格为文物处（正科级）之后，鼎城区、汉寿县、桃源县、津市市文管所先后升格为副科级或领导成员高配为副科级。澧县文物处、鼎城区文物处还实行了公务员管理制度。2010年，全市国有文博单位共有在编干部职工173人，其中有大学本科学历的33人，专科学历的83人，高级技术职称的6人，中级技术职称的24人，初级技术职称的68人。有国家考古学会会员2人，湖南省考古学会会员12人，湖南省博物馆学会会员12人，湘鄂豫皖楚文化学会会员5人。截至2012年，全市各区、县（市）文物处（所）都先后更名为文物局，其行政管理和文物执法职能进一步加强。

文物保护工作措施过硬，地面文物维修卓有成效。1978年以前，常德没有全国重点文物保护单位，省级文物保护单位只有2处，市、县级文物保护单位的确定和公布还没有列入政府的议事日程。《中华人民共和国文物保护法》《中华人民共和国文物保护法实施细则》《湖南省文物保护条例》等法律法规相继颁布实施后，文物保护工作得到了各级政府的高度重视。从1989年起，按照文物保护法律法规的有关条款，全市所有地面重要文物点都先后确定了保护级别，由各级政府定期公布，实行分级管理。到2011年，全市已有各类文物保护单位514处。按照文物保护“四有”工作要求（有标志说明、有记录档案、有保护范围、有保护机构或专、兼职管理人员），从1991年开始到2008年止，全市先后完成市级以上文物保护单位的“四有”工作任务，县级文物保护单位“四有”工作任务完成80%。1997年，根据国务院《关于进一步加强和改善文物保护工作的通知》精神，全市各级政府对文物保护实行“五纳入”（纳入经济和社会发展计划；纳入城乡建设规划；纳入财政预算；纳入体制改革；纳入各级领导责任制）。1998年，澧县、汉寿县被确定为湖南省第一批文物保护“五纳入”试点县，并于1999年参加省政府召开的湖南省文物保护“五纳入”现场经验交流会，受到省政府的表彰。从2001年起，市、县两级政府先后成立政务服务中心，开设文物审批窗口，将全市地面文物的保护、地下文物的调查勘探和抢救性发掘纳入统一的审批程序。2002年，市县两级文物部门还成立文物稽查大队和文物稽查中队，配备了50名执法人员，由市政府法制办统一颁发执法证，实行统一着装，统一持证，严格执法，对文物保护进行依法监管。他们与政府有关职能部门，特别是公安、法院密切配合，整体联动，及时侦破、依法查处一批文物违法案件和文物犯罪人员。1988年以前，文物维修仅限于个别文物保护单位的个别项目，真正对各级各类文物保护单位全方位、大规模的维修是从1989年以后开始的。市、县两级文物主管部门每年都将文物维修纳入年度工作计划，适时向国家和省文物局申报、争取一定的专项资金，先后对澧县文庙、石门文庙、桃花源古建筑群、林伯渠故居、夹山寺、闯王陵、常德抗日阵亡将士纪念公墓、刘弘墓、荣定王墓等16处省级以上文物保护单位进行不同程度地维修。2006年，中共常德市委、常德市人民政府开展创建“工业强市、文化名城、和谐常德”活动，市文物主管部门积极争取，将常德市城区内和城区周边文物景点的维修和开发利用纳入文化名城建设的重要内容，并由市文化名城建设办公室拨付专款先后对常德古城墙、四大古井、抗战碉堡等8处市级文物保护单位进行全面修缮。各区、县（市）也先后由政府支持，对部分县级文物保护单位进行维修。从1989年到2010年，全市用于各级各类文物保护单位的维修经费达2470多万元。

文物考古发掘全面展开，地下文物保护成果显著。常德境内文物考古发掘工作起步较早，从1979年开始就具有独立进行地下文物考古、勘探和发掘的实力，当时成立的常德地区文物工作队内设考古研究组；1993年，文物工作队升格为文物事业管理处和常德博物馆合署办公，内设文物科；2001年文物事业管理处与常德博物馆分开设置，考古发掘工作划归常德博物馆，内设考古部。专业考古人员由少到多，具备一定的实力。各区、县（市）文物部门设置了考古机构并配备2至3名专业考古人员。随着改革开放的不断深入，常德大规模经济建设和基础设施建设全面兴起，文物保护工作任务十分艰巨。1988年至2010年，是全市地下文物抢救性发掘的高峰期。这一期间，除湖南省文物考古研究所在常德境内主持发掘的大型发掘项目外，全市文物部门先后对200多处较大规模的基本建设、经济建设用地进行调查勘探和抢救性发掘。共发掘古遗址、古城址7000多平方米；古墓葬3000余座；出土各类文物15880余件（套）。撰写发掘报告150余篇，其中在省级以上专业刊物上发表110篇；整理、编辑出版发掘资料、专著2部。除完成本市考古发掘任务外，还先后20多次派员配合参与湖南省考古研究所组织的大型考古发掘工作。2002年至2008年间，市文物处、常德博物馆以及津市市文物管理所都曾单独组队先后多次赴重庆市参与三峡库区地下文物的抢救性发掘，共抢救性发掘清理文物点18处，完成文物勘探面积14万平方米，发掘面积3000多平方米，出土移交各类文物1752件（套），充分显示了常德考古发掘的能力。

博物馆事业发展迅速，陈列展览内容丰富多彩。1988年以前只有澧县、石门县、临澧县三座县级博物馆，一座纪念馆（林伯渠故居纪念馆）。1993年和1998年，新建的常德博物馆主体馆、南北专题馆相继落成，占地32亩，馆舍面积达1万平方米，是一座具有一定规模，功能基本齐全的地市级综合博物馆。1997年至2002年，又有津市市博物馆、澧县城头山古文化遗址博物馆先后建成。全市已有成建制的国有博物馆、纪念馆7座，总建筑面积达3万平方米。馆藏文物3.5万余件（套），其中经国家和湖南省文物鉴定委员会专家分别鉴定的三级以上珍贵文物2256件（套）。为加强馆藏文物的管理，从2006年开始到2008年，完成全市国有博物馆、纪念馆文物藏品数据库建设任务，实现馆藏文物管理标准化、规范化，科学化。适时主办各类陈列展览，是各级各类博物馆、纪念馆的主要功能。常德博物馆先后办有《常德历史文物展》《常德民俗展》《中华根展览》《中日常德会战展览》《侵华日军常德细菌战展览》《常德名人馆》6个固定性基本陈列。其他博物馆、纪念馆也都有数量不等的基本陈列。除此之外，全市每年还自办、联办、引进各种内容的临时性展览15个以上。为积极探索公共文化服务新机制，最大限度地为社会提供优质的公共文化服务，实现和保障人民群众基本文化权益，常德博物馆打破旧的传统观念，于2007年在全省地市级博物馆中率先实行对社会免费开放。2008年，全市所有公共博物馆、纪念馆相继实行免费开放，观众较以前更加踊跃，参观人数每年成倍增长。在加快公共博物馆、纪念馆发展的同时，民办博物馆也正在兴起，全市已有常德沅州石雕博物馆（又称大河茶馆博物馆）、常德红色记忆博物馆（又称东方红会馆）两家民办博物馆，民间收藏异常活跃。

文博科学研究悄然兴起，文物宣传工作广泛深入。一是各级文博单位重视文物的科学研究，注意培养和重用科研人才，建立健全科研激励机制，努力营造浓厚的科研氛围。二是有一批潜心研究的专业人才，他们学有所长，热爱本职，是全市文物科学研究的中坚力量。三是取得一批重要的科研成果，有些科研成果在省内外产生重要影响。澧县文物处和城头山古文化遗址管理处共同组织研究发明的“土遗址窄槽注浆防渗技术”，对城头山古文化遗址的保护起到关键作用，这一项目获常德市科学技术进步二等奖。石门县文物管理所、博物馆的专业人员多年来潜心于明末农民起义领袖李自成归宿问题的研究，提出许多有新意、有价值的观点，引起史学界，特别是全国明史学会专家的极大关注。2007年，常德市文物局、常德博物馆、鼎城区文物处、汉寿县文物管理所、桃源县文物管理所主编，2010年7月由中国文物出版社正式出版的《沅水下游楚墓》一书，分上、中、下三册，是常德文物系统第一部大型专业著作。常德博物馆2010年编辑出版的《常德出土铜镜》一书，也是一部专业研究著作。除一些重要的研究成果外，在古建维修技术、出土文物技术处理、馆藏珍贵文物保护等方面的研究也取得新进展。文物宣传已经成为全市各级文博单位一项常抓不懈的工作，不断向广度和深度发展。宣传形式灵活多样，宣传效果与日俱增。各级政府对文物工作更加重视，社会各界及广大民众文物保护意识进一步增强，文物保护工作环境得到全面优化，常德文物工作的影响力不断扩大。

随着经济和社会事业的不断发展，文博工作条件逐步改善。市、县两级文物管理机构（包括国有博物馆、纪念馆）从成立之日起，均纳入本级财政预算管理，实行全额拨款，而且事业经费逐年增长，专项补助逐年增多。1993年，全市文博系统财政安排的预算内文博事业经费仅为56.55万元，各级财政下拨的专项补助经费仅为22.4万元。2010年，预算内文博事业经费增加到693.4万元，专项补助经费达1009.7万元。分别是1993年的12.2倍和45倍。常德市文物局（常德博物馆）、澧县文物处（博物馆）、鼎城区文物处、汉寿县文物管理所、津市市文物管理所（博物馆）、石门县文物管理所（博物馆）、临澧县文物管理所（博物馆）以及澧县城头山古文化遗址管理处（博物馆）均有独立的院落，拥有标准办公用房和文物库房，办公设施基本齐全。

常德作为湖南省的文物资源大市之一，其资源的保护、开发和利用备受各级领导和社会广泛关注，文物事业的飞速发展在省内外产生了重要影响，各级文博单位和广大文博工作者扎实有效的工作得到社会公认，获得不少殊荣。1996年至2010年，常德市文物局连续14年分别荣获湖南省文物系统和常德市直文化系统年度工作目标管理责任制先进单位；常德博物馆、林伯渠故居纪念馆先后被评定为省级爱国主义教育基地；桃花源、常德博物馆、临澧县博物馆、林伯渠故居等先后被旅游部门评定为国家AAAA级、AA级旅游景点；澧县城头山古文化遗址、安乡刘弘墓的发掘先后被评为年度“全国十大考古新发现”；常德博物馆举办的《常德民俗展览》《中华根展览》先后被评为湖南省优秀陈列和湖南省“五个一工程奖[12]”入选作品奖。全市文博系统干部职工先后有9人荣获省部级以上单位授予的先进工作者称号；24人荣获地市级以上单位授予的先进工作者称号；有2人被授予省级劳动模范称号；6人获市级劳动模范称号；有1人享受国务院特殊津贴待遇。

注释：

①“旧石器时代”：考古学上指人类开始使用打制石器至磨制石器出现之间的历史阶段。约开始于距今三百万年前。可分三期，早期结束于约五十万年前；中期结束于约五万年前，晚期结束于约一万年前。地质学上介于第三纪向第四纪过渡阶段；体质人类学上为猿人期过渡为智人期；社会形态上为原始人类群过渡到母系氏族公社的出现。当时人类的生产工具为较粗糙的打制石器，过着游荡不定的采集和渔猎生活。

②“澧水文化类群”：是指湖南境内以澧阳平原为代表的整体上表现为南方砾石石器工业传统的一种旧石器时代文化。主要分布在澧水中下游和沅水下游地区，目前发现的“澧水类群”遗址达100多处。这些遗存年代跨度大，石器特征为：早、中期以大型石器为主，有砍斫器、尖状器、似手斧石器、石球、石锤等；晚期石器明显小型化，石片石器大量增加，并出现长三角石片，刮削器成为主流，有少量的尖状器。澧阳平原旧石器时代文化谱系为：虎爪山文化——鸡公垱文化——乌鸦山文化——十里岗文化。

③“石门人”：指湖南省石门县燕儿洞出土的晚期智人化石。包括出土的人类左股骨、下颌骨、前臼齿、右上臼齿、右下臼齿等。年代距今2万～3万年。这批晚期智人化石的出土，填补了湖南旧石器时代人类化石的空白，被考古界命名为“石门人”。

④“新石器时代”：考古学上指人类开始使用磨制石器至铜器出现之间的阶段，为“石器时代”的最后一个阶段。在中国，目前所知约开始于八千年前。陶器的开始制作和应用是新石器时代的重要标志。这一时期已发明农业和畜牧业，定居生活已较为稳定，渔猎与纺织业也较发达。社会形态为母系氏族的繁荣阶段向父系氏族社会的转化阶段。年代上大体可分早、中、晚三个时期。

⑤“彭头山文化”：湖南省洞庭湖西北部澧阳平原一种新石器时代中期文化。因湖南省澧县大坪乡孟坪村彭头山遗址而得名。主要分布在澧水下游和洞庭湖区，目前主要包括澧县境内的彭头山遗址、八十垱遗址和金鸡岗遗址。年代约为公元前5800～7000年。

⑥“皂市下层文化”：湖南省洞庭湖西北部澧阳平原一种新石器时代文化。因湖南省石门县皂市镇皂市遗址而得名。主要分布在澧水下游和洞庭湖区。年代约为公元前5000～

5800 年。

⑦“汤家岗文化”：湖南省洞庭湖西北部澧阳平原一种新石器时代文化。因湖南省安乡县安全乡刘家嘴村汤家岗遗址而得名。主要分布在澧水下游和洞庭湖区。年代约为公元前 4300 ~ 5000 年。

⑧“大溪文化”：长江中游地区新石器时代文化。因四川省（今重庆市）巫山县大溪遗址而得名。其分布东起鄂东南，西至川东（今重庆），核心区域主要集中在长江中游中西部地区。年代约为公元前 3300 ~ 4300 年。大溪文化可分早、中、晚三期，包括不同的地方类型。

⑨“屈家岭文化”：长江中游地区新石器时代文化。因湖北省京山县屈家岭遗址而得名。主要分布在以江汉平原为中心的湖北地区与湖南地区。年代约为公元前 2600 ~ 3300 年。屈家岭文化可分早、晚两期，并可划分多个地方文化类型。

⑩“石家河文化”：长江中游地区新石器时代文化。因湖北省天门县石家河遗址而得名（原名湖北龙山文化）。主要分布在长江中游的两湖地区。年代约为公元前 2000 ~ 2600 年。石家河文化可分早、晚两期，并可划分多个地方文化类型。

⑪“汉八刀”：是指中国历史上国力强盛的秦汉时期，在玉器制作上一种极有特色的雕琢技法。起源于秦，兴盛于汉。一改以前纤巧繁细的刀法，表现出雄浑博大，自然豪放的艺术风格。其刀法矫健、粗野，锋芒有力，体现出当时精湛的玉器雕刻技术。它是秦汉时期葬玉文化带来的产物，随着葬玉文化的衰落，这种技法汉代以后不再采用。

⑫“五个一工程奖”：是指由中共中央宣传部组织的精神文明建设“五个一工程”评选活动。自 1992 年起，每年进行一次，评选上一年度各省、自治区、直辖市和中央直属有关部委以及中国人民解放军总政治部等单位组织生产、推荐申报的精神产品中五个方面的精品佳作。之初定的“五个方面”是：一部好的戏剧作品；一部好的电视剧（片）作品；一部好的电影作品；一本好的图书（限社会科学方面）；一篇好的理论文章（限社会科学方面）。对获奖单位与入选作品，颁发获奖证书和奖金。从 1995 年起，又将一首好歌和一部好的广播剧纳入评选范围。之后，各省、自治区、直辖市党委宣传部门也设立了此项奖励。到 1999 年，评选活动内容不断创新，评选范围不断扩大，评选标准也不断提高，此奖项的名称一直没有改变。

大事记

大　事　记

1988 年

1 月 8 日　中共中央政治局常委、全国人大常委会委员长乔石考察桃花源。

1 月 23 日　经国务院批准（国函〔1988〕11 号），撤销常德地区和常德县，常德市升格为地级市，实行市带县的管理体制，常德地区所有直属机构相继更名。8 月 26 日，常德地区文物工作队更名为常德市文物工作队，更名后的工作职能、内部机构设置、人员编制等不变。

4 月　津市市文物管理所在津市市城区虎爪山发现一处重要的旧石器时代遗址，总面积约 1 万平方米。5 月，湖南省文物考古研究所对该遗址进行试掘，试掘面积 60 平方米，采集、出土数十件石制品，据专家分析，此处属旧石器时代早期遗址，距今约 50 万年左右，是湖南省迄今发现最早的旧石器时代遗址，后称虎爪山遗址。

1989 年

10 月 1 日　临澧县博物馆竣工开馆。文化部部长助理高运甲以及湖南省、常德市有关领导参加开馆仪式并剪彩。

1990 年

3 月 12 日　桃源县文物管理所成立，与桃花源文物管理所实行两块牌子、一套人员、合署办公。

4 月 23 日　国家文物局文物字〔1990〕第 251 号文件作出“关于表彰和奖励湖南省津市市文物管理所的决定”。

5 月 3 日　《中国文物报》发表“双手开拓文物工作新天地——记湖南省津市市文物管理所”的长篇报道和题为“文物管理所大有作为”的评论员文章，在全国推广津市市文物管理所的工作经验。

6 月 25 日　湖南省文化厅湘文博〔1990〕94 号文件作出“关于奖励津市市文物管理

所的决定”、湘文博〔1990〕95号文件作出《关于开展向津市市文物管理所学习活动的通知》。

6月26日至28日 湖南省文化厅在津市市召开表彰奖励大会。国家文物局和湖南省文化厅分别给予津市市文物管理所5万元和2万元的奖励。

6月28日 为全面贯彻落实《中华人民共和国文物保护法》《湖南省文物保护条例》，常德市第一届人民代表大会常务委员会第14次会议，在认真听取和审议常德市人民政府关于贯彻实施“一法一条例”的情况汇报后，通过《关于切实做好文物保护工作的决议》。这是常德撤区建市后，也是常德有史以来产生的第一个关于文物保护的地方性法规。《决议》从充分认识保护文物古迹的重要意义，完善各项规章、制度，严肃执法，坚决打击倒卖、走私、盗掘和破坏文物古迹的行为等四个方面对保护文物作出相应的规定。

7月23日 安乡县文物管理所成立，定编3人，属县文化局二级独立事业单位。

8月16日 鼎城区文物管理所成立（常鼎编〔1990〕6号），定编5名，属区文化局二级独立事业单位。

8月28日 常德博物馆筹建领导小组正式成立。其组成人员如下：组长：彭孟芝（中共常德市委常委、宣传部部长），副组长：刘昌进（常德市人民政府副市长），成员：张安中（市政府副秘书长兼市建委主任）、张冠洲（市财政局局长）、唐必清（市计委主任）、邵启发（市委宣传部副部长）、吴雄甫（市文化局局长）、万振湘（市文联主席，兼任领导小组办公室主任）、李传森（市文化局副局长，兼任领导小组办公室副主任）。10月6日，常德市博物馆筹建领导小组第一次全体会议召开。会议就进一步统一认识、馆址选定、总体设计方案、资金筹措、工作班子等问题商定了初步意见。领导小组的成立和第一次全体会议的召开，标志着常德博物馆筹建工作进入实质性阶段。

9月18日 中共湖南省委批准成立常德市桃源县桃花源风景名胜区管理处，为副处级事业单位。11月26日，桃花源文物管理所从桃源县文物管理所分设出来，隶属桃花源风景名胜区管理处管理。

10月13日 中共中央顾问委员会常委、全国政协副主席萧克将军到常德，参观常德市文物工作队库藏珍贵文物，对常德悠久历史和灿烂的古代文化给予高度赞扬。应博物馆筹建领导小组办公室的要求，题写“常德博物馆”馆名。

11月29日 中共常德市委书记庞道沐主持召开市委常委办公会议。会议听取市博物馆筹建领导小组办公室关于博物馆筹建工作情况汇报，确定博物馆修建的地理位置，就市收容遣散工作站和市文物工作队互换地址等问题进行专题研究。会议决定成立“常德博物馆换址筹建协调领导小组”，由市委副书记吴定宪任组长，市委常委、宣传部部长彭孟芝、市政府副市长杨万柱任副组长，具体负责协调处理换址筹建问题。会议强调，各有关部门要分工负责，密切配合，通力合作。市民政局、市收遣站和市文化局、市文物队的领导要分别做好换址单位干部职工的思想工作。此次会议为常德博物馆的顺利筹建奠定了基础。

12 月 2 日　中共中央委员、文化部部长王蒙到常德考察，参观文物工作队文物精品展览，应邀题写“珍品”两个大字。

12 月 22 日　常德市“爱我瑰宝、兴我常德”修建常德博物馆募捐委员会成立。主任：吴定宪（中共常德市委副书记），副主任：彭孟芝（市委常委、宣传部部长），刘昌进（市人民政府副市长）。成员有：谢海泉（市政协副主席）、万振湘（市文联主席、博物馆筹建办主任）、吴本立（市总工会主席）、庹朝明（市民政局局长）、刘顺甄（市教委主任）、李明安（市统战部部长）、李娥皇（市妇联副主任）、吴雄甫（市文化局局长）。秘书长：李传森（市文化局副局长、博物馆筹建办副主任）。办公室主任：易志茹（市文物工作队队长）。12 月 30 日，募捐委员会举行第一次全体会议，讨论通过修建常德博物馆募捐《宣传提纲》《募捐细则》和《募捐公开信》。募捐委员会的成立和第一次全体会议的召开，拉开了修建常德博物馆募捐工作的序幕。

1991 年

1 月 26 日　汉寿县文物管理所成立，属县文化局独立二级事业单位，核定事业编制 5 人。

4 月 18 日　广东省珠海市拱北公安分局副局长侯希贵（常德汉寿籍人士），为修建常德博物馆个人捐款 10 万元，是常德博物馆修建过程中捐款金额最多的个人。

4 月 25 日　湖南省计划委员会正式下达计划书，同意常德市修建常德博物馆，建设规模为 5000 平方米，总投资 350 万元。资金来源：省财政从安排文化的基建投资中补助 50 万元；省文化厅从文物事业修缮费中补助 50 万元；其余 250 万元自筹。

5 月 10 日至 17 日　中共中央顾问委员会常委康世恩、国家新闻总署署长宋木文先后到桃花源考察。

5 月 23 日　常德博物馆举行隆重奠基仪式。中共常德市委、市人大、市政府、市政协、常德军分区，湖南省文化厅、文物局的主要领导，全省各兄弟市州文博单位以及常德市直各部、委、办、市直文化系统的代表共计 280 余人参加奠基仪式。奠基仪式上午 9 时开始，在完成各项议程后，司仪人员将奠基碑上的红绸徐徐揭开，现出“常德博物馆奠基 · 一九九一年五月二十三日”鲜红的字样。在《社会主义好》的管乐声和鞭炮声中，市委书记庞道沐、市长蔡长松等领导挥锹填土，整个仪式在隆重热烈的气氛中结束。

5 月　安乡县文物管理所主持对位于黄山头镇南禅湾西晋贵族刘弘墓进行抢救性清理发掘，共出土文物精品 78 件。后经国家文物鉴定委员会专家鉴定，其中一级文物 16 件、二级文物 18 件、三级文物 28 件。该墓的发掘被国家文物局列为当年全国重大考古新发现之一。

11 月至 12 月　湖南省文物考古研究所对澧县城头山古遗址进行试掘，在城墙西南转角处用开挖探沟的方式进行解剖，试掘面积140平方米。此次试掘将城头山古城址筑城时间认定为屈家岭文化中期，距今4800年左右，初步确认是当时发掘的中国最早的古城。

11月22日 全国人大常委会副委员长陈慕华到安乡县考察，参观刘弘墓出土文物，给予高度评价。

1992年

4月13日 常德市人民政府下文公布常德市第一批市级文物保护单位，文号为常政发〔1992〕24号。这批市级文物保护单位共有7处，分别是：安乡县汤家岗遗址、石门县燕耳洞洞穴遗址、澧县彭头山遗址、澧县鸡公垱遗址、津市市青龙嘴遗址、临澧林伯渠故居、常德会战抗日阵亡将士纪念公墓。

4月16日 中共中央政治局委员、北京市委书记李锡铭到桃花源考察并题词。

11月至12月 湖南省文物考古研究所主持对澧县城头山古城址进行第一次正式发掘，发掘面积400平方米，揭露从大溪文化至石家河文化时期的一批房基址，清理数十座大溪文化的屈肢葬墓和瓮棺葬墓。此次发掘被列为“1992年度全国十大考古新发现”之一。

1993年

3月12日 常德博物馆机构正式成立。常德市编制委员会办公室常编发〔1993〕4号文件明确，“成立常德博物馆，为正科级事业单位，与常德市文物工作队两块牌子，一套人员，合署办公。”

3月18日 常德博物馆第一期建设工程（主体馆）竣工。为隆重庆祝常德博物馆主体馆落成，中共常德市委、常德市人民政府在常德博物馆中央大厅承办由国家科学技术委员会“星火计划”办公室和湖南省科学技术委员会联合举办的“’93常德全国星火计划成果展销洽谈会”。全国共有40个省、自治区、直辖市和国家有关部门组团参加，参会代表3000余人，总成交项目467个，总成交额20.3亿元。其中常德市成交项目84个，成交额1.7亿元。

5月30日 常德市编制委员会办公室常编发〔1993〕12号《关于常德市文物管理机构设置事宜的通知》文件明确：“成立常德市文物事业管理处，与常德博物馆实行两块牌子，一套人员，合署办公。该处为副处级事业单位。”

10月28日 石门县博物馆承办的“全国李自成学术研讨会”在石门召开，中国明史学会会长刘重日以及全国各地知名专家学者共42人参会。同时，石门县夹山国家森林公园分别举行隆重的开园仪式和闯王陵祭陵、《李自成归宿展》开展仪式。

11 月 12 日 中共常德市委、常德市人民政府主持召开全市文物工作会议。参加会议的有各区、县（市）委宣传部部长、分管文化的副区、县（市）长、文化局局长、文物管理所所长等。市委副书记彭孟芝、副市长刘昌进参加会议并作报告。这次会议是常德撤区建市后第一次，也是常德有史以来最高规格的文物工作会议。

1994 年

11 月中旬 国家文物鉴定委员会文物鉴定专家小组一行 7 人在常德博物馆对全市国有馆（库）藏文物进行定级鉴定，为时一个星期，先后鉴定各类文物 2000 余件，其中定级文物 1500 多件。

1995 年

3 月 25 日 中共中央总书记、国家主席、中央军委主席江泽民到常德考察，先后考察了澧县城头山古遗址、桃花源和石门夹山等文物景点，并在澧县题写“城头山古文化遗址”。陪同考察的还有中共中央办公厅主任曾庆红、解放军总政治部主任于永波、国家计委副主任曾培炎、农业部部长刘江、中国人民银行副行长周正庆、中共中央政策研究室副主任滕文生、广州军区政委史玉孝和中共湖南省委书记王茂林等省市领导。

3 月 由孙常喜主编的《常德地区志·文物志》一书由中国文史出版社正式出版。该书的编修工作按照常德市地方志编纂委员会办公室的进度安排，从 1991 年开始启动，1993 年完成初稿，1994 年年初定稿并进厂交付印刷。编修内容为 1949 年新中国成立至 1988 年近 40 年间常德文物事业发展成就。全书共七章近 20 万字，是常德有史以来第一部文物专业志书。

6 月下旬 常德出土批量明代“叶金”。6 月 27 日，常德市华达房地产公司承建的常德市城区武陵大道南段建设工地出土一罐“叶金”，被施工民工哄抢并藏匿。常德市文物事业管理处接到举报后，迅即派员保护清理现场，武陵区公安分局组织警力连夜追缴，经 24 小时突击行动，终将流失“叶金”全部收缴，共有 300 余片、1300 多克。后经湖南省文物鉴定委员会专家鉴定，此属明代“叶金”，是罕见的珍贵文物（二、三级文物）。6 月 29 日，常德市人民政府办公室主持召开各有关方面的会议，就“叶金”归宿问题进行协调，决定由常德博物馆收藏。

6 月 25 日 全国政协视察团参观澧县城头山古文化遗址。参与视察活动的有来自全国各地的政协委员共 80 余人。

8 月 18 日 长江中游地区史前文化学术讨论会在澧县召开，共有 50 多位专家学者参会并参观考察城头山古文化遗址。

10月15日 临澧县林伯渠故居被中共湖南省委宣传部命名为“全省爱国主义教育基地”。

1996年

1月4日 湖南省人民政府公布安乡县汤家岗遗址、刘弘墓，临澧县邹家山遗址、林伯渠故居，石门县闯王陵、燕尔洞遗址，常德市城区常德会战阵亡将士纪念公墓共七处市级文物保护单位为省级文物保护单位。

3月21日 石门县博物馆承办的“全国李自成归宿问题学术研究成果评议鉴定会”在石门召开。在李自成归宿问题上，“夹山说”成为主流说。

6月10日 中共中央政治局委员、国务委员、中国社科院院长李铁映考察石门夹山，为闯王陵和夹山寺分别题联：“捣碎乾坤惊日月，踏翻宇宙走雷霆”；“寺古追唐宋，林深隐帝君”。

7月12日 澧县文物管理所升格为澧县文物事业管理处，定为正科级事业单位。隶属关系、工作职能、经费渠道、人员编制不变。

8月31日 为迎接湖南省第八届运动会在常德召开，常德博物馆筹办的《常德历史文物展览》，由中共常德市委宣传部、常德市外经委为主筹办的《常德市工业品展览》在常德博物馆同时开展。《常德历史文物展》分三个展室，共480平方米，集中展出常德历年来出土、征集、收藏的各类历史文物443件，其中大部分属国家珍贵文物，该展览是常德博物馆主体馆建成后自行主办的第一个大型的固定性展览，无论是展室条件，陈列手段，还是展出文物的数量与质量都处于全省各市州领先水平。《常德市工业品展览》分四个展室（三馆）即：综合馆、精品馆、县（市）馆，总面积1100平方米。以实物、模型、图片等形式集中展示1000余件常德市名、优、特、新工业产品，展出效果在省内外产生重要影响。

11月20日 澧县城头山古文化遗址被国务院公布为第四批全国重点文物保护单位，至此，常德境内全国重点文物保护单位增加到2处。

1997年

4月20日 津市市博物馆成立，与津市市文物管理所两块牌子，一套人员，合署办公，隶属津市市文化局。

6月30日 《香港回归——百年梦圆》大型新闻图片展览在常德博物馆举行隆重开展仪式。该展览由中共常德市委宣传部、常德市直工委、常德市文化局主办，常德卷烟厂协办，常德博物馆承办，是常德市广泛开展迎香港回归宣传教育庆祝系列活动的重要内容之一。展览共分“香港问题的由来”“香港社会的变迁”“香港与内地的密切联系”“香港问题的最后解决”四大部分，展出了1000余幅新闻图片和大量文献资料。该展览从2月份开始筹备，3月底制作完毕，在常德展出前先后到石门县、桃源县、汉寿县和贺家山原种场共30个乡镇巡回展出，参观人数达15万人次之多。

7月28日 为庆祝中国人民解放军建军七十周年，由常德军分区、常德市全民国防教育委员会、常德博物馆联合举办的《八一军旗红》大型图片展览在常德博物馆隆重开展。展览分三个部分：一、《光辉的历程》。展示中国人民解放军在中国共产党的领导下，辉煌的发展历程；二、《人民军队在常德》。展示中国人民解放军红军时期以来在常德这块热土上的活动情况；三、《将帅、英雄模范人物》。展示新中国成立初期授衔的军队十大元帅、十位大将的照片及生平、15位女将军、22位常德籍将军的风采和中国人民解放军历史上部分著名英雄模范、常德籍英雄模范的事迹。

10月12日 全国人大常委会副委员长王丙乾到桃花源考察并题词。

11月至12月 湖南省文物考古研究所主持对城头山古遗址进行第七次发掘，大面积揭露出压在早期城墙之下的古稻田。同时将西南城墙探沟展宽并向东西伸展，呈现出该城址四次筑城完整、准确的剖面。此次发掘成果再次被列为“1997年度全国十大考古新发现”之一。

1998年

6月18日 常德博物馆第二期建设工程正式动工。按照总体设计的要求，修建主体馆南北两边的专题馆，建筑面积3600平方米，计划投资150万元，预计工期12个月。

7月7日 石门县夹山国家森林公园文物管理所成立，属森林公园管理处。配备工作人员2名，由管理处干部兼任。

11月30日 全国人大常委会副委员长、全国总工会主席倪志福在桃花源考察并题词。

1999年

4月30日 常德博物馆第二期建设工程（南、北专题馆）竣工验收，工程决算350万元。至此，常德博物馆馆舍完善配套，总建筑面积1万平方米，总投资1300万元。

8月16日 石门县博物馆承办的“第八届明史国际学术讨论会”在石门县召开，参会的有中外专家、学者、记者共240余人。会后编辑出版《第八届明史国际学术讨论会论文集》。

9月18日 中国军事科学院少将、毛泽东的儿媳邵华专程到石门县磨市镇商溪村瞻仰她父亲陈振亚烈士故居，到石门县博物馆参观陈振亚烈士生平事迹展。

10月1日 为庆祝中华人民共和国成立50周年，中共湖南省委、湖南省人民政府主办，各市、州和省直各部、委、办具体承办的《辉煌50年——湖南省两个文明建设成就展》在湖南省博物馆隆重开幕。常德市文物处、常德博物馆受中共常德市委、常德市人民政府指派，负责常德展区的设计、制作、讲解等具体工作。展出结束后，获得省委、省政府颁发的“最佳内容设计奖”“优秀设计制作奖”和“优秀组织奖”。

11月18日 常德市文物事业管理处通过职能调整、职位设置、知识培训、职务任命等一系列程序，顺利完成15人国家公务员过渡。

2000年

3月18日 由常德市文物事业管理处编制的《常德市文物古迹保护规划（1999－2020）》编入《常德市1999～2020年城市总体发展规划》。该规划的内容共分文物古迹概况；现阶段文物古迹保护方面存在的突出问题；文物古迹保护的指导思想和基本原则；保护内容及保护方法；规划实施意见五大部分，约2万余字。

4月14日 中央军委原副主席张震偕夫人考察桃花源并题词。

6月27日 常德市人民政府公布澧州古城墙、常德笔架城、石门文庙等46处文物古迹为第二批市级文物保护单位（常政发〔2000〕14号文件）。

8月24日 常德博物馆筹办的《常德民俗展览》正式对外开放。展览创意新、档次高、富有地方特色，备受社会各方面喜爱，成为常德博物馆永久性的基本陈列。

2001年

3月29日 澧县城头山古文化遗址被国家文物局评为“中国二十世纪100项考古重大发现”之一，其考古发掘成果被记载到北京“中华世纪坛”的青铜甬道上，并被教育部编进大学和中学的历史教科书。

6月25日 澧县彭头山、八十垱遗址被国务院公布为第五批全国重点文物保护单位。至此，常德境内全国重点文物保护单位已增加到4处。

7月1日 为隆重纪念中国共产党建党80周年，常德博物馆从重庆市歌乐山烈士陵园引进的大型纪实展览《红岩魂——白公馆渣滓洞革命先烈斗争史实展》隆重开展。

8月30日 澧县、汉寿县被湖南省人民政府列入全省第一批文物保护“五纳入”示范县。10月16日，湖南省人民政府在浏阳市召开全省文物保护“五纳入”经验交流现场会，澧县、汉寿县政府分管文物工作的副县长参加会议并作典型发言。

9 月 20 日 为表彰常德市文物事业管理处考古工作人员不畏强暴，用身体阻挡在汉寿县聂家桥乡武峰村常德阳光乳业牧场基建工地建设方无理强行施工的推土机，使该处一批战国时期的古墓葬免遭破坏，中共常德市委宣传部作出《关于对市文物处考古人员不畏艰险保护国家文物先进事迹的表彰通报》的决定，并在《常德日报》刊发，在社会上引起强烈反响。

10 月 20 日 在新一轮机构改革中，经常德市编制委员会办公室批准同意，常德市文物事业管理处更名为常德市文物处，列为常德市人民政府的工作部门，与常德博物馆分开设置，其工作职能作出相应调整。

12 月 28 日 常德博物馆分设为正科级事业单位，核定人员编制 21 名。内设考古部、展览部、保卫部、办公室。通过竞争上岗，产生第一任领导班子，设馆长 1 名、副馆长 2 名。

2002 年

3 月 15 日 安乡县、石门县被确定为湖南省第二批文物保护“五纳入”示范县。

4 月 10 日至 12 日 国家文物局原局长、北京故宫博物院研究员、国家文物局博物馆专家组组长吕济民，国家文物局古建筑专家组组长、中国文物学会会长、建设部风景名胜专家顾问罗哲文等考察桃花源文物古建保护开发利用情况。

4 月 30 日 常德市人民政府政务服务中心成立，服务大厅内开设文物行政审批窗口，市文物处安排固定的窗口服务工作人员，当年受理 12 笔文物考古发掘审批业务。

5 月 19 日 澧县丁家岗遗址、鸡叫城遗址、十里岗遗址和蜚云塔，石门县石门文庙、梯云塔，津市市虎爪山遗址、古大同寺，桃源县星子宫古建筑群 9 处市级文物保护单位被湖南省人民政府公布为省级文物保护单位。

7 月 18 日 投入 40 多万元打造的巨型根雕《“中华根”展览》在常德博物馆正式对外展出。该展览由中共常德市委宣传部、常德市文化局、常德市文物处、常德博物馆共同策划、设计，常德市九龙宫廷木雕厂精心雕刻制作而成，是常德继中国常德诗墙之后又一绝世文化艺术精品。

7 月 21 日 澧县城头山古文化遗址管理处、城头山古文化遗址博物馆正式成立，实行两块牌子，一套人员，合署办公，为正科级事业单位。

9 月 27 日 文化部驻外使馆文化参赞考察团一行 12 人，在湖南省和常德市有关领导陪同下考察桃花源。

2003 年

5 月 16 日 常德市文化市场稽查支队文物稽查大队正式挂牌成立，与市文物处文物科两块牌子，一套人员，合署办公。之后，各区、县（市）文化稽查大队文物稽查中队相继成立。所有文物稽查人员统一着装，参加湖南省文物局、湖南省文化厅文化稽查总队组织的集中培训后统一持证上岗。

9月8日 湖南省文物局主持的全省文物保护“四有”工作经验交流现场会在常德召开。常德市文物处就全市文物保护“四有”工作作典型发言。

11月20日 为确保馆（库）藏文物安全，湖南省文物局同意常德博物馆文物库房设为常德市中心文物库房。安乡县、汉寿县、澧县、桃源县、鼎城区五个区县先后将所有馆（库）藏上级文物移交给常德博物馆代为保管。

12月25日 中共湖南省委宣传部行文公布湖南省第八届精神文明建设“五个一工程”入选作品奖，常德博物馆的《中华根展览》榜上有名。

2004年

2月20日 常德市文物处制订出台《常德市文物执法违法和错案责任追究制度》。

4月10日 常德市、县两级所有文物执法人员参加湖南省人民政府法制办举办的文化市场行政执法岗位学习培训，并参加学法理论测试。

4月15日 常德市文物处制订出台《关于违反行政审批程序性规定的责任追究办法》。

4月22日 原中共中央纪委书记尉健行考察桃花源。

8月16日 常德市文物处举行常德市文博系统首届讲解比赛，参赛人数16人。赛后选派3名优胜选手参加湖南省文物局组织的首届“岳阳楼杯”讲解大赛，有2名选手获二等奖。

10月1日 常德博物馆实行对未成年人、老年人、残疾人和现役军人免费开放。

10月12日 临澧县博物馆翻修重建工程竣工，并举行开馆庆典和丁玲诞辰100周年纪念活动。该博物馆是一座城堡式，气势宏伟的标志性文化工程，总建筑面积4630平方米，是湖南省新建的规模最大的县级博物馆。

2005年

3月8日 鼎城区文物管理所升格为鼎城区文物管理处（常鼎编〔2005〕2号），为副科级事业单位。

3月16日 中共湖南省委办公厅（湘办〔2005〕1号）《关于举办林伯渠诞辰120周年纪念活动的复函》，同意塑建林伯渠铜像、举行纪念座谈会、修缮故居、举办林伯渠生平事迹陈列展览等纪念活动。

4 月 25 日 中共中央办公厅秘书局复函（中秘〔2005〕34 号），同意塑建林伯渠铜像。

5 月 常德市首部大型考古发掘资料专著《沅水下游楚墓》的编撰工作开始启动。

7 月 27 日 湖南省文物局印发（湘文物博〔2005〕114 号）“关于同意林伯渠同志故居维修工程方案的批复”，同意林伯渠故居按维修方案实施。

7 月 常德市“馆藏文物调查及数据库管理系统建设工程”开始启动，到 12 月底，已完成前期各项准备工作。

8 月 11 日 国家工商总局对冠名“城头山”字样的商标进行登记注册，共有 36 大类、361 小类，并明确相关保护的商标达 6000 余种。

10 月 14 日 中央电视台《见证·发现之旅·解密城头山》电视纪录片摄制组在澧县城头山遗址举行隆重的封镜仪式。该电视纪录片共 4 集，播放时间 120 分钟。先后在中央电视台 2 套、4 套、7 套、10 套节目中多次播放。

11 月 6 日 中华历史文明全国集邮展览暨城头山遗址特种邮票首发式在澧县城头山遗址举行。全国政协原副主席毛致用、中纪委原常务副书记曹庆泽、中共湖南省委副书记孙载夫、湖南省人大常委会副主任庞道沐、中华全国集邮联合会会长刘平源等领导参加首发式和邮展开幕式。国际集邮联合会理事、亚洲集邮联合会顾问郑炳贤也应约参加此项活动。

11 月 6 日 澧州文庙孔子铜像揭幕暨城头山出土文物展开展仪式在澧县澧州文庙举行。全国政协原副主席毛致用、中共中央纪委原副书记曹庆泽、中共湖南省委副书记孙载夫、湖南省人大常委会副主任庞道沐、湖南省人民政府原副省长杨汇泉等领导出席并为其揭幕。

11 月 16 日 中共临澧县委、临澧县人民政府确定由南京晨光集团承制林伯渠铜像，聘请中国美术学院教授、雕刻家戴广文先生主刀。承制期间，林伯渠的儿子劳动保障部原副部长林用三亲自到厂家看望戴广文教授和其他参与制作的工人师傅，并经他签字同意，认可林伯渠雕塑模型。

2006 年

3 月 17 日 林伯渠铜像制作完毕，临澧县委、县政府在南京市晨光集团主持林伯渠铜像回故居启运仪式。3 月 18 日，运送铜像的车队从南京出发，途经安徽、湖北，抵达故居。3 月 20 日，林伯渠诞辰 120 周年纪念活动在林伯渠故居广场拉开帷幕。全国人大常委会副委员长李铁映参加纪念活动并为林伯渠铜像揭幕，并题写“精神永在，风范长存”的墨宝，栽种纪念树。

3 月 28 日 “2006 中国湖南常德保护和珍惜历史文化遗产”万人签名活动在常德市

城区步行街广场隆重举行，湖南省人大、省文化厅、省文物局的有关领导和常德市各界人士共11000余人在巨幅长卷上郑重签名。

4月5日 抗日名将郑洞国之孙、民革中央联络部部长郑建邦回石门县参加郑洞国将军墓落成及骨灰安放仪式，并参观石门夹山和县博物馆。

5月8日 澧县城头山古文化遗址被共青团中央命名为第四批全国青少年教育基地。

5月25日 桃源县桃花源古建筑群、澧县余家牌坊2处省级文物保护单位被国务院公布为第六批全国重点文物保护单位。至此，常德境内全国重点文物保护单位增加到6处。

5月31日 澧县鸡公垱遗址、澧州古城墙、多安桥、安乡县划城岗遗址、临澧县青山崖古墓群5处市级文物保护单位被湖南省人民政府公布为省级文物保护单位。

6月10日 为庆祝我国第一个“文化遗产日”，常德市文物处、常德博物馆联合在常德市城区举行系列宣传活动，市政府副市长张元英发表题为“保护文化遗产，促进社会和谐”的电视讲话。

7月21日 国家文物局下发《关于2006年度大遗址保护项目立项的批复》（文物保函〔2006〕809号），将“城头山遗址本体保护展示”项目列为本年度湖南省大遗址保护的一号项目。

8月 常德市城区湖南金健置业房产开发有限公司的建设工地发现一重要元代瓷器窖藏，经常德市文物处、常德博物馆考古发掘人员发掘清理，共出土器物22件套，其中有精美瓷器14件，均属国家珍贵文物。

9月 常德博物馆“馆藏文物保存环境达标”工作通过国家和湖南省文物局组织验收合格。该项目属全国十五个试点单位之一，共投资170万元，按照国家文物局《博物馆馆藏环境试行规范》的要求，以文物库房改造为主，将文物库房与文物展室及办公场地隔离，有效防止馆藏文物自然损毁，彻底消除安全隐患。

2007年

4月 湖南省文物考古研究所对安乡县汤家岗遗址进行发掘，首次发现环壕土围聚落，证明该遗址的年代大致在距今6300～6800年之间，是一处重要的原始社会聚落遗址，同时出土彩绘白陶，说明白陶的起源和传播地也在汤家岗，奠定了汤家岗文化在考古界的重要地位。

6月9日 常德市人民政府常政发〔2007〕8号文件，公布第三批市级文物保护单位。这批文物保护单位共39处，其中古遗址14处、古墓葬13处、古建筑5处、近现代纪念建筑及重要史迹6处、其他1处。

12月1日 常德博物馆在全省率先实行向社会免费开放。

12月6日 湖南省文化厅、文物局组织的由新华社湖南分社，中新社湖南分社、《湖南日报》《潇湘晨报》《三湘都市报》《长沙晚报》《当代商报》、湖南经视、《常德日报》、常德红网等20余家新闻媒体记者组成的“考古发现之旅”，抵达安乡县，对正在进行第三次发掘的汤家岗遗址及黄山头地区文物资源进行为期两天的实地考察，举行了汤家岗遗址发掘新闻座谈会，一致呼吁将汤家岗遗址申报为全国重点文物保护单位。

2008 年

1 月 常德市文物处主编的常德市建设文化名城系列丛书《常德文物荟萃》一书由湖南师范大学出版社正式出版发行。

4 月 8 日 常德市首家民间博物馆——沅州石雕博物馆（又名大河茶馆博物馆）经呈报湖南省文物局批准正式挂牌开放。

6 月 15 日 常德市编制委员会办公室行文，将常德市文物处更名为常德市文物局。更名后其工作职能、内部机构设置、人员编制不变。

6 月 20 日 位于常德市德山的省级文物保护单位明代荣定王墓维修工程竣工。该维修工程从2007年12月开始，共分两期完成，总投资38万元（湖南省文物局2007年安排维修经费18万元，常德市文化名城办2008年安排20万元）。

8 月 汉寿县百禄桥乡发现一处新石器时代遗址，经湖南省文物考古研究所专家认定是距今5600～6500多年的新石器时代大溪文化聚落遗址。该遗址的发现为研究古代洞庭湖流域人类生活和社会发展又增添新的证据。

10 月 26 日至 30 日 新华社、中央电视台、《人民日报》等主流媒体夜班论坛记者一行和中国社会科学院以及美、日、韩等国的考古专家一行共60余人到澧县城头山遗址参观、考察、采访。

11 月 常德博物馆经湖南省文物局组织的专家评估验收合格，授牌为国家二级博物馆。

2009 年

3 月 23 日 香港凤凰卫视《商旅行动》栏目组一行3人到澧县城头山古文化遗址进行专题采访和拍摄。

3 月 25 日 中共湖南省委副书记、省长周强参观考察澧县城头山遗址。

4 月 18 日 常德博物馆主办的《常德名人馆》正式对外开放，至此，常德博物馆内永久性展览增加到6个。

5 月 11 日 全国人大教科文卫委主任白克明、副主任唐天标考察澧县城头山遗址。

6 月 21 日 湖南省文物鉴定委员会专家小组到常德，开始对全市新出土和征集的

2000多件文物进行鉴定。通过鉴定，新增上级文物509件，其中一级文物4件、二级文物23件、三级文物482件。

6月30日 为庆祝新中国成立六十周年和改革开放三十周年，常德市文物局与市社科联、市档案局、常德晚报社联合在常德博物馆举办《物证常德六十周年文物征集、展览》活动。该活动从6月至10月，历时120天。

6月 常德博物馆参与编著的常德市建设文化名城系列丛书《常德历代名人》由中国文联出版社正式出版发行。

9月4日 由北京交通大学（北京筑通建筑勘察设计院有限公司）编制的《城头山古文化遗址保护区展示设计》经湖南省文物局审定通过。

2010年

5月1日 澧县城头山遗址主要遗迹模型在上海世博会中国馆展出，向世界人民充分展示这一宝贵的文化遗产。

6月25日 中央电视台新闻部《世博的记忆》摄制组再次到澧县城头山遗址现场拍摄。

7月 常德市文物局、常德博物馆、鼎城区文物处、桃源县文物管理所、汉寿县文物管理所编著的《沅水下游楚墓》一书由中国文物出版社正式出版发行。全书分上、中、下三册，是常德有史以来第一部大型文物发掘资料整理专著。

7月 常德博物馆龙朝彬编著的常德市建设文化名城系列丛书《常德出土铜镜》由岳麓书社正式出版发行。

8月19日 湖南省人民政府办公厅发出通知，决定成立“湖南省澧县城头山遗址保护利用工作领导小组”（湘政办函〔2010〕135号），副省长郭开朗任领导小组组长，省政府办公厅、省发改委、省财政厅、省国土资源厅、省住房和城乡建设厅、省交通运输厅、省水利厅、省农业厅、省林业厅、省环境保护厅、省文化厅、省旅游局、省文物局、常德市人民政府为成员单位，省文物局局长陈远平兼任领导小组办公室主任，统一协调指导城头山遗址的保护利用工作。

9月30日 湖南省人民政府在长沙召开城头山遗址保护利用领导小组第一次全体会议。副省长、领导小组组长郭开朗主持会议，领导小组各成员单位主要负责人参加会议。会议讨论研究有关城头山遗址保护利用重要事项。

第一篇《

文物事业

第一篇　文物事业

常德文物事业起步于新中国成立初期，发展于20世纪八九十年代，到21世纪进入鼎盛时期。截至2010年，常德境内各级各类文物保护单位星罗棋布，不仅数量众多，而且保护级别不断提高；文物调查、考古和抢救性发掘日益频繁，并不断涌现出重大发现；文物普查工作更加深入细致，不少地面地下重要遗存被纳入保护范围；文物科学研究之风初步形成，重要发明初现端倪，研究专著陆续面世，各类学术论文在市内外、省内外、甚至国内外都产生了重要影响；文物交流活动活跃，先后走出常德，走出湖南。常德文物事业发展日新月异。

第一章　文物保护单位

文物保护单位包括古遗址、古墓葬、古建筑、古碑刻、古石刻以及近现代重要革命史迹和纪念性建筑等不可移动文物。古遗址包括洞穴址、聚落址、城址、窑址、窖藏址等。全市已发现的古遗址绝大部分为史前遗址，其中旧石器时代遗址68处，新石器时代遗址460余处，还有少量的商、周、汉、唐、元等时代的遗址。全市各区、县（市）均分布有大量的古墓葬，尤以战国楚墓居多。汉代墓葬在个别区县有一定的规模，其他时代的墓葬也有少量分布。古建筑主要有古城墙、古寺庙、古民居以及古桥、古塔、古井和牌坊等。唐代以前的古建筑基本不复存在，现存的大都是明清时期古建筑。保存基本完好的“宋提刑权府寺丞请开堂疏”碑、“西竺山石雕造像”等是全市遗留下来为数不多的古碑刻和古石刻。全市还保存有大量的近现代重要革命史迹和纪念建筑。

新中国成立后，从中央到地方各级人民政府均多次根据重要历史遗迹的历史、艺术、科学价值，向社会公布不同保护级别的文物保护单位。截至2011年，全市共有由国务院公布的全国重点文物保护单位6处；由湖南省人民政府公布的省级文物保护单位59处；由常德市人民政府公布的市级文物保护单位48处；由各区、县（市）人民政府公布的县级文物保护单位401处。

第一节　全国重点文物保护单位

城头山遗址

新石器时代。位于常德市澧县车溪乡城头山村（原南岳村），是澧县文物考古工作人员1979年在文物普查的过程中发现的。

1991年，湖南省文物考古研究所对该遗址进行试掘，后又10多次进行较大规模的发掘。通过发掘，确认城头山遗址是一处中国南方史前汤家岗文化至石家河文化时期的遗址，距今约6500年至7000年。

发掘资料显示，约在6500年前的汤家岗文化早期，人们开始在遗址周围掘起了壕沟，筑起了城墙，并在此居住了2000多年，历经大溪文化、屈家岭文化、石家河文化等历史时期，直至石家河文化中期，城址才遭废弃。在古城使用的2000多年中，人们对城垣进行多次修缮，其中大型的扩建工程就有3次，使得城垣不断增宽、增高，保存至今。

城头山遗址（航拍）

城头山古城略呈圆形，城垣外圆直径340米，内圆直径325米，围绕城垣的护城河宽35米，总占地面积近15万平方米，其中城内面积8万多平方米。考古工作者在城内发掘出大片台基式的房屋建筑基础、设施齐全的制陶作坊、宽阔的城中道路、密集而重叠的氏族墓葬和保存完好的世界最早的水稻田（6500年前）。解剖城垣时，于城垣外坡发现大溪文化早中期的壕沟，以及壕沟内留存的100多种动植物骨骸和籽实，竹苇编织物，船桨，船艄，船板和大批卯榫结构的木构件等。还发掘出骨耜、骨耒、骨钻、骨凿、木刀等农业和手工业工具，以及陶器、玉器等遗物。

城头山遗址，是目前中国发现的时代最早的古城遗址之一，也是最具典型性的古城遗址，古城的城垣和整体格局均保存完整。在整个遗址区域内有居住遗迹，稻田遗迹，祭祀遗迹，有城门、道路，还有墓葬区，内容十分丰富而集中，是研究中国史前社会文明起源和城邦发展不可多得的实物资料。

城头山遗址于1996年11月20日，经国务院公布为第四批全国重点文物保护单位，编号为17—17。其保护范围：遗址分布区本身及周边400米范围内的28公顷农业用地。

彭头山遗址

新石器时代。位于常德市澧县大坪乡孟坪村，属长江中游地区年代最早的新石器时代早期文化，被考古界专家定名为“彭头山文化”。

彭头山遗址是澧县文物考古工作人员在1985年文物普查时发现的。遗址地处比四周高5米的土岗上，总面积近1万平方米，周围地势开阔平坦。1988年11月，湖南省文物考古研究所对该遗址进行部分发掘，共开探方15个，探沟2条，揭露面积约400平方米。发掘并清理新石器早期灰坑15个，墓葬18座，柱洞24个，灶两处，居住面残迹1处。出土大量陶器，少量打制石器和磨制装饰品，其中有用黑色燧石磨制成圆棒状穿孔佩饰，说明当时穿孔技术已相当发达，陶器以夹炭陶为主，已修复罐、钵、盆、支架等器物百余件。夹炭陶质地疏松，里胎壁厚薄不匀，有拍印的粗绳纹、刻划齿牙纹，指甲纹等。陶器多用粘贴等原始手法。有不少新石器早期小型打制石器，测定为距今约9100年。该遗址发掘的稻作遗存，表明彭头山是世界上已知最早的稻作农业区。

彭头山遗址

彭头山遗址于2001年6月25日经国务院公布为第五批全国重点文物保护单位，编号为92.1—92。其保护范围：南、北、西三个方向以村水泥路为界，东至池塘东80米田间小路。

八十垱遗址

新石器时代。位于常德市澧县梦溪乡五福村。是澧县文物考古工作人员于1985年文物普查时发现的。

1993~1997年，湖南省文物考古研究所对该遗址先后6次进行部分发掘，确认八十垱遗址其主要堆积层属新石器时代彭头山文化，距今7000~8000年。发掘表明，遗址可分早、中、晚3期，早期面积约3万平方米，晚期面积约200平方米。中期面积虽不足3万平方米，却是遗址最兴旺时期，突出标志是聚落环壕与围墙的开挖和堆筑，形成日常活动圈，南北长约300米，东西最宽处160米。壕沟上宽约4米，下宽及深约2米，围墙底宽约5米，高1~2米，墙内建筑遗址有半地穴式、地面式、干栏式和台基式，内有灶坑。

遗址中发掘出墓葬100余座，随葬品以陶器为主，还有数十种植物种子、动物和家畜骨骸及各种骨、竹、木器，编织物和稻谷、稻米。植物经鉴定为菟丝子属、莎草属、藜属、栎属、悬勾子、紫草属、谷草属等，表明遗址当时靠近水面，气候温和。另有大量菱角、芡实、莲子等。动物骨骸有鹿、麂、牛、猪、鸡、鱼等。木器有耒、铲、锥、杵、钻、木、竹牌等。稻谷、稻米收集近1.5万枚，超过当时国内已收集的总量，保存状况良好，被考古界专家定名为“八十垱古稻”，对研究人类水稻栽培的起源具有重要价值。

八十垱遗址

另外遗址内还发现介于新、旧石器过渡阶段的一种新的文化遗存，考古界称之为“八十垱下层类型”，其工具主要为打制石器，对新石器时代早期聚落形态的研究具有重要意义。

八十垱遗址于2001年6月25日经国务院公布为第五批全国重点文物保护单位，编号为93.1—93。其保护范围：以周长国的房子为中心，东至王立登屋往东延伸100米，西至任小兰屋五福桥小路，南至夹河堤角，北至心渠北岸。

铁经幢

宋代（北宋）。位于常德市城区滨湖公园内。铁经幢始建在常德市德山乾明寺侧，1971年搬迁至滨湖公园。

铁经幢铸造于北宋初年，用白口铁铸成，作圆柱形，高4.34米，底部直径0.9米，重1.52吨。上下共分20层，各层用石灰黏结，上小下大。第八、十一两层上部俱有出檐，八面挑角，每角有孔系铜铃。第一层铸浮雕半身力士像8个，双手上举，作托幢形。第二层上部有莲花状纹饰和浮雕释迦牟尼像10个，并饰龙狮、金刚杵及联珠花纹图案。第三、五、七、十层各有8尊金刚力士浮雕像，面部勇猛，肌肉粗壮，双手弯曲作上托状，寓意此高大的铁经幢系由八大金刚托起。第三、四、五层刻有《般若波罗蜜多心经》及捐募人、铸造者和各州、府地方职官姓名，字体皆阴文，遒劲有力。第五层上部有正

铁经幢

檐，八面挑角，甚为壮观。第六层有重复的莲花纹，中间铸一圆形拱门，双扉紧闭。第七层铸有5个象征东南西北中的五方法轮。第八至十层的上部有八角攒尖，每角有一圆形小孔，原挂有铜铃。

古代经幢多石质，铁铸经幢罕见。铁经幢幢身由十七节浇铸而成，相互衔接，严密吻合，反映出古代高度发达的冶炼技术和铸造工艺。

铁经幢于1982年2月23日经国务院公布为第二批全国重点文物保护单位，编号为44—1。其保护范围：东至观鱼池西岸，西、南、北三方均中心岛至水面相接处，即四向各至幢座外30米处。

桃花源古建筑群

明至清代。位于常德市桃源县桃花源风景名胜管理区，是市内重要名胜和国家AAAA级旅游景点。

桃花源因东晋诗人陶潜所作《桃花源记》和桃花源诗而得名。唐代开始建寺观，唐代诗人刘禹锡贬朗州司马时曾到桃花源游览，并题“桃源佳致”四字镌于碑石，至今保存完好。至宋代，寺观更盛。清光绪《湖南通志》：“淳化元年（990）朗州官奉诏修桃花观，五百仙人阁成，赐名望仙阁。桃川宫在桃源县西南桃花山上，名桃花观，亦名桃源观，晋建。唐、宋、明及国朝（清）修。”北宋政和元年（1111）建万年殿、福寿二星、经阁、钟楼、寮斋、厨库、廊庑、方丈共1330楹，名“桃川万寿宫”。南宋淳祐元年（1241）又建“武当行宫”。元代末年均毁于火。明景泰六年（1455）重建殿亭，成化十八年（1482），再修龙虎殿、法堂及官厅。明代末年又毁于兵火。清至民国间，陆续修复一些古建筑，但已非昔貌。新中国成立后，设置了专门保护机构，对原有的桃花观、集贤祠、蹑风亭、探月亭、水源亭、遇仙桥、方竹亭等古建筑多次维修。1973年新建菊圃，由陈列室、回廊、头门组成，以陶渊明爱菊之意，广植菊花。1982年以来，修建水源亭和碑廊，并重辟秦人古洞，陆续修复既出亭、问路桥、高举阁、水府阁、问津亭、桃川宫、天宁碑院等。

桃花源古建筑群头门

桃花源古建筑群于2006年5月25日经国务院公布为第六批全国重点文物保护单位，编号为Ⅲ—375。其保护范围：东至高举阁东面山脚，南至千丘水库以南山岗高程点137.8米处，北至佳致碑机耕路，西至319国道线。

余家牌坊

清代。位于常德市澧县车溪乡牌楼村。

该牌坊为澧州同官余壇为表彰其母余罗氏而建，为一“节孝坊”。清道光十三年（1833）始建，至二十三年（1843）竣工，历时十载，耗资巨万。牌坊全部用祁阳白石砌成，高15米，宽10米，平面呈三角形，6层、6柱、12飞檐。正面作八字形，上部飞檐挑角，结构宏伟坚实。上层正中立一塔形香炉，镌刻“圣旨”二字，两侧饰立体浮雕蟠龙。所有柱、枋、博风板上亦遍饰立体浮雕龙、凤、花卉、飞禽、走兽、锦纹图案。第二层牌坊上，镌刻“节孝坊”三字。下层石枋上两面刻有“龙翔”“凤翥”，两侧石坊刻有“龙飞”“凤舞”及双狮图案。在六根石柱下，又雕刻有狮、象、麒麟，用以护柱。整个牌坊石雕均为镂空雕刻，玲珑剔透，造型生动，工艺精湛，为湖南省内石牌坊中所罕见，有很高的艺术价值。

余家牌坊

余家牌坊于2006年5月25日经国务院公布为第六批全国重点文物保护单位，编号为Ⅲ—380。其保护范围：自牌坊围墙基起四向各至9米处。

第二节　省级文物保护单位

一、古遗址

虎爪山遗址

旧石器时代。位于常德市津市市窑坡渡乡董家村虎爪山，是湖南省境内发现的一处最早的旧石器时代遗址。

该遗址面积为1万平方米。石制品出于距地表2米左右的第四纪网纹红土层中。1988年调查发现，同年5月发掘60平方米，出土石制品7件。1994年至1997年年初，在砖厂取土过程中又采集石制品及石料126件。石制品有石核、石片和石球三大类。石器有石片石器和砾石石器。器形有砍斫器、切割器、刮削器、尖状器、薄刃斧、石球、石锤等。此遗址总体上属华南砾石石器文化传统，因其有一批特色鲜明的砾石砍斫器——砾石尖状器，而又具有一定的地域性，故称为“澧水文化类群”。虎爪山遗址旧石器出于澧水右岸三四级阶地网纹红土中，地质时代为中更世早中期，文化时代为旧石器时代早期晚段，距今约40万~50万年。该遗址对于研究华南旧石器文化的形成、文化特点，探索远古人类的生产、生活方式与当时的地形地貌等都具有很高的价值。

虎爪山遗址

虎爪山遗址于2002年5月19日经湖南省人民政府公布为省级文物保护单位，编号为112—6。其保护范围：四向各至遗址文化堆积边缘外延伸50米。

鸡公垱遗址

旧石器时代。位于常德市澧县澧南乡栗木村。

该遗址南北长约500米，东西宽约400米，总面积约20万平方米。于1987年10月文物普查中发现。1988年10~11月，湖南省文物考古研究所对该遗址进行科学发掘，发掘面积200平方米，出土丰富的各类石制器。其石制器原料基本上为砾石，岩性以石英砂岩为主，其次是砂岩、燧石、石英等。剥片加工方法以锤击法为主，石制器类型有石核、石片、砍砸器、刮削器、尖状器、石球、石锤、石砧等，其中以大型三棱尖状器最富有特色。根据遗址堆积所处阶地及石制器推断，其地质年代为晚更新世早期或稍早，相当于旧石器时代中期，距今约5万~20万年。

该遗址是长江中游和洞庭湖地区一处比较重要的旧石器时代遗址，是湖南省最早发现的旧石器点之一。遗址出土的石制器制作方法独特，有典型的地方色彩，同时也是旧石器时代“澧水文化类群”的典型代表。

鸡公垱遗址于2006年5月31日经湖南省人民政府公布为省级文物保护单位，编号为1—432100028。其保护范围：东至栗木大堰村级公路，南至藕堰东南40米，西至藕堰东20米，北至台地北20米。

十里岗遗址

旧石器向新石器时代过渡时期。位于常德市澧县县城东北十里岗。

该遗址地处澧阳平原一连续的小山岗上，于2000年冬发掘，文化层堆积60~70厘米，属石器制作场。出土物有四类：砾石、燧石、石英与赤铁矿石。砾石类多工具锤与石片石器，燧石与石英类多石核与刮削器，器形细小。赤铁矿石作用不详。目前，与该遗址石器群组合类似的地点在省内非常少见。在文化层土样中，发现水稻硅质体，这是我国最古老的水稻遗存，为探索稻作农业起源的时间、地点提供了难得的资料。目前发现文化遗存的面积约4万平方米，是我省乃至整个长江中下游地区新石器时代以前规模最大的遗址，对探索人类聚落的起源具有重要意义。

十里岗遗址于2002年5月19日经湖南省人民政府公布为省级文物保护单位，编号为115—9。其保护范围：四向各至遗址文化堆积边缘外100米处。

丁家岗遗址

新石器时代。位于常德市澧县涔南乡东田堰村。

该遗址面积8.5万平方米，文化层堆积厚1.2～1.5米。1975年发现。1979年冬试掘，发掘面积200余平方米。文化层为三个时期的堆积，上层为龙山文化时期遗存（已破坏），中层为屈家岭文化，底层为大溪文化。发掘清理大溪文化墓31座，屈家岭文化墓3座。出土大溪文化早期的陶器为泥质褐陶和夹炭红陶，其次为泥质红陶和白陶。器形有盘、盒、钵、釜、碗等。主要纹饰有刻划纹、戳印纹、模印纹。

1999年～2000年春，发掘面积2500平方米，主要遗迹有大溪文化早期墓葬和红烧土祭祀台与祭祀遗迹。墓葬主要为土坑竖穴式，可以见到较为明显的浅白色木质腐蚀痕迹，应属葬具。红烧土椭圆状台形祭台紧密相连，祭祀坑大都分布在祭礼台边沿。在祭祀区中部有两较高级的酋长墓葬，其四周围以小方形祭祀坑，出土一些极有价值的文物。该遗址对了解新石器时代三个时期文化内涵的联系和文化分期序列有极其重要的价值。为探索早期人类原始社会文明以及文明的起源提供重要的实物证据。

丁家岗遗址

丁家岗遗址于2002年5月19日经湖南省人民政府公布为省级文物保护单位，编号为114—8。其保护范围：四向各至文化堆积外缘50米处。

鸡叫城遗址

新石器时代。位于常德市澧县涔南乡复兴村，是一处大型聚落遗址。

该遗址垣壑尚存，相传有仙人夜间筑城，鸡叫而成，故名鸡叫城。城呈圆形，东西长约480米，南北宽约460米，总面积约22万平方米。四周城墙用黄色黏土夯筑而成，有明显的夯筑层。残高2～3米，城四面各有豁口，应为城门遗址。外有围壕，现为许多大小不等的堰塘和低洼田分布在古城埠外。西北两面为人工河，东南两面以自然小河为壕。在东北两门外约1千米处，各筑烽火台一座，残高2～4米。早年调查在城内发现有龙山文化遗存，多灰色夹砂粗陶，有大口罐、敞口尊等。1997年于西城墙探沟内发现龙山时期陶片，专家认为此系屈家岭文化中、晚期的古城（距今 5200～4000 年），陆续使用到龙山时期。1998 年发掘 190 平方米，墙体地层关系可分为七层，底层发现屈家岭文化早期的聚落壕沟和屈家岭文化晚期的石家河文化晚期居住遗址，柱洞密而小，一般直径 15～20 厘米，深度在 20～30 厘米。鸡叫城遗址文化内涵丰富，具有较高的历史、文化价值。

鸡叫城遗址于 2002 年 5 月 19 日经湖南省人民政府公布为省级文物保护单位，编号 113—7。其保护范围：四向各至城墙基外 150 米处。

汤家岗遗址

新石器时代。位于常德市安乡县安全乡，为大溪文化早中期墓葬最多的遗址之一。

遗址现存面积约 2 万平方米，1977 年发现，1978 年试掘 308 平方米，1989 年第二次发掘。遗址可分三期，早期有灰坑 1 个、墓葬 10 座，并有磨光石斧及敲砸器。陶器较多的是粗泥红陶，其次为夹砂红陶、粗黑陶等。器形有釜、盘、钵、碗、盆等。中期有灰坑 9 个、墓葬 2 座，石器有斧、弹丸、敲砸器、打磨器等。陶器中夹砂红陶增多，彩陶数量略有增加。出现了红陶白衣上绘红、褐彩的，图案有点线纹、网纹、漩涡纹、波状纹等，器类有罐、釜、碗、盆、钵、盘、豆等。晚期灰坑两个，工具有石斧、锛、凿、铲、敲砸器和陶纺轮等。白陶仅属偶见，泥质灰陶增加，出现了少量泥质黑陶。器形中出现了鼎，纹样无显著变化，主要器形有釜、盆、钵、瓮、豆、鼎、盂等。

汤家岗遗址

汤家岗遗址于 1996 年 1 月 4 日经湖南省人民政府公布为省级文物保护单位，编号为 52—7。其保护范围：北至与该遗址中心点相距 110 米的居民区界沟南坎；东至与该遗址中心点相距 100 米的机埠路到遗址界沟；西至与该遗址中心点相距 100 米的鱼池西堤；南至与该遗址中心点相距 110 米的排水沟北坎。

划城岗遗址

新石器时代。位于常德市安乡县安障乡沙湖口村。

该遗址主区面积约 5 万平方米。1979 年，湖南省博物馆组织第一次发掘，发掘面积 200 平方米。划城岗遗址文化层厚达 1～3 米。此次发掘清理了灰坑 17 个，墓葬 115 座，房屋建筑局部 2 处，陶窑 1 座。遗址年代延续时间长，可分为五期，第一期属大溪文化中期，发现的一座较原始的陶窑，保存较好。第二期约相当于大溪文化晚期，清理了 3 座墓葬，随葬物中有一件彩绘瓶，在红地上黑彩绘画陶索纹、网纹等数周，相当精致，是全省目前出土为数极少的几件完整彩陶之一。第三期属屈家岭文化早期，发掘一大批墓葬，随葬品中有穿孔石铲、陶纺轮等。第四期属屈家岭文化晚期，随葬物多为实用生活用具。第五期属龙山文化时期，此期文化层较厚。

1999 年，湖南省文物考古研究所对划城岗遗址进行第二次发掘，此次发掘揭露面分四区，根据各区地层堆积的对应关系和出土遗物特征，进一步确认该遗址的文化遗存分四类，分别属于汤家岗文化、大溪文化、屈家岭文化和石家河文化，四者之间一脉相承，自成体系。

划城岗遗址于 2006 年 5 月 31 日经湖南省人民政府公布为省级文物保护单位，编号为 2—432100029。其保护范围：北至划城岗北围沟南坎，东至东围沟西坎，南至居民点前排水沟北坎，西至西围沟东坎，南北长 250 米，东西宽 200 米。

邹家山遗址

新石器时代。位于常德市临澧县九里乡邱桥村。

该遗址于 1984 年文物普查中发现，长 300 米，宽 60 米，约 18000 平方米。就已采集遗址剖面出土的陶片及文化层观察，下层的双耳绳纹釜、镂孔圈足盘、红陶折沿釜，均为大溪文化时期的器物。另外的器形有双腹豆、盆、鼎、高足杯等，系屈家岭文化，上层有泥质灰陶鬲、罐、陶鬶等，为龙山时期的文化。再上层还有大量的东周遗物。该遗址叠压有 3 个时期的古文化层，且文化遗物极其丰富。因而对研究澧水中游地区的古文化历史演变过程具有历史、科学、艺术价值。

邹家山遗址于 1996 年 1 月 4 日经湖南省人民政府公布为省级文物保护单位，编号为 51—6。其保护范围：东至九合公路东 100 米处；西南各至陈湖村角外 500 米处；北至九里乡伏牛村。

星星遗址

新石器时代。位于常德市澧县大堰垱镇星星村。

该遗址平面大致呈圆形，南北长 245 米，东西宽 155 米，总面积 34017 平方米，四周均为水系围绕。遗址文化层堆积厚 2 米，上层为石家河文化，下层为屈家岭文化。在遗址西部环壕缺口处，文化层延伸至环壕外。遗址东部被早期沟渠破坏，其余均保存完好。星星遗址是澧阳平原史前遗址群的重要代表，它为研究长江中游新石器时代文化聚落分布，区域类型，文化谱系提供重要资料。

星星遗址于 2011 年 1 月 24 日经湖南省人民政府公布为第九批省级文物保护单位，编号为 20—20。其保护范围：北至扑秋堰南岸，南至立堰南居民陈本金家，东至岳家湖渔场，西至圈堰。

孙家岗遗址

新石器时代。位于常德市澧县大坪乡大杨村。

孙家岗遗址位于澧阳平原腹地，中部隆起，形成龟盖形浅丘，西、南有自然沟渠。遗址东西长750米，南北宽300米，总面积25万平方米。该遗址是澧阳平原上目前发现面积分布最大的史前遗址，其墓葬区墓葬分布密集，出土的玉器种类丰富，制作精美，在同一地区罕见，是研究洞庭湖地区石家河文化的重要资料。

孙家岗遗址于2011年1月2日经湖南省人民政府公布为第九批省级文物保护单位，编号为18—18。其保护范围：以遗址外缘为起点，四向各至200米处。

三元宫遗址

新石器时代。位于常德市澧县梦溪镇三元村。

该遗址地处一小台地上，总面积11万平方米。遗址四周均为水系围绕，文化层堆积厚约1.7米，上层为屈家岭文化，下层为大溪文化。遗址中有村小路和部分村民居住，其余均保存完好。1974年湖南省博物馆组织对该遗址进行考古发掘，发掘面积16995平方米。出土大量的屈家岭与大溪文化两个时代的文物，特别是在大溪文化时期的建筑遗址中的红烧土块中还发现有炭化稻谷。1995年调查时发现遗址四周有环壕。该遗址将为研究长江中游新石器时代文化聚落分布、文化谱系提供重要资料。

三元宫遗址于2011年1月2日经湖南省人民政府公布为第九批省级文物保护单位，编号为19—19。其保护范围：以遗址外缘为起点，四向各至200米处。

庹家岗遗址

新石器时代。位于常德市安乡县安障乡遵保村。

庹家岗遗址是长江中游地区一处重要的新石器时代遗址。1975年被当地村民发现，之后由县文物部门与乡、村两级签订了保护协议，多年来无随意取土、葬坟、建房，遗址保存状况较好。1978年湖南省博物馆组织对该遗址勘探发掘200平方米，发掘25座屈家岭时期墓葬，出土大量陶器、石器和陶祖，显示安乡很早以前就出现原始礼仪。80年代在第二次文物普查时在该遗址区域内发现的龙山文化玉琮（后经鉴定为国家一级文物），要早于长江下游出土的玉琮。遗址附近一带有狮子山、会子岗、黄山岗、罗井岗、烟墩等，与古县志所记载的安乡县古县城地望一致，有着重要的考古研究价值。

庹家岗遗址于2011年1月24日经湖南省人民政府公布为第九批省级文物保护单位，编号为16—16。其保护范围：东至鱼池西坝，西接黄安公路，南至排水沟以南150米，北至狮子山北端。

庹家岗遗址

马兰嘴遗址

新石器至东周时期。位于常德市汉寿县百禄桥镇百禄桥村。

2008年湖南省考古研究所对该遗址考古发掘证明，该遗址新石器时代大溪文化具有鲜明特色，有澧水流域新石器文化与资水流域新石器文化交融过渡的特点。东周墓葬出土器物丰富，有祭祀遗迹发现。对洞庭湖区史前文化交流与洞庭湖历史变迁有重要研究价值。

马兰嘴遗址于2011年1月24日经湖南省人民政府公布为第九批省级文物保护单位，编号为17—17。其保护范围：以遗址外缘为起点，四向各至200米处。

鲁家山遗址

新石器时代。位于常德市澧县涔南乡文家村。

该遗址地处一高出四周1～1.5米的台地上，分布范围成椭圆形，东西长130米，南北宽85米，总面积约1万平方米。遗址内有厚约1米呈灰白色文化层，采集有夹砂红陶、泥质灰陶等石家河文化时期的陶片，对了解和研究澧阳平原新石器时代晚期文化分期序列具有重要价值。

鲁家山遗址于2011年1月24日经湖南省人民政府公布为第九批省级文物保护单位，编号为43—43。其保护范围：以遗址外缘为起点，四向各至100米处。

皂市商代遗址

商代。位于常德市石门县皂市镇，为长江以南发现的一处重要商代遗址。

该遗址经过1977年、1981年两次发掘，开探方56个，发掘面积1300平方米，发掘出大量重要的炼铜作坊、房屋、陶窑遗迹和大批墓葬。出土大量具有地方特色的陶器，以夹砂粗红陶、泥质灰陶和黑色细泥红陶为主，有鬲、鼎、大口缸、假腹豆、圈足器、爵、斝、壶等。纹饰有绳纹、云雷纹、变形云雷纹、方格纹、同心圆等。遗址中出土有铜箭镞、鱼钩及熔铜的陶范。另外还发掘出一批平民墓葬。上述发掘证明洞庭湖区于商代已进入发达的青铜时代。同时，也是迄今发现仅有的少数几处商人据点和湖北黄坡的盘龙城大致相当，可能是商人征服或掠夺南方铜矿料的重要依据。同时陶器具有浓厚的地方特色，表明商人占领该地时，土著居民仍有相当强大的势力。遗址厚度在1～2米之间。在前几次发掘的黄色黏土层下，发现还有一层，属更早的文化层，后经大规模发掘后，定名为“皂市下层文化”，大致年代距今约7000余年，早于大溪文化。

皂市商代遗址

皂市商代遗址于1983年10月10日

经湖南省人民政府公布为省级文物保护单位，编号为131—6。其保护范围：东至皂市张家回窝，南至渫水北岸，西至皂市阳泉公路，北至丫角北南。

采菱城遗址

东周时期。位于常德市桃源县茅草街乡舍鸡村。此为省内规模最大的东周古城址。

采菱城又称楚王城，平面为长方形，南北长830米，东西宽约600米，面积约50万平方米。城垣为黄褐色黏土夯筑，北墙犹见版筑痕迹，现存残墙十段（东3，西4，南1，北2），墙基残宽7~9米，高3~7米，其中以东南角保存较为完整，高7米，长10.5米，转角处向外凸起，似为城内瞭望制高点设施。整个城址护城河清晰可辨，宽约20米，城址与其他楚城相仿，中部为台地，曾出土绳纹以及素面的圆形小管瓦当。清同治年间《直隶澧州志》载：（城）“为楚平王出巡时所筑”，故亦有楚王城之称。

采菱城遗址

采菱城遗址于1983年10月10日经湖南省人民政府公布为省级文物保护单位，编号为134—9。其保护范围：东至黄楚村上车湖东岸，南至金鸡村糯谷堰东南岸，西至金鸡村苏家堰西北岸，北至黄楚村下车湖东北岸。

宋玉城城址

战国时期。位于常德市临澧县望城乡宋玉村。

该古城址平面呈长方形，现存有城墙与护城河，城内有高出地表数米的烽火台遗迹，城周围的山岭上分布大量楚墓。古城址始建于澧水支流道河旁，是当时楚国的一个地方的政治、经济、文化中心，对楚文化考古研究有重要价值。

宋玉城城址于2011年1月24日经湖南省人民政府公布为第九批省级文物保护单位，编号为23—23。其保护范围：以遗址护城河外缘为起点，四向各至50米处。

申鸣城城址

战国时期。位于常德市临澧县新安镇古城村。

申鸣城是战国时期楚惠王为褒扬申鸣平定白公之乱，于公元前5世纪修建，总面积12万平方米。根据湖南省文物考古研究所的调查勘探，申鸣城为目前全省规模最大的楚城遗址，对楚文化与楚城的研究有重要价值。

申鸣城城址

现存有部分护城河与城墙。

申鸣城城址于2011年1月24日经湖南省人民政府公布为第九批省级文物保护单位，编号为22—22。其保护范围：以遗址护城河外缘为起点，四向各至50米处。

索县城遗址

汉代。位于常德市鼎城区韩公渡镇城址村，是一处保存较好的汉代古城址。

《汉书·地理志》载："汉临沅索县地，东汉改索县为汉寿，荆州刺史治此。"《常德府志》："汉寿城本名索县城，武陵郡治属，汉顺帝阳嘉三年（134）更名汉寿，移荆州刺史于此。"故城分内外两城。大城平面呈长方形，东西长约400米，南北宽约500米，内城东西200米，南北480米，均为夯土墙。墙残高3~4米，宽10~15米。护城河遗迹尚存，宽约30米。大城四角有瞭望台，最高约10米。采集有绳纹陶瓦、筒瓦等。

索县城遗址

索县城遗址于1983年10月10日经湖南省人民政府公布为省级文物保护单位，编号为135—10。其保护范围：四面均以原索县城周围护城河外缘为界。

新洲古城遗址

东晋至明代。位于常德市津市市新洲镇。

新洲古城城墙东城墙及东北城墙、西南城墙尚存；南、西护城河保存完好；东护城河上还有南门桥和东门桥。该古城遗址是目前湘西北地区少见的保存较完整的古城遗址，它对于研究封建社会兴衰历史、湘西北地区及澧水下游的人文历史、地理变迁等有着十分重要的意义。

新洲古城遗址于2011年1月2日经湖南省人民政府公布为第九批省级文物保护单位，编号为21—21。其保护范围：东至澧水大堤，南至大港（护城河）外，西至西门湖，北至官垱。

二、古墓葬

九里楚墓群

战国时期。位于常德市临澧县九里乡茶场。

墓群面积东西长约10千米，南北宽约5千米。有大型墓葬100余座，中小型墓葬1000余座，其中封土堆高15米、直径达30米的墓葬有30余座。据专家推测，九里楚墓群为楚国一位封君的家族墓葬地，也是目前湖南省发现的规模最大的楚墓群。该墓群的发现，对战国时期楚国的墓葬制度及楚史、楚文化的研究有重要价值。1979～1981年，湖南省考古研究所和湖南省博物馆曾先后四次进行发掘。其中1980年6月开始发掘、10月结束的1号墓最具典型性。该墓封土堆残高5.2米，墓口东西长34.5米，南北宽32.8米，总面积1131.6平方米。墓穴底长13.7米，宽10米，墓深近20米。葬具规模大，为两椁三棺，外棺长3.18米，宽1.96米，高1.88米；中棺长2.8米，宽1.62米，高1.6米；内棺长2.38米，宽1.12米，高1.3米。出土文物300余件，主要为漆木器，兼有铜器、玉器、陶器等。较有影响的器物有编钟架、编磬架、双虎座双凤鼓架、镇墓兽等。

九里楚墓群

九里楚墓群1983年10月10日经湖南省人民政府公布为省级文物保护单位，编号为154—29。其保护范围：东南至围山渠，西至彭碱公路，北至官亭乡团云机埠及澧县孙家村。

官亭楚墓群

战国时期。位于常德市临澧县官亭乡青合村。

该墓群是战国时期大型楚墓群，分布面积80万平方米，墓葬密集，整个墓群共有楚墓近千座，保存完好。

该墓群2011年1月24日经湖南省人民政府公布为第九批省级文物保护单位，编号为66—19。其保护范围：东至九里楚墓群，西至官亭水库，南至枝柳铁路，北至长乐村交界处。

七星堆、峰堆古墓群

战国至汉、唐时期。位于常德市安乡县黄山头镇虎山村。

七星堆、峰堆古墓群为战国、汉、唐代墓群，一号墓封土堆底径36米，顶径21米，高6米，是湘北地区较大的一座战国墓。该墓群对研究楚文化及安乡战国、汉、唐时期政治、经济、文化有着重要价值。

七星堆、峰堆古墓群2011年1月24日经湖南省人民政府公布为第九批省级文物保护单位，编号为64—17。其保护范围：以墓群外缘为起点，四向各至100米处。

望夫台楚墓群

战国时期。位于常德市临澧县杉板乡望夫村。

望夫台楚墓群是战国时代大型楚墓群，分布面积40万平方米，墓葬数量近千座。部分墓葬保留有封土堆。该墓群区域内曾进行过小规模发掘，出土有铜器、玉器、陶器等，对楚文化研究有重要价值。

望夫台楚墓群于2011年1月24日经湖南省人民政府公布为第九批省级文物保护单位，编号为65—18。其保护范围：以墓群外缘为起点，东抵县氮肥厂，西至青山管理局，南临杉板天星村，北至澧水河。

青山崖墓群

汉至晋代。位于常德市临澧县青山水轮泵站旁。

整个墓群建立在一个高50米、宽180米的松散的红沙石崖壁上。共有大小人工洞穴104个（分有一室、二室、四室），墓顶和墓底的宽度一致。已发现和清理的器物有五铢钱、直百五铢、布泉，还有瓶形料铢和黄兰色料铢数颗，每个墓室都有大小不同的人骨骸。该墓群面积大且集中，构造独特，有较高的考古研究价值。

青山崖墓群

青山崖墓群2006年5月31日经湖南省人民政府公布为省级文物保护单位，编号为14—4322000223。其保护范围：东至青山水电站下水隧道出口10米，南至临澧公路，西至青山水轮泵站船闸，北至澧水河。

余家屋场古墓群

汉、晋、宋代。位于常德市安乡县安障乡沙湖口村。

余家屋场墓群是一处汉、晋至宋代的古墓群，考古调查探得有汉、晋砖室墓30多座，汉至宋土坑墓20多座，墓葬十分密集。1980年第一次主动发掘了其中四座东汉墓，出土有青铜器、汉代五铢钱、龟纽印章、圆壶和醮壶等器物80余件，其中较具特色的器物有醮壶（国家三级文物），形制和铸刻工艺精美；龟纽印章（国家二级文物）一枚，龟纽精细，印文深齐，章法匀称。还出土有水稻种子，据种子扁长形状分析应为籼稻。1980年第二次抢救性清理一座大型“亚字”形砖室墓，清理出朱红色珠状结晶，一捏成粉，似为道教丹汞之物。村民耕作时采集到刻有“大百万千”吉语菱形花纹青砖两块，已定为国家三级文物。

余家屋场墓群的发现，对研究湘北地区汉墓断代及当时葬俗、农业和手工业的发展及汉印篆刻提供了重要史料，也为研究洞庭湖的变迁和考证安乡自东汉以来的社会发展与进步提供了实物依据。

余家屋场墓群2011年1月24日经湖南省人民政府公布为第九批省级文物保护单位，编号为63—16。其保护范围：东临蔡家溪，西临岳庙岗，南临县城7千米处，北临黄沙公路南侧。

桃源崖墓群

汉至明代。位于常德市桃源县凌津滩、钟家铺、牛车河、黄石、龙潭、佘家坪等乡镇。

墓葬分别分布在沅水及其支流两岸崖壁上，均成洞穴状，大小不一，累计1000余座，时代早的为汉、晋，晚的至明代。这些墓葬代表沅水流域一种独特的葬俗。

桃源崖墓群2011年1月24日经湖南省人民政府公布为第九批省级文物保护单位，编号为68—21。其保护范围：以各石室和崖墓为中心，四向各至50米处。

刘弘墓

西晋时期。位于常德市安乡县黄山头镇，是一处保存最好，出土文物最丰富的晋代大型砖室墓，1991年发现并发掘。

墓葬由墓道、甬道、墓室组成。墓道残长6.2米，甬道用砖砌成券顶，封门砖有三层。墓室平面近方形，每边长3.6米。中央横砌棺床，墓顶为四隅券进式，作穹窿形，高4.2米。出土随葬品81件，其中金器7件、玉器17件、银器1件、铜器8件、铁器7件、青瓷器37件、漆器1件、其他6件。如龟钮金印、金带扣、羽人龙纹玉尊、双龙双凤纹玉尊、龙纹玉佩、镂空龙纹玉璧、青瓷堆塑灯、青瓷十三格盒、方壶等是首次发现的、罕见的文物珍品。并出土有“刘弘”章、“镇南将军”章各1枚，与《晋书、刘弘传》所记相符。

刘弘墓

刘弘（236—306），字季和，沛国相人。少年家居洛阳，有干略政治之才，官至侍中、荆州都督、车骑将军。专督江汉，威行南服。刘弘于西晋光熙元年（306）秋卒于襄阳军中，年七十。

刘弘墓1996年1月4日经湖南省人民政府公布为省级文物保护单位，编号为53—8。其保护范围：以刘弘墓为基点，南至黄山头到马坡湖公路，西至采石场水库到南山寺旧址西墙脚，北至大顶森林海拔69.6米等高线护林小路。

荣定王墓

明代。位于常德市德山。

该墓为券顶式结构的砖室墓，分前后两室，墓宽17米，进深13米，高6米，封土堆高10.6米。前室为享堂，后室为寝宫，分三小室，每室均有一面棺床，两小一大。墓主人为明宪宗朱见琛后裔，荣恭王的儿子朱翊鈐及其二妃李氏、杨氏合葬墓。朱翊鈐生于嘉靖三十四年（1555），薨于万历四十年（1612），万历二十六年（1598）受封为荣王，死后谥号为“定”。

墓及随葬器物早年被盗，20世纪50年代文物考古人员清理时，只有石案及八方圹志（1966年有四方被破坏）。此墓制庞大，建筑结构雄伟，石棺床雕刻纹饰精细，圹志楷书刚劲有力，是研究明代社会历史、物质文化的重要实物史料。

该墓1956年7月24日经湖南省人民委员会公布为省级文物保护单位，编号为70。其保护范围：四向墓外缘各向外延伸30米。

荣定王墓

荣庄王墓

明代。位于常德市鼎城区大龙站乡兴国寺村。

荣庄王名朱祐枢，为明宪宗第十三子，于明弘治四年（1491）始藩封常德，正德三年（1508）就藩常德，嘉靖十八年（1539）薨，谥为“庄”，史称荣庄王。该墓曾出土有瓷器、金银器及龙纹铜镜等，地面有建筑遗迹及部分石雕。是地方藩王陵墓建筑的代表。

荣庄王墓2011年1月24日经湖南省人民政府公布为第九批省级文物保护单位，编号为67—20。其保护范围：以墓封土堆外缘为起点，四向各至50米处。

“闯王”陵

清代。位于常德市石门县夹山镇，是为纪念明末农民起义领袖李自成在原址上修复的陵墓。

清《石门县志》卷十三《陵墓》载：“奉天玉墓在夹山大路旁西坡，以奉天玉和尚即李自成败后削发为僧，似可确信。旧有紫石牌坊，制造壮丽，为当事者所扑碎，并欲暴其骸骨报官，未果。”闯王陵于1993年修复，位于夹山寺西侧，坐西朝东，占地2公顷，由陵卫、紫石牌坊、神道、陵寝、明楼、碑廊、野拂塔等组成，宏大壮观。

陵卫即大门，上拱下方，门额有“闯王陵”三字。红墙黄瓦，飞檐翘角。门后有永昌池、永昌桥，“永昌”为大顺年号。桥后上26级台阶为紫石牌坊，4柱3门，高约10米，额为“奉天倡义”四字，联曰：“捣碎乾坤惊日月，踏翻宇宙走雷霆”。坊后为100米长的神道，两旁排列狮、象、羊、马等石雕像，之后为3坎69级台阶，寓意李自成一生中的三个历史阶段。李自成墓碑高约3米，宽1米，上刻“奉天玉大和尚墓”七字，碑座为龙头大石龟。

李自成陵寝上为一双重檐大殿，飞檐翘角，盖黄琉璃瓦，殿内外26根大柱，周有走廊，供奉李自成坐像，殿有石阶达墓室，墓室长约 10 米，宽 5 米，另一坑三穴结构，条石砌成。考古发掘时，中穴有李自成的骨灰坛，坛为明代瓷器，白地青花饰凤凰等图案，坛上有方砖盖，上刻“弘律奉天大和尚塔铭”约200 字。坛内有骨灰。左穴有砖刻符篆碑，右穴有陶质褐釉缸，墓已盗掘，余物已无存。陵寝后有野拂塔，据考证野拂即李自成侄李过。塔后有闯王陵明楼，重檐翘角，面积约 50 平方米。

“闯王”陵

闯王陵于 1996 年 1 月 4 日经湖南省人民政府公布为省级文物保护单位，编号为 54—9。其保护范围：东至陵石墙以东 50 米，南至陵石墙以南 50 米，西至宝城以西 50 米，北至陵石墙以北 50 米。

三、古建筑

花瓦塔

宋代。位于常德市澧县宜万乡花瓦村，是湖南省境内现存最早的古塔之一。

该塔与岳阳的慈氏塔极为相似，为宋代楼阁式建筑，塔体单瘦，采用黄沙泥作黏合剂，结构稳重坚实。除塔基外，主要用青砖砌筑，平面呈八面形，七级实心。塔身高 22 米，塔基高 2. 5 米，直径 6. 1 米，正北辟拱门，门高 1. 95 米，宽 0. 9 米，门道深 1. 05 米，中有穹窿式藻井。一层底径 5. 5 米，高 3. 2 米，南北两边有假券门。二层以上逐层缩小，每层各面腰檐下均辟有佛龛，原供佛像，现均已无存。塔身外壁转角处，均有倚柱，腰檐转角处的翘角作鸟翼形，上饰卷云纹，攒尖式塔顶。此塔从造型、用材、结构各方面考察，都具有宋代建筑的明显特征，是一座历史悠久的古塔建筑。

该塔于 1983 年 10 月 10 日经湖南省人民政府公布为省级文物保护单位，编号为 84—27。其保护范围：四向各至塔基外 30 米处。

花瓦塔

覃氏祖祠

元代。位于常德市石门县所街乡文家村。

覃氏祖祠始建于元代，明清时期进行过多次维修，总面积2500平方米，进深25米，是一处具有湘西北土家族特色的古民居院落。该建筑砖木结构，青砖封火墙，分大堂、中堂和两边厢房，院内还设有戏台，现均保存完好。覃氏祖祠的保护对研究湘西北地区土家族民居建造风格和生活习俗有重要价值。

覃氏祖祠

覃氏祖祠2011年1月24日经湖南省人民政府公布为第九批省级文物保护单位，编号为165—87。其保护范围：以外墙墙基为起点，四向各至30米处。

笔架城

明代。位于常德市城区沅安西路。

笔架城

笔架城建于常德市城区武陵阁西侧沅江北岸防洪石柜之上，面朝沅江，背靠育英小学（原常德府学），形似笔架，由五垛并列锥形城垛构成，中部3.15米，两翼2.75米，再两翼2.35米，厚0.46米，五垛之间间隙0.37米，底部总长度为9.06米。由青砖砌叠石灰砂浆勾缝筑成，始建于明代，清代多次维修，是常德古城标志性建筑之一，象征着常德古城文运昌盛。

笔架城2011年1月24日经湖南省人民政府公布为第九批省级文物保护单位，编号为168—90。其保护范围：以外墙墙基为起点，四向各自30米处。

星子宫古建筑群

明、清时期。位于常德市桃源县热市镇明星村星德山，是一处具有浓厚地方特色和道教文化传统的建筑。

星子宫古建筑群始建于明洪武三年（1370），明天启二年（1622），当地县官奉诏修灵霄行宫，清康熙五年（1666），忽遭火灾，直至清道光九年（1829），才逐步增修至现在规模。“文化大革命”中有所损毁。1995 年前后，当地群众自愿集资予以修缮。

主体建筑星子宫坐落于星德山主峰，坐北朝南，占地 188 平方米，为纯石质结构，外用桐油石灰粉面，马头式封火墙三层翘角，生铁瓦压脊。正厅供北极玄天真武大帝，两厢为张、许、邱、葛四仙，公输子、纠察灵官侍立左右。厅后为寝宿宫、火宫殿，皆岩石结构。宫前有石构南天门，门侧有碑文，梁柱雕刻花草、十二生肖图案。正门撰刻门联一幅，上联为“石壁生辉，观其上如近碧天尺五”；下联为“佛间月朗，到此间顿觉尘世三千”。门前各置石狮、石象，皆雕工精细。右行为王爷殿牌楼式建筑，占地 27 平方米。牌楼上设斗拱，牌额镂雕花草人物，殿内供雷音普化天尊。另外有百子堂，全为岩石结构，牌楼式。两侧砌山墙，上雕观音送子、金童玉女人像。

星子宫古建筑群

星子宫古建筑群 2002 年 5 月 19 日经湖南省人民政府公布为省级文物保护单位，编号为 71—30。其保护范围：东至穿洞山，南至茶垭，西至林场药材园，北至狮子岩。

澧州古城墙

明、清时期。位于常德市澧县城关镇。

古城墙始建于明洪武初年（1368），为土城。永乐二年（1404），两侧包砖，上加女墙，外有壕。清乾隆二十六年（1761）重修。后有四次大水患，城墙多处损坏，于同治五年、六年两年（1866—1867）进行了一次大型维修，添建炮台 12 座。

城墙平面呈椭圆形，南北长，东西短，设有北门、东门、小南门、大南门、西门、金牛门六门，建有门楼，外有护城河和吊桥。古城墙现存 1860 米。墙体外侧高约 3 至 5 米，内侧高约 1 米至 3 米，下宽约 9 米至 12 米，上宽约 7 米至 9 米，中间填土夯实，并掺有少量石灰、碎石、砖瓦渣。两侧内收，砖脚外侧宽约 1.4 米，内侧宽约 1 米，外侧墙体有一部分是条石垒成，高度在 1.5 米至 2.5 米不等。基础条石均错缝垒砌，石与石衔接处中间纵向凿有束腰形长槽，浇铁水连接加固，砖墙与石基均用石灰加糯米作黏合剂，极其坚固。墙外发现有许多纪年砖和多块修城碑志。

澧州古城墙

澧州古城墙 2006 年 5 月 31 日经湖南省人民政府公布为省级文物保护单位，编号为

26—432300130。其保护范围：以城墙墙基为起点，四向各至30米处。

蜚云塔

明、清时期。位于常德市澧县城关镇澧水河北岸的二圣滩。

该塔始建于明代，落成于清代。明天启初年（1621）建塔三级，清嘉庆十六年（1811）易砖为石，后停工，嘉庆二十二年（1817）续建落成。塔为七级楼阁式石塔，八方形，飞檐起翘，塔高约33米。底径12.5米，底层高约5.9米，以上各层均递减。顶层高3.2米，直径6.4米。塔顶为八方台阶形攒尖式，上设莲瓣一圈，中置三节葫芦形宝顶，上下衔接处置一圆形盘，上小下大。第一层西向辟一门，余六层均为四门，设十字巷道。门顶拱形，内有旋梯108级直通七层。第七层成穹窿顶，中置一四方石柱，四面有铭文，南曰“皇图巩固”，北曰“文运光昌”，西为“皇清嘉庆十六年知澧州直隶事成都谢攀云率阖州士民倡举重建”，东为“皇清嘉庆二十二年知澧州直隶事贵定安佩莲率阖州士民重建造成”。此塔石雕众多，塔基转角处圆雕八位菩萨扶塔，菩萨高1.3米，呈蹲状，袒胸露腹，两眼圆瞪，神情兼备，姿态各异。塔身内外浮雕佛像117尊，慈眉善目，庄重肃穆。第一层门楣上圆雕八仙人物，有竖匾阴刻“蜚云塔”三个大字。

蜚云塔

蜚云塔2002年5月19日经湖南省人民政府公布为省级文物保护单位，编号为69—28。其保护范围：塔基四周各外延30米及至大堤之间宽7～10米的通道。

澧州文庙

清代。位于常德市澧县城关镇，是湖南省境内保存完好的县级文庙之一。

据清《直隶澧州志》载：“宋建学宫，在城南里许，元代张子仁重修，明初创大成殿及廊庑，明末毁于战火。清顺治六年（1649）复建，嘉庆、光绪年间都曾修葺。”文庙由头门、棂星门、大成门、大成殿、崇圣殿等五部分组成，两面有廊庑、钟鼓楼等。砖木结构，占地7000平方米。

头门，清同治六年（1867）修，前有石狮一对，后有泮池和状元桥。棂星门为条石砌筑，6柱5门，柱梁上有龙戏水、凤穿云浮雕，惜已毁。大成门砖木结构，面阔19米，进深10.5米，门内三楹，硬山

澧州文庙

顶、飞檐、黄瓦。中门前后御路均浮雕双龙戏珠、戏水。左名宦祠、右乡贤祠。门后有钟、鼓楼和二庑殿。

大成殿，为文庙中的主体建筑，五开间面阔 30 米，进深 20 米，高 23 米。重檐歇山顶，飞檐高翘，盖黄琉璃瓦，正脊置相轮宝瓶，高约 3 米，四周有回廊，殿内外有圆木大柱 48 根，檐下有斗拱。左右及后面砌砖墙，前为 22 页雕花隔扇，上雕历史人物和神话故事。殿下台基长 30 米，宽 20 米，高 1.2 米。后面之崇圣殿为硬山顶，飞檐饰瓦。

澧州文庙 1983 年 10 月 10 日经湖南省人民政府公布为省级文物保护单位，编号为 82—25。其保护范围：四向各至围墙基外 9 米处。

石门文庙

清代。位于常德市石门县城关镇。

文庙始建于宋皇祐四年（1052），庙址数次变迁，现存文庙为明弘治十七年（1504）邑侯周帮领建。清乾隆、光绪年间曾经过较大的修缮。

石门文庙按南北中轴线对称布局，庙分三进，两个自然四合院，占地 4493.14 平方米，建筑面积 2269.4 平方米，除山墙为砖砌外，其余均为木质结构。

头门，面阔三间，进深 9.25 米，单檐歇山顶，门前有清代石狮一对。内有泮池、状元桥。泮池半圆形，直径 15 米，深 2.5 米，用花岗石垒砌，池周环以石栏，望柱高 1.1 米。状元桥宽 2 米，跨步 10 米，两侧砌石栏，阳雕文房四宝，两端置踏步、抱鼓。棂星门为木结构，四柱三门三楼，高 8.7 米，宽 8.27 米，主楼为明间有七彩斗拱。正、次间额枋上，均有镂空木雕的二龙戏珠等装饰。“棂星门”三字为乾隆皇帝御书。大成门又称戟门，砖木结构，面阔三间，进深 12.4 米，单檐硬山顶，山墙两端泥塑人物山水，造型生动，工艺精美。大成门左为文官厅，名宦祠，门右为武官厅，乡贤祠。

石门文庙

大成殿面阔五间，进深 10.5 米，高 16.92 米，重檐歇山顶，飞檐高翘，盖黄琉璃瓦。正脊饰双龙戏珠，檐下作卷棚，四周有回廊、撑拱、雀替，雕人物花卉。殿前月台上置青铜孔子像，高 3.4 米，殿前有东西廊，钟鼓楼等。

石门文庙 2002 年 5 月 19 日经湖南省人民政府公布为省级文物保护单位，编号为 68—27。其保护范围：东至厢房、碑廊、礼器库东墙，南至文庙路，西至梯云路，北至县委接待处五栋。

夹山寺

清代。位于常德市石门县夹山国家森林公园。

夹山寺周边山水环绕，风景秀丽。唐咸通十一年（870）始建，宋神宗、元世祖时曾多次修葺，故享有“三朝御修”之盛誉。该寺原来殿宇甚多，也有“骑马观山门”之说。由于历史原因，现仅存清代建造的大雄宝殿一幢，面阔7间，进深5间，重檐歇山顶，布小青瓦。下檐外部用砖墙，翼角起翘，采用45度砖墙，从金柱砌至檐柱，高出下檐成弓山墙，此建筑风格独特。殿内原有玉玺井和北宋大观三年（1109）所铸大铁钟，重万斤。殿内两侧镌刻有清顺治、康熙年间石碑。记载清顺治时有“奉天玉”和尚住此。原大雄宝殿横额相传为“奉天玉”和尚亲笔所书。清乾隆时，澧州知州何璘，亲临此地考察，撰有《书李自成传后》一文，论述“奉天玉”和尚即李自成，并对其隐居夹山寺记述甚详，原寺旁尚有其墓，故当地政府已建有闯王陵等建筑。

夹山寺大悲殿

夹山寺1959年经湖南省人民委员会公布为省级文物保护单位，编号为103. 其保护范围：东至大雄宝殿以东50米，南至剩粮桥，西至奉天玉和尚墓西50米，北至狮子岭南山脚。

古大同寺

清代。位于常德市津市市澧水南岸猫儿岭北坡，相传原为九祖道场。

据《岳州隆兴寺志》载：“寺始建于唐文宗大和年间（827～835），后屡毁屡建，最后于光绪五年至九年（1879～1883）重修庙宇，开垦寺田，又复旧观。”“文化大革命”期间，寺遭破坏，现存建筑仅有前殿和大殿及两侧厢房等。大殿单檐硬山瓦顶，脊饰葫芦宝瓶，两山墙和后墙砖均为砖砌白粉壁，山墙前后为马头墙，前面为可开启的大门。殿内为梁架结构，面阔5间，宽21.3米，进深13.2米，各间相通，殿内有26根立柱，大殿通高8.4米，上覆小青瓦。大殿正中原供如来佛像，两侧分列十八罗汉，前面两侧有钟、鼓楼。前殿结构与大雄宝殿相似，前为山门，殿堂小于大殿，各间以板壁相隔，通宽18.1米，深11.2米，高

古大同寺

7.1 米，中梁上有“清嘉庆重修”字样。寺内尚存同治二年（1863）、光绪九年（1883）、光绪十一年（1885）石碑四通。

古大同寺 2002 年 5 月 19 日经湖南省人民政府公布为省级文物保护单位，编号为 67—26。其保护范围：四向各至主体建筑及附属建筑物外 30 米处。

多安桥

清代。位于常德市澧县城关镇澹水河上。

该桥始建于清乾隆五十一年（1786），由绅士彭宗粮倡修，后被洪水冲毁。嘉庆二十四年（1819），澧州守道多赉、澧州牧安佩莲就其址建石拱桥，次年竣工。1935 年，贺龙率部攻打澧州，为断绝敌人后路，曾将桥炸毁一孔，1950 年得以修复。该桥为石质连拱结构，条石砌成，全长 198 米，宽 8.7 米，十二墩十一孔，拱为五分之三圆拱，中间孔跨径 15 米，拱高约 10 米，其余的孔跨、高度递减。桥墩成梭形并从下往上呈台阶式内收。原桥面两侧置石栏，中部置一方亭，两端各建牌坊一座和碑刻 40 通，均毁。多安桥规模宏伟，造型古朴，气势磅礴。其高大梭形桥墩，既加快水的流速，也大大减轻河水对桥体的冲击力，从而增强桥的稳固性，体现了当时精湛的建桥技术。

多安桥

多安桥 2006 年 5 月 31 日经湖南省人民政府公布为省级文物保护单位，编号为 32—432300137。其保护范围：四向各至桥外 30 米处。

梯云塔

清代。位于常德市石门县二都乡宝塔村，是湖南省湘西北隅保存最完好的石塔。

梯云塔始建于明万历元年（1573），由知县杨云材修建，后毁于乾隆年间。清道光三十年（1850），举人王大猷重修。该塔为七级重檐楼阁式盔顶花岗岩石塔。各层飞檐翘角，每层有东南西北穹窿洞门，穹窿巷道从四面直通中心，成正十字形，中有回旋台阶可达顶层。下设须弥塔座，通高 34.15 米。塔顶中部由花岗石雷公柱支撑，通高 2.96 米，柱上阴刻楷书纪年铭文，南面为“大清道光三十年庚戌岁建”，西面为“诰授奉直大夫道光辛巳科举人历任直隶省滦城县、献

梯云塔

县、天津县知县陛授通州知州总领塔事王大猷”，东面为“倡首国学生唐恩贤捐钱伍千串”，北面为“监修首土生员贺安帮、廪生邢文堃、武生王祈太”。第一层门额上由王大猷手书“梯云塔”三字。该塔塔体结构坚实稳重，保存完好。

梯云塔2002年5月19日经湖南省人民政府公布为省级文物保护单位，编号为70—29。其保护范围：以塔为中心，东、西、南、北各往外延伸100米。

白云屋桥

清代。位于常德市石门县白云桥乡。

白云屋桥为木结构风雨桥，桥全长45米，高13米，宽6米，青石砌成的菱形桥墩，墩上铺横木成桥面，其上修屋。屋顶小青瓦歇山顶，桥内中间为通道，两侧为木质长櫈。该桥位于古代交通要道上，具有湘西北少数民族独特的建筑风格。

白云屋桥

白云屋桥2011年1月24日经湖南省人民政府公布为第九批省级文物保护单位，编号为163—85。其保护范围：以桥基为起点，四向各至30米处。

泰和合茶号

清代。位于常德市石门县壶瓶山镇后街。

该茶号为清代卢次伦创办泰和合茶号时所建，砖木结构，建筑风格中西结合并保存完整，是当时著名的“宜红茶”制作基地，其制作的红茶曾销往世界各地。该茶号的保护对研究当时中西结合的建筑艺术和湘西北茶文化的发展有重要价值。

泰和合茶号2011年1月24日经湖南省人民政府公布为第九批省级文物保护单位，编号为164—86。其保护范围：以外墙墙基为起点，四向各至30米处。

太和观

清代。位于常德市河洑国家森林公园内。

太和观原为真武庙、道德观，旁边还建有虚白楼，始建于宋代，后均被毁，清代重修。该建筑砖木结构，建筑面积800平方米，正殿高18米，进深12米，用8根立柱构成，小青瓦重檐硬山顶，四角翘起，具有典型的地方建筑风格。此处曾是中共常德地下组织进行革命活动的据点之一，有重要的保护价值。

太和观

太和观2011年1月24日经湖南省人民政府公布为第九批省级文物保护单位，编号为166—88。其保护范围：以外墙墙基为起点，四向各自30米处。

常德城区古井群

宋至清代。分别位于常德市城区和河洑国家森林公园。

常德城区古井群包括常德市城区的四眼井、丝瓜井、葵花井、白龙井和河洑国家森林公园的崔婆井共五处，现均保存完好。这批古井是常德历代古城的地标性建筑，历史悠久，有许多神奇的民间传说，地方文献也多有记载，对了解和研究常德古城的变迁有重要价值。

常德城区古井群（丝瓜井）

常德城区古井群2011年1月24日经湖南省人民政府公布为第九批省级文物保护单位，编号为167—89。其保护范围：以各井口为起点，四向各自30米处。

八方楼

清代。位于常德市澧县城关中学校园内。

八方楼又名遇仙楼。根据《直隶澧州志》记载，该楼因澧州太守在此遇见吕洞宾的传说而建，附近有遇仙桥。清雍正十二年（1734）进行过重修。1957年维修时曾将楼体升高。八方楼平面呈八方形，楼底直径15米，楼高20米。楼体用24根立柱构成，底层有回廊，内有旋梯。每层屋檐转折处翼角高翘，梁枋上刻有龙凤和花草图案。三重檐盔顶，覆盖绿色琉璃瓦，顶端为葫芦瓶式宝顶。是当时澧州城内八景之一。该建筑风格古朴，具有一定的历史艺术价值。

八方楼

八方楼2011年1月24日经湖南省人民政府公布为第九批省级文物保护单位，编号为169—91。其保护范围：以外墙墙基为起点，四向各至20米处。

洞庭湖区防洪堤（常德石柜群）

五代至明清时期。位于常德市城区沅水北岸。

石柜是用于阻挡、缓解洪水直接冲击、保护江北城区防洪大堤的重要水利设施。常德石柜群主要分布在城区沅江北岸，目前保存较完整的有：落路口石柜、花猫堤石柜、上石柜、笔架城石柜、四凤寺石柜、沙湾石柜等。其中位于城区大西门外的上石柜历史最为悠久，始建于后唐同光元年（923），呈三角形，长 50 米，宽 35 米，高 6.35 米，经历代维修，是目前仍在起作用的古代防洪设施。

洞庭湖区明清防洪设施（笔架城石柜）

洞庭湖区防洪堤（常德石柜群）于 2011 年 1 月 24 日经湖南省人民政府公布为第九批省级文物保护单位，编号为 269—191。其保护范围：以堤垸外缘为起点，四向各至 80 米处。

四、古碑刻

《提刑权府寺丞请开堂疏》碑

宋代。现存放在常德博物馆内。

该碑原竖立于德山乾明寺内。乾明寺始建于唐代，之后历经修复，1943 年在常德抗战中毁于兵燹。1958 年残余建筑被全部拆除，只留下宋碑。为保护好该碑，1979 年迁至常德市城区滨湖公园，1994 年再迁入常德博物馆保存。此碑高 215 厘米，宽 142 厘米，厚 20 厘米，碑质砂岩。宋绍定元年（1228）刊立，正面碑额为阴刻楷书“提刑权府寺丞请开堂疏”，字体工整秀丽，四周阴刻纹饰。碑文记载寺庙开堂和僧徒受戒的内容，列举寺庙的田产数目。落款为“提典刑狱兼常德知府林”。据《职官表》考证，碑文为当时常德知府林文仲撰写。此碑对宋代佛教和寺庙土地占有制度的研究具有重要的史料价值。

《提刑权府寺丞请开堂疏》碑 1959 年 1 月 24 日经湖南省人民委员会公布为省级文物保护单位，编号为 114。

五、重要革命史迹和纪念性建筑

常德会战阵亡将士纪念公墓

近现代。位于常德市城区青年南路。是一处为 1943 年冬中日“常德会战”中阵亡的国民党军 5 千余名将士而修建的纪念性建筑。

1943 年 11 月，侵华日军进攻常德城，国民党守军第七十四军第五十七师 8000 余人与敌浴血奋战 16 个昼夜，阵亡将士 5703 人。1944 年，时任国民党第七十四军军长王耀武和常德县县长戴九峰为纪念捍卫国土而壮烈牺牲的将士们，决定在城区修建阵亡将士纪念公墓。于抗战胜利后的 1945 年 11 月 23 日建成并举行了祭祀仪式。

纪念公墓以南北为轴线，面南四柱三门牌坊，牌坊正中为蒋中正题“天地正气”，两侧为常德县参议会所撰“孤军浴血千秋壮，公墓埋忠万姓哀”，还有国民政府军政要员所题挽联。进牌坊后东西两侧各有一四柱六方纪念亭，亭中原各有一方由七十四军前后两任军长王耀武和施中诚撰文的纪念石碑。公墓正中为四方底座的纪念碑，碑正中四面均撰刻有“陆军74军常德会战阵亡将士纪念公墓”碑名。底座四面刻有时任国民政府立法、司法、考试、监察四院院长孙科、居正、戴传贤、于右任撰写的纪念挽联。纪念碑后面建有纪念堂，再后为阵亡将士墓，墓冢长55米，宽45米，高0.8米，墓顶铺以青石，四周花草树木，环境幽静肃穆。

1949年后，特别是“文化大革命”期间，公墓内部分建筑被人为损毁。从1981年开始，常德市人民政府对纪念公墓陆续进行了修复，除纪念堂未恢复外，其他均已复原。2003年撤除纪念公墓四周围墙，进一步整治美化了周边环境。2009年6月~2010年6月市文物局按照省文物部门和市名城办要求，尊重历史对其进行了全面修复。

常德会战阵亡将士纪念公墓

常德会战阵亡将士纪念公墓1996年1月4日经湖南省人民政府公布为省级文物保护单位，编号为11—11。其保护范围：四向各至围墙基外30米处。

林伯渠故居

清代。位于常德市临澧县修梅镇凉水井村，此为中共老一辈无产阶级革命家林伯渠出生地。

林伯渠（1886—1960），原名祖涵，1921年加入中国共产党，第一次国内革命战争时期，在国民革命军第六军中主持政治工作。1927年参加南昌起义，后任中华苏维埃政府国民经济部长和财政部长。在延安时期，任陕甘宁边区政府主席。新中国成立后，历任中共中央政治局委员，中央人民政府秘书长，全国人民代表大会常务委员会副委员长等职，1960年5月29日病逝。

林伯渠故居

林伯渠故居是其曾祖父林长槐清道光年间修建。清光绪十二年（1886）三月二十日，林伯渠诞生在这里，并在此度过了童年和少年时代。1969年，当时的生产大队将故居几乎全部拆除，仅剩一偏房及封火墙。1986年，中共临澧县委、临澧县人民政府为隆重纪念林伯渠诞辰一百周年，多方筹资对故居拆除部分按原貌进行了重建，残留部分进行了全面修复。故居坐东朝西，土木结构，分三进，典型清代民居建筑风格。共有大小房间 19 间，总建筑面积 857 平方米。

林伯渠故居 1996 年 1 月 4 日经湖南省人民政府公布为省级文物保护单位，编号为 10—10。其保护范围：前从堰塘最前端边缘向前延伸 30 米，后至风景林山脊，左从故居左墙基向外垂直延伸 30 米，右从故居右墙基向外垂直延伸 30 米。

帅孟奇故居

近代。位于常德市汉寿县坡头镇陈家湾村，是中共老一辈无产阶级革命家帅孟奇出生地。

帅孟奇（1897—1998），又名帅可瑾，女，早年参加革命工作，1926 年加入中国共产党并长期从事党的地方组织工作。在延安时，曾任中共中央农委政治部秘书兼党总支书记、陕甘宁边区政府党委委员兼物资局党支部书记、陕甘宁边区政府甄别委员会主任等职。1945 年，任中共中央妇女工作委员会秘书长，1949 年 3 月当选为全国妇女联合会常委兼组织部长。新中国成立后，当选为中共第八届中央候补委员，任中共中央组织部副部长。中共十一届三中全会后，当选为中共中央纪律检查委员会常委、第五届全国政协常委、中共中央顾问委员会委员。1998 年 4 月病逝。

帅孟奇故居

帅孟奇故居是 2007 年第三次全国文物普查时发现的，经考证是帅孟奇出生和青少年时期生活过的地方。故居建于 1895 年，为木结构小青瓦房，共有大小房间 18 间，建筑面积 600 平方米，四周保护面积 6667 平方米。该建筑虽建造年代久远，但目前保存完好。故居附近还发现有帅孟奇父母的合葬墓。

帅孟奇故居 2011 年 1 月 24 日经湖南省人民政府公布为第九批省级文物保护单位，编号为 402—112。其保护范围：以外墙墙基为起点，四向各至 30 米处。

郑洞国墓

当代。位于常德市石门县夹山镇国家森林公园内。

郑洞国，字桂庭，1903 年出生于石门县磨石镇南岳村，1924 年考入黄埔军校一期，次年参加东征、北伐，历任国民革命军营、团、旅、师长。抗战时期，曾率部先后参加保定保卫战、台儿庄战役、武汉大会战、鄂西会战等，屡创敌顽，战功卓著。1943 年调任中国驻印军新一军军长，率部会同盟军收复缅北，扬威国外。1945 年回国，历任国民党第三方面军副司令、东北保安副总司令、代总司令等职。1948 年脱离国民党，投奔共产党。新中国成立后，历任水利部参事、国防委员会委员、全国政协第三、四届委员，第五、六届常委，第五、六、七届民革中央副主席。还任黄埔同学会副会长，致力于祖国和平统一事业。1991 年病逝于北京，其骨灰原安放在八宝山革命公墓，2006 年迁往石门县夹山镇国家森林公园内安葬。

郑洞国墓 2011 年 1 月 24 日经湖南省人民政府公布为第九批省级文物保护单位，编号为 403—113。其保护范围：以墓口为起点，四向各至 30 米处。

忠烈祠（秀峰书院）

清代。位于常德市石门县楚江镇。

忠烈祠原名秀峰书院。抗日战争胜利后，为纪念中日常德会战中在石门战场英勇牺牲的将士，当地政府在此处设立纪念堂，竖立纪念碑，撰刻纪念匾，纪念挽联等，并将秀峰书院更名为“忠烈祠”。

忠烈祠系砖木结构的清式民间建筑，台基为长方形，面阔 17.2 米，进深 16.3 米，总建筑面积 280 平方米。台基四周墙脚及阶檐以长条形青石铺垫，第一进过大门为厅堂，面阔两间，进深两间。头门正面为高大结实的封火墙，距地平面高 11.3 米，单檐瓦顶，略往上挑。顶有石质望柱，为方形，蘑菇顶，两高两低，中间两望柱之间间隔 3.4 米。望柱用弧形镂空石材相连，高低两望柱间隔 1.2 米，望柱之间用石材砌成菱形几何图案，材质规整，镂刻精细。整个头门高大宏伟，正中为方形石门，“浩气英风长留天地，傧边旅事报赛春秋”的门联至今保存完好。厅堂次间为左右耳房，面阔 5.75 米，进深 4.8 米。耳房前为两个天井，大青石砌成，规矩端庄，封闭清静。第二进为讲堂，面阔两间，进深两间，单檐，硬山，小青瓦顶，尖山式封火墙一层翘角，脊顶正中置葫芦宝瓶一个，脊背两侧分别绘以花卉，形态逼真，栩栩如生。讲堂左右为厢房，面阔 5.8 米，进深 8.3 米。忠烈祠石构件、木构件朴素端庄，典雅大方，其传统建筑艺术精湛。

秀峰书院

忠烈祠 2011 年 1 月 24 日经湖南省人民政府公布为第九批省级文物保护单位，编号为 404—114。其保护范围：以外墙墙基为起点，四向各至 30 米处。

常德会战碉堡群

民国时期（1943）。位于常德市城区及河洑国家森林公园。

常德会战是抗日战争中几大著名战役之一，碉堡是常德会战中中国军队抗击日本侵略者的防御工事。碉堡群包括常德城区的东门碉堡、大西门碉堡、北站碉堡、白马湖碉堡和河洑山碉堡共五处。每处碉堡均呈方形，砂浆水泥结构，一侧有门，多为一至两个射击孔。碉堡群是常德会战的重要历史见证，是进行爱国主义教育的重要场所。

常德抗战碉堡（湖南文理学院内）

常德会战碉堡群2011年1月24日经湖南省人民政府公布为第九批省级文物保护单位，编号为405—115。其保护范围：以各处碉堡外缘为起点，四向各自30米处。

翦八士墓

明代。位于常德市桃源县枫树维吾尔族回族乡。

翦八士是明洪武初年到常德定居的维吾尔族、回族第一代首领，逝世后原葬于常德市城区东门外。20世纪50年代由其后人迁葬至桃源县枫树维吾尔族回族乡。

翦八士墓2011年1月24日经湖南省人民政府公布为第九批省级文物保护单位，编号为406—116。其保护范围：以墓口为起点，四向各至30米处。

翦伯赞故居

清代。位于常德市桃源县枫树维吾尔族回族乡。

翦伯赞（1898—1968），湖南省桃源县人，维吾尔族。著名的马克思主义历史学家，中国马克思主义思想早期传播者之一。1937年5月加入中国共产党，投身中华民族的解放事业。新中国成立后，历任中央人民政府政务院文化教育委员会委员、中央民族事务委员会委员、北京大学副校长等职。1968年在“文化大革命”中遭迫害致死。1978年，由邓小平亲笔批示平反昭雪。

翦伯赞故居

翦伯赞故居始建于清代晚期，因年代久远，自然损毁严重。2009年经中共中央办公厅批准，由桃源县政府出资修复。故居坐北朝南，平面呈“万”字形，是一栋纯木结构具有湘西北民居建筑风格的平房。占地面积34200平方米，有大小房间38间，总建筑面积1005平方米。

翦伯赞故居2011年1月24日经湖南省人民政府公布为第九批省级文物保护单位，编号为408—118。其保护范围：以外墙墙基为起点，四向各至100米处。

第三节　市级文物保护单位

一、古遗址

燕尔洞遗址

旧石器时代。位于常德市石门县皂市镇阳泉坪村澧水支流渫水旁的风堡岭西面陡壁上。

燕尔洞遗址由两个洞穴组成，是湖南省境内迄今为止唯一发现的旧石器时代洞穴遗址。于1986年在第二次全国文物普查时发现，1990年、1992年、1993年、2006年，湖南省文物考古研究所曾先后四次对此进行了科学发掘。出土了大象、野猪、虎、豹、熊、豺、鼠、兔、巨猿、犀牛等哺乳动物化石及大量骨器、细小燧石刮削器等石制工具。尤为重要的是出土了包括人类左股骨、下颌骨、右下臼齿、左上臼齿、前臼齿等一批旧石器时代晚期智人化石。这批化石的出土，填补了湖南省境内旧石器时代人类化石的空白，被考古界命名为“石门人”。

燕尔洞遗址1992年6月经常德市人民政府公布为第一批市级文物保护单位。2007年，因皂市水库枢纽工程竣工蓄水，遗址被全部淹没。

余牯岭遗址

旧石器时代。位于常德市澧县车溪乡新民村。

该遗址南北长200米，东西宽100米，总面积约2万平方米。内有旧石器时代晚期遗址、石家河文化时期遗址，还有战国、元代墓葬和窖藏等。采集有大量细小石器，石质以石英砂岩、石英石、燧石为主。器物种类大都是刮削器。

余牯岭遗址2007年经常德市人民政府公布为第三批市级文物保护单位，编号为1。其保护范围：东至宋家沟东岸，西至新民村8组和合兴村7组界沟，南至州上坟山，北至余先登家。

青龙嘴遗址

新石器时代。位于常德市津市市涔澹农场。

该遗址面积约2万平方米，文化堆积厚约1.5米，内涵丰富，包含着新石器时代大溪文化、屈家岭文化、龙山文化，还有商周文化和楚文化遗存。该遗址对了解湘北地区原始文化和楚文化特色具有重要价值。

该遗址1992年经常德市人民政府公布为第一批市级文物保护单位。

胡家屋场遗址

新石器时代。位于常德市临澧县九里乡万岗村。

胡家屋场遗址原为一片丘陵岗地，因土地整改逐渐成为耕种田地。整个遗址区呈长方形，东西长367米，南北宽256米，面积7.5万平方米，文化堆积层厚0.8米。于1984年全国第二次文物普查时发现，1986年，湖南省考古研究所在此发掘了120平方米，出土有磨制石斧、石锛和皂市下层文化的夹炭红陶残片，还采集有龙山文化时期的泥质灰陶残片。

该遗址2000年6月经常德市人民政府公布为第二批市级文物保护单位，编号为32—B1。其保护范围：遗址埋藏区。

黄家岗遗址

新石器时代。位于常德市澧县张公庙镇国富村一高出地面约2米的台地上，小地名黄家岗。

该遗址于1986年全国第二次文物普查时发现，南北长114米，东西宽100米，总面积约1.1万平方米，文化堆积厚约2米至3米。从采集的器物分析，其文化性质与皂市下层文化较为接近，距今约7500年。

该遗址2007年经常德市人民政府公布为第三批市级文物保护单位，编号为4。其保护范围：东至五角长堰，西至国富村7组与9组界沟，南至丁仁平家，北至丁家环家。

花云塔遗址

新石器时代。位于常德市澧县大坪乡花云村。

该遗址分布在一四周环水的台地上，是一处环壕遗址，南北长100米，东西宽90米，面积约1万平方米。从出土器物分析，是一处屈家岭文化晚期和石家河文化早期遗址。

花云塔遗址2007年经常德市人民政府公布为第三批市级文物保护单位，编号为5。其保护范围：东至坝堰与四方堰，西至南庙堰与北庙堰，南至团堰，北至弯肠堰。

花云塔遗址

小台湾遗址

新石器时代和宋至清代。位于常德市澧县双龙乡双台村。

该遗址分布在牛浪湖一小台地上，实际上是由两处遗址（小台湾遗址和大坝遗址）组成。小台湾遗址为宋代至清代时期遗址，大坝遗址为新石器时代石家河文化时期遗址。由于两处遗址分布连在一起，统称为小台湾遗址。

2007年经常德市人民政府公布为第三批市级文物保护单位，编号为6。其保护范围：

东至小台湾岛东侧，西至小台湾岛西500米处，南至牛奶湖大堤，北至牛奶湖。

宋家台遗址

新石器时代。位于常德市澧县垱市镇宋家台村。

该遗址于1986年全国第二次文物普查时发现，1986年和1987年由湖南省文物考古研究所先后两次进行发掘，发掘面积420平方米，在西区发现了居住址，东区发现了墓葬区，发掘清理墓葬50座。

宋家台遗址2007年经常德市人民政府公布为第三批市级文物保护单位，编号为7。其保护范围：东至小沙子堰东岸以东50米，西至十支堰，南至庙场堰南岸，北至庙堰北岸。

紫金山遗址

新石器时代。位于常德市汉寿县西港镇护国障村。

该遗址分布在一高出周围地面约1米左右的台地上，面积约6万平方米，文化堆积厚约1.2米。采集陶片有泥质灰陶、红陶，其纹饰有弦纹、绳纹。器物有鼎、罐、双腹豆等，属新石器时代屈家岭文化。

紫金山遗址2007年经常德市人民政府公布为第三批市级文物保护单位，编号为9。其保护范围：东至中心渠，南至鱼池，西至赵家河水库，北至小河边。

柳垱遗址

新石器时代至汉代。位于常德市鼎城区石公桥镇覃家岗村。

该遗址中有石家河文化时期古遗址15000平方米，文化层厚约0.5米，土呈灰褐色，内有红烧土及陶片等遗物，采集石器有石斧和麻面鼎足纺轮等。遗址内还有战国至汉代古墓葬30余座。

该遗址2007年经常德市人民政府公布为第三批市级文物保护单位，编号为10。其保护范围：东至土肖湖200米，西至柳档河200米，南至扑儿山，北距保护碑30米。

胡衿城遗址

新石器时代至汉、宋代。位于常德市安乡县城关镇。

胡衿城遗址包含打鼓台遗址、子龙庵庙台和城址，历史文化内涵较为丰富。打鼓台遗址于1986年经湖南省文物考古研究所部分发掘，认定是一处珍贵的新石器时代遗址，内含有屈家岭文化、石家河文化等，曾发掘出屈家岭文化时期的石铲（后经鉴定为国家二级文物）。城址遗迹与三国时期的赵子龙和南宋杨么、岳飞等人物和史实有关，庙台子上留有原建的赵侯庙的台基遗迹。城址西南还有“双女坟”墓，疑为尧女舜妃墓冢。

胡衿城遗址2007年经常德市人民政府公布为第三批市级文物保护单位，编号为14。其保护范围：以打鼓台为中心，四周向外延伸1000米。

斑竹遗址

商代。位于常德市澧县澧东乡张家湾林场。

该遗址东西长2000米，南北宽100米，总面积约20万平方米。遗址地处澹水北岸，由于澹水改道，将遗址南部部分冲刷破坏，从剖面可见文化层，表土厚约2米，文化层厚约1.5米，灰褐色土，含有大量陶片。采集的陶片有红胎黑皮陶、夹砂红陶、灰陶等。纹饰有弦纹、方格纹、乳钉纹、“十”字镂空纹等。器形有鬲、鼎、罐、豆、盆、大口缸等。

斑竹遗址2007年经常德市人民政府公布为第三批市级文物保护单位，编号为11。其保护范围：斑竹村张家湾林场范围。

古城岗遗址

战国时期。位于常德市澧县闸口乡古城村。

该遗址地处一小山岗上，呈不规则长方形，东西长约300米，南北宽约200米，总面积约60000平方米。东西两侧各有一水塘，城址西南两侧各有缺口一个，似城门遗迹。筑城时依山就势将小山岗东、西、北三面山坡削陡，南面涔水环山从山脚下穿过，形成一道自然护城河。遗址内有厚达1米多的东周至汉代文化层堆积，采集有东周时期铜箭镞和较多陶鬲脚、罐口沿、筒瓦、板丸等遗物。遗址东北、西北山丘上分布有密集的楚墓，封土堆尚存。

古城岗遗址2007年经常德市人民政府公布为第三批市级文物保护单位，编号为12。其保护范围：东至李先秒家，西至张业发家，南至古城村部，北至张可之家。

皇城港遗址

宋代。位于常德市汉寿县聂家桥乡皇城港村，是一处古城遗址。

旧志载有南宋黄城响应杨幺起义，曾在此立寨。依据史籍提供的资料，皇城港遗址应为宋代古城址。城址轮廓基本完整，呈长方形，东西长400米，南北宽300米，约12万平方米。城址坐落在比四周高约3米左右的台地上，城垣为夯土筑成，现残存南面三段，分别为3米、11米、5米，共19米。残垣高4米，底宽8米。城址内采集有宋代建筑构件、硬质陶片等。

皇城港遗址

皇城港遗址2000年6月经常德市人民政府公布为第二批市级文物保护单位，编号为36—B5。其保护范围：城址分布范围。

二、古墓葬

青龙山古墓群

战国时期。位于常德市汉寿县株木山乡云台山林场。

该墓群分布在呈“∪”形的山体上，当地村民称“∪”形山右边为阴塘碑，左边叫壳龙咀。山脊上保存有三座封土堆，高约 3 ~ 5 米，底径约 6 ~ 8 米。墓群面积达 17 万平方米，分布区内树林茂密，呈较原始状况。

青龙山古墓群 2007 年经常德市人民政府公布为第三批市级文物保护单位，编号为 15。其保护范围：东至肖家冲水库，西至云台山村九塘组，南至王家村，北至撇洪河。

杨岗楚墓群

战国时期。位于常德市临澧县望城乡杨岗村。

杨岗楚墓群是一处较集中的战国时期墓群，总面积 6000 平方米，初步探定有墓葬上百座，墓深 1. 8 米、墓宽 0. 8 ~ 1. 2 米左右，整个墓葬区均保存完好。

杨岗楚墓群 2007 年经常德市人民政府公布为第三批市级文物保护单位，编号为 17。其保护范围：东临看花村，西临金宝滩，南临杨岗村部，北抵道水河。

八根墓群

战国时期。位于常德市澧县梦溪乡八根村。

该墓群与邻近的笔架山墓群仅一路之隔，两处统称为八根墓群。墓群范围南北长 500 米，东西宽 300 米，总面积 15 万平方米。2002 年在 207 国道扩建时，对其部分墓葬进行了抢救性发掘，出土了铜剑、铜矛、铜箭镞、铜戈等十多件器物。墓群范围内还有大型封土堆 6 座，其中燕子窝 2 座、白虎嘴 3 座，是一处较为密集的战国墓群。

八根墓群

八根墓群 2007 年经常德市人民政府公布为第三批市级文物保护单位，编号为 18。其保护范围：东至燕子窝谢承海家，西至笔架山王成兵家，南至消河六组石院子，北至白虎嘴龚道安家。

杨幺墓

宋代。位于常德市汉寿县新兴乡祝家岗村。

杨幺（1108—1135），汉寿人，南宋初年洞庭湖地区农民起义军首领。建炎四年（1130）2 月从钟相起义，多次击败南宋朝廷官军。钟相被害后，继举义旗，提出“等贵贱，均贫富”的口号，拥为“大圣天王”。绍兴五年（1135）2 月起义军被镇压，杨幺被杀害。

杨幺墓1987年全国第二次文物普查时发现，1988年汉寿县政府公布为县级文物保护单位。2007年经常德市人民政府公布为第三批市级文物保护单位，编号为23。其保护范围：封土堆外缘四周延伸100米。

青文胜墓

明代。位于常德市汉寿县西竺山乡宝塔河村。

青文胜（1360—1391），四川巫溪人。明洪武十九年（1386）任龙阳县典史（今汉寿县），因为民请命自缢于登封楼下，明太祖朱元璋闻讯后极为震惊，下诏宽减龙阳县租赋二万四千余石。明万历十四年（1586）诏有司春秋致祭，名其祠曰“惠烈公”。2000年青文胜后裔为纪念惠烈公把墓从株木山乡云台山林场迁到西竺山乡青家湾，现墓冢为混凝土结构，高2米，底径5米，周围砌有围栏，四周松树环绕，墓正面竖立石碑，阴刻“青惠烈公之墓”，旁边竖有民国时期国务总理熊希龄的撰文碑刻。

青文胜墓

青文胜墓2007年经常德市人民政府公布为第三批市级文物保护单位，编号为25。其保护范围：墓园围墙内共1000平方米。

杨鸿墓

明代。位于常德市鼎城区沧山乡凉水山村。

杨鸿（1587—1648），武陵人。年轻时就入朝为官，因伸张正义曾两度遭免职放归故里。明末时官至礼部尚书，加太子太保，东阁大学士，是明代较有作为的官吏。清顺治五年（1648）前往湖南麻阳平叛遭当地土司杀害。清康熙十三年（1674），杨鸿墓由麻阳迁柩返葬于此。后墓碑被损毁，清乾隆二十八年（1763）重树石碑，现存残留部分。碑高1.95米，宽0.72米，340字碑文清晰可见。2006年，鼎城区人民政府拨付专款，杨鸿后裔及墓葬当地村民自发捐款进行修缮。

杨鸿墓2007年经常德市人民政府公布为第三批市级文物保护单位，编号为27。其保护范围：以保护碑为中心，四周30米范围以内。

三、古建筑

老渡口石桥

宋代。位于常德市汉寿县聂家桥乡，距汉寿县城16千米，距聂家桥乡政府2.5千米。

该桥全长51米，桥宽3.85米，是一座6墩7孔的联拱石桥，为当时交通要道。桥墩砌叠严谨平整，古朴实用，至今保存完好。

老渡口石桥2000年经常德市人民政府公布为第二批市级文物保护单位，编号为13—A13。其保护范围：四向各至桥体外30米。

文昌阁

元代。位于常德市桃源县城关镇。

文昌阁旧名为川上亭，始建于元延祐六年（1319），元末被毁。明嘉靖二十五年（1546）、万历七年（1579）和清康熙五十一年（1712）几度重建。民国末，阁已腐朽不堪。新中国成立后，1964年曾由桃源县人民委员会拨款修葺。1996年，桃源县政府再次拨款维修，拆除砖墙，加高基础，改为纯木结构。阁为六边形，攒尖顶，上覆琉璃瓦，重檐翘角，檐设斗拱，风格古朴典雅。

文昌阁2000年经常德市人民政府公布为第二批市级文物保护单位，编号为6—A6。其保护范围：四向各至基座外30米。

文昌阁

佘市桥

元代。位于常德市临澧县佘市桥镇。

佘市桥始建于南宋。据《安福县志》记载：南宋宝庆元年（1225）建成石墩木梁桥，元至顺二年（1331）取附近太浮山的红砂石重修，于元至元二年（1336）建成一座8墩9孔的联拱石桥。清乾隆五十年（1785）洪水冲毁4墩，乾隆五十九年（1794）当地大户蒋明章捐资修复。原桥上建筑已毁。现存古桥长74米，高12.8米，桥面宽7米。桥墩为菱形石墩。1964年，桥面铺设水泥路面，至今仍是重要的交通要道。

佘市桥2000年经常德市人民政府公布为第二批市级文物保护单位。2005年，因临澧县有关部门在修建公路时，对原桥面造成了较大破坏，常德市人民政府于2007年取消了该桥市级文物保护单位资格。

常德古城墙

明代。位于常德市城区下南门和青年路之间。

常德古城建城历史悠久，早在战国中期楚人就在此修筑军事城堡，文献记载秦将张若曾在此筑城拒楚。在近二十年中对常德城区考古发掘资料也证明，常德古城建城历史始于战国中期，后在秦汉、三国、两晋、南北朝及唐、宋、元历代，常德均为本地区的政治经济和文化中心之一，城区范围不断扩大，也都修筑有城墙。但这些时期修筑的城墙均为夯筑土城。

明洪武六年（1373）由常德卫指挥使孙德建主持在原常德古城墙基础上改土城墙为砖城墙，采用砂岩为墙基，青灰砖与石灰砂浆黏合修筑墙体，中间填筑夯土。城墙高8米，底宽6米，顶宽4米。转角处筑有“马面”，城墙外侧筑有雉堞三千二百四十八垛。城墙总长度为九里十三步，共5058米（明代360步为一里，一步为5尺，一尺为今0.311米）。有六座城门，东为朝阳门，正西为清平门，西北为小西门，南为上南门和下南门，北为拱辰门。其中朝阳门、清平门、拱辰门均建有瓮城。城墙南面为沅江，其他三面均有护城河。古城墙建成后，曾多有增修和改建，其中以明崇祯年邑人杨嗣昌出资增修影响最大。清代一直沿用并时有修葺，城门名称亦有改变。

常德古城墙

抗日战争期间，为使常德古城墙不被侵华日军所利用，东、西、北三面城墙相继被当局拆毁。南面城墙在1943年的中日常德会战中遭战火破坏。新中国成立后的1959年对南城墙进行了大规模拆除，仅存的城门口至水星楼一段残城墙在20世纪末进行的旧城改造和防洪墙修建中拆除。

2008年，市文物局在水星楼段原古城墙的基础上仿修了一段80余米的明代清砖古城墙。

常德古城墙2000年经常德市人民政府公布为第二批市级文物保护单位，编号为30～A30。现恢复重建的常德古城墙保护范围：四向各至城墙基脚外10米。

真龙桥

明末清初。位于常德市桃源县牛车河乡真龙村。

该桥长9.5米，宽3.5米，横跨于文童溪上。桥体为纯木结构，溪两边用青石砌以桥墩。桥身为长廊式，歇山顶，小青瓦面。廊顶用二龙戏珠黄色琉璃构件压脊，飞檐翘角，整体端庄秀丽，是一座规模不大但保存完好的具有湘西少数民族建筑风格的风雨桥。

真龙桥2007年经常德市人民政府公布为第三批市级文物保护单位，编号为31。其保护范围：整个桥体范围。

西竺山宝塔

清代。位于常德市汉寿县西竺山乡宝塔河村青家湾。

该塔由砖石砌成，平面呈八边形，七级，高32米。塔基为阶梯座，砌有八级石阶，为实心塔。底层辟有假门，出檐0.5米，檐角上翘，挂有铜铃，风吹叮当作响。各层面阔与高度，自下而上按比例递减。塔身用专门烧制的青砖砌筑。石制塔刹，方形弥座，上覆钵体，相轮。据清同治《龙阳县志》记载青家湾曾建有南禅寺，乾隆四十七年（1782）邑人周士效首出百金倡

西竺山宝塔

修。现塔体风化，檐角掉落，塔身上部除长有杂草外，保存基本完好。

西竺山宝塔2000年经常德市人民政府公布为第二批市级文物保护单位，编号为5～A5。其保护范围：四向各至塔基外30米。

松竹桥

清代。位于常德市澧县火连坡镇松竹村。

该桥为单孔石桥，全长87米，其中桥身长39米，南北引桥各长24米，桥面宽8米，跨度直径20米，高12米。桥体均由青石条岩砌成，桥头两端置有雕塑的八仙和建桥碑记，今八仙塑像已残失水底，碑已残。据碑载，黄溪水每年泛滥，人们过渡困难，清乾隆年间，福建省漳州知府孙承松与其弟孙承竹（澧县火连坡人）合资捐建。当地人们为纪念此二人，各取其名的后一字为桥名，故为“松竹桥”。

松竹桥2007年经常德市人民政府公布为第三批市级文物保护单位，编号为28。其保护范围：整个桥体范围。

王家大院

清代。位于常德市桃源县龙潭镇同观山村掩门山组。

该大院为清末四合盘建筑，坐北朝南，砖木结构，占地3136平方米，建筑面积1464平方米。平面呈“回”字形，由前后两进厅和东西厢房组成。前厅两层楼设木质走廊，底层正中为牌楼式岩质大门，两侧为石雕耳门。后厅东西两侧各设一石雕岩门，南北以青砖围墙，与东西厢房墙壁连成整体院落。硬山顶，小青瓦面，风火墙屋架，风火墙彩绘人物花草，部分木构件浮雕戏剧人物，彩绘鲜艳，雕刻精美，是一处为数不多且保存完好的清代民居建筑。

王家大院

王家大院2007年经常德市人民政府公布为第三批市级文物保护单位，编号为30。其保护范围：大院围墙墙基以外10米处。

殷家桥

民国时期。位于常德市桃源县牛车河乡殷家桥村。

该桥建于1943年，长12.5米，宽5.7米，桥面用7根粗大圆木搭建而成，建桥方式别具一格。桥面上为长廊式建筑，纯木结构，重檐歇山顶，小青瓦面，飞檐翘角，整体端庄秀丽。长廊内两边置木质长凳，以供行人歇息。整个桥体规模不大但保

殷家桥

存完好。

殷家桥2007年经常德市人民政府公布为第三批市级文物保护单位，编号为32。其保护范围：整个桥体范围。

四、重要革命史迹和纪念性建筑

陈振亚烈士旧居

清代末期。位于常德市石门县磨石镇黄龙岗村。

陈振亚（毛泽东的亲家，邵华将军生父），原名陈苏，1903年出生，1923年到湘军陆军第二师当兵，1928年7月参加黄公略领导的驻嘉义镇的第三团第三营起义，随即又赶往平江与彭德怀率领的第一团会合，参加平江起义，并加入中国共产党，任红五军四团五连连长。1930年5月调往红三军，在毛泽东、朱德的直接指挥下作战。8月在与敌战斗中左腿负伤截肢。1934年3月任工农红军湘赣医院政治处主任，1936年7月进入抗大第三期二大队四队学习，经林伯渠介绍与张文秋结婚，1938年任八路军一一五师后方留守处政治部主任。同年8月受中共中央和中央军委派遣去苏联养伤，途经迪化（乌鲁木齐）时被军阀盛世才扣留并秘密杀害。

旧居建于清光绪年间，占地面积240平方米，坐东朝西，木质结构，穿斗式构架，小青瓦屋顶，面阔三间，进深两间，有堂屋、卧房、书房等。2003年在旧居内开辟了“陈振亚烈士生平事迹”陈列室，书房等，是进行爱国主义教育和革命传统教育的基地。

陈振亚烈士旧居2007年经常德市人民政府公布为第三批市级文物保护单位，编号为36。其保护范围：主体建筑四周外延30米处。

贺家台苏维埃政府旧址

民国时期。位于常德市石门县南北镇乡宋垭村。

该旧址系1928年至1932年大革命期间，中共湘西特委和石门县委建立的苏维埃政府所在地。该建筑为木质结构三间民房，中间为堂屋，两侧各有一间横屋，小青瓦屋顶。总面积150平方米。

贺家台苏维埃政府旧址2000年经常德市人民政府公布为第三批市级文物保护单位，编号为43—D2。其保护范围：四向各至主体建筑外30米。

贺家台苏维埃政府旧址

陈兆森烈士墓

民国时期。位于常德市桃源县陬市镇。

陈兆森（1903—1928），女，桃源县陬市人。1927年毕业于湖南省立第二女子师范学校，同年在学校加入中国共产党，出席湖南省第一届妇女代表大会，当选为主席团成员。

后由中共地方组织派送到武汉中央军事政治学校学习。1927 年参加“八一”南昌起义，起义失败后，由组织安排秘密潜回常德、桃源，以教书为掩护负责党组织联络工作并担任中共桃源县委妇女部部长。同年冬被国民党当局逮捕入狱，1928 年 1 月被杀害，时年 26 岁。

陈兆森烈士墓坐西朝东，墓围用水泥砌成，封土堆高 1.3 米，直径 2 米。墓前立石碑一方，上刻“陈兆森烈士之墓”。1995 年，桃源县陬市镇人民政府将此墓地建成园林式墓园对外开放。

陈兆森烈士墓 2007 年经常德市人民政府公布为第三批市级文物保护单位，编号为 33。其保护范围：墓园围墙范围以内。

湘西“两黄”园

民国时期。位于常德市石门县新铺乡岩门村。

两黄园是清代晚期诗人黄道让及其孙黄佑昌的墓园。黄道让曾为长沙岳麓书院题写的对联“西南云气来衡岳，日夜江声下洞庭”流传很广，是晚清时期的文化名人。其孙黄佑昌也是民国时期有名的学者和诗人、进步的民主人士，新中国成立后曾任中央文史馆馆员。1999 年，其后人将黄佑昌骨灰从北京移至家乡，与早年已下葬的黄道让葬为一处，后称湘西“两黄”园。墓园占地面积 600 平方米，园内建有诗墙和石亭等。

湘西“两黄”园

湘西“两黄”园 2007 年经常德市人民政府公布为第三批市级文物保护单位，编号为 35。其保护范围：以墓外缘为起点，四向各至 40 米处。

抗日将士阵亡公墓

民国时期。位于常德市汉寿县城关镇烈士公园内。

公墓建于 1945 年，是为纪念 1943 年中日常德会战中汉寿战场上阵亡的国民党军第 179 师 100 多名将士而修建的。公墓内建有墓冢及纪念碑，碑上镌刻有“陆军第一七九师常德会战阵亡将士公墓”。是一处重要的爱国主义教育场所。

抗日将士阵亡公墓 2007 年经常德市人民政府公布为第三批市级文物保护单位，编号为 37。其保护范围：以纪念碑为中心，四周外延 100 米处。

猫山烈士陵园

当代。位于常德市汉寿县西港镇猫山村。

1951 年 3 月，以绰号“黑胡子”周克传为首的一伙本地人，打着“宗教哲学研究社”的旗号，在当地组织了震惊全国的反革命暴乱，冲进当时的乡公所杀死了 19 位干部战士。1964 年，当地政府和群众为纪念暴乱中牺牲的烈士，修建了此烈士陵园，陵园内安葬有 6

名在暴动中牺牲的烈士。

猫山烈士陵园2007年经常德市人民政府公布为第三批市级文物保护单位，编号为38。其保护范围：从陵园中心地段向四周延伸50米处。

詹乐平烈士墓

当代。位于常德市汉寿县城关镇烈士公园内。

詹乐平（1902—1929），汉寿县毛家滩人，早年就读于国立北京农业大学，1924年加入中国共产党，先后任党支部书记，学生会主席，农民部部长等。1926年受中共党组织委派，先后回常德、汉寿从事地下工作。1927年1月担任中共汉寿县第一任县委书记，1929年在与敌战斗中壮烈牺牲。为了缅怀先烈，1979年汉寿县人民政府为其修墓立碑，墓坐北朝南，高1.2米，底径6米，混凝土封顶，碑刻“浩气长存”四字，墓后塑“人民英雄永垂不朽”八个大字，四周松树环绕。

詹乐平烈士墓2000年经常德市人民政府公布为第三批市级文物保护单位，编号为44—D3。其保护范围：四向各至墓外缘30米。

曾庆轩烈士墓

当代。位于常德市石门县三圣乡刘家峪村。

曾庆轩，石门县三圣乡刘家峪村人，1901年12月出生。1922年考入武昌中华大学，1924年加入中国共产党，次年因参加党的活动被捕入狱，后经党组织营救并派回石门县秘密从事党的地下工作。1926年1月任中共石门县委宣传委员，1928年5月担任中共石门县委书记，领导发动武装暴动。同年9月被贺龙任命为湘鄂边区游击队司令，在率部入驻仙桥时被国民党军队包围，激战中不幸中弹被俘，10月11日被国民党反动派杀害，时年26岁。1978年，中共石门县委、县人民政府为纪念革命先烈，在其家乡修建烈士墓，竖立纪念碑，以供后人瞻仰。

曾庆轩烈士墓2007年经常德市人民政府公布为第三批市级文物保护单位，编号为34。其保护范围：以墓碑为中心，四周外延30米处。

五、其他

马援石室

汉代（东汉）。位于常德市桃源县凌津滩乡三印村沅江边石壁上。

马援石室又名伏波洞。宋代《元丰九域志》和地方文献多有记载，相传为东汉伏波将军马援南征五溪蛮时，为避暑而凿的两处石洞。两处石洞相距10余米。洞一：高2.85米，宽3米，深4米，洞

马援石室

内仿木结构，刻有柱檩、斗拱等梁架，正面壁上刻有佛龛。洞二：高2.1米，宽2.34米，深3米。穹隆顶。两石室周围的岩壁上刻有“千佛头口”题记以及小龛、安装窟檐的各种柱洞、沟槽等。在两石室附近的山体岩壁上还分布有十余处同类型的石洞，推测其开凿年代不晚于宋代。

马援石室2000年经常德市人民政府公布为第二批市级文物保护单位，编号为12—A12。其保护范围：四向各至石室外30米。

石雕造像

明代。位于常德市汉寿县西竺山乡政府院内。

石雕造像是从聂家桥、罐头嘴、落水口、城关镇等地收集而来，共有5组10只，质地为花岗岩、青石、砂岩。根据石雕的风格推断为明代遗物，应是墓前或较高规格建筑物的附属石雕。石雕有石像生、石豹、石马、石狮、石蚨座等，造型各异，栩栩如生，具有较高的石刻工艺水平。

汉寿明清石雕造像（人物像）

石雕造像2000年经常德市人民政府公布为第二批市级文物保护单位，编号为45—D4。

龙眼洞石刻

清代。位于常德市临澧县官亭乡岩龙村。

龙眼洞石刻

龙眼洞石刻地处官亭水库旁半山腰的岩壁上，离地面30米。洞口宽3米，高4米，进深10米，洞内宽8米，高5米。洞口阴刻楷书“天开群王府，云锁五经堂”楹联，落款为“谭嘉谟题”。

龙眼洞石刻2000年经常德市人民政府公布为第二批市级文物保护单位，编号为46—D5。其保护范围：四向各至洞外30米。

洗墨池

明代。位于常德市澧县第一中学校园内。

据《直隶澧州志》载：宋范仲淹读书洗墨处。1923年常澧镇守使唐荣阳为弘扬“先天下之忧而忧，后天下之乐而乐”精神，在池岛上修建“后乐碑亭”，后被毁。2004年澧县一中重修洗墨池，并在岛上复建纪念亭，名曰后乐亭，还立有范仲淹、车胤、陶澍铜像，以倡导“忧国忧民、经世致用、勤奋刻苦”的精神。洗墨池2007年经常德市人民政府公布为第三批市级文物保护单位，编号为39。其保护范围：从池岸四周向外延伸5米。

第四节　部分县级文物保护单位

桃师白楼

民国时期。位于桃源县漳江镇建设路桃源师范学校院内。

1912 年由资产阶级民主革命家宋教仁倡议，在桃源县城创建湖南省第二女子师范学校（即后来的桃源师范学校），白楼建于此时。该楼坐北朝南，砖混结构，楼高两层，平面呈曲字形，建筑面积 2160 平方米，欧式风格，因此楼通体饰白色涂料，故名白楼。中共早期领导人瞿秋白的夫人王一知、著名现代作家丁玲曾在此就读，贺龙等红军将领所率红二、六军团曾在此设临时指挥部。白楼不仅建筑风格别具一格，还是进行革命传统教育的重要场所。2011 年桃源县人民政府将桃师白楼公布为县级文物保护单位。

棠梨岗抗日阵亡将士墓

民国时期。位于桃源县热市镇平桥村。

1943 年 11 月，国民党军队第七十三军丁廉团为配合中日常德会战与侵华日军在此激战月余，双方伤亡惨重。次年春，国民党地方政府和当地群众为纪念抗日阵亡将士，在棠梨岗修建抗日阵亡烈士墓，立碑数十方，并建有纪念亭、纪念碑、纪念馆。将士墓占地面积 90 平方米，为 80 名阵亡将士合冢墓。由于历史原因，除墓冢尚存外，其余建筑均毁。2006 年，当地群众用水泥为墓冢砌以墓围。2011 年桃源县人民政府将棠梨岗抗日阵亡将士墓公布为县级文物保护单位。

徐溶熙苏维埃政府旧址

当代。位于桃源县陬市镇黄溪港村。

徐溶熙苏维埃政府是 1927 年大革命时期，中共湘西特委、桃源县委建立的湘西北第一个红色政权，旧址原为清代所建青龙寺。1927 年 11 月 18 日深夜，桃源县东路九乡一百多名农民协会骨干代表在此秘密召开徐溶熙苏维埃政府和桃源县第十七游击大队成立大会，提出了苏维埃政权建设纲领。后在中共桃源县委领导下，开展打土豪，分田地，镇压匪首等革命斗争。因青龙寺在 20 世纪 60 年代被全部拆毁，2009 年，中共桃源县委、县政府在原址上按原貌重新修复。修复后的旧址坐北朝南，平面呈曲尺形，占地面积 274.6 平方米，是一座白色山墙，小青瓦面，硬山屋顶，砖木结构的平房。2011 年桃源县人民政府将此公布为县级文物保护单位。

覃振故居

当代。位于桃源县马宗岭乡响水垱村。

覃振（1885—1947），著名资产阶级民主革命家、中国国民党元老、中国同盟会创始人之一。曾任中国同盟会总部评议员、国民党政府“立法院”副院长、代理院长、“司法院”副院长等职。辛亥革命时期，他积极参加推翻帝制的革命运动，后又襄赞国民党党务，参与改组国民党，支持孙中山“联俄、联共、扶助农工”三大政策，力促国民党和共产党第一次合作。抗日战争时期，他拥护中国共产党的抗日主张，积极支持第二次国共合作。抗战胜利后，他积极赞成中国共产党和平建国的主张。在新民主主义革命的大潮中，他与毛泽东、周恩来、董必武、林伯渠等中共老一辈无产阶级革命家友情深厚，是中国共产党的好朋友。

覃振故居原建于清代，因历史原因被全部拆毁。为了纪念覃振先生，中共桃源县委、县人民政府2007年按原貌恢复重建。故居坐北朝南，为三封两间砖木结构的平房，两侧砌封火墙，上覆小青瓦，建筑面积66平方米。四周垸以青砖围墙，正门上方有全国政协副主席毛致用题写的“覃振故居”楷书匾额。2007年9月，桃源县人民政府将覃振故居公布为县级文物保护单位。

栗树岗遗址

新石器时代。位于安乡县黄山头镇长山村。

栗树岗遗址于1986年文物普查时发现，东西长360米，南北宽170米，面积约6万平方米，文化堆积厚约2米。此处采集有属大溪文化时期的刻划纹红陶盘、印文白陶片，屈家岭文化时期的黑陶曲腹杯、双腹豆、弦纹罐，龙山文化时期的红陶釜、扁足鼎等。该遗址1987年由安乡县人民政府公布为第二批县级文物保护单位。

书院洲遗址

东汉至元代。位于安乡县深柳镇深柳社区以西的松滋河床上。

遗址呈长方形，东西长200米，南北宽150米，总面积约3万平方米，文化堆积厚0.5米至1.2米。1985年进行过抢救性发掘清理，出土有唐、宋、元代陶、瓷器、铜钱和元代陶窑址。1992年又进行部分面积的发掘，出土有东汉、晋至宋的部分陶、瓷器。该遗址1993年由安乡县人民政府公布为第三批县级文物保护单位。

王家山遗址

旧石器时代。位于石门县易家渡镇盘山庙村。

该遗址地处盘山庙村砖厂取土区，系澧水三级阶地。1987年全省第二次文物普查时发现，当时采集有大量的石制品标本，其中有砍砸器、尖状器、石核等，石料为砾石，石质为石英石。1989年经省、市、县三级考古专业人员实地考察，确定为旧石器时代中期遗址，距今约15万年。该遗址对研究湘西北远古人类的分布有重要价值。1989年1月石门县人民政府将此处公布为第二批县级文物保护单位。

冻青遗址

新石器时代。位于石门县所街乡窑坡山村（原冻青村）。

该遗址于1986年全省第二次文物普查时发现，面积约1万平方米，文化层堆积厚

0.5～1.5 米。当时采集石器有砍砸器、刮削器、石斧、石锛等，石质为砾石。陶器有夹砂灰陶、泥质灰陶和夹砂红陶等，器形有釜、鬲等。纹饰有弦纹、戳印纹、绳纹等。后经湖南省考古研究所专家对该遗址进行实地考察，确认此处属新石器时代文化遗存。1989 年 1 月石门县人民政府将该遗址公布为第二批县级文物保护单位。

桅岗商墓群

商代。位于石门县皂市镇桅岗村。

该墓群地处一片起伏的丘陵地带，据县考古专业人员调查有土坑竖穴墓 10 余座。1981 年湖南省博物馆和石门县文化部门联合对该处一座被损毁的墓葬进行了清理，出土有玉石器 4 件、陶器 3 件。玉石器中的玉璋长 47.1 厘米，宽 8.2 厘米，厚 1 厘米，重 935 克，呈窄长方形，两面均有纹饰，平面光滑，边棱齐整，纹饰刻划规整均匀，制作十分精致。从此件玉璋和 3 件玉钺以及部分陶器来分析，应该是某种身份等级的标志，其年代应为商代早期，因此，该处墓群极具保护价值。1984 年 5 月石门县人民政府将此处公布为第一批县级文物保护单位。

王尔琢烈士旧居

民国时期。位于石门县磨市镇商溪河村。

王尔琢，1903 年 1 月出生于石门县磨市镇商溪河村。1924 年 5 月考入黄埔军校第一期，同年秋加入中国共产党。1925 年国共第一次合作期间，先后担任国民革命军连指导员、营长、国民革命军东路先遣军党代表兼政治部主任和二十六团团长。1927 年参加“八一”南昌起义，后又和朱德、陈毅等一起组织和领导著名的“湘南暴动”，随即上井冈山与毛泽东所部胜利会师，合编为红四军，任参谋长兼二十八团团长。1928 年 8 月在重上井冈山途中追赶叛军时不幸中弹牺牲，时年 25 岁。王尔琢牺牲后，毛泽东为之亲笔写下了“一哭尔琢，二哭尔琢，尔琢今已矣，留却重任谁承受？生为阶级，死为阶级，阶级后如何，待到胜利方始休。”的挽联。

王尔琢旧居地处南道湾半山腰，仅有山间小道与外界相连。屋为砖木结构，穿斗式构架，小青瓦硬山顶，占地面积 260 平方米，有堂屋、书房、侧屋等。由于年久失修，已部分损毁。1998 年 12 月石门县人民政府将此旧居公布为第三批县级文物保护单位。

丁家垸遗址

新石器时代。位于鼎城区石公桥镇丁家垸村。1987 年全国第二次文物普查时发现，总面积 3000 平方米，文化层厚 0.35 米，当时采集的陶片有大溪文化时期的泥质红陶、白陶、灰砂红陶、夹炭陶。纹饰有篦点纹、戳印文、弦纹、水波纹、绳纹。器形有豆、钵等。采集石器有磨光斧等。该遗址 1990 年鼎城区人民政府公布为县级文物保护单位。

黄土山古墓群

战国时期。位于鼎城区灌溪镇黄土山村。

该墓群主要分布在黄土山和地蘑山两座山头上，初步探明有战国时期墓葬近200座。1985年以来，市县两级文物部门先后抢救性发掘清理了近百座，出土各类器物上千件。从发掘清理的结果看，黄土山和地蘑山的墓葬均系战国时期墓葬，黄土山墓葬一般墓口小浅而窄，随葬器物在头龛，龛内有少量陶器，而地蘑山墓葬坑大而深，多为一棺一椁，除出土陶器外，更多为铜质兵器，反映了两种墓葬的主人身份，这种葬俗极具研究价值。1990年，鼎城区人民政府将此公布为县级文物保护单位。

革命烈士纪念碑

当代。位于澧县城关镇兰江公园内。

该纪念碑是中共澧县县委、县人民政府于1985年为纪念各革命历史时期在澧县境内牺牲的革命烈士而修建。碑体为钢筋水泥结构，呈三面折体锥形，两层座，碑顶塑掌号人民战士像一尊。碑高25米。碑正面有原中顾委常委王首道题写的“革命烈士纪念碑”和澧县县委、县人民政府撰写的碑志。纪念碑雄伟庄重，四周竹木蔽荫，人们常到此凭吊瞻仰，缅怀英烈。1990年澧县人民政府将其列为县级文物保护单位。

龙口石塔

清代。位于汉寿县周文庙乡龙口村。

该石塔用砂质石板叠砌而成，平面呈六边形，七级，高6.5米。方形塔基座，边长1.15米，为空心塔，底层有门，上刻“字藏”，两边刻“包罗万、永峙平”。每层檐角上翘，各层面阔与高度自下而上按比例递减，葫芦形宝顶。第二层一面刻有建塔经过，时间：“大清同治七年戊辰阳月谷旦建脩”，另一面刻有捐献人名，因风化严重，字迹不清。从第五层至下刻有20厘米见方的大字“文星高照”。龙口石塔2011年5月汉寿县人民政府公布为县级文物保护单位。

竹马遗址

旧石器时代。位于临澧县官亭乡竹马村。

1986年因修筑石门至襄樊铁路复线，湖南省考古研究所曾进行抢救性发掘和清理。根据发掘清理情况分析，此处是一建筑遗迹，处于一台地上，面积24平方米，高0.7米，南北向夯筑而成。外围轮廓呈椭圆形，中部内凹呈方形，南部有一门道，从门道至遗迹中部有一条长4米、深0.8米的封闭式沟相通，朝向均呈西南。在沟内发现有炭，尤以门道处更为明显。门道以西紧挨遗迹边沿处有一直径0.6米、深0.5米的圆形水坑。遗迹内有少量文化遗物，如打制石器、石片、石锤等。整处遗迹已覆盖保存。该遗址1990年临澧县人民政府公布为县级文物保护单位。

荷花台遗址

新石器时代。位于临澧县新安镇沙堤村。

该遗址总面积约3.7万平方米，文化堆积厚1.2米。采集有夹砂红陶、灰陶、泥质黑陶，器形有大溪文化时期的釜、罐、钵、盘；屈家岭文化时期的簋、曲腹杯；龙山文化时期的扁足鼎、缸；东周时期的夹砂灰陶鬲等。该遗址1990年临澧县人民政府公布为县级文物保护单位。

九子堆墓群

战国时期。位于临澧县陈二乡金家村。

该墓群分布面积约3万平方米，墓葬密集，部分封土堆尚存，封土堆高约2～9米，底径约3～8米不等，初步探定有墓葬百余座。九子堆墓群于1990年经临澧县人民政府公布为县级文物保护单位。

罗家台遗址

新石器时代至东周时期。位于津市市西湖渔场一分场。

该遗址坐落在澧水右岸一座独立的小山包上，总面积近4万平方米。遗址中包含两个时代的遗存，即新石器时代中期的皂市下层文化和商周时期遗存。采集的皂市下层文化遗物有镂孔高圈足碗、圈足盘、刻纹双耳罐等，多为夹炭红衣陶。东周时期遗物有高领乳钉纹罐、带扉棱足鼎、锥足鬲、大口罐、甑、花边碗等，多为泥质灰陶和夹炭、夹砂红陶。该遗址1990年津市市人民政府公布为县级文物保护单位。

窑坡古墓群

魏晋南北朝时期。位于津市市窑坡乡至新洲镇一带的丘陵和台地上。

该墓群是常德市境内较有特色的古墓群之一，以窑坡乡的芦家、董家、明道三村范围较为集中。根据对个别墓葬发掘情况分析，这一时期的墓葬结构继承东汉砖石墓的传统，随葬品以青瓷器和陶器为主，种类繁多，造型精美，质地优良。如孽龙岗东晋一号墓出土的铜伎俑，经鉴定为国家一级文物；兰家湾一、二号墓中出土的越窑和湘阴窑的青瓷器都精美异常。该墓群1990年津市市人民政府公布为县级文物保护单位。

药山惟俨禅师墓

明代。位于津市市棠华乡药山村。

惟俨为唐代高僧，禅宗曹洞宗的祖师爷。其墓葬原塔已毁，墓位不确。现墓为明末药山僧人寻迹重修。墓呈半圆形，为黑色叶岩垒成，墓前有碑，刻于明崇祯十三年，保存完整。碑文记载惟俨禅师的生平传闻和重修惟俨墓的经过，是研究我国佛教事业发展及惟俨禅师生平的珍贵资料。该墓1990年津市市人民政府公布为县级文物保护单位。

附：

其他县级文物保护单位名录（以公布时间为序）

鼎城区（35）处

名　称	时　代	地　　点	公布时间
白人庄遗址	新石器时代	石公桥镇丁家垸村	1989年

青草陂古墓群	战国时期至汉代	石公桥镇青草陂村	1989 年
柳档古墓群	战国时期至汉代	石公桥镇覃家岗村	1989 年
覃家岗古墓群	东汉	石公桥镇覃家岗村	1989 年
周溪湖遗址	新石器时代	周家店镇娥公桥村	1989 年
胡家桥遗址	新石器时代	周家店镇恒丰垸村	1989 年
天门岗古墓群	战国时期	周家店镇天门岗村	1989 年
殷家堰遗址	商代	镇德桥镇朱家桥村	1989 年
磨子洲遗址	东周	谢家铺镇黄马井村	1989 年
枫树坪遗址	东周	谢家铺镇官桥坪村	1989 年
大坪遗址	新石器时代	双桥坪镇大桥村	1989 年
牛山大丘遗址	新石器时代	双桥坪镇大桥村	1989 年
官塘湖遗址	新石器时代	蒿子港镇太岳村	1989 年
垸德岗遗址	新石器时代	中河口镇受祜村	1989 年
禁山遗址	新石器时代	韩公渡镇立新村	1989 年
仙人堆古墓群	战国时期	韩公渡镇镇龙庵村	1989 年
黄家铺古墓群	汉代	韩公渡镇黄家铺村	1989 年
黄土山古墓群	战国时期	灌溪镇黄土山村	1989 年
富贵古墓群	战国时期	灌溪镇富贵村	1989 年
窑顶遗址	明至清代	灌溪镇窑顶村	1989 年
花叶港遗址	新石器时代	草坪镇花叶港村	1989 年
烟包山遗址	商代	草坪镇放羊坪村	1989 年
黄金岗遗址	东周	斗姆湖镇万元村	1989 年
刘家湾遗址	东周	石板滩镇毛粟岗村	1989 年
晒谷场遗址	东周	石板滩镇古堤坪村	1989 年
鼎州城址	宋代	石板滩镇古堤坪村	1989 年
陈长镇墓	清代	石板滩镇廖板滩村	1989 年
龙门洞	唐代	雷公庙镇罗紫山	1989 年
沅南城址	汉代	长茅岭乡古城山	1989 年
打鼓岭遗址	新石器时代	港二口镇芭蕉冲村	1989 年
七港村学习室旧址	近现代	黑山嘴乡七港村一组	2013 年
园艺场古墓群	战国时期至汉代	区园艺场一组	2013 年
钱家坪供销社旧址	近现代	钱家坪乡马鞍头村三组	2013 年
斗姆湖镇办公楼	近现代	斗姆湖镇建设居委会	2013 年
潘振武故居	近现代	长茅岭乡万新村六组	2013 年

桃源县(78 处)

毛家桥遗址	新石器时代	陬市镇毛家桥村	1988 年
周家岗遗址	新石器时代	剪市镇白鳞洲村	1988 年
小苏溪遗址	商代	黄甲铺乡小苏村	1988 年
七姑岭遗址	商代	黄甲铺乡小苏村	1988 年
天子岗遗址	商代	尧河乡天子岗村	1988 年
窝丘遗址	商代	尧河乡大里坪村	1988 年
禾场丘遗址	商代	架桥乡架桥村	1988 年
杉树园遗址	商代	车湖垸乡交岩村	1988 年
铁灵遗址	商代	深水港乡铁灵村	1988 年
西湖遗址	东周	青林乡黄楚村	1988 年
茶园遗址	东周	双溪口乡茶园村	1988 年
聂家嘴遗址	东周	漆河镇重阳村	1988 年
龙珠山遗址	战国时期	双溪口乡岗陵村	1988 年
发旺遗址	战国时期	深水港乡发旺村	1988 年
八家山坡遗址	战国时期	尧河乡大里坪村	1988 年
燕家湾遗址	战国时期	马石乡三印村	1988 年
台上遗址	战国时期	漳江镇太平村	1988 年
余家坪遗址	战国时期	漆河镇余家坪村	1988 年
湖堤遗址	战国时期	剪市镇湖堤村	1988 年
冯家桥遗址	战国时期	陬市镇畲田村	1988 年
木鱼山遗址	商代	浯溪河乡浯溪河村	1988 年
王家凸遗址	战国时期	八字路乡浔阳坪村	1988 年
下坪塔墓	宋代	牛车河乡唐家坪村	1988 年
杜儿育古墓	明代	牛车河乡唐家坪村	1988 年
林场古墓	汉代	漳江镇万寿桥村	1988 年
书房岗古墓群	战国时期	深水港乡发旺村	1988 年
铁灵岗古墓	战国时期	深水港乡铁灵村	1988 年
向家溶古墓	汉代	漆河镇和平村	1988 年
王家岭古墓葬群	汉代	枫树乡回维村	1988 年
雷公洞古墓	清代	西安镇石板村	1988 年
陈惟风古墓	清代	西安镇大水田村	1988 年
华林山古墓	明代	漆河镇高碑村	1988 年

皇坟包古墓	晋代	漆河镇连珠桥村	1988 年
象山嘴古墓	明代	漆河镇镇龙村	1988 年
徒坎古墓	战国时期	漆河镇勒马山村	1988 年
高家岗古墓	战国时期	陬市镇高家岗村	1988 年
古市古墓	明代	车湖垸古市镇	1988 年
长岗古墓	战国时期	陬市镇长岭岗村	1988 年
仙人洞岩壁墓	明代	燕家坪乡羊老坪村	1988 年
姚公潭古墓	明代	漳江镇姚公潭村	1988 年
东岳宫古墓	明代	热市乡汤口村	1988 年
狮子岗墓群	明代	漳江镇梅溪桥村	1988 年
曾家湾窑址	宋至元代	三汊港乡大溪村	1988 年
高湾窑址	元代	陬市镇高湾村	1988 年
卫星窑址	元代	燕家坪乡燕家坪村	1988 年
汤口村窑址	元代	热市乡汤口村	1988 年
长潭坪窑址	元代	观音寺乡长潭坪村	1988 年
热市崖刻群	清代	热市乡温泉村	1988 年
毛坪崖刻	清代	牛车河乡毛坪村	1988 年
镇龙崖刻	清代	黄婆店乡镇龙村	1988 年
雷锋庙碑刻	清代	余家坪乡雷锋山村	1988 年
三仙桥石刻	清代	观音寺乡长坪村	1988 年
哈巴士碑刻	清代	枫树乡回维村	1988 年
贺龙宣传画石刻	民国时期	瓦儿岗乡汤家溪村	1988 年
盘龙桥	清代	盘塘乡盘塘村	1988 年
三仙桥	清代	观音寺长潭坪村	1988 年
黄石桥	民国时期	黄石镇	1988 年
观音桥	清代	陬市镇	1988 年
石柜	元至清代	城关镇	1988 年
祸公洞	清代	泥窝潭乡火箭村	1988 年
会贤桥	1921 年	黄石镇	1988 年
水星寨	明代	兴隆街乡夷望溪	1988 年
两溪口石拱桥	清代	沙坪乡竹园村	1988 年
徐溶熙苏维埃政权旧址	1927 年	陬市镇黄溪港村	2011 年
红军长征大水田纪念地	1934 年	西安镇大水田村	2011 年
东街烈士纪念碑	1927 年	漳江镇漳江阁居委会	2011 年

李庆澜烈士墓	1927 年	木塘垸乡庆澜村	2011 年
徐才益烈士墓	1929 年	架桥镇让湖村	2011 年
周维城烈士墓	1929 年	热市镇松树村	2011 年
龙复旦烈士墓	1927 年	长庵铺镇长岗村	2011 年
“沙家会议”旧址	1948 年	九溪乡老屋村	2011 年
中共桃临边工作委员会旧址	1948 年	九溪乡老屋村	2011 年
贺龙司令部旧址	民国时期	黄石镇花园村	2011 年
中共会同支部旧址	1927 年	热市镇会同村	2011 年
中共老棚支部旧址	1927 年	热市镇老棚村	2011 年
中共云头山支部旧址	1927 年	热市镇温泉村	2011 年
红二、六军团桃源指挥部旧址	1934 年	桃源师范学校	2011 年
桃师红军码头	1934 年	漳江镇洞庭宫居委会	2011 年

安乡县(31 处)

书院洲遗址	东汉、晋至宋代	县城关镇	1993 年
大鲸港遗址	春秋、东汉、唐、宋	大鲸港镇朱家洲	1993 年
朱家洲遗址	春秋、东汉、唐、宋	大鲸港镇朱家洲	1993 年
黄山岗遗址	新石器时代	安障乡黄山岗村	1993 年
龚家岗大屋场遗址	新石器时代	安障乡沙湖口村	1993 年
黄山头遗址	春秋、战国时期	黄山头南禅湾居委会 1 组	1993 年
一分嘴遗址	商代	黄山头镇明塘湖渔场	1993 年
栗树岗遗址	新石器时代	黄山头镇长山村 4 组	1993 年
白家岗遗址	新石器时代	黄山头镇白家村 10 组	1993 年
冲风峪化石点	旧石器时代	黄山头林场场部峪口	1993 年
段家屋场墓群	东汉至唐代	黄山头镇丁堤村	1993 年
白湖岗墓群	东汉至宋代	焦圻镇安金村 1 组	1993 年
书院洲墓群	战国时期至东汉	城关砖厂西边河滩	1993 年
大鲸港墓群	东汉、唐、宋、清代	大鲸港镇朱家洲	1993 年
郭许家嘴墓群	汉、唐、清代	安障乡沙湖口村 9 组	1993 年
塔坪堰墓群	宋代	安障乡遵保村 11 组	1993 年
下周家屋场墓群	战国时期至汉、晋、唐、宋代	安障乡黄山岗村 1 组	1993 年
梅家岗墓群	战国时期	安障乡遵保村 9 组	1993 年
蔡家溪墓群	汉至清代	安障乡渔场蔡家溪河滩	1993 年
窑眼头墓群	汉、唐、宋代	安障乡王家湾村 3 组	1993 年

石柱岗墓群	汉、晋、唐代	安障乡新刭口8组	1993年
瓦碴岗墓群	汉、晋、唐代	安障乡车家铺村10组	1993年
曾家山墓群	晋至南北朝	安全乡刘家嘴8组	1993年
学士山墓群	晋代、元代	安全乡槐树村7组	1993年
邹家场墓群	东汉至晋代	安全乡槐树村9组	1993年
肖家山墓群	东汉、唐、宋、清代	安全乡槐树村9组	1993年
狗冢堆墓群	春秋、战国时期	黄山林场狗冢堆	1993年
白家岗墓群	汉、唐、宋代	黄山头镇白家岗村10组	1993年
来龙山战国墓群	战国时期	黄山头镇虎山村15组	1993年
蔡家溪窑址	商、东汉	安障乡渔场蔡家溪西岸	1993年
打鼓台遗址	新石器时代	深柳镇子龙村17组	1993年

汉寿县(44处)

王家咀遗址	东周	周文庙乡	1997年
杨家山墓群	战国时期	株木山乡全赋村	1997年
新垸岭墓群	战国时期	株木山乡全赋村	1997年
老坟山墓群	战国时期	株木山乡全赋村	1997年
封包岭墓群	战国时期	株木山乡云台山	1997年
瓦场窝墓群	战国时期	株木山乡云台山	1997年
上神殿墓群	战国时期	株木山乡韩家冲	1997年
偏坡岭墓群	战国时期	株木山乡姚家坝	1997年
牛碑山墓群	战国时期	聂家桥乡武峰七组	1997年
望牛堆墓群	战国时期	毛家滩乡窑台村	1997年
武峰山墓群	战国时期	聂家桥乡武峰村	1997年
猫山墓群	战国时期	酉港镇猫山村	1997年
熊群仙烈士墓	现代	县烈士公园内	1997年
塔园遗址	商、汉代	龙阳镇西湖蔡家冲	2011年
马家咀墓群	战国时期	株木山乡文步桥	2011年
黄牯岭墓群	战国时期	株木山乡文步桥	2011年
团圆岭墓群	战国时期	株木山乡文步桥	2011年
封包园墓群	战国时期	株木山乡文步桥	2011年
云台山墓群	战国时期	株木山乡笑田港	2011年
交山咀墓群	宋代	百禄桥镇燕子冲	2011年
陈家坟山墓	清代	朱家铺镇高巷村	2011年

大岭上墓群	汉代	聂家桥乡茶铺村	2011 年
金安墓群	战国时期	岩咀乡金安村	2011 年
龙口石塔	清代	周文庙乡龙口村	2011 年
陈程奋墓	清代	岩汪湖乡五美村	2011 年
帅惊白墓	清代	坡头镇陈家湾村	2011 年
许之桢故居	民国	鸭子港乡南堤村	2011 年
聂学敏故居	1968 年	聂家桥乡金鹅村	2011 年
陈先祥墓	1980 年	文蔚乡华光村 1 组	2011 年
陈刚墓	1976 年	新兴乡鲁家河村	2011 年
青言遗址	新石器时代	毛家滩回维乡	2011 年
枫树咀窑址	宋、元代	大南湖乡武竺山	2011 年
灰山包遗址	新石器时代	酉港镇何家堰渔场	2011 年
小凤岭墓群	战国时期	株木山乡笑田港	2011 年
张家窝岭上墓群	战国时期	株木山乡韩家冲村	2011 年
清水墓群	战国时期	株木山乡清水村	2011 年
望牛山墓群	战国时期	毛家滩回族维吾尔族乡大同村 1 组	2011 年
三元墓群	战国时期	聂家桥乡三元村 4、5	2011 年
王家坟山墓群	战国时期	聂家桥乡武峰村 7 组	2011 年
也园街古建筑群	民国	汉寿县龙阳镇	2011 年
汉寿县政府办公大楼早期建筑	民国	龙阳镇体育路	2011 年
老渡口分社旧址	1968 年	聂家桥乡熊家铺村	2011 年
毛家渡李伯力古屋	清代	文蔚乡毛家渡村 5 组	2011 年
万善权古屋	1954 年	洲口镇大陆村 2 组	2011 年

石门县(90 处)

宝塔遗址	商代	二都乡宝塔社区五组	1984 年
月亮窑址	宋代	二都乡天供山社区六组	1984 年
马安墓	元代	新关镇新关社区十二组	1984 年
覃友仁墓	明代	维新镇观峰山村九组	1984 年
望夫台古墓	汉代	二都乡双龙村十二组	1984 年
易淑珍墓	明代	磨市镇邓家坪村六组	1984 年
洛浦寺	清代	洛浦林场洛浦寺村北部	1984 年
野拂维禅师塔	清代	夹山镇居委会十五组	1984 年
古城堤城址	战国时期	维新镇古城堤村十五组	1984 年

黄福桥	民国	所街乡黄福峪村五组	1984 年
抗战阵亡将士纪念碑	1948 年	楚江镇一完小校园东侧	1984 年
善会大和尚墓	唐代	夹山国家森林公园	1984 年
王家山旧石器遗址	旧石器时代	易家渡镇盘山庙村长青山片五组一砖厂	1989 年
烟支堆旧石器遗址	旧石器时代	易家渡镇盘山庙村三组	1989 年
八庙大地旧石器遗址	旧石器时代	易家渡镇军档桥村马鞍铺片七组	1989 年
雷山坡旧石器地点	旧石器时代	楚江镇永固社区十一组	1989 年
丁家山遗址	新石器时代	易家渡镇丁家山村一组	1989 年
永固遗址	新石器时代至商、周时期	楚江镇永固社区四组	1989 年
阎家坝遗址	商、周代	楚江镇阎家坝社区四组	1989 年
石家堡遗址	旧石器时代	新关镇七松社区五组	1989 年
胡家堡遗址	旧石器时代	新关镇七松社区居委员会五组	1989 年
新关遗址	新石器时代至商、周时期	新关镇新桥社区居委会六组	1989 年
狮子岭旧石器遗址	旧石器时代	新铺乡青狮岭村三组	1989 年
洛浦寺遗址	东周	洛浦林场洛浦寺村四组	1989 年
雷公嘴遗址	商、战国时期	白云乡王家堰村十一组	1989 年
冻青遗址	新石器时代	所街乡窑坡山村二十二组	1989 年
所街添坪遗址	新石器时代	所街乡添坪村六组	1989 年
南坪遗址	新石器时代至商代	所街乡添坪村六组	1989 年
窑坡遗址	新石器时代至商、周时期	所街乡窑坡山村七组	1989 年
重阳树遗址	东周	维新镇重阳树村四组	1989 年
添坪遗址	商、周时期	所街添坪村六、七组	1989 年
麻纳口遗址	商代	所街麻纳口村九组	1989 年
将军渡遗址	新石器时代	雁池乡中军渡村四组	1989 年
庙丘遗址	东周	雁池乡中军渡村八组	1989 年
竹家堡遗址	旧石器时代	二都乡月亮社区四组	1989 年
王家岗遗址	旧石器时代	楚江镇双新社区居委会十一组	1989 年
癞子岗遗址	旧石器时代	二都乡卫星村五组	1989 年
曹家棚遗址	新石器时代	二都乡曹家棚社区十组	1989 年
高桥遗址	商代	二都乡高桥村五组	1989 年
康家山遗址	商代	夹山镇桂花村总堆五组	1989 年
官渡桥遗址	汉代	夹山官镇渡居委会六组	1989 年
广寿遗址	新石器时代	蒙泉镇广寿村九组	1989 年
龙长丘遗址	新石器时代	蒙泉镇梅家河村七组	1989 年

田家桥遗址	新石器时代	蒙泉镇白洋湖居委会七组	1989 年
刘家桥遗址	新石器时代	蒙泉镇梅家河村四组	1989 年
下七里遗址	商周时期	蒙泉镇下七里村九组	1989 年
大河洲遗址	新石器时代	子良乡水田岗村四组	1989 年
项家山遗址	旧石器时代	楚江镇澧阳社区八组项家山	1989 年
后西溶遗址	旧石器时代	楚江镇澧阳社区	1989 年
秀峰堡遗址	旧石器时代	楚江镇荷花堰社区十三组	1989 年
保尔桥遗址	商代	楚江镇澧阳社区(原保尔七组)	1989 年
东方桥遗址	商、周时期	楚江镇荷花社区澧阳东路	1989 年
迭龙观	民国	雁池乡竹儿垭村八、九组	1989 年
桅市遗址	旧石器时代	皂市镇桅岗村十三组	1989 年
皂角市遗址	西周	皂市镇皂市居委会	1989 年
刘家棚遗址	西周～春秋	皂市镇白沙渡村七组	1989 年
台丘遗址	东周	磨市镇大福村二组	1989 年
王家渡遗址	东周	磨市镇石矿村一组	1989 年
龙家坪遗址	东周	磨市镇邓家坪村五组	1989 年
营盘岗墓群	东汉	新铺乡营盘岗村四组	1989 年
蔡家岗墓群	东周	维新镇观坟山村二组	1989 年
陈氏祠村墓群	汉代	二都乡陈氏祠村一组	1989 年
曹家棚墓群	汉代	二都乡曹家棚村五组	1989 年
梅家河遗址	新石器时代	蒙泉镇梅家河村三组	1989 年
桅岗墓群	东周	皂市镇桅岗村九组	1989 年
军档桥遗址	商、周时期	易家渡镇军档桥村七组	1998 年
刘家坪遗址	商、周时期	楚江镇刘家坪社区十七组	1998 年
明阳遗址	东周	楚江镇刘家坪社区二十五组	1998 年
七松遗址	旧石器时代	新关镇七松村二组	1998 年
澧阳城城址	商周时期	楚江镇澧阳社区八组	1998 年
郑协武墓	清代	所街乡水南渡村八组	1998 年
覃远琎墓	清代	维新镇中渡水村八组	1998 年
西王母墓	民国	维新镇政府金岭村二组	1998 年
东王公墓	民国	维新镇金岭坡村十三组	1998 年
金岭汉墓群	汉代	维新镇金岭坡村六组	1998 年
香炉观	清代	罗坪乡栗子坪村五组	1998 年
新街口抗日碉堡	1942 年	二都乡新坪村十七组	1998 年

月亮抗日碉堡	1942 年	二都乡月亮社区九组	1998 年
林德轩墓	1928 年	二都乡月亮村十组	1998 年
陈金次民居	近代	罗坪乡六房峪村三组	1998 年
刘孔阶墓	1987 年	罗坪乡红鱼溪村一组	1998 年
肖忠贞墓	2004 年	楚江镇渫阳社区公墓区	1998 年
走避隘土司衙门遗址	明代	白云乡王家堰村十三组	2004 年
紫和寺遗址	清代	二都乡南峰村南台村南台大队	2004 年
大胜寨	明至清代	壶瓶山镇姬塘峪村五组	2004 年
平东遗址	东周	壶瓶山镇平洞村二组	2004 年
张家渡悬棺墓葬群	清代	所街乡三羊塔村	2004 年
曾庆辉烽火民居	1925 年	三圣乡刘家峪村三组	2004 年
唐荣阳旧居	清代	壶瓶山镇平洞村三组	2004 年
郭东史墓	清代	楚江镇观山社区	2004 年

澧县(134 处)

金井	清代	县城东区交通局院内	1991 年
花瓦桥	宋代	宜万乡花瓦村	1991 年
千宫墓群	东周	彭家乡千官村	1991 年
高桥墓群	东周	宜万乡高桥村	1991 年
三角架墓群	东周	如东乡高纵村	1991 年
黑虎山墓群	东周	彭家乡樟树村	1991 年
岩头咀墓群	东周	彭家乡岩头村	1991 年
又兴打鼓台墓	东周	复兴厂镇又兴村	1991 年
寨子脑墓	东周	方石坪乡古城村	1991 年
十里岗墓群	东周	澧东乡十里村	1991 年
乌鸦山墓群	东周	道河乡高堰村	1991 年
兴场墓群	东周	永丰乡高堰村	1991 年
凤形地墓群	东周	马头铺镇凤形村	1991 年
沅溪峪墓群	东周	闸口乡沅溪村	1991 年
猫儿岭墓群	东周	闸口乡古城村	1991 年
多宝寺遗址	旧石器时代	垱市镇红阳村	1991 年
云盘遗址	旧石器时代	澧南乡大堰村	1991 年
金鸡岭遗址	旧石器时代	界岭乡金罗村	1991 年
皇山遗址	旧石器时代	澧阳乡皇山村	1991 年

下刘家湾遗址	新石器时代	彭家厂乡三星村	1991年
东田堰坝遗址	新石器时代	澧东乡占岗村	1991年
刁家湾遗址	新石器时代	大坪乡白塘村	1991年
高家岗遗址	新石器时代	梦溪镇肖河村	1991年
犀牛岗遗址	新石器时代	北民湖渔场	1991年
麦芽岗遗址	新石器时代	澧阳乡黄桥村	1991年
白龙井遗址	新石器时代	大坪乡团结村	1991年
磨的坪遗址	新石器时代	如东乡建设村	1991年
关山里遗址	新石器时代	永丰乡牌楼村	1991年
凡家堆遗址	新石器时代	北民湖渔场	1991年
胡家星场遗址	新石器时代	道河乡高堰村	1991年
罗家岗遗址	新石器时代	车溪乡新民村	1991年
大廊口遗址	新石器时代	彭家乡三合村	1991年
俞家坟山遗址	新石器时代	垱市镇戴家村	1991年
长乐遗址	新石器时代	王家厂镇长乐村	1991年
奔土坎遗址	新石器时代	盐井镇一心村	1991年
王家山遗址	新石器时代	复兴厂镇天河村	1991年
窑湾遗址	新石器时代	澧澹乡幸福村	1991年
华工寺遗址	商周时期	澧西乡幸福村	1991年
文家山遗址	商周时期	澧东乡新渡村	1991年
烈士纪念碑	近现代	城关镇兰江公园	1991年
游玉圃墓	近现代	中武乡玉圃村	1991年
周荣森墓	近现代	大坪乡三湖村	1991年
龙王庙遗址	新石器时代	澧阳镇马堰村	1991年
杨四河遗址	东周	澧阳镇马岩村	1991年
杜家山遗址	新石器时代	澧阳镇黄泥村	1991年
孟家岗遗址	新石器时代	澧阳镇孟家港村	1991年
王家岗遗址	新石器时代	澧阳镇高桥村	1991年
余家台上大坟山	东周	梦溪镇肖河桥	1991年
任家私垸遗址	新石器时代	梦溪镇永祥村八组	1991年
段家坟遗址	新石器时代	大坪乡白塘村	1991年
曹家大坟塔遗址	新石器时代至东周	大坪乡孟坪村	1991年
下马堰遗址	新石器时代	涔南乡五一村	1991年
六角堰遗址	新石器时代	涔南乡新堰村	1991年

湖田寺遗址	新石器时代	澧阳镇向阳村七组	1991 年
宾家台遗址	商代	涔南乡曾家河村	1991 年
岗那上遗址	新石器时代	涔南乡文家村	1991 年
彭家屋场遗址	新石器时代	大堰垱镇汉东村	1991 年
南边坟山	新石器时代	大堰垱镇汉东村	1991 年
肖家巷遗址	新石器时代	涔南乡紫南村	1991 年
苏家坟遗址	新石器时代至东周	大堰垱镇联富村	1991 年
玉皇庙遗址	新石器时代	涔南乡紫东村	1991 年
魏家岗遗址	新石器时代	永丰乡牌楼岗村	1991 年
周家坟山遗址	春秋	大坪乡新生村	1991 年
兴兴坊遗址	战国时期	澧南镇张家滩村	1991 年
西茅坪遗址	新石器时代	车溪乡焦田堰村	1991 年
双林遗址	新石器时代	澧东乡双林村	1991 年
宋家岗遗址	新石器时代	澧东乡新店村	1991 年
秦家岗遗址	新石器时代	澧东乡田坪村	1991 年
马家堰遗址	新石器时代	澧东乡团结村	1991 年
哈吧岗遗址	战国时期	澧东乡清水村	1991 年
王家大坟遗址	新石器时代至东周	车溪乡柘茨村	1991 年
黄泥岗遗址	西周	澧阳镇黄泥村	1991 年
陈子岗遗址	西周	梦溪镇百胜村	1991 年
西土里沟遗址	春秋	梦溪镇百胜村	1991 年
叶家溶遗址	新石器时代	车溪乡陶家村	1991 年
下左家岗遗址	新石器时代	梦溪镇大红村	1991 年
黑狗垱遗址	新石器时代	梦溪镇顺林驿村	1991 年
花园桥遗址	新石器时代	车溪乡花园桥村	1991 年
大坟山遗址	新石器时代	梦溪镇莲湖村	1991 年
三合宋家台遗址	宋至元代	雷公塔镇三合村八组	1991 年
熊家岗遗址	新石器时代	雷公塔镇三星村	1991 年
陈家坟遗址	新石器时代	车溪乡八里河村	1991 年
赵家堰遗址	新石器时代	雷公塔镇新堰村	1991 年
陈家岗遗址	新石器时代	车溪乡花园桥村	1991 年
雷潭遗址	春秋	雷公塔镇陆家垱村	1991 年
乔家大坟遗址	新石器时代	车溪乡成功村	1991 年
麦儿岗遗址	新石器时代	车溪乡王坪村	1991 年

老场岗遗址	战国时期	雷公塔镇高山村	1991 年
肖家板桥遗址	西周时期	张公庙镇建楼村	1991 年
老徐家塔遗址	新石器时代	澧阳镇平阳村	1991 年
杜家廊遗址	新石器时代	中武乡南田村	1991 年
荷花堰遗址	东周	中武乡筒车村	1991 年
毛家河遗址	战国时期	中武乡南田村	1991 年
二坟塌遗址	新石器时代	涔南乡灵观村	1991 年
余家岗遗址	新石器时代	如东乡高崇村	1991 年
铁道湾遗址	新石器时代至东周	涔南乡谭家铺村	1991 年
顶顶坟山遗址	新石器时代	道河乡廖坪村	1991 年
邵家嘴遗址	东周	嘉山良种场嘉山村	1991 年
谭家祠堂遗址	春秋	涔南乡岑曾居委会	1991 年
华阳王府遗址	明代	澧阳镇澧县一中	1991 年
文家村宋家台遗址	新石器时代	涔南乡文家村四组	1991 年
乌鸦山旧石哭地点	旧石器时代	道河乡高堰村	1991 年
周天叙墓	清代	车溪乡城头山村	1991 年
风车堆战国墓	战国时期	道河乡英溪村	1991 年
邵家嘴墓群	东周	嘉山良种场嘉山村	1991 年
铜鼓墓群	战国时期	复兴厂镇铜鼓村	1991 年
半封茅堆墓群	战国时期	复兴厂镇陆家村	1991 年
封茅堆战国墓	战国时期	复兴厂镇温泉村	1991 年
嘉山墓	战国时期	嘉山良种场嘉山村	1991 年
豹子村墓群	战国至汉代	盐井镇豹子岭村	1991 年
湖田寺墓群	宋代	澧阳镇向阳村七组	1991 年
星子山村周家墓群	清代	方石坪镇星子山村	1991 年
花瓦岗墓群	战国时期	宜万乡万花村	1991 年
缸窑战国墓	战国时期	雷公塔镇缸窑村	1991 年
万福茅堆墓群	战国至汉代	宜万乡万花村	1991 年
双泉寺墓群	清代	方石坪镇双泉居委会	1991 年
肖家巷墓群	战国时期	涔南乡紫南村	1991 年
张浩墓	清代	澧澹乡柳家村一组	1991 年
新民余家墓群	清代	车溪乡焦田堰村	1991 年
李家祠堂墓群	东汉	大堰垱镇马树村 2 组	1991 年
皮家牌楼	清代	甘溪滩镇河口村	1991 年

桂花井	清代	澧阳镇桃花滩宾馆	1991 年
白鹤井	明代	澧阳镇澧县一中	1991 年
钦山寺	唐代	道河乡青山村	1991 年
孟姜祠	清代	嘉山良种场嘉山村	1991 年
顺林驿站	清代	梦溪镇顺林驿村	1991 年
武当行宫	明代	澧南镇老岗村十一组	1991 年
彭山思王祠	清代	澧阳镇	1991 年
南阳桥	近现代	杨家坊乡燕涔村	1991 年
省蚕科所办公楼	近现代	澧阳镇洗墨池居委会	1991 年
马溪大桥	近现代	澧县甘溪滩镇马溪村	1991 年
苦女碑	近现代	涔南乡灵观村	1991 年
澧淞村奉天诰命碑	清代	火连坡镇澧淞村三组	1991 年
清真寺石碑	清代	澧东乡团结村	1991 年

临澧县(42 处)

荷花台遗址	新石器时代至东周	新安镇沙堤村	2003 年
蓝田寺遗址	新石器时代至东周	新安镇蓝田村	2003 年
三鼓垱遗址	新石器时代	新安镇龙凤村	2003 年
杨家铺遗址	新石器时代至东周	新安镇龙凤村	2003 年
千工墓	清代	四新岗镇蔡家村	2003 年
张家坪遗址	新石器时代	烽火乡观音庵村	2003 年
龟山遗址	新石器时代	柏枝乡柏枝村	2003 年
梅溪桥遗址	新石器时代	城关镇梅溪村	2003 年
老屋组遗址	东周	佘市桥镇高桥村	2003 年
阳王嘴遗址	新石器时代	佘市桥镇高桥村	2003 年
下薛家坪遗址	新石器时代	烽火乡先锋村	2003 年
茅草坟遗址	东周	合口镇陈湖村	2003 年
关庙遗址	商代	杉板乡青山村	2003 年
桥头遗址	东周	柏枝乡岗上铺村	2003 年
蒋家坪遗址	商代	佘市桥镇蒋家坪村	2003 年
李家嘴遗址	东周	停弦渡镇停弦村	2003 年
匡家拐遗址	东周	合口镇龙池村	2003 年
十人沟遗址	东周	合口镇双龙村	2003 年
李家屋场遗址	东周	新安镇潘台村	2003 年

杉龙遗址	东周	新安镇杉龙村	2003 年
铁家洲遗址	东周	杉板乡青山村	2003 年
贵子桥遗址	东周	修梅镇复兴村	2003 年
青树坪遗址	东周	烽火乡陈家河村	2003 年
蒋家堰遗址	东周	佘市桥镇高桥村	2003 年
石家祠堂遗址	东周	合口镇双堰村	2003 年
五花岗遗址	东周	杉板乡青山村	2003 年
排水渠遗址	东周	新安镇潘台村	2003 年
窑坡渡遗址	宋代	杨板乡沔泗村	2003 年
楼房遗址	元代	四新岗镇牌楼村	2003 年
樟木垱遗址	元代	文家乡古堰村	2003 年
道水沿河遗址	明代	城关镇四季红居委会	2003 年
余家铺遗址	大溪	合口镇大丰村	2003 年
竹马遗址	旧石器时代	官亭乡竹马村	2003 年
望夫台墓群	战国时期	杉板乡望夫村	2003 年
凤堆墓群	战国时期	望城乡同欢村	2003 年
九子堆墓群	战国时期	陈二乡金家村	2003 年
跑马岗墓	汉代	柏枝乡众胜村	2003 年
众胜墓	东汉	柏枝乡众胜村	2003 年
丝儿冲墓	汉代	陈二小乡金家村	2003 年
封堆岭墓	东汉	柏枝乡众胜村	2003 年
万福桥	清代	柏枝乡万福村	2003 年
兴隆桥	清代	太浮镇兴隆村	2003 年

津市市(31 处)

罗家台遗址	新石器时代	西湖渔场二组	1993 年
欧家台遗址	新石器时代	西湖渔场三组	1993 年
吉安湾遗址	新石器时代	保河堤乡民兴村	1993 年
永兴打鼓台遗址	新石器时代	白衣镇永兴村	1993 年
珠沫湾遗址	商周时期	白衣镇长安村	1993 年
建国打鼓台遗址	东周	白衣镇建国村	1993 年
肖唐家台遗址	西周	市城区三洲驿护市社区	1993 年
庙基窑址	清代	李家铺乡庙基村	1993 年
官家山遗址	宋代	大山村四组	2009 年

古洞桥	清代	新洲镇青山峪四组	2009 年
清华驿及古驿道	明至清代	灵泉镇至棠华乡	2009 年
后湖墓群	汉至明代	市城区后湖	1993 年
汤家湖诰封墓	清代	市城区孟姜女大道东侧	1993 年
磨子坪墓群	明代	灵泉镇李家村五组	1993 年
雷家湾墓群	战国至六朝	新洲镇车渚八组	1993 年
城内墓群	汉代	新洲镇万寿宫村	1993 年
封堆包战国墓	战国时期	白衣乡建国村	1993 年
沙儿嘴墓群	汉代	白衣镇建国村	1993 年
长岭岗墓群	战国至晋代	保河堤乡大山村	1993 年
石龟山墓群	战国至明代	保河堤乡石龟山村	1993 年
金盆山墓	战国时期	渡口乡金盆村	1993 年
花山岗墓群	战国至六朝	渡口乡金盆村	1993 年
竹田湖商墓地点	商至周代	津市监狱四监区	1993 年
万寿宫	清代	新洲镇南街	1993 年
唐荣阳墓	民国 21 年	市城区金鱼岭办事处	2009 年
石子岭墓群	战国至晋代	新洲镇万寿宫社区	2009 年
邵家嘴墓群	东周	新洲镇下坑水电站	2009 年
万家坡墓群	东周	新洲镇南湖村	2009 年
天子岗墓群	汉至晋代	新洲镇嘉山社区	2009 年
砂仁嘴墓群	战国至汉代	李家铺乡箭楼村	2009 年
八哥嘴墓群	战国时期	渡口乡新民村	2009 年

第二章　文物考古发掘

文物考古发掘主要任务是按照《中华人民共和国文物保护法》《湖南省文物保护条例》等法律、法规，实施本辖区内地下文物的有效保护。文物考古发掘分主动性发掘和抢救性发掘。主动性发掘是由省级以上文物行政主管部门或文物研究机构为进行学术研究，有目的地对已发现和掌握的某些重要地下遗迹所进行的发掘。抢救性发掘是对那些已遭受或即将遭受自然损坏的地下遗迹的发掘和对因经济建设、生产建设、农田水利基本建设工程中有可能埋藏文物的地方进行的考古调查、勘探、发掘。在常德境内，主动性发掘和较大型的建设工程项目中的抢救性发掘均由湖南省文物局或湖南省文物考古研究所组织实施，常德市、县两级文物部门积极参与并主动配合。中、小型建设工程项目中的抢救性发掘经申报省文物行政主管部门审批同意后，由市、县文物部门分别组织实施。

第一节　考古发掘机构和工作队伍

常德从20世纪70年代开始进行地下文物考古调查、勘探、发掘。1979年常德地区文物工作队成立，内部设置考古研究组，配备专业考古人员。1988年常德撤区建市，原地区文物工作队更名为常德市文物工作队，内设考古机构不变。1993年3月，常德市文物工作队升格为常德市文物事业管理处（副处级），与新成立的常德博物馆合署办公，内设文物科承担文物考古发掘的工作。2001年，常德市文物处与常德博物馆分开设置，文物考古发掘工作职能划归常德博物馆，馆内设置考古部，在文物科的指导下开展工作。各区、县（市）文物考古发掘工作职能均由文物管理所（处）承担，大多都设有考古组。

常德从事文物考古发掘的工作队伍经历了从无到有，从弱到强，不断发展壮大的过程。1979年以前，常德没有专业考古发掘人员。常德地区文物工作队成立后，虽有一批人员从事考古发掘，但都非科班出身，是一些半路出家改行人员或文物爱好者，被称之为“土专家”。1986年地区文物工作队分配1名大学本科考古专业毕业生之后，1989年至1991年，又有3名大学本科考古专业毕业生充实到市本级。1988年前后，全市文物系统通过成人高考，先后有3人带薪脱产进入湖南师范大学历史系考古专业学习两年；5人带薪脱产进入北京大学历史学院考古专业学习一年；2人带薪脱产进入复旦大学历史系考古专业学习一年。还有不少人先后参加全国、全省各类专业培训。湖南省博物馆、湖南省文物考古研究所在常德境内进行考古发掘时，常德市县两级文物部门积极派员参与跟班学习。通过充实和多种途径培养，常德文物考古发掘工作队伍不断成长，具有了一定的规模，知识结构也有了很大改变。截至2010年，全市已有考古发掘专业人员47人，其中具有大学本科学历的14人，大学专科学历19人；具有高级技术职称的5人，中级技术职称的11人，具有考古发掘领队人员资格的8人，考古勘探领队人员资格的10人。

表1－2－1－1

常德市文物考古发掘人员基本情况

单位：人

单位	总人数	其中						备注
		大学本科	大学专科	高级职称	中级职称	考古发掘领队资格	文物勘探领队资格	
常德市文物局	3	1	–	–	–	1	2	–
常德博物馆	5	2	1	2	1	3	3	–
澧县文物处	9	4	2	1	3	2	2	–
临澧县文管所	8	–	3	–	1	–	–	–
石门县文管所	5	4	1	1	–	–	1	–
桃源县文管所	4	–	4	–	–	–	–	–
汉寿县文物局	1	–	1	–	–	–	–	–
安乡县文管所	3	1	1	–	2	–	–	–
鼎城区文物处	3	1	2	–	1	–	–	–
津市市文管所	6	1	4	1	3	2	2	–
合计	47	14	19	5	11	8	10	–

第二节　重要发掘项目与成果

一、省级主持发掘项目

自1988年以来，湖南省文物考古研究所在常德境内先后主持的考古发掘项目有数十处之多，其中绝大部分是主动性发掘，少部分是大型基本建设工程中的抢救性发掘。项目的地域分布以澧水流域居多，项目内容以古遗址居多。取得了一批在省内外，甚至国内外有较大影响的成果。

城头山遗址发掘

城头山遗址位于澧县车溪乡南岳村的徐家岗，地处澧阳平原西北部，距澧县县城10千米。1979年澧县文物管理所的工作人员进行文物调查时发现，之后，湖南省博物馆派专家会同澧县文物管理所进行实地调查踏勘，初步确认此处是一座古城遗址。1980 年，北京大学考古系教授、全国知名考古专家俞伟超在湖南省有关考古专家的陪同下专程对遗址进行实地考察，在城墙断面中发现大溪文化和屈家岭文化时期的陶片，初步认定此处为屈家岭文化时期的一座古城遗址。但未能进行科学试掘，加上当时全国范围内史前古城遗址发现不多，发掘更少，已发现和发掘的都在黄河流域，对长江流域是否有史前古城遗址心存疑虑，因而不能确定城头山古城遗址的确切年代。为了揭开城头山古城遗址的神秘面纱，湖南省文物考古研究所决定对该城址进行科学发掘。从 1991 年冬开始，至 2002 年春，连续发掘 12 次，发掘总面积达 6064 平方米，整个发掘均由湖南省文物考古研究所主持，所长、研究员何介钧担任总领队。

1991 年 11 月至 12 月，对古城遗址进行了第一次实测，并对城墙西南转角处用开挖探沟的方式进行解剖，发掘面积 140 平方米。实测的结果是：古城外圆直径 325 ~ 340 米，内圆直径 315 ~ 325 米。城内中心点现存地面高程 46. 8 米，较城外平原高 3. 6 米。城内面积约 8 万平方米。城门未筑在正方位的轴线上，南门偏西、北门偏东、东门偏南。东、南门豁口均宽 30 米，两旁有高出豁口 2 ~ 3 米，但较城垣主体低 1 ~ 2 米的平台，长、宽均在 15 米左右。北门现存宽度 32 米，门内是一个东西 37 米、南北 32 米略呈圆形的大堰，堰水通过北门的水道与护城河相通。城西经勘探未发现城门痕迹。护城河宽窄规整，宽 35 米。大多段落距城墙外坡仅 2 ~ 3 米，但南、东门外城墙与护城河之间呈尖角状突出，最大距离达 40 ~ 50 米。城内遍布文化遗存，文化层最厚处在城东，深达 5 米。城墙西南转角的解剖，开了一条长 26 米、宽 1. 5 米的探沟，以确定城址的建造和使用年代以及筑造方法。这次探测，因未形成可能多次筑城的认识，将整个墙体视作同一时期建造，因此仅以墙体内坡上叠压的最早一期遗存作为建城时间的下限。该层出土有鹰嘴装饰的盂形器、沿向内凹的高领罐、上腹较短的双腹豆和直壁高圈足杯等，均为屈家岭文化中期的典型器物。此次实测和解剖的主要收获是将城头山古城筑城时间认定为屈家岭文化中期，距今 4800 年左右，成为当时已经发掘的中国最早的古城遗址。其试掘资料整理为《澧县城头山屈家岭文化城址调查与试掘》，发表于 1993 年第 12 期《文物》杂志上。

1992 年，湖南省文物考古研究所对城头山古城遗址制定了详细的多次性发掘计划，并于 10 月至 12 月进行了首次发掘，由此拉开了有计划、大规模正式发掘的序幕。此次发掘有两大内容：一是清理了东门豁口外的河卵石地面，向东略作倾斜，西至豁口处结束，长近 8 米，宽 12 米左右，铺满卵石。豁口处有建筑遗迹，但未往城内延伸揭露。卵石面疑作散水排水用，其上即为耕地层，从间接的地层关系可以确定属屈家岭文化早期形成。二是在城的东部紧靠城墙内坡开挖探方 400 平方米，了解到城内堆积从上至下依次为石家河文化（早、中期）、屈家岭文化（早、中、晚期）、大溪文化（一、二、三、四期），部分探方最下层为早于大溪文化的汤家岗文化的地层，并在这一层发现纵横但不深的沟，整个文化堆积超过 4 米。在探方区的最东部分发现原始地貌为由东南向西北走向的凹槽，有一定深度，因天下大雪发生坍塌，未能发掘到底。在发掘区西南的几个探方内，还发现和清理了大溪文化一、二、三期的屈肢葬土坑墓和瓮棺葬墓 61 座、灰坑 38 个、灰沟 3 条、房基 1 处，还有多处红烧土遗迹，并接触到汤家岗文化时期聚落的环壕，了解到城内文化堆积经历了汤家岗文化、大溪文化、屈家岭文化和石家河文化四个时期。由于此次发掘有诸多新进展，特别是因发现了屈家岭文化时期的城垣而被国家文物局评为 1992 年度全国十大考古新发现之一。

考虑到需要对城的布局作全面了解，以期更有目标地进行大面积发掘，1993 年冬又进行了第二次正式发掘。此次发掘采取了以城中心点出发，向东、西、南、北四方沿中轴线隔若干米开一 2 米 ×5 米的探沟，东、南两面的探沟穿过东南城墙，共开探沟 36 条，发掘面积达 727 平方米。此次发掘有以下重要发现：1. 在西南、东南穿过城墙的探沟均发现了在屈家岭文化时期城墙外坡下压着大溪文化早期的壕沟。西南转角处前两年所开的探沟往西延伸贯通，揭露出城墙基脚宽达 34 米。东、南城墙探沟贯通，基脚宽近 40 米，大溪壕沟宽 10 米，深 4 米，底部极为平整。由于三个方向均揭露出大溪文化早期的壕沟，因此推论为围绕当时的聚落一周，长 1000 余米。南城墙壕沟外坡有用竖立木桩、芦席、横木条和子篾扎紧成篱笆状的相当紧实的护坡设施，出土时保存得惊人的完整。2. 在南城墙下发掘的长 2 米、宽 10 米面积的壕沟淤泥内，出土了近百种植物籽实，包括稻、冬瓜、葫芦瓜等栽培作物，因淤泥隔绝空气，保存完整，葫芦瓜籽甚至还呈金黄色。还有多种动物骨骼、遗骸，如牛、鹿、象、猪、鸟类、鱼类、螺、蚌，也有人骨头，还有芦席、竹席、麻布等植物。有榫卯结构的木构件，有穿洞安足的凳面，十分精致的木桨和长 2 米多的船艄。这些榫卯结构的木构件从其位置和分布看，有可能是一座进出聚落的桥。壕沟逐渐淤塞后，采取了用黄土、木炭渣、卵石拌和锤实的多层硬面，每层厚 5 厘米，表面平整，各层之间铺沙，其上铺一层草木灰，然后再筑屈家岭文化时期的城墙。这些硬面用镢头加以击碎，其目的可能是为了基础牢实，以免城墙下塌。3. 在城内偏西北部位发现了屈家岭文化时期的墓葬，后证实为大型墓葬区。在城东部、中部偏东、中部偏西，发现密集的房屋建筑遗迹、红烧土居住面。在城中和城正北，发现两处陶窑，后证实是两处制陶作坊区。4. 东城和南城墙解剖剖面似有比屈家岭文化更早的筑城的迹象，但当时未能得出清晰的认识。5. 城墙西南转角的探沟作再次清理，发现墙基中段下压一层文化层，内出细弦纹黑皮陶高领罐、黑陶簋形器，这些器物时代晚于大溪文化四期，但早于典型的屈家岭文化时期。湖南的专家学者将这一时期的遗存划为屈家岭文化早期，距今 5200 ~ 5300 年。

1994 年的发掘从 10 月 28 日开始到 12 月 29 日结束，历时 3 个月。集中了近 50 名考古工作者，发掘面积达 1568 平方米，是一次较大规模的发掘。此次发掘分四个区，共开挖探方 83 个。一区为继续拓宽对南城墙的解剖，发现大溪壕沟被一人工夯筑土台截断，疑是大溪文化时期所筑城的城门一边的建筑台基，因此向北扩大发掘，以期找到相对应的土台，以求证实该处为大溪文化时期城的南门。后因发掘工程过于浩大，加上冰冻天寒，暂停对此处的发掘。二区为居住区，在城西偏南。在距地表1.2米处发现了两座房屋，均属屈家岭文化早期。一座建造相当规整，高60～80厘米的夯土台基上，前后套间，左为居室，右为厨房，厨房内并排4个方形灶，还遗留有多件较完整的陶质食器。另一座为中间走廊、两边门道对向走廊的排房，共十多间，每间面积仅4～5平方米，无火塘灶坑。两栋房屋的墙基、墙体下部以及门道、柱洞均保存完好。房屋北面有由西向东贯穿整个探方区的大路，用红烧土铺成，宽约2米，两旁有排水沟。三区为中部的制陶作坊区，在400多平方米的发掘区内，清理了8座陶窑。其中有专门烧红砖土块作建筑材料之用的，专家认定是现代烧制红砖的前身。有的是专门烧制某类陶器的，如邻近北面的一座陶窑中全出一种腰鼓形支座。这些陶窑，除一座为屈家岭文化时期外，余均为大溪文化早、中期。与陶窑组合一起的有料坑、贮水坑、工棚，还发现数条取土坑道。在发掘区北部隔墙下，清晰暴露出数座大型陶窑局部。如此完整的制陶作坊区，在史前考古中实属罕见。第四区为屈家岭文化时期的墓葬区，发掘面积400平方米。较上层为屈家岭文化晚期的瓮棺葬，夹有少量土坑墓。往下以土坑墓为主，也夹杂少量瓮棺葬。墓葬层层叠叠，达6～7层之多，分布密集程度前所未见。此次共发掘清理了近600余座，出土石器和可修复陶器3000余件。

二区屈家岭文化早期台基式建筑

1995年的发掘从3月20日开始，至4月25日结束。发掘的主要任务是清理1994年第四发掘区已开探方下层未及清理的墓葬，新开两条2米×5米、面积40平方米的探沟，追寻墓葬区的西部界限。主要收获是清理了49座大溪文化四期和屈家岭文化早期的墓葬，证明该处西部墓葬时代较早，东部墓葬时代渐晚。

1996年12月至1997年1月，由省文物考古研究所主持，将探沟大大展宽，极为有利于对剖面的观察和地层的掌握，结果发现其西段未到原生土，原认为是原生土的地层中，还包含有少量红烧土碎块和陶片碎末，且可以分辨出有两层经过夯筑的层次，显为人工堆积。经过一个月左右的工作，取得了重大突破性的成果，发现城头山城墙先后4次筑造的地层叠压关系。第一次筑造于大溪文化早期。夯土分两大层。由大溪文化壕沟开口往东将生土削成斜坡，然后夯筑。现残高2米多，墙基宽10米左右，顶面近平。其内坡被一个灰坑打破。灰坑中出土粗泥釜、红衣粗弦纹厚陶片，时代不会晚于大溪文化二期。关庙山遗址大溪文化二期有多个C14测年数据，均趋近6000年，因此我们认为第一次筑城不会晚于6000年。这次筑造的城墙，是中国目前发现的最早的城墙。墙残高度仅有2米多，但加上其原生土削成的斜坡和紧接着的壕沟4米的深度，可以说共同组成了具有防御功效的体系。这样，把城头山建城的时间由1993年认定的5300年又朝前推进了700来年。第二次筑城，城的顶面与第一次筑城顶面在一条平行线上，其外坡将大溪文化早期壕沟填塞了一部分，墙基下直接压着大溪文化三期的陶片，如圆唇高领红陶罐等。其内坡一角又被距今5300年左右的文化层所叠压，因此，其时代应为大溪文化三期或四期，距今5500年左右。其上为第三次筑城，这一期工程浩大，但其顶面仍偏外，与1、2次顶面仍在一平行线上，但墙基大大地向内外两方加宽，所用土乃是取自城外较深地层的原生土大土块，一举两得，取土后，城外形成护城河。而所取土又堆叠成城墙。第四次筑城工程最为浩大，主要是向城内方向大大加宽，夯土层为一层大块土夹一层河卵石，所以与第3次所筑城界限相当分明，且夯土内涵截然不同。这时城墙顶部已加宽至13米，而墙基宽至37米以上。此次筑城土方粗略估计不少于10万立方米。至此，城墙成为庞然大物，加上城外宽35米的护城河，真是蔚为大观，且开创了南方古代城墙之外修造护城河的传统。这时城墙内坡和顶面上叠压有使用时形成的文化层，顶面上仅有石家河中期文化层，表明此时已逐渐废弃，而叠压内坡最底一层堆积为屈家岭文化中期，且有屈家岭文化中期的墓葬打破内坡，因此其时代不会晚于屈家岭文化中期。这四次筑城地层叠压关系和分界，不仅专业工作者观察剖面可以得出正确结论，连村民一点破即可明白。这次发掘所取得的第二项重大突破是在重新发掘东城墙探沟时，不仅印证了西南城墙转角四次筑城的地层关系，发现了大溪早期与壕沟同时的城墙，且发现了其上与西南转角探沟每次筑城相对应的夯土层和夯土层之间的文化层。这些文化层中大小柱洞，证明有建筑遗迹，且发现20余具人骨架，少量旁边有随葬品，多数一无所有，特别是617号墓所出骨架，双手位于脊椎后面，极像是被捆绑后活埋，这更印证了1992年发掘时在城墙内坡大溪文化地层中所发现的无随葬品，甚至人首异处的墓葬与筑城祭祀有关的推论。这种一层夯土夹多层文化层并有建筑遗迹的现象，说明该处不是一般的墙体（除第一次所筑城墙外），而是东城门北的防卫设施所在，但因揭露面积有限，尚待进一步发掘以弄清其具体作用。更为重要而有属意外的收获是在最早的城墙下发现了可能属于汤家岗文化时期的水稻田遗迹。稻田系利用原生地面由东南向西北略呈倾斜走向的凹槽地形，采取与凹槽两边平行人工垒筑田埂形成丘块，目前能确认的有两丘。田埂之间是平整的厚30厘米的纯净灰色土，为静水沉积。发掘民工一见就说和现在稻田土一样。田埂旁边有颜色新鲜

西南面古城墙

的田螺。田面平整，显出稻田所特有的龟裂纹，剖面可清晰见到植物根须，与现时水稻田中水稻根须比较完全一样。泥土中有不少稻叶、茎、稻谷，灰土底部的原生土面上形成铁锰结核颗粒。在显微镜下泥土中单位面积内水稻稻叶和稻壳硅质体的数量，与现代水稻田中数量十分接近，这些都是确认古水稻田的最有说服力的证据。特别是在两丘水稻田西边原生土层，发现人工挖造的直径近2米，深1.5米，非常规整的圆形水坑，后又发现坑西有多道不深的小水沟。1997年3月，进一步向西扩展探沟，以致将1992年发掘区的东部重新清理了不大的面积，发现小水沟一直，向西、向南伸展，很可能与1992年在汤家岗文化晚期地层下开挖于原生土中的小水沟相接。这些，都表明已有初期的灌溉设施。汤家岗文化在6500年至7000年，如以较晚的年代计算，城头山发现的水稻田与江苏吴县草鞋山马家浜文化时期的水稻田基本同时，同为目前已揭露出来的世界上最早的水稻田，且城头山所出较草鞋山所出，更易被人们所认可。

水稻田

1997年的发掘工作从9月21日开始，至11月30日结束。发掘主要是将东城墙探沟向南北扩张，以求更清楚准确地划分四次筑城的地层，更大面积揭露古稻田。此次共开挖14个探方。通过发掘，较清楚地展现出三丘古稻田以及配套的引水灌溉设施——水塘、水沟，发现城墙上的栅栏和城墙外坡筑城时使用的竹、木筋；清理了主要属于大溪文化一、二期的墓葬52座，还发现东城墙内坡附近的大溪文化早期大型祭坛的一个局部；又通过对东城墙和西南城墙的完整解剖，确证了城头山古城城墙有四次筑城行为：第一次筑城早至大溪文化一期，距今超过6000年；同时又发现距今6500年，属于筑城之前汤家岗文化时期聚落所开垦的稻田。这两项重要发现，使城头山又被国家文物局评列为1997年全国十大考古新发现。

1998年的发掘工作从10月26日开始，至12月28日结束。本次发掘在第一区开挖探方4个，在六区、七区各开挖探方9个，发掘面积达500平方米。主要收获是：第一，全面揭露了1997年已露头的大溪文化早期大型祭坛，并发现数十个祭祀坑；第二是对东门内文化堆积有了更新的认识，发现城内偏东部位大溪文化堆积最为丰富，而屈家岭文化和石家河文化地层较薄；第三是在六区发掘各探方最西的部位，发现了明确的汤家岗文化的地层。同年5月，经国务院批准，湖南省文物考古研究所与日本国国际日本文化研究中心签订了《中日关于澧阳平原环境考古和相关高科技考古合作协议》。协议确定合作期限为三年（1998年10月~2001年9月），由中方的湖南省文物考古研究所所长何介钧研究员担任队长，主持全面工作。由日方的日本国国际日本文化研究中心所长河合隼雄教授担任副队长。由于河合教授不可能到现场，指定由日本国国际日本文化研究中心安田喜宪教授为发掘调查现场日方负责人。中国著名考古学家严文明和日本著名学者梅原猛被邀请担任该项目顾问。合作协议签订后，当年日本国就开始派多学科的学者对城头山的田野考古工作进行环境取样、分析，并进行遥感、低空航测与航拍、探地雷达探测等工作。使城头山遗址的发掘开始有了国际间的合作。

祭祀坑

1999 年的发掘工作从 10 月 26 日开始，至 12 月 28 日结束。此次共计发掘面积为 806 平方米，发掘的重要收获：一是发现二期城墙南墙外环壕有一正南北向通道，将环壕分为东西两段，且在通道的南端有一道墙，以后证明它既不与第一期城墙，也不与第二期城墙连通，直至 2002 年春做补充发掘，才将这一通道和这一段城墙的时代、性质与作用基本弄清。二是在二区 1994 年发现的两座屈家岭文化时期大型房基的西边，又发现了重叠着的屈家岭文化时期大型台基式房屋基址，从而更显示出屈家岭文化时期这一区域居址的较高档次。因考虑到将重要遗迹保留以供展示，故整个二区未继续全面下挖。参加此次发掘工作的除以湖南省文物考古研究所为主中方考古专业人员之外，日本国参加的专家学者有大阪府教育委员会文化财保护科尾上实、财团法人大阪府文化财调查研究所驹井正明、京都大学文学院大贺克彦、立命馆大学文学院河角龙典、广岛大学文学院槙林启介和中国旅日学者、日本国国际日本文化研究中心黄晓芬等。

2000 年的发掘开始于 10 月 26 日，结束于 12 月 16 日。本年发掘集中在二区、四区、六区、八区、九区五个区域内进行，共发掘面积 1261 平方米。其中二区发掘的目的是为了更充分揭示这一重要居住区，但主要的发现不是在新开的探方，而是两个继续以前工作所取得的进展：一是进一步搞清了 1999 年已大体弄清规模的台基式大房屋 F87 的内部结构；二是将 1994 年清理揭露的两座屈家岭文化一期的台基式房址 F57 和 F23 清除，继续下挖，结果是清理出虽同属屈家岭文化早期、但较上两座房屋略早且结构更复杂的 F88。四区发掘的主要目的是尽可能多地清理揭露这一集中墓地的主体部分，重点是在原已发掘探方以西，发现这里集中分布着大溪文化四期和屈家岭文化早期的墓葬，总共清理墓葬 101 座。由于 1998 年在六区发掘各探方的西部发现有汤家岗文化的地层，因此在六区发掘的目的是希望能更多地取得城头山汤家岗文化的资料，尽可能弄清汤家岗文化时期聚落的规模，结果是发现和清理了 30 个汤家岗文化灰坑和 2 座汤家岗文化墓葬。在六区共发现各时期灰坑181个，其中大溪文化灰坑占多数，且大多为祭祀坑。八区的收获是解剖了第一期环壕和第二期环壕，并清理了压在一期环壕之上的大溪文化三期的大型房屋建筑。九区发掘的目的是解剖这一段落的一期环壕并探寻一期环壕注入自然河道的入口。前一目的得以实现，但未能在不到100平方米的发掘区内找到注入自然河道的入口。

2001年秋冬，按照城头山遗址保护方案，开始疏理、恢复20世纪70年代被掩埋平整成为农田的护城河，由湖南省文物考古研究所主持，配合这一工程挖了多条探沟。工作时间从2001年8月开始，时断时续直至2001年年底。此次发掘是在1991年至1996年对西南城墙、1996年对东城墙、1993年至1997年对南城墙和环壕、1993年、2000年对东城墙外第一期环壕、2000年对东南城墙外一期环壕解剖的基础上，配合护城河的复原开挖，采取开探沟和钻探相结合的方式，对各期城墙和环壕、护城河多处进行解剖。所开探沟4条。其主要收获是：1. 通过对南城墙和城墙外环壕的解剖，完整地提供了一、二、三、四期城墙，城壕，护城河的相对位置和地层堆积，显示与早先解剖的西南城墙和东城墙互相叠压不同、相对位置存在位移的现象；2. 通过对2000年冬发掘而未到底的三个探方南壁2米宽范围内开挖一条宽2米、长45米的长探沟，准确地提供了一、二、三、四期城墙和城壕在此一部位的准确位置；3. 通过在城内正北两个探方内开挖一条正南北向、宽2米的探沟，发现了残存的一、二期城墙的基部和其外的环壕内坡；4. 通过在东北城墙外开挖一条55.75米的探沟，基本查明了被填平的护城河的内外坡和深度以及三、四两期护城河的关系。本次发掘的另外一项重要工作是将多年来探沟、探方所查清的各期城墙段落之间尚不清楚的部分，用钻探的方法实现其科学、准确的连接，从而复原了各期城墙和护城河、环壕在平面上的位置。事实证明这是一项对研究城头山古城规模和平面形状演变的十分必要而有重大价值的工作。

2002年春季的发掘是2001年秋冬季发掘的继续，也是湖南省文物考古研究所对城头山遗址最后的一次较大规模的发掘。此次发掘是在2001年发掘的基础上的补充，发掘面积192平方米。主要收获是彻底搞清了城内外各方位的地层关系，为城头山遗址发掘资料的整理提供了更加翔实、准确的材料。

十二年的发掘，使城头山遗址闻名于世成为媒体焦点，城头山遗址走向世界。1992、1997年两次被评为“全国考古十大发现”之一，1995年3月，时任中共中央总书记、国家主席的江泽民在考察澧县时亲笔写下“城头山古文化遗址”的题词；1996年11月被国务院公布为第四批全国重点文物保护单位；2001年3月被评为“中国二十世纪100项考古大发现”之一，其考古发掘成果记载到北京中华世纪坛的青铜甬道上；2003年8月，国家工商总局对冠名“城头山”字样的商标予以登记注册，共有36大类、361小类商品和股份项目；2005年10月，中央电视台《见证·发现之旅·解密城头山》摄制组在城头遗址举行封镜仪式，之后4集纪录片于2006年初分别在央视综合、科教频道同期播出；2005年11月，国家邮政总局《城头山遗址》特种邮票正式发行，并在城头山举行首发式；2006 年 6 月，由中央电视台《见证·发现之旅》栏目组拍摄制作的介绍城头山遗址发现、发掘经过及其丰富历史文化内涵的大型专题纪录片《荒城秘史》完成，并在央视第七套黄金时段播出；2010 年 5 月，城头山遗址作为中国最早的城市，其发掘出来的城内生活居住区、陶窑区、墓葬区、稻作区等几个重要遗迹点被仿制成大型模型在上海世博会中国馆展出，向世界展示这一宝贵的文化遗产；2011 年，湖南省文物考古研究所原所长、研究员何介钧主编的大型发掘资料专著《澧县城头山》，由中国文物出版社正式出版发行。从 1992 年以来，还有《人民日报》、《中国文化报》、《中国文物报》、《湖南日报》、《南方周末》、《三湘都市报》、《潇湘晨报》、香港《大公报》、台湾《天下日报》等多家媒体，对城头山的发掘成果先后予以多次报道。

虎爪山遗址发掘

虎爪山遗址位于常德市津市市窑坡渡乡董家村。该遗址 1988 年文物考古调查时发现，地处澧水北岸三四级阶地网纹红土中，面积约 1 万平方米。地质年代为中更新世早期，文化时代为旧石器时代早期晚段，距今约 40 万～50 万年，是目前湖南省境内发现最早的旧石器时代遗址。

为了配合津市市有关基本建设工程，湖南省考古研究所于 1988 年 5 月、2000 年 11 月、2005 年 9 月先后三次主持对该遗址进行了抢救性考古发掘（其中 2000 年 11 月的发掘是受省考古研究所委托，由常德市文物处主持），共发掘面积 360 平方米，出土、采集石制器 100 余件。石器有石片石器和砾石石器，器形有砍砸器、切割器、刮削器、尖状器、石球、石锤、石珠等。所有石器均浑厚、粗陋，为锤击法制作与加工。遗址总体上属华南砾石器文化传统，出土的砾石砍砸器、砾石尖状器具有显著的地域特征，被考古界称之为“澧水文化类群”。该处遗址的发掘，对研究华南旧石器文化的形成、文化特点，探索远古人类的生产、生活方式与当时当地的地形地貌等具有很高的价值。虎爪山遗址于 2002 年 5 月 19 日被湖南省人民政府公布为省级文物保护单位。

鸡公垱遗址发掘

鸡公垱遗址位于常德市澧县澧南乡栗木村，距澧县县城约 3 公里，地处洞庭湖西岸平原的南缘，为澧水右岸的二级阶地。1987 年 10 月下旬澧县文物管理所工作人员在当地村办机砖厂取土时发现，是一处旧石器时代遗址。

1988 年 10 月至 11 月，由湖南省文物考古研究所袁家荣先生主持发掘了 200 平方米。在阶地上部网纹红土中出土大量石器，石器均以河床砾石为原料，岩性主要为石英砂岩，次为砂岩、石英、燧石。制作与加工方法均为锤击法。石制品类型有石核、石片、砍斫器、刮削器、尖状器、大尖状器、石球、石锤、石砧等。其中大三棱尖状器富有特色。其三棱尖类似丁村大尖状器，但其采用长条砾石加工而成的浑厚器身又明显区别于厚石片加工的丁村大三棱尖状器。此处石器在地层中一般分布较为零散，但在一个 16 平方米、深

15～20 厘米范围内的土层中发现了 150 多件石制品。根据遗址堆积的地貌地层以及文化遗物判断，鸡公垱遗址的地质时代大致为更新世的早期，文化时代为旧石器时代中期。该遗址的发掘对研究长江中下游地区、特别是澧阳平原远古人类的聚落和生产、生活等有重要价值。

彭头山遗址发掘

彭头山遗址位于常德市澧县大坪乡孟坪村。该遗址是澧县文物管理所于 1985 年第二次全国文物普查中发现的，是一处新石器早期遗址，遗址总面积约 1 万平方米。据采集陶片的碳素年代测定，距今为 8250～9100 年左右，为长江中游地区最早的新石器时代遗址之一。

1988 年 11～12 月，由湖南省文物考古研究所研究员裴安平主持，对彭头山遗址进行了首次发掘，发掘面积 383 平方米。此处发掘的主要收获有以下几个方面：1. 在遗址居住区周围发现成批墓葬。墓坑小而浅，略呈长方形，多东西向，推测含有一次葬、二次葬、瓮棺葬，以及屈肢葬等多种形式。据墓坑大小与残存骨骼判断，部分墓主应属未成年人，头向西。2. 尽管已发现的房屋遗址居住面全貌不详，但残留部分及柱洞内的填土却显示了当时在松软潮湿的湖沼层上建筑住宅的独特技艺。还有典型的大号柱洞直径均在 50 厘米左右，并有超过 50 厘米厚的夯土与红绕土或夹炭土两个层次，它们既有利于承重又利于防潮。3. 遗址中出土了大量陶片，且有近百件可供修复的器物。器物以夹砂夹碳为主，胎黑色，外表红褐相同，多饰绳纹、戳印纹、刻划纹，还有相当数量的器物表面通体饰红陶衣。陶衣大部分较厚，可单独与胎分离剥落。器物皆为手制，形状不甚规则，习见圜底器，并发现有“贴塑法”制陶工艺。主要器类是釜、罐、高领罐、双耳罐、深腹罐、碗、盘、支座等，在晚期地层中还有一定数量的三足器。4. 还出土了大量石器，可分为三类：即磨制石器、燧石器与打制石器。磨制石器有斧、管、棒形坠饰等，大多通体磨光，形态规整，其中坠饰与石管的制作反映出很高的工艺水平。坠饰头部有镂孔，两面有凹槽，便于系缚，末端有的还标有各不相同的刻划符号；石管中央镂孔最深竟达 2 厘米以上。燧石器个体较小，多石片石器，缺精细加工，估计多作刮削器使用。5. 以燧石器出土数量及用途推测，当时渔猎经济较发达。此外，还有一项重要收获是稻作遗存的发现，遗址中出土了大颗粒植物种子，并在红烧土块及支座残断面中发现有最古老的稻谷，经后来研究为早期形态的栽培稻，说明当时在地势宽阔平坦的湖沼地带边缘有以稻作为主的农业存在。

上述众多重要发现，使彭头山遗址在省内外、国内外均产生了重要影响。鉴于彭头山新石器文化遗址是目前长江中游地区发现最早的新石器早期文化，被考古界称之为“彭头山文化”。2001 年 6 月 25 日彭头山遗址被列为全国重点文物保护单位。

八十垱遗址发掘

八十垱遗址位于常德市澧县梦溪乡五福村，是一处新石器时代遗址。该遗址是澧县文物管理所工作人员1985年第二次全国文物普查时发现的。1993～1997年，湖南省考古研究所先后六次对该遗址进行了部分发掘，发掘面积500平方米。

发掘成果一是确认八十垱遗址其主要堆积层属新石器时代彭头山文化，距今7000～8000年。遗址可分早、中、晚3期，早期面积超过3万平方米，晚期约200平方米。中期不足3万平方米，是遗址最兴旺时期，其突出标志是聚落环壕与围墙的开挖与堆筑，形成日常活动圈，南北长约300米，东西最宽处160米，壕沟上宽约4米，下宽及深约2米，围墙底宽约5米，高1～2米。墙内建筑遗址有半地穴式、地面式、干栏式和台基式，内有灶坑。

二是遗址中发掘出墓葬100余座，出土随葬品以陶器为主，更重要的是出土有数十种植物种子、动物和家畜骨骸及各种骨、竹、木器、编织物和稻谷、稻米等。植物种子经鉴定为菟丝子属、莎草属、藜属、栎属、悬勾子、紫草属、谷草属等，表明遗址当时靠近水面，气候温和。另有大量菱角、芡实、莲子等。动物和家畜骨骸有鹿、麂、牛、猪、鸡、鱼等。木器有耒、铲、锥、杵、钻、木、竹牌等。稻谷、稻米收集近1.5万枚，超过国内出土收集总量，保存状况良好，后考古专家定名为“八十垱古稻”。另外还发现了介于新旧石器时代过渡阶段的一种新的文化现象，考古界暂称“八十垱下层类型”，其工具主要为打制石器。

由于八十垱遗址有诸多重要发现，引起了考古界的高度关注，一致认为该遗址对研究新石器早期聚落形态，特别是对水稻栽培起源的研究具有重要价值。八十垱遗址2001年6月25日被国务院公布为全国重点文物保护单位。

官山楚墓发掘

官山楚墓位于常德市桃源县青林回维乡官山村，本地村民挖鱼池时发现。1989年3月，湖南省考古研究所会同桃源县文物管理所组织专业人员对该墓进行了抢救性清理发掘。该墓葬为长方形二层台带斜坡式墓道的覆斗形土坑墓，二椁一棺，棺椁底板垫有竹席，棺外残存绳索。随葬品放置在头箱和边箱内，出土青铜器有剑、戈、矛、镞、箭杆，軎、辖、衔及锡质马勒头；竹木漆器有竹弓、木矛、木扁鼓、木琴、木鹿、纹方漆座等；陶器有鼎、壶、豆等。其中三把青铜剑都带有漆鞘，一把剑的首、格、箍镶嵌有绿松石，格上以饕餮纹作装饰。有一件戈形制特别，援窄长，微微扬起；木扁鼓的鼓框断裂呈圆弧，施绘一道黑漆，上下边各有两排竹钉，鼓皮无存。从出土物分析，墓主为楚国一员武将。该墓发掘简报在1989年4月7日《中国文物报》发表。

燕儿洞遗址发掘

燕儿洞遗址位于常德市石门县皂市镇原阳泉村渫水右岸峭壁上。洞穴相对高度约15米，有两个石灰岩洞穴，洞口朝向270°，两洞相距5米，一号洞位于二号洞的北侧。两个洞穴均有古文化堆积，是湖南省境内迄今为止唯一发现的旧石器时代洞穴遗址。

该遗址是石门县文物管理所工作人员在全国文物普查时发现的。1990 年、1992 年、1993 年、2006 年，湖南省文物考古研究所会同石门县博物馆组织考古专业人员先后四次在此进行考古发掘，其中 1990 年和 1993 年的发掘具有典型意义。

1990 年 12 月是首次发掘，发掘总面积为 16 平方米。其中一号洞发掘 5 平方米，地层可分为 7 层，第 3 层为黄褐色沙黏土，含石灰岩角砾，厚 30 ~ 40 厘米，有大量的哺乳动物化石、打制石器和骨器；第 6 层为红褐色粉沙质钙板堆积，胶结坚硬，含大量的哺乳动物化石，石灰岩角砾及个别燧石打制石器，厚 20 ~ 40 厘米；第 7 层为棕黄色粉沙土，较疏松，上部含少量哺乳动物化石。二号洞发掘面积为 11 平方米。地层划分为 4 层：第 1 层为棕黄色黏土，灰黄色具层理透镜体，含石灰岩角砾和近代陶片、人骨、牙等，厚 20 ~ 50厘米；第 2 层为黄褐色黏土，含少量石灰岩角砾，厚 20 ~ 30 厘米；第 3 层为红褐色黏土层，夹粉砂透镜体，有比较丰富的动物化石，石灰岩角砾，少量的石器、骨器等，厚30 ~ 40 厘米；第 4 层为黄色沙黏土，具明显层理，土质纯净。厚 2 米以上。两个洞穴的文化堆积为 3 个层次，即一号洞的第 3 层，第 6 层，二号洞的第 3 层。所含哺乳动物化石种类大体相同，有鼠、兔、豪猪、竹鼠、猕猴、熊、犬科、猫科、獾、东方剑齿象、中国犀、华南巨貘、鹿、麂、羚羊、羊、牛、猪等动物，属华南“大熊猫——剑齿象动物群”。其地质时代均为更新世的晚期。出土的打制石器以河床砾石为原料，岩性为石英砂岩、燧石和砂岩，有石锤、刮削器、石核等。

1993 年 4 月，由湖南省考古研究所副所长袁家荣领队，对该遗址进行第三次研究性发掘。1 号洞发掘时遗存现存堆积面积约 20 平方米，厚 1 米左右。从上到下可分为五层，其中包含有两层钙板层。第一、二层均为淤积层，内包含有洞顶坍塌物。第一层颜色为肝色，第二层为深褐色，第三层出露较少，颜色为灰黄色。第四层为文化层，该层中，人类化石、动物化石及石器、烧骨共存。其中新发现有包括人类左股骨、下颌骨、右下臼齿、右上臼齿、前臼齿等一批旧石器时代晚期智人的化石。这批智人化石的出土，填补了湖南省旧石器时代人类化石的空白，后来被考古界命名为“石门人”。遗址中还出土有动物化石 20 余属种，含东方剑齿象、中国犀、华南巨貘等绝灭种属。出土石器主要为石核石器，原料为砂岩、燧石。第五层在南壁和东南角出露，颜色与第三层接近，但稍深，不见包含物，其下为洞底角砾层。2 号洞与 1 号洞相邻，发掘面积约为 25 平方米，从上到下可分为四层，出土有石器和大量动物化石，如东方剑齿象、猴、鹿等，其中以幼年动物为最多。2 号洞堆积与 1 号洞堆积成因有明显不同。

几次发掘情况表明，燕儿洞的地质时代为更新世晚期，大量哺乳类动物化石和打制石器的出土，证明此处是旧石器时代晚期人类活动和栖身的场所，当时的人类以狩猎为主要生存手段，采集亦应具有相当重要的地位。燕尔洞遗址的发掘为研究湖南旧石器时代晚期人类的生存和发展提供了宝贵的资料。

咸林岗遗址发掘

咸林岗遗址位于常德市澧县闸口乡红山庙村前的王家厂水库淹没台地上，是一处新石器时代遗址。因地处水库边缘，常年处于水下。1990 年 11 月，趁干旱枯水季节，由湖南省考古研究所副所长袁家荣领队对该遗址进行调查、试掘。由于长年水浪荡涤，文化层遭受严重破坏，大量黑色燧石器、陶片及遗迹已暴露地表。分布面积约达 2 万平方米。个别文化堆积层厚度可达 50 厘米。黑色燧石器绝大多数为 2 厘米以下的细小石器，种类丰富，有石核、石片、石叶、凹刮器、端刮器、雕刻器、石钻、锯齿形器、尖状器等。陶片以粗泥红陶为主，多饰红衣素面。有戳印纹的红陶碗，仰折凹沿釜，与澧县丁家岗一期文化类同。该遗址所含丰富的黑色细小燧石器，对洞庭湖西岸新石器时代早期的打制石器工艺传统和湖南“细石器”等的研究有重要价值。

汤家岗遗址发掘

汤家岗遗址位于常德市安乡县安全乡刘家嘴村七组，是一处新石器时代遗址。1978 年，湖南省博物馆曾对该遗址进行过首次发掘。1990 年和 2007 年，湖南省文物考古研究所又先后两次对该遗址进行抢救性发掘。

第一次是 1990 年 11 ~ 12 月，研究员裴安平为领队，发掘分东西两区，西区为主要发掘区，面积 500 平方米，东区 100 平方米。据地层结构和出土遗物分析，遗址可分早、中、晚三期。建筑群一共包括 6 座房基，呈南北向分为东西两排，相距约 7 米，门道皆向东，有的房基面尚存灶坑。房基皆红烧土地面，一般厚约 30 厘米。柱洞大小不一，大者直径达 1 ~ 1.3 米，深近 1 米，系两次挖筑成型。洞内大部以红烧土块填充。房基面积大小有别，其中 F1 与 F2、F3 为一组。F1 大型建筑，长方形，面积近 30 平方米，东西两侧各有门道。F2、F3 小型建筑，圆形，位于 F1 东门道两侧，似为 F1 之附属建筑。中期墓葬共发现约 50 座，可分南北两大墓区，各区又可见若干小区，小区墓数 4 ~ 6 座不等。墓向有东西、南北两种，皆竖穴土坑。随葬物组合配套，主要有筒形釜、平底钵，以及圈足折壁碗。等级较高的墓中还出土有白衣红陶盘与白陶盘。此外，随葬物的数量亦显示了墓葬的等级之别。

白陶盘

汤家岗遗址中的建筑群遗迹和墓葬出土器物都属重要发现，特别是出土的白陶盘，是我国新石器遗址中出土的极为珍贵的文物精品，在国内同时期遗址出土器物中极为罕见。

还有一项重要发现，是在此次发掘出土的大量陶器残片中存有许多炭化稻谷，形态有细长的，也有粗而短圆的，证明当时就有稻谷粳、籼品种之别，这对古代水稻栽培的研究极具价值。

第二次发掘是2007年10～12月，副研究员尹检顺为领队。通过大面积勘探，基本弄清了聚落内、外的古地貌环境，并首次确认遗址分布范围及面积。遗址现存面积约3万平方米，文化层堆积厚薄不一，中心部分偏薄，厚0.5～1.2米左右；边缘区域偏厚，1～2米不等。勘探表明，遗址西、北两侧古地貌最低，并有一条古河道经遗址西北边缘流过；遗址东南部位置较高，几与遗址连为一体，可能是聚落内、外的主要通道或出入口。

白陶碗

此次发掘首先选在遗址东北和东南边缘发掘140平方米，两地点同时发现了距今6000年前的聚落壕沟。两者虽宽窄不同，深浅不一，但堆积相似，年代相近，系同一壕沟当属无疑。壕沟开口均在大溪二期文化层下，打破生土。沟壁规整光滑，沟壁两侧均有护坡堆积，靠近遗址一侧还发现一级生土台阶。沟内淤泥中出土一批可复原陶器及大量动物遗骸。陶器主要以罐、釜、钵、盘、碗、器盖为主，动物遗骸经初步鉴定主要有猪、牛、鹿、羊、兔等。沟内出土陶器的时代基本为大溪文化一期和汤家岗文化时期，故初步推断该沟时代不晚于大溪文化一期。更重要的是，在东南发掘区壕沟内侧坡顶之上，还发现人工堆筑形成的低矮土围，推测为开沟之时把所挖之土有意堆筑而成，目的在于增加壕沟的相对深度，进而达到壕沟防御的最佳效果。初步推断，这种围壕设施是后期城壕雏形，可视为洞庭湖地区环壕聚落向城壕聚落演变的过渡形态。另外还在遗址中心位置进行小规模发掘，不仅发现了有明确地层关系的汤家岗文化时期的典型地层，而且还发现同时期的房址。这批发掘资料成为确认大溪文化与汤家岗文化分界的关键性材料，也是研究汤家岗文化聚落形态的重要素材。

竹马村遗址发掘

竹马村遗址位于常德市临澧县官亭乡竹马村，是一处旧石器时代晚期的高台式建筑遗迹。1996年7月，湖南省文物考古研究所储友信领队，对该遗址进行抢救性清理发掘。遗址位于一台地上，面积约24平方米，高70厘米左右的土台建筑直接叠压在台地中的网纹红土上，外围轮廓呈椭圆形，中部内凹呈方形，南北向，在其南部有一门道，通过门道往土台中部延伸一条长4米、深达80厘米的封闭的沟，沟内土呈灰色且发现有炭，应该为灰烬，在门道以西紧挨土台边缘有一深40厘米、直径为60厘米略呈圆形的水坑。据推测土台为夯筑而成，遗迹内没有文化遗物出土，而在遗迹周围的堆积中发现了较为丰富的打制石器，包括石核、石片和石锤，石器个体较小，有明显的使用痕迹。据有关发掘资料表明，该处建筑遗迹可能是目前国内发现的最早、并保存完好的建筑遗迹之一。该遗迹的发现和发掘，为研究、探讨旧石器时代晚期人类的居住及生活模式提供了有力证据。

王家厂遗址发掘

王家厂遗址位于常德市澧县王家厂水库淹没区内，其地形三面环山，一面临水，是一处新石器时代人类居住遗址。为使该遗址避免常年遭受水淹等自然破坏，1996 年 3 月，湖南省文物考古研究所副研究员尹检顺领队，会同澧县文物管理所组织考古发掘队伍，趁枯水季节，对此进行抢救性发掘清理。共开探方 6 个，探沟 4 条，发掘面积 200 平方米左右。共发现灰坑 12 个，房基 2 座。由于常年被水浸泡，文化层破坏严重，残存部分仅厚约 0. 5 米。灰坑大多为长椭圆形，底部有一小方坑，深约 1. 8 米，口径 1. 5 ~ 1. 7 米不等；房基规模不大，最大长径约 2. 5 ~ 3 米，均为红烧土块堆筑而成。形状为不规则圆形，中央残有红烧土圆坑，且残留有 1 ~ 2 件陶器。遗址出土器物，大部分为残器，只复原 5 件，可辨器形主要有釜、罐、钵、圈足碗等。另外，还出土大量黑色燧石器和石片。磨制石器也有少量出土。据器物形制特点分析，该遗址时代大约相当于澧县丁家岗遗址二、三期，即大溪文化中期偏早阶段。

聂家桥战国墓群发掘

聂家桥战国墓群位于常德市汉寿县聂家桥乡，横跨堤北、三元、武峰三个自然村，属丘陵地带。1996 年 12 月 ~ 1997 年 1 月，为配合长沙至常德高速公路建设，由湖南省文物考古研究所副研究员尹检顺为领队，会同常德市文物事业管理处、汉寿县文物事业管理所组织考古专业人员，对该墓群进行抢救性发掘。共发掘清理墓葬 41 座。墓葬分布于五座低矮山冈上，主要集中于堤北村周坟山和武峰村王家坟山。墓葬封土无存，均系中、小型竖穴坑墓。部分墓葬有斜坡墓道和棺木，多数墓坑底部有横枕木槽及白膏泥填筑，较大的墓葬墓壁有明显的加工痕迹，十分规整。因人骨架均已腐朽无存，而大多数墓又未保存葬具，故葬式不明。这次发掘共出土随葬器物 269 件，其中陶器 240 件，器形有鼎、敦、豆、壶、盘、匜等；各类铜器 20 件，有剑、戈、镜、镞、鼎、砝码等；另外还出有 2 件璧、4 件石质砝码、3 件木器。

从墓葬形制规模及陶器组合特征看，此处战国墓葬等级分明，大致可分为三个等级：窄型墓坑，只出一组陶器为最低等级；小型墓坑，出土多组陶器为中等级；中型墓坑或带斜坡墓道的，出土青铜器或出土更多陶器组合者为最高等级。该墓群时代跨度较长，大多属战国中、晚期，个别墓（M25）已到了西汉早期。此处墓葬发掘出土的铜鼎和花纹独特的铜镜，在汉寿乃至常德境内的战国墓葬出土器物中绝无仅有。同时，还出土了众多兵器。

马嘶桥楚墓群发掘

马嘶桥楚墓群位于常德市汉寿县株木山乡马嘶桥村，南起唐家园、北到姚家窝一带的低矮山包上。1997 年 9～11 月，由湖南省文物考古研究所研究员吴顺东领队，会同常德市文物管理处、汉寿县文物管理所组织考古专业人员，对该墓群进行抢救性清理发掘。共发掘大型墓 1 座、中小型墓葬 80 座。出土陶、铜、铁、漆木器等文物 500 余件。墓葬均为长方形竖穴土坑墓，墓壁光滑，墓底平整。大中型墓多设斜坡墓道，一棺一椁，器物多置于头箱，小型墓多口大底小，器物普遍置于头龛内。西区墓葬多为东西向，东区墓葬多为南北向，小型墓相当集中地分布在墓葬区的西北一隅。出土的铜器、铁器均属兵器，有戈、矛、剑、戟，其中以大型墓所出 2 件鎏金铜戈最为精致。漆木器中的精品首推彩绘剑盒，此外木弓及木制盾牌亦为历来楚墓发掘中所少见。陶器组合主要有鬲、鼎、或鼎、敦、壶或壶、钵、豆三种，并有多组彩绘鼎、敦、壶出土。这批墓葬对于研究战国楚墓的葬制葬俗具有重要意义。

划城岗遗址发掘

划城岗遗址位于常德市安乡县安障乡沙湖口村，是一处新石器时代遗址，遗址主区面积约 5 万平方米。1980 年，湖南省博物馆曾对此进行过首次发掘。1998 年夏季安乡县境内发生特大洪灾之后，为配合“平垸行洪，移民建镇”工程，湖南省文物考古研究所于 1999 年 1 月 3 日至 2 月 4 日，派副研究员柴焕波、尹检顺为领队，会同常德市文物处、安乡县文物管理所组织考古专业人员对该遗址再次进行抢救性发掘。此次发掘共揭露面积 300 余平方米，发现居住址 8 处、墓葬 31 座、灰坑 23 处、祭祀坑 1 处、窑址 1 处。出土完整及可修复器物百余件，其中不乏文物精品。

此次发掘除大溪、屈家岭、石家河等各文化时期材料得到进一步充实外，还首次发现汤家岗文化时期（距今 7000～6500 年）的地层堆积和墓葬，从而证实划城岗这一史前聚落的最初形成年代超过距今 6500 年。汤家岗文化层中出土器物以绳纹釜、罐、钵为主，墓葬中常见釜、盘组合。陶器以夹炭褐陶为大宗，次为细砂白陶、泥质红衣陶，彩陶极少。除绳纹外，多数采用了戳印或模印装饰手法，所成图案极其繁缛。白陶虽无戳印或模印装饰，却内、外绘彩，图案以条带状几何形为主，一般为黑彩，并由红彩镶边。此外，本次发掘还挖到了大溪文化时期早期地层，为洞庭湖区文化序列及分期研究增添了地层依据。

在 F3 探方内，还揭示一批有典型意义的重要遗迹，尤以屈家岭文化时期的大型排房和大溪文化时期的窑址、祭祀坑最为重要。该遗迹平面形状呈“品”字形，由三间排房和一间门厅（前厅）组成，每间房和厅均由墙体相隔并由门道相连。房面、基槽及柱洞均填有夯实的红烧土块，有的还有少量河卵石。窑址大致呈圆形，窑壁由红烧土堆砌，窑室结构十分清晰，并残留大量陶片。祭祀坑呈不规则长方形，坑壁及底垫有厚约 20～30 厘米的红烧土颗粒及碎陶片。坑内填土为松散黑土，内含草木灰、炭渣、鱼骨、蚌、螺壳及大量动、植物遗骸，均已炭化或烧焦。坑内陶器分层叠压，大多倒置（口朝下），底多不见，似有意打碎器底后放置的。

此处发掘出土大批质地精良的器物，尤以汤家岗和大溪文化时期的白陶、彩陶最为突出。白陶以圈足盘、碗为大宗，另有少量双耳釜、高柄镂孔豆等。彩陶以高领罐和碗为多，常见几何形彩带。屈家岭、石家河文化时期，则以石钺、锛、镞等石制工具为代表，表现出相当娴熟的切割、打磨和管钻技术。

十里岗遗址发掘

十里岗遗址位于常德市澧县澧东乡东北的一处丘岗上，高出周围平原约 10 米，1998 年进行文物调查时发现，是一处新旧石器过渡期遗址，遗址面积约 4 万平方米。2000 年 11～12 月，由湖南省文物考古研究所袁伟为领队，会同澧县文物处组织考古专业人员对此进行部分考古发掘，共开探方 8 个，探沟 10 条，实际发掘面积约 350 平方米。

本次发掘中的众多情况表明，发掘区是一处石器制作场。第 5～7 层发现的石器总体上碎片多成品少。其中细小石器的成品，石料多为白色石英与黑色燧石，器形以刮削器为主。从大量打制细小石器剥落的碎屑，在一定的区域内较密集地分布情况来分析，估计是当时的石器制作点。与碎石片共出的还有较多赤铁矿石，作用可能与石器制作时的某种宗教信仰有关。大型的打制石器数量较少，原料以石英砂岩居多，器形有石核、石片、石锤、砍砸器、刮削器等，另外，在第 5 层层面上还发现一处建筑遗迹，平面近海星状，东南、东北、西南、西北皆有一个向坑外延伸的角，从坑口向坑内呈缓斜坡状，坑口面积约 20 平方米，深约 0.5 米。坑内填土较纯净，出少量石器，有石核、石片、石锤、砍砸器、刮削器等，坑底土质坚实。该遗址的发掘对了解洞庭湖区新旧石器过渡时期的文化性质及特点提供了重要线索。

岩板垱、段家屋场遗址发掘

岩板垱、段家屋场遗址位于常德市澧县涔南乡复兴村，是两处新石器时代遗址。2007 年 11 月，湖南省文物考古研究所副研究员尹检顺领队，对鸡叫城遗址外围聚落群中的岩板垱、段家屋场两处遗址进行科学试掘。

此次试掘，在岩板垱至段家屋场遗址边缘靠近壕沟位置布设探沟，以考察两处聚落的分布情况及其相互关系。为了解该遗址及鸡叫城地区的地貌环境变迁提供重要证据。试掘探沟的上部是屈家岭——石家河文化时期堆积，之下叠压了近 1 米厚的自然堆积，该堆积分 2 层，上层较为纯净，下层含少量植物遗存，从规程层理来看，均系自然营力作用形成。在此堆积之下，叠压着 3 层黑褐色土，厚达 1.5 米左右，含有细小石器和燧石器，并含较多植物遗存。这种黑褐色土与澧阳平原过渡时期堆积地层土质土色相似，所出石器的特征也具有过渡时期石器的特点。

这次试掘达到了预期目标：基本弄清以壕沟相隔的两个遗址边缘的堆积情况。发掘表明，壕沟与聚落处于同一时段（屈家岭~石家河文化时期），段家屋场与岩板垱两聚落毗邻，并与众聚落一道环绕在鸡叫城古城的周边和外围。这一发现，为研究鸡叫城地区古城、环壕、稻田耕作区及沟渠（水利灌溉工程）系统提供了重要资料。

韩家洞遗址发掘

韩家洞遗址位于常德市临澧县官亭乡天星村九组，是一处旧石器时代洞穴遗址。该遗址处于澹水右岸一级阶地上，是石灰岩溶化而成的山洞，开口于一高山的山脚处，相对高程约30米。其北、南、东三面均有山脉，南面是经改道后的澧水支流澹水河。2008年9~11月，由湖南省文物考古研究所李意愿领队，对韩家洞遗址进行科学发掘。

洞穴有前、中、后三厅，前厅长7米、宽6米、高5.5米，洞顶由于自然坍塌以及近代的破坏仅残存一部分。调查时在前厅发现有动物化石，此次发掘即在前厅布探方两个，发掘面积15平方米。洞穴堆积共有六层，第一层为近现代文化堆积；第二至六层中均出土有动物骨骼和牙齿化石，以第六层最为集中、丰富。堆积厚4米至5.5米，由洞口（南部）向洞内（北部）呈一定程度的倾斜。保存比较完整，未有河水冲击和人工搬运的迹象，应属原地埋藏。自上至下均含有大量的石灰岩角砾，直径20厘米至2米不等，大部分应是洞顶自然坍塌所致，这也是大量的动物化石较快被掩埋而得以保存的原因。出土的动物化石主要为动物的肢骨残段和鼠类颌骨，其次为牙齿、椎骨，有少量肋骨和角类化石，另有一些不可鉴定部位和种属的动物骨骼。据统计，共有3纲7目12种（属）：鸟纲、爬行纲和哺乳纲，以哺乳为主。爬行纲主要为河龟；哺乳动物纲包括有食肉目（熊）、长鼻目（东方剑齿象、纳玛象）、奇蹄目（中国犀、巨貘）、偶蹄目（猪、赤鹿、麂、水牛、羚羊）和啮齿目（鼯鼠、竹鼠）等。纳玛象在湖南境内属于首次发现，鼯鼠的颌骨和肢骨数以万计。化石大部分石化程度中等，少部分较深。大部分骨骼表面的骨胶质保存较好，骨体较重，有少量的骨骼表面骨胶质遭到破坏。还有一些骨骼尤其是椎骨仍然有蜂窝状，骨体较轻。可见大部分骨骼被风化的时间较短，在堆积形成后不久的一段时间即被洞顶坍塌的石灰岩块及随带的土壤所掩埋。在T2探方内六层出土的骨骼化石上绝大部分都有啮齿类动物的咬痕，多是将肢骨咬断形成两端均有咬痕的骨骼，或将角类的尖端啃咬，痕迹多呈互相平行的沟痕状。从大量的鼠类动物看，这些痕迹应是其磨牙而致。

发掘中也发现有少量的文化遗物信息，在T1探方内六层发现一件可能作为锥子用的磨制骨器，T2三层发现一件石英砂岩石片，可能为石片砍砸器。磨制骨器用动物肋骨制成，尖部和端部均有少量残破，两侧有磨痕，刃部有使用痕迹。砍砸器刃部有使用痕迹，不见有第二次加工迹象。另外T1六层和T2二层中亦分别有一件疑为有人工加工痕迹的砾石。所出土的动物化石可以归属于华南“大熊猫——剑齿象”动物群。东方剑齿象、纳玛象、巨貘、中国犀生活在更新世，全新世时都已经绝灭。同时，动物化石中亦含有较多的现生种类，如牛、猪、羊等，不见古老的残余种和中更新世的典型种。结合湖南旧石器的埋藏学研究，判定其地质时代应是晚更新世晚期。根据出土动物化石各类分析，韩家洞遗址动物化石堆积形成的因素主要是亚热带气候环境，而且当时洞穴周围应该有着繁茂的森林和大片的灌丛草地，也有宽阔的水域和发育良好的沼泽地带。

此次发掘出土的动物化石群有利于进一步认识湖南地区第四纪的化石材料，为研究更新世晚期澧阳平原地区的生态环境和自然地理面貌提供了更多的资料。少量的人类文化遗物为在该地区进一步寻找古人类化石和早期聚落提供了信息。

马栏嘴遗址发掘

马栏嘴遗址位于常德市汉寿县百禄桥镇百禄桥村，是一处新石器至商周时期遗址。北临沅水汇入洞庭湖的入湖口，南距资水不足1500米。遗址东北两侧临洞庭湖叉胭脂湖，西临胜利垸水库，三面临水，形似半岛。因农田改造、修堤取土、水流侵蚀等原因，遗址遭到极大破坏，新石器时代文化层，破坏殆尽，仅大堤下沿堤一线有少量残存。

2008年10月12日至12月27日，湖南省文物考古研究所赵亚峰领队、会同汉寿县文物管理所，对该遗址进行抢救性发掘。发掘面积约600平方米，揭示出此遗址主要包括新石器时代、商周时代和战国中晚期三个时代的遗存。新石器时代遗存，主要分布于遗址北部。遗迹有建筑遗迹和灰坑2种，建筑遗迹主要包括柱洞和密集红烧土面。灰坑有规整的圆形、方形、长方形和不规则形。陶器有鼎、豆、釜、杯、钵、罐、网坠等；石器有石斧、石锛、石凿等。玉器，见一玉玦。商周时代遗存，主要分布于遗址东部临湖一线，其遗迹有灰坑、灰沟、墓葬和柱洞，其遗物主要为陶器，石器很少，另在墓葬中见一青铜矛。陶器以泥质红陶为主，胎薄，清脆易碎。器形有釜、罐、碗、豆、盆等。战国中晚期遗存，全遗址皆有分布，其遗迹主要有4种：灰坑、灰沟、墓葬和建筑遗迹。灰坑灰沟形状多不规则，皆包含有大量陶片。建筑遗迹主要是柱洞。遗物主要为陶器，有鬲、豆、罐等，灰沟中另有2件锈蚀严重的铁器。

此次发掘发现一批与洞庭湖西部地区文化面貌迥异的新石器时代遗物和一批文化面貌独特的商周时代遗存，获得了大批战国中晚期考古资料。

优周岗遗址发掘

优周岗遗址位于常德市澧县澧东乡优周村，地处涔水与澹水之间的一处比周围平原高出2.7米的岗地上，是一处新石器时代遗址。为配合澧县东厂至常德高速公路修建，湖南省文物考古研究所组织专业考古人员于2009年冬至2010年春对该遗址进行抢救性发掘。

2009年冬，在遗址西部偏外侧一线布10米×10米探方9个，揭示出石家河文化时期的栅栏，杆栏式建筑群和屈家岭文化时期的成组灰坑等一批重要遗存。2010年春，承接2009年冬季的发掘，在遗址西北角布5米×5米探方16个，又揭示出一大批分属汤家岗、大溪、屈家岭和石家河文化时期的遗存，除出土有大量的陶器石器等遗物外，最重要的是揭示出该遗址的一段环壕与大溪文化时期的宗教遗迹以及疑似石家河、屈家岭文化时期古代水稻田遗迹。

环壕位于发掘区西北拐角处，宽度约在 8 米至 20 米间，残深 0.7～1.8 米。沟内堆积按土质土色可分九层，主要为石家河与屈家岭文化时期堆积，但沟底部见有少量局部分布的大溪文化时期堆积，证明此环壕的形成年代应可早至大溪时期。而沟内第二层堆积下，见有一大批柱洞，则提示至迟至屈家岭文化晚期，因遗址居址范围的外扩，此环壕已完全废弃。大溪文化时期宗教遗迹包括一人工筑就的土台及台面上的一批兽骨坑。土台位于环壕内侧，整个遗址的西北角，以较纯净的灰白色淤泥筑就。发掘区内显示的仅为此土台的西北部。依据揭露部分推测，土台呈圆形，直径约为 16 米，与沟底相对高度残高在 0.6～1.6 米间。在台子面上见有一批兽骨坑，皆较浅，包含物为密集的烧土块，散碎陶片及大量兽骨。兽骨以牛骨为主，另外见少量猪骨与鹿骨，根据堆积情况，这些兽骨应是人为有意摆放。推测此土台及其上的诸兽骨坑与当时的宗教祭祀活动有关。

乌鸦山遗址发掘

乌鸦山遗址位于常德市澧县道河乡高堰村三组，是一处旧石器时代晚期遗址。该遗址发现于 20 世纪 80 年代末，1992 年湖南省文物考古研究所进行过第一次发掘。通过发掘，省内考古界将其作为湘西北地区旧石器时代晚期前段的典型遗址，并将区域内类似遗址命名为“乌鸦山文化”。

2011 年 3 月，因当地取土修筑道河防洪堤，使得该遗址遭受了严重破坏。湖南省考古研究所闻讯后立即组织考古专业人员于 4 月下旬进驻工地进行抢救性发掘，至 6 月 13 日结束，历时 57 天。此次发掘共布正南北方向探方 7 个，探沟 3 条。发掘情况表明，地层堆积自东北向西南略呈坡状，厚 3.5 米，根据土质土色及包含物共可分为 7 层：第一层为灰白色黏土，土质疏松，为耕土层；第二层为浅黄色黏土，局部堆积，土质致密，含极少石器；第三层为浅红褐色黏土，土质较疏松，含丰富的石制品；第四层棕褐色黏土，土质致密，含大量铁锰结核颗粒，弱网纹化，含大量的石制品；第五层棕红色黏土，弱网纹化，土质致密，含较多的石制品；第六层浅黄色黏土，土质坚硬，含少量的石制品；第七层为黄红色网纹土，土质坚硬，含极少石制品。七层以下为砖红色网纹土，网纹粗大，未见石制品。

发掘出土遗物均为石制品，共出土 1700 多件，采集 400 多件。石制品原料以硅质岩、石英砂岩为主，石英岩次之，有少量燧石、石英和砂岩。类型包括石器、石核、石锤、石片、残片、断块和碎屑，石器所占比例很低，以石器打制过程中的产物为主。石器类型包括砍砸器、刮削器和尖状器。打制方法多为锤击法。石制品个体普遍较小，以 4 厘米左右为主，大于 10 厘米的很少，毛坯均为石片。据此可判断遗址石制品性质属石片石器，与旧石器早中期南方地区的砾石石器不同，反映了旧石器晚期石制品的技术及外观特征。发掘中，石制品分布具有一定的规律性，部分可以进行拼合，说明该遗址应为古人类进行石器制造的加工厂，且持续在此活动的时间较长。在其中的一条探沟中发现一条灰沟，开口于第二层下。灰沟为水流冲刷而形成，沟内堆积可分为三层，在沟内最底层出土有较多石制品。

杉龙岗遗址发掘

杉龙岗遗址位于常德市临澧县新安镇杉龙村，是一处新石器时代遗址。遗址地处澧阳平原澧水与澹水之间，其文化面貌属于彭头山文化（距今约 8200 ~ 7800 年），时代为彭头山文化早期（以彭头山遗址为主）向彭头山文化晚期（以八十垱遗址为主）过渡的时间段。

该遗址属“中美合作稻作农业起源研究项目”中的考古发掘项目，2011 年 11 月 1 日至 11 月 22 日，湖南省文物考古研究所、北京大学、美国哈佛大学、波士顿大学联合进行科学考古发掘。领队为湖南省文物考古研究所所长、研究员郭伟民，参与考古发掘的有美国哈佛大学著名教授奥弗·巴约瑟夫以及中美考古学、地质学、环境学、动植物学、年代学等多学科的有关专家学者。对此处遗址的发掘与研究，旨在获取新石器时代人类水稻栽培与农业发展形态的科学证据，进而探讨人类由狩猎到采集经济再到稻作农业经济发展的进程和长江中下游地区农业起源问题。

通过发掘，出土了大批的陶片、石制品、植物种子、动物骨骼以及水稻植硅体，特别是出土的几十粒 8000 多年前的炭化稻谷，再次证明澧阳平原为世界稻作文化的起源地。这一重大发现，又一次吸引众多新闻媒体的极大关注，先后有新华社、人民网、中国文化报社、湖南日报社、三湘都市报社、湖南经济电视台、湖南电视台政法频道等十几家主流媒体记者到发掘现场进行采访并予以连续报道，在国内外产生重要影响。该遗址的发掘被评为常德市“农行杯”2011 年十大新闻事件。

湖南省文物考古研究所在常德境内除主持一些主动性和抢救性考古发掘项目外，还为主组织委托常德文物部门进行了几次野外地下文物调查、考古勘查活动。

沅水下游旧石器时代遗址考古勘查

1992 年 5 月 ~ 1993 年 10 月，受湖南省文物考古研究所的委托，常德市文物事业管理处组织有关考古专业人员对沅水下游的桃源、鼎城、武陵、汉寿四个区县的地下文物进行以新旧石器时代遗址为重点的考古勘查，先后在沅水及其支流渐水、枉水两岸二至三级阶地上发现 12 处旧石器时代遗迹，分别是桃源县的印家岗、青林，鼎城区的石板滩、岗市、罗湾、马铃山、大库，武陵区的樟木桥、二砖厂、永丰、毛湾，汉寿县的聂家桥。除印家岗遗址位于沅水二级阶地外，其余 11 处均位于沅水或其支流的三级阶地。遗址中裸露有大量的石制品，考古勘查人员共采集石制品 70 余件。石制品均选用河流砾石为原料，岩性以硅质岩为主，其次有石英砂岩和砂岩。打片及修理均用锤击法。台面多为砾石自然面，少数为打击台面。第二步加工的石器很少，多为石核打片后直接使用。石制品类型有石核、砾石砍砸器、大石片尖状器、刮削器、石球等。石器个体较大，一般为1～16厘米，小型石器极少。根据采集器物的特点和地貌地层来分析，桃源印家岗地点的地质年代为晚更新世早期，文化时代为旧石器时代中期。其余11处遗址的地质年代为中更新世，文化时代为旧石器时代早期后段。

此次考古勘查进一步摸清了沅水下游史前遗址的分布状况，为适时组织科学发掘和抢救性发掘打下了基础。

桃源水电站区域内文物调查勘探

桃源水电站位于常德市桃源县境内，是沅水干流梯级规划中的最末一级，坝址位于桃源县城关镇附近的双洲岛，其水源来自于上游凌津滩水电站的下泄水量和中间的水溪、甘塘溪等沅水支流的来水。该电站是一座以发电为主，同时兼有改善库区航运条件、促进桃花源景区旅游开发的综合性水电工程，正常蓄水水位为39.50米。桃源水电站已于2008年正式立项，拟于2010年动工建设。

人类喜好逐水而居，沅江干、支流沿岸环境优良，吸引着历代先民在此繁衍生息，留下大量珍贵的文化遗存。为了解桃源水电站库区地下文物分布情况，2009年9月，由湖南省文物考古研究所赵亚峰先生领队，会同常德市文物局、桃源县文化局、文物管理所、桃花源文物管理所等单位组成了地下文物调查勘探队，对拟建桃源水电站的坝址和淹没区进行了全面的考古调查和勘探。共探明库区内分布较重要文物点27处，其中10处将会因水库蓄水而淹没于水下，或被流水冲蚀等直接破坏（这10处文物点中有较重要的古遗址6处、古墓群1处、崖墓群1处、古代交通遗迹2处。特别是沅江古纤道是湖南省境内发现的重要水上交通遗迹之一）。这次全面调查勘探，为桃源水电站建设工程中地下文物的抢救性发掘打下了基础。

安乡县黄山头区域考古调查

黄山头位于安乡县境内，地处湖南、湖北两省交界。2007年11～12月，由湖南省文物考古研究所副研究员高成林领队，组织省、市、县三级有关考古专业人员，对安乡县黄山头镇区域内以及周边地域的地下文物进行全面的考古调查。此次调查主要在黄山以南、澧水故道以北这一区域内展开，范围包括黄山头镇和安全乡。调查表明，黄山头一带的地下文物主要分布在黄山南面平原上的岗地（此处以遗址居多）和黄山延伸出的小土岗及缓坡上（此处以墓葬居多），以新石器时代、东周、汉晋三个时期的遗存最为集中。

新石器时代的遗存主要分布在黄山南面平原的几条大岗地上，如栗树岗遗址、白家岗遗址、汤家岗遗址、横岭岗遗址等，时代包括汤家岗文化、大溪文化、屈家岭文化、石家河文化等几个时期。

东周时期遗存是此次调查的重点，主要发现一批封土尚存的战国大墓。共有6座位于黄山西端向南延伸的两条小土岗上，海拔高度皆不超过50米。其中封堆大墓是最大的一座墓葬，该墓单独占据一条土岗，封土已被当地建设工程取土挖掉1/3，现存底径约60米、高约8米。其他5座大墓的封土均遭到不同程度的破坏，有些墓的墓道已暴露在断面上。在6座墓葬中，封堆大墓和七星堆墓墓地连在一起，从其位置并结合以往楚文化的考古研究情况分析，可能属于同一家族的墓地，其规模大致与湖北江陵天星观墓地、荆门包山墓地以及河南信阳长台关墓地一致。

汉晋时期遗存是此次调查的另一个重点，据第二次全国文物普查资料显示，东汉至南朝时期的作唐县故城遗址位于安全乡槐树村南，此处曾发现残存的夯土城墙和护城河遗迹。此次调查发现地面原有遗迹破坏殆尽，仅在槐树村南、村西发现4处汉晋墓地（村南3处、村西1处），在黄山南面平原的几条岗地和黄山向南延伸的小土岗和缓坡上还发现了汉晋时期的墓葬。

澧阳平原山前地带考古调查

2007年11月~12月，湖南省文物考古研究所研究员郭伟民、美国哈佛大学教授奥弗·巴约瑟夫领队组织相关考古专业人员，对澧阳平原的山前地带和澹水、涔水的河谷盆地，进行拉网式考古调查。

新发现旧石器时代晚期——过渡时期遗址共12处，其中洞穴遗址9处、旷野遗址3处。已确认至少有5处洞穴遗址遗留人类和动物骨骼及石制品。其他洞穴地表迹象显示也可能有相关遗存埋藏。旷野遗址发现黑褐色堆积层和细小石器。这次发现的洞穴遗址从埋藏环境来看，与石门县境内的燕耳洞遗址具有同样的意义。

新发现新石器时代遗址共16处（其中石家河文化时期遗址15处、大溪文化时期遗址1处）。石家河文化时期遗址分布非常密集。在澧阳平原西部的山前平原上，新发现的16处遗址与原来已经发现的遗址组成了密集的聚落群，这种聚落群的分布特点意味着石家河文化时期的人口已经具有相当的规模，并形成复杂的社会关系。澧阳平原被国家有关部门列为“中华文明探源工程”点。

二、市本级主持发掘项目

市本级主持发掘范围集中在常德市城区和周边地区，所辖区、县（市）范围内重要的或较大型的考古发掘项目也由市里主持发掘。1988年至2011年的20多年中，市本级主持的抢救性发掘项目较多，发掘各个历史时期的古墓葬2000余座，出土文物多达1万余件（套）。发掘资料记录比较齐全的项目有102处，其中墓群（墓地）89处。发掘聚落遗址4处、古窑址3处、古城址2处、古井遗址3处、元代瓷器窖藏1处。这102处遗存中，共清理发掘战国至明清时期古墓葬1436座，商周至南北朝时期聚落遗址614平方米，东汉、明清时期古窑址4座，战国、西汉、唐宋时期古城址230平方米，战国、明清时期古井9座，元代瓷器窖藏1处。仅墓葬中出土的金、银、铜、铁、石、玉、玛瑙、料珠、漆木器、竹器、瓷器、陶器等各类文物共计8445件套（钱币、珠玉另计）。各类文物器形较多，兵器类有剑、戈、矛、戟、刀、弓、镖、箭镞；礼器有鼎、敦、壶、豆、盘、匜、璧；生活用具类有镜、臿、带钩、罐、盒、甑、釜、缸、钵、勺、杯、碗、筷、研、砚、梳、篦、印章、钱币、戒指、环、项链、镯、纺轮、网坠以及衡器、车马器和水晶饰品等；明器类有鸟、鸡、鸭、狗、猪、猪圈、房、仓、灶、灯、炉、井、案、量、人物俑、金饼、银饼、泥金饼、蚁鼻钱、五铢钱以及魂魄坛、墓志、买地券等。这些发掘项目与成果，有部分进行系统的资料整理并先后发表在《中国文物报》《考古与文物》《东南文化》《江汉考古》《湖南考古集刊》等专业报纸杂志上。有关楚墓的发掘资料已全部收录在2010年中国文物出版社出版的《沅水下游楚墓》一书中。有关"两汉"时期墓葬的发掘资料也已抽调专人集中整理，拟编辑出版《沅水下游汉墓》专著。

市本级考古发掘分三个阶段。

第一阶段（1988～1992年）。这一阶段考古发掘实施主体是常德市文物工作队。考古发掘的主要文物点有：

常德德山商场古墓地

德山商场古墓地位于原常德市德郊乡莲花池村9组。1988年3月因修建德山商场挖土时，暴露出明代砖室墓1座，市文物工作队派员对该墓葬进行抢救性清理发掘。该墓室平面呈圆形，长方形墓道位于墓室南侧，上部破坏严重，墓室及墓道均以素面青灰砖单砖平铺垒砌而成，室内地面单砖平铺。整个墓室内有残砖、残瓦，不见其他随葬物品。

常德德山商场古城址

德山商场古城址位于原常德市德郊乡莲花池村9组。1988年4月修建德山商场取土暴露出唐宋时期古城墙一段，市文物工作队派员到现场勘查，布设10米×3米探沟一条，清理发掘地层7层：一层为耕土层和扰乱层，二层为松散的纯红土，三层为较硬的淡黄土、淤泥土夹鹅卵石，四层为较松软的红黄土层（以红为主），五层为坚硬的红黄土夹鹅卵石，偏城墙外沿有垒砌的红砂岩，六层为灰黑色淤泥土层，七层为红黄土层（淡黄土处于红土之上），两层土混合，没有明显分界。通过探沟解剖发掘，所知城墙宽度约27.8米，在偏城墙外沿3层和4层的交界处，有上下两层宋砖围成一圈，其内侧每边有木头一截，灰砖所围范围内比较平坦，与上层土很容易分开，似有硬结面，推断为当时城墙上的一防御设施，属南宋末年修建的抗元山城——南城故城旧址。

常德德山武陵酒厂古墓群

德山武陵酒厂古墓群位于原常德市德山武陵酒厂北侧，因酒厂扩建推土暴露出古墓。1988年5月和11月，市文物工作队派员两次对该处古墓群进行抢救性清理发掘。共清理发掘西汉时期古墓葬9座，出土铜器有铜镜、五铢钱；滑石器有滑石镜、璧、方壶、耳杯、印章；陶器有陶鼎、罐、壶、勺、豆、钵、盒、甑、熏炉、灶、三足器、桶形器、泥五铢钱等各类随葬物品200余件（套）。其中M3出土的墓主滑石"蔡但"私印和滑石

"鄙右尉印"铭文官印尤为珍贵。

桃源枫树第二砖厂古墓群

该墓群位于桃源县枫树回维乡第二砖厂，分布面积约6000平方米。1988年6月因枫树二砖厂取土暴露出古墓。常德市文物工作队闻讯后立即派员进行抢救性清理发掘，共清理发掘古墓葬13座，其中东周时期墓葬1座，楚墓3座，西汉墓2座，空穴墓7座。墓葬均已被盗或被严重摧毁。清理发掘的楚墓为窄坑头龛墓，出土器物以陶豆为主，器物组合为豆、钵、罐，共9件。汉墓中共出器物27件，其中有滑石璧1件，其余为陶器。陶器以灰皮陶为主，红皮陶次之，器形有鼎、壶、罐、釜、熏炉、博山炉、盒、泥半两等。

临澧九姊妹堆姑儿山古墓群

该墓群位于临澧县城关镇九姊妹村九姊妹堆姑儿山。1988年6至7月，因临澧县农民中等专业学校（第一职业中学）基建取土暴露出古墓，常德市文物工作队闻讯后抽调各县（市）文物专干在此举办田野考古发掘培训班，对该墓群进行科学、系统的清理发掘，共清理发掘东周时期墓葬28座，出土随葬物品136件，其中陶器有豆、钵、罐、鼎、敦、壶。铜器有戈、矛、剑等。参加此次发掘和培训的共有16人。

常德市塑料一厂古墓地

该墓地位于常德市武陵区东江乡萝卜巷（原常德市塑料一厂厂区内）。1989年8月，市文物工作队派员在此地清理发掘明代墓葬2座。其中M1为三合土砌成，棺木已朽；M2棺木保存完好，墓壁四周用浇浆层（12层）密封，棺内尸身已腐朽，但衣物保存完好，出土器物有银耳环2个、银戒指2枚，红木梳1把，泥质硬陶魂魄坛2个。

澧县方石坪古墓地

该墓地位于澧县方石坪乡鄢家村。1991年1月至2月，市文物工作队考古专业人员在此清理发掘古墓5座，其中宋代和明代墓各1座、清代墓3座。出土铜镜、马铃、印章、扣子、钱币、铁刀、棺钉等随葬器物10余件。

常德卷烟厂宿舍三区古墓地

该墓地位于常德市城区三岔路以西。1991年4月常德卷烟厂修建宿舍三区，基建工地暴露出部分古墓葬，市文物工作队派员对此进行全面勘探、清理和发掘。共清理发掘明清时期墓葬16座，其中2座砖室墓、14座土坑墓。砖石墓墓砖为青灰色，砖面绳纹，侧面为菱形花纹。土坑墓中均有骨骸残存，部分墓葬残留有棺木。出土器物仅有少量泥质硬陶魂魄坛。

常德德山七一机械厂古墓地

该墓地位于原德山七一机械厂厂区内。1992年4月该厂修建锅炉房，暴露出战国时期墓葬2座，市文物工作队派员进行清理发掘，出土有铜矛、铜砝码、陶鼎、陶敦、陶壶、陶豆、陶盘、陶勺等器物共20余件。

常德德山水电八局古墓地

该墓地位于原常德市德郊乡莲花池村水电八局院内。1992年5月，水电八局在院内修建宿舍，暴露出战国时期墓葬2座。市文物工作队派员进行清理发掘，出土鼎、敦、壶、豆、盘、勺等陶器共15件。

第二阶段（1993～2002年）。这一阶段考古发掘的实施主体是常德市文物事业管理处，考古发掘的主要文物点有：

常德德山武陵酒厂古墓群

该墓群位于原武陵区德郊乡五一村。1993年2月至5月，因德山武陵酒厂在其厂区的东北桃花山一带征地17公顷进行扩建，常德市文物事业管理处（以下简称市文物处）派员对此地进行文物调查、勘探和发掘，共发掘战国至明清时期古墓124座，其中战国墓102座，西汉墓14座，明清墓8座。发掘出土陶鼎、敦、壶、豆、盘、勺、匜、罐、鉢；滑石鼎、盒、壶、钫、案、盘、耳杯、勺、印章及青瓷壶、铜镜等器物1000余件（套）。其中第39号墓出土的6枚黄金金饼和第37号墓出土的滑石印“镡成长印”印章等均极为罕见。

常德德山野生动物养殖场古墓群

该墓群位于德山经济开发区莲花池枉水一桥和二桥之间。因修建德山野生动物养殖场，经文物调查与勘探发现有多处古墓。1993年3月，市文物处派员对此地进行抢救性发掘，共发掘战国时期墓葬15座，出土陶罐、鉢、豆、壶等器物共45件（套）。

常德德山二纺机古墓地

该墓地位于德山经济开发区原常德第二纺织机械厂内。该处曾在1984年进行过清理发掘，后又发现有新的古墓。1993年8月，市文物处派员对此清理发掘战国、西汉、清代古墓各1座。在西汉古墓中出土了滑石璧、印章、耳杯、陶鼎、陶罐、钫等器物10件。

常德德山茅湾砖厂古墓群

该墓群位于德山茅湾沅水支流枉水西侧，北距沅水约4千米。此处属低岗区，由多个小山包组成，从20世纪70年代后期开始，茅湾砖厂就在此取土。1980年，原常德地区文物工作队在此进行全面文物调查与勘探，发现此处为一大型楚墓墓地，墓葬密集，分布范围达2平方千米，粗略估计墓葬总数不下于1000座。1982年至1986年，原常德地区文物工作队曾先后数次在此进行清理发掘，共发掘370余座，出土各类器物上千件。1993年9月至11月，市文物处又派员在此进行抢救性发掘，共发掘古墓27座，其中楚墓22座、明清墓5座。出土各类器物98件，器形有铜矛、剑、戈、戈鐏、砝码；玛瑙环、觿；陶罐、鉢、豆、瓿、碗、鼎、敦、壶、盒、匜等。该处墓葬出土的兵器较少，而且墓葬规格较小，形制大致相同，时代延续变化不大，没有明显的贫富差别，由此断定，此处应属当时平民公用墓地。该处的发掘资料通过整理，曾在《江汉考古》1997 年第 3 期上发表。

安乡子龙庵遗址

该遗址位于安乡县城关镇东北约 2 千米处，是一处从新石器时代延续至商周时期的古遗址。遗址中心位于高出周围约 5 米的台地上。1993 年 6～11 月，常德市文物处和安乡县文物管理所受省文物局委托，组织考古专业人员在此进行部分抢救性发掘，发掘面积 86 平方米。文化层分两个时期，下层为屈家岭文化早中期遗存，上层为商代晚期至西周早期遗存。

屈家岭早中期文化层内出土一批磨制石器和陶器。石器有石凿、石刀和砺石等，石凿和石刀均为通体磨光，砺石周身经磨砺，表面呈凹状，多带深浅不一的刻槽，应为磨砺石器刃口时所致。陶器部分完整。陶质以夹炭黑陶和泥质黑陶为主，其次为泥质灰陶和泥质红陶，还有极少量的夹砂灰陶和灰砂红陶。夹炭黑陶主要是作为炊具的鼎、釜。器表多素面，纹饰主要为弦纹，其次有少量的戳印纹、刻划网格纹和细绳纹。陶器种类有鼎、釜、壶形器、碗、盆、器座、圈足状钮的器盖、喇叭形杯、厚胎粗砂红陶缸、纺轮、镂孔空心球、弹丸等。

商周文化层内出土物均为陶器。陶质为夹砂红陶最多，其次有泥质红陶、泥质灰陶、夹砂灰陶和夹砂黑陶。纹饰主要有弦纹、方格纹、绳纹，还有少量的乳钉纹、扉棱纹、浅刻划纹和云雷纹。典型器形有盘口或侈口的釜鼎、壁底转折明显的豆、长颈罐、宝塔状钮的器盖、带锯齿状扉棱纹的鼎足、盆、甑等。其时代约相当于殷墟三、四期至西周初期。

常德大西门古井群

该古井群位于常德市城区大西门人民路北侧，在修建湘北公贸总公司大楼时发现。1993 年 11 月至 12 月，市文物处派员到现场进行调查勘探和抢救性发掘，共发掘清理古井 5 口。该处古井距地表深 4 米至 5 米，井口直径 1 米，井周边有饰绳纹的陶井圈，从井中清理出战国至汉代的陶罐、豆、鉢及棕绳等。在距古井约 15 米处有两排木桩，木桩下的淤泥中亦有战国时期的陶片。据此分析，古井属战国至汉代时期。这批古井的发现发掘，与后来在华达公司大楼基建工地中发现的夯土墙基和连结在一起的长达 5 米多的陶水管等遗迹，为研究东周及秦汉时期临沅古城提供了宝贵资料。

常德德山中路古墓群

该墓群位于德山经济开发区德山中路。1994 年 5 月，市文物处组织有关人员在德山路修建工地抢救性清理发掘古墓 26 座，其中东周墓 16 座、西汉墓 9 座。出土铜器有剑、戈；滑石器有璧、镜、盘、鐏、耳杯、勺、带钩、环、印章、矛、博具、剑饰等；陶器有鼎、敦、壶、豆、盘、勺、匜、匕、钫、盒、釜、缸、灶、罐、泥金饼等。还有铁剑、木盒等共225件（套）。

常德南坪戴家岗古墓群

该墓群位于原鼎城区南坪乡戴家岗村（现属柳叶湖旅游度假区管辖）柳叶湖以西。1994年5月至6月，市文物处为配合柳叶湖旅游度假区的道路建设，组织精干力量对建设地带进行抢救性发掘。勘探调查发现东周至汉代墓葬28座，宋代至清代墓葬35座，东周时期遗址450平方米。整个发掘工作分6个片区进行，共发掘清理古墓葬63座，其中战国墓5座、西汉墓23座、宋代墓6座、明代墓14座、清代墓15座。还发掘东周时期遗址450平方米。墓葬中共计出土陶鼎、敦、壶、豆、盘、勺、匜、罐、盒、钫、缽、灶、魂魄坛、釉陶小罐；铜剑、镜、戈、矛、箭镞、钱币以及滑石璧、壶、勺、耳杯等随葬器物500余件。南坪戴家岗古墓群的发掘，不仅收获了大量珍贵文物，丰富了馆藏，更重要的是首次发掘了墓葬群及人类同期生活遗址，为以后这一区域的考古发掘和研究指明了方向。

汉寿西湖古城址

该古城址位于汉寿县龙阳镇西湖砖厂，距县城6千米。城址地处一高出周围地表3米左右的台地上，北、西两面残存城垣，北垣长1000米，西垣长50米，残高6米至7米。城东、南两面被毁，估计原有面积约40万平方米，城外护城河已改为农田或鱼塘，但轮廓清晰可见，宽度约20米。1994年8月，市文物处组织有关人员在此进行了200平方米的试掘，出土有东周时期的陶鬲、罐、缽、豆以及汉代板瓦、筒瓦、瓦当等，确立了此处为一东周至汉代时期的城址。《中国文物报》1995年6月18日报道了此处的发掘情况。

汉寿祝家岗古墓群

该墓群位于汉寿县新兴乡，距乡政府4公里的沅水南岸边，属洞庭湖冲积扇边缘。1995年4月因乡政府在此修建砖厂，市文物处派员在汉寿县文物管理所的配合下，对此进行抢救性发掘。共发掘战国时期墓葬10座，均为中小型竖穴土坑墓，出土陶器、铜器、铁器、玉器等各类随葬品50余件。器物组合主要是罐、缽、豆及鼎、敦、壶、豆、盘、勺、匜两类。一类组合的罐、缽、豆显得古朴，陶质较差，结合与该古墓群相距25千米的德山楚墓以及湖北江陵雨台山楚墓资料比较，推测其时代大约属战国早期晚段到中期。二类组合的鼎、敦、壶、豆、勺、匜，大体时间为战国晚期的中到后段。值得研究的是该墓群出土器物虽属征战不已的战国晚期，但却与在德山同时期墓葬出土器物比较却大相径庭，不见有剑、戈、矛之类的兵器，各墓中完整器物组合透露出一种平和宁静的气息，表明该区域当时的社会生活处于相对平静之中，属于楚人的后方，与常德德山和汉寿株木山墓葬中出土的带有军事征战性质的器物明显不同。祝家岗处于沅水入洞庭湖边缘，且与汉寿西湖砖厂发现的战国至汉代城址相距不过12千米，说明当时所处的地理位置相当重要，但所反映出的文化内涵却与附近有别，为研究洞庭湖区域的历史变迁、特别是战国晚期秦、楚在湖南的势力交替的历程提供了十分重要的资料。

常德德山运管所古墓群

该墓群位于德山经济开发区莲花池村8组老坟山。为配合德山交通运输管理所的基建工程，1996年4月，市文物处组织有关人员在此进行文物勘探和发掘，共发掘古墓26座，其中东周墓24座、西汉墓1座、空墓1座。出土随葬器物共105件，其中陶器有鼎、敦、壶、豆、盘、勺、匜、盒、罐、缽；铜器有铜镜、铜饰件；铁器有铁剑、铁臿；还有琉璃璧等。

常德德山地税局古墓群

该墓群位于德山经济开发区德山地税局院内。1996年4月至5月，德山地税局修建干部职工宿舍时，开挖地基暴露出古墓多座，市文物处闻讯后立即赶赴现场进行抢救性清理发掘。共清理发掘古墓9座，其中东周楚墓3座，汉墓6座。出土有青铜器（剑）、陶器（鼎、敦、壶、豆、盘、勺、匜、盒）、滑石器（璧、镜、鼎、盒、勺、耳杯、盘、壶、案）等随葬器物共115件（套）。

桃源漳江太古山古墓群

该墓群位于桃源县漳江镇红岩村太古山。1996年5月至6月，桃源县修建防洪大堤在此取土，市文物处派员与桃源县文物管理所一起在取土范围内进行文物勘探和抢救性发掘。共发掘古墓18座，其中楚墓16座、空墓2座。出土铜剑、戈、戈鐏、矛、镜；陶鼎、敦、壶、豆、盘、勺、匜、盒、缽等随葬器物共100余件。该墓地墓葬规格较高，墓坑大都较宽，有4座带有墓道，有的还有棺椁残留，有5座墓中随葬两套以上仿铜陶礼器。

桃源漳江春雷山古墓群

该墓群位于桃源县漳江镇宝洞堉村春雷山。1996年5月至10月，桃源县修建防洪大堤在此取土，市文物处派员与桃源县文物管理所一起在取土范围内进行文物勘探和抢救性发掘。共发掘古墓33座，其中楚墓25座、空墓8座。出土陶鼎、敦、壶、豆、盘、勺、匜、罐、缽、盒、匕；铜剑、戈、带钩；铁臿等随葬器物共100余件。此处古墓因工程取土破坏严重，部分墓葬被推毁殆尽。在发掘的古墓中，宽坑墓占多数，有14座，而带墓道的只有7座，部分墓葬残留有棺椁，只有3座墓中随葬两套仿铜陶礼器，说明此处墓葬规格都不高。

常德武陵大道古墓群

该墓群位于常德市城区武陵大道北端原鼎城区农科所和现常德火车站广场。因修建武陵大道和常德火车站，市文物处派员于1997年6月至8月先后在两处进行文物调查和勘探发掘。共发掘两汉时期古墓15座，其中农科所范围内9座，均为西汉土坑墓。火车站广场范围内6座，均为东汉砖室墓。两处墓葬共出土铜镜、鼎、钫、盒、带钩、五铢；铁剑、刀、矛、臿、棺钉；滑石璧、鼎、钫、碗；釉、陶鼎、罐、钵、豆、甑、壶、钫、盘、灶、鸡、猪、猪圈、屋、泥金饼、泥印章以及石锤、镇纸石条、料珠、银戒指等器物100余件（套）。

常德南坪汽车修配厂古墓群

该墓群位于武陵区南坪乡鼎城区汽车修配厂院内。1997年10月，市文物处派员在此抢救性清理发掘古墓12座，其中东周楚墓5座、西汉土墩墓7座。出土青铜剑、戈、矛、镜、鐎壶、薰灯、五铢钱；陶鼎、敦、壶、豆、钫、罐和泥金饼以及动物模型；滑石璧、鼎、钫、灯、盒、杯、猪等各类随葬器物120件（套）。在M4出土的两面西汉时期的百乳钉纹青铜镜和连珠连弧纹青铜镜均保存完好，两铜镜制作精美，镜面漆黑光亮如新，随葬时置于锦盒之中，出土时虽锦盒已朽，但盒上彩绘漆纹仍附于镜面之上，是常德境内出土文物中之精品。

常德市八中古墓群

该墓群位于武陵区南坪乡南坪村10组，地处朗州路和柳叶大道交汇处的原常德市第八中学（现为芷兰实验学校）院内。为了配合校方的基本建设，市文物处指派有关人员对此分两次进行抢救性发掘。第一次是1997年10月，发掘西汉土坑墓葬2座，出土有青铜镜、青铜釜；滑石璧、滑石镜；陶鼎、壶、豆、罐、钫、盒、博山炉、灶、泥金饼等各类器物38件（套）。第二次是1998年4月至8月，发掘西汉土坑墓8座，东汉砖室墓1座。出土有青铜镜、铜五铢、滑石璧、原始青瓷壶以及陶鼎、罐、壶、钵、釜、等各类器物102件（套）。

常德南坪粮库古墓群

该墓群位于武陵区南坪乡粮库院内。1997年12月因南坪乡粮库基建动土，市文物处指派有关人员在此处抢救性清理发掘古墓9座，其中东周楚墓3座、西汉墓葬2座、其他时期墓葬4座。出土有铜镜、铜五铢、铁剑、滑石璧、水晶珠、料珠、鼻塞以及各类陶器共60余件。

常德柳叶大道中路古墓群

该墓群位于常德市城区柳叶大道中段芷兰实验学校南墙外区域和金色晓岛居住小区部分范围。这一地段是战国和汉代墓葬集中埋葬区，1995年至1996年曾多次在此进行过小规模的考古发掘。1998年10月至12月，为配合修建柳叶大道和金色晓岛商居小区的开发，市文物处组织专业人员对此进行较大规模的文物调查、勘探和发掘。先后发掘各历史时期的古墓葬80余座，其中战国墓10座、汉代墓50座。出土各类器物1100余件，其中铜器有铜镜、“武乡”青铜印章、弩机、鼎、碗、锺、钱币；陶器有陶罐、灯、炉、仓、鼎；滑石器有滑石面具、滑石璧、滑石猪，还有“汉寿左尉”滑石印等。出土“汉寿左尉”滑石印章的“汉寿左尉”墓是这批墓葬中规格最高、保存最为完整的一座东汉中晚期砖石墓，其发掘资料通过整理后被《江汉考古》2004 年第 4 期刊发，对研究东汉晚期索县、汉寿等地域的历史变迁有重要价值。

常德德山寨子岭一号楚墓

该墓位于德山经济开发区河家坪寨子岭。1999 年 1 月，为配合长常高速公路施工取土，市文物处组织精干力量在此处抢救性发掘 3 座同茔异穴合葬的战国楚墓。其封土堆高 11 米，底径约 30 米。其中一号墓规模最大，等级最高，出土器物最多。

一号墓为带斜坡墓道的长方形竖穴土坑墓，方向 15 度。墓口长 650 厘米，宽 470 厘米，至椁盖板深 360 厘米；墓底长 550 厘米，宽 410 厘米，距墓口 490 厘米，至封土堆顶 11 米。墓道设于墓坑北面，断面呈梯形，因施工取土遭破坏。墓道口残长 170 厘米，宽约 250 厘米。墓道底部呈坡状，坡度 23 度，墓道底口距外椁盖板 120 厘米。在墓坑南壁距墓底 80 厘米处设一脚龛，龛口置有挡土木板。墓壁四周较平整光滑，上段略倾斜，椁盖板与墓底之间的墓壁垂直。墓坑上部及墓道内填五花土，下部近外椁处用青膏泥掺和五花土充填。发掘现场表明，该墓曾于汉代和现代两次被盗掘。发掘时，墓坑南北两端各有一盗洞直通内棺之中，从盗洞中发现的汉代木铲分析，为汉代贼人所为。西北角为一现代盗洞。

葬具为两椁两棺，其椁板及棺盖板南北两端因墓被盗时而遭破坏。外椁长 460 厘米，宽 330 厘米，高 130 厘米。由盖板、墙板、挡板、底板及枕木组成，五块盖板均横列平铺椁室顶部，保存不太完好。东边墙板由一整板立于底板上，西边由两块套榫木板连接直立于底板之上，南挡板略厚，北挡板稍薄，其四座用挂榫套合而成。内椁长 370 厘米，宽 190 厘米，高 120 厘米，由盖板、墙板、挡板组成。五块盖板也是横列平铺，且保存较完整。墙板用两块完整厚重的整板立于外椁东西两侧，与指挡板挂榫套合。内外棺为平底长方形盒状，内棺套于外棺之中。外棺长 256 厘米，宽 116 厘米，高 85 厘米；内棺长 216 厘米，宽 76 厘米，高 50 厘米。内、外棺均由盖板、墙板、挡板及底板组成。盖板与墙板、挡板之间用半肩榫扣合，挡板与墙板之间为燕尾形榫嵌合而成。随葬器物大多置于左、右、头、足四个边箱和壁龛内，少量器物置于椁室外北面的填土及内棺之中。该墓出土器物共 116 件。因多次被盗，出土器物完整的较少，有铜器 7 件、陶器 21 件、漆木器 84 件、玉器 2 件、琉璃器 2 件。可辨器形有陶鼎、敦、壶、盘、匕、罐；铜盘、矛镦、距末 2 件且有铭文、印章；玉璧；琉璃管；漆木案、盒（底部用针刻划有铭文款）、勺和大量木俑。

该楚墓比照长沙、益阳等地区同类墓葬进行分析，具有典型的楚墓特征。墓葬形制为口大底小的覆斗形长方土坑竖穴木椁墓，带墓道和壁龛。墓壁光滑，填土为五花土和青膏泥，墓穴较深。棺椁采用榫卯结构，棺为平底盒形方棺。随葬器物方面，该墓箱室和内棺均被盗过，但从未经扰乱的壁龛或箱室内残存的随葬器物看，其陶器组合除鼎、敦、壶外，伴出有钫、盘、勺、绳纹圈底罐，在漆木器中，还出现漆盒。据此推断，该墓的时代应是战国晚期前段。该墓棺室中出土有一方“鄂邑大夫”铜印，无论从印章或印文看，制作都不规整，应为卒后仓促仿铸用作随葬，以此证明墓主生前的身份。在一号墓的两边还各有一墓，其墓葬形制和方向及所出土少量随葬品组合与一号墓大体一致，但规模要小得多，随葬器物也有区别，这可能是夫和妻妾的同茔异穴合葬。封土堆底径约30米，高11米，符合《周礼·春官》所载“以爵等为丘封之度与其树数”之规定，其封土规格与大夫级相符。再从墓葬形制和随葬器物看，一号墓墓口长达6.5米，宽4.7米，设有墓道和壁龛，葬具为两椁两棺，内外椁之间设头、足、左、右四箱室，内外棺均为平底盒形方棺，随葬器物虽经被盗，仍残存百余件等等，都证明此墓与大夫级墓葬相当。

德山寨子岭一号墓的发掘说明这一时期楚文化在湖南已有较大发展，德山等地已成为楚人的重要军事驻地。自20世纪50年代以来，湖南省博物馆、湖南省文物考古研究所和常德文物部门先后在德山发掘楚墓近千座，而此次发掘的寨子岭一号墓等级清楚，葬具保存较好，随葬器物虽经多次盗掘，仍是常德境内乃至湘西北地区同类墓葬中较为丰富的，这为研究战国时期楚国大夫级贵族的丧葬制度提供了较为准确的资料；该墓设有壁龛，在以往发掘的大夫级墓葬中不多见，很可能是因为墓主曾任楚国“鄂邑大夫”，其墓坑、棺椁形制及随葬品种类、数量均按楚大夫级的规格埋葬后，为了保持自己的埋葬习俗，再在壁上另掏一龛，放上一套自己的器物，以显示自己独特的葬俗，这种丧葬习俗具有重要的研究价值。此墓中出土的漆盒，其器底刻划的铭文之多，记载制器之详细在其他楚墓出土的漆器中不是很多。铭文中的“詹事丞”据《汉书、百官公卿表》载：“詹事，秦官，掌皇后太子家。”颜师古曰：“皇后、太子各置詹事，随其所在，以名官。”所以此漆盒有可能为秦宫之物，后成为楚人战利品而随葬于“鄂邑大夫”墓中。该墓西边箱中出土的两件嵌金铭文铜距末，应是弓两端的装饰件。还有出土的漆盒口沿铜扣箍上镶嵌的纹饰等，说明当时镶嵌、髹饰、制胎及其雕刻工艺技术已发展到较高水平。

德山寨子岭一号墓的发掘，引起省内外考古界的高度关注，《湖南考古》于2002年以《湖南常德寨子岭一号楚墓》为题，刊发该墓整理后的发掘报告。

鼎城夏家垱土地山古墓群

该墓群位于鼎城区原种厂二分厂夏家垱土地山。1999年1月，为配合当地进行较大规模的农田水利建设，市文物处派员在此抢救性发掘古墓葬29座，其中东周楚墓11座、西汉土坑墓6座、东汉砖室墓2座、空墓3座、其他历史时期墓葬7座。出土铜器有青铜镜、剑、戈、矛、鼎、铣、博山炉、壶、钫、鐎壶、盘、鐏、五铢钱；陶器有鼎、敦、壶、豆、钵、罐、盒、锺、钫、鐎壶、碗、灯、水桶、灶、井、泥金饼；铁器有环首刀；滑石器有滑石壁、壶、三足器；上釉陶器有罐、壶、盒。还有水晶珠、玛瑙管、玛瑙珠、玉佩等随葬器物共200余件（套）。此批墓葬均保存较好，出土器物不仅品类丰富，器形众多，而且有不少文物精品。

鼎城跑马岗古墓群

该墓群位于鼎城区镇德桥镇和白鹤山乡交界处，此处是湘西武陵山余脉的低岗丘陵向洞庭湖冲积平原过渡地带，地势西部高，为丘陵区，东北低，连接一望无际的洞庭湖冲积平原。1999 年冬，为配合洞庭湖区防洪综合治理工程中的省道 1804 公路改道施工，市文物处组织专业人员在此进行勘探和发掘，共发掘清理战国时期楚墓 38 座，均为竖穴土坑墓。出土各类器物 311 件，以陶器居多，其次为铜器和漆木器，陶器有陶罐、鉢、豆、壶、鼎、敦、盒、盘、勺、匜、熏炉、杯、纺轮、缸；铜器有铜镜、洗、匜、匕、剑；漆木器有漆木俑、木梳、镇墓兽、方壶等。本次发掘是湘西北部沅水和澧水交汇处首次大规模发掘，耗时近两个多月。出土的器物中，兵器仅有 3 件，没有楚墓中常见的戈、矛、镦等兵器，说明当时此地社会生活相对平静和稳定。再从发掘的古墓大都属战国晚期后段的墓葬来分析，证明这一带至少在战国晚期仍属楚人的势力范围，为研究战国时期楚国的兴衰提供了实物资料。

常德市城建投资公司基建工地古墓群

该墓群位于武陵区南坪乡南坪村 9 组（现新世纪花园院内）。因当时市建设投资公司新建新世纪花园，市文物处派员连续两次在此进行文物勘探和发掘。第一次是 1999 年 11 月，共发掘清理古墓 6 座，其中西汉土坑墓 2 座、明清墓 4 座。出土器物有陶鼎、壶、钫、鐎壶、罐、鉢、盘、盒、薰炉、灶、井和滑石璧、滑石盘等 50 余件。第二次是 2000 年 4 月，共发掘清理古墓 2 座，其中东汉砖室墓 1 座，未发现随葬器物；西汉土坑墓 1 座，出土铜镜、铜五铢、滑石璧、陶罐、陶壶、陶灶、泥金饼等随葬器物 21 件（套）。

桃源青林羊耳古墓群

该墓群位于桃源县青林乡羊耳村陈家岗，地处沅水支流白洋河南岸的自然岗地上，岗台面积约 10 平方千米。2001 年 8 月至 9 月，为配合常德至桃源公路改扩建工程，市文物处派员与桃源县文物管理所的有关业务人员一起对此处地下文物进行勘探和发掘，共发掘清理古墓葬 27 座，其中战国时期楚墓 23 座、汉墓 1 座、空墓 3 座。出土器物共 192 件，以陶器为主，其次为铜器和漆木器。陶器有罐、鉢、豆、鼎、敦、壶、盘、勺、匜、匕等；铜器有镜、戈、剑、带钩等；漆木器有木俑、盾、璧、矛、剑珌、雕花笭床、耳杯等。此处发掘的古墓中，有一批规格较高的墓葬，有 10 座墓保存有棺椁，有 7 座保存基本完整。当中 M19 规格最高，为一椁二棺，随葬 3 套仿铜陶礼器。其他墓为一棺一椁。该处墓葬布局有一定的规律，基本上以中型墓葬为主体自北向南分三组排列。墓葬方向也较一致，大多为东西向。此墓地位于东周楚城—采菱城以西，其墓主应为城内楚国中等贵族。2004 年《考古与文物》增刊发表了该墓群发掘简报。

常德电业新村古墓地

该墓地位于武陵区南坪乡七里桥村 3 组，现为电业新村。2002 年 7 月因修建电业新村发现明代墓葬2座，市文物处派员进行抢救性发掘。M1填土浅黄褐色，质松软，墓底有大量石灰条、块，出土有棺钉。M2位于M1北约6米，填土及质地与M1同。出土有铜镜、铜钱（万历通宝）、玉耳环和陶质墓志铭共4件器物。从出土铜钱年代推测，墓葬时代应为明万历时期。

常德金地香榭古井群

该古井位于常德市城区武陵大道以东，建设中路以南原市商业局院内（现金地香榭商居小区）。2002年7月因开发商居小区发现有古井，市文物处即派员现场调查、勘测与清理，先后清理清代古井2口，分编为J1、J2。

J1位于J2西约60厘米，为土坑竖穴式水井，井口直径110厘米，平面呈圆形，直壁略内收，残深约110厘米。井口被破坏，距地表约160厘米，井内堆积有两层，一层厚约40厘米，为黑灰色淤泥土，夹草木灰，包含有明清陶瓷片、动物骨骼、牙齿等；另一层厚约70厘米，为灰色淤泥土，质稀，出土少量明清瓷片、陶片、动物骨骼等。

J2位于J1东约60厘米，土坑水井，平面呈圆形，井壁陡直，底部略内收，井口部分被破坏。井残深560厘米，井内堆积可分5层：1层厚约120厘米，黄色黏土，为井口塌方后堆积；2层厘约108厘米，黑灰色淤泥土，夹大量瓦片；3层厚约62厘米，浅黑灰色淤泥土，夹大量青砖残块、青花龙纹盘残片；4层厚约100厘米，青灰色淤泥土，质稀，夹少量粉彩瓷片；5层厚约170厘米，青灰色细砂层。此处古井群的发掘清理，对研究明末清初时期常德城内居民的生产生活有重要意义。

常德金钻广场古井群

该古井位于常德市城区金钻广场金色华庭商居小区内，小地名鸡鹅巷。2002年8月，因修建金色华庭商居小区，施工中发现地下古水井，市文物处派员对此进行抢救性清理发掘。共发掘清理清代至民国时期古井2口，分编为J1、J2。两水井相距约60厘米。

J1井口上部被推毁，距地表深约170厘米，井口平面呈椭圆形，直径92厘米，下揭至200厘米，因井内填充大量水泥而无法深入，井内直径大于井口，约110厘米。井壁用零碎砖块和少量青石块以生石灰黏结砌成，砖块种类较多，以素面和一侧为几何纹多见。从井内出土的包含物判断，此井为民国时期古井。

J2保存状况较好，存有井盖，由两块规格一致的灰色砂岩拼合而成，近方形，长130厘米，宽120厘米，厚14厘米，表面光滑，四周有明显凿痕。井盖中心有直径40厘米的井眼。井口平面呈圆形，直径为82厘米，直壁，由青砖纵横交替错缝平铺垒砌，以生石灰勾缝黏合。下揭深度约7米时出土一象牙烟管和少量清代晚期青花瓷片，据此判断，此为清代晚期古井。

第三阶段（2003～2011年）。这一阶段考古发掘的实施主体主要是常德博物馆，个别项目由市文物局主持。考古发掘的主要文物点有：

常德新世纪花园古墓群

该墓群位于常德市城区柳叶大道中路北侧新世纪花园二区范围内。2003 年 4 月至 5 月，在该商居小区建设过程中，受市文物处指派，常德博物馆组织考古专业人员对该区域进行考古调查、勘探和抢救性发掘。共发现并发掘古墓葬 9 座，其中东汉时期砖石墓 4 座，宋、明时期土坑墓 5 座。砖室墓均为并列双室合葬墓，出土有陶器、铜器、铁器、滑石器等各类随葬品 20 余件（套）。土坑墓规格在长 260～280 厘米、宽 60～80 厘米之间。出土铜镜 2 面，石质墓志铭 2 方。其中 M1 中出土的宋代“为善最乐”铭文铜镜保存较好。

常德南坪官房山古墓群

该墓群属“南坪戴家岗古墓群序列”，位于柳叶湖旅游度假区戴家岗村九组。官房山紧傍柳叶湖，墓葬分布稀疏。2003 年 9 月，为配合柳叶湖度假区部分开发项目建设，市文物处指派常德博物馆组织考古专业人员在官房山长 360 米、宽 100 米的范围内，发掘清理古墓 23 座。其中战国楚墓 15 座，明清墓 4 座，空墓 4 座。出土有铜剑、带钩、戈鐏；陶鼎、敦、壶、豆、盘、勺、匜、缽、罐、盒、匕等各类器物 98 件（套）。官房山墓地早在 1994 年修建柳叶大道时就有过小片区域的发掘，此次的发掘再次证实了该区域是一处重要的楚墓分布地带，说明此处是战国时期楚国人的生产生活区域。

常德柏子园古墓群

该墓群位于常德市城区滨湖路和丹阳路交汇处的柏子园机埠之东，小地名“二百亩”。2004 年 3 月，常德市城区进行绕城风光带建设，对 20 世纪 60 年代以后形成的穿紫河与姻缘河结合地带的河床进行清淤施工，在河中几处土包上相继发现各个历史时期的墓葬上百座。受市文物处指派，常德博物馆组织考古专业人员分别进行抢救性发掘，历时近一个月。发掘清理了当时常德境内发现的唯一一处保存有地面建筑的东汉时期古墓葬，其地面分布着大量的板瓦、筒瓦和瓦当，其中云纹瓦当、人面红瓦当、兽面纹瓦当殊为罕见。《考古与文物》2007 年增刊曾刊发了此墓发掘清理的简报。

柏子园发掘出土的汉代砖室墓

此次还发掘清理唐、宋、元、明等各个时代的墓葬共 81 座，出土陶器、铜器、铁器、玉器、金银器、瓷器等各类文物 100 余件（套）。其中铜器有铜镜 10 面、铜弩机、铜泡饰、铜货币等；金器有金环 5 件、金质蟾蜍形佩饰 2

件、金质十二孔饰1件、银发簪1枚；陶器有猪、鸡、井、仓、灶、盒、盘、锺、镜、量等，其中直径达40厘米的大陶镜和保存完好的陶量均是当时国内出土陶器中罕见的珍品。

常德穿紫河古墓群

该墓群位于常德市城区金色晓岛商居小区。2004年4月，在该商居小区建设过程中发现了古墓葬多座。受市文物处指派，常德博物馆组织考古专业人员进入建设现场进行发掘清理，先后发掘清理战国和明清时期古墓葬15座，其中战国墓4座、明清墓11座。战国墓葬均为小型竖穴墓，共出土陶器14件，有鼎、敦、壶、豆、盘、勺、匜、匕等。明清墓均为小型竖穴单棺墓，大部分墓葬只残存有葬具，出土器物极少。

常德德山古墓群

该墓群位于德山经济开发区原德山阀门厂厂区内。2004年5月，常德市第一人民医院德山分院因修建SAS应急防治中心在此处取土时发现有古墓葬。受市文物处指派，常德博物馆组织考古专业人员从5月26日开始至6月10日，在此地进行抢救性清理发掘。先后发掘清理战国墓1座，汉代墓2座，明代墓1座。出土器物有铜镜、滑石璧、滑石方壶、滑石鼎、陶鼎、陶罐、陶敦、陶豆等共25件（套）。其中M1属战国晚期楚墓，葬具保存较好，为一棺一椁，填厚约20厘米的白膏泥，出土陶鼎、敦、壶、豆各2套。两座汉墓均属西汉墓，在施工中均遭到严重损毁。

常德市物流中心古墓群

该墓群位于武陵区南坪乡七里桥村一组。2004年6月，常德市交通局在此征地200亩修建常德市物流中心。受市文物处指派，常德博物馆考古专业人员在其征地范围内进行文物调查与勘探，共发现宋至清代墓葬9座，之后又进行抢救性发掘。发掘结果表明，此处墓葬遭受多次不同程度的破坏，仅M1、M7两座宋代墓葬中尚存部分随葬器物，均为北宋晚期至南宋初期的硬陶质魂魄坛。其中M1所出土2件魂魄坛，器盖均作重檐塔顶式，施酱釉，敛口，器身堆塑长方形泥条；M7出土的2件魂魄坛中的一件器盖为五脊香亭形，敛口，口沿处堆塑夹丧葬过程人物图一圈，其下堆塑一条张牙舞爪、似欲腾云驾雾、纵飞九霄的蟠龙，含有借龙威力，助人升天之意。这些魂魄坛造型比较特别，有重要的研究价值。此处其他明清墓葬中也不见随葬器物。从三个时代墓葬分布、墓向和随葬器物情况看，是一处埋葬普通百姓的坟地，在丧葬礼俗上没有大的讲究。

常德德山永丰广积米业古窑址

古窑址位于德山经济开发区永丰村四组。常德市广积米业有限公司征地兴建厂房，施工中暴露发现两处古窑址。受市文物处指派，常德博物馆考古专业人员于2004年11月对此进行抢救性发掘，窑址编号为2004广积Y1、Y2，均为明末清初时期的古窑址，两窑址相距约300米。

Y1平面呈扇形，为单室瓦窑，因后期废弃和施工建设被破坏，窑口、火膛及窑的上部严重损毁，仅存窑壁和部分窑床。椭圆形烟道位于窑床壁后，下部基本完整。窑壁和窑床厚2～5厘米，为青灰色烧结面，窑床及烟道残存零星青灰色草木灰，烟道可见烟垢。填土中不见煤渣、瓷片等其他包含物，仅为灰褐色土夹较多细碎青砖瓦块，结构疏松。

Y2傍山依坡而建，平面亦呈扇形，开口于耕土层下约1米，是一座烧制砖瓦的土窑（主要是烧瓦）。窑口、火膛被损，现存窑壁1.8米，窑床较完整，有三个平面呈长方形的烟道位于窑床壁后斜伸入窑内，保存基本完整。填土为灰褐色杂土夹大量碎瓦砖渣，另有少量瓷片，为明清时期的青花碗残片。

两窑址所处的德山永丰村四组，在清代中晚期时，地名为缸瓦冲，是一处较为集中的民间窑场。两窑址的发掘清理，为研究本区域古代砖瓦窑的修建和砖瓦烧制技艺提供了详细资料。

临澧九里战国楚墓群

楚墓群位于临澧县九里乡泉水村10组的六家山。为配合临澧县国土部门农田改造工程建设，受市文物处指派，常德博物馆组织考古专业人员，在临澧县文物管理所的积极配合下，于2005年1月开始，对该墓群进行抢救性发掘。共发掘清理战国时期楚墓12座，出土文物102件（套）。由于该区域属南方酸性土壤，加之12座墓中8座有早期被盗迹象，故出土器物较少，铜器腐蚀严重，陶器均为散碎。出土器物组合为陶质鼎、敦、壶、豆等，少则1套，多则2～3套。铜器不多，主要出自M12，有楚式剑、戈、矛、戟及箭镞。M7中出土的属车马构件的铜弹簧、M6、M8所出土的灰陶小口鼎、袋足鼎形器、扁耳鼎、M9、M10、M11出土的陶质贝币等均有一定的特色。

九里楚墓群是长江以南较为集中的大型楚墓群之一，自1978年以来已有六次不同规模的发掘。本次发掘的12座墓葬，除M11时代稍晚外，其余均属战国中期，所随葬器物工艺一般，亦不丰富，说明墓主身份不高，属普通平民埋葬区。从墓葬布局上看，这是同一时期某一族人有规划布局的一处墓地，这样清楚的迹象在常德境内古墓发掘中少见。

安乡龟山古墓群

该墓群位于安乡县安障乡德兴村5组龟山凸，原为县人大机关开拓的养殖基地，后因此地被选定修建安乡县垃圾处理场。为了配合地方的基本建设，受市文物处指派，常德博物馆组织精干的考古专业队伍，在安乡县文物管理所的全力支持下，于2005年6月30日进驻龟山进行文物调查、勘探和发掘，历时46天，共勘探发现战国至明清时代的古墓葬40座，其中发掘清理33座（战国墓12座、西汉墓10座、唐宋时期墓6座、明清时期墓5座），另有7座因处于特殊位置不宜发掘。由于垃圾场施工取土，现场破坏严重，许多墓葬被推毁，残存的随葬器物较少，可辨器形的仅有鸟纹青铜戈、陶鼎、豆、罐、钵、井、仓、壶等20余件。

常德烟厂石板滩仓库古墓群

该墓群位于鼎城区石板滩乡临岗公路以西的丘岗上。为配合常德烟厂在此处修建烟叶仓库，2005年5月至8月，常德市文物处组织鼎城区文物处、澧县文物处、桃源县文物管理所的考古专业人员对该工地征地范围内实施全面的地下文物调查与勘探，探明古墓葬60余座，其中战国墓19座、汉代墓6座、其他历史时期墓葬30余座。先后发掘清理65座，出土各类器物347件（套），其中青铜器29件、青瓷器11件、陶器307件，绝大部分均保存完好，并有部分文物精品。此处古墓葬的发掘，既丰富了文物馆藏，又对研究常德古代政治、经济、文化的发展提供了数量多、品质精的实物佐证。

常德国源小区古墓群

该墓群位于原鼎城区南坪乡原种场一分场（原鼎城区农科所对面）。2005年，常德市国土局顺源公司在此开发建设国源商用居住小区。受市文物处指派，常德博物馆组织考古专业人员对此进行文物调查、勘探和抢救性发掘。从2005年9月底至11月初，历时32天，共发掘清理汉代至明清古墓葬15座，其中汉代墓6座、宋代墓2座、明代墓6座、清代墓1座。共出陶器60件，有鼎、敦、壶、豆、盘、勺、匜、盆、钵、罐、炉、灶等；铜镜4面；铜钱若干，有汉五铢、减轮五铢、元丰通宝、皇宋通宝、祥符元宝、熙宁重宝、洪武通宝、弘治通宝等；滑石璧5面；玛瑙鼻塞1对、长棱形玛瑙项链构件3枚。另有砖瓦质买地券一方，石牌、石印各1件。这批墓葬出土器物数量较多，品类齐全，丰富了馆藏。

常德南坪古遗址

古遗址位于武陵区南坪乡东风村2组，南邻常德市城区新和中路，东邻皂果路，北为三星路，占地面积10万平方米。2006年，常德市泰格新元木业有限公司在此修建厂房，常德市文物处、常德博物馆有关人员在进行文物稽查时发现该区域西南部有一处新石器时代至商周时期古文化遗址。此后在厂方拒不配合的情况下，仍组织专业技术人员进行认真勘探，确定该范围内的新石器时代遗址在泰格新木业公司施工前和施工平整土地中多次遭到严重破坏，仅采集到部分陶片。庆幸的是此处还保存着一面约1200平方米的西周时期人类居住遗址。在证据确凿的情况下，经过多方协商和常德市政府办公室出面协调，木业公司才同意文物部门对该处遗址进行抢救性发掘。发掘工作从2006年6月18日开始至7月8日结束，历时半个月。共发掘面积350平方米。发掘发现，遗址地层结构比较简单，共分耕土层（扰乱层）、主要文化层、文化层和生土层四层。发掘出的遗迹有灰坑5处，灰沟3条，还有北宋墓葬1座。出土的遗物主要为陶器，有陶罐、豆、鬲、大口尊、釜、钵、碗、盘、纺轮等，还有1件铜带钩。

常德元代瓷器窖藏

该窖藏位于常德市城区洞庭大道与光荣路交汇处的西南侧。2006年8月，湖南金健置业开发有限公司在此修建商居小区，施工中发现一元代瓷器窖藏和一批唐宋时期古墓葬。受市文物处指派，常德博物馆考古专业人员赶赴现场，对发现文物的地域进行保护，依法收缴已出土的文物，并组织对该区域进行地下文物调查勘探和现场清理发掘，确认此处分布着一批唐代及以后各历史时期的古墓葬和一处元代瓷器窖藏。墓葬均为小型竖穴土坑墓，虽然墓葬在施工中被全部推毁，但在残墓中仍出土有唐代长沙窑釉下褐彩纹执壶、岳州窑青瓷双系罐、青瓷碗、玻璃簪和宋代银簪、钱币等。

瓷器窖藏位于此处的西南面距地表以下2米左右，根据地层结构推测属于历史上水塘的边缘，瓷器的铅饼均置于一口径32厘米的三足铜洗内。窖藏中共出土各类瓷器18件，其中属龙泉窑系的青瓷器14件，属景德镇湖田窑的白瓷器4件。还有铅饼6枚，青铜三足洗等其他器物22件（套）。出土的瓷器中，有不少是常德境内出土瓷器中的精品，如豆青釉折肩卷沿盂的釉色、纹饰、造型等与《中国大百科全书考古卷》龙泉窑条下彩图70及湖南桃江龙泉窑瓷器窖藏青瓷盂相同；梅子青釉鱼藻纹盘与桃江窖藏出土的“1式洗”基本相同；粉青釉敞口碗和卵白釉印花行龙纹高足杯与江西高安元代瓷器窖藏出土的“1式青釉大碗”和“1式高足杯”基本相同，高足杯亦与内蒙古林西县元代瓷器窖藏所出的“白釉暗龙纹高足杯”相当，均是四爪行龙赶珠图案；还有“枢府”铭卵白釉折腹碗，胎质洁白致密，制作精良，体现了“枢府”瓷的优异品质和其蕴藏的艺术魅力。这批珍贵瓷器的出土，不仅丰富了馆藏，更为研究元代瓷器在常德的流传提供了实物资料。

元代瓷器窖藏清理出土现场

常德德山恒安纸业（二期工程）取土场古墓群

该墓群位于德山经济开发区德山林场和莲花池村一组交界处附近的几座小山丘上，是德山恒安纸业二期工程建设取土场。受市文物处指派，常德博物馆考古专业人员于2006年12月至2007年2月对此处古墓进行抢救性发掘。该墓群分为战国楚墓群和汉代墓群，分别处在不同的山丘上。墓群分布极有规律，在战国墓群中无汉代墓葬，汉代墓葬区亦无战国墓葬，两个时代墓葬泾渭分明。

此次共发掘战国楚墓14座，均为小型竖穴土坑墓，共出土陶器、铜器、铁器和漆木器60余件（套），器形有陶鼎、敦、壶、豆、盘、勺、匜及铜剑、戈、矛、镜、砝码和残漆耳杯等。汉代墓葬位于一座独立的小山包上，此次共发掘了4座，两大两小，是同处一座封土堆下的家族合葬墓。该家族墓均保存完好，没有被盗现象，共出土随葬品89件，主要为陶器和滑石器两大类。陶器有罐、盒、盘、勺、壶、鼎、方壶等；滑石器为璧和镜两种。4座汉墓中均出土了滑石器，代表了湖南境内、特别是常德境内汉墓的显著特色。

该墓从战国晚期到西汉的墓葬分布有序，规划整齐，无任何打破关系，这对研究常德境内战国晚期至汉代的社会经济结构、埋葬习俗变化具有重要价值。

常德市二中古墓群

该墓群位于德山经济开发区常德市第二中学校园内。2006 年年底，市二中新建学生宿舍楼，发现战国至西汉时期古墓葬。市文物处指派常德博物馆考古专业人员于 2007 年 1 月对动土区域进行文物勘探和抢救性发掘，共发掘清理古墓 9 座，其中战国楚墓 5 座，出土器物有陶鼎、敦、壶、豆勺、匜、盒以及青铜剑等 27 件；西汉墓 4 座，为两对夫妻异穴合葬墓，其随葬器物被校方施工时损毁，仅存 1 件滑石璧。

常德德山生活湾古墓群

该墓群位于德山经济开发区德山乡五一村 3 组。德山生活湾是常德市德山生活湾置业有限公司开发的生活居住小区。2007 年 4 月，在该小区建设时，市文物处指派常德博物馆考古专业人员对此进行文物调查与勘探，发现古墓埋葬点 24 处。之后分两个阶段进行抢救性发掘：第一阶段（4 月）发掘清理古墓 5 座，其中汉代墓 4 座、清代墓 1 座，这批墓葬因在承建方施工进场时遭到严重损毁，仅出土陶器、滑石器 25 件，可辨器形有璧、杯、耳杯、钵、壶、盆罐、仿壶、鼎以及泥质五铢等。第二阶段（10 月）发掘清理战国晚期墓 1 座，西汉早期墓 1 座，明清时期砖室墓 2 座，清代末期土坑墓 4 座。共出土铜器、铁器、滑石器、陶器等 33 件（套）。器形有镜、璧、钵、博山炉、灶、罐、鼎、壶以及滑石猪、青铜蚁鼻钱、五铢钱等。其中滑石猪、青铜蚁鼻钱保存完好，与以往出土的同类器物比较，有不同特色。

常德德山德政园古墓群

该墓群位于德山经济开发区二纺机厂大门对面的张家湾。2007 年 6 月，中共常德市委、常德市人民政府为解决低收入群体住房问题而在此修建名为德政园廉租房（张家湾）居住点。受市文物局指派，常德博物馆考古专业人员于 7 月对该工程所占地 6000 平方米范围内进行地下文物的调查、勘探和抢救性发掘。共发掘战国楚墓 4 座，其他各时代古墓 8 座，共出土陶器、玉器、滑石器、铁器等随葬器物 33 件（套），其中有陶鼎、敦、壶、豆、盘、勺、匜、罐以及玉璧、滑石器、铁臿等。

常德泓鑫花园古墓群、古遗址

该墓群和遗址位于常德市城区武陵大道与育才路交汇处的西南侧（现泓鑫花园内）。泓鑫花园是常德市洞庭水殖下属泓鑫房地产有限公司于 2007 年开始修建的商居小区。在该小区建设时，市文物局指派常德博物馆考古专业人员于 2007 年 10 月进入该小区施工现场进行地下文物的调查、勘探和发掘。先后发现、发掘明清墓葬 12 座，均为小型墓，在发现前已遭施工破坏，没有发现有价值的随葬器物，大部分仅存简单的葬具，均为单棺。较有研究价值的是这些棺木几乎都集中在长 50 米、宽 25 米的范围内，从其层层叠压的规律看，此地当属明代时期常德古城城墙外的一处乱葬岗，与《嘉庆常德府志》中记载的一处义塚相关。从发掘清理的一处 10 米长、2 米宽的范围内就有 10 座该类型的墓葬分析，该处墓葬总数不下 200 座以上，当属明清时期常德城的漏泽园之一。

此外，在该处还发现一处东汉至三国时期的居住遗址，面积约800平方米。由于受施工条件的限制，只发掘清理了50平方米。发掘清理资料显示，该遗址为居住遗址，时代大致在东汉至南北朝时期，主要出土器物有：粗绳纹板瓦、粗绳纹筒瓦，还有莲辨纹瓦当等。尽管遗址在后期遭到严重破坏，但仍不失其所显示的重要价值，它是常德明清古城城墙外小西门、护城河地带唯一被发现的重要遗扯，对研究常德古城的历史及城市演变有重要意义。

常德德山恒安纸业污水处理厂古墓群

该墓群位于德山经济开发区德山林场。2007年，德山恒安纸业在此征地1.3公顷，修建污水处理厂。受市文物处指派，常德博物馆考古专业人员于2007年10月进入建设工地进行文物调查、勘探和发掘。先后发现、发掘古墓葬13座，其中战国楚墓8座；清代晚期墓5座。共出土铜器、陶器等35件（套），器形有鼎、敦、壶、豆、盘、勺、鉢、镜、镖等。其中3件青铜质地的镖形兵器保存非常完好，是常德境内首次出土的新器类，这为同类出土器物的研究提供了新的重要的实物资料。根据此处出土器物整理的《常德楚墓出土战国异形青铜兵器》一文，在《中国文物报》2008年3月12日第5版刊发。

常德体育生态园古墓群

该墓群位于常德市武陵区白鹤山乡罗湾村7组和1组的5座山包（王子岭、汉坡山、对门山、杨家山、姜家山）上，南连沾天湖，北邻太阳山。20世纪70年代，当地在罗湾7组建了一座砖厂——罗湾砖厂，原常德地区和原常德县两级文物部门曾在此抢救性发掘了近20座战国至汉代古墓，因此这一带已经成为文物部门关注的地下文物埋藏点。2007年，常德市开始在此处筹建大型体育生态园，市文物局指派常德博物馆组织考古专业人员在生态园占地范围内进行全面的文物调查与勘探，查清此处地下文物的分布状况，并从2008年4月开始，分两个阶段进行发掘清理，到2008年9月基本结束，历时近半年，先后发掘清理了古墓葬35座，其中战国楚墓23座、宋至清代墓12座。楚墓中除5座遭施工破坏外，余18座墓中均有随葬器物出土，可分为陶器、铜器、玉器三大类，以陶器为主，有泥质灰陶、夹砂灰褐陶和少量红、黑、白三色构成的彩绘陶器。器形有鼎、敦、壶、豆、盘、勺、匜等。铜器有铜镜、铜编铃；玉器有玉璧等。12座宋至清代墓葬均为小型土坑墓，出土有玉手镯、玛瑙戒指、铜钱等器物。

常德德山葆力技校古墓群

该墓群位于德山经济开发区桃林路和乾明路交汇处南部。2008年5月，德山葆力就业培训技术学校在此修建校舍，市文物局指派常德博物馆考古专业人员进入建设工地展开文物调查、勘探和抢救性发掘。从5月13日到6月6日，历时25天，共勘探并发掘古墓22座，其中战国楚墓4座、清代墓18座。楚墓中出土器物主要是陶器，有鼎、敦、壶、豆、盘、勺、匜等，多为组合。由于该地属酸性土壤，湿度较大，随葬器物保存不好，多成碎片。清代墓由于墓坑浅，施工中均遭破坏，除出土一件较完好的翠白玉手镯和一枚锈蚀严重的铜纽扣外，不见其他器物。

常德德山力元新材有限公司古墓群

该墓群位于德山经济开发区五一村桃花山东南部。2008 年 9 月，为配合德山力元新材有限公司进行改扩建工程，市文物局指派常德博物馆考古专业人员对该区域进行抢救性发掘。先后发掘清理战国楚墓 24 座，其他时代墓葬 10 座，出土各类器物 100 余件（套）。出土器物分为陶器和铜器两大类，以陶器为主。器形有鼎、敦、壶、豆、盘、勺、匜等组合；铜器有剑、戈、铜砝码等。该墓群是常德博物馆主持的一次较大规模的发掘，前后持续时间达两个月。出土文物精致，对研究楚文化发展有重要价值。

常德德山二纺机古墓群

该墓群位于德山经济开发区第二纺织机械厂厂区内。2009 年 4 月，常德市汉顺房地产开发公司在此修建商品住房时暴露出古墓。受市文物局指派，常德博物馆考古专业人员对此进行抢救性发掘清理，共发掘清理古墓葬 7 座，其中战国楚墓 5 座、汉代墓葬 2 座。

5 座楚墓中出土器物有陶器、铜器、漆木器和滑石器四类共 100 余件（套）。器形有铜剑、箭镞、铜矛镦、铜带钩、木俑、木弓、矛柲、竹弓、竹箭箙、陶鼎、敦、壶、豆、盘、勺、盒、匜、罐和滑石璧等，绝大部分保存完好。2 座汉代墓葬均属西汉竖穴土坑墓，出土器物有滑石璧、及陶鼎、壶、盒、勺、盘等。

这次发掘墓葬不多，但出土器物丰富，也很精致，特别是楚墓中出土的一整套楚国剑、矛、弓、箭镞、箭箙和漆木器（木俑、竹弓、木弓、剑鞘及缠缑、矛柲）等都是近几年出土文物中之精品，为研究楚国的兵器制造提供了极为珍贵的实物资料。

临澧歇驾塔古遗址

该遗址位于临澧县新安镇澧水河边的一处台地上，属战国时期楚国居住遗址，总面积 5000 平方米。2009 年 5 月至 6 月，因此处修建临澧县新安镇中心小学，市文物局指派常德博物馆考古专业人员会同临澧县文物管理所有关人员对该遗址进行抢救性发掘。发掘工作采用探方法进行，分别布探方 4 个，实际发掘面积 113 平方米，共清理文化遗存 5 层，东周时期灰坑遗存 3 处。出土的陶片以夹砂灰陶、夹砂黄褐陶为主，出土器物有罐、鬲、盂、豆、铜箭镞、铜饰件等 100 余件。通过此次抢救性发掘，发现歇驾塔遗址保存完好，是一处典型的楚文化遗存。为全面研究澧阳平原文化的内涵提供了重要的考古资料。

常德荷花南路古墓

该墓位于常德市城区新世纪花园东侧荷花南路。2010 年 3 月，常德市城市建设投资公司承建常德市城区荷花路。市文物局指派常德博物馆考古专业人员于 4 月中旬在工程范围内进行地下文物调查和勘探，在荷花南路发现一座东汉砖室墓，之后进行抢救性发掘。该墓为一中型双室券顶砖石墓，由甬道、主室、后室三部分组成，墓砖为青色，规格各异。出土器物比较丰富，有铜五铢、硬陶罐、红陶鼎、红陶小罐、红陶耳杯、红陶盘、红陶狗、红陶猪圈、红陶鐎壶、红陶灶、红陶釜、钵、博山炉等共 20 余件（套）。从这些出土器物组合来看，此墓东汉中晚期的特征比较明显，墓中红陶耳杯和红陶盘成组出现，在以往发掘的同时期同类墓葬中少见，具有研究价值。

桃源熊家湾古墓群

该墓群位于桃源县漳江镇徐家坪居委会14组的熊家湾。2010年5月，桃源县因开发建设采菱建材综合大市场等项目在此取土时，发现有古墓并挖出铜鐎壶等文物。常德市文物局、桃源县文物管理理所闻讯后，立即派员赶赴现场采取保护措施，并于5月31日组织市、县两级考古专业人员对已暴露的11座古墓进行抢救性发掘。发掘清理的墓葬均为长方形土坑竖穴墓，墓室大小不一，墓坑深浅不等。共出土随葬器物36件。其中有兵器类的扁茎无格青铜剑；服饰类的琵琶形青铜带钩；农具类的铁臿；生活类的陶鼎、敦、壶、豆、罐；明器类的陶灶、匜、勺；货币类的汉“五铢”铜钱、螺旋纹陶钱等。这批墓葬的发掘对桃源采菱城址的研究增添了新的实物资料。

常德南坪汉墓群

该墓群位于常德市城区东北部，属武陵区南坪乡南坪村1组。墓地东为紫菱路，西为荷花路，南为柳叶大道，属县级文物保护单位。2010年3月～2011年4月，常德市文物局、常德博物馆为配合浙商集团开发建设“伟星金域南湾”商居小区，组织考古专业人员在此进行持续达一年多的抢救性发掘。先后发掘清理了6座封土堆和从西汉至新莽，东汉、六朝到宋、元、明各个历史时期的墓葬55座，出土铜、铁、玉石、琉璃、陶、青瓷、漆木器等珍贵文物500余件（套）。此次发掘持续时间之长，墓葬规模之大、之多，出土文物之丰富、之精致都是空前的。在西汉至新莽时期长沙国郎中令廖福家族土墩墓群中发掘出土了一批具有准确年代特征的珍稀文物，这种独特建造方式的家族土墩墓是省内同时期墓葬的首次发掘，既填补了湖南省汉代土墩墓考古的空白，也为国内对汉代土墩墓的研究提供了极为难得的资料。

南坪汉墓群3号封土堆遗迹航拍

南坪汉墓群发掘出土的部分器物

三、区、县（市）主持发掘项目

常德市所辖安乡、汉寿、石门、桃源、澧县、临澧、鼎城、津市等8个区、县（市）文物部门配合当地基本建设进行部分抢救性发掘，虽然发掘，也取得了一批有影响的成果，分别以表列之。

表 1－2－2－1

安乡县文物管理所历年主持考古发掘情况

发掘时间	发掘项目	地理位置	发掘数量	发　掘　成　果
1988 年	新石器时代古遗址	安障乡遵保村	古遗址 36 平方米、残墓 1 座	出土龙山文化玉琮、玉珠、镂孔陶豆、石刀、石斧、石镞等，其中玉琮被鉴定为国家一级文物
1990 年	明代张璇墓	黄山头镇长峰村	古墓葬 1 座	为明代土坑竖穴墓。出土有张璇朱书砖刻买地券
1990 年	唐代古墓葬	安障乡遵保村	古墓葬 1 座	为唐代砖石结构墓。出土陶质四系尖底瓶一对
1990 年	明代古墓葬	安障乡新剅口村	古墓葬 2 座	为明代土坑竖穴墓，出土金耳环 1 枚，银发钗 2 枚
1990 年	明代古墓葬	安障乡车家铺村	古墓葬 1 座	为明代土坑竖穴墓，出土有陶、瓷片若干，无完整器物
1991 年	西晋刘弘墓	黄山头镇南禅湾	古墓葬 1 座	为砖室结构墓，共出土文物精品 78 件，其中经鉴定属国家一级文物 16 件，二级文物 18 件，三级文物 28 件。此墓的发掘曾在省内外轰动一时，被评为 1991 年全国十大考古新发现
1993 年	胡衿城址	深柳镇环城北路	遗址 100 平方米	此为新石器时代至商代古遗址，出土各类陶片若干，无完整器物
2006 年	白家岗古墓	黄山头镇白家村	古墓葬 1 座	为南北朝时期砖室墓，出土残瓷器 6 件，石器 1 件，铁棺钉 1 枚
2010 年	唐代古遗址	深柳镇书院洲社区	遗址 50 平方米、墓葬 1 座	出土陶、铜、瓷残片数块，无完整器物

表 1－2－2－2

汉寿县文物管理所历年主持考古发掘情况

发掘时间	发掘项目	地理位置	发掘数量	发　掘　成　果
2004 年 3 月	战国古墓葬	株木山乡砖厂	3 座	出土陶鼎、敦、壶、豆、罐等器物共 9 件

续上表

发掘时间	发掘项目	地理位置	发掘数量	发　掘　成　果
2004 年 3 月	战国古墓葬	城关镇电力新村	3 座	出土各类陶器 10 件
2004 年 4 月	战国古墓葬	岩嘴乡砖厂	5 座	出土各类陶器 15 件
2008 年 10 月	汉代古井	西湖乡砖厂	11 口	均被施工推毁，清理出汉砖、筒瓦、瓦当、石器、瓦罐等器物
2010 年	宋代墓葬		1 座	夫妻并穴合葬墓，被雨水冲毁，无器物出土

表 1－2－2－3

石门县文物管理所历年主持考古发掘情况

发掘时间	发掘项目	地理位置	发掘数量	发　掘　成　果
1988 年 6 月	商周古遗址	城关镇荷花居委会	200 平方米	出土器物有陶鼎、豆、钵、簋等，证明此处遗址文化内涵丰富
1993 年 7 月	宋代古墓葬	蒙泉镇蒙泉水库边	1 座	出土陶质将军俑 3 尊，后被分别鉴定为国家二级文物
1994 年 3 月	晋代古墓葬	城关镇药材公司	1 座	出土青瓷质小碗共 6 件
2003 年 2 月	商代古遗址	二都乡澧水南岸	100 平方米	出土石器有斧、锛、纺轮；陶器有鼎、豆、鬲、簋等
2003 年 10 月	清代古墓	雁池乡雁池村	1 座	出土玉朝珠一串
2004 年 1 月	商周古遗址	壶瓶山镇平东村	发掘深沟一条	出土有鼎、罐、豆、盘等陶片
2005 年 9 月	古井	石门电厂基建工地	1 口	清理出第四世纪晚更新世的大象脊椎化石 2 件

表 1－2－2－4

桃源县文物管理所历年主持考古发掘情况

发掘时间	发掘项目	地理位置	发掘数量	发　掘　成　果
1989 年 3 月	战国古墓葬	青林乡观山村	1 座	出土器物有陶器、铜器等共 60 余件（套）

续上表

发掘时间	发掘项目	地理位置	发掘数量	发　掘　成　果
1992年5月	宋代古墓葬	龙潭镇丁家坊村	1座	出土随葬器物5件
1992年8月	汉代古墓葬	漳江镇二里岗村	3座	出土随葬器物16件
1993年9月	明代古墓葬	剪市镇张家湾村	1座	出土随葬器物3件
1994年4月	宋代古墓葬	三阳港镇株木桥村	1座	出土随葬器物6件
1997年6月	战国古墓葬	双溪口乡岗陵砖厂	4座	出土各类文物19件（套）
1997年9月	战国至汉代古墓群	青林乡古堤畜牧场	9座	出土各类文物27件（套）
1999年12月	明代古墓葬	陬市镇桃源县三中	2座	因施工破坏严重，未发现完整出土器物
2010年5月	战国至汉代古墓群	漳江镇官家坪社区	9座	出土各类文物35件（套）

表1－2－2－5

澧县文物处历年主持考古发掘情况

发掘时间	发掘项目	地理位置	发掘数量	发　掘　成　果
1988年4月	战国至唐代古墓群	澧阳乡皇山砖厂	5座	出土陶鼎、敦、壶、豆、罐等器物共11件
1988年8月	东汉古墓	张公庙乡	1座	出土陶磨、马、仓、罐等5件器物
1988年10月	元代窖藏	澧县珍珠瓷场	1座	出土金、银器、玛瑙等珍贵文物共15件
1988年11月	东周遗址	大坪乡	150平方米	采集有陶豆、陶鬲、陶罐等残片若干
1993年4月	晋代墓葬	城关镇边贸城	1座	出土有青瓷罐、青瓷碗等文物共5件
1993年5月	明代墓葬	澧县开发区（护城）	1座	出土有瓷碗、瓷罐等文物4件

续上表

发掘时间	发掘项目	地理位置	发掘数量	发掘成果
1993年7月	战国墓葬	中武乡南竹砖厂	1座	出土有鼎、豆、罐等5件陶器
1994年4月	汉至宋代墓葬	城关镇澹水河	8座	出土陶鼎、豆、罐、铜镜等文物共14件
1995年6月	商周遗址	垱市镇五斗丘	120平方米	出土有陶豆、陶罐及大量的陶器残片
1996年3月	唐宋墓葬	王家厂水库附近	12座	出土有青瓷碗、罐、铜镜、铜钱等器物共20余件
1996年4月	战国墓葬	大坪乡玉成村	2座	出土有陶鼎、敦、壶、铜剑、戈、矛等器物共11件
1996年5月	战国墓葬	涔南乡十里岗村	2座	出土有陶鼎、敦、豆、壶、铜剑、戈、矛等器物共9件
1996年5月	新石器时代遗址	大坪乡花荣村	200平方米	出土有陶瓮棺、鼎、壶、杯、盘等器物和大量陶残片
1996年9月	南北朝古墓葬	盐井镇	3座	出土有青瓷罐、壶、碗、盘、化石猪、簪、铜镜、铁镜等器物共20件
1996年12月	元代墓葬、窖藏	车溪乡新民村	各1座	出土有青花瓷香熏、器座、梅花瓶、铜洗、磬等文物15件
1997年4月	汉代墓葬	车溪乡南岳村	1座	出土有陶壶等少量器物
1997年12月	战国墓葬	澧县乔家河	1座	出土有陶鼎、陶豆、陶壶等
1998年2月	唐宋遗址	宜万乡花瓦村	80平方米	出土有石砚、瓷器残片若干
1998年10月	战国墓葬	涔南乡十里村	2座	出土陶豆、陶鼎、陶壶、铜戈、铜矛等器物共8件
1998年12月	战国墓葬	大坪乡玉成村	5座	出土有陶钵、豆、罐、铜戈、剑、矛等器物14件
1999年9月	春秋墓葬	澧阳乡皇山砖厂	1座	出土有铜鼎、敦、壶、匜、剑、马衔、箭镞等文物10余件
2000年3月	战国墓葬	梦溪乡八根村	4座	出土有铜剑、矛、戈、陶鼎、豆、敦、壶等器物20余件
2001年1月	唐宋古墓群	澧县建材城	25座	出土有盘口壶、碗、盘等瓷器

续上表

发掘时间	发掘项目	地理位置	发掘数量	发　掘　成　果
2002 年 6 月	战国至晋代古墓群	新洲嘉山移民镇	12 座	出土有陶鼎、豆、壶、青瓷碗、铜剑、矛等器物 20 余件
2010 年 9 月	清代墓葬	方石坪乡双泉村	1 座	出土有青花将军罐、铜镜、墓志等文物 7 件
2010 年 11 月	唐宋遗址	宜万乡花瓦寺	80 平方米	出土有建筑构件、瓷器残片、铜钱等器物

表 1－2－2－6

临澧县文物管理所历年主持考古发掘情况

发掘时间	发掘项目	地理位置	发掘数量	发　掘　成　果
2004 年 10 月	战国墓葬	佘市镇殷家溪村	1 座	出土铜剑和匕首各 1 件，还有残戈等器物
2005 年 6 月	战国墓葬	文家乡龙潭砖厂	3 座	出土铜剑 1 件（残）
2005 年 9 月	明代墓葬	安福镇四季红村	2 座	出土陶罐、瓷碗、陶甬及头饰等器物多件
2005 年 12 月	战国墓葬	望城乡杨岗村	3 座	出土有铜剑、矛以及漆木器等文物多件
2009 年 4 月	战国墓群	县农职中	5 座	出土有铜剑、戈、矛等文物多件

表 1－2－2－7

鼎城区文物处历年主持考古发掘情况

发掘时间	发掘项目	地理位置	发掘数量	发　掘　成　果
1995 年	汉代墓葬	灌溪镇黄土山	45 座	出土器物有陶器、铜器等共 100 余件
1995 年	西汉家族墓	南坪乡粮店	10 座	出土有滑石鼎、灶、猪、鸡、壶、炉等器物共 21 件
1995 年	宋元时期古窑址	斗姆湖乡临沅村	1 座	出土硬陶壶等陶器 11 件
1998 年	战国至汉代古墓葬	灌溪镇武陵砖厂	16 座	出土黑彩陶鼎、钵、壶等器物共 50 余件，还有青铜壶 1 件

续上表

发掘时间	发掘项目	地理位置	发掘数量	发　掘　成　果
1998 年	唐代窖藏	石公桥镇	1 座	出土铜钱 100 余斤
2005 年	汉代墓葬	石公桥镇	3 座	出土有陶器、铜器等 10 余件
2009 年	战国古墓葬	周家店采砂场	2 座	出土有陶器、铜器、玉器、漆木器等文物 10 余件

表 1-2-2-8

津市市文物管理所历年主持考古发掘情况

发掘时间	发掘项目	地理位置	发掘数量	发　掘　成　果
1988 年 1 月	东晋古墓	窑坡乡董家村	5 座	出土有青瓷杯、铜镜、陶釜共 5 件
1988 年 9 月	新石器遗址	涔澹农场	50 平方米	出土有磨制石铲、磨制刮削器、陶壶、陶仓、陶豆、陶钵、陶碗、陶瓶、陶鼎、陶盘共 21 件
1989 年 5 月	东汉古墓	新洲镇肖家湖	2 座	出土有陶鼎和铜镜共 2 件
1990 年 3 月	南朝、明代墓	新洲镇南江村	2 座	出土瓷杯和陶仓共 2 件
1991 年 6 月	南朝古墓	窑坡乡明道村	2 座	出土有金发网、青瓷杯、青瓷碗、陶罐共 5 件
1992 年 7 月	东汉墓	新洲镇城内村	4 座	出土陶壶、陶灶、陶仓、铜镜共 6 件
1992 年 12 月	汉代古墓	新洲肖家湖村	20 座	陶钫、陶鼎、陶壶、铜勺共有 12 件
1993 年 1 月	东周墓	渡口镇新湖村	11 座	出土战国宽内铜戈、铜剑、铜矛等 6 件
1993 年 4 月	东汉墓	新洲肖家湖村	2 座	出土陶钫、陶鼎、陶壶共 5 件
1996 年 8 月	东汉墓	新洲肖家湖村	3 座	出土陶鼎、陶壶、陶罐共 4 件
1996 年至 1998 年 1 月	西汉墓	新洲肖家湖村	8 座	出土铜壶、陶钫、陶鼎、陶壶、铜勺、陶罐、昭明镜、铜带勾共 14 件
1997 年 5 月	东汉墓	津市第三中学	2 座	出土硬陶罐、陶灶、陶壶共 3 件

续上表

发掘时间	发掘项目	地理位置	发掘数量	发　掘　成　果
1999 年至 2000 年 1 月	东周墓	新洲邵家嘴	29 座	出土铜空首剑、铜镈、扁茎剑、双箍剑、铜短剑、铜戈、铜箭镞、陶豆、假腹盘、陶鬲共 19 件
2000 年 4 月	东周、西汉墓	新洲肖家湖	12 座	出土铜空首剑、铜短剑、铜戈、铜箭镞、陶豆、陶鬲共 9 件
2003 年 6 月	东周东汉墓	津市人民医院	4 座	出土铜带钩 1 件
2004 年 4 月	南朝古墓	津市羊刃山	2 座	出土青瓷碗、陶凭几、小骨梳等共 10 件
2008 年 11 月	东晋古墓	津市市开发区	2 座	出土滑石猪 2 件
2009 年 5 月	明代古墓	津市第三中学	5 座	出土宋代年号钱 10 余枚

第三节　参与三峡库区文物考古与抢救性发掘

2002 年至 2008 年，常德市文物处、常德博物馆组建专业考古队伍，先后 8 次赴重庆市巫山、忠县、丰都、巴南四个县（区）淹没区进行文物考古和地下文物抢救性发掘，共抢救性清理发掘文物点 18 处。完成文物勘探面积 14 万余平方米，发掘面积 17364 平方米，发现、发掘清理战国至明清各历史时期古墓葬 108 座，旧石器时代遗址 1 处，其他历史时期聚落遗址 8 处，共出土各类文物 1752 件（套），铜钱千余枚，各类残片若干。

一、巫山县遗址与古墓群

高塘观古墓群

高塘观古墓群位于重庆市巫山县巫峡镇高塘村二、三组。2002 年 9 月至 10 月，由湖南省文物考古研究所、常德市文物处联合发掘。领队为常德市文物处副主任王永彪，参加发掘人员有常德市文物处文智、刘颜春、澧县文物处封建平、熊浩、汉寿县文管所李绍南、桃源县文管所袁辉等。此次发掘时间近两个月，发掘面积 1000 平方米，发掘清理古墓葬 7 座。其中战国墓 1 座，为长方形土坑墓，出土有铜剑、铜矛、铜戈、铜环首刀等；汉墓 4 座，为长方形砖室券顶墓和土坑竖穴墓，出土器物有铜钱、陶鼎、陶壶、陶盂、陶钵、陶罐、陶灶、陶熏炉、铁鍪等，多保存完好；清代墓 2 座，出土有铜发簪、环首小铁镰、青瓦等器物。此次对该墓群的发掘是在前几次其他考古队发掘基础上的继续，起到查漏补缺的作用，充实、完善该墓群的发掘资料。

林家湾旧石器时代遗址

林家湾旧石器时代遗址位于重庆市巫山县曲尺乡林家湾村。2002 年 10 月至 11 月，由湖南省文物考古研究所、常德市文物处联合发掘，领队为常德市文物处副主任王永彪，参加发掘人员有常德市文物处文智、刘颜春、澧县文物处封建平、熊浩、汉寿县文管所李绍南、桃源县文管所袁辉等。历时近 40 天，发掘面积 100 平方米，出土石器（砍砸器）2 件。在本次发掘中，没有发现旧石器时代的堆积地层，从探方各层中所出石器的制作方法、选料、器形等方面来分析，此处遗址不属旧石器时代遗址，其年代不早于东周时期。

古坟包古墓群

古坟包古墓群位于重庆市巫山县巫峡镇教场坝。2003 年 3 月至 4 月，由湖南省文物考古研究所和常德市文物处联合发掘，领队为湖南省文物考古研究所副研究员尹检顺，参加发掘人员有常德市文物处王永彪、胡建国、文智、潘智勇、澧县文物处封建平、曹毅、熊浩、鼎城区文管所马跃华、桃源县文管所王英党等。历时近两个月。此次发掘项目完成勘探面积 6 万平方米，发掘面积 1000 平方米，共发掘、清理东周、汉代、明代古墓葬 24 座，其中东周墓 6 座、汉墓 7 座、明墓 11 座。出土各类文物 125 件（套）。

东周墓均为竖穴土坑墓，其中一座带墓道。墓中均出土完整的陶器组合，如鬲、钵、豆、罐、鼎、敦、壶等，还出土有铜剑、铜戈、鹿角镇墓兽、玉璧等器物。

汉代墓葬中有坑墓 4 座，砖室墓 3 座。砖室墓均被毁坏，无器物出土，但墓砖上的纹饰和文字极具研究价值，如墓砖上有“太岁壬午张”“大吉阳”“口口五十”“太岁乙酉邓”等文字，对研究墓葬的具体年代和墓主人提供了重要线索。土坑墓保存较完整，出土有陶器、铁削、铜镜、云母石及墓主的铜印章等。

明代墓葬中有土坑墓 4 座，砖室券顶墓 7 座。这批墓葬中有 7 座出土了器物，主要有金、铜、陶、瓷器，如陶魂瓶、青花瓷碗、镂空碗、银簪、铜钱等，其中一枚压印有“百子千孙，万代富贵”文字的厌胜钱极为罕见。

通过该墓群的发掘确认此处是一墓葬分布密集的大型古墓群，从东周到汉代至明清的墓葬均有较多数量的分布，对研究这一地区地理位置、各个时期经济和社会发展提供了史料。

二、忠县遗址与古墓群

乌杨汉代遗址（新田湾区墓群）

乌杨汉代遗址（新田湾区墓群）位于重庆市忠县乌杨镇将军村新田湾。2003 年 10 月至 11 月，由重庆市文物考古研究所和常德市文物处、常德博物馆联合发掘，领队为重庆市文物考古研究所所长邹后曦，参加发掘的人员有常德市文物处王永彪、胡建国、常德博物馆文智、龙朝彬、潘智勇、澧县文物处封建平、桃源县文管所袁辉、石门县文管所谭柯亮、马宏共10人。历时1个月。

此项目共完成勘探面积5万平方米，发掘遗址面积1150平方米，发掘两汉时期墓葬10座，其中东汉墓6座（3座砖石墓、3座土坑墓）、西汉墓4座（均为土坑墓）。出土各类文物370余件（套）。在发掘的墓葬中，西汉墓葬随葬品规格较高，出土器物较为丰富，有石器、陶器、铁器、漆木器等。部分陶器上有朱砂，有些墓葬底部有残存棺椁。铜器中有镜、洗、釜、甑、壶、鼎、鍪、钫、灯、钱等；铁器中有剑、釜、削等；漆木器中有樽、鎏金扣盒等。东汉墓葬中出土的器物主要分为三大类：一是日常生活用品，如铜镜、铁鍪、铁斧、陶罐、陶甑等；二是大量的陶俑、陶建筑模型、陶动物模型等；三是专为墓葬制作的礼仪冥器。

此次勘探发掘，确认乌杨汉代遗址为一完整的两汉时期墓群，墓群的南部为汉代遗址，为进一步弄清墓葬与遗址的分布关系奠定了基础；发掘、清理两组打破两汉关系的墓葬，为两汉墓葬的精确分期和研究器物演变关系提供了实物史料；发掘出土一批精美的文物，进一步丰富了当地馆藏；通过对墓葬和出土器物的分析，得出了该墓群的等级规格明显高于2002年曾发掘过的花灯坟墓群的结论，为三国时期蜀国将领严颜故里的确认提供了新线索。

乌杨遗址（花坝梁墓群）

乌杨遗址（花坝梁墓群）位于重庆市忠县乌杨镇将军村。2007年4月至6月，由重庆市文物考古研究所和常德博物馆联合发掘，领队为重庆市考古所所长邹后曦。参加发掘人员有常德博物馆文智、龙朝彬、刘颜春、潘智勇、澧县文物处封建平、桃源县文管所袁辉以及湖南省考古所的有关人员。此次发掘历时两个月，共发掘面积3000平方米，发掘、清理两汉时期墓葬12座，其中土坑墓7座、砖室墓4座、石室墓1座，出土各类器物168件（套）。出土器物仍以陶器为主，修复陶器104件。也有少量的铜器、铁器以及琉璃器、石器等。

此次发掘的墓葬，分布在花坝梁临江山坡上，时代从西汉晚期延续至蜀汉时期，墓葬分布较为集中，砖室墓与土坑墓数量相当，随葬器物也发生较大变化，说明丧葬习俗已有改变。这批墓葬的发掘，为研究峡江地区西汉晚期至蜀汉时期的社会发展的进程提供了翔实的资料。

乌杨花灯古墓群（新田湾区）

乌杨花灯坟墓群位于重庆市忠县乌杨镇将军村新田湾。2003年11月至12月，由重庆市文物考古研究所和常德博物馆联合发掘，领队为重庆市文物考古研究所邹后曦，参加发掘人员有常德市文物处王永彪、胡建国、常德博物馆文智、龙朝彬、潘智勇、澧县博物馆封建平、桃源县文管所袁辉、石门县文管所谭柯亮、马宏共10人，历时1个月。

此项目共完成发掘面积200平方米，发掘西汉墓葬10座、东汉墓3座、唐宋时期墓葬2座，出土各类器物265件（套），发现两汉时期房屋柱洞两处。西汉墓葬出土器物数量多，组合完整。器物种类主要是铜、铁、陶器，铜器有鍪、釜、洗、蒜头壶、镦、铲、泡饰、镜、釜甑、钫、钱（半两和五铢）等；铁器有釜、剑、锄、锛、斧、刀、鍪等。陶器以罐、瓮、碗、钵、甑等为主，陶罐数量较多，还有彩陶鼎、壶、罐。东汉墓葬因损毁严重，出土器物较少，有少量的陶罐、陶碗。两座唐宋墓出土有釉陶罐、碗、铁棺钉等。

此次发掘通过对新田湾区两汉时期古墓群完整的清理，初步确认该墓群与其西南部汉代遗址的分布关系，为弄清乌杨镇长江南岸的墓群分布规律提供了线索；发现一组打破两汉关系的墓葬，为研究本地两汉墓群的分期与随葬器物组合以及器形演变提供了佐证；发掘出土的一批铜器、陶器等，种类丰富，形制精美，器物组合完整，具有较高的学术研究价值。

三、丰都县、巴南区古墓群

汇南古墓群（庙嘴坡、柏树嘴、葫芦溪）

汇南墓群位于长江沿岸重庆市丰都县三合镇（原汇南乡），其范围东起龙河与长江交汇处，西至峡南溪，在长约3.5千米、宽约1千米的缓坡和冲沟交错分布的狭长地带，集两汉至六朝时期的墓葬千余座。

重庆市丰都县汇南汉墓群（庙嘴坡）远景照

2004年9月至11月，由重庆市文物考古研究所和常德博物馆联合发掘，领队为重庆市文物考古研究所副研究员袁东山，参加发掘人员有常德博物馆文智、徐小林、刘颜春、潘智勇、桃源县文管所袁辉以及湖南省考古所和怀化市文物处、沅陵县博物馆、重庆市丰都县文管所等单位的有关人员。此发掘项目历时两个多月，共完成勘探面积3万平方米，发掘面积2564平方米。共发掘两汉时期墓葬22座，其中土坑墓16座、砖室墓6座，出土各类器物257件（套），铜钱500余枚。其中铜器类有印章、鍪、半两钱、五铢钱、铃、泡钉等；铁器类有釜、刀、铲、削、锸等；陶器类有罐、甑、钵、盆、碗、壶、井、杯、人俑、鸡、屋、水塘等；釉陶类有灯、魁、釜、杯、罐、锺、盆、壶等；石器类有斧、凿各1件。

此次发掘的两汉时期墓葬中，不见蜀汉、两晋或南朝时期的墓葬，这是历次发掘中没有的现象。因受丘陵坡地的区域限制，墓葬分布相对集中，很少发现叠压打破的关系，所有墓葬基本上顺长江或顺龙河而葬，分布有一定的规律可循，应是同族或有血缘关系的家族墓地。秦汉统一以来，巴蜀地区得到了有效统治和开发利用，其文化也完全融入了大一统的汉文化系统之中，但也保持了一定的地域特色。所出土的陶器中不见鼎，铜器中不见镜，这与周边地区及中原地区存在明显的差异。本次发掘的墓葬数量或规模虽然有限，但所反映出的个别信息为研究丰都地区两汉时期的墓葬提供了丰富的资料。

汇南古墓群（花地堡、大坝子、陡坎子）

继2004年9月至11月对汇南墓群进行联合发掘之后，2005年11月至2006年元月重庆市考古研究所、常德博物馆再次对该墓群进行了补充性发掘。领队为重庆市文物考古研究所副研究员袁东山，参加发掘的人员有常德博物馆文智、龙朝彬、徐小林、刘颜春、潘智勇、桃源县文管所袁辉以及湖南省文物考古研究所、重庆市丰都县文管所的有关人员。此发掘项目历时两个多月，发掘总面积2050平方米，发掘、清理两汉时期墓葬8座，其中土坑墓2座、砖室墓6座。共出土各类器物275件（套）。出土器物以陶器为主（包括釉陶），有罐、甑、钵、魁、盆、碗、井、杯、灯、炉、人俑、鸡、狗、镇墓兽等。也有一些少量的其他质地的器物。

此次发掘两汉时期墓葬，仍不见蜀汉、两晋或南朝时期的墓葬，与上次发掘情况类似，同样受丘陵坡地的地理条件限制，墓葬多分布在台地或坡地上，较少发现叠压打破关系。作为对上次发掘的补充，本次发掘没有新的发现。

华光古墓群

华光古墓群位于重庆市巴南区麻柳嘴镇梓潼村。2007年11月至12月、2008年3月至4月先后两次由重庆市文物考古研究所和常德博物馆联合发掘，领队为重庆市考古所所长邹后曦，参加发掘人员有常德博物馆文智、龙朝彬、徐小林、潘智勇、彭德华、澧县博物馆封建平、桃源县文管所袁辉以及湖南省考古所、重庆市巴南区文管所有关人员。

两次共发掘面积3500平方米，发掘、清理汉至明代墓葬9座。其中汉代土坑墓2座，六朝时期的砖室墓1座，宋代砖室墓和土坑墓各1座，明代砖室墓3座、石室墓1座。共出土各类器物190余件（套），按质地可分为铜、铁、石、陶、硬陶、青瓷、釉瓷等种类。器形如陶壶、陶鼎、铜鍪、铜洗、铜钱（五铢钱）、铁釜、铁剑、瓷罐、瓷碗以及大量的人物俑等。在文化层中出土有亚腰形石斧、刮削器、尖状器等打制石器。

重庆市巴南区华光汉墓群发掘现场

2007年11月至12月，重庆市文物考

古研究所和常德博物馆的专业考古人员，还先后对位于重庆市巴南区双河口镇临江村的白沙沱遗址、麻柳镇梓潼村的剑山墓群、岩斗坪遗址、梓潼坝遗址、八角村的南坪坝墓群、牌楼村的牌楼坝遗址、望江村的圈荡遗址、木洞镇保安村的团结河嘴遗址、中坝村的薛家溪沟遗址等9处文物点进行了勘探和发掘。由于这些文物点中有的遗址地处长江江边一级台地，受洪水多次冲刷和现代农耕的深度耕作，文化堆积遭到毁灭，有的墓葬遭多次盗掘和人为毁坏，发掘中既没有重要发现，也没有出土任何器物。

在三峡文物考古发掘活动中，除澧县、桃源县、石门县、汉寿县、鼎城区文物部门多次参与市文物处、常德博物馆组织的发掘活动外，津市市文物管理所受湖南省文物考古研究所的委托，2003年至2005年间，分别由彭佳、谭远辉领队，组织本所专业人员先后三次赴三峡库区的巫山、奉节两地，对巫山县的平安古墓群、大磅西周遗址、孝子溪遗址，奉节县的拖板崖古墓群等5处文物埋藏点进行了抢救性考古发掘，出土各类文物数百件，《江汉考古》推介了他们整理撰写的奉节县拖板崖古墓群发掘报告。

第四节　出土文物修复

出土文物修复是文物工作的一项重要内容，它直接服务于文物考古发掘资料的整理、珍贵文物的研究考证和历史文物的基本陈列。在历代古遗址、古墓葬、古窖藏出土的文物中，均有一定数量的精品器物，但由于年代漫长、地质结构变化、墓室砖墙和墓葬棺椁腐朽倒塌、地下水侵蚀以及发掘出土时人为操作不慎等原因，各类器物造成不同程度的损毁，必须通过专业人员精心修复，尽最大的努力使其基本恢复原貌。

常德市本级的文物修复工作始于20世纪70年代末，与文物考古发掘工作同时进行。1988年以前，文物修复工作由考古发掘人员兼任。之后，随着文物考古发掘工作量的不断增加，出土文物数量越来越多，文物修复工作摆到了重要位置。1988年，常德市文物工作队安排了1名专职文物修复人员，开辟了文物修复室，其人员和工作职能划归考古组。1993年5月，常德市文物工作队升格为常德市文物事业管理处，各项工作职能进一步加强，1995年，文物修复人员增加到2人，修复场地、设施条件进一步改善，人员和工作职能划归文物科管理。2002年机构改革，常德市文物处、常德博物馆机构分设，

常德博物馆文物修复现场

文物修复工作职能划分常德博物馆，归口考古部管理。

文物修复的主要任务是对历年发掘出土的文物，按照其出土的不同地域、不同墓葬（遗址）、不同类别、不同器形和损毁程度，有计划、有选择地进行修复。修复文物的类别主要是陶器、铜器、瓷器和滑石器，以陶器居多。修复之后交由文物库房统一保管，不断丰富馆藏。特别是对那些因考古发掘资料整理和重要历史文物展出所急需的出土文物，予以优先及时修复。根据国内现有文物修复的技术要求，文物修复的原材料主要是石膏粉、白乳、502 胶水等。在文物修复时，用这些原材料将出土文物缺损、断裂部位，按器物原状精心细致地填补和黏合。

市文物主管部门历来十分重视文物修复人员的培养。安排、鼓励文物修复人员直接参加地下文物考古发掘，使其熟悉和了解出土文物的基本常识；定期派遣文物修复人员参加省内外有关业务培训，全面掌握文物修复技能。1995 年湖南省文物考古研究所在常德石门夹山建立文物修复工作站后，多次组织文物修复人员前往跟班实习，增加实践经验。从 1988 年至 2011 年，市本级累计完成各类出土文物修复 3085 件（套）。其中陶、瓷器 2890 件（套），铜器 115 件，滑石器 80 件。在这些修复的文物中，有 1 件被鉴定为国家一级文物，6 件被鉴定为国家二级文物，58 件被鉴定为国家三级文物。2006 年至 2008 年，湖南省文物局安排专项资金，由常德市文物局为主组织编著《沅水下游楚墓》大型发掘报告一书，为配合该专著的资料整理，市文物局在湖南省文物考古研究所的支持下，于 2007 年从石门夹山工作站借调 6 名文物修复人员，与市文物修复人员一道，对常德境内历年来战国时期楚墓中出土的文物进行为期一年多的全面、集中性修复，先后修复各类文物 1600 余件。

各区、县（市）文物主管部门重视出土文物修复工作，配有专职或兼职文物修复人员。澧县地下文物资源丰富，抢救性发掘工作量大，出土文物很多。县文物处配有 2 名专业文物修复人员，并在湖南省博物馆进行过专业培训，擅长出土陶器、瓷器修复，多年来先后修复文物 100 余件。石门县博物馆配有 1 名兼职文物修复人员，先后修复各类文物 17 件，其中 1993 年 7 月在蒙泉水库附近出土的宋代 3 尊泥质硬陶将军俑，出土时破损严重，经精心修复，基本恢复原貌，经专家鉴定，均为国家二级文物。

第三章　第三次文物普查

从中华人民共和国成立到2006年，常德市先后两次进行文物普查。第一次1958年5月至同年9月，常德专区按照国务院的通知精神和湖南省文化局的统一部署，由专区文教局组织31人的普查骨干队伍，重点对全区农业生产建设和革命遗迹进行普遍调查。此次普查历时5个月，完成了当时全区14个县（市）的普查工作。对全区广大人民群众进行了一次文物基本常识和国家对文物保护政策的宣传，查出了一批应予立即保护的文物单位。如桃源县的文昌阁、兴园寺，澧县的药山寺（现津市市管辖范围）、余家牌坊、三圣庙，石门县的夹山寺、洛甫寺、常德的开元寺、铁经幢等地面古建筑以及多处古墓葬、古遗址和近现代革命纪念址。第二次是从1984年11月开始，到1987年9月结束，历经三年。全区组织59名文物专业干部，在221名乡镇文化辅导员的配合下，对10个县（市）、287个乡镇、2649个行政村进行全方位的普查。普查在深入宣传贯彻《中华人民共和国文物保护法》的同时，重点进行田野考古调查。全区共查出古遗址1047处（其中古城址18处、古窑址28处），古墓葬324处，古建筑29处，石窟寺及碑刻32处，近现代革命史迹18处，征集社会流散文物1182件。这两次文物普查基本摸清常德境内地面地下文物的底子，为加强文物保护发挥了重要作用。

野外普查现场

2007年9月，国务院印发《关于开展第三次全国文物普查的通知》之后，湖南省人民政府印发《关于开展第三次全国文物普查的通知》。根据国务院、省政府通知精神和湖南省文物局的统一部署，常德市人民政府于2008年4月16日下发《关于认真做好第三次全国文物普查工作的通知》，正式拉开第三次全市文物普查的序幕。此次普查从2008年4月开始，至2011年12月31日基本结束，历时近四年。

第一节　普查机构、队伍组建和设备添置

为了加强对文物普查工作的领导，常德市人民政府于2008年4月成立了常德市第三次文物普查领导小组，组成人员如下：

组　长：万成贞　市人民政府副市长
副组长：陈智慧　市人民政府副秘书长
　　　　诸戈文　市文化局局长
　　　　成　健　市文物局局长
成　员：任绪义　市发展改革委员会副主任
　　　　殷宗仁　市民政局副局长
　　　　梅　宏　市财政局工会主席
　　　　彭建武　市国土资源局副局长
　　　　黄金陵　市建设局副局长
　　　　郑德贵　市交通局副局长
　　　　李世龙　市林业局副局长
　　　　金三葵　市商务局纪检组长
　　　　凌　茹　市文化局副局长
　　　　周慧华　市广播电视局副局长
　　　　揭正亚　市统计局总统计师
　　　　黄功宽　市民族宗教局副局长

领导小组下设办公室，由成健兼任办公室主任，市文物局副局长王永彪任副主任，办公地点设市文物局。

按照市里的模式，除武陵区外，8 个区、县（市）人民政府在 2008 年 5 月以前相继成立了普查领导小组。

2008 年 4 月至 6 月，全市从各文博单位选拔抽调 48 人，组成 12 支普查队伍，每支队伍由 4 人组成（1 人进行文字记录；1 人负责摄影；1 人负责 GPS 测定；1 人负责标本采集）。普查期间，各领导小组成员单位积极协调，紧密配合，广泛发动各级各类在校学生、社会文博爱好者组成文物普查志愿者队伍，积极向普查队员提供线索，主动带路，帮助采集信息，做好后勤保障等工作。全市参与文物普查的人员达 300 人以上。

2008 年 8 月，市文物局分管文物普查的副局长王永彪参加国家文物局在广西南宁举办全国文物普查培训班；2008 年 4 月 23 ~ 30 日，全市 48 名一线普查队员参加湖南省文物局组织的全省第三次全国文物普查集中培训；2009 年 6 月，市文物局 2 人参加湖南省文物局召开的文物安全与第三次全国文物普查工作会议；2010 年 3 月 29 ~ 31 日，市文物局选派 3 人参加湖南省文物局举办的第三次文物普查验收工作培训；2011 年 4 月，市文物局选派 3 人参加湖南省文物局举办的第三次文物普查数据审核短训班；2009 年 2 月 24 日，市文物局举办第三次文物普查培训班，聘请湖南省文物普查领导小组办公室主任吴顺东一行三人到常德授课，全市 9 个区、县（市）共 12 支普查队，48 名普查队员全部参加培训；2009 年 12 月 1 日，湖南省文物普查办公室到常德对全市所有录入人员进行集中培训。各区、县（市）文物部门根据各自的实际情况，对乡镇文化站长、文物普查志愿者等有关参与普查人员分别进行业务培训，参加培训人员达300余人次。

文物普查基本设备设施的配置，直接关系到文物普查工作的效率和质量。国家和湖南省文物局及常德市、县两级政府财政部门都安排了一定的文物普查经费，用于购置普查设备。全市先后购置文物普查专车2台、电脑20台、照相机22台、GPS导航仪12台、摄像机5台、扫描仪8台、打印机10台、激光测距仪2台。

第二节 普查范围、内容和基本方法

此次文物普查在常德市所辖9个区、县、市（武陵区、鼎城区、桃源县、汉寿县、石门县、澧县、临澧县、安乡县、津市市）、1个国有农场（西洞庭农场）的所有乡镇（分场）、行政村范围内进行，普查总面积1.82万平方千米。

普查内容为地面、地下不可移动文物，包括古遗址、古墓葬、古建筑、石窟寺及石刻、近现代重要史迹及代表性建筑等六大类。在全面普查的基础上，坚持以调查、登录新发现的不可移动文物为重点，同时对以前已登记在册的所有各级文物保护单位、各类文物点共计1362处进行复查。普查中还对每处不可移动文物的名称、地理位置与坐标、年代、类别、数量和文物特征等基本情况、文物本体的保存情况和损毁原因、文物周边的自然环境和人文环境现状以及文物的所有权属和使用管理情况等信息、资料，还有调查中所测绘的文物线图、摄制的文物照片、采集的文物标本以及其他相关资料等，一并进行登录。

与前两次文物普查比较，此次普查方式更加先进，技术含量较高。普查之前，国务院第三次全国文物普查领导小组制订发布了《第三次全国文物普查实施方案》、普查的各项规范、技术标准；湖南省人民政府结合全省的具体情况，制定普查方案和工作计划。按照国家和省里的要求，文物普查采取全面调查和专题调查相结合、文物本体信息和背景信息相结合、传统调查方法和新技术应用相结合的原则，确定此次全市文物普查的技术方案。实行统筹规划。以区、县（市）为基本单元和实施主体，分别安排和具体落实文物普查的各项工作任务。制定统一标准。根据《第三次全国文物普查不可移动文物登记表》和《第三次全国文物普查消失文物登记表》的填写要求，分别制定不可移动文物的认定、分类、定名、年代、计量等技术标准；制定文物普查信息、资料的采集、存储、汇总、建立档案和数据库以及不可移动文物名录编制和普查工作报告编制的规范。突出工作重点。坚持以全面调查、登录新发现的不可移动文物为重点。对于已登记的不可移动文物，主要调查其文物本体的现状和文物的周边环境状况，在全面调查、登录各类不可移动文物的基础上，重视乡土建筑和建筑群，大遗址和遗址群，跨地区的线形遗址和遗迹的调查登录，重视具有典型价值的近现代工业建筑、金融商贸建筑、文化教育和医疗卫生建筑、水利设施、林业设施、交通道路设施、军事设施等行业性质文化遗产以及各种风格、流派、形式的近现代代表性建筑的调查登录。实行以县域为基本普查单元。田野调查的组织，文物信息、资料的采集、汇总、上传，普查档案的建立，不可移动文物名录的编制以及普查的检查验收等均以县为基本单位。严格控制质量。保证普查资料、信息及普查成果的真实、完整和科学。按照国务院普查领导小组制定普查质量控制标准和省普查领导小组办公室制定的普查质量管理办法，对普查过程中的野外到达率和调查区域覆盖率，以及普查资料、信息登记和录入，数据整合、汇总等各项技术环节实行严格质量控制。

第三节 普查过程及成果

一、宣传试点

2008 年 4 月以前，主要是做好普查工作前期准备、对外宣传、普查试点。市、县两级先后成立普查领导小组，建立普查办事机构，组建普查工作队伍，制订普查实施方案，添置普查设备设施。印制发放第三次全国文物普查宣传册 2000 余份，张贴宣传画 3000 余张，书写大型宣传标语上百幅，印发各类宣传资料上万份。市文物局在武陵区进行普查试点，组织全市一线普查队员对常德城区和武陵区所辖乡村进行文物调查，熟悉普查程序，掌握普查设备的使用技能。

二、实地普查

2008 年 5 月 1 日至 2009 年 12 月 31 日，全市以县域为单位组织普查队员进入实地普遍调查，对各类不可移动文物点进行现场勘查、测量、标本采集、绘图、拍照、录像，进行数据和相关资料收集登记，历时近 20 个月。参加实地普查的既有参加过第二次文物普查的老同志，也有文物工作年限不长的年轻同志，他们在普查中发挥聪明才智，发扬不怕苦，不怕累的精神，常年风歺露宿，奔波于沟港湖汊、崇山峻岭之中，经受冬日天寒地冻、夏天烈日酷暑的考验，成绩骄人。澧县是常德乃至湖南省重要的文物资源大县，不可移动文物数量，特别是地下文物埋藏点众多，普查工作量大，任务十分艰巨。全县共普查文物点 532 处，其中复查文物点 426 处，新发现文物点 131 处，登记标本数量 5000 件，测绘文物 GPS 坐标点 750 处，绘制图纸 1300 张，拍摄照片 6000 余幅，录入文本照片 1500 幅，电子数据额 4. 30GB，其各项数据指标均居全市各区、县（市）之首。该县文物普查队员陈章武年近花甲，身患多种疾病，带病坚持工作，事迹感人至深。2010 年，受到国务院第三次全国文物普查领导小组的表彰，荣获全国“三普”先进个人称号。石门县地处湘鄂边陲，山高路远，文物点分布在偏远的山区，交通状况差，许多乡镇和村组不能通车，只能绕道或步行，有时一个文物点要赶一天的路，为对全县境内的文物点进行彻底普查，县文物普查办公室充分发挥基层普查队员的积极作用，先期给各乡镇文化站下发《关于做好全县第三次文物普查收集工作的通知》，各乡镇结合当地地理、交通状况，认真制定详细的普查方案和科学的普查路线，顺利完成全县境内所有文物点的普查任务，普查覆盖率为100%。桃源县是全市乡镇最多，地域面积最大的县，普查工作任务繁重。普查队员坚持加班加点，放弃许多正常休息日，有时甚至夜以继日，保证普查工作进度。他们在全面普查的基础上，还重点对境内沅水两岸崖墓分布情况进行细致的调查，新发现汉代至明代崖墓群23处，崖墓葬159座，此普查项目被列为全市重要成果之一。临澧县在对全县文物点进行全面普查的同时，还组织力量对境内的青山水轮泵站水利枢纽工程设施及附属物进行了专项调查。青山水轮泵站枢纽工程是临澧县在20世纪五六十年代修建的一项在省内外闻名的大型引水灌溉工程，该工程惠及全县十几个乡镇，在当时乃至以后很长一段时期内对农业生产发挥了巨大的作用。工程的主坝、船闸、电站、泵房、隧洞、渡槽、拱涵等设施至今尚存，属近现代重要的代表性建筑。专项调查先后深入到10个乡镇、近百个行政村，对56处代表性建筑及其附属设施逐项进行测绘、拍照、登记，并采取相应的保护措施。津市市文物管理所在顺利完成本辖区文物普查任务后，受常德市文化局、文物局委托，对国有西洞庭农场所辖范围进行为期15天的普查，这是该地域首次进行的文物普查。普查发现了6处史前文化遗址和一批清代、近现代代表性建筑。史前文化遗址的发现，改变了“洞庭湖区域滨湖地区属冲积平原，地理面貌形成时间不长，人类活动的历史不长”等偏向认识，为研究洞庭湖区域史前人类活动和地形地貌的变化提供了佐证。

三、资料汇总

2010年1月开始至2011年12月，文物普查的主要任务是资料整理、汇总、数据库建设等。全市普查资料的整理、汇总严格按照“三普”的规范化要求操作，本着认真细致，实事求是的态度，保证所有普查资料齐全和各项数据的真实准确。全市普查范围的覆盖率达到100%；各种数据、资料的采集细致到位，能够全面准确反映各类文物点的基本信息；对文物点的年代判断较为精确，各类信息登录和各种数据填报认真细致，信息资料和数据准确无误。各区、县（市）设立专门的“三普”档案资料室，购置专用文件柜，配备专用电脑和专用移动硬盘，文物普查登记表、图纸、拓片、普查工作日志及其他调查资料等纸质档案，均按照普查序号、乡镇、类别进行归档装盒入柜。所有纸质档案和电子档案均由专人负责管理。还开辟普查文物标本室，购置专用标本存放架，对普查中所采集的陶片等实物标本及时清洗、拍照后进行规范化袋装处理。市“三普”办还对全市普查资料备份进行统一要求，普查资料采取多人多地多存方式，防止出现意外，造成资料丢失。资料室电脑、移动硬盘各存1份，刻录光盘2份，所有普查队所配电脑各存1份，共计备份5份，确保资料安全。2009年12月，湖南省“三普”办对临澧县、澧县、石门县的普查情况进行抽样检查，对常德的“三普”工作给予了充分肯定。全市普查资料整理、数据库建设等各项任务的整体质量水平达到规定的要求。2010年4月，受湖南省“三普”办委托，常德市“三普”办对各区、县（市）文物普查的情况进行全面检查验收，结果均为合格。

四、普查成果

历时三年的文物普查，取得重要成果。在全市9个区、县（市），1个国有农场、217个乡镇（分场）、2524个行政村、1.82万平方千米的范围内，共普查文物点1694处，复查文物点1362处，新发现文物点465处，查出文物消失点215处。在现有的文物点中，古遗址（聚落址、古窑址、古城址等）946处，古墓葬409处，古建筑118处，石窟寺及石刻20处，近现代重要史迹198处。普查中采集各类标本实物7994件；全市共测绘不可移动文物GPS坐标点3050处，绘制图纸4007张，拍摄照片14385幅，录入文本照片4150幅，录入电子数据额19.12CB。市、县两级都编制有不可移动文物分布电子地图。澧县还制作有第三次文物普查不可移动文物分布地图；培养锻炼出一批文物保护专业人才，特别是一批会使用现代先进设备和信息管理系统，对不可移动文物进行标准化、信息化、动态化管理人才。

表1－3－3－1

常德市第三次文物普查成果

单位：处、件

单　位	普查文物点	复查文物点	新发现文物点	已消失文物点	古遗址	古墓葬	古建筑	石窟寺及碑刻	近现代史迹	采集标本件
武陵区	134	86	56	39	55	45	18		16	100
鼎城区	151	127	23	28	112	31	4	1	3	120
澧　县	532	426	131	34	377	64	33	12	46	5000
石门县	232	145	57	35	127	42	9	2	52	1400
临澧县	170	142	36	9	117	26	12	1	14	530
桃源县	162	102	57	15	62	54	32	3	11	120
汉寿县	88	79	48	31	16	35	5		32	241
安乡县	124	87	21	6	45	61			18	100
津市市	98	78	38	18	34	52	5	1	6	383
合　计	1691	1362	465	215	946	409	118	20	198	7994

表 1－3－3－2

常德市第三次文物普查成果

单 位	测 绘 GPS 坐标点	绘制图纸（张）	拍摄照片（幅）	录入文本照片（幅）	录入电子数据额
武陵区	134	134	1000	270	1.58CB
鼎城区	308	250	400	270	1.58CB
澧 县	750	1300	6000	1500	4.30CB
石门县	232	960	3000	510	2.80CB
临澧县	510	400	1000	500	1.80CB
桃源县	340	400	900	350	1.34CB
汉寿县	88	176	500	180	2.45CB
安乡县	325	200	1000	320	2.09CB
津市市	363	187	585	270	1.18CB
合 计	3050	4007	14385	4150	19.12CB

第四节 重要新发现名录

第三次文物普查全市共发现新的不可移动文物点 465 处，包括古遗址、古墓葬、古建筑、近现代重要史迹及代表性建筑等。

一、遗址类

澧县杨家屋场遗址、孟家沟遗址

两处遗址均位于澧县大坪乡境内，属澧阳平原腹心地带。遗址平面分布呈圆形，直径都在 100～150 米左右，周边均有较规则的圆形水系环绕，属新石器时代环壕遗址（屈家岭、石家河文化时期）。两处遗址与 20 世纪 80 年代第二次文物普查时发现的谭家坟、大湾堰等一批四周环有圆形水系的遗址相类似，其四周环壕是否为同时期所挖造还有待进一步考证。

安乡狮子山遗址

该遗址位于安乡县安障乡遵保村狮子山。普查中发现该处地理位置独特，地貌高出四周1至2米。普查人员在地表层采集了不少石斧、彩陶片和夹碳陶片，根据采集得来的器物标本分析，可以确定狮子山遗址是一处新石器时代重要遗址、且文化内涵较为丰富，至少包含有新石器时代中、晚期文化，距今约4000至6000年。遗址的文化堆积厚约1米至2米，面积约2万平方米。

石门白洲台遗址

白洲台遗址位于石门县新铺乡黄溪峪村一组程金彩屋后台地上，西距县城约20千米，是一处旧石器时代遗址。遗址东西长150米，南北宽50米，面积7500平方米，海拔高61米。遗址地表原为橘园，后因取土而荒废，系二级台地，地距地表2米的铁锰结核土层中发现有砍砸器、尖状器，为砾石打制而成，打击台面明显，有使用过的痕迹。

石门牙齿洞遗址

牙齿洞遗址位于石门县罗坪乡长梯隘村一组，洞口坐南朝北，直径约2米，洞内深约10米，高3米，半径5米。洞内红土内夹少量石灰质岩石，牙齿化石在洞内大部分地方皆可挖到，距地表深约20～50厘米。洞内外宽内窄，堆积层内发现有不少动物牙齿和少量动物骨骸。洞口部分已坍塌，但洞内遗存保存较好，初步断定是一处史前洞穴遗址。

石门双桥遗址

双桥遗址位于石门县易家渡镇双桥社区十九组，南距石新公路约300米，东距新安镇6千米左右。遗址大体呈东西长，南北宽的长方形，面积约4000平方米，文化堆积距地表约70～80厘米，从采集的陶片分析，应为新石器时代石家河文化遗存。现表面为耕地，输电塔、电杆较多，东西两侧各有支渠南北方向穿过。

石门邱家台遗址

邱家台遗址位于石门县易家渡镇军档桥村四组，北距新安镇1.5千米，东临澧水北岸，西距省道1836线1千米，遗址南北长，东西窄，文化层距表面30～40厘米，灰褐色土，含沙较重，从陶片分析，是一处东周时期遗址。遗址保存较好，面积约1万平方米，表面为耕地，居民以余姓，谌姓为主，遗址内有数座现代墓葬。

二、墓葬类

常德明代荣怀穆王朱厚勋墓

在第三次全国文物普查时，常德市文物普查工作者发现了明代就藩常德的荣王家族之荣怀穆王朱厚勋及其妃马氏墓地。

第一代荣王朱祐枢是明宪宗朱见深第十三子，明孝宗弘治四年（1491）被封荣王，正德三年（1508）就藩常德。最后一代荣王朱慈炤在崇祯十六年（1643）张献忠大军杀入湖南前逃往辰溪，荣王家族在常德经历了七代六王共计135年。朱厚勋是第一代荣庄王的嫡长子，生于明弘治十四年（1501），嘉靖十二年（1533）薨逝时为荣府世子，谥“怀穆”，后因其子朱载墐袭封荣王而被追封为“荣怀穆王”。据《嘉庆常德府志·园墓》载“荣怀穆王墓，府北三十五里太阳山下白鹿寺”，“怀妃马氏墓，怀王墓旁”。

朱厚勋及其妃马氏的墓地位于常德市郊白鹤山乡太阳村十一组，与国有常德林场白鹿寺分场交汇的太阳山东麓，墓茔虽已在20世纪60年代建白鹿寺林场时被毁，但仍遗留有大量的遗迹和遗物：

1. 墓砖。有铭文的墓砖共五种：“嘉靖十二年造”“嘉靖十三年造”“嘉靖辛丑年（1541）造”“梁山铺厂监造官陈廷华孙堂”和藏文吉祥铭文砖。藏文吉祥铭文砖有两种：第一种规格为长39.2厘米，宽21.8厘米，厚8.6厘米。另一种是楔形砖，长42厘米，宽21厘米，厚9~11厘米，用于墓室券顶。除铭文砖外，还有大量的无铭文墓砖以及用于墓室地宫的“金砖”，方形，长44厘米，厚9.5厘米。

2. 龟形碑趺座2件。位于太阳村11组村民杨启国和杨启忠宅后，长逾2米，高1.5米，重1.5吨左右，应是“荣怀穆世子御祭文碑”和“御制追谥册文碑”的碑趺座。

3. 原墓前神道石马俑和拄剑武士俑，现均位于墓前一条溪沟中。

4. 陵园建筑用的板瓦、筒瓦和绿色琉璃瓦。

5. 万历年间大理石御祭文碑，高290厘米，宽110厘米，厚30厘米，现也位于小溪沟中。

从所发现的遗物可以确证，朱厚勋墓的第一次修建从明嘉靖十二年（1533）开始，到第二年竣工，是按亲王世子的等级来修建的。第二次修建是在嘉靖二十年（1541），是按亲王的身份等级修建的。朱厚勋妃马氏卒于万历五年（1577），马妃没有与朱厚勋同茔，虽同在一个陵区但并不同穴。该墓是在第三次文物普查中才得以确定准确位置和墓主身份的荣王家族亲王墓葬，这一新发现为研究明代亲王葬制和常德历史提供了极为珍贵的材料。

桃源沅水中游崖墓群

2010年在第三次文物普查期间，常德市文物局与桃源县文物管理所联合组织专业文物普查人员，对桃源县境内沅水干流及其支流两岸所分布的崖墓进行了专项调查，共发现崖墓群23处、崖墓葬159座。年代最早的为汉代，最晚为明代。崖墓分布范围主要在桃源县境内西北部的丘陵山区，20世纪80年代第二次全国文物普查中，曾对7处崖墓群进行了普查登记。本次共调查发现的崖墓分布于沅水干流与沅水北岸的大伏溪、延溪、小伏溪、白洋河及沅水南岸的澄溪。其中沅水干流3处、白洋河7处、延溪2处、小伏溪3处、大伏溪7处、澄溪1处。崖墓分布地点海拔高度79~256米，相对地表高度5~100米不等，崖墓位于临水的陡直崖壁上，一般成群分布，沿着河流溪水呈线状排列，数量最少的2座，最多20座。

桃源沅水中游崖墓群

沅水干流3处（七星岩崖墓群、棺材岩崖墓群、马援石室）：

1. 七星岩崖墓群：墓葬数量12座，位于桃源县凌津滩镇三印村燕家湾组，海拔79米，相对地面高度15米，7座一组直线分布、其余分布不规则。7座直线分布的均为长方形，顶为窟窿顶，墓内高190厘米、宽210厘米、深80厘米左右，底部四周凿有排水沟，墓口有仿木门结构的边框。地方文献《嘉靖常德府志》与《万历桃源县志》均有相关记载。

2. 棺材岩崖墓群：数量10座，位于桃源县凌津滩镇三印村燕家湾组，海拔高度83米，相对地面高度10米。两组分布，一组6座，另一组4座。其中1座带边框。

3. 马援石室：数量2座，位于桃源县凌津滩镇三印村燕家湾组，海拔75米，相对地面高度5米。两洞相邻，均为仿木结构洞窟状。宋代《元丰九域志》与地方文献《嘉靖常德府志》记载为汉代马援将军所凿避暑石室。

大伏溪流域7处（大帽尖崖墓群、郝家塔崖墓群、手掰岩崖墓群、商家河崖墓群、凡子坪崖墓群、汤家溪崖墓群、仙人洞崖墓群）：

1. 大帽尖崖墓群：数量5座，位于桃源县牛车河乡凡子坪村向家塔组大帽尖，海拔高度279米，相对地面高度20～30米，南北直线分布。

2. 郝家塔崖墓群：数量7座（其中4座因采石损毁），位于桃源县牛车河乡凡子坪村吴家坪组郝家塔。海拔高度252米，相对地面高度20～30米，南北直线分布。开凿于层理状页岩中，墓壁不太规整。

3. 手掰岩崖墓群：数量5座，位于桃源县牛车河乡龟龙山村商家河组，海拔高度239米，相对地面高度12～15米，上排3座，下排2座，直线分布。下排2座墓口不太规整。其中M4墓口宽200厘米，高100厘米，深30厘米。距当地村民反映，墓内曾出土有铜钱、骨架等物。

4. 商家河崖墓群：数量20座，位于桃源县牛车河乡龟龙山村商家河组，海拔高度256米，相对地面高度15～30米，东西直线分布。其中M6墓口立面宽300厘米、高140厘米，残深30厘米，底部有少量石屑。

5. 凡子坪崖墓群：数量3座，位于桃源县牛车河乡凡子坪村老树坪组，海拔高度236米，相对地面高度60米，直线分布。

6. 汤家溪崖墓群：数量8座，位于桃源县牛车河乡汤家溪村张宝塔组箱子岩，海拔高度256米，相对地面高度5～10米，直线分布。对其中的M5进行了试掘，该墓位于汤家溪岸边岩壁上，墓口形状为长方形，墓口宽260厘米、高170厘米、墓室进深200厘米，墓开挖在层理状叶岩中，墓壁不太规整。墓内堆积从上而下依次为：石屑堆积，厚度23厘米；白灰色土层堆积，厚度3厘米，内有残存的棺板及人骨，头骨在里端，直径10厘米河卵石2个；底部为石屑堆积层，厚度10厘米。

7. 仙人洞崖墓群：数量3座，位于桃源县观音寺乡羊老坪村刘家坪组，海拔高度78米，相对地面高度20米。呈不规则分布。

延溪流域2处（雷峰山崖墓群、仙人湾崖墓群）：

1. 雷峰山崖墓群：数量9座，位于桃源县佘家坪乡雷峰山村百花岩组，海拔高度91米，相对地面高度10米，东西两组分布。东边3座，西边6座。东边3座墓口均为长方形，大小形状基本相似，长2.4米左右，宽1.2米左右，深1米左右。其中M1与M2之间的下部的石壁上有人字形沟槽和柱洞，沟槽宽、深均5厘米，断面呈三角形。西边6座中有M4与M5带有边框，边框宽、深均为20厘米。其余形制均与东边相同。

2. 仙人湾崖墓群：数量10座，位于桃源县三阳镇新屋村洞湾组，海拔高度156米，相对地面高度15米，呈不规则分布。从墓葬相距间隔差异大致可分东西两组，山体岩石质，地面为砂砾堆积层，比较松脆，墓口多有垮塌现象导致形状不太规整。

小伏溪流域3处（陈家嘴崖墓群、水碓育崖墓群、神仙岩崖墓群）：

1. 陈家嘴崖墓群：数量6座，位于桃源县黄石镇桃花村老屋组，海拔高度85米，相对高度5米。呈不规则分布。墓开凿于砂砾岩层中，内部不太规整，墓口较宽，有垮塌现象。其中M1墓口宽度达到460厘米、高60厘米、深120厘米。M4墓口宽200厘米，高80厘米，深110厘米。

2. 水碓育崖墓群：数量3座，位于桃源县龙潭镇水碓堉村水碓堉组庙湾，海拔高度151米，相对地面高度15米。呈不规则分布。

3. 神仙岩崖墓群：数量5座，位于桃源县龙潭镇珠木山村邹家湾组，海拔高度283米，相对地面高度80米。呈不规则分布。山体为砂砾堆积层，墓沿堆积走向掏挖而成。其中M3墓口比较大，其余大小相近。

白洋河流域7处（千丈河崖墓群、万胜崖墓群、张家山崖墓群、伍家坪崖墓群、东山坡崖墓群、向家垱崖墓群、没水洞崖墓群）：

1. 千丈河崖墓群：数量10座，位于桃源县钟家铺乡千丈河村惠子湾组，海拔高度181米，相对地面高度20~30米。呈不规则直线分布，其中6座墓口顶部呈半弧形。

2. 万胜崖墓群：数量4座，位于桃源县钟家铺乡万胜村王家组，海拔高度247米，相对地面高度15米，呈不规则分布。均为长方形，开凿于层理状的石灰页岩中。墓口宽250厘米左右，高150厘米左右、深30~100厘米左右。

3. 张家山崖墓群：数量6座，位于桃源县钟家铺乡张家山村4组青龙嘴，海拔高度324米，相对地面高度15米，呈不规则分布。开凿于层理状页岩中，均为长方形，内壁不太规整，顶部从外向内呈倾斜状。

4. 伍家坪崖墓群：数量11座，位于桃源县钟家铺乡伍家坪村伍家坪组六子老，海拔高度153米，相对地面高度25米。墓口立面均为长方形，墓葬规格宽250厘米，高150厘米，深30～100左右。上下两排分布，上排5座呈十字形，下排6座呈直线。

5. 东山坡崖墓群：数量5座，位于桃源县黄石镇双桥村大堰组，海拔高度106米，相对地面高度8米，呈不规则分布，开凿于层状页岩中。墓口宽度190～240厘米，高100厘米，深120～190厘米。墓壁不太规整，底部有少量石屑。

6. 向家垱崖墓群：数量4座，位于桃源县黄石镇双桥村大堰组向家垱山，海拔高度86米，相对地面高度10～15米，呈不规则分布，开凿于砂砾岩中，有垮塌现象，内部不太规整。

7. 没水洞崖墓群：数量6座，位于桃源县黄石镇郭湾村白相寺组，海拔高度105米，相对地面高度20～100米。呈不规则分布。

澄溪流域1处，即笔架山崖墓群：数量5座，位于桃源县郑家驿乡郑家驿村七组笔架山，海拔高度81米，相对地面高度5米。呈直线分布。

根据崖墓的立面形态，大致分为四种：第一种简单的方形立面，多数为长方形，个别近正方形；第二种是带边框的方形立面；第三种墓口上部或附近有“人”字形沟槽及柱洞；第四种是仿木结构洞窟状。墓口形状以长方形为主，宽度250厘米、高度150厘米左右，进深30～300厘米。另有少量墓口形状近方形或不规则形状，个别墓口凿有外框，有三处崖墓群分布的崖壁上刻有象征屋顶的人字形沟槽及圆形孔，初步推断为相关建筑或者是仿建筑形状的遗迹。

沅水中游崖墓形成的原因可能与环境有关，不完全是民族文化方面的差异。崖墓分布均为山间河流溪水间的狭窄地带，没有平原地区的埋藏条件，红色砂岩与层理状的页岩便于崖墓的开凿。墓葬立面形制差异经考古专业人员初步认定为是年代不同所造成的，早期的相对复杂，后期的越来越简单。这批崖墓的年代，根据相关资料的对比及相关地方文献记载，同时结合当地民间调查，初步认定是从汉代延续到明代，年代最早的当以马援石室、七星岩为代表，外有框的岩墓时代也可能为汉代或稍后，最晚的也不会晚于明代。这批崖墓的发现，对沅水中游地区汉代至明代时期的民间葬俗及社会变迁等的研究具有重要价值。

汉寿茶铺东汉墓群

汉寿县文物普查人员于2009年3月在汉寿县聂家桥乡茶铺村7组发现一处大型汉代古墓群。经过初步勘测，墓群东西长500米，南北宽300米，面积约为15万平方米。该墓群所处地势较高，封土堆较大。调查人员在墓群的西南方还发现一座暴露在外的砖砌墓道口。在墓群的四周均有排水沟。经初步确认，这是该县境内目前发现的规模最大，面积最广，保存最完整的一处汉代墓群。该墓群已由汉寿县文物局按照第三次全国文物普查信息采集规范对其基本情况进行录入，并采取相应的保护措施。

汉寿易顺鼎墓

2008 年 10 月，汉寿县文物管理所的工作人员在第三次文物普查中发现了一座保存完好的清代末期的墓葬，据考证是清末抗倭儒将易顺鼎之墓。该墓位于汉寿县龙阳镇城南银水路往南约 1 公里处。

易顺鼎（1858—1920），汉寿县龙阳镇人，生于官宦家庭，1877 年中光绪丁丑举人，1900 年被清廷委任督办江阴江防，后调往陕西督办江楚转运。辛亥革命后，被先后委任为政事堂参事，印铸局代局长、局长。1894 年，中日甲午战争爆发前后，他积极主战，呼吁国人参与抗倭，还先后两次赴台湾协助抗敌，是著名的清末爱国儒将。

该墓坐北朝南，墓冢高 1.5 米，底径 4 米，混泥土封顶，竖有墓碑，阴刻“显祖考易公实甫之墓”。墓葬没有发现被盗痕迹，现已由相关单位采取保护措施。

石门明代土官校尉墓

该墓位于石门县太平镇苦竹坪村八组，墓主陈文宾为明代朝廷敕封土官校尉，骁勇善战，战功显赫，世袭百户。墓前立有两块石碑，一方为“诰封昭信校尉土官百户原祖公陈文宾之墓”，一方为“敕封百户陈文宾校尉之墓”，碑文两侧对联“忠国卫民创治绩，靖边守土垂贤声”。

石门黄鳌墓

该墓位于石门县二圣乡刘家峪村桐子坡十三组桐子坡山腰，北距村部约 500 米。黄鳌生于 1902 年，临澧县人。1924 年 5 月考入黄埔军校第一期学习，7 月加入中国共产党。1926 年 7 月被任命为国民革命军第二军政治部秘书兼第四师党代表。大革命失败后，离开第二军到中共湖北省委工作，1928 年受中共中央军委派遣，出任中国工农革命军第四军参谋长。9 月 5 日在石门三圣乡刘家峪遭敌人袭击，在转移的途中，被流弹击中，英勇牺牲，年仅 27 岁。现墓保存状况较差，仅剩墓冢，占地约 4 平方米，四周均为农户旱地。

三、建筑类

临澧丁玲故居

丁玲故居位于临澧县佘市镇高峰村蒋家大屋。丁玲，原名蒋伟，字冰之。1904 年 10 月 12 日出生，1930 年参加中国左翼作家联盟，1932 年加入中国共产党，是国内外享有盛誉的作家和社会活动家。新中国建立前后均在文艺界担任各种要职，1986 年 3 月 4 日病逝。

丁玲故居是临澧县文物管理所在第三次文物普查中发现的。故居始建于清道光初年，房屋坐北朝南，原占地面积 1.3 公顷，建筑面积 1.3 万余平方米，有五进四天井，上千根房柱落地，共有大小房间 120 余间。均为木质结构。由于缺乏保护，绝大部分已被损毁，现仅存5间房屋。普查后，临澧县有关部门对此采取一定的保护措施。

石门易家湾烽火古民居

易家湾烽火古民居位于石门县太平镇易家湾村一组，建于清代末年民国初期，原为二进，在“文化大革命”时期遭到部分破坏，后又于20世纪70年代建九渡河中学时拆除了一部分，现仅存前屋，共五间，面积约150平方米，中为堂屋，左右各有二耳房，上为阁楼，建筑主体为砖木结构，烽火青砖墙，小青瓦，青石大门，门额刻有“岁进士”三字，现存建筑保存较好，具有典型的湘西北土家族民族特色，有重要的保护价值。

石门易家湾烽火古民居

鼎城区仿苏建筑

该建筑位于鼎城区斗姆湖镇，是一栋保存较完整的仿苏两层楼房。楼房建于20世纪50年代初期，坐北朝南，长48米，进深9.2米，内走廊，走廊宽1.2米，砖木结构，共两层。楼梯、扶手及楼板、楼道均为木结构。每层开间8间，每间使用面积20平方米，每层有房间16间。中间楼道口有凸出台榭，上饰红五星。屋面为小青瓦，整楼使用面积736平方米。该楼一直被斗姆湖镇镇政府作为办公用房使用，并在保持原貌的情况下曾进行过多次简单维修。是常德境内现存为数不多的仿苏建筑之一，具有一定的保护价值。

津市市翊武中学

翊武中学位于津市市渡口镇。学校成立于抗日战争时期（1943年），由当时的归国华侨、国民政府司法院副院长、湘鄂教育视察专员许和钧先生遵循辛亥革命先驱、民国开国元勋蒋翊武先生遗愿所创办。学校初建时名为“湖南私立翊武中学”，许和钧先生任校长。1951年，学校更名为“湖南省立翊武中学”。之后因政治原因几经易名，现名为“津市市翊武中学”，是一所初级中学。学校总面积6.2万平方米，建筑面积1.2万平方米。校内最早的建筑为1954年苏联援建的两幢教学楼——红楼，该楼目前仍较完好地保留原有风格。另有一只自建校使用至今的、以日寇所扔炸弹壳制作的校钟，还有两棵建校时即已存在的古樟树。纪念性建筑及标志还有“翊武亭”和蒋翊武先生塑像。

该校为国内三处以“翊武”命名的早期纪念地之一（另两处为广西桂林孙中山先生题词的“开国元勋蒋翊武先生就义处”及长沙岳麓山的“蒋公翊武之墓”），具有重要的历史纪念意义，也是一处弘扬翊武精神，对下一代进行爱国主义教育和革命传统教育的重要场所。2009年，津市市文物管理所正在就翊武中学及其红楼原址的调查资料进行整理，并对此处采取保护措施，拟申报为省级文物保护单位。

汉寿笙竹古驿道茶亭

古驿道位于汉寿县丰家铺乡铁甲村笙竹组。该驿道始建于宋代，据当地老人介绍，是过去古人来往于常德和益阳的必经之路。由于历史变迁，该驿道曾多次损毁，多次维修，最后一次维修是民国17年(1928)。现存驿道长300米，宽2米，全部用青石板铺成。驿道上建有一茶亭，木质结构，亭顶盖小黑瓦，亭内立有4块石碑，上面均刻有维修的捐资人姓名。在文物普查中，汉寿县文物局已经对该驿道进行数据收集和资料整理，并采取了相应的保护措施。

汉寿笙竹古驿道茶亭

桃源古民居

古民居位于桃源县杨溪桥镇沙堤村的一处山间盆地。该民居为青砖墙，砖上有手模印，红砂岩门框，正面墙上保存有很高艺术价值的精美浮雕，上方用青花瓷片砌有“东山古墅”四个楷体大字，梁架结构（为抬梁与穿斗结合的混合结构），主体建筑为小青瓦重檐歇山顶。据初步考证，是一栋清末民初建筑，有一定的研究和保护价值。

四、石雕碑刻类

澧县孟姜祠故宅碑

相传秦代节妇孟姜女为湖南澧州人，孟姜祠是后人为纪念孟姜女在澧县新洲镇东南的嘉山（现属津市市管辖）而建的一座祠堂。第三次文物普查中，澧县文物普查人员从孟姜祠附近一村民家中征集到一块石碑，碑名“湖南补用府澧州直隶州正堂加十级”。该碑青石质，高77厘米，宽102厘米，厚4厘米，字为阴刻瘦金体小楷。该碑系清代同治六年（1867）州府为保护孟姜祠而立，是由时任州牧魏式曾亲自签发的官署保护碑。碑文因分化脱落，字迹模糊，后在当地清代同治年编修的《孟姜山志》一书中发现该碑原文，主要内容是就怎样保护孟姜祠做出了详细规划。该碑的发现为研究中国古代的文物保护规划意识和修正同期官修州志所疏漏部分提供珍贵史料。

澧县孟姜祠故宅碑

津市澹津公园石雕

澹津公园位于津市市城区，公园竹林内放置有两件石雕，其来历无明确记载。中有石翁仲、石马各一件。石翁仲高 1.8 米，头戴高冠，双手持笏，身饰宽带长袍，形态臃肿。石马长 1.9 米，高 1.3 米，马腿间保留有未经雕琢的原石底座，石马形态被刻画得神采奕奕，栩栩如生。两件石雕均采用圆雕的技法，线条流畅，苍劲有力，具有较高的艺术价值。从两件石雕形态分析，其时代大致为明代，应属当时墓前陈列之物，后移置于此。

桃源古碑刻

古碑刻原位于桃源县热市镇白鹤山林场一废弃的古井边，现由桃源县文物管理所收藏。该碑质地为砂岩，呈不规整的长方体，高 90 厘米，宽 20 ~ 40 厘米，厚 30 厘米。碑的正面题额“碑记”，碑文为“口大定三年甲午岁，白鹤仙娘炼药丹井，大明四十二年癸亥造”，阴刻有“道人孙全果，匠人蔡永朋”。据文物普查人员初步判断，该碑为南北朝时期古碑刻，对书法史、道教史以及地方历史等均有较高的研究价值。

五、近现代史迹类

桃源近现代革命史迹

2009 年 10 月，桃源县在第三次文物普查中，调查发现了三处重要近现代革命史迹。大水田中国工农红军第二方面军长征纪念地；中国工农红军第二、六军团浯溪河战斗战场遗址；徐溶熙苏维埃政权旧址。

大水田中国工农红军第二方面军长征纪念地位于桃源县西安镇大水田村，南与安化县接壤，西与沅陵县毗邻。这里崇山峻岭，沟壑纵深，地理位置十分险要。1935 年 11 月，贺龙率领的中国工农红军第二方面军从桑植县的刘家坪出发，12 月 5 日到达大水田，在此驻留三天，写下了“打土豪，分田地”等标语，并先后吸收当地 9 名农民参加红军投身革命。

中国工农红军第二、六军团浯溪河战斗、战场遗址位于桃源县浯溪河乡浯溪河村、六年坪村的界山湾、庙山等地。该地背山面河，地势险要，1934 年 12 月 7 日，贺龙、肖克率领的中国工农红军第二、六军团在此与国民党第十军独立三十四旅罗启疆部在浯溪河的界山湾、庙山、六年坪展开激战并取得大捷，有力地支援了中央红军北上贵州。

徐溶熙苏维埃政权旧址位于桃源县陬市镇黄溪港村熊家湾组。1927 年大革命时期，中共湘西特委、桃源县委在此建立湘西北第一个红色政权——苏维埃政权，提出了建设纲领，开展了惩办土豪，镇压匪首等一系列革命斗争。

中共桃源县委、县人民政府有关领导听取普查汇报后非常重视，县人大常委会原主任覃光明、原常务副县长黄桂生等亲临三处文物点实地考察并现场办公，决定分别修建纪念亭、纪念塔，目前工程已基本完工。这三处革命史迹的发现和利用，为桃源县加快革命老区建设将发挥积极作用。

澧县“万人坑”

“万人坑”位于澧县大坪乡玉成村。文物普查中发现一块建造于20世纪50年代悼念抗日战争时期遭日军杀害的中国民众的壁照。壁照通高2.5米，长4.2米，厚0.3米，砖混结构，正面书黑色宋体“血泪湾”三个大字，两侧书写黄色宋体“不忘阶级仇”，“牢记民族恨”。壁照南5米处为“万人坑”，是侵华日军残酷坑杀中国民众的掩埋地。这一对后人进行爱国主义教育的纪念地已由澧县有关部门采取有效的保护措施。

石门天供山抗日碉堡

碉堡共有两座，分别位于石门县二都乡天供村和南峰村，是抗日战争时期中国军队为抵抗侵华日军所修建。碉堡为砂浆水泥结构，中夹杂有小石子。一处为圆形，有南北两个射击孔，高2.3米，长5米，宽3.6米。另一处为长方形，入口处宽2.8米，深3.3米，高1.7米，坐东朝西，有一个射击孔。两处碉堡厚实坚固，居高临下，保存较好，有人为破坏痕迹，有轻微风化腐蚀现象。

六、其他类

津市“雌雄井”

雌雄井位于津市市城区澧水南岸的彰关山。在第三次文物普查中，津市市文物普查人员在彰关山顶，北临澧水处发现了传说中的雌雄井。经勘测，二井结构基本保持完好，平面呈圆形，底部采用砾石相砌。二井相距约1.3米，总占地面积约148平方米。井水常年一清一浊，甚为神奇。据当地民间传说：“古时候，每年农历三月三，从澧水北方有一条青龙回南方探母，龙行之处，狂风暴雨，电闪雷鸣，给当地人民生命财产带来危害，使当地百姓不堪其苦。澧水河边住有一年轻的猎人，受老百姓托付，待到来年三月三青龙过境之时，猎人站在澧水边的台地上，勇敢地射杀危害百姓生活的青龙。从此，龙身化做了彰关山，而龙眼就是现在的雌雄井，因为右眼被猎人所伤，所以井水永远是浑浊的。”民间传说不足为凭，雌雄井究竟始建于何时不见文献记载，但与之相邻的道观中武当始建于唐。清代同治年间重修的《澧州志》载：“道观前有二泉，不盈不竭，左清右浊，间尺许，不相混，人呼雌雄井。”这是文献中雌雄井最早的记录。因此，雌雄井的年代下限最迟也不会晚于清代，具有重要的研究和保护价值。

石门大批古币、古籍

2008年10月，石门县文物管理所在第三次文物普查中，分别在石门县白云乡鸡鸣桥和皂市镇丫角山发现征集到一批罕见的北宋时期铜钱和清代线装书。

铜钱系白云乡鸡鸣桥当地村民吴远生2008年3月修建自家住房时从地下挖出，距其房基地表仅30厘米。铜钱装在一个高45厘米、直径30厘米的陶罐中，保存相当完好，重约30公斤。据考古专业人员现场勘察后初步断定此处为一古铜钱窖藏，时代为北宋中晚期。铜钱形制分为小平钱、折三、折五三种。类别有至和元宝、元丰通宝、元符通宝、建中元宝、重和通宝、元祐通宝等二十余种。字体分为楷书、隶书和小篆三种。品种繁多，品相完好，实属罕见，弥足珍贵。

古籍线装书来自皂市镇十坪村村民周自强、周景来父子家。文物普查工作者数次进山，多次劝说，终在周氏父子家中征得。古籍共70余册，全部为活版铅字印刷，选刻本。因年代久远，少部分已褪色且有破损。封面用纸均为宣纸或毛边纸染成的磁青或古色（栗壳色、米色或古铜色），部分有题签。书内纸张选用宣纸和不太好的竹纸，篇中、篇末均有点评。书名分别为《小山词》《老子解》《宋麻沙本老子道德经》《教子要言》《淮海居士长短句》《渌水亭杂识》《北狱山房骈文合刻》等。据考证，这批书印刷时间为清道光元年（1821）至光绪三十一年（1905），距今100多年。此古籍具有一定的收藏价值，是研究清代经济和文化发展难得的资料。

第四章　文物科学研究与对外交流

常德市文物科学研究工作方兴未艾。全市虽然还没有文物科学研究机构，没有专职文物科研人员，没有固定的文物科研经费和必要的科研条件，但有一批热衷于文物科学研究的爱好者，特是1990年以来，随着一批高学历文物专业人才的引进和一批在职人员的自学成材，文博系统人员的知识结构、专业结构发生了根本变化。截至2010年，具有大学本科学历的33人，大学专科学历的83人；具有高级专业技术职称的6人，中级专业技术职称的24人；有全国考古学会会员2人，湖南省考古学会会员12人，湖南省博物馆学会会员12人。这些专业人才都是全市文物科学研究的中坚力量，他们在各自不同的工作岗位上，一边扎实工作，一边潜心研究，在理论探讨、文物保护、资料整理和编撰等方面取得一定的成效。

第一节　重要发明

一、土遗址窄槽注浆防渗技术

该项技术是针对土遗址通过考古发掘之后，对裸露遗迹的保护和利用而研究发明的。根据地下遗址考古发掘的规律，凡发掘后的遗址均呈探方坑状，一般低于四周地表数米，深者达10米以上。四周的地表雨水和农田灌溉用水浸至不透水地层后形成滞水地层，再通过滞水地层和其他媒体横向渗流至发掘现场内，从而造成对已发掘裸露遗迹的危害，尤以多雨的南方最为严重。由于渗水的危害，造成探方坑坑体崩塌，杂草、昆虫滋生，土质腐殖风化，直至遗迹毁灭。为了对发掘现场进行永久性保护和展示，必须首先进行防渗处理。但发掘现场处于遗址文化遗存最厚、最丰富地段，若用传统的防渗技术，对文化遗存的损毁将不可避免。因而在遗址的考古发掘中，既要做好防渗处理，又要确保遗存不受损毁，这一直是文物考古界面临的一大难题。

从1991年开始，湖南省文物考古研究所先后数次对澧县城头山古文化遗址进行了科学考古发掘，发掘面积达数千平方米。发掘后的防渗处理和遗存保护同样面临这一难题。城头山遗址管理处1998年组织以曹传松为主的7人科研攻关小组，在国家文物局、中国文物研究所、湖南省科技厅、文化厅、文物局、常德市科技局等单位的专家、学者以及相关大学、科研院所的大力支持下，先后投资30多万元，经过无数次实验，终于发明一种新的防渗技术——窄槽注浆防渗技术，并应用于城头山遗址的保护。

该项技术主要采用自己研制的造槽孔机具，环绕遗址发掘现场四周造一道人工窄型垂直槽孔，垂直槽孔往下直切入不透水黏土层，然后在槽孔内注填不同的防水浆材，防水浆材填满槽孔和土体中的所有空隙，在物理化学作用下凝固结石，形成一道薄型地下防渗幕墙，从而达到保护遗扯发掘现场效果。2002 年 4 月 26 日，由故宫博物院研究员、全国考古界资深专家张忠培、中国工程院院士葛修润等组成的专家鉴定委员会，受常德市科技局委托，专程到澧县对该科研项目成果进行评审鉴定。鉴定委员会全体专家在实地考察防渗实验现场、听取课题技术报告、审阅鉴定材料后，形成了一致的鉴定意见，认为：该课题研究所提供的技术成果鉴定资料基本齐全，符合鉴定要求；该技术中自行设计的扁平切割器在国内同类产品中具有独特性；8 厘米窄槽开挖施工工艺符合尽可能小的损伤文物之原则；注浆工艺及材料适用于该遗址防渗性能要求，实地考察效果良好，在同类型相似条件的遗址防渗技术方面达到国内领先水平，在国内乃至国际上产生重大影响。2003 年 2 月 10 日，此项技术获得常德市科学技术进步二等奖，并申请国家专利。

二、土遗址固化保护技术

该项技术也是针对土遗址通过考古发掘之后，对裸露遗迹的保护和利用研究发明的。目前，国内外在进行地下遗址考古发掘中，一般要对发掘出来的重要遗迹给予原地原貌保护，以期合理利用和充分展示，如半坡遗址、河姆渡遗址、城头山遗址、秦兵马俑等。但是遗迹裸露后，改变了原来保存的环境，除防渗水外，还有一大祸害就是土质腐殖，例如在北方因气候干燥，雨水偏少，土壤容易干裂粉酥，盐析泛白。在南方则因雨水偏多，空气湿度大，土壤易遭蚂蚁、蚯蚓、苔藓等生物危害，使其腐殖变质，严重者可使遗迹全部损毁。还有当室外温度低于地下温度时，会有大量水分结珠于固化体底面，使得固化体底部土层泥化，加上气体的作用致使固化体上鼓变形，从而缩短固化体寿命，不利于裸露遗迹的长期保护。因此，在过去很多次对地下遗址发掘时，采取的方法是要么彻底挖掉，毫无保留；要么复土深埋。既不能充分利用和展示，也影响学术研究，给人们留下很多遗憾。

从 1998 年开始，以曹传松为主的澧县城头山古文化遗址科研攻关小组在研究发明“土遗址窄槽注浆防渗技术”的同时，又进行“土遗址固化保护技术”的研究。通过反复实验，研究出一种防霉、防老化、防氧和憎水的土遗址保护固化材料、施工工艺和固化体保护技术，适用于各类地下土遗址，尤其适用于南方的考古发掘现场的固化保护。此技术根据南方土质，选择特殊的施工工艺和固化液体材料施于需要固化的地表，让液体材料渗入土壤中，使之填满所有空隙，在物理化学作用下，使固化体凝固结石，成为一个密实无隙的石状体，从而改变土壤的内部和外表结构，使之与光、气体、水分等一切有害物质隔绝，达到保护文物的目的。

该项发明已于 2003 年申请国家专利，待进一步验证和组织有关专家评审验收后应用于城头山古文化遗址和其他古遗址的保护。

第二节　研究著作

常德文物资源丰富，考古发掘成果彰显，一批专业人士致力于文物资源的深度挖掘和考古发掘资料的整理编辑，努力探索文物事业发展的新情况、新问题，编辑出版了一批较有影响的文物研究专著。

1998 年至 2001 年，时任常德市文联副主席的应国斌一直潜心于沅澧流域古文化的研究，先后编著了两部古文化研究专著。一部是 1998 年由湖南人民出版社出版的《芷兰春秋》——沅澧流域古文化研究之一。该书共 52 万余字，以“善”“德”为主线，分名贤、名宦、名僧、名胜四篇，对常德历史上有影响的人和事，包括历史遗迹、人文景观、民间传说以及考古发现等进行精心梳理、研究和考证，并运用生动流畅的语言全面介绍其文化、文物价值；另一部是 2001 年由湖南人民出版社出版的《桃源佳致》——沅澧流域古文化研究之二。全书共 50 万字。在这部著作中，作者全面论证和介绍常德桃花源与陶渊明的《桃花源记》的渊源关系，以及桃花源在常德独特的地位，它如滕王阁在九江、黄鹤楼在武汉一样，是地方文化的结晶和缩影。它是一种由常德的“善”“德”型文化所孕育，源于常德反过来又影响和作用于常德的文化。通过“传说辑译”“古迹介绍”“诗文选注”，系统地、多侧面地推介、挖掘整理桃花源丰富的文物资源和深厚的文化底蕴。这两部书均备受有关领导和广大读者的青睐，时任中共常德市委书记的吴定宪亲为这两本书作序，并隆重向广大市民推介。

2006 年以来，常德市在开展“文化名城”建设中，组织编写并陆续出版一批“建设文化名城系列丛书”。其中 2010 年 7 月由常德博物馆考古部主任、副研究员龙朝彬编著、湖南岳麓书社出版发行的《常德出土铜镜》一书，既是一本对外宣传读物，也是一部文物研究著作。该书正文中收录 188 面从战国到明清时期的铜镜，对这些铜镜出土的墓葬、材质、尺寸、重量、纹饰等方面分别进行多方考证并给予详细介绍。还收录有常德汉代墓葬中出土的一批滑石镜，一面日本江户时代的“天下一”宫扇形铭文铜镜和一面宋代宫扇形阳燧镜。全书图文并茂，共 25 万字，是常德市文博系统工作人员独自编撰的第一部文物专著。

2010 年 7 月，由国家重点文物保护专项补助经费资助、常德市文物局、常德博物馆、鼎城区文物管理处、桃源县文物管理所、汉寿县文物管理所共同编著、津市市文物管理所副研究馆员谭远辉执笔、中国文物出版社出版发行的大型考古发掘报告《沅水下游楚墓》一书正式出版。该书上、中、下三册，正文分三编：第一编总述。除对凡于研究有所裨益的背景资料、相关信息等予以介绍外，重点对本报告所涉及的墓地逐一进行详尽介绍，并对有代表性的墓地附有对后续综合研究不可或缺的墓葬分布图。第二编墓葬资料。主要是分类对墓葬资料进行客观报道。报告采用一种立体分类法对近 1400 座楚墓进行分类，共分三大组五大类十一小类，从中选取 172 座有代表性的墓葬加以详尽报道。第三编综合论述。主要是出土器物型式分析、出土器物的分期与年代、各类墓葬墓主身份、等级推测、部分出土器物的科学分析和相关问题讨论等。全书共 110 万字，并附有图表 1300 份，照片 1200 幅。《沅水下游楚墓》的编辑出版，不仅填补常德大型考古发掘报告编辑出版的空白，也为全省其他市州实施这一项目提供一个成功的范例。

编辑出版的《沅水下游楚墓》上、中、下三册

从 20 世纪 80 年代初，常德就开始对明末农民起义领袖李自成归宿问题进行考证和研究，先后编辑出版三部研究著作：1980 年 3 月，当时的中共常德地委宣传部在常德境内组织开展农民运动历史调查，把“李自成归宿问题”列为调查专题，成立专题调查小组，以石门夹山出土文物和有关文献资料为佐证，进行多方面的考证和研究，陆续发表大量研究文章。1988 年 12 月，湖南省李自成归宿研究会将研究论文、有关历史文献和文物考证资料综合汇编成《李自成禅隐夹山实考》一书，并正式出版发行；1999 年 6 月，针对王戎笙先生主编的《李自成结局研究》一书中关于“李自成九宫山遇害说”，中国明史学会执行会长刘重日先生和石门县文化局副局长兼博物馆馆长、副研究员龙西斌等专家，主编《李自成终归何处》——兼评《李自成结局研究》一书，共收录全国第三次明史学术讨论会有关李自成归宿问题研究论文 26 篇，以及会议讨论发言记录和石门夹山文物图片资料，全书约 37 万字，由三秦出版社出版发行。该书的编辑出版，为支持“李自成归隐夹山说”奠定基础。1999 年 8 月，由中国明史学会、湖南省社会科学院、湖南省社会科学界联合会主办，石门县人民政府承办的第八届明史国际学术讨论会在石门县召开，来自日本、韩国、美国、新加坡和中国台湾、香港地区及 22 个省市 256 名专家与会，共收到学术论文 126 篇。会后，石门县博物馆馆长龙西斌、副馆长余学群主编《第八届明史国际学术讨论会论文集》，该书收入论文共 93 篇，按政治、经济、文化、对外关系、军事、李自成归隐问题研究等分类编排，约 100 余万字，于 2001 年 8 月由湖南人民出版社出版发行。

第三节　学术论文

常德文博系统有一个热衷于学术研究的群体。群体当中既有资深的老一辈文物工作者，也有从事文博工作的后起之秀。他们在认真完成本职工作的同时，善于思考，潜心研究，每年都发表有一定分量的学术论文。据不完全统计，1988 年至 2010 年，全市文博系统在市级以上各类刊物公开发表的专业文章共 230 篇，其中论文 185 篇，考古发掘报告 45 篇。这些专业文章归纳起来有四大类：第一类是文物工作理论的探讨；第二类是常德文物资源（包括出土文物）的考证；第三类是文物、特别是出土文物保护的研究；第四类是考古发掘资料的整理。

表1－4－3－1

常德市文博系统历年来在省级以上报刊发表的部分学术论文

年　度	论　文　题　目	报刊名称	作　者
1988	《澧县出土元代铜权》	《湖南文物》第1期	澧县　曹传松
	《澧县三处旧石器时代遗址调查报告》	《湖南考古辑刊》第5集	澧县　曹传松
	《洞庭湖地区史前考古获重大突破》	《中国文物报》5月20日	澧县　曹传松
1989	《澧县新石器时代遗址调查报告》	《考古》第10期	澧县　曹传松
	《试论洞庭湖北岸石器的时代文化》	《中国考古学会第七次年会论文集》	澧县　曹传松
	《桃源县三元村2号楚墓发掘简报》	《考古》第11期	桃源　王英党
1990	《湖南省澧县彭头山新石器时代早期遗址发掘简报》	《文物》第9期	澧县　曹传松
	《初论楚带龛墓及其族属问题的探讨》	《楚文化研究论文集》	澧县　曹传松
	《湖南省津市市新石器时代遗址普查简报》	《考古》第1期	津市　谭远辉
1991	《澧县出土的一批窖藏铜器、瓷器》	《文化与考古》第2期	澧县　曹传松
	《湖南澧县博物馆馆藏几枚铜印考》	《江汉考古》第3期	澧县　曹传松
	《论长江中游新石器时代早期遗存的农业》	《农业考古》第1期	澧县　向安强
	《湖南津市两座东汉墓发掘简报》	《江汉考古》第3期	津市　谭远辉
1992	《奇诡神秘的东晋铜幻人俑》	《中国文物报》	常德　杨启乾
	《初论楚悬底棺及其族属》	《楚文化研究论文集》	澧县　曹传松
1993	《1991年城头山屈家岭城址试掘简报》	《文物》第12期	澧县　曹传松
	《试论湘西北新石器早期文化分期与大溪文化的关系》	《楚文化研究会第五次年会、湖南考古学会第四次年会论文集》	澧县　曹传松
	《常德德山战国、西汉古墓葬》	《湖南考古季刊》第3集	常德　孙泽洪
	《湖南津市古遗址调查报告》	《江汉考古》第1期	津市　谭远辉
	《湖南涔澹农场商代铜器墓发掘简报》	《华夏考古》第2期	津市　谭远辉

续上表

年　度	论　文　题　目	报刊名称	作　者
1993	《湖南津市旧石器地点调查简报》	《南方文物》第3期	津市　谭远辉
	《湖南安乡西晋刘弘墓初探》	《文物》第5期	安乡　雷　明
1994	《湖南桃源县印家岗古墓葬》	《江汉考古》第1期	常德　王永彪
	《湘西北出土巴式青铜器考略——兼论战国晚期楚、巴、秦关系》	《楚文化研究论文集》	常德　杨启乾
	《浅谈石门出土淳于》	《考古》第1期	石门　龙西斌
	《石门县燕儿洞旧石器时代遗址试掘》	《湖南考古辑刊》第6集	石门　龙西斌
	《浅论洞庭湖北岸石器时代文化》	《东南文化》第6期	澧县　曹传松
	《试论朱家台西周遗存与楚文化的关系》	《楚文化研究论文集》	津市　谭远辉
	《虎爪山北坡旧石器地点调查报告》	《湖南考古辑刊》第7集	津市　谭远辉
	《湖南津市新洲镇明墓发掘简报》	《考古》第7期	津市　赵小平
	《澧县乌鸦山旧石器遗址调查报告》	《湖南考古辑刊》第7集	澧县　封剑平
	《湖南澧县皇山岗楚墓发掘报告》	《湖南考古辑刊》第7集	澧县　封剑平
1995	《常德出土金代铜镜》	《中国文物报》9月20日	常德　孙泽洪
	《黄土山战国墓群发掘报告》	《江汉考古》第2期	常德　席道合 鼎城　徐小林
1996	《湖南常德德山战国墓出土一件鸟篆铭文戈》	《江汉考古》第3期	常德　文　智
	《常德出土战国鎏金铜方壶》	《文物》第4期	常德　龙朝彬
	《常德南坪宋墓》	《考古》第12期	常德　龙朝彬
	《湖南汉寿县祝家岗战国墓发掘简报》	《江汉考古》第4期	常德　龙朝彬 郑祖梅 汉寿　李绍南
	《湖南津市文管所西汉铜镜综述》	《南方文物》第2期	津市　赵小平
	《湖南津市花山寺战国西汉墓发掘报告》	《江汉考古》第4期	津市　罗繁华
	《津市邵家嘴楚墓发掘报告》	《湖南考古辑刊》第8集	津市　谭远辉

续上表

年　度	论　文　题　目	报刊名称	作　者
1997	《常德博物馆藏左宗棠遗墨》	《文物天地》第5期	常德　龙朝彬 郑祖梅
	《常德德山茅湾战国墓发掘简报》	《江汉考古》第3期	常德　龙朝彬 郑祖梅
	《湖南常德东汉砖窑》	《考古》第7期	常德　王永彪 潘能艳
	《夹山出土文物考释》	《中国明史研究》第2集	石门　余学群
	《对几件元青花瓷器的认识》	《收藏家》第5期	津市　彭　佳
	《津市出土六朝青瓷器试析》	《湖南考古集刊》第3集	津市　彭　芳
	《常德出土战国文字摭疑》	《湖南考古集刊》第3集	津市　谭远辉
	《安乡罗祷斋诗墓志析》	《湖南考古辑刊》第5集	安乡　雷　明
	《常德沅水下游旧石器时代遗址第二次调查报告》	《东南文化》第2期	常德　席道合 鼎城　徐小林
1998	《津市新洲汉墓发掘报告》	《湖南考古辑刊》第3集	津市　谭远辉 常德　孙泽洪
	《常德博物馆馆藏部分铜镜介绍》	《文物》第5期	常德　郑祖梅
	《湖南常德市城区发现汉代砖窑》	《江汉考古》第2期	常德　龙朝彬 郑祖梅
	《德山清理一批战国汉代墓葬》	《中国文物报》3月22日	常德　龙朝彬
1999	《常德二纺机战国墓发掘简报》	《中国考古年鉴》	常德　孙泽洪
	《石门夹山出土文物考释——浅谈奉天玉即李自成》	《李自成终归何处》一书	石门　余学群
	《明清陶瓷上的龙纹鉴赏》	《湖南文化报》4月23日	津市　彭　佳
	《湖南津市发现元代金银器窖藏》	《文物》第9期	津市　彭　佳
	《湘西北地区西汉墓葬概论》	湖南《考古耕耘录》	津市　谭远辉
2000	《楚江月冷吊忠魂》	《中国文物报》4月28日	常德　龙朝彬
	《澧水下游楚墓论述》	《湖南考古辑刊》第8集	津市　谭远辉
	《津市新洲镇豹鸣村东汉墓发掘报告》	《湖南考古辑刊》第8集	津市　彭　佳
2001	《千年秘葬——刘弘墓地之谜》	《中国文物报》3月4日	常德　龙朝彬
	《方罍传奇》	《中国文物报》5月27日	常德　龙朝彬

续上表

年　度	论　文　题　目	报刊名称	作　者
2002	《五兵之酋矛、夷矛考辨》	《湖南考古辑刊》第8集	常德　龙朝彬
	《常德出土“太后十七年”漆盒及相关问题》	《考古与文物》第5期	常德　龙朝彬
	《常德德山寨子岭一号楚墓》	《湖南考古》第8期	常德　文　智
	《常德黄土山宋墓》	《湖南考古》第3期	鼎城　徐小林
	《汉寿县三和出土青铜铙》	《湖南考古》第5期	汉寿　李绍南
2003	《澧阳平原——华夏史前文化发展过程中的一颗熠灿明珠》	《中国领导干部论坛》	常德　阙桂质
	《汉寿聂家桥战国墓发掘简报》	《中国考古年鉴》	常德　孙泽洪
	《湖南常德跑马岗战国墓发掘简报》	《江汉考古》第3期	常德　龙朝彬 郑祖梅
2004	《常德黄土山板栗岗楚墓群》	《江汉考古》第1期	常德　王永彪
	《常德南坪汉代“汉寿左尉墓”清理简报》	《江汉考古》第4期	常德　文　智
	《湖南常德东郊芦山东汉墓清理简报》	《考古》第5期	常德　龙朝彬 潘能艳 郑祖梅
	《湖南桃源青林羊耳战国墓清理发掘简报》	《考古与文物》增刊	常德　龙朝彬 文　智 桃源　王英党
2005	《常德文物藏品腐蚀损失调查浅析》	《中国文物报》	常德　李文涓
2006	《谈文物藏品的信息数据库采集》	《中国文物报》	常德　李文涓
	《常德出土元代金银器》	《收藏》第10期	常德　王永彪
2007	《常德楚墓出土的两件战国漆器考》	《湖南省博物馆馆刊》第4辑	常德　李文涓 杨启乾
	《关于大顺军李过将军即野拂的考证》	《第十一届明史国际学术讨论会论文集》	石门　龙西斌
	《常德博物馆馆藏宋元窖藏金银器》	《湖南省博物馆馆刊》第6辑	常德　李文涓
	《湖南常德市城区东汉砖室墓及墓阙清理简报》	《考古与文物》增刊	常德　孙泽洪 龙朝彬 文　智 潘智勇

续上表

年　度	论　文　题　目	报刊名称	作　者
2007	《馆藏唐代铜镜选萃》	《收藏》第10期	常德　胡　文
2008	《常德楚墓出土战国异形青铜兵器》	《中国文物报》3月12日2版	常德　龙朝彬 徐小林
	《浅析常德文博事业发展及其动因》	《湖南文化遗产》第7期	常德　阚桂质
	《洞庭湖区古文明的摇篮——汤家岗遗址》	《湖南文化遗产》第6期	安乡　程政财 李世俊
	《基层文博单位整理考古发掘报告的思考》	《湖南文化遗产》第8期	常德　王永彪
	《对县级馆藏文物信息采集工作的思考》	《文物工作》第3期	汉寿　徐铁军
2009	《按照科学发展观的本质要求构建文物"大保护、大利用、大惠民"长效机制的调查与思考》	《湖南文化遗产》第3期	常德　成　健
	《馆藏北宋大铜镜》	《收藏》	常德　李文涓
	《今昔常德古城墙》	《湖南文化遗产》第2期	常德　裴劲锋
	《临澧蒋氏家族藏玉》	《收藏》第6期	常德　王永彪
	《汤家岗白陶析》	《湖南文化遗产》第4期	安乡　程政财 李章甫
	《石门县雁池乡邱家湾元代窖藏》	《湖南宋元窖藏金银器发现与研究》	石门　谭柯亮
	《湖南发现更新世晚期动物化石洞穴地点》	《中国文物报》1月16日3版	临澧　李意愿 黎春林
2010	《常德出土元代青花瓷》	《收藏》第4期	常德　王永彪
	《刘弘墓承载千古迷》	《湖南日报》10月12日8版	安乡　程政财 可　敬
	《帅孟奇和她的故居》	《湖南文化遗产》第1期	汉寿　徐铁军
	《桃源库藏金、银器考释》	《湖南省博物馆馆刊》第6辑	桃源　王英党 张　翔
	《石门秦汉货币及相关情况研究》	《湖南省博物馆馆刊》第12辑	石门　袁　健
	《澧阳平原——南方文化的摇篮》	《人民日报》海外版11月2日7版	澧县　熊莲珍

第四节　交流活动

常德地改市以前，文博工作还处于起步阶段，对外交流相对较少；地改市以后，特别是1993年以来，随着经济社会发展，文博管理机构建立健全、文博工作队伍的发展壮大，常德文博系统对外交流凸显生机。

一、工作交流

请进来，走出去，全面开展纵横交流。多年来与省内各兄弟地、市来往密切，交流活动频繁，与常德周边省有关市、县文博单位（如湖北荆州、襄樊、重庆奉节、巫山、丰都等）经常往来，多有接触。从2009年开始，市文物局每年请外省市、省内兄弟地市或县（区）文物工作者来常进行工作交流，参观考察100人次以上；每年组织各区、县（市）文博单位主要负责人外去参观学习或实地考察一次以上；每年组织相关业务科室和分管负责人外去学习交流10人次以上。各区、县（市）文博单位也组织有相应的活动。同时还积极参与湖南省文物局、湖南省博物馆、湖南省文物考古研究所组织的出境参观考察活动，使常德的文博工作开始走出省门，走出国门。2000年和2005年，市文物处主要负责人分别参与了湖南省文物局组织的赴俄罗斯、澳大利亚工作考察。

文字传输，信息交汇，多层面反映工作动态。1998年至2010年间，市文物处（局）根据工作需要，办有内部刊物《常德文博工作信息》，共印发68期2500余份，刊发各类工作信息620多条；向市文广新局、市委宣传部、省文物局、省文化厅内刊报送文字图片信息计200余条幅，刊发60条幅。从2004年开始，市文物局每年都将全市文博工作计划、总结、重要文件、规章制度、大事记和各类考评考核等文字资料汇编成册，统一参加全市、全省年终工作目标考核，参与全省交流，形成文字材料近300万字。工作交流形成了网络化、信息化、常态化。截至2010年，市县两级各文博单位均已配置以电脑为主要硬件的现代化办公设备，工作人员通过全员培训，均能熟练自如操作。继市文物局、常德博物馆2005年、2009年先后进入常德市政府网站之后，各区、县（市）文博单位也都相继进入当地政府互联网，全市实现文博信息网络全覆盖。从2005年开始，2010年完成的全市馆藏文物数据库建设工程，初步建立起市级文物数据中心，实现国家、省、市馆藏文物信息三级网络互联。汇集全国第三次文物普查成果，全市已建立不可移动文物档案和电子信息软件管理系统。

二、学术交流

20世纪90年代初以来，全市文博工作者，多层面、密集参与全国各类学术研讨活动，成果颇丰。在全国考古学会、全国博物馆学会及其有关国家级学术研究机构举办的一些学术活动中，全市先后有5人参与，共提交各类学术论文12篇。湖南省考古学会、湖南省博物馆学会每年召开年会，常德每年提交学术论文均在5篇以上。从1993年至2010年的18年中，全市提交给湖南省“两会”的学术论文达100余篇，其中有26篇先后被评为优秀论文。1996年9月，市文物处承办湖南省考古学会第九次年会，此次年会参会人数和提交论文数量都是历届最多的。1994年5月，石门县博物馆承办“湖南省博物馆学会第四次会议暨第五次学术研讨会”之后，又于1996年3月和1999年8月先后承办“全国李自成归宿问题学术研究成果评议鉴定会”“第八届明史国际学术研讨会”。会议共收到学术论文100多篇，会后分别由刘重日和龙西斌主编了《李自成终归何处》，由龙西斌和余学群主编了《第八届明史国际学术论文集》，相继陕西人民出版社和湖南人民出版社出版。2009年11月，应台湾震旦文教基金会邀请，常德博物馆馆长孙泽洪参与湖南省博物馆学会组织的学会会员代表团赴台湾进行博物馆教育与公众服务专题考察。共考察台湾各类型博物馆20余家，并与台北故宫博物院等单位的同仁进行专题座谈。2002年至2008年，市文物处（局）、常德博物馆连续七次组织赴重庆市三峡库区的巫山、奉节、丰都、忠县、巴南等县进行地下文物抢救性发掘，两地文博工作者在考古发掘的实践中进行了广泛的学术交流，形成了多篇发掘报告，相继在全国各类专业刊物上发表。

赴台湾学术交流活动现场

三、文物展览交流

文物展览交流活动在国内、省内较为频繁，大型的交流活动有两次。1993年8月，国家文物局在上海举办“’93·中国文物精华展”，湖南省8件出土文物送展，其中有5件是常德安乡刘弘墓出土的文物。时任国家文物局局长的张德勤参观这几件文物后，在编辑出版的“’993·中国文物精华”一书的序言中大加赞誉，称其为“传世稀少”、“前所未见”、“代表当时工艺最高水平”。2001年12月，应台湾“国立历史博物馆”、“国立台湾史前文化博物馆”、台中县立港区艺术中心等文博单位的邀请，常德市文物处、常德博物馆与湖南省博物馆等单位赴台湾共同举办“屈原的故乡——楚文化特展”。该展览分为“南方神境”“楚楚动人”“美人绮罗”“杯酒高歌”“国殇”五大部分。从2001年12月14日至2002年5月26日，先后在台北、台东、台中三地巡回展出近半年时间。展出的两百余件历史文物中，有常德出土的玉琮、彩绘鼎、敦、壶等精美文物12件。时任常德市文物处副主任的董国安携文物赴台参与布展，并同台湾有关方面进行了工作和学术交流。

第二篇

博物馆事业

第二篇　博物馆事业

常德博物馆事业起步于20世纪80年代，1985年，以澧州文庙为基础的澧县博物馆成立，是常德市第一座国有博物馆。之后尽管国家和省文物主管部门对县级国有博物馆的发展有所限制，对民办博物馆的发展尚未出台政策，但常德博物馆事业仍然发展较快。截至2011年，全市有地市级综合博物馆1座（常德博物馆），县级综合博物馆4座（澧县博物馆、石门县博物馆、临澧县博物馆、津市市博物馆），有名人纪念馆1座（林伯渠纪念馆），有民办博物馆2座（常德沅州石雕博物馆和东方红会馆）。各级各类博物馆、纪念馆共有馆舍面积24370平方米，馆藏各类文物近5万余件（套）。

第一章　馆舍建设与陈列展览

第一节　常德博物馆

常德博物馆成立于1993年5月，馆舍位于常德市城区繁华宽阔的武陵大道中路282号，占地2.1公顷，始建于1991年，分两期建设。第一期工程（主体馆）1991年10月动工，1993年5月竣工。第二期工程（专题馆）1998年3月动工，1999年5月建成，总建筑面积1万平方米。该馆是一座坐东朝西四合院仿古建筑，由主体馆和南北专题馆组成。主体馆分前厅、中央大厅和后院。前厅上下四层，为接待和办公区域；中央大厅长30米，宽24米，高21.8米，上方为玻璃盖顶，自然采光，厅内宽敞明亮，是一个多功能、综合性的展厅。后院上下两层，为全封闭式展室和文物库房，共有标准展室10间、文物库房6间，主要用于历史文物陈列、保管。南北两边专题馆与主体馆相连接，上下两层，局部三层，内设4间标准展室，主要用于各类专题展览。

常德博物馆是目前湖南省新建馆舍面积最大的地市级综合博物馆，其突出特点是馆舍所处位置适中，建筑风格独特。位于市中心，南通商业步行街、武陵阁、诗墙公园；北达市体育活动中心、常德火车站、汽车总站；近邻市图书馆、常德电视台、常德书画院。交通方便，人气旺盛。博物馆主体馆正面外观巍峨壮丽，二、三、四楼外壁均为玻璃幕墙，一楼两侧外墙各镶嵌一幅玻璃钢仿铜人物浮雕。屋檐走廊前方是用汉白玉石修建的阅台，

常德博物馆

面积150平方米，两尊巨大的石狮耸立在阅台两边。阅台下面是宽阔的馆前场坪，场坪临街为透视围墙，院内外均为整齐美观的绿化带。这里既是人们参观学习，接受教育，增长知识，陶冶情操的课堂，也是广大游客逗留、歇息，市民休闲、健身的舒适场所。

常德博物馆是湘西北中心博物馆，馆内文物藏品丰富，文物保护管理规范。截至2010年，馆内历史文物藏品已达5028件（套），经国家和省文物鉴定委员会专家鉴定，其中有国家一级文物80件（套）、二级文物502件（套）、三级文物643件（套）。还收藏有近年征集的社会主义革命和社会主义建设时期的文物（简称社建文物）1519件（套）。文物保管条件改善，保护设备基本齐全，文物保护的科学含量不断增加。2006年文物库房升级改造，保管条件有了新的改善，文物库房面积增加到600平方米，珍贵文物分库分柜存放。

常德博物馆是国家文物局指定的一级风险单位，安全防范责任重大，安保措施严格。建馆初期，馆内配有电视监控和防火报警装置，2007年又进行全面改造升级，监控设备更为先进。常德博物馆与常德市文物处合署办公期间，内设保卫科，2002年处馆分设后，博物馆设置保卫部，配备专职安保人员。为了加强人防力量，常德市公安局一直将常德博物馆列为重点保卫单位，配备了8名经济警察，隶属于常德市经济警察大队，2009年更名为护卫队，隶属常德市公安局护卫大队，担负常德博物馆全天候值班巡逻任务，财政统一拨款，由博馆和护卫大队共管。

常德博物馆主办的“常德历史文物展”局部

常德博物馆陈列展览条件优越，馆内可用的标准展室14间，总面积5500平方米。陈列、展览、策划、设计、制作、讲解各类人才兼有，不仅可以自办各类展览，而且还具有对外承接各类大型展览的能力。馆内办有6个固定的基本陈列。1.“常德历史文物展”。

该展览于1993年开始筹备，1995年正式对外展出，2008年对展出形式和部分展出内容进行调整（由通史式改为专题式），展室面积450平方米。展览分为“史前遗韵”“楚汉瑰宝”“汉后撷珍”三部分，共展出在常德境内出土、征集和收藏的历史文物精品400余件（套）。2. “常德民俗展”。该展览于1998年开始筹备，2000年对外开放，展室面积450平方米。展览以近现代常德本地民俗风情为线索，先后征集、展出500余件（套）民俗文物，按服饰、信仰、游艺、饮食、居住习俗和人生礼仪七大部分陈展。此展具有鲜明的地方特色和丰富的文化内涵，2001年被湖南省文物局评为优秀陈列。3. “‘中华根’展览”。该展览从1998年开始策划，历经5年，于2002年对外展出，展室面积180平方米。展览是以长6.3米、高2.3米、宽2米，其状屈曲峥嵘、其势凤翥龙蟠的千年古樟巨根为主体，将中华民族广为流传的部分远古神话传说、重要人物和事件、精典成语故事绘成图画100余幅，聘请清代宫廷木雕传人依势造型，将图画精心雕刻于根上，使之成为一件精美的艺术作品，命名为“中华根”。

常德博物馆主办的“常德民俗展”局部

展室内还配有80余件姿态各异的小型根艺品，并配以诗文。此展构思新颖，内涵丰富，文化品位高。2003年荣获湖南省第八届精神文明建设“五个一工程”提名奖。4. “中日常德会战展览”。该展于2005年对外展出，展室面积300平方米。共分“二战风云变幻，常德黑云压城”“会战空前惨烈，历史鲜血写成”“烈士彪炳青史，国耻永志不忘”三大展示内容，分别展出了200余幅珍贵的历史照片和132件（套）实物，辅之以绘画、雕塑、模型等表现手法，生动再现中国军队为保卫常德古城与侵华日军殊死搏斗的壮烈场景。5. “日军常德细菌战展览”。该展览于2005年对外展出，展室面积150平方米。分“生化武器，惨绝人寰”“血腥史实，铁证如山”“伸张正义，捍卫和平”三个部分，展出149幅历史图片、33本研究专著、85份文字资料和23件（套）实物，揭露日本法西斯在常德使用生化武器，对常德人民犯下的滔天罪行。6. “常德名人展”。该展览于2008年着手筹备，2009年对外展出，展室面积180平方米。分为“先贤遗风”“名家留踪”“丰碑永存”“文韵流芳”“俊彦辑锦”“科技精英”六部分，采用图片、绘画、雕塑、文献、著作、实物等形式，多视觉、全方位展示91位常德历代名人的风采。7. “辉煌50年—湖南省两个文明建设”成就展览。1999年，为庆祝中华人民共和国成立50周年，中共湖南省委、湖南省人民政府在湖南省博物馆举办该展览，每个市（州）一个展区，自行筹办。常德博物馆独立承担常德展区展览内容的策划、设计、制作和讲解。此次展览，常德荣获省委、省政府颁发的“优秀组织奖”“最佳内容设计奖”“优秀形式设计”三个奖项。

常德博物馆主办的“‘中华根’展览”局部

常德博物馆除固定的基本陈列外，每年还结合国内外重要事件和重要节假日、纪念日等，不间断地自办、联办和引进一些各类临时性展览。从1993年到2010年，共自办、联办和引进各类临时性展览114个。1997年自办的“香港回归——百年梦圆”大型图片展是临时展览中质量最高、影响最大的大型展览。该展采用可移动的形式，制作100块标准展牌，寓意百年回归，内容设计图文并茂。除本馆展出外，还先后在石门县、桃源县、汉寿县和贺家山原种场30个乡镇巡回展出，参观总人数达15万人次。常德博物馆展览内容丰富，吸引了广大市民和外地游客踊跃参观，观众人数逐年攀升。特别是2007年，在全省率先实行免费开放后，观众人数成倍增加。先后被上级主管部门授予“常德市精神文明建设教育基地”“湖南省爱国主义教育基地”“国家二级博物馆”“国家AA级旅游景点”“国家国防教育示范基地”“省级园林式单位”等称号。

表2－1－1－1

常德博物馆历年部分自办、联办、引进各类展览

展出时间	展览名称	办展方式	联办、引进单位
1993年	“全国‘星火计划’科技成果展览”	联办	国家科委、省科委、常德市政府
	“禁毒大风暴展览”	引进	湖南省公安厅
	“东方巨人毛泽东”——纪念毛泽东诞辰100周年展览	自办	
1994年	“武陵骄子大型图片展”	自办	
	“日中青少年书画展”“日本岩仓市市情展”	引进	日本
	“湖南省中小学生幼儿书画精品展”	引进	湖南省教育厅

续上表

展出时间	展 览 名 称	办展方式	联办、引进单位
1995 年	“纪念抗日战争胜利 50 周年暨常德会战大型图片展览”	自办	
	“交通法规知识展”	联办	常德市交警支队
1996 年	“常德市反贪成果展”	联办	常德市检察院
	“常德市集邮展”	联办	常德市集邮协会
	“常德‘严打’成果展”	联办	常德市公安局
1997 年	“香港回归——百年梦圆”大型图片展	自办	
	“常德市残疾人书画艺术展”	联办	常德市残联
	“南京雨花石展览”	引进	南京市博物院
	“八一军旗红”——纪念建军 70 周年展	联办	常德军分区
1998 年	“当代著名科学家业绩展”	自办	
	“常德境内出土清代古尸展”	自办	
	“常德——连云港书法作品联展”	联办	连云港市书协
1999 年	“迎澳门回归展览”	自办	
	“纪念建国 50 周年全市美术、书法、摄影精品展览”	联办	常德市文联、美协、书协等
	“毛泽东象章收藏展”	联办	部分个人收藏者
	“常德市大型集邮展”	联办	常德市集邮协会
2000 年	“哈尔滨冰雕艺术展”	引进	哈尔滨冰雕协会
	“海峡两岸爱我中华书画作品展”	联办	常德市对台办
	“常德市 1999—2020 城市建设规划展”	联办	常德市规划局
	“常德市户外广告管理规划展”	联办	常德市工商局

续上表

展出时间	展览名称	办展方式	联办、引进单位
2000年	“为了明天——预防青少年违法犯罪展”	联办	常德市委政法委
2001年	“红岩魂——白公馆、渣滓洞革命先烈斗争史实展”	引进	重庆市歌乐山陵园管理处
	“庆祝中国共产党建党80周年，党在我心中美术、书法、摄影作品展”	联办	常德市文化局 常德市文联
2002年	“纪念共青团建团80周年全市青少年书法大赛获奖作品展览”	联办	共青团常德市委
	“精品图书展”	联办	常德新闻出版局
	“纪念民主先驱宋教仁诞辰120周年全国书画作品展”	联办	常德市书画院
	“纪念毛泽东同志‘在延安文艺座谈会上的讲话’发表60周年全市美术、书法、摄影作品展览”	联办	常德市文化局 常德市文联
2003年	“魏胜权个人收藏毛泽东像章展”	联办	魏胜权
	“首届中国常德诗人节暨髡残书画艺术作品展”	联办	中共常德市委 常德市人民政府
	“世界珍奇昆虫标本展”	引进	陕西咸阳博物馆
2004年	“常德市盛世清风美术、书法、摄影展”	联办	中共常德市纪委
	“纪念邓小平同志诞辰100周年大型邮品珍藏展览”	联办	常德市集邮协会
	“庆祝常德卷烟厂‘芙蓉王’创牌十周年烟标、烟具暨民间藏品展览”	联办	常德卷烟厂
	“常德市首届老年摄影作品展”	联办	常德市老科协
2005年	“中国，我们共同的家园——台湾问题大型图片展”	自办	
	“纪念抗日战争胜利60周年暨中国工农红军长征70周年诗、书、画、摄影展”	联办	常德市文化局 常德市文联

续上表

展出时间	展　览　名　称	办展方式	联办、引进单位
2005 年	“海洋动物展”“远古恐龙化石展”“野生动物昆虫标本展”“世界珍稀古生物化石千蝶百虫展览”	引进	
	“中国载人航天、国防科普教育展览”	联办	常德国防教育办
2006 年	“常德市美术、书画、摄影、奇石、纸雕作品展览”	联办	常德市文联
	“广西海洋生物科普展”	引进	广西生物研究所
	“常德市第二届老年摄影作品展”	联办	常德市老科协
2007 年	“刘阳潇湘情书画作品展”	引进	常德博物馆
	“常德市蒲公英艺术大赛书画摄影作品展”	联办	常德市群艺馆
	“‘外星人’降临——宇宙奥秘科普展”	自办	
2008 年	“常德市青少年科技创新，优秀科幻绘画大赛获奖作品展览”	联办	共青团常德市委
	“常德市青年书法家协会、青年美术家协会成立暨书画作品邀请展”	联办	常德市书协 常德市美协
	“常德市撤区建市 20 周年成就展”	联办	常德市政府办
	“大型现代海军装备互动科普展”	引进	北京军事科学院
	“2008 中国抗震救灾大型新闻图片展”	自办	
2009 年	“首届‘世外桃源’中国常德油菜花暨田园风光摄影展”	联办	常德市摄影家协会
	“‘共和酒店杯’建国 60 周年全市书法、篆刻作品暨刘明‘德’字书法艺术展”	联办	共和大酒店 常德市书协
	“物证常德 60 周年”——常德市“美居杯”大型展示活动	联办	常德市委宣传部 常德日报社

第二节　区、县（市）博物馆

一、临澧县博物馆

临澧县博物馆成立于1986年，馆舍位于临澧县城关镇朝阳东街，该馆经过两次修建。第一次1987年5月动工，1989年10月1日竣工开馆，建筑面积960平方米，建筑风格小巧玲珑、亦古亦今。是常德市最先修建馆舍的博物馆。2002年，中共临澧县委、县人民政府提出建设“文化名县、文化强县”的号召，决定将原博物馆拆除，在原址重建规模更大的博物馆。通过充分论证，多方筹措资金，于2003年5月奠基动工，2004年10月在纪念近代著名文学家丁玲诞辰100周年之际竣工开馆。新建的博物馆是一座现代化城堡式，气势宏伟的标志性文化建筑，坐北朝南，总建筑面积4630平方米，是目前湖南省境内规模最大的县级综合博物馆。馆舍共有四层，第一层设综合展厅、文物库房、办公和接待区；第二、三、四层为专题展室。

临澧县是常德境内春秋战国时期楚国墓葬集中埋葬地区，出土的楚国文物较多，临澧县博物馆是常德市收藏楚文物较多的县级博物馆之一，其他藏品也比较丰富。2010年，共有馆藏历史文物2428件（套），其中国家一级文物3件、二级文物42件、三级文物177件。

临澧县博物馆现办有5个质量较高的基本陈列。1. “林伯渠生平业绩陈列”。该展览展室面积420平方米，分“立志救国的青年”“国共合作的桥梁”“红色理财的行家”“勤政爱民的边区政府主席”“开国安邦的元勋”“人民心中的丰碑”六个部分。展出珍贵的历史照片260多幅，实物160余件（套），集中展现老一辈无产阶级革命家林伯渠在旧民主主义革命、新民主主义革命、社会主义革命和社会主义建设各个历史阶段中，始终站在革命斗争最前列，对革命事业无比忠诚，经受历史考验，为中国人民的解放和新中国的建设事业做出不可磨灭的贡献。2. “丁玲生平业绩展”。丁玲，原名蒋伟，字冰之。1904年10月12日出生于临澧县，是中国现代杰出的无产阶级文艺战士，国内外享有盛誉的文学家和社会活动家。该展览展室面积420平方米，分“飞蛾扑火”“纤笔一枝谁与似”“为了新中国文艺的繁荣”“春蚕到死丝不断”“丁玲不死”五个部分。共展出珍贵历史照片280多幅，实物150余件（套）。展览完整地介绍丁玲和人民同甘苦，与国家共命运，始终像一只扑火飞蛾，向着光明，至死不渝的一生。3. “临澧县楚文物展”。该展览展室面积210平方米，分两大部分。第一部分以闻名全国的九里楚墓群为主要内容，第二部分以宋玉、申鸣两位楚国历史名人为依托，以翔实的资料、图片和220余件（套）出土的珍贵文物为载体，充分展示临澧县丰富、厚重的楚文化内涵和波澜壮阔的楚国历史画卷。4. “临澧县元至民国文物珍品展”。该展览展室面积210平方米，展出珍贵文物350件（套），其中澧水河畔出土的元代窖藏中35件（套）金器（首饰），造型美观，工艺精湛，是历史文物中之精品。还有大量的银器、玉器、瓷器、木器等。5. “临澧县县史展”。该展览展室面积400平方米，共分四个部分，展示临澧闻名全国的“青山精神”“临澧现象”“太平奇迹”和以此提炼出来的“崇文、敢为、创新、图强”的临澧精神。

除以上基本陈列外，临澧县博物馆还先后自办、联办、和引进“秦始皇兵马俑”“徐超文烈士事迹展”“改革开放三十周年成就展”等30多个不同内容的展览。临澧县博物馆建馆时间长，展览内容多，对外影响大，1995年被中共常德市委宣传部命名为“市级爱国主义教育基地”。也是“国家AA级旅游景点”“中共党性教育基地”“湖南文理学院德育教育基地”。

临澧县博物馆

表2－1－2－1

临澧县博物馆历年来部分自办、联办、引进各类展览

展出时间	展　览　名　称	办展方式
1989. 10	“秦始皇兵马俑车阵展”	引进
1991. 5	“没有共产党就没有新中国大型图片展”	自办
1991. 7	“庆祝建党七十周年大型图片展”	自办
1993. 4	“长沙马王堆女尸展”	引进
1994. 3	“临澧县佘市镇桃花村出土清代古尸展”	自办
1994. 7	“禁毒大风暴展览”	联办
1995. 10	“纪念抗日战争胜利50周年大型图片展览”	联办
1996. 10	“纪念中国工农红军长征胜利60周年展览”	自办
1997. 7	“临澧县‘党员先锋工程’图片展”	联办
1997. 9	“’97香港回归大型图片展”	自办
1998. 5	“‘八一’军旗红——纪念建军70周年展览”	引进
1999. 1	“临澧县栗家村出土清代古尸展览”	自办
2006. 5	“永葆共产党员先进本色主题展览”	联办

续上表

展出时间	展　览　名　称	办展方式
2009.10	“纪念改革开放三十周年成就展”	联办
2010.9	“临澧县优秀书法作品展”	联办
2010.10	“海洋科普动物展”	引进

二、澧县博物馆

澧县博物馆成立于1985年，是常德市成立时间最早的县级博物馆。馆舍位于澧县澧阳镇古城东路省级文物保护单位澧州文庙内。澧州文庙始建于宋代，现有建筑建于清道光二十一年至二十四年（1841～1844），占地面积8000平方米，建筑面积1699平方米。所有建筑均采用中国古建木构架式，建筑群沿轴线南北纵深排列，对称布局。从南往北依次为头门、状元桥、棂星门、大成门、大成殿、后殿、崇圣祠六进。大成殿前建有露台、东西厢房和钟、鼓楼亭。整个建筑布局严谨，廊廊相通，檐檐相连。博物馆成立后，主要以东西厢房和后殿为展室，面积400平方米。东西厢房办有“澧阳平原史前文化展览”“城头山出土文物展览”两个基本陈列，共展出本县境内出土的史前文物120余件（套）。后殿办有“大成孔子图片展”。该展览于2007年对外开放，以“走近孔子，感受中国博大精深的传统文化”为主题，通过大量的图片和文字资料，介绍孔子的传奇人生，诠释儒家思想。多年来，澧县博物馆还充分利用文庙的其他空闲场地，先后自办和引进了“贺龙镇守澧州展”“血壮军魂展”“孔繁森先进事迹展”等各类展览20多个。在澧州文庙内的所有陈列展览均采用完全可逆拆卸方式设计，以确保文庙建筑不受损坏。

澧县是常德市乃至湖南省的文物大县之一，文物资源丰富，出土文物较多，特别是出土的文物精品数量在各区、县（市）中名列前茅。为加强对出土文物的保管，在文庙院内单独建有文物库房，面积80平方米，馆内现藏有各类文物2179件（套），其中国家一级文物27件（套）、二级文物39件（套）、三级文物305件（套）。

表2－1－2－2

澧县博物馆历年来部分自办、联办、引进各类展览

办展时间	展　览　名　称	办展方式
1989.6	“秦始皇兵马俑展览”	引进
1989.10	“北京平息反革命暴乱图片展”	自办
1993.6	“长沙马王堆出土文物展”	引进
1994.8	“清代古尸展”	引进

办展时间	展　览　名　称	办展方式
1997.8	“血壮军魂”——纪念建军70周年大型图片展览	自办
1998.5	“香港回归，百年梦圆大型图片展”	引进
1998.7	“孔繁森优秀事迹展览”	自办
1999.10	“澧县改革开放20周年成就展”	联办
2001.7	“纪念建党80周年大型图片展览”	联办
2009.10	“‘庆国庆’澧县老干部书法作品展”	联办
2010.4	“海洋生物标本展览”	引进

三、石门县博物馆

石门县博物馆成立于1987年6月，馆舍位于石门县楚江镇文庙路省级文物保护单位石门文庙内。石门文庙始建于宋代，现存建筑为明弘治十七年（1504）所建，清乾隆、光绪年间均曾经过较大规模的修缮。文庙占地面积4493平方米，建筑面积2269平方米。1987年用作县博物馆馆舍后，省、市、县各级政府和文物主管部门先后拨款200多万元进行过十多次大小维修，陆续恢复了头门、东西耳房、大成门、大成殿、文武官厅、乡贤祠、名宦祠、东西碑廊、道贯古今楼、钟鼓楼、状元桥、东西厢房、棂星门、礼乐器库等。1999年耗资180万元进行大规模整修，文庙旧貌完全恢复，并把文庙部分建筑辟为陈列室、办公室和文物库房。

石门县博物馆珍藏文物除部分接受原县文化馆旧藏外，大部分是石门出土和征集文物。藏品总数有1640件（套），其中国家一级文物9件（套）、二级文物95件（套）、三级文物192件（套）。为了确保馆藏文物安全，石门县博物馆以防火防盗为重点，制定了一系列切实可行的规章制度和奖惩措施。馆内多处设有消防栓，备有足够的消防器材，消防通道畅通无阻。文物库房、文物陈列室都实现“三铁一器”，即铁门、铁窗、铁柜、报警器。保卫值班室装置有影像监控设备，在库房、展室等重要部位装有探头，馆内四周装有红外线报警器。安全保卫有专人专职负责，实行24小时全天候值班。

石门县博物馆陈列展览内容丰富，馆内现办有6个基本陈列。1. “石门县历史文物陈列”。展室面积350平方米，以地方通史的形式陈列，精选上自原始社会，下至鸦片战争时期在石门境内出土的历史文物500余件（套），结合绘画和文字说明，充分展示石门悠久历史和灿烂文化。2. “石门县革命史陈列”。展室面积100平方米，用丰富详尽的历史图片，结合20多件近现代文物，全面介绍中共石门地下党组织的诞生和所领导的一系列革命斗争，再现贺龙、王尔琢、袁任远等老一辈无产阶级革命家在石门的革命活动，展示革命战争年代石门人民光辉的革命斗争历史。3. “石门土家族民俗陈列”。展室面积400

平方米，以展示生活在石门境内土家族人的民族发展历史、民风民俗、手工艺品等为主题，采用真实的照片和大量与土家族生活相关的民俗实物相结合的方式，全面反映生活在石门的土家族人的历史、生活及风俗特点。4. “石门新关出土清代古尸展”。展室面积150平方米，展出一具在石门县新关镇出土的距今200多年前的清代男古尸及其服饰等随葬品。反映清雍正时期推行“改土归流”政策后，石门土汉文化相互交流的情况。5. “石门奇石展”。展室面积200平方米，以极具地方特色的石门奇石为主要内容，展示石门境内丰富的奇石资源和石门赏石文化的蓬勃发展。6. “毛泽东的亲家——陈振亚烈士生平事迹展”。展室面积100平方米，以在烈士故乡征集的有关遗物和毛泽东的儿媳邵华提供的大量历史资料、照片，再现烈士立志革命、出生入死、为国捐躯的光辉一生。除以上6个基本陈列外，石门县博物馆历年来还先后自办、联办、引进各类展览42个。

石门县博物馆1995年被中共常德市委、常德市人民政府命名为“常德市首批爱国主义教育基地”，1996年被湖南省文化厅、人事厅评为“全省文化工作先进单位”，1997年和2000年两次被湖南省文物局授予“湖南省文明博物馆”称号，2006年被湖南省科技厅命名为“湖南省科普基地”，2010年被常德市文明委评为“常德市第四届未成年人思想道德教育工作先进活动基地”，同年又被湖南省文明委评为“全省未成年人思想道德教育先进活动基地”。

表2-1-2-3

石门县博物馆历年来部分自办、联办、引进各类展览

展出时间	展览名称	办展方式
1989.9	“雷锋生平事迹”	引进
1989.12	“北京平息反革命暴乱图片展”	引进
1996.7	“交通安全知识教育图片展”	联办
1996.10	“长征精神永放光芒”——纪念中国工农红军长征胜利60周年大型图片展览	联办
1998.4	“伟人周恩来生平事迹展”	自办
2000.10	“石门县辉煌50年大型图片展”	自办
2001.6	“石门县著名国画家陈英儒个人国画展”	联办
2002.4	“科学的证言——批判‘法轮功’伪科学展览”	联办
2003.2	“继往开来，与时俱进”——庆祝党的十六大胜利召开图片展	自办
2003.10	“人民公仆郑培民优秀事迹图片展”	引进
2005.8	“勿忘国耻，强我中华”——纪念抗日战争胜利60周年大型图片展	联办

续上表

展出时间	展　览　名　称	办展方式
2006.1	“反对迷信，崇尚科学”科普展	联办
2006.10	“伟大的壮举，不朽的精神”——纪念中国工农红军长征胜利70周年图片展	联办
2007.8	“坚强柱石，光辉历程”——纪念建军80周年大型图片展	自办
2009.9	“辉煌六十年，灿烂三十春”——纪念建国60周年、改革开放30周年图片展	自办
2010.10	“珍爱生命，远离毒品”警示展	联办

四、津市市博物馆

津市市博物馆成立于1994年，馆舍位于津市市孟姜女大道，1995年动工建设，1996年基本竣工，2003年正式对外开放。馆舍占地5600平方米，建筑面积600平方米，其中综合展室300平方米、文物库房110平方米。馆内现办有“津市市出土历史文物陈列”“津市市民俗展”两个固定展览。津市市地处澧阳平原，素有“九澧门户”之称，自古商贾云集，人流稠密，商业发达，经济活跃，因而各个历史时期遗留在地面地下的文物资源极为丰富。2010年，馆内共收藏有各类文物5016件（套），其中国家一级文物26件（套）、二级文物12件（套）、三级文物144件（套）。无论是文物的数量还是文物的级别，在常德市乃至湖南省都属最多的区县市之一，特别是晋代铜伎俑（已调拨到湖南省博物馆）、清代龙饰鎏金铜铠甲和14世纪印度德里金币等文物精品在常德市都是独一无二的。

为了确保馆藏文物万无一失，津市市博物馆十分重视文物库房的安全保卫工作，配备专职保卫人员，坚持以人防为主，技防为辅，死看硬守，全天候值班巡逻，“人在文物在，誓与文物共存亡”。在技防上，馆内安装了电视监控设备，文物库房实现“三铁两器”（铁门、铁窗、铁柜；报警器、灭火器），为避免文物自然损毁还采取了一些行之有效的保护措施。

第三节　名人纪念馆

林伯渠故居纪念馆：

林伯渠故居纪念馆成立于1986年，位于临澧县修梅镇凉水井村省级文物保护单位林伯渠故居内，与林伯渠故居两块牌子、一套人员，统一管理。林伯渠（1886—1960）是中共老一辈无产阶级革命家，新中国成立后曾先后担任中央人民政府第一任秘书长、全国人民代表大会常务委员会副委员长。林伯渠故居建于清同治年间，为典型的江南四合院建筑风格，东西长28.6米，南北宽26.5米，建筑面积870平方米。故居分前、中、后三进院布局，平面呈“品”字形，共有大小房间21间。林伯渠故居1996年湖南省人民政府公布为省级文物保护单位。林伯渠纪念馆在故居内辟有5个展室，面积413平方米，办有“林伯渠生平业绩陈列”。该展览分“立志救国的青年”“国共合作的桥梁”“红色理财的行家”“勤政爱民的边区政府主席”“开国安邦的元勋”“人民心中的丰碑”六个部分，展出了220余幅珍贵历史照片和大量的文献资料及实物，全面展示林伯渠光辉灿烂的一生。此外，还办有“廉政文化教育专题展览”。纪念馆内现陈列和保管有以林伯渠生前所使用过的实物为主的革命文物共99件（套），其中经国家和省文物鉴定委员会专家鉴定，有一级文物5件（套）、二级文物13件（套）、三级文物81件（套）。1988年在故居外围建有一栋面积为200平方米的办公用房。2006年，在林伯渠诞辰120周年之际，扩建近3000平方米的故居广场，新建高12.4米、宽14米的钢筋砼三门式故居牌坊。还经批准塑建林伯渠铜像，铜像高4.4米，基座高3米，由中国美术学院教授、著名雕刻家戴广文设计并捉刀，南京晨光集团承制。2009年又先后在广场前修建面积900平方米的游客接待中心，开辟了步饮、休闲、娱乐、购物等服务项目；在故居后面开辟了1500平方米的“五老林”（“五老”即中共延安时期五位年长的革命家董必武、林伯渠、谢觉哉、徐特立、吴玉章）参观景点，拉通诗词碑林公园游道。至此，纪念馆各项配套设施已基本齐全。

林伯渠故居纪念馆

林伯渠故居纪念馆是常德市文物部门管理的首家名人纪念馆，建馆时间长，对外影响大。1995年、1996年曾两度荣获湖南省“文明博物馆”称号。从1996年开始，先后被湖南省人民政府、中共湖南省委宣传部、中共湖南省纪委授牌为“湖南省全民国防教基地”“湖南省首批爱国主义教育基地”“湖南省廉政文化教育基地”。武警湖南省消防总队、广州军区湖南陆军预备役步兵师也在此挂牌为“思想政治教育基地”和“国防教育基地”。还有常德市、临澧县共60多家党政机关、企事业单位、大中专院校以此作为各类教育基地。

第四节　民办博物馆

一、沅州石雕博物馆

沅州石雕博物馆亦称大河茶馆，是常德市大河商务有限公司董事长梁平于2004年创办的一座以茶文化为依托，充分展示沅澧流域文化特色的国内首家博物馆式茶馆。馆舍位于常德市城区武陵大道中路紫云天商居大厦二楼，建筑面积2600平方米。馆舍内部装修古朴典雅，以吊脚楼、古船、八角亭、佛像、窗花、青石瓦楞等传统文化意象元素塑造出具有江南园林特色的人文景观。馆内陈列展出有梁平先生历年来个人收藏的近3000余件（套）沅澧流域古代艺术品，有沅州石雕、桃源木雕、醴陵塑瓷、桃源织绣、名人字画等，这些展品具有鲜明的民族性、地域性。沅州石雕博物馆最突出的特点是：馆内有可听的文物，如被列为国家非物质文化遗产的常德汉剧湘北高腔、常德丝弦等表演唱；有可喝的文物，如自元代以来流传于常德鼎城、桃源一带的“擂茶”，还收藏有1000多年历史的著名湖南安化黑砖茶，此茶除有保健功效外，还可收藏保值增值；有可看的文物，如沅州石雕、桃源木雕、醴陵塑瓷三大系列藏品。其数量之多、工艺之精湛均为全省之最。其中醴陵雕塑瓷中有“现代官窑之父”之称的民国时期烧制的釉下五彩人物塑瓷800余件（套），有明、清时期被誉为“桃源工”的木雕、家具、各类刺绣1000余件。自南宋以后一直就是朝廷贡品的沅州石雕，全国现存量不超过400件（套），该馆收藏有200余件（套）。此外还有可欣赏、可交易的字画及古玩杂项1000余件（套）。人们进入博物馆内，既可交友品茗，怡然自乐，又可参观、鉴赏精品陈列，体味湖湘文化的源远流长。沅州石雕博物馆是常德市建设文化名城示范单位、国家AA级旅游景点、湖南省文化产业优秀单位，2009～2010年全国百佳茶馆。

二、红色记忆博物馆

红色记忆博物馆亦称东方红会所，是湖南德成建设工程有限公司携手红色收藏家黄明军先生为庆祝中国共产党建党90周年、纪念辛亥革命100周年而共同创办的一座以收藏和展示革命文物、社建文物为主要内容的博物馆。馆舍位于常德市武陵大道中路金沙大酒店三楼，馆舍面积1500平方米，馆内收藏有各类近现代文物1.8万件（套）。2011年6月正式开馆，对公众免费开放。红色记忆博物馆有两大展示区，即综合展区和主题展区。综合展区展出内容主要是名人手稿、书画作品、报刊文献等藏品。主题展区展出内容分“驱除鞑虏，恢复中华”“星星之火，可以燎原”“抗日烽火，同仇敌忾”“建国大业，走向共和”“蹉跎岁月，以史为鉴”“民富国强，和谐大同”六个部分，以大量详尽的文字说明、珍贵图片和实物，结合声、光、电、影像等辅助手段，生动再现中华民族自辛亥革命以来，为谋求民族独立、为中华之崛起，前赴后继的百年奋斗历程。两大展区共展出革命文物、社建文物 1000 余件（套），让人们参观游览之余，勾起对难忘岁月的回忆，深切缅怀革命先辈的丰功伟绩，从而激励人们不忘历史，珍惜现在，奋发图强，创造更加美好的未来。红色记忆博物馆是常德文化产业发展和文化名城建设的产物，它将成为一处新的爱国主义教育基地、一个新的红色旅游景点、一张新的常德文化名片。

第二章　馆（库）藏珍贵文物

馆（库）藏文物亦称可移动文物。常德市由国家单位收藏文物是新中国成立以后才开始的。从20世纪50年代初到70年代末近三十年中，全市没有成立专门的文物管理机构，更没有文物收藏单位。一批数量、品类本来就不多的可移动文物均由各级财政、教育、公安、城建、文化、档案等部门分散收藏与管理。由于收藏条件有限，缺乏规范管理，致使文物屡遭损坏和大量流失。1979年底市县两级文物管理部门接收各部门移交的文物仅350余件（套）。

中共十一届三中全会以后，特别是常德地改市以来，国有文物收藏工作发生了根本性变化。截至2010年，全市国有文博单位的文物藏品达3.5万余件（套）。这些文物的主要来源80%为本市地下发掘出土，20%为部门移交、民间征集、市场收购、社会与个人捐赠以及执法部门依法追缴罚没等。这批文物有远至30万年前，近至明清和近现代各个历史时期的历史文物、革命文物、民族文物和民俗文物。从功能作用上可分为生产工具、生活用品、古代兵器、古代社交宗教礼仪用品、古代丧葬用品、古代货币和工艺品等种类。其质地有石器、陶器、铜器、铁器、瓷器、玉器、漆木器、金银器、琉璃器以及棉麻、丝帛、字画纸质品等。

1982年4月湖南省文物鉴定委员会组织专家小组到常德进行馆藏文物鉴定之后，市文物主管部门又于1994年11月、2002年12月和2009年6~7月三次聘请国家文物鉴定委员会、湖南省文物鉴定委员会专家组先后到常德，按照国家制定的珍贵文物分一、二、三级的统一标准，对全市馆（库）藏文物进行集中鉴定。通过鉴定，全市共有三级以上珍贵文物2256件（套），其中一级文物171件（套）、二级文物634件（套）、三级文物1451件（套）。

第一节　国有馆（库）藏一级文物

一、陶器

彩绘陶壶

战国时期。1987年3月汉寿县株木山砖厂发掘出土。

陶质，通高40.5厘米，口径12厘米，足径14.4厘米，上绘有黑、红、白三色。口沿有破损，一环缺，一环修复，壶外表均老化干裂。属盛储器。

该壶灰胎，带盖，盖高5.2厘米，盖口稍内敛。盖面上鼓，近沿处三方有立耳，耳高

4 厘米。盖施彩绘，中为白色涡纹，中央有黑红色，外有白色、戳印点组成的六星纹。边沿处有红、白、黑三色组成的三角形水波纹。壶口微侈，平沿夹唇，长颈内弧，溜肩，肩部有对称的双耳，耳上附圆环。鼓腹下收，圈足高 1.5 厘米。全器由七道凹弦纹分为八区，每一凹弦纹中为无数白色戳点纹一圈，口部一区为黑色素面，下颈部为两区彩绘，上为云气纹，下为变形雷纹。肩部一区为黑色素面，腹上部为云气纹底，菱形主纹中央为目纹。下腹两区为黑色素面，近底部一区为三基色三角纹。该器物于 1994 年 11 月经国家文物鉴定委员会专家鉴定为一级文物，现由常德博物馆收藏。

彩绘陶鼎

战国时期。1987 年 5 月汉寿县株木山砖厂发掘出土。

陶质，通高 22 厘米，口径 11.6 厘米，腹径 18.5 厘米，上绘有黑、红、白三色。双耳、足残黏合，盖耳失一个，釉脱，干裂严重。属礼器。

战国彩绘陶鼎

此陶鼎圆形盖，口微内敛，盖面鼓，盖近边沿处分三方饰三立耳，高 5.5 厘米，盖施彩绘，中央为白色点纹及黑红色组成的同心圈纹。外围为三色组成的三角形纹，鼎口微内敛，短颈，溜肩外鼓，肩部对称双耳。腹下分裆，附三圆柱形细长足，足高 9 厘米。整体似鬲。全器除口、肩部外均施彩绘，腹上部饰网格纹，腹下部为三角纹，底为素面，足亦为素面。专家认定，此类器物不多，完整的更少，特别是该器物造型别致，似鬲似鼎，彩绘精美，线条明快流畅，集三角纹、圆圈纹为一体，反映了当时高超的绘画水平。该器物于 1994 年 11 月经国家文物鉴定委员会专家鉴定为一级文物，现由常德博物馆收藏。

彩绘陶鼎

战国时期。1987 年 3 月汉寿县株木山砖厂发掘出土。

战国彩绘陶敦

陶质，通高 32 厘米，口径 20.4 厘米，腹径 24.5 厘米，上绘有黑、红、白三色。一足残黏合，盖、双耳修复，盖边沿有残缺，整器老化干裂。属祭祀品。

此陶鼎盖圆且微隆起，上有三立耳，中央一小钮，钮座为三圈弦纹，钮座外为彩绘水波纹及网格纹，近沿有两圈浅凸弦纹。鼎身为母口，内敛，腹鼓下收，腹上附对称双耳，呈拱形。圆底，腹上一圈凸棱，底为云气纹，附三蹄足，足中部绘黑、白、红云气纹。该器物造型大方，稳重端庄，彩绘纹饰精美，错落有序。该器物于 1994 年 11 月经国家文物鉴定委员会专家鉴定为一级文物，现由常德博物馆收藏。

彩绘陶敦

战国时期。1987 年 3 月汉寿县株木山砖厂发掘出土。

陶质，通高 28.5 厘米，口径 22.3 厘米，黑、红色。一足修复，一足残黏合，器底残黏合，整体干裂严重。属丧葬用品。

此陶敦盖、器合为一体，整体为一椭圆形。敦口微敛，鼓腹，圜底均有三扁形蹄足，分三方直立，足高 6.5 厘米。盖、器施彩绘，盖顶中央为水波纹，中部一圈带亦为水波纹。器近口一周为云气纹，宽约 5 厘米。该器物造型大气，彩绘纹饰精美。1994 年 11 月经国家文物鉴定委员会专家鉴定为一级文物，现由常德博物馆收藏。

彩绘陶鼎

战国时期。1982 年汉寿县株木山乡全赋村发掘出土。

陶质，通高 26.5 厘米，口径 20 厘米，一盖钮残缺，属祭祀用品。此陶鼎以红色彩绘为主，兼有黑、白彩绘。盖面中心绘有卷云纹，周边绘斜云格，并用红色点点缀。腹部绘云气纹。盖顶隆起，子母口承盖，三足微外撇，直腹，附双立耳，圆底，棱形柱蹄足。该器物于 2002 年 12 月经湖南省文物鉴定委员会专家鉴定为一级文物，现由汉寿县文物管理所收藏。

彩绘陶壶

战国时期。1982 年汉寿县株木山乡全赋村发掘出土。

陶质，通高 41 厘米，口径 10 厘米，腹径 21 厘米。一盖钮缺，属祭祀品。此陶壶用红、黑、白三色彩绘纹饰，盖面饰涡纹，颈与肩部饰云气纹、卷云纹，腹部饰棱形纹与目纹，颜色鲜艳。口微敞，腹较圆，最大腹径在腹上（部），腹部饰对称的衔环铺首。该器物于 2002 年 12 月经湖南省文物鉴定委员会专家鉴定为一级文物，现由汉寿县文物管理所收藏。

彩绘陶壶

彩陶壶

战国时期。1990 年澧县澧阳镇皇山砖厂发掘出土。

陶质，上绘红、黑、白三色。通高 39 厘米，口径 13.2 厘米，底径 11.8 厘米。双铺首失落，口沿、圈足稍残，彩绘颜色稍有脱落，属盛储器。此陶壶泥质黑陶，敞口，平唇，颈微束，斜肩，肩部两侧各穿一孔，置有铺首，椭圆腹，圆底，矮圈足。器身饰朱红色彩绘，以弦纹分隔成三组。即口沿下为蕉叶纹，颈部为竖“之”字纹，肩部为横“人”字纹，上腹为卷云纹，下腹上为卷叶几何纹，下为竖“之”字纹。该器物于 1994 年 12 月经国家文物鉴定委员会专家鉴定为一级文物，现由澧县博物馆收藏，常德博物馆代为保管。

彩陶鼎

战国时期。1990 年澧县澧阳镇皇山砖厂发掘出土。

陶质，红、黑色。通高 26 厘米，口径 19.4 厘米，足高 14 厘米，耳高 9 厘米。盖顶抓把和两个盖钮残失，盖边缘残，彩绘颜色稍有脱落，属盛储器。此陶鼎泥质黑陶，子母口，平沿，浅腹，方形附耳外撇，平底，高蹄足。盖隆起，盖正中有抓把，靠近边缘处置有一立钮。盖和器身饰朱红色彩绘。盖面中部和近边缘处各阴刻有弦纹一周，中央和两弦纹之间填绘卷云纹，近口沿处为横人字纹，腹部绘“之”字纹或称为竖水波纹。该器物于 1994 年 12 月经国家文物鉴定委员会专家鉴定为一级文物，现由澧县博物馆收藏，常德博物馆代为保管。

三彩陶屋

宋代。1976 年 5 月，石门县维新中学挖操坪时出土，后由县文化馆文物专干征集。

陶质，通高 26.9 厘米，面阔 18 厘米，进深 14 厘米，黄、绿色。保存完整，属冥器。此陶屋为重檐庑殿式结构，顶施绿釉，三层分开，中间为橙黄色釉，屋面相交处均作翼角上翘。正面有方形窗孔一扇，反面有树木图案，窗左右及下部有堆塑人物 28 个，两侧作堆塑云龙纹图饰，屋基为须弥座，施绿釉。

三彩多为长江以北地区，在江南很少见，陶屋出土于宋墓之中，对研究当时的经济、文化提供了重要的实物资料。该器物于 1994 年 11 月经国家文物鉴定委员会专家鉴定为一级文物，现由石门县博物馆收藏。

宋代三彩陶屋

奉天大和尚墓志铭

清代。1981 年石门县夹山寺奉天大和尚墓发掘出土。

陶质，一块青灰色古砖制成。正方形，青灰色，长 35 厘米，宽 35 厘米，厚 4.6 厘米。四角及四周边缘残缺，字迹不太清晰。属丧葬物品。此墓志铭正面铭文为：“中兴夹山祖庭弘律奉天大和尚塔铭：师于大清王辰年六月受石邑魏候请书，领徒开山，历尽清要，卧风餐水二十年，丛林大举，门弟子数千众，殁于甲寅年三月，荼毗。”首部“中兴”二字均为红色，涂有朱砂，砖背面为方格纹。铭文中主要记述了奉天大和尚（据考证应为明末农民起义领袖李自成）开辟和归隐夹山的经过。该器物于 1994 年 11 月经国家文物鉴定委员会专家鉴定为一级文物，现由石门县博物馆收藏。

奉天大和尚墓志铭

奉天大和尚圹符碑

奉天大和尚圹符碑

清代。1981 年石门县夹山寺奉天大和尚墓发掘出土。

陶质，正方形，灰色，长 35 厘米，宽 35 厘米，厚 5 厘米。碑的四周微缺，属丧葬物品。此碑中部有阴刻“福寿”“唵”“生养护”“律令”铭文和阴符例语例图。左侧为“寿山永远，石朽人来”铭文，右侧为“身披北斗，头戴三台”铭文。该器物于 1994 年 11 月经国家文物鉴定委员会专家鉴定为一级文物，现由石门县博物馆收藏。

二、瓷器

“垣地”弦纹青瓷长颈瓶

“垣地”弦纹青瓷长颈瓶

西汉。1996 年常德市武陵区南坪乡一村民挖掘出土，后由常德博物馆征集。

瓷质，高 25. 5 厘米，口径 4. 5 厘米，腹径 17. 5 厘米，底径 11. 8 厘米，黄褐色，保存基本完整，器身有砸痕，属盛储器。此瓶直口，长颈达 12 厘米，溜肩，鼓腹，平底。通体施黄褐色釉。器肩部、上腹部饰四组凹弦纹，三道为一组，下腹部满饰网格纹，器肩部刻有“垣北”二字，上下排列，系釉前刻划。胎灰白，较光亮，可见流釉痕迹。专家认定：就全国来讲该器型发现较少，尤其在西汉时期这种造型更少，器物上刻划文字的更属少见。该器物于 2002 年 12 月经国家文物鉴定委员会专家鉴定为一级文物，现由常德博物馆收藏。

夔龙纹长柄青瓷灯

西晋青瓷夔龙纹长柄青瓷灯

西晋。1991 年 4 月在安乡县黄山头镇南禅湾刘弘墓发掘出土。

瓷质，通高 23 厘米，口径 12 厘米，底径 13. 2 厘米。青黄色，橄榄青。保存完好，属照明灯具。此柄灯为橄榄青釉，灯台青黄釉，盏与盏托均为圆唇收腹，口沿分别有二或一道凸弦纹。柄高 16 厘米，中部贴塑有龙首，龙首长 9. 8 厘米，张嘴怒目，引颈独角。灯座底外平，内有高弦纹。该器物于 1994 年 11 月经国家文物鉴定委员会专家鉴定为一级文物，现由安乡县文物管理所收藏，常德博物馆代为保管。

堆塑禽兽人物纹青瓷灯

西晋。1991 年 4 月在安乡县黄山头镇南禅湾刘弘墓发掘出土。

瓷质，通高 41.2 厘米，盏高 4.5 厘米，盏径 11.5 厘米，柱高 23.5 厘米，座高 13.2 厘米，座径 22 厘米，孔径 2.5 厘米。青黄色。盏盂底座残裂为数块，黏合后座上部有两小缺口，下部有一长约 4 厘米的缺口，通体贴塑。属照明灯具。此灯盏盂为锥管柱，半球直壁座，塔状。盏扁圆腹，敛口微凹，圆唇，肩部四系。柱分三段，堆塑鸟、兽、人物、神像。灯座半球面，折肩直壁，空心底，其肩部环塑 8 个动物，施黄灰色釉。该器物于 1994 年 11 月经国家文物鉴定委员会专家鉴定为一级文物，现由安乡县文物管理所收藏，常德博物馆代为保管。

多子青瓷盒

西晋。1991 年 4 月在安乡县黄山头镇南禅湾刘弘墓发掘出土。

瓷质，通长 26.4 厘米，宽 17.4 厘米，高 5 厘米。青黄色。保存基本完整，属盛储器。此盒通体青黄釉，分为 5 厘米宽三条。一、二条为 6 厘米长 4 小格，第三条中间两条分为 4×5 厘米 3 小格，全盒为 13 格。格梁方正，底座对称三牙。底厚 1.75 厘米，足厚 0.8 厘米。档挖长且呈半椭圆牙，座与盒有子母口，无纹饰。该器物于 1994 年 11 月经国家文物鉴定委员会专家鉴定为一级文物，现由安乡县文物管理所收藏，常德博物馆代为保管。

青瓷方壶

西晋。1991 年 4 月在安乡县黄山头镇南禅湾刘弘墓发掘出土。

瓷质，通高 24.4 厘米，盖高 5.6 厘米，肩长 17 厘米，底边长 16 厘米。青黄色。器形完整，釉多脱落，为盛酒器。此壶盖面微弧，蕾座，环状系，壶沿口直，圆唇，近沿外有两道凹弦纹，直颈折肩。壶体方形圆角，肩有两耳，两道凹弦纹。平底，有履齿状足。该器物于 1994 年 11 月经国家文物鉴定委员会专家鉴定为一级文物，现由安乡县文物管理所收藏，常德博物馆代为保管。

青瓷方壶

青瓷虎子

西晋。1991 年 4 月在安乡县黄山头镇南禅湾刘弘墓发掘出土。

瓷质，通高 17 厘米，底长 9.5 厘米，口径 5.6 厘米。青黄色。保存基本完整，前部破一圆形孔，直径约 5.5 厘米，属小便器。此壶体茧形，圆口前伸，把截面呈圆形，尾部有小圆柱排气孔，平底。该器物于 1994 年 11 月经国家文物鉴定委员会专家鉴定为一级文物，现由安乡文物管理所收藏，常德博物馆代管。

四系青瓷盖罐

西晋。1993 年澧县边贸城建设工地发掘出土。

瓷质，青黄色。通高 8.4 厘米，口径 7.2 厘米，底径 6 厘米。保存完整，属盛储器。此罐盖面微隆，盖面中部和近边沿处各饰凹弦纹两周，中央置一钮。子母口，圆唇，矮颈，溜肩，置四个对称鼻钮，颈、肩部各饰凹弦纹一周，肩部饰网格纹。鼓腹，下腹内收，小平底。开片，施青釉，下腹至底部未施釉，素面。该器物于 1994 年 12 月经国家文物鉴定委员会专家鉴定为一级文物，现由澧县博物馆收藏，常德博物馆代为保管。

岳州窑“唐家钟”青瓷碗

五代岳州窑“唐家钟”青瓷碗

五代。1984 年桃花源文物管理所在桃源县盘塘乡常青村收购，1992 年移交给桃源县文物管理所。

瓷质，通高 7 厘米，口径 16 厘米，足径 8.5 厘米。黄色。保存基本完整，属盛储器。此碗大口，圆唇，斜腹内收，浅圈足。碗内底有五个支钉痕。圈内模印楷书“唐家钟”四字，胎质浅灰，釉色油黄。该器物于 1994 年 11 月经国家文物鉴定委员会专家鉴定为一级文物，现由桃源县文物管理所收藏，常德博物馆代为保管。

建窑兔毫纹瓷碗

宋代。2001 年常德市鼎城区灌溪乡黄土山发掘出土。

瓷质，通高 9 厘米，口径 12.9 厘米，足径 4 厘米，蓝、黑色。保存完整，属盛储器。此碗撇口，卷唇，深腹，玉璧形圈足，露胎。碗内外均施蓝、黑色釉，外壁釉不及底，离足约 4.8 至 5.5 厘米。器内外兔毫纹层次清晰，栩栩如生。此碗通体光洁细腻，保存基本完好，有垂釉现象。该器物于 2002 年 12 月经湖南省文物鉴定委员会专家鉴定为一级文物，现由常德博物馆收藏。

影青釉刻花梅瓶

宋代。1984 年澧县文物处工作人员在澧县如东乡高崇村征集。

瓷质，豆青色。通高 25.4 厘米，口径 5.5 厘米，底径 10 厘米。保存完整，属陈设品。此瓶小直口，外折沿，圆唇、束颈，丰肩，鼓腹，下腹内收，平底。通体施青釉不及底，开片，釉下刻花，其图案为缠枝牡丹花纹，肩及上、下腹各饰牡丹三朵，交错排列。该器物于 1994 年 12 月经国家文物鉴定委员会专家鉴定为一级文物，现由澧县博物馆收藏，常德博物馆代为保管。

白瓷黑花人物卧枕

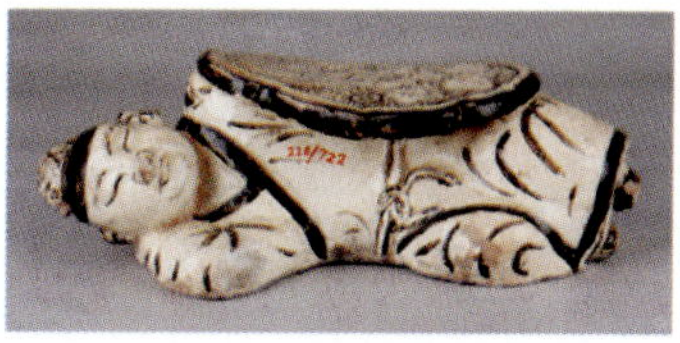

元代白瓷黑花人物卧枕

元代。1989 年 12 月 24 日，临澧县杨板乡景阳湾修太山水库时挖掘出土，县博物馆闻讯后将其征收。

瓷质，通高 32 厘米，宽 12 厘米，豆黄色。有残缺，属床上用品。此瓷枕为一人侧身睡姿。头枕右手，手心向上，头发高盘于头顶，枕面呈桃形，从右肩侧至大腿上部绘有黑色牡丹花，身饰兰草花，恰似衣纹。该器物于1994年11月29日经国家文物鉴定委员会专家鉴定为一级文物，现由临澧县博物馆收藏。

影青釉镂孔人物瓷扁壶

元代影青釉镂孔人物瓷扁壶

元代。1984年澧县城关镇护城窖藏发掘出土。

瓷质，豆青色。通高11.7厘米，腹径11厘米，孔径5.5厘米。镂孔中树枝残落两处，属陈设品。该壶侈口，直颈微内收，圆肩，竖扁圆腹，矮圈足。平面呈椭圆形，足壁外撇，肩部一侧置流，一侧置鋬，流呈管状，往下微弯曲，鋬茎横断面呈扁圆形，鋬上有一无孔装饰钮，除底部不施釉外，通体施影青釉。扁圆腹中部为镂孔，壶体正面镂孔呈八边形，每边饰以叶瓣和卷叶纹。镂孔内塑一棵大树，有两人相互弯腰拱身作揖状，背面镂孔呈圆形，中部透剔带叶牡丹花一朵。1994年12月，经国家文物鉴定委员会专家鉴定为一级文物，现由澧县博物馆收藏，常德博物馆代为保管。

狮钮盖瓷香炉

元代。1996年澧县车溪乡新民村发掘出土。

瓷质，白蓝色。通高17.5厘米，钮盖口径7.3厘米，炉身口径8.6厘米，腹径9.8厘米，底径4.9厘米。保存完整，属礼器。该炉盖上置狮钮，狮口微张，抬头张望，前双足捧一绣球，后足蹲立，卷尾。盖面饰卷草纹一周。器身方唇，圆口，束颈，颈部饰卷草纹一周。双炉耳形如朝笏，鼓腹下垂，腹部饰一组缠枝栀子花纹和一组缠枝菊花纹。小平底，腹下鼎立兽蹄足三个，微外撇，蹄足上勾勒简单卷曲线纹。1994年12月，经国家文物鉴定委员会专家鉴定为一级文物，现由澧县博物馆收藏，常德博物馆代为保管。

奉天大和尚青花骨灰盖罐

清代。1981年石门县夹山寺奉天大和尚墓发掘出土。

奉天大和尚青花骨灰盖罐

瓷质，直口、鼓腹、平底，盖上饰球形钮，青、白色。通高36厘米，口径13厘米，底径16厘米，盖高7.5厘米。口沿残缺2厘米，用作藏装骨灰。罐体中部正面饰有麒麟腾空回首作咧嘴状，反面饰有五尾凤、翔云。下部为山石、花草、栏杆图案，内装有舍利物。

根据有关文献资料记载，奉天大和尚实为明末农民起义领袖闯王李自成，兵败后禅隐石门夹山，化名“奉天大和尚”，并圆寂在夹山。此盖罐的出土，为进一步研究奉天大和尚与李自成之关系，以及李自成的归宿提供了重要的实物资料。该器物于1994年11月经国家文物鉴定委员会专家鉴定为一级文物，现由石门县博物馆收藏。

三、玉器

玉琮

新石器时代。1987 年安乡县安障乡遵保村庹家岗遗址发掘出土。

新石器时代龙山文化玉琮

玉质，灰绿色。通高 7 厘米，宽 7 厘米，射径 7 厘米。一棱稍损，长约 2 厘米，属宗教用品。该玉琮内圆外方，通体打磨光滑，有豹皮纹白斑。内圆钻孔圆滑，对位准确。孔沿起 1 厘米见方唇，四方刻八卦地卦图案，地卦中减地槽成 57 度倾角，六横纹刻位平整，为新石器时代龙山文化时期的遗物，是长江中游地区首次发掘出土。1994 年 11 月，经国家文物鉴定委员会专家鉴定为一级文物，现由安乡县文物管理所收藏，常德博物馆代为保管。

琉璃剑首

战国时期。2001 年汉寿县聂家桥乡武峰山村发掘出土。

琉璃质，圆形，淡青色。直径 4.7 厘米，厚 0.4 厘米。保存基本完整，背部稍有残缺，属剑装饰品。剑首正面中部微内凹呈圆形，其余饰四叶纹、谷纹。背面粗糙无纹饰。2002 年 12 月，经湖南省文物鉴定委员会专家鉴定为一级文物，现由常德博物馆收藏。

玛瑙带钩

西汉。常德市鼎城区灌溪乡发掘出土。

西汉玛瑙带钩

玉质，椭圆形，红色兼有白色。通长 8.6 厘米，宽 4.4 厘米，厚 1.9 厘米，残成两块黏合，属佩饰品。该器物圆形扣，扣径 2.8 厘米，扣下有不成形的 10 个圆孔。钩似鸭嘴形，整体厚重，且造型优美，工艺精细，质地润泽。1994 年 11 月，经国家文物鉴定委员会专家鉴定为一级文物，现由常德博物馆收藏。

龙纹玉剑珥

西晋。1991 年 4 月安乡县黄山头镇南禅湾刘弘墓发掘出土。

玉质，淡青色。通长 8.5 厘米，宽 2 厘米，厚 1 厘米，保存完整，属佩饰品。该剑珥质地晶莹，珥面浮雕螭龙纹。1994 年 11 月，经国家文物鉴定委员会专家鉴定为一级文物，现由安乡县文物管理所收藏，常德博物馆代为保管。

镂雕龙纹玉瑗

西晋镂雕龙纹玉瑗

西晋。1991 年 4 月安乡县黄山头镇南禅湾刘弘墓发掘出土。

玉质，白带翡色。直径 14 厘米，肉径 2.1 厘米，好径 2.9 厘米，厚 0.4 厘米。保存基本完整，属装饰品。该玉瑗内外沿方形截面，肉内镂雕三条夔龙纹，为雌雄带一子。龙形活猛，穿腾云中，刀法高雅，白玉带翡。1994 年 11 月，经国家文物鉴定委员会专家鉴定为一级文物，现由安乡县文物管理所收藏，常德博物馆代为保管。

龙凤纹玉佩

西晋。1991 年 4 月安乡县黄山头镇南禅湾刘弘墓发掘出土。

玉质，白色。通长 11.8 厘米，宽 2 厘米，厚 0.5 厘米。缺一块，残黏合，属装饰品。该玉佩呈盾形，两侧为镂空或浮雕青龙、白虎、朱雀、玄武纹。上部为饕餮纹，青龙上身进入玑面，玑反面为谷纹。1994 年 11 月，经国家文物鉴定委员会专家鉴定为一级文物，现由安乡县文物管理所收藏，常德博物馆代为保管。

龙凤纹玉卮

西晋。1991 年 4 月安乡县黄山头镇南禅湾刘弘墓发掘出土。

玉质，淡青色。通高 12.9 厘米，口径 7.8 厘米，足高 1 厘米。残数块黏合，属祭祀器。该器物略成圆锥形，方唇，外壁口沿和近底各刻两道凸弦纹，中间为卷云纹，形成两条云带。腹部以谷纹为地，主纹上腹为两龙，下腹为两凤纹，卷云鋬，截面长方形。鋬座为柿蒂和勾云纹，三矮蹄足。内壁平滑，外壁纹饰半浮雕，刀法刚健。1994 年 11 月，经国家文物鉴定委员会专家鉴定为一级文物，现由安乡县文物管理所收藏，常德博物馆代为保管。

神兽纹玉樽

西晋。1991 年 4 月安乡县黄山头镇南禅湾刘弘墓发掘出土。

玉质，直筒形，呈粉白色。通高 10.5 厘米，口径 10.5 厘米，足高 2 厘米，是一种祭祀器物，保存基本完整。该器物有三道凹带纹，将纹饰分成上、下部，上设一对铺首衔环耳，器身浮雕螭、虎、龙纹及乘云仙人，下部纹饰分三组，分别以仙人与龙，虎与螭，龙与熊相对争斗为题材，平底。三足为缩首拱肩鼓腹的跪熊。该器物于 1991 年发掘出土，1993 年参加上海全国文物精华展。1994 年 11 月，经国家文物鉴定委员会专家鉴定为一级文物，现由安乡县文物管理所收藏，湖南省博物馆代为保管。

西晋双龙纹玉佩

双龙纹玉佩

西晋。1991 年 4 月安乡县黄山头镇南禅湾刘弘墓发掘出土。

玉质，白底翠绿色，通长 9 厘米，宽 7.5 厘米，厚 0.5 厘米，是一种装饰器物，保存完整。上部有一长方形透孔，孔径 2.9 厘米，作穿带用。其下作心形，中部凿出大圆孔，孔下一面细线刻一兽面纹，左右各透雕一龙纹，龙首向上，卷唇长舌，正反两面细刻卷云纹。该器物于 1991 年 4 月发掘出土，1993 年参加上海全国文物精华展。1994 年 11 月，经国家文物鉴定委员会专家鉴定为一级文物，现由安乡县文物管理所收藏，湖南省博物馆代为保管。

圆形方玉琮

明代。1954 年临澧县文化馆在临澧县佘市镇蒋家坪村征集，1987 年移交给县博物馆。

玉质，白、黑、黄色，通高 10.2 厘米，宽 7.5 厘米，射径 6.8 厘米。保存完整，属宗教礼器。该玉琮直口，平唇，内圆外方。以青白玉带黑黄条纹为主，另有斑点，器壁较厚。1997 年 4 月，经湖南省文物鉴定委员会专家鉴定为一级文物。现由临澧县博物馆收藏。

玉 琮

四、金银器

马蹄形金饼（共 6 枚）

西汉。1993 年常德市德山武陵酒厂发掘出土。

金质，金黄色。直径 6.2 厘米，重 248 克。保存完整，带泥，属当时钱币。金饼似马蹄形，正面内凹，里刻“上佰”二字等铭文。背面凹凸不平，无纹饰。每块金饼錾刻不同的文字和符号。1994 年 11 月，金饼经国家文物鉴定委员会专家鉴定为一级文物，现由常德博物馆收藏。

镂空龙纹金饼

东汉。2001 年 7 月，由汉寿县西竺山乡李家湾村一村民在一水渠中发现，当时被一些村民哄抢。同年 10 月经汉寿县公安局侦破追缴并移交给汉寿县文物管理所。

金质，金黄色。直径 6.65 厘米，厚 1 厘米，重 244 克，保存完整。属东汉时期的钱币。此金饼似斗笠形，正面镂空，中心雕刻一铜钱纹，周围镂雕两条奔腾状的龙纹。边沿圆凸，背面铸有鳞片纹。2002 年 12 月，经湖南省文物鉴定委员会专家鉴定为一级文物，现由汉寿县文物管理所收藏，常德博物馆代为保管。

镂空龙纹金饼

镂空金饼（共 2 枚）

东汉。2001 年 7 月，由汉寿县西竺山乡李家湾村一村民在一水渠中发现，当时被一些村民哄抢。同年 10 月经汉寿县公安局侦破追缴并移交给汉寿县文物管理所。

金质，金黄色。两枚大小一样，直径均为 6.5 厘米，厚 1 厘米，但重量不一，一枚重 226 克，另一枚重 192 克，保存完整，属东汉时期的钱币。此金饼呈斗笠形，中部圈内镂空 13 个圆孔，外刻有似八卦图案的纹饰。背面铸有鳞片状的纹饰。2002 年 12 月，经湖南省文物鉴定委员会专家鉴定为一级文物，现由汉寿县文物管理所收藏，常德博物馆代为保管。

银饼

东汉。2001 年 7 月，由汉寿县西竺山乡李家湾村一村民在一水渠中发现，共 46 枚，重 10192 克。当时被一些村民哄抢。同年 10 月经汉寿县公安局侦破收缴并移交给汉寿县文物管理所。

银质，均呈银灰色，圆形。直径 5.8 厘米，厚 1 厘米，保存完整，属东汉时期的钱币。背面铸有调节重量的瘤状砣。个别银饼上面錾刻不同文字和符号。2002 年 12 月，经湖南省文物鉴定委员会专家鉴定为一级文物，现由汉寿县文物管理所收藏，常德博物馆代为保管。

镇南将军金印

西晋。1991 年 4 月安乡县黄山头镇南禅湾刘弘墓发掘出土。

西晋镇南将军金印

金质，金黄色。长 2.5 厘米，宽 2.5 厘米，厚 2.2 厘米，是刘弘任“镇南将军”的印章，保存完整。此印印面篆体阴刻“镇南将军章”五字，印文平整端严，古朴庄重。印钮龟首上昂，龟甲饰直线纹，周边及足部刻鳞纹，是西晋时期官印的代表钮式。该器物于 1991 年4 月发掘出土，1993 年参加上海全国文物精华展。1994 年 11 月，经国家文物鉴定委员会专家鉴定为一级文物，现由安乡县文物管理所收藏，湖南省博物馆代为保管。

金龙纹带扣

西晋。1991 年4 月安乡县黄山头镇南禅湾刘弘墓发掘出土。

西晋嵌翠松石龙纹金带扣

金镶玉质，玉为翠绿色，金为黄色，通长 9 厘米，最宽处 6 厘米，厚0.4 米，带扣圆首长方形，是一装饰器物，除镶翠玉大部分脱落外，其余保存完整。该卡牌外沿饰绳纹，内原镶棱形翠玉 36 颗，圆形翠玉 8 颗，已大部分脱落。中心饰一飞腾的龙纹，龙首阔嘴，眼睛饰翠玉，颈部排列由小到大的金珠，龙身中镶嵌一颗直径 0.9 厘米的翠玉珠，龙背以金珠串成，龙尾分两叉，四爪弯曲有力，关节镶翠玉。扣环长条形，长 5 厘米，宽 0.6 厘米，扣舌长 1.2 厘米，宽 0.4 厘米，厚 0.18 厘米，扣首两边分饰青龙、白虎。带扣底面衬以整块铜片以强固金牌面，制作精巧细微，金碧辉煌，为罕见瑰宝。该器物于 1991 年 4 月发掘出土，1993 年参加上海全国文物精华展。1994 年 11 月，经国家文物鉴定委员会专家鉴定为一级文物，现由安乡县文物管理所收藏，湖南省博物馆代为保管。

宣成公金印

西晋。1991 年 4 月安乡县黄山头镇南禅湾刘弘墓发掘出土。

金质，金黄色。通长 2.5 厘米，宽 2.5 厘米，高 2.5 厘米。是刘弘封宣成公印章，保存相当完整。印面篆刻“宣成公章”四字，印文流畅，布局疏朗。龟形钮，雕刻精细，龟首高昂，龟背拱起，尾下垂，四肢精壮，腹下镂空，饱满，浑圆庄重，龟背昂起前倾，龟甲边纹两层，錾刻清晰规整的纹饰，表现出西晋的时代特征。该器物于 1991 年 4 月发掘出土，1993 年参加上海全国文物精华展。1994 年 11 月，经国家文物鉴定委员会专家鉴定为一级文物，现由安乡县文物管理所收藏，湖南省博物馆代为保管。

虎牙将军银印

晋代。1978 年 7 月，桃源县漆河镇玉凤坪村一村民在挖地时挖出，1981 年主动送交桃源县文化馆收藏，1992 年移交县文物管理所。

银质，银白色。印边长 2.4 厘米，高 2.1 厘米。保存完整，属印信、凭证。该印龟钮，龟首上昂，四足作爬形状。前后足之间间隔成系带钮孔。印面呈方形，阳刻篆书“虎牙将军章”。1994 年 11 月，经国家文物鉴定委员会专家鉴定为一级文物，现由桃源县文物管理所收藏，常德博物馆代为保管。

虎牙将军银印

龙首金簪

宋代。1994 年 5 月，桃源县三阳港镇朱木桥村一村民在挖地时发现一座宋代砖石墓，私自将此金簪及其他器物掏出并藏匿家中，后被该镇派出所和县文物管理所联合收缴。

金质，金黄色。簪长 16 厘米，宽 0.8 厘米。保存完整，为妇女头饰。该金簪呈耳挖形，簪头饰一条弯曲龙，龙上有火焰云纹。单扁形足，上大下小，上有錾刻的针眼龙形花纹，长 4.5 厘米。1994 年 11 月，经国家文物鉴定委员会专家鉴定为一级文物，现由桃源县文物管理所收藏，常德博物馆代为保管。

花纹金簪

宋代。1994 年 5 月，桃源县三阳港镇朱木桥村一村民在挖地时发现一座宋代砖石墓，私自将此金簪及其他器物掏出并藏匿家中，后被该镇派出所和县文物管理所联合收缴。

金质，金黄色。通长 16 厘米，花帽直径 1.8 厘米，保存基本完整，为妇女头饰。该金簪喇叭花形，上有花帽，花帽下饰几何

花纹金簪

棱形方格纹，方格纹中有浮雕四叶花形纹，上还有三圈点形花纹。空心长足，足长 11.5 厘米。1994 年 11 月，经国家文物鉴定委员会专家鉴定为一级文物，现由桃源县文物管理所收藏，常德博物馆代为保管。

花形金杯（共 2 个）

元代。1980 年 5 月，临澧县原新合乡龙港村一村民在平整土地时挖掘出土后卖给临澧县人民银行，当时的常德地区文物工作队闻讯后予以征集。

金质，金黄色。通高 4 厘米，口径 7 厘米，重 41.8 克。足破痕一条。属生活用品/酒具。该杯花形，杯内底浮雕小花一朵，小花上有錾刻小眼，圈足呈喇叭形。1994 年 11 月，两个金杯均经国家文物鉴定委员会专家分别鉴定为一级文物，现由常德博物馆收藏。

单耳寿字金杯

单耳寿字金杯

元代。1980 年 5 月，临澧县原新合乡龙港村一村民在平整土地时挖掘出土后卖给临澧县人民银行，当时的常德地区文物工作队闻讯后予以征集。

金质，金黄色。通高 3.5 厘米，口径 7 厘米，重 84.4 克。保存完整，属生活用品/酒具。该杯呈半边瓜形，且有五条瓜棱，杯体一侧为一金瓜，底微内凸，一侧为瓜蒂且外凸为流，高 3.5 厘米。鋬上有金瓜一颗，下附四片花叶于杯口与腹部。杯底阳饰铭文“寿”字，圈足呈花形。1994 年 11 月，经国家文物鉴定委员会专家鉴定为一级文物，现由常德博物馆收藏。

菊瓣纹金杯

元代。1980 年 5 月，临澧县原新合乡龙港村一村民在平整土地时挖掘出土后卖给临澧县人民银行，当时的常德地区文物工作队闻讯后予以征集。

金质，金黄色。通高 4.5 厘米，口径 8 厘米，足径 3.9 厘米，重 62.9 克。足、杯之间有破痕一条。属生活用品/酒具。该杯呈菊瓣形，侈口，弧腹，杯内底正中压印菊花一朵。喇叭形圈足上有三角点纹带一圈，上书“十月初八廖卿”铭文。1994 年 11 月，经国家文物鉴定委员会专家鉴定为一级文物，现由常德博物馆收藏。

鎏金云纹高足杯

元代鎏金云纹高足杯

元代。1980 年 5 月，临澧县原新合乡龙港村一村民在平整土地时挖掘出土后卖给临澧县人民银行，当时的常德地区文物工作队闻讯后予以征集。

银质鎏金。通高 6.5 厘米，口径 5.2 厘米，底径 2.7 厘米，重 84.8 克。保存完整，属生活用品/酒具。该杯银质鎏金，口外撇，斜折腹。杯体上部阳饰兽纹，衬以云雷纹为地，下腹饰蝉纹、蚕纹，喇叭形高圈足上饰蝉纹、弦纹，且中空。1994 年 11 月，经国家文物鉴定委员会专家鉴定为一级文物，现由常德博物馆收藏。

刻花缠枝纹金杯

元代。1980 年 5 月，临澧县原新合乡龙港村一村民在平整土地时挖掘出土后卖给临澧县人民银行，当时的常德地区文物工作队闻讯后予以征集。

金质，金黄色。通高 3.5 厘米，口径 6.7 厘米，底径 3 厘米，重 48.8 厘米。足边破痕一条，属生活用品/酒具。该杯圆形，口微内卷，鼓腹下收，小圈足，口沿下錾刻四叶纹形花卉一圈，内底亦錾刻缠枝花纹。1994 年 11 月，经国家文物鉴定委员会专家鉴定为一级文物，现由常德博物馆收藏。

平底鼓腹金杯

平底鼓腹金杯

元代。1980 年 5 月，临澧县原新合乡龙港村一村民在平整土地时挖掘出土后卖给临澧县人民银行，当时的常德地区文物工作队闻讯后予以征集。

金质，金黄色。通高 2.6 厘米，口径 6.3 厘米，足径 3.5 厘米，重 41.3 克。保存完整，属生活用品/酒具。该杯圆口内敛，鼓腹，平底，素面。1994 年 11 月，经国家文物鉴定委员会专家鉴定为一级文物，现由常德博物馆收藏。

花果形金钗

元代。1980 年 5 月，临澧县原新合乡龙港村一村民在平整土地时挖掘出土后卖给临澧县人民银行，当时常德地区文物工作队闻讯后予以征集。

金质，金黄色。通长 15.5 厘米，重 12.2 克。保存完整，属佩饰品/头饰。钗上部为镂空花朵，下部为双龙纹，左右翻转。圆茎细长双足。1994 年 11 月，经国家文物鉴定委员会专家鉴定为一级文物，现由常德博物馆收藏。

朵花形金钗

元代。1980 年 5 月，临澧县原新合乡龙港村一村民在平整土地时挖掘出土后卖给临澧县人民银行，当时的常德地区文物工作队闻讯后予以征集。

金质，金黄色。通长 14.5 厘米，花宽 12 厘米，重 31 克。保存基本完整，属佩饰品/头饰。钗呈扇形，11 组喇叭花尾部相连且呈扇形摊开，花空心，均有花帽，首尾延伸至双圆茎足。1994 年 11 月，经国家文物鉴定委员会专家鉴定为一级文物，现由常德博物馆收藏。

兰花纹金簪

元代。1980 年 5 月，临澧县原新合乡龙共村一村民在平整土地时挖掘出土后卖给临澧县人民银行，当时的常德地区文物工作代闻讯后予以征集。

金质，金黄色。通长 12.5 厘米，重 6.7 克。保存完整，属佩饰品/头饰。簪头为一盛开的兰花，花与叶成 90 度。叶边饰一只凤凰。最外层为一花圃。扁茎上饰云纹，单尖足。1994 年 11 月，经国家文物鉴定委员会专家鉴定为一级文物，现由常德博物馆收藏。

连环金钗（共 4 枚）

元代。1980 年 5 月，临澧县原新合乡龙港村一村民在平整土地时挖掘出土后卖给临澧县人民银行，当时的常德地区文物工作队闻讯后予以征集。

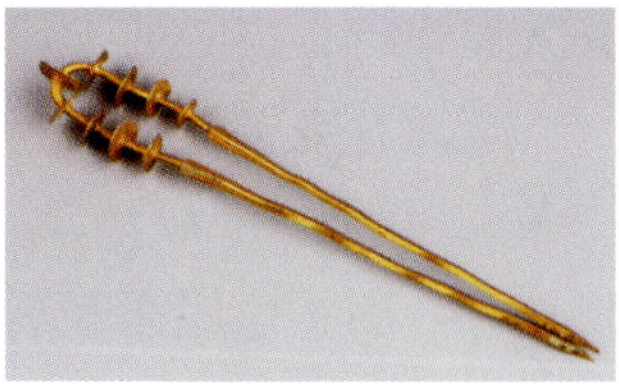

连环金钗

金质，金黄色。通长 15.8 厘米，重 18.1 克。保存完整，属佩饰品/头饰。此钗呈“∩”形，上部有环 11 个，以顶部一环为中心，余下 10 环两两对称分布于钗上。圆茎双足张开。1994 年 11 月，经国家文物鉴定委员会专家分别鉴定为一级文物，现由常德博物馆收藏。

镂雕铭文金钗（共 2 枚）

元代。1980 年 5 月，临澧县原新合乡龙港村一村民在平整土地时挖掘出土后卖给临澧县人民银行，当时的常德地区文物工作队闻讯后予以征集。

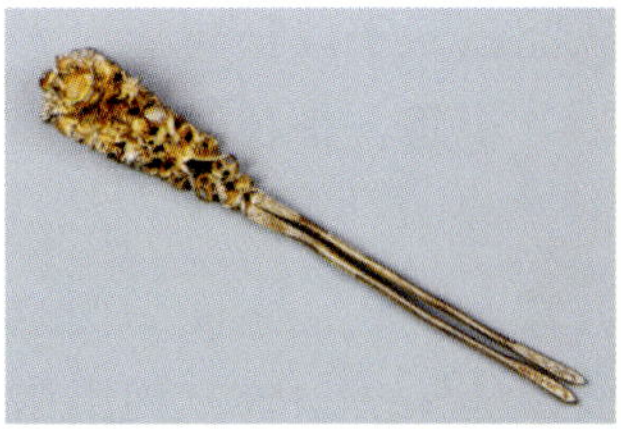

镂雕铭文金钗

金质，金黄色。通长 15.2 厘米，重 17.8 克。保存基本完整，一朵小花残，属佩饰品/头饰。此金钗镂雕，顶部葵花一朵，其下小花三朵，花下两蟠螭前后翻转，双双昂首将葵花托于顶部。圆茎双扁足，末端刻“□四郎”铭文。1994 年 11 月，经国家文物鉴定委员会专家分别鉴定为一级文物，现由常德博物馆收藏。

朵花形金钗（共 6 枚）

元代。1980 年 5 月，临澧县原新合乡龙港村一村民在平整土地时挖掘出土后卖给临澧县人民银行，当时的常德地区文物工作队闻讯后予以征集。

金质，金黄色。通长 16.2 厘米，重 16 克。保存基本完整，属佩饰品/头饰。此金钗双喇叭花并联，身上浮雕数朵盛开小花。两花共一花帽。圆茎双足。1994 年 11 月，经国家文物鉴定委员会专家分别鉴定为一级文物，现由常德博物馆收藏。

双龙牡丹纹金钗

元代。1980 年 5 月，临澧县原新合乡龙港村一村民在平整土地时挖掘出土后卖给临澧县人民银行，当时的常德地区文物工作队闻讯后予以征集。

金质，金黄色。通长 15.5 厘米，重 11.4 克。柄、花连接处残，属佩饰品/头饰。该钗上部镂空花一朵，下部堆饰昂首左右翻转双龙。圆茎双足。1994 年 11 月，经国家文物鉴定委员会专家鉴定为一级文物，现由常德博物馆收藏。

镂空凤凰形金钗

元代。1980 年 5 月，临澧县原新合乡龙港村一村民在平整土地时挖掘出土后卖给临澧县人民银行，当时的常德地区文物工作队闻讯后予以征集。

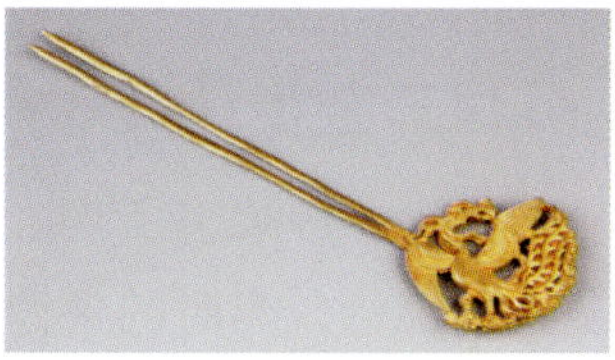

元代镂空凤凰形金钗

金质，金黄色。通长 14 厘米，凤高 3. 8 厘米，重 15 克。保存基本完整，属佩饰品（头饰）。钗头镂空一飞舞凤凰，展翅回首，足踏祥云，一翅在上，一翅在下。颈、尾羽毛迎风飘扬，似凌空旋转。三棱形茎，双尖足。1994 年 11 月，经国家文物鉴定委员会专家鉴定为一级文物，现由常德博物馆收藏。

连环鎏金钗

元代。1980 年 5 月，临澧县原新合乡龙港村一村民在平整土地时挖掘出土后卖给临澧县人民银行，当时的常德地区文物工作队闻讯后予以征集。

银质鎏金。通长 15 厘米，重 26. 6 克。保存完整，属佩饰品（头饰）。该金钗呈“∩”形，上部有环 9 个，以顶部一环为中心，余下 8 环两两对称分布于钗上。圆茎双足分开。1994 年 11 月，经国家文物鉴定委员会专家鉴定为一级文物，现由常德博物馆收藏。

镂空双龙纹金头饰

元代。1980 年 5 月，临澧县原新合乡龙港村一村民在平整土地时挖掘出土后卖给临澧县人民银行，当时的常德地区文物工作队闻讯后予以征集。

金质，金黄色。通长 17. 5 厘米，重 7. 2 克。残缺 0. 22 厘米，属佩饰品/头饰。该头饰镂空双龙纹，昂首夺珠，龙周围饰流云。两端为三角形纹。1994 年 11 月，经国家文物鉴定委员会专家鉴定为一级文物，现由常德博物馆收藏。

连珠龙头纹金镯（共 2 只）

元代。1980 年 5 月，临澧县原新合乡龙港村一村民在平整土地时挖掘出土后卖给临澧县人民银行，当时的常德地区文物工作队闻讯后予以征集。

元代连珠龙头纹金镯

金质，金黄色。直径 6. 5 厘米，重 27. 25 克。保存完整，属佩饰品/手饰。该手镯空心，由 30 颗连珠组成，镯两端饰龙首纹，相向而望。1994 年 11 月，经国家文物鉴定委员会专家分别鉴定为一级文物，现由常德博物馆收藏。

花果铭文耳挖金簪（共 3 枚）

元代。1980 年 5 月，临澧县原新合乡龙港村一村民在平整土地时挖掘出土后卖给临澧县人民银行，当时的常德地区文物工作队予以征集。

金质，金黄色。通长 17 厘米，重 7. 4 克。保存完整，属佩饰品/头饰。该金簪簪顶为挖耳形，上部左边为一树果，右边为一树花，并联排列。扁茎单足，正面饰卷云纹，背面阴刻“葵未季春岁”等七字铭文。1994 年 11 月，经国家文物鉴定委员会专家分别鉴定为一级文物，现由常德博物馆收藏。

凤形金簪（共 3 枚）

元代。1980 年 5 月，临澧县原新合乡龙港村一村民在平整土地时挖掘出土后卖给临澧县人民银行，当时的常德地区文物工作队闻讯后予以征集。

金质，金黄色。通长 18.7 厘米，凤长 5.5 厘米，重 11.2 克。保存完整，属佩饰品/头饰。该金簪凤嘴微张，昂首挺胸，展翅奋飞状，凤爪抓一龙头。下为扁形单足，足上一边饰云纹，另一边阴刻八思巴文。1994 年 11 月，经国家文物鉴定委员会专家分别鉴定为一级文物，现由常德博物馆收藏。

镂雕麒麟凤纹金簪

镂雕麒麟凤纹金簪

元代。1980 年 5 月，临澧县原新合乡龙港村一村民在平整土地时挖掘出土后卖给临澧县人民银行，当时的常德地区文物工作队予以征集。

金质，金黄色。通长 15 厘米，重 17.4 克。柄焊接处已脱，属佩饰品/头饰。该金簪簪顶为圆形镂雕麒麟、凤凰纹，凤在下回首向上望。扁茎上部饰勾莲云纹，单尖足。1994 年 11 月，经国家文物鉴定委员会专家鉴定为一级文物，现由常德博物馆收藏。

镂空花果纹金簪

镂空花果纹金簪

元代。1980 年 5 月，临澧县原新合乡龙港村一村民在平整土地时挖掘出土后卖给临澧县人民银行，当时的常德地区文物工作队闻讯后予以征集。

金质，金黄色。通长 14.3 厘米，花高 3 厘米，重 6 克。保存基本完整，属佩饰品/头饰。该金簪簪头呈圆形，镂空树叶花朵瓜果纹。扁茎上端饰云纹，单尖足。1994 年 11 月，经国家文物鉴定委员会专家鉴定为一级文物，现由常德博物馆收藏。

花果纹金簪（共 4 枚）

元代。1980 年 5 月，临澧县原新合乡龙港村一村民在平整土地时挖掘出土后卖给临澧县人民银行，当时的常德地区文物工作队闻讯后予以征集。

金质，金黄色。通长 16.7 厘米，重 11.2 克。左边缺一簪果，属佩饰品/头饰。该金簪簪顶为耳挖形。簪上部左边为一树果，右边为一树花，并联排列，扁茎单尖足。1994 年 11 月，经国家文物鉴定委员会专家分别鉴定为一级文物，现由常德博物馆收藏。

瓜果纹金簪

元代。1984 年津市市涔澹农场青龙嘴一窖藏出土。

金质，金黄色，保存完整，是元代妇女装饰品。该器物呈片状，通长 15.8 厘米，宽 0.3～1.2 厘米，一端尖削，一端叉开两片，尾端卷曲，从中间部位向叉开端一面堆贴透雕花果枝蔓纹，有石榴等。1994 年 11 月，经国家文物鉴定委员会专家鉴定为一级文物，现由津市市博物馆收藏。

八方莲瓣纹双耳金套杯（共 2 件套）

元代。1984 年津市市涔澹农场青龙嘴一窖藏出土。

金质，金黄色，保存基本完整，属饮酒用具。该器物口径 8.4 厘米，通高 5.5 厘米，上腹作八棱形，下腹折壁，喇叭形小圈足。上腹每棱边饰花草龙凤图案。1994 年 11 月，经国家文物鉴定委员会专家分别鉴定为一级文物，现由津市市博物馆收藏。

八方莲瓣纹双耳金套杯

菊瓣纹金杯

元代。1987 年澧县城关镇珍珠窖藏发掘出土。

金质，金黄色。通高 3.5 厘米，口径 7 厘米，足径 3.4 厘米，杯体高 3.3 厘米，足高 0.2 厘米。保存完整，属生活用品/酒具。该杯敞口，平沿，腹微斜，下腹折收，矮圈足。杯体上腹和下腹各由 36 瓣菊瓣组成。由外底向内底压印菊花一朵和蝴蝶一只。1994 年 12 月，经国家文物鉴定委员会专家鉴定为一级文物，现由澧县博物馆收藏，常德博物馆代为保管。

金扁茎手镯

元代。1987 年澧县城关镇招待所建设工地发掘出土。

金质，金黄色。直径 7.5 厘米，茎径 0.8 厘米。保存完整，属佩饰品/手饰。该金镯为一连体镯，即无接口，扁薄茎，茎宽 0.8 厘米，茎厚 0.15 厘米。1994 年 12 月，经国家文物鉴定委员会专家鉴定为一级文物，现由澧县博物馆收藏，常德博物馆代为保管。

联珠金手镯

元代。1984 年澧县双龙乡花庙村发掘出土。

金质，金黄色。外径 7 厘米，内径 6 厘米，茎径 0.7 厘米。在第 16 和 17 颗珠之间有折断缺口，属佩饰品/手饰。该金镯呈联珠状，由 33 颗珠组成圆形，接口处刻两龙首相对，空心。1994 年 12 月，经国家文物鉴定委员会专家鉴定为一级文物，现由澧县博物馆收藏，常德博物馆代为保管。

联珠金手镯

五蕾纹金发钗（共3枚）

元代。1987年澧县城关镇珍珠村窖藏发掘出土。

金质，金黄色。通长12厘米，花高2.8厘米，宽5.4厘米。保存完整，属佩饰品/头饰。该金钗为五朵忍冬花并联组成。每朵花又为两个喇叭状花筒并列而成，花筒上刻有繁缛的细花，均用金丝扎连，呈扇状。再用金丝捆扎在钗足上，钗足两根，足断面呈圆形。1994年12月，经国家文物鉴定委员会专家分别鉴定为一级文物，现由澧县博物馆收藏，常德博物馆代为保管。

牡丹双龙纹金钗（共2枚）

元代。1984年澧县双龙乡花庙村发掘出土。

金质，金黄色。通长14.6厘米，花径2.1厘米。有一足与花脱落，属佩饰品/头饰。该金钗钗首正面为带叶牡丹花一朵，扁圆双足，双足上部各饰云龙一条，烘托牡丹。钗首背面为一朵牡丹花，双足上部各饰云纹。1994年12月，经国家文物鉴定委员会专家分别鉴定为一级文物，现由澧县博物馆收藏，常德博物馆代为保管。

鎏金莲花牡丹纹银盘

元代。1987年澧县城关镇珍珠村窖藏发掘出土。

银质，金、灰色。通高1.2厘米，口径16.5厘米，底径13厘米。鎏金大都脱落，属生活用品/茶具。该银盘鎏金，平折沿，浅弧腹，平底。沿面压印绳纹一周。底部由下底经内底压印花纹，底部外缘处花纹三层，底纹为小涡点纹，再压印小圆圈纹两周16个，两周小圆圈纹之间压印莲花八朵，花凸高0.7厘米。底中部压印弦纹一周，中央芙蓉花一周，共两朵。1994年12月，经国家文物鉴定委员会专家鉴定为一级文物，现由澧县博物馆收藏，常德博物馆代为保管。

鎏金莲花牡丹纹银盘

莲花月影梅花纹银盏托

元代。1987年澧县城关镇珍珠村窖藏发掘出土。

银质，银白色。通高1.5厘米，口径16.4厘米，底径12.5厘米。保存完整，属生活用品/酒具。该器物平折沿，浅腹，平底。从器外往器内压花，盘边缘由虚点构成卷叶纹，底中部饰凸弦纹一周，凸弦纹之外饰梅花一株，分为两枝布满整个盘底，两枝颠部之间饰一半月和彩云纹，弦纹中央饰荷叶、荷花。1994年12月，经国家文物鉴定委员会专家鉴定为一级文物，现由澧县博物馆收藏，常德博物馆代为保管。

莲花月影梅花纹银盏托

缠枝牡丹纹银盘

元代。1987 年澧县城关镇珍珠村窖藏发掘出土。

银质，银白色。通高 1 厘米，口径 16.7 厘米，底径 13.7 厘米。保存完整，属生活用品/茶具。该银盘敞口，折沿，沿面微凹，浅腹微鼓，平底。装饰手法为阴刻，沿面饰虚点构成的卷叶纹，内底中部饰 3 朵牡丹花为主纹的枝、叶组成一圆形图案。1994 年 12 月，经国家文物鉴定委员会专家鉴定为一级文物，现由澧县博物馆收藏，常德博物馆代为保管。

菊瓣花鸟纹银盏托

元代。1987 年澧县城关镇珍珠村窖藏发掘出土。

银质，银白色。通高 2 厘米，口径 16.8 厘米，底径 13.3 厘米。保存完整，属生活用品/茶具。该器物仰折沿，斜浅腹，平底。由器内往器外压印花纹，沿面饰花蕊纹一周。腹部为 62 个花瓣纹，底中部饰连珠纹一周，直径约 4 厘米，内饰蝴蝶一只。其底部为阴刻带叶菊花，飞鸟、蝴蝶等纹饰。1994 年 12 月，经国家文物鉴定委员会专家鉴定为一级文物，现由澧县博物馆收藏，常德博物馆代为保管。

莲花乳钉纹双耳银杯

元代。1987 年澧县城关镇珍珠村窖藏发掘出土。

银质，银白色。通高 7 厘米，口径 9 厘米，腹径 7.5 厘米。保存完整，属生活用品/酒具。该银杯敞口，平唇微外卷，深腹微鼓，置有对称双耳，耳茎呈方形，圆底，喇叭形圈足。其工艺为夹胎，双耳，圈足先分铸后再焊接而成。杯体被两周凸弦纹分为三部分，上部分即口沿下为卷叶纹，中部即上腹为棱形纹，每一棱格以回纹为地纹，中间饰有乳钉纹一个，下腹饰莲瓣纹。双耳饰勾云纹，耳面饰回纹为地纹和五枚乳钉纹，杯内素面，其工艺精致。1994 年 12 月，经国家文物鉴定委员会专家鉴定为一级文物，现由澧县博物馆收藏，常德博物馆代为保管。

莲花乳钉纹双耳银杯

葵瓣纹高圈足银碗

元代。1987 年澧县城关镇珍珠村窖藏发掘出土。

银质，银灰色。通高 7 厘米，口径 11 厘米，足径 4.8 厘米。足脱焊，足跟稍残缺，口沿有残沟 1 厘米，属生活用品/餐具。该银碗敞口，口沿呈葵瓣状，腹微鼓，喇叭形圈足。碗体由 6 瓣花瓣组成，花瓣呈旋状，每花瓣上饰一小叶。内底有三蕊，六瓣花一朵，均由器外向器内压印而成。1994 年 12 月，

葵瓣纹高圈足银碗

经国家文物鉴定委员会专家鉴定为一级文物，现由澧县博物馆收藏，常德博物馆代为保管。

莲花月影梅花纹银杯

元代。1987 年澧县城关镇珍珠村窖藏发掘出土。

银质，银灰色。通高 3.1 厘米，口径 8 厘米，圈足高 1.4 厘米，足径 4.2 厘米。圈足座残二分之一，属生活用品/酒具。该银杯敞口，圆唇，腹壁弧收，圈足，足沿外撇。由外底往内底压印梅花一朵。腹部由外往里压印两枝梅花和彩云，月亮纹。小圈足。足沿饰三角形几何纹一周。1994 年 12 月，经国家文物鉴定委员会专家鉴定为一级文物，现由澧县博物馆收藏，常德博物馆代为保管。

牡丹纹银发钗

元代。1987 年澧县城关镇珍珠村窖藏发掘出土。

银质，灰黑色。长 14.4 厘米，宽 2.2 厘米。保存完整，属佩饰品（头饰）。该银钗正反两面各饰一朵牡丹，两足上部饰一变形梅花鹿图案，双足横断面呈扁圆形。1994 年 12 月，经国家文物鉴定委员会专家鉴定为一级文物，现由澧县博物馆收藏，常德博物馆代为保管。

花形银杯（共 3 只）

元代。1980 年 5 月，临澧县原新合乡龙港村一村民在平整土地时挖掘出土后卖给临澧县人民银行，当时的常德地区文物工作队闻讯后予以征集。

花形银杯

银质，银灰色。通高 4.2 厘米，口径 8.2 厘米，足径 3.7 厘米。杯体呈花形，杯内底突起一浮雕的葵花，衬以五片葵叶，分布在杯身上，圈足略向外侈。专家评价，此批银杯纹饰精美，工艺考究，对研究元代金银器的制作工艺技术有重要的参考价值。1994 年 11 月，经国家文物鉴定委员会专家分别鉴定为一级文物，现由常德博物馆收藏。

八方银杯

元代。1980 年 5 月，临澧县原新合乡龙港村一村民在平整土地时挖掘出土后卖给临澧县人民银行，当时的常德地区文物工作队闻讯后予以征集。

银质，银灰色。通高 4 厘米，口径 7.6 厘米。下圈足脱落，属生活用品（酒器）。此杯口呈八方形，直口，杯体圆形，口沿下有两道弦纹，做工精细。1994 年 11 月，经国家文物鉴定委员会专家鉴定为一级文物，现由常德博物馆收藏。

瓜形银杯

瓜形银杯

元代。1980 年 5 月，临澧县原新合乡龙港村一村民在平整土地时挖掘出土后卖给临澧县人民银行，当时的常德地区文物工作队闻讯后予以征集。

银质，银灰色。通长 13 厘米，宽 8 厘米。保存完整，属生活用品/酒器。该杯呈椭圆形半边瓜形，杯身上饰七瓣瓜棱，杯两端微内凹似肚脐状。以卷曲的瓜藤做杯耳。造型精致，别具匠心。1994 年 11 月，经国家文物鉴定委员会专家鉴定为一级文物，现由常德博物馆收藏。

缠枝花银杯

元代。1980 年 5 月，临澧县原新合乡龙港村一村民在平整土地时挖掘出土后卖给临澧县人民银行，当时的常德地区文物工作队闻讯后予以征集。

银质，银灰色。通高 3.2 厘米，口径 7.5 厘米，底径 4.5 厘米。保存完整，属生活用品/酒器。该杯圆口，鼓腹，杯内底饰缠枝花纹。中间錾刻一楷书“谢”字。平底。口沿下有錾刻勾连纹和弦纹。1994 年 11 月，经国家文物鉴定委员会专家鉴定为一级文物，现由常德博物馆收藏。

“柴君茂铺”银锭

元代。1980 年 5 月，临澧县原新合乡龙港村一村民在平整土地时挖掘出土后卖给临澧县人民银行，当时的常德地区文物工作队闻讯后予以征集。

银质，银灰色。通长 4.5 厘米，厚 0.2 厘米。保存完整，属当时流通货币。该银锭浇铸而成，束腰式，表面微凹且平滑，两头上翘较高。戳有“柴君茂铺”款识，底部蜂窝眼密布。1994 年 11 月，经国家文物鉴定委员会专家鉴定为一级文物，现由常德博物馆收藏。

“谢师德记”银锭（共 2 枚）

“谢师德记”银锭

元代。1980 年 5 月，临澧县原新合乡龙港村一村民在平整土地时挖掘出土后卖给临澧县人民银行，当时的常德地区文物工作队闻讯后予以征集。

银质，银灰色。通长 4.5 厘米，厚 0.2 厘米。保存完整，属当时流通钱币。该银锭浇铸而成，束腰式，表面微凹且平滑，两头上翘较高。表面戳有“花银”、“谢师德记”款识，底部蜂窝眼密布。1994 年 11 月，经国家文物鉴定委员会专家分别鉴定为一级文物，现由常德博物馆收藏。

八思巴纹银印章

元代。1980 年 5 月，临澧县原新合乡龙港村一村民在平整土地时挖掘出土后卖给临澧县人民银行，当时的地区文物工作队闻讯后予以征集。

银质，银灰色。盒长2.8厘米，高2.1厘米。保存完整。该印章为一套3件，有印盒，印盒盖，印章盒呈长方形，盖盒为子母口，内装印章，碑形钮，印面正方形，刻阳文“八思巴文”，经中央民族学院蒙语教研室译为“董寿”二字。1994年11月，经国家文物鉴定委员会专家鉴定为一级文物，现由常德博物馆收藏。

莲花纹银碗

元代。1992年12月，石门县雁池乡邱家湾村一村民开荒时发现拾得，1993年1月4日捐赠给石门县博物馆。

元代莲花纹银碗

银质，灰白色，保存基本完整，有稍许绿色锈斑，为家用餐具。此银碗通高6.7厘米，口径13.2厘米，足径5.6厘米。口沿微外侈，呈波浪式连弧形，六道曲线从碗口至碗底中部与葵花形小圆圈相连，整个碗形为莲花形组成，下部为喇叭形圈足，上有曲线纹六道。1994年11月，经国家文物鉴定委员会专家鉴定为一级文物，现由石门县博物馆收藏。

莲花纹银碗

元代。1992年12月，石门县雁池乡邱家湾村一村民开荒时发现拾得，1993年1月4日捐赠给石门县博物馆。

银质，灰白色，保存基本完整，有锈斑，为家用餐具。此银碗通高14.3厘米，口径8.4厘米，足径4.6厘米。直口，方唇，唇下戳印两圈圆点纹，鼓腹，足外撇，通体压印莲花纹，碗底中部有乳凸。1994年11月，经国家文物鉴定委员会专家鉴定为一级文物，现由石门县博物馆收藏。

至正十三年莲花纹银盘

元代。1992年12月，石门县雁池乡邱家湾村一村民开荒时发现拾得，1993年1月4日捐赠给石门县博物馆。

至正十三年莲花纹银盘

银质，灰白色，口沿残缺2厘米，盘中有少许锈绿，为家用盛储器皿。该盘通高1.1厘米，口径16.3厘米。圆形，卧足，通体压印莲花纹。盘心底部阴刻“长命富贵，金玉满堂，福寿，至正十三年张银秀三记”等铭文。1994年11月，经国家文物鉴定委员会专家鉴定为一级文物，现由石门县博物馆收藏。

银佩饰

元代。1992年12月，石门县雁池乡邱家湾村一村民开荒时发现拾得，1993年1月4日捐赠给石门县博物馆。

银质，灰绿色，上端一根银丝已失，有锈绿。女性装饰品。此银佩饰长31.3厘米，由荷叶形银片系 7 根银链组成，上端一根银链已失，下端并排系六根银链，每根银链末端系有一件小饰物，分别有长颈瓶、剪刀，镂空银牌，葫芦等 6 种。1994 年 11 月，经国家文物鉴定委员会专家鉴定为一级文物，现由石门县博物馆收藏。

莲舟海浪纹银托盘

明代。原为澧县澧南乡一农民收藏，1987 年，由津市市文物管理所征集。

银质，银灰色，保存完整，属盛酒器具。该器物通高 5. 8 厘米，托盘长 20 厘米，宽 13. 7 厘米，重 111. 8 克。莲舟长 14 厘米，宽 8. 1 厘米，重 70 克。整体分三部分，底下为椭圆形盒（已失），中为盖，盖上铸翻腾的海浪，盖边有波折纹。海浪托盘上置一莲瓣形舟，内刻叶脉纹，舟内端坐一道翁。1994 年 11 月，经国家文物鉴定委员会专家鉴定为一级文物，现由津市市文物管理所收藏。

龙饰鎏金铜件铠甲

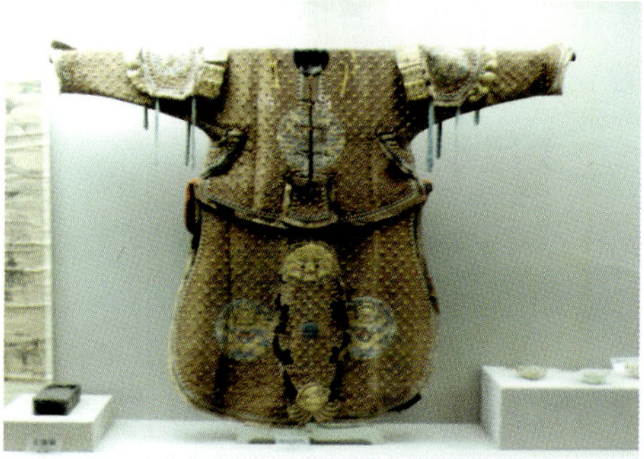

清代龙饰鎏金铜件铠甲

清代。1985 年津市市文物管理所于民间收购。

复合类，金黄色。为云锦、铜星战衣、铜星战裙一套，是清代职官铠甲。保存基本完整，稍有破损、霉变。铠甲金线绣龙，黑平绒镶边，满布铜钉。圆领，对襟，马蹄袖，铜扣布。两肩、两腋及腹部均有褡片，当胸绣双龙图案。战衣长 71 厘米，宽 210 厘米，战裙长 105 厘米，宽 120 厘米。战裙整体成盾形，红色系带，下面分作两片，中心宽。该铠甲于 1994 年 11 月，经国家文物鉴定委员会专家鉴定为一级文物，现由津市市博物馆收藏，常德博物馆借展。

14 世纪印度德里金币（共 6 枚）

明代 14 世纪印度德里金币

14 世纪（公元 1396 年）。1964 年在津市市涔澹农场青龙嘴出土，后一直由该场财务科保管，1989 年移交给当时的津市市文化馆文物组。

金质，金黄色。保存完整，属当时印度货币。该币直径 2. 5 厘米，厚 0. 18 厘米，边缘不甚齐整，双面铸科菲体阿拉伯文字。金币正面有铭文，译作：苏丹等布，摩瓦扎夫，穆罕默德沙。1994 年 11 月，经国家文物鉴定委员会专家分别鉴定为一级文物，现由津市市博物馆收藏。

五、铜器

鸟篆文铜戈

战国时期。1994 年常德市德山二砖厂发掘出土。

战国鸟篆文铜戈

铜质，深褐色，属战国时代兵器，保存完整。该器物长 21.8 厘米，宽 11.5 厘米，直援微弧呈条状有刃，援后部有一扁长形穿，锋较锐。中胡上有三扁形长穿，且胡上有刃，由援至胡一面錾刻鸟篆文。援上两排四字铭文，胡上有三字，译为：玄鏐膚吕作吉用，意即：用最好的铜锡制作。内较长，呈长方形。内上有一扁长穿，内里面有錾刻纹，中部一圆涡纹，外为双线纹。此戈完整，亦有鸟篆铭文，对金属名称和文字有研究价值。1994 年 11 月，经国家文物鉴定委员会专家鉴定为一级文物，现由常德博物馆收藏。

龙凤纹铜镜

战国时期。2001 年汉寿县聂家桥乡武峰山发掘出土。

铜质，黑色。保存完整，属生活用品。该镜直径 13.8 厘米，正面可照见人影。背面三弦钮，羽状纹地圆钮座。座外两周弦纹，弦纹外满饰羽状纹地上有三对龙凤纹首尾相连。外宽素沿上翘。2002 年 12 月，经湖南省文物鉴定委员会专家鉴定为一级文物，现由常德博物馆收藏。

宽内铜戈

战国时期。1993 年津市市渡口镇发掘出土。

铜质，青灰色。保存完整，属战国时代兵器。该器物纵 13 厘米，横 27.5 厘米，援狭长，上扬，刃口锋利，中长胡，阑侧三穿，宽内上有一长一圆一前一后两个圆孔。1994 年 11 月，经国家文物鉴定委员会专家鉴定为一级文物，现由津市市博物馆收藏。

错金鸟篆纹铜剑

战国时期。1985 年桃源县三汊港乡三元村发掘出土。

铜质，银灰色。通长 51 厘米，宽 4.5 厘米，保存完整，属兵器。该剑圆首，首茎中空，格作窄棱形。圆首正面装饰有错金四环和云纹，剑格侧面上均有错金铭文。中脊明显，横断面呈棱形。1994 年 11 月，经国家文物鉴定委员会专家鉴定为一级文物，现由桃源县文物管理所收藏，常德博物馆代为保管。

嵌绿松石双箍铜剑

战国时期。1989 年桃源县青林乡观山岭村发掘出土。

铜质，银灰色。通长 47 厘米，宽 5 厘米，保存完整，属兵器。圆首，首茎中空，茎上铸有两道凸起的双箍，首格箍嵌有绿松石。格上以饕餮纹装饰，剑身中脊明显。侧有弧形血槽，槽断面呈扁棱形。出土时带鞘。该剑铸工精细，刃部锋利，寒气逼人。1994 年 11 月，经国家文物鉴定委员会专家鉴定为一级文物，现由桃源县文物管理所收藏，常德博物馆代为保管。

战国嵌绿松石双箍铜剑

双鱼铭文铜洗

汉代。1987 年 12 月，桃源县公安局在本县喜雨乡沙罗村一文物走私犯手中缴获，后移交给桃花源文物管理所，1992 年又移交给桃源县文物管理所。

铜质，青铜色。通高 20 厘米，口径 43 厘米，底径 25 厘米。保存完整，属盛储器。该器物侈口，尖圆唇，宽折沿，折颈，鼓腹斜收，平底。腹部饰三道凹弦纹，两侧有对称兽铺首，内底铸双鱼图案。鱼纹之间有直行印模篆书铭文“元初元年造作工”七字，字体篆中带隶。1994 年 11 月，经国家文物鉴定委员会专家鉴定为一级文物，现由桃源县文物管理所收藏，常德博物馆代为保管。

东汉双鱼铭文铜洗

李氏作车马铭文铜镜

东汉。由原常德地区老常德市文化馆征集，1988 年地市合并后移交给常德市文物工作队。

铜质，黑色。保存基本完整，局部黏合，属生活用品。该镜圆形，直径 23. 1 厘米，半球形钮，圆钮座。有七枚带柿叶乳丁分布其间。外弦纹且有一周铭文：“李氏作镜四夷服，多贺国家人民息，胡虏殄灭天下服，风雨时节五谷熟，长保二亲得天力，传告后世乐无极，自有纪，上有仙人不知老……”边上锯齿纹，镜背面纹饰和铭文制作精美、协调，浑然一体，堪称镜中佳品。1994 年 11 月，经国家文物鉴定委员会专家鉴定为一级文物，现由常德博物馆收藏。

车马铭文铜镜

刘弘铜印

西晋。1991 年 4 月在安乡县黄山头镇南禅湾刘弘墓发掘出土。

铜质，淡青色。印面长 2. 5 厘米，宽 2. 5 厘米，厚 0. 9 厘米。保存完整，属印鉴。该印正方形，双面印文，一面为“刘弘”，一面为“刘和季”，篆体阴刻，有栏，下多疏白，印文洒脱有力。中间有一穿，以便系挂。1994 年 11 月，经国家文物鉴定委员会专家鉴定为一级文物，现由安乡县文物管理所收藏，常德博物馆代为保管。

刘弘铜印

八卦铭文铜镜

唐代。1988年常德市鼎城区韩公渡镇立新村发掘出土。

铜质，黑色。保存基本完整，边沿有两处小缺口，属生活用品。该镜直径10.3厘米，青铜制作，圆形，半球形钮，花形座。内区有一周八卦符号，外两圈凸弦纹分隔成内外区，外区均匀分布八卦星座，中有铭文，“保护长生，形神日照”。窄沿。此镜质地好，主题纹饰简单，布局合理，具有较浓的宗教色彩。1994年11月，经国家文物鉴定委员会专家鉴定为一级文物，现由常德博物馆收藏。

四狮纹铜镜

五代。1985年常德市城郊发掘出土。

铜质，黑色。保存完整。直径35.5厘米，沿厚0.6厘米。圆形，圆钮，连珠纹圆钮座，镜背阳饰缠枝葡萄和四狮主纹，四狮首尾相随均成奔腾状，宽平沿。此镜较大，有五代特点和从唐向宋过渡的特征。1994年11月，经国家文物鉴定委员会专家鉴定为一级文物，现由常德博物馆收藏。

花鸟纹铜镜

五代。1985年由原常德市调剂商店收购，后由常德地区文物工作队征集。

铜质，黑色。保存基本完整，边沿有刀砍痕迹，属生活用品。该镜直径25.8厘米，圆形，桥形钮，无座。镜背分内外区，主题纹饰为八只形态各异的鸟，且每只鸟有一束花叶与之相衬，构成一幅动静之图案。素沿。此镜质好，纹饰精美，主题纹饰与边沿纹饰相映，静中有动，动中有静。1994年11月，经国家文物鉴定委员会专家鉴定为一级文物，现由常德博物馆收藏。

八卦十二生肖铜镜

五代。1990年津市市新洲镇南江村发掘出土。

铜质，墨绿色。保存完整。形体硕大，直径26.8厘米，圆形，龟钮，八方钮座，窄素缘。镜背以凸弦纹间隔成四区，从内到外依次为：第一区为八卦字铭，第二区为与卦名对应的卦形图，第三区为十二生肖像，第四区为铭文“水银呈阴精，百炼得为镜，八卦寿像备，卫神永保命”。1994年11月，经国家文物鉴定委员会专家鉴定为一级文物，现由津市市博物馆收藏。

五代八卦十二生肖铜镜

铜印牌

北宋。1984年2月，桃源县航运公司工作人员在沅江中打捞出水，后捐赠给桃花源文物管理所，1992年移交给桃源县文物管理所。

铜质，黄铜色。保存完整，属凭信。该铜牌两面微弧，横断面呈合瓦形，整体长方形，长20.5厘米，宽5.5厘米，厚0.9厘米，重755克。牌上方有一圆形穿孔，直径0.65厘米，孔上方左右各有一内弧线，形成弧肩。牌两面铸有阴文楷书铭文，一面分别“牌入印出”“印入牌出”，另一面正中铸铭文为“奉节县印牌”，铭文两边铸款铭“太平兴国五年十月铸”。1994年11月，经国家文物鉴定委员会专家鉴定为一级文物，现由桃源县文物管理所收藏，常德博物馆代为保管。

铜印牌

至顺辛未志铜镜

元代。1984年澧县复兴厂镇又兴村发掘出土。

铜质，铜绿色。保存完整，镜面有一锄掘痕迹，属生活用品（照面）。直径19.8厘米，厚0.3厘米。该铜镜宽缘，矮柱状钮，圆孔。镜背花纹为一人物故事，钮右侧古松一棵，树叶伸展至镜钮上方，树下坐一长须老者，老者前立一仙女，手捧一物，作回首状，欲献给长须老者。在老者与仙女之间，有竖行阳刻楷书“寓居长沙”四字。钮的下方为滔水，上有一拱桥，桥上一鹿驮灵芝款款而行。在镜钮的左方有两扇大门，右门关闭，左门微开，门内有一竖行阳刻“至顺辛未志（1331年）”五字。门后及镜的左边缘处山石林立，有一仙鹤自门内向外作探首状。门前有一老人似刚从门内而出，手捧宝瓶，瓶口烟雾升起，身子前拱，欲献给长须老人。在鹿的前方，有竖行“洪都章镇，何德正造”八字铭文。1994年12月，经国家文物鉴定委员会专家鉴定为一级文物，现由澧县博物馆收藏，常德博物馆代为保管。

六、其他

妇女工作者棉布奖状

近代。1940年中共中央颁发给无产阶级革命家林伯渠同志的奖励证书。1986年，林伯渠同志的女儿林秉元将此物捐赠给林伯渠故居纪念馆。

纯棉质，长27厘米，宽34厘米，白色。保存完整。通体为纯棉制作，呈四方形，印制黄色“模范妇女工作者”字样。2000年12月，经国家文物鉴定委员会专家鉴定为一级革命文物，现由林伯渠故居纪念馆收藏。

林祖涵长方形石印章

近代。是1935年无产阶级革命家林伯渠同志（亦名林祖涵）制作的个人印鉴。1986年，林伯渠同志的女儿林秉元将此物捐赠给林伯渠故居纪念馆。

石质，宽1.8厘米，高5厘米，淡黄色。章面一角残缺。该印章通体为寿山石刻制，章体呈长方形，章面为四方形，篆刻“林祖涵印”四字。1994年11月，经国家文物鉴定委员会专家鉴定为一

林祖涵长方形石印章

级革命文物，现由林伯渠故居纪念馆收藏。

中山装毛呢上衣

近代。是无产阶级革命家林伯渠同志于1949年制做并穿用过的毛呢上装。1986年，林伯渠同志的儿子林用三将此物捐赠给林伯渠故居纪念馆。

毛呢质，长75厘米，宽40.5厘米，黑色。保存基本完整，缺纽扣，衣领有缝补。通体为毛绒制品制作而成。2000年12月，经湖南省文物鉴定委员会专家鉴定为一级革命文物，现由林伯渠故居纪念馆收藏。

大木箱

近代。是无产阶级革命家林伯渠同志在延安时期的文件收藏箱。1986年，林伯渠同志的儿子林用三将此箱捐赠给林伯渠故居纪念馆。

木质，长77厘米，宽56厘米，高41厘米。木质本色，保存完整。此木箱为全木质制作，未油漆，身与盖上装有铁制锁扣。2000年12月，经湖南省文物鉴定委员会专家鉴定为一级革命文物，现由林伯渠故居纪念馆收藏。

牛皮公文包

近代。是无产阶级革命家林伯渠同志在长征时使用过的公文包。1986年，由林伯渠同志原警卫员黄秋胜同志捐赠给林伯渠故居纪念馆。

该公文包长24厘米，宽19厘米，厚5厘米。通体为全牛皮制作，呈长方形，褐色，带翻盖皮铜锁扣，左右两边有背带扣环。除包体底部有破损外，其余保存基本完整。1994年11月，经国家文物鉴定委员会专家鉴定为一级革命文物，现由林伯渠故居纪念馆收藏。

林伯渠用过的牛皮公文包

第二节　国有馆（库）藏二级文物

一、石器

石锛

新石器时代。1976 年 10 月在石门县皂市镇岩湾村采集。

石质，呈梯形，长 26 厘米，宽 8.5 厘米，厚 2～3.8 厘米。通体磨光较好，双面刃，灰色，保存完好，属砍伐工具，有使用过的痕迹。该器物为当时人类重要的生产工具，对研究新石器时代的经济文化及生产工具的制作有一定意义。2009 年 7 月经湖南省文物鉴定委员会鉴定为二级文物，现由石门县博物馆收藏。

双孔石铲

新石器时代。2002 年 1 月在安乡县安尤乡农科所征集。

石质，长 16.5 厘米，宽 11.5 厘米。呈青色，无光泽。保存基本完好，刃有损痕。属生产工具（挖掘器）。该石铲用青石打磨而成，通体光滑，上部纵列对钻双孔，孔径 1.2 厘米，无纹饰。该器物于 2002 年 12 月经湖南省文物鉴定委员会专家鉴定为二级文物，现由安乡县文物管理所收藏。

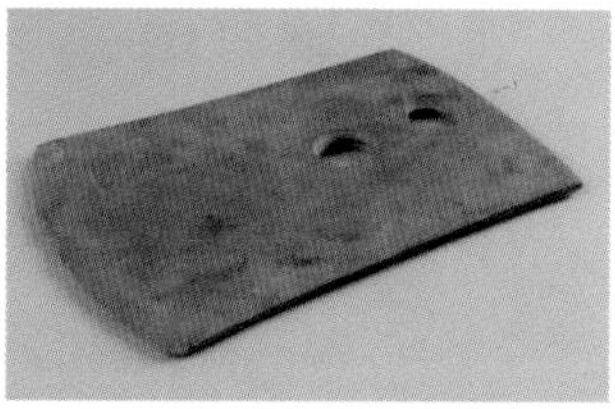

新石器时代双孔石铲

石钺

新石器时代。1998 年 12 月在安乡县安障乡沙湖口村划城岗发掘出土。

石质，通长 17 厘米，上宽 13 厘米，下宽 14 厘米。呈青灰色，暗无光泽。刃部、器体两面上端略残。属丧葬用品（冥器）。此石钺呈梯形，刃部较上端略宽。器体扁薄，上部有两圆孔，上小下大，均为管钻，双面刃。该器物于 2002 年 12 月经湖南省文物鉴定委员会专家鉴定为二级文物，现由常德博物馆收藏。

圆形石砚

宋代。2001 年 8 月在鼎城区灌溪乡黄土山发掘出土。

石质，直径 15.9 厘米，通高 2.5 厘米。呈瓦灰色，无光泽。台面稍残，保存基本完好。属文化用品（砚台，文房用具）。此石砚圆形，宽边。台面一侧内凹为一月牙形，形成墨槽。平底。整体光洁，细腻无纹饰。该器物于 2002 年 12 月经湖南省文物鉴定委员会专家鉴定为二级文物，现由常德博物馆收藏。

宋代圆形石砚

二、陶器

彩绘双耳陶鼎（共 2 件）

战国时期。1984 年 9 月在常德市德山棉纺厂基建工地墓葬中发掘出土。

战国彩绘双耳陶鼎

陶质，通高 20.5 厘米，口径 15.3 厘米，腹径 19.7 厘米。呈灰褐色，暗淡无光。两足残黏合。属生活用品（食具）。两陶鼎均有盖，微鼓，中央尖纽，外套一圆环，两道凸弦纹分内外两区，内区为黑彩树叶纹，外区为黑彩平行短线纹，盖器子母口。器腹上直下弧收，上有对称回形耳。底下附三蹄足。此两件器物于 2002 年 12 月经湖南省文物鉴定委员会专家分别鉴定为二级文物，现由常德博物馆收藏。

彩绘陶敦（共 2 件）

战国时期。1984 年 9 月在常德市德山棉纺厂基建工地墓葬中发掘出土。

陶质，通高 22 厘米，口径 18 厘米。呈白、黑、红色，暗淡无光。一件四足残黏合；一件盖部残黏合。属生活用品（盛食器）。两陶敦均盖器扣合一体，盖器出唇。圜底，各饰三竖耳，呈等列分布。耳呈“S”形，高 4 厘米。盖顶部施黑彩花叶纹，白底。口沿 4 厘米处一圈黑色素面。器底部饰短平行黑彩线，共 10 组，每组 3 条组成一圈。此两件器物于 1994 年 11 月经国家文物鉴定委员会专家分别鉴定为二级文物，现由常德博物馆收藏。

彩绘陶豆（共 2 件）

战国时期。1984 年 9 月在常德市德山棉纺厂基建工地墓葬中发掘出土。

陶质，通高 19 厘米，盘径 15.8 厘米，足径 9.5 厘米。呈灰、黑色。盘柄均残黏合。属生活用品（盛食器）。两陶豆均盘口微侈，盘内底绘黑色彩绘纹，圆柱形柄近底部呈竹节状，底盘呈喇叭状，圈足微内敛，底盘面绘黑彩树叶花纹。此两件器物于 1994 年 11 月经国家文物鉴定委员会专家分别鉴定为二级文物，现由常德博物馆收藏。

彩绘陶勺（共 2 件）

战国时期。1984 年 9 月在常德市德山棉纺厂基建工地墓葬中发掘出土。

陶质，通高 12.5 厘米，口径 4.2 厘米，体高 3.6 厘米。呈灰、褐色，暗淡无光。均残黏合。属生活用品（勺子）。两陶勺均施彩绘，勺体如杯，口圆，腹体较深。腹直上往下微收，上腹近口沿处描有几道黑彩，不规则，平底微凸，竖直圆柱形长柄，柄长 9 厘米。此两件器物于 1994 年 11 月经国家文物鉴定委员会专家分别鉴定为二级文物，现由常德博物馆收藏。

彩绘陶盘

战国时期。1984 年 9 月在常德市德山棉纺厂基建工地墓葬中发掘出土。

陶质，通高 2.7 厘米，口径 17 厘米，底径 14 厘米。呈灰色，暗淡无光。口沿残粘合。属生活用品（盛食器）。此陶盘大盘口，宽平沿出唇，浅斜直腹，底平微外弧。内底描黑彩，中央一圆形花蕊，外为四片长叶弯曲成拖转状。该器物于 1994 年 11 月经国家文物鉴定委员会专家鉴定为二级文物，现由常德博物馆收藏。

彩绘陶匜

战国时期。1984 年 9 月在常德市德山棉纺厂基建工地墓葬中发掘出土。

陶质，通高 4 厘米，盘径 14.5 厘米。呈灰、黑色，暗淡无光。口沿残黏合。属生活用品（盛水器具）。此陶壶口微内敛，浅腹圆底。口沿一短宽槽流向前斜上翘。底内绘黑彩禾苗一株。该器物于 1994 年 11 月经国家文物鉴定委员会专家鉴定为二级文物，现由常德市博物馆收藏。

彩绘陶壶（共 2 件）

战国时期。1984 年 9 月在常德市德山棉纺厂基建工地墓葬中发掘出土。

陶质，通高 35 厘米，口径 9.8 厘米，足径 12 厘米。呈红、白、黑色，暗淡无光。圈足裂纹数处，耳残，彩绘部分脱落。属生活用品（盛水器具）。此两陶壶均带盖，子母口扣合，盖隆起，绘黑彩，中央一圆花蕊，外三片长叶花瓣，盖上竖立“S”形三耳。壶为喇叭口外侈，平沿尖唇，长束颈，颈部绘双层三角几何纹。滑肩鼓腹，腹部一对桥形耳，各套一圆形固定环。喇叭形假圈足，高 5 厘米，外饰平行短线纹（四条为一组）共 10 组，并列成一圈。此两件器物于 1994 年 11 月经国家文物鉴定委员会专家分别鉴定为二级文物，现由常德博物馆收藏。

彩绘陶罐

战国时期。1987 年 3 月汉寿县株木山乡全赋村砖厂发掘出土。

陶质，通高 19 厘米，口径 9.8 厘米。呈红、黑、白色，无光泽。肩部小面积破损，已修复。属丧葬祭祀品。该陶罐盖顶隆起，上有一鸟形钮，饰几何形纹。肩圆，肩部附一对称铺首环耳。鼓腹矮圈足，腹部用红、黑、白三色饰一圈斜云格纹。下部用红、黑、白色饰几何形纹，色彩鲜艳，保存基本完好。该罐于 2002 年 12 月经湖南省文物鉴定委员会专家鉴定为二级文物，现由汉寿县文物管理所收藏。

战国彩绘陶罐

陶卜满

东汉。1988 年 5 月澧县澧南乡红旗砖厂发掘出土。

陶质，通高 8.8 厘米，底径 8.5 厘米。呈红色，土状光泽。保存完好。属生活用品（盛储器）。该陶卜满泥质红陶，呈小口壶状，口部无孔，短颈，广肩，鼓腹，大平底。肩部有一窄而长的孔，应为投币处。刻划两道凹弦纹，其间绘刻水波纹。该器物于 1994 年 12 月经国家文物鉴定委员会专家鉴定为二级文物，现由澧县博物馆收藏，常德博物馆代为保管。

绿釉陶猪圈

东汉。1983 年 3 月澧县文化馆移交县博物馆。

陶质，通高 14 厘米，底径 20 厘米。呈绿色，光洁润泽。保存完好。属丧葬用品（冥器）。该陶猪圈圆形，直壁，壁上有几何纹镂孔附一圈琉璃瓦。猪舍旁为二层飞檐楼房，可见楼梯门道，楼房外墙饰以方格纹。猪圈内一高鬃长吻母猪侧躺于楼房旁，两小猪跪立其旁，作嗷嗷待哺状。小猪旁有一方形食槽。整个器形通体施绿釉。该器物于 2009 年 7 月经湖南省文物鉴定委员会专家鉴定为二级文物，现由澧县博物馆收藏。

黄釉褐彩四系陶瓶

唐代。1987 年 10 月在常德市鼎城区唐家铺乡征集。

陶质，通高 31 厘米，口径 10 厘米，底径 12 厘米。呈黄、红色，暗淡无光。釉全脱落。属生活用品（盛水、酒器）。此陶瓶直口，倒三角形双层唇，溜肩，肩部饰两圈凸弦纹。鼓腹，腹上部有两两对称四系，系为管状条，四系间又有对称的彩绘大涡纹四个。平底内凹。通体施黄釉（已脱落）。该器物于 1993 年 12 月经湖南省文物鉴定委员会专家鉴定为二级文物，现由常德市博物馆收藏。

唐代黄釉褐彩四系陶瓶

黄釉陶罐

唐代。1979 年在安乡县黄山头白家岗采集。陶质，通高 22.3 厘米，口径 9.5 厘米，底径 7 厘米。橙黄、褐色，土状光滑。腹部残一大孔。属生活用品（盛储器）。该陶罐为黄釉陶，敞口，圆唇，直颈略内收，斜肩，上贴一对称耳，鼓腹，斜壁内收，凹底。肩部上下各饰三道弦纹，弦纹间饰变形旋涡纹。该器物于 2002 年 11 月经湖南省文物鉴定委员会专家鉴定为二级文物，现由安乡县文管所收藏，常德博物馆代为保管。

坐鼓将军陶俑（共 3 件）

宋代。1993 年 7 月石门县蒙泉水库公路旁采集。

陶质，通高 68 厘米，宽 36 厘米，鼓高 22.5 厘米，鼓底直径 19 厘米。灰色，无光泽。头部及坐鼓破，已黏合，头部仍有小穿孔。为当时冥器。

将军俑为坐鼓式，头戴将军帽，双目怒视，双目用小瓷片贴成，用飘带系紧，身披铠甲，腰系似皮带状饰物，双手置于双腿上，一手握拳，一手平放，脚穿翘头马靴，双脚离地。坐鼓上下各饰两条平行凹弦纹，上部两弦纹间饰一圈乳钉纹，鼓后面乳钉下方有直径为2.5厘米的小圆穿孔。器身中空。此三件器物于2002年12月经湖南省文物鉴定委员会专家分别鉴定为二级文物。现由石门县博物馆收藏。

浮形枝叶纹彩陶杯

宋代。1993年7月临澧县佘市镇桃花村发掘出土。

陶质，通高4.3厘米，口径8厘米。呈黄黑色，土状光泽。保存完好。属生活用品（餐具）。该陶杯平口，圆唇内敛，矮圈足。露胎，直腹，腹部施浮形枝叶，黑釉。该器物于2002年12月经湖南省文物鉴定委员会专家鉴定为二级文物，现由临澧县博物馆收藏。

三、铜器

青铜觯

商代。1995年10月石门县城关镇派出所所长张有治收缴后移交。

铜质，通高13厘米，口沿8~9.8厘米，底径6.9~7.8厘米。黑绿色有光泽。口沿微残，周身有锈蚀。为酒具。该器物侈口，束颈，深腹，圈足外撇。体呈扁状，颈部浮雕夔龙纹，圈足浮雕变形动物纹，内底錾刻有铭文。2002年12月经湖南省文物鉴定委员会专家鉴定为二级文物，现由石门县博物馆收藏。

青铜铙

商代。澧县出土。

铜质，通高49厘米，宽23.5厘米，长33.5厘米。青铜色，无光泽。保存完好。属乐器。该铜铙甬中空，圆柱状，甬中部饰六道弦纹，甬下部鼓起，饰兽面纹，舞部素面，钲身肥大浮雕饕餮纹，鼓部饰阴刻饕餮纹。该器物于2002年11月经湖南省文物鉴定委员会专家鉴定为二级文物，现由澧县博物馆收藏。

商代青铜铙

三戈铜戟（共3件）

春秋时期。1996年6月澧县澧阳镇皇山村墓葬发掘出土。

铜质，通长15.5厘米，援长14.2厘米，胡长8.7厘米。呈铜绿色，无光泽。保存完好。属武器（古代兵器）。该铜戟为三戈戟，上中下各戈依次渐小。援狭长而尖，微上扬，有脊，胡上有四穿，最上一穿呈方形，余三穿呈长方形，内甚短。该器物于1997年4月经湖南省文物鉴定委员会专家分别鉴定为二级文物，现由澧县博物馆收藏，常德博物馆代为保管。

铜合页

春秋时期。1983年4月津市市嘉山原种场邵家嘴发掘出土。

铜质，单页长5.52厘米，宽3.33厘米，双页长4.21厘米，宽2.21厘米。呈黑色，无光泽。保存基本完好，其中一页稍残。属其他用品类（起固定作用用品）。该合页页面呈长方形，四脚各有一穿孔，页面饰云雷纹。页面上穿合页处两侧各饰一斧头，长方形合页，对穿四孔饰蓖点纹。该器物于2002年11月经湖南省文物鉴定委员会专家鉴定为二级文物，现由澧县博物馆收藏，常德博物馆代为保管。

云纹地三龙纹铜镜

战国时期。1996年8月在常德市德山富昌路发掘出土。

铜质，直径11.6厘米，厚0.3厘米。黑色，光亮。保存完好。属生活用品。此铜镜圆形，三弦钮，三圆圈座。座外器背是云纹地，三龙纹，外一周凸弦纹，素沿向上微翘。该器物于2002年12月经湖南省文物鉴定委员会专家鉴定为二级文物，现由常德博物馆收藏。

战国云纹地三龙纹铜镜

鹿角太阳纹铜镜

战国时期。2001年7月在汉寿县聂家桥乡武峰山发掘出土。

铜质，直径15.8厘米，黑色，光亮。残成三块已黏合。属生活用品。此铜镜圆形，背面小弓形钮，太阳纹座。用一周凸弦纹分为内外两区，外区有六对鹿角纹，用太阳纹的射线分隔。素沿上翘。该器物于2002年12月经湖南省文物鉴定委员会专家鉴定为二级文物，现由常德市博物馆收藏。

鹿角太阳纹铜镜

云锦地三龙纹铜镜

战国时期。1990年10月在常德市德山砖厂发掘出土。

铜质，直径14.2厘米，厚0.3厘米。黑色，有光泽。沿一处锈蚀。属生活用品。此铜镜圆形，三弦钮，云锦纹座，座外一宽素带，外一圈篦齿纹和一周凸弦纹。弦纹外为云锦地三龙纹，主纹外一凸弦纹一圈篦齿纹，宽素沿上卷。该器物于1994年11月经国家文物鉴定委员会专家鉴定为二级文物，现由常德博物馆收藏。

兽纹铜镜

战国时期。1985年8月在常德市鼎城区第三砖厂发掘出土。

铜质，直径13.8厘米，厚0.3厘米。黑色，有光泽。钮残。属生活用品。此铜镜圆形，三弦钮，素圆座，内区小窄，素面。外区为阳饰羽状纹地兽纹，外有一周凸起弦纹，宽沿素。该器物于1994年11月经国家文物鉴定委员会专家鉴定为二级文物，现由常德博物馆收藏。

兽首钺

战国时期。1988 年 11 月由武陵区文化馆移交给常德市文物工作队。

铜质，通高 10.5 厘米，刃宽 8.7 厘米。黑色，有光泽。保存基本完好，刃缺小口。属古代兵器。此铜钺兽首，其銎柱穿于兽头，銎内径 1.5 厘米，钺体扁两端外伸稍上卷，弧刃边宽处有一周糙阴刻线。该器物于 2002 年 12 月经湖南省文物鉴定委员会专家鉴定为二级文物，现由常德博物馆收藏。

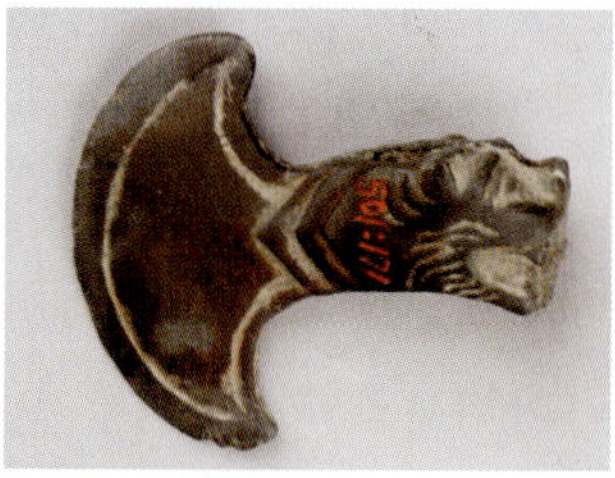

兽首钺

错银云纹铜戈鐏

战国时期。1979 年 10 月在临澧县九里茶场发掘出土。

铜质，通长 8 厘米，口径 3.1 厘米。呈灰黑和银白色，有光泽。保存基本完好，戈鐏身有一洞。属古代兵器。此戈鐏近似烟嘴形，上半截呈椭圆形。口部与腰部有凸起的两箍，往下内收八方形，平底。通体施错银云纹，上下各有一周银带。该器物于 2002 年 12 月经湖南省文物鉴定委员会专家鉴定为二级文物，现由常德博物馆收藏。

空首铜剑

战国时期。1987 年 7 月在汉寿县株木山乡砖厂发掘出土。

铜质，通长 55.5 厘米，宽 4.8 厘米。呈黑色，有光泽。保存基本完好，锷有小残缺口。属古代兵器。此铜剑扁长形，腊长，中脊起棱，锋尖锐，薄剑格，圆茎空心，无箍，圆形剑首。该器物于 1994 年 11 月经国家文物鉴定委员会专家鉴定为二级文物，现由常德博物馆收藏。

武王铜戈

战国时期。1984 年 7 月在汉寿县株木山乡砖厂发掘出土。

铜质，通长 27.7 厘米，宽 14.5 厘米。呈黑色，有光泽。刃部有小缺口四处，内上有一缺口。属古代兵器。此铜戈援长而狭，且两面中间起棱，锋尖锐，胡长，刃部尖锐锋利。胡上有长形穿四个，有下齿，内亦较长且三面有刃。内上亦有长形穿，一面阴刻铭文译为“武王之铜督”。该器物于 1994 年 11 月经国家文物鉴定委员会专家鉴定，认为此种形制的戈较多，但有这种铭文的较少，铭文中有“武王”带刃的内，与四川出土的秦国剑相似，是战国秦戈，定为二级文物，现由常德博物馆收藏。

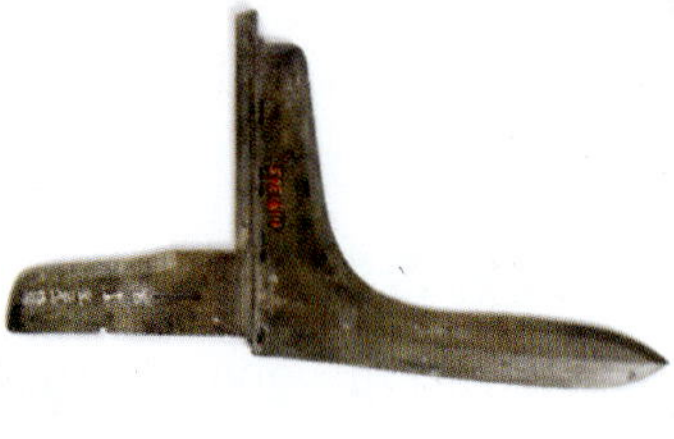

武王铜戈

双箍铜剑

战国时期。1980 年 3 月在常德市德山棉纺厂基建工地发掘出土。

铜质，通长 60 厘米，中宽 4.6 厘米，茎长 9.5 厘米。呈黄褐色，有光泽。锋断残。

属古代兵器。此剑扁长形，中脊起棱，斜从较窄，锷收狭长成锐角，倒凹字形剑格。椭圆形茎上双箍，茎首圆形，内凹。该器物于 1994 年 11 月经国家文物鉴定委员会专家鉴定为二级文物，现由常德博物馆收藏。

镂空太阳纹铜戈

战国时期。1988 年 8 月在常德市德山酒厂基建工地发掘出土。

铜质，通长 17.5 厘米，内长 7 厘米。呈黄褐色，无光泽。刃边均有残缺处数个。属古代兵器。此铜戈弧形援长 10 厘米，锋尖锐。胡上有镂空太阳纹，上有两穿，下齿 1 厘米，内长 7 厘米，内亦呈圆弧形。上有一长形穿，另有一较大圆形穿，直径 1.5 厘米。该器物于 1994 年 11 月经国家文物鉴定委员会专家鉴定为二级文物，现由常德博物馆收藏。

镂空太阳纹铜戈

双箍铜剑

战国时期。2001 年 7 月在汉寿县聂家桥乡武峰山发掘出土。

铜质，通长 51 厘米，宽 4 厘米，茎长 9 厘米。呈黄褐色，有光泽。保存完好。属古代兵器。此剑剑柄圆形，茎上有两箍。剑格凹字形，剑身扁，呈柳叶形。从上有中脊，刃锋利，锋锐呈三角形。该器物于 2002 年 12 月经湖南省文物鉴定委员会专家鉴定，认为该剑质好且保存完整，但此类剑出土较多，定为二级文物，现由常德博物馆收藏。

天平铜砝码（共 6 枚）

战国时期。1982 年 8 月在常德市德山棉纺厂基建工地发掘出土。

铜质，砝码直径分别为 3 厘米、2.3 厘米、1.7 厘米、1.3 厘米、0.8 厘米、0.7 厘米。均呈绿色，无光泽。天平盘略残损，砝码保存较完好，有锈蚀。属古代衡器。此砝码一套 6 枚，大小不一，圆环形，其中一枚可见一平面，各不规整。砝码与天平合为一件。该套器物于 1993 年 12 月经湖南省文物鉴定委员会专家鉴定，认为该套砝码较完整，又有天平盘更为珍贵，定为二级文物，现由常德博物馆收藏。

双箍青铜剑

战国时期。2004 年 10 月临澧县佘市镇殷家村发掘出土。

铜质，通长 26.5 厘米，茎长 3.9 厘米。呈淡黄色，暗无光泽。保存完好。属武器（兵器）。该铜剑未生锈，呈黄色，双刃锋利，中脊微突，茎上有二圆箍。该器物 2009 年 7 月经湖南省文物鉴定委员会专家鉴定为二级文物，现由临澧县博物馆收藏。

竹节铜短匕首

战国时期。2004 年 10 月临澧县佘市镇殷家村发掘出土。

铜质，通长 25 厘米，柄宽 5 厘米。呈黄褐色，暗无光泽。基本完好，有残缺。属武器（兵器）该匕首宽格双面有方格和三角纹，扁柄为竹节形，匕首身与格脱离。该器物于2009年7月经湖南省文物鉴定委员会专家鉴定为二级文物，现由临澧县博物馆收藏。

铜矛镦

战国时期。1982年4月临澧县九里茶场发掘出土。

铜质，通高8厘米，底径3.5厘米。呈黑色，暗无光泽。保存基本完好。属武器（兵器附件）。该铜矛镦小平顶，束颈，溜肩下圆，鼓腹，圆圈足。内空，但颈部有一小洞，顶部与足部脱落。该器物于1994年11月经国家文物鉴定委员会专家鉴定为二级文物，现由临澧县博物馆收藏。

凤形铜车饰

战国时期。1979年7月临澧县九里茶场发掘出土。

铜质，通高12.2厘米，漏斗口径4.5厘米，长10厘米。黑绿色，暗无光泽。嘴眼等处有漆皮脱落，下胸部有孔一个。属车辇装饰品。该车饰凤头顶一圆漏斗状，长颈，凤嘴向前微勾，一对圆眼外鼓，两耳外张。凤身后有长3.6厘米，宽3.5厘米的凹面，凤颈及胸背饰焦叶纹，云雷纹。此器物为车与轼和盖的结合部件，具楚车结构和华丽的装饰特点。该器物于1994年11月经国家文物鉴定委员会专家鉴定为二级文物，现由临澧县博物馆收藏。

回纹巴式短剑

战国时期。1985年4月临澧县城关镇太山庙发掘出土。

铜质，通长31厘米，宽4厘米，茎长3.2厘米。呈灰黑色，暗无光泽。茎部残缺，有补钉，锋断失，两刃残缺。属武器（兵器）。该铜剑宽格有花纹，一面是回纹形，另一面鼻点纹。束扁茎，两面各有一条“f”纹扁柄，正、反面都饰回形纹，夹棱形纹。该器物于1994年11月经国家文物鉴定委员会专家鉴定为二级文物，现由临澧县博物馆收藏。

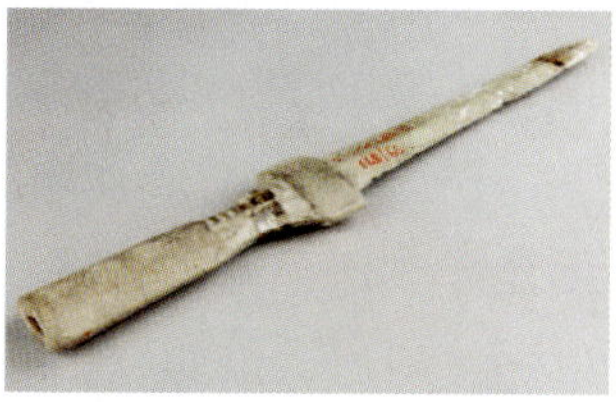

回纹巴式短剑

带銎铜戈

战国时期。1987年4月临澧县杉板乡砖厂发掘出土。

铜质，通长13.4厘米，宽11.6厘米。呈灰白色，光洁润泽。铜戈尖残。属兵器。该铜戈短胡二穿，阑内一侧附有筒形銎口，可以容柲，内部无穿孔。铜戈造型特殊，为同时代铜戈之罕见。该器物于1994年11月经国家文物鉴定委员会专家鉴定为二级文物，现由临澧县博物馆收藏。

虎钮錞于

战国时期。1989年10月石门县雁池乡金盆村清理出土。

铜质，通高51厘米，口径20.1厘米，底径18厘米。呈绿色，肩部有穿孔。属军乐

虎钮錞于

器。该錞于肩部隆起，呈圆鼓状，腹部小于肩部，横截面呈椭圆形，顶端平盆中立虎钮，虎口未镂空，虎尾至盆沿向上卷起，平盆中多处镶嵌有绿色小石片，器身中空。该器物于1994年11月经国家文物鉴定委员会专家鉴定为二级文物，现由石门县博物馆收藏。

四山羽状纹地铜镜

战国时期。1986年5月汉寿县株木山乡全赋村砖厂发掘出土。

铜质，直径13.3厘米。呈青绿色，有光泽。保存完好。属生活用品。该铜镜表面色泽青绿光滑，桥形钮，方形座，卷沿，“四山”为主纹，“羽状”为地纹。“山”字之间各伸出二片桃形纹饰。该器物于2002年12月经湖南省文物鉴定委员会专家鉴定为二级文物，现由汉寿县文物管理所收藏，常德博物馆代为保管。

隐花铜矛（共3件）

战国时期。1987年3月汉寿县株木山乡全赋村砖厂发掘出土。

铜质，通长24.7厘米。呈深灰色，银灰色，暗无光泽。2件保存完好，另1件稍有残缺。属兵器。该铜矛表面深灰色，中脊起棱圆筒形骹，上有一钮，刃部锋利，叶与骹部饰银灰色小旋纹，纹饰华丽。该3件器物于2002年12月经湖南省文物鉴定委员会专家分别鉴定为二级文物，现由汉寿县文物管理所收藏，常德博物馆代为保管。

蕉叶纹铜壶（共2件）

战国蕉叶云纹青铜壶

战国时期。1985年8月桃源县三汊港乡三元村发掘出土。

铜质，通高33厘米，口径9.5厘米，足径12.5厘米。呈青灰色，无光泽。保存基本完好。属生活用品（盛酒水器）。该铜壶侈口，短束颈，斜肩，鼓腹，斜收。喇叭形圈足。带盖，盖微弧，盖上S形钮三个，盖顶有凸弦纹两道。弦纹内铸双阴刻线蟠虺纹。腹两侧有一对称兽首衔环。整体纹饰共有五层，每层用双阴线弦纹两道隔开，除颈部饰蕉叶纹外，其下饰云雷纹，三角纹，均匀布满全身。该两件器物于1994年11月经国家文物鉴定委员会专家分别鉴定为二级文物，现由桃源县文物管理所收藏，常德博物馆代为保管。

双箍铜剑

战国时期。1997年9月桃源县青林乡古堤村出土并收缴。

铜质，通长41厘米，宽4厘米，柄长9.5厘米。呈青灰色，无光泽。保存基本完好。属古代兵器。该铜剑圆首，圆茎，茎上铸圆箍两道。格作棱形，从似柳叶状，中脊明显，刃部锋利。该器物于2002年11月经湖南省文物鉴定委员会专家鉴定为二级文物，现由桃源县文物管理所收藏。

双箍铜剑

战国时期。1998 年 8 月桃源县双溪口乡第二砖厂发掘出土。

铜质，通长 45.5 厘米，宽 5 厘米。呈青灰色，无光泽。保存基本完好。属古代兵器。该铜剑圆首，圆茎，茎上铸凸箍两道，格作棱形，从似柳叶状，中脊明显，刃部锋利。该器物于 2002 年 12 月经湖南省文物鉴定委员会专家鉴定为二级文物，现由桃源县文物管理所收藏，常德博物馆代为保管。

空首铜剑

战国时期。1993 年 12 月桃源县公安局在打击文物走私活动中收缴并移交。

铜质，通长 50.3 厘米，宽 4.5 厘米。呈黄褐色，无光泽。保存完好。属古代兵器。该铜剑为圆首，圆茎中空，窄人字形格，从似柳叶状，中脊明显，刃部锋利。1994 年 11 月经国家文物鉴定委员会专家鉴定为二级文物，现由桃源县文物管理所收藏，常德博物馆代为保管。

双箍铜剑

战国时期。1985 年 8 月桃源县三汊港乡三元村发掘出土。

铜质，通长 54 厘米，宽 4.4 厘米。呈黄绿色，无光泽。保存基本完好。属古代兵器。该铜剑圆首，茎有双箍，宽棱形格，从似柳叶状，中脊凸起，刃部锋利。1994 年 11 月经国家文物鉴定委员会专家鉴定为二级文物，现由桃源县文物管理所收藏，常德博物馆代为保管。

重圈纹短剑

战国时期。1997 年 9 月桃源县双溪口乡第二砖厂发掘出土。

铜质，通长 31 厘米，宽 2.9 厘米，茎长 13 厘米。呈青灰色，无光泽。有残缺，前锋已断。属古代兵器。该剑圆首，椭圆形木嵌茎，木茎上雕刻四道箍，箍凸起。长条形宽格，格上饰 8 个重圈纹。从似柳叶状，刃部锋利，中脊明显。2002 年 12 月经湖南省文物鉴定委员会专家鉴定为二级文物，现由桃源县文物管理所收藏。

虎纹巴式铜戈

战国时期。1985 年 8 月桃源县三汊港乡三元村发掘出土。

铜质，援长 18 厘米，内长 9.5 厘米，胡长 13.5 厘米。呈黄绿色，无光泽。保存基本完好。属古代兵器。该铜戈戈援上扬，中间起脊，胡有三穿，内一穿。胡两面均铸虎兽决斗纹饰，虎做回首惊吼，翘尾蹬足状，前足被兽口吞咬。兽形伏地，圆首，双脚直立，口吞虎足，双目圆睁，凶猛狰狞，作爬行状。该器物于 1994 年 11 月经国家文物鉴定委员会专家鉴定为二级文物，现由桃源县文物管理

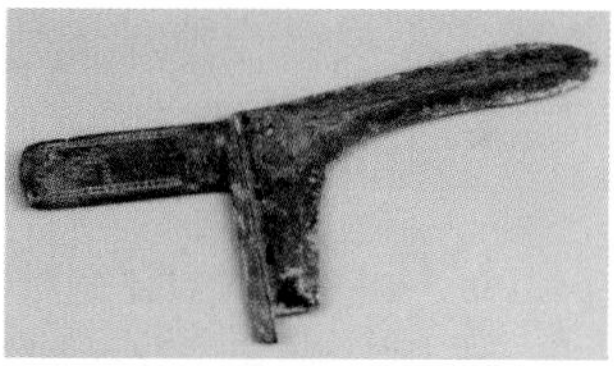

虎纹巴式铜戈

所收藏，常德博物馆代为保管。

凤鸟形铜戈镈

战国时期。1985 年 8 月桃源县三汊港乡三元村发掘出土。

铜质，通高 14 厘米，口长 3.5 厘米。呈青灰色，无光泽。保存完好。属古代兵器。该铜戈鐏兽蹄足状，上部中空，下半部为实体，銎口略呈椭圆形。腹部两侧面铸有对称的高浮雕凤鸟纹饰。鸟作直颈抬首远望鸣叫状，羽线细巧清晰，神态生动，铸工精美。该器物于 1994 年 11 月经国家文物鉴定委员会专家鉴定为二级文物，现由桃源县文物管理所收藏，常德博物馆代为保管。

虎钮錞于

东汉。1976 年 10 月石门县磨岗隘乡鹅公岩村发掘出土。

铜质，通高 43.4 厘米，口径 17.3 厘米，呈绿色。虎尾残缺，肩部有一小孔。属军乐器。该錞于肩部隆起呈圆鼓状，器身中空，腹部略小，横截面呈椭圆形，顶端为椭圆形侈口平盆，平盆外圈铸凸弦纹一道，中立虎钮，尾残。虎钮前后铸五铢钱纹，左侧为鱼纹，右侧为船纹。该器物于 1994 年 11 月经国家文物鉴定委员会专家鉴定为二级文物，现由石门县博物馆收藏，常德博物馆借展。

汉代虎钮錞于

连弧纹铜镜

汉代。2001 年 7 月在汉寿县聂家桥乡武峰山发掘出土。

铜质，直径 14.2 厘米，厚 0.5 厘米。褐色，有光泽。保存完好。属生活用品。此铜镜圆形，背面三弦钮，圆钮座。座外绳纹一周，满饰羽状纹地，面一周八连弧纹，宽边，素沿上翘卷。该器物于 2002 年 12 月经湖南省文物鉴定委员会专家鉴定为二级文物，现由常德博物馆收藏。

龟钮印章

汉代。1980 年 3 月安乡县安障乡余家屋场发掘出土。

铜质，边长 1.5 厘米，通高 1.5 厘米。呈黑黄、红色，有光泽。边沿残缺，有磨损痕。属社交礼仪用品（私人印鉴）。该印章为方印，印文半朱半白。竖读朱文“乘马”，白文“裴鄘”共四字。龟钮精细，印文深齐，章法匀称。该器物于 1994 年 11 月经国家文物鉴定委员会专家鉴定为二级文物，现由安乡县文物管理所收藏，常德博物馆代为保管。

“宗伯郎”铜印

汉代。1984 年 8 月澧县城关镇芬月街征集。

铜质，通高 3.69 厘米，长 4.3 厘米，宽 4.3 厘米。呈铜红色，暗无光泽。保存完好。属社交用品（印鉴）。该印为红铜，呈方形，桥形钮，钮高 2.7 厘米。印面完好，印文为

“宗伯郎印”四字，阳刻篆文，字体方正，笔画饱满自然。该器物于1994年12月经国家文物鉴定委员会专家鉴定为二级文物，现由澧县博物馆收藏，常德博物馆代为保管。

军司马铜印

东汉。1986年3月澧县澧洄乡上付村征集。

铜质，通高1.8厘米，长2.3厘米，宽2.3厘米。呈铜红色，无光泽。保存完好。属社交用品（印鉴）。该印为红铜质，正方形，鼻钮。印文为“军司马印”，篆书阴刻，字体横平竖直，笔画方头方尾，结构方正，浑厚秀丽。该器物于1994年12月经国家文物鉴定委员会专家鉴定为二级文物，现由澧县博物馆收藏，常德博物馆代为保管。

“三羊作竞”铭文铜镜

东汉。1988年11月由武陵区文化馆移交给常德市文物工作队。

铜质，直径14.3厘米，厚0.3厘米。黑色，有光泽。保存完好。属生活用品。此铜镜圆形，半球形钮，圆钮座。座外深浮雕龙虎纹饰。该器物于1994年11月经国家文物鉴定委员会专家鉴定为二级文物，现由常德博物馆收藏。

神兽铭文铜镜

东汉。1984年4月在原鼎城区南坪乡南坪村征集。

铜质，直径14.5厘米，厚0.4厘米。银灰色，暗无光泽。保存基本完好，有锈蚀起泡。属生活用品。此铜镜圆形，半球形钮，圆钮座。主纹外为12个半台面及12个四方铭文台交错为一圈，其铭文“口口作明镜88炼，三口口口口”。铭文多磨损不清，外沿有一周篦齿纹和神兽纹及云气纹。该器物于1994年11月经国家文物鉴定委员会专家鉴定为二级文物，现由常德博物馆收藏。

神兽乳丁铭文铜镜

东汉。1977年10月在常德市武陵区东江乡发掘出土。

铜质，直径20厘米，厚0.4厘米。黑色，有光泽。残黏合（2块）。属生活用品。此铜镜半球形钮，圆钮座。四区九乳丁分布“宜子孙”间隔其间。外一周七乳丁浅浮雕青龙、白虎、朱雀、羽人等。再有一周铭文“吕氏作镜目有证七子九孙禾可喜长相保字果弓日所未者所口口”。边宽有齿纹和变形纹。该器物于1993年12月经湖南省文物鉴定委员会专家鉴定为二级文物，现由常德博物馆收藏。

四乳四神镜

东汉。1987年6月津市市新洲镇城内村发掘出土。

铜质，直径11.5厘米，沿厚0.4厘米。呈黑灰色，光亮润泽。保存完好。属生活用品。该铜镜平圆形钮，圆钮座，分内外区，为四乳间四神纹。四神为朱雀、玄武、青龙、白虎。主纹饰，内外饰有锯齿纹和栉齿纹。外区为高平沿，沿上饰一圆花边。该器物于

1993 年 12 月经湖南省文物鉴定委员会专家鉴定为二级文物，现由津市市博物馆收藏。

铜铎

东汉。2002 年 7 月津市市新洲镇东渚村发掘出土。

铜质，通长 8.2 厘米，柄口长 1.8 厘米，柄长 1.2 厘米。绿色，暗无光泽。稍残。属乐器。该铜铎短柄中空，铎顶部平（舞），舞部呈椭圆形，口呈弧形。两铣之间长 5.8 厘米，阔 4.8 厘米。钲部正面饰棱形方格，夹乳钉纹。鼓部较窄，有细长舌。该器物于 2002 年 12 月经湖南省文物鉴定委员会专家鉴定为二级文物，现由津市市博物馆收藏。

鱼鸟铭纹铜壶

东汉。1984 年 7 月桃源县郝坪乡刘坪村征集。

铜质，通高 36.5 厘米，口径 15 厘米，足径 22 厘米。呈黄绿色，无光泽。腹部残破。属生活用品（盛酒水器具）。该铜壶喇叭口，束颈，扁圆腹，六边喇叭形圈足。口沿有一行阴刻铭文“□□年□□月宜侯王宜子孙”。腹上铸一对兽首衔环，环为一铁一铜质，并饰有八道弦纹。圈足刻鱼鹤纹。该器物于 1994 年 11 月经国家文物鉴定委员会专家鉴定为二级文物，现由桃源县文物管理所收藏，常德博物馆代为保管。

蔡氏作王公王母画像镜

东汉。1990 年由津市市公安局追缴移交。

铜质，直径 10.8 厘米，沿厚 0.6 厘米。呈青黑色，光洁润泽。保存完好。属生活用品。该镜圆形，半球形钮，圆钮座，背面青黑色，正面乌黑锃亮。背面内区等列四乳钉纹，乳钉纹间两两成对，有王公王母端坐画像。外区由内到外依次为一周波折纹，两周栉齿纹及一周铭文，铭文为“蔡氏作竟（镜）佳且女（好）明而日月世少有刻至今”。该器物于 1993 年 12 月经湖南省文物鉴定委员会专家鉴定为二级文物，现由津市市博物馆收藏。

禽兽博局纹铜镜

新莽时期。1977 年 10 月在常德市武陵区东江乡发掘出土。

铜质，直径 21.2 厘米，厚 0.4 厘米。黑色，乌黑发亮。2 乳丁残。属生活用品。此铜镜圆形，圆钮，小圆座。四方形内区铭文“长宜子孙”。主纹 12 乳丁，夹有铭文“子丑寅卯辰巳午未申酉戌亥”。外区规矩纹地阳饰羊兔等动物，亦有浅浮雕青龙、白虎、朱雀、羽人，外一周铭文“年有善铜出丹阳和已银锡青旦明，左龙右虎主四句八子九孙”。外饰一周篦齿纹，外沿宽，有一周锯齿纹和变形云纹，斜沿素面。该器物于 1994 年 11 月经国家文物鉴定委员会专家鉴定为二级文物，现由常德博物馆收藏。

描金禽兽博局纹铜镜

新莽时期。1984 年 4 月在原鼎城区南坪乡发掘出土。

描金禽兽博局纹铜镜

铜质，直径 11 厘米，厚 0.4 厘米。呈黑色、金黄色，有光泽。部分描金已脱，残成七块黏合，且缺一小块。属生活用品。此铜镜圆钮，小圆形素面座。内区为正方形素面，外区阳饰博局纹且描金，博局纹间有描金水波纹，羊、鹿、凤等禽兽主纹。边沿凸起，宽约 1.4 厘米，斜边上描金锯齿纹一圈，沿上中间为描金云纹，边有两道描金凸弦纹，素沿。该器物于 1994 年 11 月经国家文物鉴定委员会专家鉴定，认为该镜描金纹饰，在全国极为少见，因已残破，定为二级文物，现由常德博物馆收藏。

连弧百乳纹铜镜

西汉。1984 年 10 月桃源县青林乡黄楚村发掘出土。

铜质，直径 10 厘米，厚 0.4 厘米。呈铜绿色，无光泽。保存完好。属生活用品。此铜镜连峰钮，连弧纹沿，百乳纹镜面，铸造较为精美。该器物于 1994 年 11 月经国家文物鉴定委员会专家鉴定为二级文物，现由桃源县文物管理所收藏，常德博物馆代为保管。

三足铜盘

东晋。1983 年 3 月津市市窑坡渡乡明道村发掘出土。

铜质，通高 5.9 厘米，口径 24.2 厘米，底径 23.05 厘米。翠青色，暗淡无光。保存完好。属生活用品（盛储用具）。该盘浅腹，直壁微斜，大平底。器壁与底转折处有三个马蹄形足。器外壁上、下部各有两道凸弦纹，内壁上部三道凹弦纹。底中部向外微凸出，外底边缘有三周凸弦纹。该器物于 1993 年 12 月经湖南省文物鉴定委员会专家鉴定为二级文物，现由津市市博物馆收藏。

蛮夷率善邑长铜印（共 2 件）

晋代。1978 年 7 月桃源县漆河镇玉凤坪村征集。

铜质，通高 2.3 厘米，印边长 2.2 厘米。黄铜色，无光泽。保存完好。属社交礼仪用品（印鉴）。铜印均驼钮，钮身有一周下凹的螺弦纹，驼钮下有一条铜钮孔，阴刻篆书“晋蛮夷率善邑长”七字。两印于 1994 年 11 月经国家文物鉴定委员会专家分别鉴定为二级文物，现由桃源县文物管理所收藏，常德博物馆代为保管。

错金铜弩机

西晋。1991 年 3 月安乡县黄山头镇南禅湾刘弘墓发掘出土。

铜质，通长 27 厘米，宽 7.2 厘米，望山高 12.4 厘米，悬刀长 12 厘米。呈铜绿色，无光泽。保存基本完好，金丝全部脱落。属古代兵器。弩机廓面呈“凸”字形，两边錾有 0.2 厘米宽的文字形纹带，间有三道回纹带。机面前端有矢槽，长 19 厘米，牙面錾有 1.8

厘米宽的网格纹带。望山侧视为长方形，后侧有刻度表尺，共分8度。悬刀近长方梯形，似有细若游丝的铭文。把两枚，圆柱状。弩机纹饰均为错金，金丝脱落所剩无几。该器物于1994年11月经国家文物鉴定委员会专家鉴定为二级文物，现由安乡县文物管理所收藏，常德博物馆代为保管。

错金铜弩机

铜瓶

西晋。1991年3月安乡县黄山头镇南禅湾发掘出土。

铜质，通高7.5厘米，体径4.5厘米。呈绿色，无光泽。局部残缺，瓶底穿孔。属社交宗教礼仪用品。铜瓶瓶口花状，沿颈有圈索状箍，体桶状，平底。该器物于2002年12月经湖南省文物鉴定委员会专家鉴定为二级文物，现由安乡县文物管理所收藏。

瑞兽葡萄纹铜镜

唐代。1985年12月由常德市公安局收缴并移交。

铜质，直径15.4厘米，厚0.3厘米。黑色，有光泽。保存完好。属生活用品（照面）。此铜镜圆形，瑞兽钮，无座。深浮雕内区为六瑞兽及数串葡萄组成的纹饰；外区为凤、朱雀、七只蜻蜓、蜜蜂和葡萄纹饰。斜沿上有一圈卷云纹。该器物于1994年11月经国家文物鉴定委员会专家鉴定为二级文物，现由常德博物馆收藏。

海马葡萄纹铜镜

唐代。1984年10月在鼎城区蒿子港乡征集。

铜质，直径14.5厘米，厚0.3厘米。灰黑色，暗无光泽。有裂纹数条。属生活用品（照面）。此铜镜圆形，大海马钮，无座。内区浮雕五海马及五串葡萄纹。外区为青龙、白虎、朱雀、奔鹿。边宽有一周云纹。该器物于1993年12月经湖南省文物鉴定委员会专家鉴定为二级文物，现由常德博物馆收藏。

葵沿缠枝花纹铜镜

唐代。1983年4月在原常德市三湘酒厂征集。

铜质，直径21厘米，厚0.3厘米。呈黑褐色，有光泽。保存完好。属生活用品。此铜镜圆形，拱形钮，16瓣莲花纹座。内区由八叶相连，外围缠枝花相绕。纹饰为阳饰，葵沿形。该镜现在仍光亮可照人。1994年11月经国家文物鉴定委员会专家鉴定为二级文物，现由常德博物馆收藏。

唐代葵沿缠枝花纹铜镜

龟钮四鹤纹铜镜

唐代。1984年4月在原常德市三湘酒厂征集。

铜质，直径22厘米，厚0.3厘米。呈黑褐色，有光泽。残成两块黏合。属生活用品。

此铜镜圆形，龟钮，无座。内区为浅浮雕，四只形态各异的松鹤，有两只理羽毛，翅微张，另两只吃食态。外边沿区一周铭文：“合物永影前鉴俱迴既抓宝匣何须玉台伏龟飞鹤古往今来将间明镜仙光洞开”。该器物于1994年11月经国家文物鉴定委员会专家鉴定为二级文物，现由常德博物馆收藏。

葵沿双鸟含绶纹铜镜

唐代。1983年4月在原常德市果露酒厂发掘出土。

铜质，直径17厘米，厚0.3厘米。黑色，有光泽。保存基本完好，有锈蚀。属生活用品。此铜镜圆形，拱形钮，无座。镜背纹饰是：天上有一个月亮和云彩，中间有一对飞鸟口含彩带，地下面有海水和一条龙在海中翻腾。该器物于1994年11月经国家文物鉴定委员会专家鉴定为二级文物，现由常德博物馆收藏。

八瓣葵花形仙人铜镜

唐代。1987年2月汉寿县废旧物质回收公司征集。

铜质，直径11.8厘米。呈黑色，乌黑发光。保存完好。属生活用品。该铜镜为八瓣葵花形，半球形钮，无座。圈内饰浮雕仙人乘鹤图案。圈外为四个对称的蜂蝶和花枝组成。该器物于2002年12月经湖南省文物鉴定委员会专家鉴定为二级文物，现由汉寿县文物管理所收藏，常德博物馆代为保管。

瑞兽葡萄纹铜镜

唐代。1987年8月津市市文物管理所征集。

铜质，直径10.3厘米，沿厚0.95厘米。呈黑色，光洁润泽。正面边沿掉一小片。属生活用品。该铜镜表面乌黑锃亮，内银白色，圆形，卧兽钮，无座。内区为四瑞兽葡萄纹，外区为鸾鸟葡萄纹，均呈高浮雕。区间有连珠纹高界圈。三角形。高沿内饰卷叶纹花边。该器物于1993年12月经湖南省文物鉴定委员会专家鉴定为二级文物，现由津市市博物馆收藏。

缠枝梅铜钱纹铜镜

五代时期。1990年4月津市市文物管理所征集。

铜质，直径13.5厘米，厚0.25厘米。银灰色，光洁润泽。保存完好。属生活用品。该镜壁薄质优，银光闪亮。圆形，小半圆钮，无座。通背饰连续铜钱纹，连钱纹外沿饰八个缠枝梅花纹，素沿。该器物于1993年12月经湖南省文物鉴定委员会专家鉴定为二级文物，现由津市市博物馆收藏。

李氏作镜

宋代。1994年5月在常德市柳叶湖基建工地发掘出土。

铜质，直径11厘米，厚0.6厘米。呈黑褐绿色，暗淡无光。保存完好。属生活用品。

此铜镜圆形，圆台钮，双圈钮座，外套双方框。内区上下各有两个小乳丁，博局纹地。钮左铭文为“震湖”，右为“假充李镜”“真乃猪狗”，外一圈锯齿纹，外区高于内区。纹饰为内一圈锯齿纹，另两道凸弦纹，中间夹变形龙纹，斜边。该器物于1994年11月经国家文物鉴定委员会专家鉴定为二级文物，现由常德博物馆收藏。

袁洲钟形铜镜

宋代。1987年9月临澧县佘市镇芭蕉村征集。

铜质，通长15.9厘米，宽11.8厘米。呈黄绿色，暗无光泽。保存完好。属生活用品。该铜镜呈长方形，四边起棱，下部呈“M”形，镜身有变形相对称的篆体字8个，中间的四方形有变形篆体字8个。两边生绿锈。该器物于1993年12月经湖南省文物鉴定委员会专家鉴定为二级文物，现由临澧县博物馆收藏。

湖洲桃形铜镜

宋代。2001年8月在鼎城区黄土店镇发掘出土。

铜质，通长17厘米，宽13.2厘米。呈黑绿色，有光泽。保存基本完好，锈蚀较重。属生活用品。此铜镜桃形，小鼻钮，无座。钮的左方有方框一个，其中两行铭文“湖洲口口，念二叔照子”。该器物于2002年12月经湖南省文物鉴定委员会专家鉴定为二级文物，现由常德博物馆收藏。

人物殿堂纹铜镜

宋代。1988年1月桃源县芦花潭乡太平村征集。

铜质，直径18厘米，厚0.6厘米。呈青灰色，无光泽。保存完好。属生活用品。此铜镜镜面平滑，圆钮，左侧有一枝叶茂盛的大树，右侧为殿堂一部分，背景为峰峦叠起的群山，山势雄伟。中间为石板长桥，桥下河水湍急。桥头一端有三僧人，其中一人正坐，面容端庄，两侧各有一侍从，手举一物。前有兔，前腿悬空，后腿弯曲，直立，作嬉戏状。桥另一端有一人，头戴官帽，躬身拱手拜谒。桥中间有一僧回首凝注。整个画面生动活泼。该器物于1994年11月经国家文物鉴定委员会专家鉴定为二级文物，现由桃源县文物管理所收藏，常德博物馆代为保管。

带柄龙纹铜镜

宋代。1988年11月由武陵区文化馆移交给常德市文物工作队。

铜质，通长20厘米，直径11.7厘米。黑色，有光泽。保存基本完好，有锈蚀。属生活用品。此铜镜带柄，镜背深浮雕飞龙一条，龙腾空起舞，穿云破雾，嘴衔一珠，似吞似吐，造型生动。柄下部略大，呈椭圆形。该器物于1994年11月经国家文物鉴定委员会专家鉴定为二级文物，现由常德博物馆收藏。

宋代带柄龙纹铜镜

仿汉见日之光铜镜

北宋。1980 年 6 月石门县夹山寺北宋僧墓发掘出土。

铜质，直径 4.5 厘米，厚 0.3 厘米。黑色，保存完好。属生活用品。该铜镜圆形，背面有半球钮，圆钮座。内区有八道直线纹，外区有四道曲线纹，曲线纹之间分别有“见日之光”铭文。该器物于 1994 年 11 月经国家文物鉴定委员会专家鉴定为二级文物，现由石门县博物馆收藏。

海浪纹铭文铜镜

金代。1990 年 3 月津市市文物管理所征集。

铜质，直径 15.7 厘米，沿厚 0.4 厘米。呈青绿色，有光泽。保存基本完好，中间有两穿孔及刮痕。属生活用品。该铜镜背面绿色，正面银灰色，黄铜质，圆形，平圆钮，无座。通背饰海浪纹，宽平素沿，沿边有针刻铭文“陕西东路铸镜新官（花押）一十四两”。该器物于 1993 年 12 月经湖南省文物鉴定委员会专家鉴定为二级文物，现由津市市博物馆收藏。

至治二年常德路造铜权

元代。1982 年 1 月从常德市民间征集。

铜质，通长 12 厘米，宽 5.5 厘米。呈铁灰色，无光泽。保存完好。属其他用品（衡器、秤砣）。此铜权方鼻钮，穿孔，呈扁六方体，上小下大，为六方形三层台阶式。前方铸“较勘相同，至治二年”。后方阴铸“常德路造”四字。该器物于 1994 年 11 月经国家文物鉴定委员会专家鉴定为二级文物，现由常德博物馆收藏。

铜观音佛像

元代。1985 年 12 月由常德市公安局收缴并移交。

铜质，通高 34 厘米，底径 20 厘米。呈黄褐色，有光泽。右手断裂，背破一口。属宗教礼仪用品。此佛像为观音菩萨像，面方圆，双目下垂，头戴莲瓣形高冠，身着帛，腰系长锦带。右手残，左手放在脚掌上，双腿相盘呈打坐状，双脚丫上翻置于两大腿上，光足。整座佛像坐于镂空莲瓣台上。该器物于 1994 年 11 月经国家文物鉴定委员会专家鉴定为二级文物，现由常德博物馆收藏。

双系管流铜壶

元代。1993 年 1 月石门县雁池乡邱家湾村村民黄先潮捐赠。

铜质，壶高 22.7 厘米，口径 12.3 厘米，底径 11.3 厘米。黑灰色，暗无光泽。器形完好，有锈痕。属盛储饰物。该壶敞口，深腹，腹微鼓，管状短流，平底。肩部有对称系钮和扁执手，口沿至腹部有多组 3 ~6 条凹弦纹，执手下有一条凸弦纹。该器物于 1994 年 11 月经国家文物鉴定委员会专家鉴定为二级文物，现由石门县博物馆收藏。

“潇湘周原造”带柄铜镜

元代。1980 年 11 月石门县城关镇茅坪村村民项文树捐赠。

铜质，直径 10.5 厘米，柄长 9.5 厘米。绿灰色，无光泽。保存基本完好，有锈蚀，“潇”字不清晰。属生活用品，男女梳妆之用。该铜镜为八方连弧火珠纹镜，上宽下窄，末端呈圆弧形柄，柄上直铸“潇湘周原造”铭文，楷书阳文。该器物于 1994 年 11 月经国家文物鉴定委员会专家鉴定为二级文物，现由石门县博物馆收藏。

浮雕人物纹铜镜

元代。1985 年 7 月津市市 239 仓库拣选采集。

铜质，直径 15.8 厘米，厚 0.4 厘米。铜绿色，有光泽。保存完好。属生活用品（男女梳妆用）。该铜镜窄素立沿，球形钮，钮外四乳钉。镜背浮雕四天王：或托塔，或持扇，间以四乳钉纹和卷云纹分割，镜边缘饰一周短弦纹和卷云纹。该器物于 2002 年 11 月经湖南省文物鉴定委员会专家鉴定为二级文物，现由澧县博物馆收藏，常德博物馆代为保管。

大德元年百户铜印

元代。1983 年 5 月澧县城关镇第一中学采集。

铜质，通高 7.85 厘米，厚 1.8 厘米，边长 6.71 厘米。呈红黑色，有光泽。保存完好。属印鉴。该印为黄铜质，呈方形，柄呈长方形，柄下端略大。印文为“管军上百户之印”。八思巴文，铸写阳文，印背刻有汉字。柄右侧为“管军上百户之印”一行七字，左侧为“大德元年八月，中书礼部造”两行十一字，钮背上刻一“上”字，均为行书阴刻。该器物于 1994 年 12 月经国家文物鉴定委员会专家鉴定为二级文物，现由澧县博物馆收藏，常德博物馆借展。

铜权

元代。1984 年 5 月津市涔沮农场青龙嘴出土，7 月津市市人民检察院移交。

铜质，腹径 4.4 厘米，底径 4.3 厘米，通高 8.7 厘米。呈赭色，暗无光泽。保存完好。属衡器。该铜权方钮，圆孔，鼓腹束腰，喇叭形座。腹部上下及座饰凹弦纹，腰部有一凸箍，腹部饰铭文，一面为“潭州路造”，一面为“至元二十七年”。该器物于 1993 年 12 月经湖南省文物鉴定委员会专家鉴定二级文物，现由津市市博物馆收藏。

龙凤纹铜镜

明代。1985 年鼎城区大龙站乡兴国寺村出土后征集。

铜质，直径 34.6 厘米，厚 1.1 厘米。呈褐色，无光泽。残破。属生活用品（照面）。该铜镜形制大，球形钮，六瓣连弧纹座，宽沿。纹饰线条流畅，层次清晰，造型美观，残破。该器物于 1994 年 8 月经湖南省文物鉴定委员会专家鉴定为二级文物，现由鼎城区文物处收藏，常德博物馆代为保管。

千户所百户印铜章

明代。1978 年 8 月临澧县修梅乡村民陈道武捐赠。

铜质，通高 8.6 厘米，宽 7 厘米。呈黑色，暗无光泽。保存完好。该铜章正方形，折手右边行书阳刻“永定已右千户所百户印”。左边行书阳刻“洪二十三年七月礼部造”。印面篆刻阳文“永定已右千户所百户印”。该器物于 1994 年 11 月经国家文物鉴定委员会专家鉴定二级文物，现由临澧县博物馆收藏。

菱边带柄双龙戏珠铜镜

明代。1993 年 9 月鼎城区南坪乡发掘出土。

铜质，直径 24 厘米，柄长 16 厘米。呈褐色，无光泽。保存基本完好，局部锈蚀。属生活用品。该镜镜沿呈八菱形，带柄。镜背为浮雕双龙抢珠纹，形制较大，图形别致，为同时代铸镜中少见。该器物于 1994 年 8 月经湖南省文物鉴定委员会专家鉴定为二级文物，现由鼎城区文物处收藏，常德博物馆代为保管。

鎏金铜菩萨

清代。1987 年 9 月桃源县公安局在打击文物走私活动中收缴并移交。

铜质，通高 23.5 厘米，座高 5 厘米。金黄色，有光泽。保存基本完好。属宗教礼仪用品。面容清秀，五官方正，闭目含唇，鼻梁俊挺，大耳穿坠，眉宇之间有一白毫。高髻，高冠，花冠遮檐一周雕 8 佛。两手置于胸前，各执一如意，食指弯曲，右手手心向左侧，左手手心向内。胸裰瓔珞，肩肘有飘带下垂，手腕各戴一金手镯，结跏趺坐于莲台，俨然说法姿态。该器物于 1994 年 11 月经国家文物鉴定委员会专家鉴定为二级文物，现由桃源县文物管理所收藏，常德博物馆借展。

草叶纹玛垴鎏金镶铜带钩

清代。1984 年 3 月临澧县望城乡清水村征集。

铜质，通长 5.7 厘米，宽 2.8 厘米。呈黄、红色，光洁润泽。中间缺翡翠。属腰带饰品。带钩分成三部分，两头为长方形，各镶一块长方形镂孔蝙蝠玛瑙。中间是圆形，圆形下有母子钩，另一块有眼，两块相钩而吻合。通体饰鎏金草叶纹。该器物于 1994 年 11 月经国家文物鉴定委员会专家鉴定为二级文物，现由临澧县博物馆收藏。

四、玉器

龙山文化玉簪

新石器时代。1986 年 3 月澧县大坪乡大杨村发掘出土。

玉质，纵 13.1 厘米，横 1 厘米。呈白色，光洁润泽。保存完好。属佩饰品（头饰）。该玉簪为软玉，白色，光泽润滑。器身呈柱状，顶端为平面，往下刻弦纹四道，下端圆钝。该器物于1993年12月经国家文物鉴定委员会专家鉴定为二级文物，由澧县博物馆收藏，现被借调到湖南省考古研究所代为保管。

磨制玉锛

新石器时代。1984年9月津市市涔氻农场青龙嘴发掘出土。

玉质，刃宽3.5厘米，高4.95厘米。呈黄色，光洁润泽。保存完好。属生产工具。该玉锛略呈梯形，双面磨刃，一边平，一边较徒，平刃。该器物于1993年12月经湖南省文物鉴定委员会专家鉴定为二级文物，现由津市市博物馆收藏。

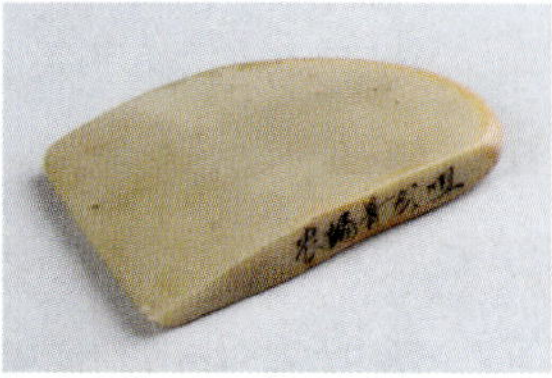

新石器时代磨制玉锛

云纹玉璧

战国时期。1991年8月桃源县青林乡羊耳村发掘出土。

玉质，直径14厘米，好径4.3厘米，厚0.4厘米。呈灰白色，光洁润泽。保存完好。属社交宗教礼仪用品（礼器）。玉璧呈环形，肉两面刻云雷纹，斜浅纹。该器物于1994年11月经国家文物鉴定委员会专家鉴定为二级文物，现由桃源县文物管理所收藏，常德博物馆代为保管。

云纹玉剑格

战国时期。1985年8月桃源县三汉港乡三元村发掘出土。

玉质，长5厘米，宽2厘米，厚1.2厘米。呈白色，光洁润泽。保存完好。属佩饰品（装饰用品）。玉剑格正视为扁菱形，侧视成长条状，两侧面浮雕变体蟠螭纹，中凿长方形穿孔。该器物于1994年11月经国家文物鉴定委员会专家鉴定为二级文物，现由桃源县文物管理所收藏，常德博物馆代为保管。

玉璧

战国时期。1989年3月桃源县青林乡观山岭村发掘出土。

玉质，直径9.7厘米，好径4.7厘米，厚0.5厘米。呈青色，光洁润泽。保存完好。属社交宗教礼仪用品（礼器）。玉璧呈环形，两面光素无纹饰。该器物于1994年11月经国家文物鉴定委员会专家鉴定为二级文物，现由桃源县文物管理所收藏，常德博物馆代为保管。

“信”铭文玉印章

战国时期。1999年11月在常德市德山寨子岭发掘出土。

玉质，高1.5厘米，底边长1.4厘米，宽1.2厘米，钮座长1厘米，宽0.7厘米。呈淡白色，光洁润泽。印体及钮上有数条裂纹。属社交礼仪用品（印鉴）。此玉印桥形拱钮，下有一穿孔。长方形钮座，印体亦为长方形。下阴刻铭文“信”字。印体及钮上玉裂纹数条，通体半透明。该器物于2009年6月经湖南省文物鉴定委员会专家鉴定为二级文物，现由常德博物馆收藏。

玉猪

东汉。1977 年 10 月在原常德市东江乡发掘出土。

玉质，通长 8 厘米，宽 1.9 厘米，高 2 厘米。呈灰白色，有光泽。保存基本完好，有磨损。属丧葬用品（冥器）。此玉猪呈长方体，嘴突出，尾上卷。用极精练的汉八刀法雕刻出玉猪的耳、鼻、足。其中鼻子最突出，且有一穿孔，造型生动。该器物于 1994 年 11 月经国家文物鉴定委员会专家鉴定为二级文物，现由常德博物馆收藏。

东汉玉猪

玉猪

东汉。1977 年 10 月在原常德县南坪乡发掘出土。

玉质，通长 10.5 厘米，宽 2.5 厘米，高 3 厘米。呈褐色，有光泽。保存完好。属丧葬用品（冥器）。此玉猪整体呈匍匐状。嘴前伸，突出，眼大。全器用刀勾勒出肩、腹、股、足等，且足清晰可见，刀法精练，造型生动，为典型的“汉八刀”法。该器物于 1994 年 11 月经国家文物鉴定委员会专家鉴定为二级文物，现由常德博物馆收藏。

“絑婴”玉印

西汉。1985 年 9 月鼎城区灌溪乡砖厂发掘出土。

玉质，长 2 厘米，宽 2 厘米，高 1.5 厘米。呈乳白色，无光泽。保存完好。属社交礼仪用品（印鉴）。该印宽壇钮，钮中有一小穿孔，整体形状为正方梯形体，印面阴刻篆体“絑婴”。该器物于 1994 年 8 月经湖南省文物鉴定委员会专家鉴定为二级文物，现由鼎城区文物处收藏，常德博物馆代为保管。

蒲纹玉瑗

西晋。1991 年 3 月安乡县黄山头镇南禅湾刘弘墓发掘出土。

玉质，直径 7.5 厘米，肉径 2.6 厘米。白色，无光泽。残缺，已黏合。属佩饰品。玉瑗呈圆形，蒲设圆状，沿起棱，有自然裂纹。该器物于 2002 年 12 月经湖南省文物鉴定委员会专家鉴定为二级文物，现由安乡县文物管理所收藏，常德博物馆代为保管。

白玉小带钩

西晋。1991 年 3 月安乡县黄山头镇南禅湾刘弘墓发掘出土。

玉质，通长 4 厘米，钉柱径 0.5 厘米。白色，光洁润泽。保存基本完好。属佩饰品。带钩鸭形首，细颈，钉柱高，腹侧起槽，形制小巧，侧视成“乙”字形，玉质细白。该器物于 1994 年 11 月经国家文物鉴定委员会专家鉴定为二级文物，现由安乡县文物管理所收藏，常德博物馆代为保管。

玉龙带钩

西晋。1991 年 3 月安乡县黄山头镇南禅湾刘弘墓发掘出土。

玉质，通长 8.4 厘米，钉柱径 1.5 厘米。白色，光洁润泽。保存基本完好。属佩饰品带钩龙首细颈，钉柱较高，尾侧起槽，玉质细白莹润。造型端庄，侧视成“乙”字形，质地、工艺均精美绝伦，为西晋罕见。该器物于 1994 年 11 月经国家文物鉴定委员会专家鉴定为二级文物，现由安乡县文物管理所收藏，常德博物馆代为保管。

玉璜

西晋。1991 年 3 月安乡县黄山头镇南禅湾刘弘墓发掘出土。

玉质，直径 8.8 厘米，肉径 2.3 厘米，厚 0.3 厘米。淡青色，无光泽。保存基本完好。属佩饰品。该玉璜素面，一侧一小圆孔，另一侧两小圆孔，琢工精良，规整平滑，玉质温润。该器物于 1994 年 11 月经国家文物鉴定委员会专家鉴定为二级文物，现由安乡县文物管理所收藏，常德博物馆代为保管。

蝙蝠形玉佩

西晋。1991 年 3 月安乡县黄山头镇南禅湾刘弘墓发掘出土。

玉质，通长 11 厘米，宽 4.3 厘米，厚 0.3 厘米。淡青色，晶莹光亮。保存基本完好。属佩饰品。该玉佩呈蝙蝠形状，色泽青灰，素面，琢有四小穿孔，便于系戴。玉质晶莹温润，琢工精良，规整平滑。该器物于 1994 年 11 月经国家文物鉴定委员会专家鉴定为二级文物，现由安乡县文物管理所收藏，常德博物馆代为保管。

西晋蝙蝠形玉佩

磬形玉佩

西晋。1991 年 3 月安乡县黄山头镇南禅湾刘弘墓发掘出土。

玉质，通长 11.5 厘米，宽 3.7 厘米，厚 0.4 厘米。青灰色，光洁润泽。保存完好。属佩饰品。玉佩呈长方形，素面，顶端三小拱形，色泽青灰，中间一拱有一穿。该器物于 1994 年 11 月经国家文物鉴定委员会专家鉴定为二级文物，现由安乡县文物管理所收藏，常德博物馆代为保管。

谷纹玉佩

西晋。1991 年 3 月安乡县黄山头镇南禅湾刘弘墓发掘出土。

玉质，直径 14.5 厘米，肉径 6 厘米，好径 2.4 厘米。淡青色，光洁润泽。裂缝，缺一口。属佩饰品。玉佩圆形，谷纹规整。1994 年 11 月经国家文物鉴定委员会专家鉴定为二级文物，现由安乡县文物管理所收藏，常德博物馆代为保管。

蝶形玉佩

西晋。1991 年 3 月安乡县黄山头镇南禅湾刘弘墓发掘出土。

玉质，通长 8.5 厘米，宽 3 厘米，厚 0.3 厘米。淡青色，无光泽。保存基本完好。属佩饰品。玉佩素面，作飞蝶状，琢有三小穿孔，便于系戴。1994 年 11 月经国家文物鉴定委员会专家鉴定为二级文物，现由安乡县文物管理所收藏，常德博物馆代为保管。

镂空童子戏鱼图玉佩

元至明代。1982 年 6 月临澧县望城乡清水村征集。

玉质，通长 9.2 厘米，宽 6 厘米。呈白色，光洁润泽。保存完好。属佩饰品。该玉佩为一童子骑在鱼背上，童子肩扛一树枝，树枝一头连接在鱼嘴唇下，另一头与鱼尾相连。整个鱼呈扁形，白玉略带黄，有光亮。该器物于 1994 年 11 月经国家文物鉴定委员会专家鉴定为二级文物，现由临澧县博物馆收藏。

玉雕口含麦穗雄鸡纹饰件

明代。1985 年 2 月临澧县文化馆征集后移交县博物馆。

玉质，通高 9.7 厘米，长 14 厘米，底径 6.5 厘米。呈褐色，光洁润泽。背部麦穗断，叶断一片。属艺术品（陈设）。该玉鸡鸡头转入背斜前方，一根麦秆从鸡鼻孔内插过，两秆麦穗伏在鸡尾两边，鸡尾向下弯曲，双脚踏在假山上。鸡头、尾呈青白色，鸡身呈褐色。该器物于 1994 年 11 月经国家文物鉴定委员会专家鉴定为二级文物，现由临澧县博物馆收藏。

玉雕双螭耳酒杯

明代。1986 年 12 月临澧县望城乡梅溪村征集。

玉质，通高 4.7 厘米，长 12.2 厘米，口内径 7 厘米，深 3.7 厘米，足径 3.2 厘米。呈青色，光洁润泽。器身有裂痕，一条长 2.5 厘米，一条长 1.5 厘米。属生活用品（酒具）。该酒杯平唇，口微侈，通体为青玉色，杯身素面，一对双耳上各镂空蟠螭纹。该器物于 1994 年 11 月经国家文物鉴定委员会专家鉴定为二级文物，现由临澧县博物馆收藏。

透雕龙纹玉带

明代。1954 年 6 月临澧县望城乡梅溪村征集。

玉质，通长 13.3 厘米，宽 4 厘米，厚 1 厘米。呈白色，光洁润泽。有八处损痕，其中一处较大。属佩饰品。该玉带双层透雕，一面透雕龙纹，另一面透雕缠枝花纹。该器物于 1994 年 11 月经国家文物鉴定委员会专家鉴定为二级文物，现由临澧县博物馆收藏。

玉雕荷花纹水盂

清代。1966 年 8 月临澧县佘市镇蒋家坪村征集。

玉质，通高 2.9 厘米，长 10 厘米，宽 6.5 厘米。呈灰白色，光洁润泽。保存基本完好，有残痕。属陈设用品。该玉盂为白玉，微黄。器内饰一片荷叶，器物外饰一枝枫叶树杆，杆上有三片枫叶和两朵花蕾托住整个器物，且巧做成把手。该器物于1994年11月经国家文物鉴定委员会专家鉴定为二级文物，现由临澧县博物馆收藏。

透雕缠枝花纹双耳活环玉薰炉

清代。1984年5月临澧县望城乡梅溪村征集。

玉质，通高6.3厘米，口径8厘米，底径7厘米，通长15.5厘米。浅黄色，光洁润泽。一耳和一活环损坏，底部有损痕。属生活用品（薰香用品）。该香炉通体镂雕缠枝花纹，肩部附有一对芙蓉花和一对活环。该器物于1994年11月经国家文物鉴定委员会专家鉴定为二级文物，现由临澧县博物馆收藏。

镂空菊花纹长方形玉佩

清代。1985年6月桃源县城关镇二里岗村征集。

玉质，通长5厘米，宽4厘米。淡黄色，光洁润泽。保存完好。属佩饰品。该玉佩呈方形花边状，整体造型为一株盛开的菊花。2002年11月经湖南省文物鉴定委员会专家鉴定为二级文物，现由桃源县文物管理所收藏。

五、瓷器

青瓷四系罐

东汉。1978年10月津市市新洲嘉山良种场发掘出土。

瓷质，通高16.6厘米，口径9.5厘米，底径12.8厘米。呈青色，光洁润泽。口沿稍残。属生活用品（汲水器）。该瓷罐敞口，尖唇，颈微束。斜肩，肩下四耳，饰莲瓣纹。腰微鼓，腹下部有对称双耳，饰水波纹。平底，通体施青釉。该器物于2002年11月经湖南省文物鉴定委员会专家鉴定为二级文物，现由澧县博物馆收藏，常德博物馆代为保管。

青瓷双耳罐

东汉。1978年5月津市市新洲嘉山良种场发掘出土。

瓷质，通高11.7厘米，口径9.5厘米，底径11.5厘米。呈青黄色，光洁润泽。口沿残，一耳残。属生活用品（明器）。该罐直口，敛唇，斜肩，肩部饰一周弦纹，置有双耳，鼓腹斜壁内收，平底，近底部以上通体施青黄釉。该器物于2002年11月经湖南省文物鉴定委员会专家鉴定为二级文物，现由澧县博物馆收藏，常德博物馆代为保管。

青瓷双耳壶

汉代。1984年10月在常德市武陵区南坪乡发掘出土。

瓷质，通高19厘米，口径9.4厘米，底径9.6厘米。呈豆青色，有光泽。保存完好。属生活用品（盛储器）。此瓷壶青瓷夹砂，喇叭形口，直颈，圆肩，鼓腹，矮圈足。肩部为对称衔环耳，耳上部有“S”形饰状。该器物于2009年6月经湖南省文物鉴定委员会专家鉴定为二级文物，现由常德博物馆收藏。

青瓷四系壶（共2件）

西汉。1996年9月在常德市城区穿紫河发掘出土。

瓷质，通高16厘米，口径9厘米，底径13.5厘米。呈黄、红褐色，暗淡无光。均保存基本完好，但釉脱严重，其中一件肩、腹部缺2块。属生活用品（盛酒器）。此两瓷壶属原始青瓷，小直口，溜肩，鼓腹，腹上有四系，平底。肩至腹部满饰菱形网格纹，系上部有凹弦纹一周。腹下部及底无釉。两件器物于2002年12月经湖南省文物鉴定委员会专家分别鉴定为二级文物，现由常德博物馆收藏。

双耳变形鸟纹青瓷罐

西汉。1996年9月在常德市城区穿紫河发掘出土。

瓷质，通高31.4厘米，口径12.4厘米，腹径37.3厘米，底径18厘米。呈黄、红褐色，光洁润泽。保存完好。属生活用品（盛酒器）。此瓷罐属原始青瓷，敛口，宽平沿，尖唇，丰肩，鼓腹，平底微内凹。肩两侧附兽首衔环双系，为扁椭圆形绳状平贴。上腹部凸起宽弦纹三道，将上腹分为三区。每区为双头或多头羽冠飞鸟变形纹，且均施黄褐色釉。下腹部及底素面无釉，为红褐色胎。该器物于1997年11月经湖南省文物鉴定委员会专家鉴定为二级文物，现由常德博物馆收藏。

西汉双耳变形鸟纹青瓷罐

青瓷碗

东晋。1994年津市市原窑坡渡乡兰家湾砖厂发掘出土。

瓷质，通高6厘米，口径16.2厘米。呈青绿色，釉面发光。保存完好。属生活用品（餐具）。该瓷碗直口，深弧腹，平底，底边及口外有一周弦纹，内外底均有支钉疤痕。遍体施青绿色釉，胎釉结合紧密，开细小冰裂纹。该器物于2009年7月经湖南省文物鉴定委员会专家鉴定为二级文物，现由津市市博物馆收藏。

湘阴窑青瓷香炉

东晋。1985年1月津市市原窑坡渡乡兰家湾发掘出土。

瓷质，通高9.2厘米，口径8.6厘米，腹径13厘米，底径11.65厘米。呈翠青色，光洁润泽。保存完好。属生活用品（熏香用具）。该香炉由薰缸与托盘两部分组成。缸为矮直颈，圆唇，圆肩，扁圆腹斜收，平底。托盘下为平底斜壁盘，中部凸出，喇叭状托座。肩部戳一周三角形薰孔。胎呈灰白色，胎质坚硬，翠青色釉，托盘底露胎，瓷胎表面局部呈铁红色。釉层呈细开片，厚薄不匀，釉面光亮润泽，器形美观。胎表有气孔，气孔处有粉状物折出釉外。该器物于1993年12月经湖南省文物鉴定委员会专家鉴定为二级文物，现由津市市博物馆收藏，常德博物馆借展。

越窑青瓷盏

东晋。1985 年 1 月津市市窑坡渡乡明道村兰家湾发掘出土。

瓷质，通高 4.1 厘米，口径 9.9 厘米，底径 5.9 厘米。呈翠绿色，光洁润泽。保存完好。属生活用品（盛物用具）。该盏敞口，口外一周凸槽，尖圆唇，斜弧腹，矮假圈足。凹底，底边一周凹弦纹，内底四个支钉疤痕。青白瓷胎，胎质坚硬，通体饰深绿色釉胎，釉结合极为紧密。釉层薄而均匀，釉面光亮如鉴，工艺精美绝伦，为越窑极品。该器物于 1993 年 12 月经湖南省文物鉴定委员会专家鉴定为二级文物，现由津市市博物馆收藏。

青瓷避邪烛台

西晋。1993 年 5 月澧县湘鄂边贸城发掘出土。

瓷质，通高 8 厘米，长 11 厘米，宽 5 厘米。呈青色，光洁润泽。右前足已断，烛孔口沿有一小块缺痕。属宗教礼仪用品（礼器）。该烛台胎略灰，整器为立狮状，昂首，露齿，翘鼻，张耳，卷尾，四足较矮，须、毛细密。背中间有一筒形插孔，底部露胎，通体施青釉。该器物于 1994 年 12 月经国家文物鉴定委员会专家鉴定为二级文物，现由澧县博物馆收藏，常德博物馆代为保管。

青瓷碗（共 2 件）

西晋。1991 年 3 月安乡县黄山头镇南禅湾刘弘墓发掘出土。

瓷质，通高 5.4 厘米，口径 15.2 厘米，底径 10 厘米。青黄色，光洁润泽。保存基本完好，釉脱落较多。属生活用品（餐具）。该碗釉不及底，直口，圆唇微敛，壁微弧，平底。近口沿处饰一道凹弦纹。两件器物于 1994 年 11 月经国家文物鉴定委员会专家分别鉴定为二级文物，现由安乡县文物管理所收藏，常德博物馆代为保管。

青瓷唾盂

西晋。1991 年 3 月安乡县黄山头镇南禅湾刘弘墓发掘出土。

瓷质，通高 13 厘米，口径 8.6 厘米，腹径 12.6 厘米，底径 10 厘米。青黄色，光洁润泽。保存基本完好。属生活用品（卫生器具）。该唾盂青黄釉鱼子开片纹，喇叭口，尖唇微侈。盂外壁有一道凹弦纹，束颈，折肩，圆腹，圈足外撇，足部有一道凸弦纹，平底无釉。该器物于 1994 年 11 月经国家文物鉴定委员会专家鉴定二级文物，现由安乡县文物管理所收藏，常德博物馆代为保管。

青瓷耳杯（共 2 件）

西晋。1991 年 3 月安乡县黄山头镇南禅湾刘弘墓发掘出土。

瓷质，通高 5 厘米，口外径 16.8 厘米，口内径 10 厘米，底长 12 厘米，底宽 8 厘米。青黄色，光洁润泽。口缺，釉多脱落。属生活用品（酒具）。该耳杯青黄釉，椭圆口，两纵端微翘，尖唇侈壁，底内弧外平，无纹饰。两件器物于1994年11月经国家文物鉴定委员会专家分别鉴定为二级文物，现由安乡县文物管理所收藏，常德博物馆代为保管。

青瓷四系盘口壶（共2件）

西晋。1991年3月安乡县黄山头镇南禅湾刘弘墓发掘出土。

瓷质，通高16厘米，口径11厘米。青黄色，光洁润泽。口沿残缺。属生活用品。该壶青黄釉，盘口外壁二道凹弦纹，盘口尖唇微侈，束颈、溜肩、鼓腹下收，平底。肩部釉下模印网络纹带，带上下有弦纹，篦纹，四系在纹带上，部分釉脱。两件器物于1994年11月经国家文物鉴定委员会专家分别鉴定为二级文物，现由安乡县文物管理所收藏，常德博物馆代为保管。

青瓷盘

西晋。1991年3月安乡县黄山头镇南禅湾刘弘墓发掘出土。

瓷质，通高2.8厘米，口径18.8厘米，底径12厘米。青黄色，光洁润泽。保存基本完好。属生活用品（餐具）。该瓷盘青黄色釉不及底，多已脱落。盘口圆唇，近口沿处折，壁微弧，假圈足。盘内底面有二道凹弦纹，纹间有8个支钉痕。1994年11月经国家文物鉴定委员会专家鉴定为二级文物，现由安乡县文物管理所收藏，常德博物馆代为保管。

釉下褐彩青瓷罐

唐代。1987年11月在常德市武陵区护城乡柏子园发掘出土。

瓷质，通高17.4厘米，口径15厘米，底径14.8厘米。呈豆青、褐色，有光泽。罐上双系已残失。属生活用品（盛储器）。此瓷罐施豆青釉，口微敛，短颈，广肩，下腹部内收，平底。肩部两侧贴圆环形双系。腹部有四个椭圆形褐彩斑纹。下腹靠近底及底部为露胎，有流釉状。该器物于2009年6月经湖南省文物鉴定委员会专家鉴定为二级文物，现由常德博物馆收藏。

唐代釉下褐彩青瓷罐

长沙窑青瓷碗

唐代。1988年3月在常德市城区滨湖路基建工地发掘出土。

瓷质，通高5.5厘米，口径14.8厘米，足径5.9厘米。呈浅绿色，有光泽。有裂纹，还有一缺口。属生活用品（餐具）。此碗敞口，圆唇微凸，斜弧腹，矮圈足露胎。外底为直径2厘米，高0.4厘米的玉璧底。该器物于1994年11月经国家文物鉴定委员会专家鉴定，认为该碗造型美观，小巧玲珑，釉质肥润。定为二级文物，现由常德博物馆收藏。

褐釉青瓷罈

唐代。1984年10月安乡县黄山头镇白家岗征集。

瓷质，通高18厘米，口径13厘米，腹径最大处18厘米，底径13.8厘米。褐色，光洁润泽。双系残缺。属生活用品（盛储器）。该瓷罈褐釉但不及底，直口，溜肩，深腹，双系贴花。2002年12月经湖南省文物鉴定委员会专家鉴定为二级文物，现由安乡县文物管理所收藏。

吉州窑玳瑁釉瓷盏（共2件）

宋代。1978年4月桃源县三汉港乡桂阳村村民詹艮远上交。

瓷质，通高5.5厘米，口径11.5厘米，足径9.3厘米。呈黄黑色，光洁润泽。保存基本完好。属生活用品（酒具）。该瓷盏敞口，圆唇，斜直腹，浅圈足。饰玳瑁釉，釉不及底。釉色黑中闪黄，有流动感。两件器物于1994年11月经国家文物鉴定委员会专家分别鉴定为二级文物，现由桃源县文物管理所收藏，常德博物馆代为保管。

影青花口纹瓷碗

宋代。2001年8月在鼎城区灌溪乡黄土山发掘出土。

瓷质，通高5厘米，口径14.5厘米，足径3.5厘米。呈青白色，光洁润泽。保存基本完好，有损印一条。属生活用品（餐具）。此碗撇口呈花葵沿形。碗内壁被花茎分成六等分。白中泛青，色泽透明，薄如蛋壳。小圈足，较高。该器物于2002年12月经湖南省文物鉴定委员会专家鉴定为二级文物，现由常德博物馆收藏。

宋代影青花口纹瓷碗

影青瓷粉盒（共2件）

宋代。2001年8月在鼎城区灌溪乡黄土山发掘出土。

瓷质，通高3厘米，直径4.3厘米，底径3厘米。呈影青色，光洁润泽。保存基本完好，盒底有裂纹。属生活用品（化妆盒）。两瓷盒均圆形，子母口。盖似帽形，与器盒身均施影青釉且饰菊瓣纹。盒外底露胎。两件器物于2002年12月经湖南省文物鉴定委员会专家分别鉴定为二级文物，现由常德博物馆收藏。

青瓷双系盘口酒壶

宋代。1986年6月临澧县望城乡同欢村收缴。

瓷质，通高9厘米，口径4.5厘米，足径3.8厘米。呈淡青色，光洁润泽。保存完好。属生活用品（酒具）。该酒壶盘口，圆唇，小束颈，折肩，肩部直有双系。圆腹，矮圈足，露胎，通体施白釉，属越窑典型器。该器物于1994年11月经国家文物鉴定委员会专家鉴定为二级文物，现由临澧县博物馆收藏。

衡山窑粉地褐彩瓷炉

宋代。1989年5月澧县梦溪乡三元宫村征集。

瓷质，通高5.8厘米，口径8.4厘米，足径3.8厘米。呈褐色，土状光泽。保存完好。属丧葬用品（冥器）。该瓷炉平口，深腹，直壁，矮圈足。器身上施褐彩，绘花草纹。炉内及底露红褐色胎。该器物于2002年11月经湖南省文物鉴定委员会专家鉴定为二级文物，现由澧县博物馆收藏，常德博物馆借展。

四系瓷盖罐

宋代。2001年7月澧县涔南乡新平砖厂发掘出土。

瓷质，通高14厘米，口径8厘米，足径7.5厘米。呈灰白色，光洁润泽。盖稍残，缺柄。属生活用品（盛储器）。该瓷罐圆形平盖，上饰两道弦纹，直口，平唇，直颈，颈部饰一道弦纹。斜肩，肩上四卷草纹系，罐身微鼓，作大瓣瓜棱状。矮圈足，微外撇，通体施白釉。该器物于2002年11月经湖南省文物鉴定委员会专家鉴定为二级文物，现由澧县博物馆收藏。

莲瓣纹瓷碗

宋代。1978年由澧县文化馆在津市市新洲公社车渚大队征集，1983年移交给澧县博物馆。

瓷质，通高6.5厘米，口径14.3厘米，足径4.2厘米。豆青色，光洁润泽。保存完好。属生活用品（餐具）。该瓷碗敞口，尖唇，深腹，圈足矮而小。腹外表模印31个瘦长莲瓣纹。施豆青釉，仅足跟不挂釉，露铁红胎。该器物于1994年12月经国家文物鉴定委员会专家鉴定为二级文物，现由澧县博物馆收藏，常德博物馆代为保管。

龙泉窑莲花纹瓷盘

元代。1992年3月桃源县桃花源风景名胜区出土并征集。

瓷质，通高4.5厘米，口径21.5厘米，足径10厘米。呈青绿色，光洁润泽。保存基本完好。属生活用品（餐具）。该瓷盘浅口，斜直腹，浅圈足。盘内壁塑莲花瓣形，盘内底有一周支垫圈。器身饰青釉，底无釉。该器物于1994年11月经国家文物鉴定委员会专家鉴定为二级文物，现由桃源县文物管理所收藏，常德博物馆代为保管。

龙泉窑莲瓣隐花纹瓷洗

元代。1982年3月在常德市民间收藏者中收购。

龙泉窑莲瓣隐花纹瓷洗

瓷质，通高8厘米，口径34厘米，足径15厘米。呈豆青色，光洁润泽。口沿直腹有两条9厘米长的裂纹。属生活用品（盛储器）。此瓷洗大敞口，沿宽2厘米，内卷唇，浅腹，通体施豆青釉。盘内底一朵大荷花，盘壁一周隐青莲瓣纹，矮足露胎。器形笨重，釉色淡青，晶莹润泽。该器物于1994年11月经国家文物鉴定委员会专家鉴定为二级文物，现由常德博物馆收藏。

龙泉窑莲花纹瓷钵

元代。2006 年 11 月在常德市城区水榭花城北城房地产开发工地征集。

瓷质，通高 5 厘米，口径 11.4 厘米，足径 3.7 厘米。呈豆青色，光洁润泽。口沿缺一处，另有一裂纹。属生活用品（餐具）。此瓷钵圆口外卷，颈微束，浅腹，矮圈足。通体施豆青色釉，开片。腹外壁上饰一周莲花纹。底无釉。口沿残已修复。该器物于 2009 年 6 月经湖南省文物鉴定委员会专家鉴定为二级文物，现由常德博物馆收藏。

月白釉褐点彩瓷香炉

元代。2006 年 11 月在常德市城区水榭花城北城房地产开发工地征集。

瓷质，通高 7.8 厘米，口径 7.2 厘米。呈月白、褐色，光洁润泽。口沿残一处已修复。属宗教礼仪用品（祭祀用品）。此香炉圆口微外撇，宽厚唇，束颈，圆鼓腹，高喇叭状圈足。口沿至颈部有一对朝笏耳。通体施月白釉且遍布褐点彩。圈足内无釉。该器物于 2009 年 6 月经湖南省文物鉴定委员会专家鉴定为二级文物，现由常德博物馆收藏。

龙泉窑青瓷盘（共 2 件）

元代。1985 年 10 月石门县县政府大楼修建工地清理出土。

青瓷质，通高 3.4 厘米，口径 15.7 厘米，足径 5.6 厘米。呈青色，光洁润泽，保存完好。属生活用品（餐具）。该瓷盘口沿微外撇，圆唇，浅弧腹，矮圈足，除内底和圈足无釉外，周身饰青釉开片，无纹饰。该器物于 1994 年 11 月经国家文物鉴定委员会专家分别鉴定为二级文物，现由石门县博物馆收藏。

龙泉窑青瓷印花碟（共 12 件）

元代。1985 年 10 月石门县县政府大楼修建工地清理出土。

青瓷质，通高 2.8 厘米，口径 11.5 厘米，足径 5.5 厘米。呈绿色，光洁润泽。有的保存完好，有的稍有裂痕。属生活用品（餐具）。该批瓷碟折沿，浅弧腹，平底，矮圈足，周身上青釉，内底有双鱼隐印纹。该批器物于 1994 年 11 月经国家文物鉴定委员会专家分别鉴定为二级文物，现由石门县博物馆收藏。

影青瓷狮（共 2 件）

元代。1996 年 12 月澧县车溪乡新民砖厂发掘出土。

影青瓷狮

瓷质，通高 16 厘米，宽 6.5 厘米，厚 5.5 厘米。呈青色，光洁润泽，舌尖残。属陈设品。狮蹲踞在须弥座上，做昂首张望状，龇牙咧嘴，夺耳，卷毛，脖系铃铛，彩带飘于背后，卷尾，神态威武凶猛。底座四小足露胎，胎红灰较粗。通体施青釉，无冰裂纹，狮身有多处釉面磨损。该器物于 1997 年 4 月经湖南省文物鉴定委员会专家分别鉴定为二级文物，现由澧县博物馆收藏，常德博物馆代为保管。

龙泉窑青瓷贴花碗

元代。1984 年 10 月澧县城关镇护城村一窖藏发掘出土。

瓷质，通高 4.3 厘米，口径 8.5 厘米，足径 3 厘米。呈碧青色，光洁润泽。保存完好。属生活用品（餐具）。该瓷碗口微敛，方圆唇，深腹，腹壁圆收，小圈足，足根平切，露铁红胎，施满釉，釉呈绿色，内底饰模印梅花一朵。该器物于 1994 年 12 月经国家文物鉴定委员会专家鉴定为二级文物，现由澧县博物馆收藏，常德博物馆代为保管。

卧足瓷碗（共 4 件）

元代。1984 年 10 月澧县城关镇护城村一窖藏发掘出土。

瓷质，通高 4.2 厘米，口径 12.2 厘米，足径 5.5 厘米。呈豆青色，光洁润泽。保存完好。属生活用品（餐具）。该瓷碗为豆青瓷，敞口，圆唇，浅腹，斜直壁，平底卧足，施青釉，青中泛黄。外底外沿一圈不挂釉，应是垫饼烧法。内底饰刻划牡丹花一朵。外表近卧足处饰凹弦纹一道。该批器物于 1994 年 12 月经国家文物鉴定委员会专家分别鉴定为二级文物，现由澧县博物馆收藏，常德博物馆代为保管。

瓷碟（共 3 件）

元代。1984 年 10 月澧县城关镇护城村窖藏发掘出土。

瓷质，口径 12 厘米，足径 6 厘米。豆青色，光洁润泽。保存完好。属生活用品（盛储器）。该瓷碟敞口，圆唇，浅腹，矮圈足。足根由内往外削，施豆青釉，口沿外饰弦纹一道。该批器物于 1994 年 12 月经国家文物鉴定委员会专家分别鉴定为二级文物，现由澧县博物馆收藏，常德博物馆代为保管。

“博古斋”瓷碗

元代。1989 年 6 月澧县杨家坊伍一村发掘出土。

瓷质，通高 4.6 厘米，口径 14.4 厘米，足径 7.3 厘米。呈白、蓝色，光洁润泽。口沿有小缺痕。属丧葬用品（冥器）。该瓷碗敞口，尖唇，浅腹斜弧壁，矮圈足。足跟由内往外削，施白釉，仅足跟不挂釉而露胎。内、外底及口沿内外、圈足与下腹结合处各饰青色弦纹一周。内底有铭文“博古斋”三字。该器物于 1994 年 12 月经国家文物鉴定委员会专家鉴定为二级文物，现由澧县博物馆收藏，常德博物馆代为保管。

龙泉窑青瓷印花洗

元代。1984 年 12 月澧县城关镇护城村窖藏发掘出土。

瓷质，通高 4.2 厘米，口径 12.2 厘米，足径 6 厘米。呈青色，光洁润泽。保存完好。属生活用品（盛储器）。该瓷洗敞口，窄圆唇，浅斜直腹，卧圈足。作法为先将底平切，再往内挖出圈足。底部螺旋纹清晰可辨，外底部不施釉，露灰胎。其余部位均施釉，釉色青中泛黄。外口沿下饰弦纹一周，内底部剔划折枝花一朵。该器物于 1994 年 12 月经国家文物鉴定委员会专家鉴定为二级文物，现由澧县博物馆收藏，常德博物馆代为保管。

龙泉窑青瓷印花碟（共 2 件）

元代。1984 年 12 月澧县城关镇护城村窖藏发掘出土。

瓷质，通高 3.4 厘米，口径 12.3 厘米，足径 6.6 厘米。豆青色，光洁润泽。保存完好。属生活用品（餐具）。该瓷碟敞口，圆唇，浅腹，斜弧壁，平底，矮圈足。足跟外斜切，施满釉，釉色青中泛黄。外底部不施釉露灰胎，有螺旋纹，内底模印折枝花一朵。该两器物于 1994 年 12 月经国家文物鉴定委员会专家分别鉴定为二级文物，现由澧县博物馆收藏，常德博物馆代为保管。

影青釉菊瓣纹四足瓷香炉

影青釉菊瓣纹四足瓷香炉

元代。1995 年 6 月汉寿县城关镇城东汽修厂收购。

瓷质，通高 8.7 厘米，最大口径 17.1 厘米。呈淡绿色，釉色光亮。盘壁有两条破印。属宗教礼仪用品。该香炉为影青釉，菊瓣纹，四扁足，呈菊瓣形。盘与底座烧制于一体，盘壁呈佛光造型，青瓷釉色晶莹，釉不及底。该器物于 2009 年 5 月经湖南省文物鉴定委员会专家鉴定为二级文物，现由汉寿县文物管理所收藏。

龙泉窑青瓷菊花瓣洗（共 3 件）

元代。1984 年 12 月澧县城关镇护城村窖藏发掘出土。

瓷质，通高 4 厘米，口径 11.5 厘米，足径 7 厘米。豆青色，光泽润洁。保存完好。属生活用品（盛水器）。该瓷洗葵瓣状口，斜直腰微折，折处有一道凸棱。平底，卧圈足，足跟先平切，后往里挖足再由外向内修削圆滑。均施釉，底部一圈无釉，露铁红胎。通身施豆青釉，釉色青中泛绿，釉面光滑莹洁。该批器物于 1994 年 12 月经国家文物鉴定委员会专家分别鉴定为二级文物，现由澧县博物馆收藏，常德博物馆借展。

龙泉窑缠枝几何纹莲花边瓷汤碗

元代。1964 年 1 月临澧县望城乡梅溪村征集。

瓷质，通高 11.7 厘米，口径 21 厘米，深 8.7 厘米，足高 1.1 厘米，足径 8.5 厘米。豆青色，光洁润泽。碗边有两条裂痕，其中一条长 6.8 厘米，另一条长 3.8 厘米。属生活用品（餐具）。该瓷碗莲瓣形敞口，深腹。碗外通体饰隐形青山水云纹，器壁较厚，碗底露胎。碗内由几何纹和缠枝花纹组成，内底中央饰一朵牡丹花。该器物于 1994 年 11 月经国家文物鉴定委员会专家鉴定为二级文物，现由临澧县博物馆收藏。

龙泉窑缠枝几何纹莲花边瓷汤碗

元代。1964 年 1 月临澧县望城乡梅溪村征集。

瓷质，通高 11.7 厘米，口径 21 厘米，深 8.7 厘米，足高 1.1 厘米，足径 8.5 厘米。豆青色，光洁润泽。碗边有两条裂痕，其中一条长 6.8 厘米，另一条长 3.8 厘米。属生活用品（餐具）。该瓷碗莲瓣形敞口，深腹。碗外通体饰隐形青山水云纹，器壁较厚，碗底露胎。碗内由几何纹和缠枝花纹组成，内底中央饰一朵牡丹花。该器物于 1994 年 11 月经国家文物鉴定委员会专家鉴定为二级文物，现由临澧县博物馆收藏。

红绿彩双凤纹瓷碗

明代。1983 年 3 月澧县文化馆移交给县博物馆。

瓷质，通高 3.55 厘米，口径 12.7 厘米。呈白、红色，光洁润泽。保存完好。属生活用品（餐具）。该瓷碗敞口，圆唇，口沿内部饰一周红色花枝纹。斜壁内收，外壁绘双凤纹，间以牡丹花，云纹分割，矮圈足，碗底竖排楷书“大明宣德年制”。该器物于 2002 年 11 月经湖南省文物鉴定委员会专家鉴定为二级文物，现由澧县博物馆收藏，常德博物馆代为保管。

青花瓷碗

明代。1982 年 5 月石门县澧山河林场发掘出土。

瓷质，通高 6.3 厘米，口径 17.7 厘米，足径 7 厘米。呈白、蓝色，光洁润泽。保存完好。属生活用品（餐具）。该瓷碗敞口圆唇，斜腹，矮圈足，碗心饰八宝纹及云纹，外圈两道弦纹，内沿一道弦纹。外壁饰八宝纹及云纹，外沿饰弦纹两道，足壁饰弦纹两道。该器物于 1994 年 11 月经国家文物鉴定委员会专家鉴定为二级文物，现由石门县博物馆收藏。

“博古斋”瓷碗

明代。1989 年 6 月澧县杨家坊伍－村发掘出土。

瓷质，通高 4.6 厘米，口径 14.3 厘米，足径 7.1 厘米。呈白、青色，光洁润泽。口沿处有小缺痕。属丧葬用品（冥器）。该瓷碗敞口，圆唇，浅腹斜弧壁，矮圈足。足跟由内往外削，施白釉，仅足跟不挂釉而露胎。内、外底及口沿内外、圈足与下腹结合处各饰青色弦纹一周。内底竖排楷书“博古斋”三字。该器物于 1994 年 12 月经国家文物鉴定委员会专家鉴定为二级文物，现由澧县博物馆收藏，常德博物馆代为保管。

“宣德年制”青花人物纹瓷碗

明代。1993 年 7 月澧县城关镇护城村发掘出土。

瓷质，通高 6.7 厘米，口径 13.5 厘米，足径 5.5 厘米。呈白、蓝色，光洁润泽。保存完好。属生活用品（盛储器）。该瓷碗敞口，圆唇，深腹，斜壁微弧，底微凹，矮圈足，施白釉，白中泛青。圈足跟不挂釉，饰青花，其图案：口沿内外和外表下腹与圈足相接处及圈足外表各饰弦纹两周，腹外表近景为一大树下，两人相对立作对话状，两人头发高束，着长衣长袖。远景为矮栏杆一周，栏杆内长有芭蕉花草。内底饰弦纹两周，弦纹内绘一束发着长衣人物，席地而坐，右手后撑地。人物两侧用树叶等衬托。外底两弦纹间竖排行书“宣德年制”四字。该器物于1994年12月经国家文物鉴定委员会专家鉴定为二级文物，现由澧县博物馆收藏，常德博物馆代为保管。

青花瓷碗

明代。1989年6月澧县杨家坊伍一村发掘出土。

瓷质，通高4.7厘米，口径14.4厘米，足径6.9厘米。呈白、蓝色，光洁润泽。口沿处有小缺痕。属生活用品（餐具）。该瓷碗敞口，尖唇，浅腹，斜弧壁，矮圈足。施白釉，仅足跟不挂釉而露胎。内底、外底及口沿内外、圈足与下腹结合处各饰青色弦纹一周。内底饰灵芝草一株。该器物于1994年12月经国家文物鉴定委员会专家鉴定为二级文物，现由澧县博物馆收藏，常德博物馆代为保管。

三足瓷香炉

明代。1990年7月澧县涔南乡东田村发掘出土。

瓷质，通高5厘米，口径3.5厘米，腹径5.5厘米。呈白色，光洁润泽。口沿有一小缺口。属宗教礼仪用品（礼器）。该瓷香炉直口，圆唇，短颈，斜肩，鼓腹，平底。三乳足较矮，口沿有一缺口，通体开片施白釉。该器物于1994年12月经国家文物鉴定委员会专家鉴定为二级文物，现由澧县博物馆收藏，常德博物馆代为保管。

三彩人物花草纹夹层空心瓷碗

明代。1981年5月临澧县杉板乡吴家场征集。

瓷质，通高12.5厘米，口径12.8厘米，深3.1厘米，足高0.8厘米。呈白、红、蓝色，光洁润泽。保存基本完好，外腹有一损孔。属生活用品（餐具）。该瓷碗侈口圆唇，浅腹，腹微收。白底开片微黄，双层中空碗。外有两组弦纹，中间饰五朵红花纹，弦纹外饰“丹”字纹。矮圈足并饰有两条红色细线纹。该器物于1994年11月经国家文物鉴定委员会专家鉴定为二级文物，现由临澧县博物馆收藏。

青花鱼纹瓷碟

明代。2005年10月临澧县城关镇四季红工地发掘出土。

瓷质，直径12.3厘米，底径4.3厘米。呈白、青色，光洁润泽。保存完好。属生活用品（餐具）。该瓷碟平底，漏胎，撇口。口内敛，内外施青釉。内口沿有一圈弦纹，碟内底部有二圈弦纹。周围有海草图案，中间为金色小鱼。该器物于2009年7月经湖南省文物鉴定委员会专家鉴定为二级文物，现由临澧县博物馆收藏。

青花锦鸡菊花牡丹纹瓷碗

明代。1985年11月临澧县烽火乡先锋村出土。

瓷质，通高9.3厘米，口径22厘米，足径9厘米。呈青、白色，光洁润泽。保存基本完好，部分毛边。属生活用品（餐具）。该瓷碗大撇口，深腹、玉璧底，矮圈足，露胎，碗内和圈足上各饰二条青色弦纹。碗内饰花草纹，外饰凤鸟菊花牡丹图案。该器物于1994年11月经国家文物鉴定委员会专家鉴定为二级文物，现由临澧县博物馆收藏。

飞雁莲荷纹青花瓷碗

明代。1985年11月临澧县烽火乡先锋村征集。

瓷质，通高9.3厘米，口径22厘米，足径9厘米。呈青、白色，光洁润泽。碗口有残缺。属生活用品（餐具）。该瓷碗大撇口，深腹，圈足露胎。碗内和圈足上各施二条青色弦纹，碗内饰花草纹。外饰青花飞雁，荷花鸳鸯戏水图案。该器物于1994年11月经国家文物鉴定委员会专家鉴定二级文物，现由临澧县博物馆收藏。

兰草纹青花瓷碗（共2件）

明代。2000年5月桃源县九溪乡兴隆村征集。

瓷质，通高3.6厘米，口径12.3厘米，足径5.5厘米。呈白、蓝色，光洁润泽。保存基本完好，腹部约5厘米小眼和气泡。属生活用品（餐具）。该碗敞口，折沿，斜腹，浅圈足。口沿饰有一道青花弦纹，碗内用一兰草纹装饰。足底无釉。两件器物于2002年11月经湖南省文物鉴定委员会专家分别鉴定为二级文物，现由桃源县文物管理所收藏。

“五子登科”人物纹青花瓷罐

明代。1992年12月桃源县八字路乡纹石山村征集。

瓷质，通高23厘米，口径9厘米，足径12厘米。呈白、蓝色，有光泽。保存完好。属生活用品（盛储器）。该瓷罐直颈，溜肩，鼓腹斜收，浅圈足。器身饰满青釉，肩部楷书“五子登科”四字，腹部绘山水人物图案。该器物于1994年11月经国家文物鉴定委员会专家鉴定为二级文物，现由桃源县文物管理所收藏，常德博物馆代为保管。

青花白菜纹瓷碗

明代。2000年5月桃源县九溪乡兴隆村出土征集。

瓷质，通高3.2厘米，口径12.3厘米，足径5.5厘米。呈白、蓝色，光洁润泽。保存完好。属生活用品（餐具）。该瓷碗敞口，折沿，斜腹，浅圈足。口沿饰一道青花弦纹，碗底内用一白菜纹装饰。足、底无釉。该器物于2002年11月经湖南省文物鉴定委员会专家鉴定为二级文物，现由桃源县文物管理所收藏。

青花山水龙凤纹瓷香炉

清代。1974年8月石门县文化馆文物专干龚少通征集，1985年6月移交县博物馆。

瓷质，通高40厘米，口径21.9厘米，底宽14.9厘米。呈白、蓝色，光洁润泽。保存完好。属礼器（祭祀用）。该香炉长方形口，方唇，沿口绘三角斜线纹，四面开光，内绘八宝纹。四立足开档，外撇呈八字形，足下部绘海水波浪纹。该器物于1994年11月经国家文物鉴定委员会专家鉴定为二级文物，现由石门县博物馆收藏。

乾隆蓝底粉彩瓷盖罐

清代。1992年9月在桃源县八字路乡放石山村征集。

瓷质，通高23厘米，口径10.4厘米，腹径22厘米，足径15.5厘米。呈红、蓝色，光洁润泽。保存基本完好，釉脱数处。属其他用品（陈设品）。此罐直口，带盖，盖身子母口。盖面平，罐短颈，丰肩，鼓腹，矮圈足。除口沿、足外均施蓝釉，釉上绘彩粉：梅花、荷花、石榴、蝴蝶及昆虫纹饰，盖上纹饰亦相同。该器物于1994年11月经国家文物鉴定委员会专家鉴定为二级文物，现由常德博物馆收藏。

乾隆蓝底粉彩瓷罐

光绪仿哥瓷豆色双兽耳梅瓶

清代。1983年6月在慈利县许家坊乡征集。

瓷质，通高25厘米，口径4.8厘米，足径6.6厘米。呈米黄色，光洁润泽。腹部有8厘米长的裂纹。属其他用品（装饰品）。此瓷瓶圆口微侈，短束颈，溜肩，直腹下微收，腹较长。上腹部釉下饰一圈云雷纹，云雷纹带上对称堆饰两兽面耳。通体施米黄色釉，上有细小开片纹。矮圈足露胎。该器物于1994年11月经国家文物鉴定委员会专家鉴定为二级文物，现由常德博物馆收藏。

粉彩人物画大理石瓷板

清代。1983，1983年6月在常德市民间收藏者手中收购。

瓷质，长39厘米，宽39厘米。呈红、白、黑色，光洁润泽。保存基本完好，彩绘已部分脱落。属其他用品（装饰品）。此板大理石质，正方形。一面绘粉彩人物：官人，侍女，老翁，孩潼等；另一面墨书："光山新雨俊事来脍来秋的月松雾照，清泉不白练之句粉详球之"。该器物于1994年11月经国家文物鉴定委员会专家鉴定为二级文物，现由常德博物馆收藏。

粉彩人物纹象耳四方瓷瓶

清代。1983年3月澧县文化馆移交给县博物馆。

瓷质，通高29.5厘米，口径8.6厘米，足径11厘米。呈豆青、红、黑色，光洁润泽。保存完好。属艺术品（饰品）。该瓷瓶圆唇，颈部微外撇，平肩，瓶身呈四方形，矮圈足。瓶身肩部下有对称象鼻衔铺首钮，钮下粉彩山水图。瓶前方绘一女持扇立于一树和仙鹤间。左上竖排楷书"安臣仁兄大人清品，莯渊弟李维翰"，下方一红色"翰"字印款。瓶后绘一老人立于松树下和一孩童间，左上竖排楷书"已印秋日，莯渊写"。下方一红款。该器物于2009年7月经湖南省文物鉴定委员会专家鉴定为二级文物，现由澧县博物馆收藏。

天青釉长颈瓷瓶

清代。1990 年 7 月澧县涔南乡东田村发掘出土。

瓷质，通高 11.2 厘米，口径 1.5 厘米，足径 2.5 厘米。呈天蓝色，光洁润泽。保存完好。属艺术品（饰品）。该瓷瓶直口，平唇，长颈，中部微束，斜肩，椭圆腹，平底，小圈足。通体施天蓝色釉。该器物于 1994 年 12 月经国家文物鉴定委员会专家鉴定为二级文物，现由澧县博物馆藏，常德博物馆代为保管。

粉彩八方形瓷花觚

清代。1984 年 8 月桃源县沙坪镇征集。

瓷质，通高 55 厘米，口径 27 厘米，足径 19 厘米。呈白色、粉红色，光洁润泽。保存完好。属陈设品。该瓷觚喇叭形口，束腰，喇叭形假圈足。器身通体彩绘缠枝花图案，腹部有一周凸起的八方箍，八方箍内彩绘博古图纹。该器物于 1994 年 11 月经国家文物鉴定委员会专家鉴定为二级文物，现由桃源县文物管理所收藏，常德博物馆借展。

六、金银器

金佩饰

东汉。1977 年 10 月在原常德县南坪乡发掘出土。

金质，通长 10.3 厘米，直径 1.4 厘米。金黄色，有光泽。保存完好。属佩饰品（胸饰）。此金佩饰呈项链形，由八部分组成。其中六部分为椭圆形金坠，另外两部分分别为球形状和花形状金饰。该器物于 1993 年 12 月经湖南省文物鉴定委员会专家鉴定为二级文物，现由常德博物馆收藏。

金饼

东汉。2002 年 10 月汉寿县西竺山乡八角村出土，县公安局追缴后移交。

金质，直径 4.6 厘米。金黄色，色泽鲜艳。保存完好。属古代货币。该金饼呈不规则的圆饼状，有浇铸时留下的小孔。2002 年 12 月经湖南省文物鉴定委员会专家鉴定为二级文物，现由汉寿县文物管理所收藏，常德博物馆代为保管。

金鼻塞

东汉。1977 年 10 月在原常德县南坪乡发掘出土。

金质，通高 2.5 厘米。呈金黄色，有光泽。保存完好。属丧葬用品。此金鼻塞呈圆柱束腰形。两端均由 19 个小金圆点组成葵花形纹饰。大的一端直径 1.3 厘米，小的一端直径 0.8 厘米。该器物于 1993 年 12 月经湖南省文物鉴定委员会专家鉴定为二级文物，现由常德博物馆收藏。

金蟾蜍（共2件）

汉代金蟾蜍

汉代。2004年6月在常德市城区柏子园工地发掘出土。

金质，通长0.6厘米，宽0.5厘米。呈金黄色，光亮润泽。保存完好。属佩饰品（坠饰）。两金蟾蜍均四腿自然弯曲贴地而座，两眼圆瞪向前看，嘴微开。背上有一条圆点纹，器下中间部位有一圆形孔可系绳。蟾肚錾刻为菱形。造型生动逼真。该两件器物于2009年6月经湖南省文物鉴定委员会专家分别鉴定为二级文物，现均由常德博物馆收藏。

银饼（共20件）

东汉。2002年10月汉寿县西竺山乡八角村出土，县公安局追缴后移交。

银质，直径5.4厘米。银灰色，色泽光亮。保存完好。属古代货币。该批银饼呈圆饼状，背面均留有调节重量的瘤状砣，并刻有不同字样的铭文。2002年12月经湖南省文物鉴定委员会专家分别鉴定为二级文物，现由汉寿县文物管理所收藏，常德博物馆代为保管。

“蛮夷率善邑君”银印

晋代。1978年桃源县漆河镇玉凤坪村出土并征集。

银质，通高2.4厘米，印边长2.2厘米。银白色，有光泽。保存基本完好。属社交礼仪用品（个人印鉴）。此印驼钮，钮身有一周下凹的螺旋纹，驼钮下有系绸钮孔。印面呈四方形，阴刻篆书“晋蛮夷率善邑君”七字。该器物于1994年11月经国家文物鉴定委员会专家鉴定为二级文物，现由桃源县文物管理所收藏，常德博物馆代为保管。

束腰银锭

宋代。1984年1月在原常德市城区三湘酒厂发掘出土。

银质，通长9厘米，腰宽4厘米，两端宽6.3厘米。呈银灰色，无光泽。保存完好。属流通币。此银锭束腰，两端弧形，两头边角处刻“京销银”三字，背部密布蜂窝眼。该器物于1993年12月经湖南省文物鉴定委员会专家鉴定为二级文物，现由常德博物馆收藏。

花果纹耳挖金簪（共2件）

元代。1980年5月在临澧县新合乡龙岗村一窖藏出土并征集。

金质，通长16.1厘米。呈金黄色，有光泽。保存基本完好，右边缺花三朵。属佩饰品（头饰）。两簪簪顶均为耳挖簪上部左边为一树果，右边为一树花，并联排列。扁茎单尖足，正面饰云纹，背面素面。该两簪于2002年12月经湖南省文物鉴定委员会专家分别鉴定为二级文物，现由常德博物馆收藏。

连环金钗（共13件）

元代。1980年5月在临澧县新合乡龙岗村一窖藏出土并征集。

金质，通长15、16.7、13厘米不等。均呈金黄色，有光泽。保存完好。属佩饰品（头饰）。此批金簪形状大致相同，均呈“n”形。上部有环9个，以顶部一环为中心，余下8环两两对称分布于钗茎上。圆茎，双足张开。该批器物于2002年12月经湖南省文物鉴定委员会专家鉴定，认为该批簪造型美观，做工精细，质地较高。分别定为二级文物，现均由常德博物馆收藏。

朵花形簪（共2件）

元代。1984年5月常德市武陵区文化馆征集并移交。

金质，通长17厘米，花高4.5厘米。呈金黄色，有光泽。一件保存基本完好，另一件已残成三截，带泥。属佩饰品（头饰）。此两簪均呈扇形。25组喇叭花尾部相连，呈扇形摊开。花空心，均有花帽。首尾延伸至一扁足。扁足上部饰云纹。该两件器物于2002年12月经湖南省文物鉴定委员会专家分别鉴定为二级文物，现由常德博物馆收藏。

朵花形簪（共4件）

元代。1980年5月在临澧县新合乡龙岗村一窖藏出土并征集。

金质，通长15厘米左右。均呈金黄色，有光泽。保存基本完好，有2件稍残。属佩饰品（头饰）。此批簪有呈“丫”字形的，有呈烛台形的，有呈扇形的。有圆茎双足的，有双茎空心向下延伸为单足的，有首尾延伸为簪扁足的。均有花瓣，形状各异，造型精美，做工细巧。2002年12月经湖南省文物鉴定委员会专家分别鉴定为二级文物，现均由常德博物馆收藏。

凤形金簪（共4件）

元代。1980年5月在临澧县新合乡龙岗村一窖藏出土并征集。

金质，通长20厘米左右，凤长5厘米左右。均呈金黄色，光亮润泽。保存基本完好，个别部位稍变形，有一件茎与簪顶脱。属佩饰品（头饰）。此批簪均为镂空凤凰张嘴，昂首挺胸，展翅奋飞状。凤爪抓一龙头，龙头下方为一扁形单足，扁足上部一面饰云纹。该四件器物于2002年12月经湖南省文物鉴定委员会专家分别鉴定为二级文物，现均由常德博物馆收藏。

银柄金瓜簪

元代。1980年5月在临澧县新合乡龙岗村一窖藏出土并征集。

金质，通长16.2厘米。呈金黄色，有光泽。保存基本完好，柄有破损。属佩饰品（头饰）。此簪簪头为圆形金瓜。银质柳叶扁长柄上饰卷云纹。2002年12月经湖南省文物鉴定委员会专家鉴定为二级文物，现由常德博物馆收藏。

花果纹金簪（共4件）

元代。1980年5月在临澧县新合乡龙岗村一窖藏出土并征集。

金质，通长分别为12.2厘米，17厘米，13.7厘米，14.3厘米。均呈金黄色，有光泽。保存完好。属佩饰品（头饰）。此批簪上部均为圆形花果，花叶盛开将果托起。扁茎上饰云纹，单足。该批器物于2002年12月经湖南省文物鉴定委员会专家分别鉴定为二级文物，现由常德博物馆收藏。

双龙牡丹纹镂空金簪（共2件）

元代。1980年5月在临澧县新合乡龙岗村一窖藏出土并征集。

金质，通长均为15.5厘米。呈金黄色，有光泽。一件保存完好，另一件龙首断缺。属佩饰品（头饰）。此两簪上部均镂空牡丹花一朵，下部镂雕双龙纹，前后翻卷，作昂首状。扁茎单足。该两件器物于1994年11月经国家文物鉴定委员会专家分别鉴定为二级文物，现由常德博物馆收藏。

双龙牡丹纹镂空金簪

花卉纹挖耳金簪

元代。1980年5月在临澧县新合乡龙岗村一窖藏出土并征集。

金质，通长15.3厘米。呈金黄色，有光泽。簪中部断裂。属佩饰品（头饰）。此簪簪顶为挖耳，上部较宽，盛开5朵小花。扁茎饰云纹，单足。该器物于2002年12月经湖南省文物鉴定委员会专家鉴定为二级文物，现由常德博物馆收藏。

荷叶形金簪

元代。1980年5月在临澧县新合乡龙岗村一窖藏出土并征集。

金质，通长14.4厘米。呈金黄色，有光泽。簪上的花、鸟、鱼、虫已残。属佩饰品（头饰）。此簪簪顶为椭圆形荷叶状，叶脉边沿突出。荷叶上有垒丝焊接极细的叶茎和盘空的花、鸟、虫、鱼纹。扁茎上部饰花卉纹。单足较尖。该器物于1994年11月经国家文物鉴定委员会专家鉴定为二级文物，现由常德博物馆收藏。

龙纹金钗

元代。1980年5月在临澧县新合乡龙岗村一窖藏出土并征集。

金质，通长14.5厘米。呈金黄色，有光泽。保存完好。属佩饰品（头饰）。此金钗呈“n”形，上部錾刻双龙纹，龙头簪顶。圆茎双尖足。该器物于2002年12月湖南省文物鉴定委员会专家鉴定为二级文物，现由常德博物馆收藏。

镂空花枝形金插

元代。1980年5月在临澧县新合乡龙岗村一窖藏出土并征集。

金质，通长 9.5 厘米。呈金黄色，有光泽。保存基本完好，失缺宝石。属佩饰品（头饰）。此金插呈扇形，镂雕树叶花枝，中央镶嵌一桃形宝石，已失。外围 9 个圆形扣饰物。小细圆茎。该器物于 2002 年 12 月经湖南省文物鉴定委员会专家鉴定为二级文物，现由常德博物馆收藏。

掐丝镂空花果纹金插（共 4 件）

元代。1980 年 5 月在临澧县新合乡龙岗村一窖藏出土并征集。

金质，通长 9.3 厘米。呈金黄色，有光泽。均稍残，花果缺失，掐丝处成块状脱落。属佩饰品（头饰）。此批金插均呈蝴蝶形。掐丝镂空花果纹，左边一镂空花球，右边为菊瓣花纹，背部衬以鎏金银片，小细圆茎。该批器物于 1994 年 11 月经国家文物鉴定委员会专家分别鉴定为二级文物，现由常德博物馆收藏。

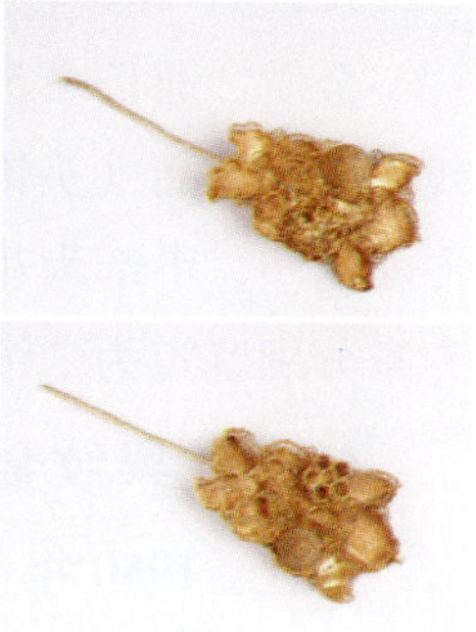

掐丝镂空花果纹金插

累丝嵌花果纹金插

元代。1980 年 5 月在临澧县新合乡龙岗村一窖藏出土并征集。

金质，通长 8.6 厘米。呈金黄色，有光泽。失缺花果形松石，花缺半边，茎松脱，果丝处成块状脱落。属佩饰品（头饰）。此金插呈扁形，累丝工艺，织成网状树叶、花、果纹，且嵌花果形松石。背部衬以金片，小细圆茎。该器物于 1994 年 11 月经国家文物鉴定委员会专家鉴定为二级文物，现由常德博物馆收藏。

镂空花形金插

元代。1980 年 5 月在临澧县新合乡龙岗村一窖藏出土并征集。

金质，通长 9 厘米。呈金黄色，有光泽。保存基本完好。属佩饰品（头饰）。此金插呈扁形，錾刻镂空雕制而成。中间为一桃形花纹，其外围由 10 个圆圈而成，圆中央镂空小洞 2 个，似纽扣，细圆茎。该器物于 2002 年 12 月经湖南省文物鉴定委员会专家鉴定为二级文物，现由常德博物馆收藏。

镂雕花果纹金插

元代。1980 年 5 月在临澧县新合乡龙岗村一窖藏出土并征集。

金质，通长 7.5 厘米。呈金黄色，有光泽。茎断，松石缺失。属佩饰品（头饰）。此金插镂空草叶纹，分三层。一层四叶纹；第二层并列葵花乳丁；第三层多叶花纹，叶上一小虫，神态逼真。小细圆茎。该器物于 1994 年 11 月经国家文物鉴定委员会专家鉴定为二级文物，现由常德博物馆收藏。

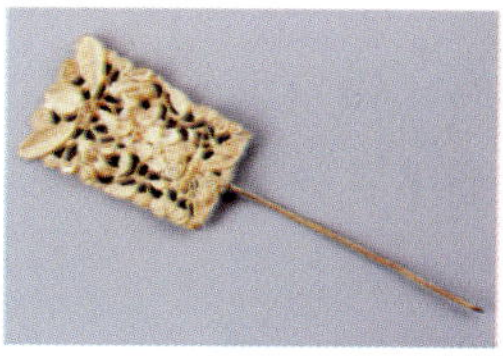

镂雕花果纹金插

镂空花卉奔兔纹金插（共 2 件）

元代。1980 年 5 月在临澧县新合乡龙岗村一窖藏出土并征集。

金质，通长8.5厘米，宽2.5厘米。均呈金黄色，有光泽。保存基本完好，稍残缺。属佩饰品（头饰）。两金插均为镂空花卉，奔兔纹。花蕊由金丝卷成，圆细长茎。两器物于1994年11月经国家文物鉴定委员会专家分别鉴定为二级文物，现由常德博物馆收藏。

镂空花鸟纹金插（共3件）

元代。1980年5月在临澧县新合乡龙岗村一窖藏出土并征集。

金质，通长8.5厘米，宽2.8厘米。均呈金黄色，有光泽。保存基本完好，有一件稍残。属佩饰品（头饰）。三金插均为浇铸镂空而成。上部凸饰9朵心形花，中间一桃形芯平面内凹，下部为花鸟纹。细长圆茎。该三件器物于1994年11月经国家文物鉴定委员会专家分别鉴定为二级文物，现由常德博物馆收藏。

镂空花果纹金插（共4件）

元代。1980年5月在临澧县新合乡龙岗村一窖藏出土并征集。

金质，通长9厘米左右。均呈金黄色，有光泽。保存基本完好，有一件茎与花连接处松脱。属佩饰品（头饰）。此批金插均为镂空而成。最上层有的饰四叶纹，有的饰松枝；中间和以下部分分别为莲花、葵花、仙果、桃形花纹。均为细长圆茎。该批器物于1994年11月经国家文物鉴定委员会专家分别鉴定为二级文物，现由常德博物馆收藏。

镂雕缠枝花卉纹金插（共2件）

元代。1980年5月在临澧县新合乡龙岗村一窖藏出土并征集。

金质，通长12厘米，宽3厘米。均呈金黄色，有光泽。保存基本完好。属佩饰品（头饰）。两金插均为长方形，镂空而成。纹饰最上层为三叶缠枝花纹；往下分别为并列花一朵，两叶花朵，小蜜蜂和蝴蝶纹。圆长茎。两器物于1994年11月经国家文物鉴定委员会专家分别鉴定为二级文物，现由常德博物馆收藏。

镂空莲花纹金插

元代。1980年5月在临澧县新合乡龙岗村一窖藏出土并征集。

金质，通长9厘米。呈金黄色，有光泽。保存完好。属佩饰品（头饰）。此金插呈扁形，镂空而成。最上层为7朵莲花围成心形，中间为桃花芯，下部亦为大莲花一朵。小细圆茎。该器物于1994年11月经国家文物鉴定委员会专家鉴定为二级文物，现由常德博物馆收藏。

菊花纹金插

元代。1980年5月在临澧县新合乡龙岗村一窖藏出土并征集。

金质，通长8.6厘米。呈金黄色，有光泽。保存完好。属佩饰品（头饰）。此金插镂雕，呈扇形。最上一层为圆形大叶菊花，中间亦为盛开菊花。下部镂雕动物和卷云纹。该器物于1994年11月经国家文物鉴定委员会专家鉴定为二级文物，现由常德博物馆收藏。

嵌绿松石莲花纹金插（共4件）

元代。1980年5月在临澧县新合乡龙岗村一窖藏出土并征集。

金质，通长10厘米，花长4厘米。均呈金黄色、绿色，有光泽。均缺一松石，另一松石开裂。属佩饰品（头饰）。此批金插插头均为镂雕圆形莲花及两朵火焰纹，嵌绿松石。粗圆茎。该批器物于2002年12月经湖南省文物鉴定委员会专家分别鉴定为二级文物，现均由常德博物馆收藏。

凤形玉簪（共2件）

元代。1980年5月在临澧县新合乡龙岗村一窖藏出土并征集。

金质，通长7.3厘米，花长2.5厘米。均呈黄、白色，光亮透明。一件保存完好，另一件茎断裂。属佩饰品（头饰）。此两簪均为金玉组合而成簪头为白玉透雕凤凰，俯首回望。金丝穿过凤身，一上一下，环曲似盘状卷云纹。粗圆茎。该两器物于2002年12月经湖南省文物鉴定委员会专家分别鉴定为二级文物，现均由常德博物馆收藏。

双龙牡丹纹金钗（共2件）

元代。1980年5月在临澧县新合乡龙岗村一窖藏出土并征集。

金质，通长分别为14.8厘米、16厘米。均呈金黄色，有光泽。一件保存完好，另一件茎残缺半截。属佩饰品（头饰）。此两金钗均呈“n”形，钗上部錾刻双龙缠绕向上，昂首捧牡丹花于钗顶，扁菱形长茎。双尖足。该两器物于2002年12月经湖南省文物鉴定委员会专家分别鉴定为二级文物，现均由常德博物馆收藏。

火焰纹金插

元代。1980年5月在临澧县新合乡龙岗村一窖藏出土并征集。

金质，通长14.5厘米，花长2.7厘米。呈金黄色，有光泽。保存完好。属佩饰品（头饰）。此金插两端为圆柱形茎，一端粗一端细。中间为花形，由火焰纹，云纹对称组成。该器物于2002年12月经湖南省文物鉴定委员会专家鉴定为二级文物，现由常德博物馆收藏。

双鸟纹金簪

元代。1997年9月石门县新铺乡黄家峪村出土。

金质，通长16.5厘米，呈金黄色，光亮夺目。保存基本完好，鸟背两片连接处有缝。属佩饰品（头饰）。该金簪为双鸟立于云端，鸟为左右两片金片雕鸟形合成，鸟足为金细柱状弯成，穿过祥云状金片与插焊接，鸟尾长。鸟长4厘米，造型生动，下为上宽下尖的插，插上部用鱼纹錾刻缠枝花卉纹。该器物于2002年12月经湖南省文物鉴定委员会专家鉴定为二级文物，现由石门县博物馆收藏。

云龙纹双长足金钗

元代。1997年9月石门县新铺乡黄家峪村出土。

金质，通长 15 厘米，宽 2.1 厘米。呈黄色，金黄发亮。保存基本完好，顶端饰云龙纹处有被压平的痕迹。属佩饰品（头饰）。该金钗顶端呈圆弧状卧内收渐窄，浮雕云龙纹，下焊接双根扁长足。该器物于 2002 年 12 月经湖南省文物鉴定委员会专家鉴定为二级文物，现由石门县博物馆收藏。

金帽饰

元代。1997 年 9 月石门县新铺乡黄家峪村出土。

金质，直径 3.3 厘米，厚 0.4 厘米。金黄色，有光泽。保存基本完好，有挤压痕迹。属佩饰品（帽饰）。金帽饰为圆形，中部突出呈束腰，两端圆弧状，上雕有花瓣。四周略低，镂雕有花叶花心。反面随正面雕刻内凹，并有用金丝做成的扣两个。该器物于 2002 年 12 月经湖南省文物鉴定委员会专家鉴定为二级文物，现由石门县博物馆收藏。

凤形金簪

元代。1997 年 9 月石门县新铺乡黄家峪村出土。

金质，通长 19 厘米。金黄色，有光泽。保存基本完好。属佩饰品（头饰）。簪顶部用两片金片雕成凤形合成，再用金丝绑紧。插部与凤形也用金丝缠绑。插上部用点纹錾刻成卷草纹，插上宽下尖。该器物于 2002 年 12 月经湖南省文物鉴定委员会专家鉴定为二级文物，现由石门县博物馆收藏。

镂空葵花蝴蝶花纹金头簪（共 2 件）

元代。1980 年 7 月临澧县合口镇征集。

金质，通长 8.6 厘米，金黄色，光洁润泽。保存基本完好，局部变形。属佩饰品（头饰）。该头饰为扁形金头饰，上宽下窄，左右均由金片镂雕，上端由四片花叶组成，两朵葵花相对称，中间一朵大葵花。下端为蝴蝶花纹。圆柱足，莲花背面，并用金丝组成盘状缠紧。该器物于 1994 年 11 月经国家文物鉴定委员会专家分别鉴定为二级文物，现由临澧县博物馆收藏。

金凤凰形簪

元代。1980 年 7 月临澧县合口镇征集。

金质，通长 14.2 厘米，凤长 4.5 厘米，高 1.6 厘米。金黄色，光洁润泽。凤肚残缺，凤簪扁足连接处脱落。属佩饰品（头饰）。该簪上凤凰由两片金片合成，凤嘴微张，头稍昂起，凤冠及凤肚分别饰有小梅花纹。凤尾镂空，高翘，凤凰下端为扁足。该器物于 1994 年 11 月经国家文物鉴定委员会专家鉴定为二级文物，现由临澧县博物馆收藏。

双挖耳浮雕金簪

元代。1980 年 7 月临澧县合口镇征集。

金质，通长 13.5 厘米。金黄色，有光泽。花纹与浮雕龙残且变形。属佩饰品（头饰）。该簪由两个相对称的向日葵花纹组成浮雕花板。左边由四个金爪和一朵葵花组成一组花，右边是一条昂首挺胸、栩栩如生的龙。上顶端由两个挖耳组成，下端为扁平单足。该器物于 1994 年 11 月经国家文物鉴定委员会专家鉴定为二级文物，现由临澧县博物馆收藏。

云纹金蝉钗

元代。1980 年 7 月临澧县合口镇征集。

金质，通长 6.1 厘米，花长 3.1 厘米，花宽 2.1 厘米。金黄色，光洁润泽。部分穿孔变形。属佩饰品（头饰）。该金钗由金片锤打成十朵云纹组成蝉形，瓜子背饰变形龙纹，并由金丝将圆柱足缠紧。该器物于 1994 年 11 月经国家文物鉴定委员会专家鉴定为二级文物，现由临澧县博物馆收藏。

双挖耳浮雕金簪

元代。1980 年 7 月临澧县合口镇征集。

金质，通长 15.5 厘米。呈黄色，光洁润泽。花纹与浮雕龙残变形。属佩饰品（头饰）。该簪由两个相对称向日葵花纹组成浮雕花板，左边由四个金爪和一朵葵花组成一枝花，右边是一条昂首挺胸、栩栩如生的龙。上顶端由两个挖耳组成，下端为扁平单足。该器物于 1994 年 11 月经国家文物鉴定委员会专家鉴定为二级文物，现由临澧县博物馆收藏。

单挖耳金扁簪

元代。1980 年 7 月临澧县合口镇征集。

金质，通长 16.5 厘米。金黄色，光洁润泽。局部变形，花蕾断裂。属佩饰品（头饰）。该簪顶端有一挖耳，上端由四个浮雕花蕾组成，下端为扁尖足。该器物于 1994 年 11 月经国家文物鉴定委员会专家鉴定二级文物，现由临澧县博物馆收藏。

浮雕云纹金蝉钗

元代。1980 年 7 月临澧县合口镇征集。

金质，通长 6.1 厘米，花长 3.1 厘米，花宽 2.1 厘米。呈黄色，光洁润泽。部分花朵穿孔，变形。属佩饰品（头饰）。该金钗浮雕花纹，十朵云纭组成蝉形，瓜子背饰变形龙纹，并由金丝将圆柱足缠紧。该器物于 1994 年 11 月经国家文物鉴定委员会专家鉴定为二级文物，现由临澧县博物馆收藏。

圆梗金插

元代。1980 年 7 月临澧县合口镇征集。

金质，通长 14.7 厘米。呈黄色，光洁润泽。花残，变形。属佩饰品（头饰）。该插上端金片，金片上浮雕数朵小梅花。下端是圆梗长足。该器物于 1994 年 11 月经国家文物鉴定委员会专家鉴定为二级文物，现由临澧县博物馆收藏。

扁金插

元代。1980年7月临澧县合口镇征集。

金质，通长16厘米，宽0.9厘米。呈黄色，光洁润泽。花蕾、叶残，变形。属佩饰品（头饰）。插上端由两组花蕾和叶子组成，顶端有一对挖耳，下端扁尖足。该器物于1994年11月经国家文物鉴定委员会专家鉴定为二级文物，现由临澧县博物馆收藏。

“谢师德记”银锭（共2件）

元代。1980年5月在临澧县新合乡龙岗村出土并征集。

银质，通长5厘米，厚0.2厘米。银灰色，有光泽。均两端残缺，其中一端全缺，另一端局部缺。属流通货币。此两银锭束腰式，浇铸而成。表面凹且平滑，两头上翘较高。表面戳有“花银”、“谢师德记”款识，底部蜂窝眼密布。此两器物于1994年11月经国家文物鉴定委员会专家分别鉴定为二级文物，现由常德博物馆收藏。

多圈银手镯（共6件）

元代。1980年5月在临澧县新合乡龙岗村出土并征集。

银质，直径6、7厘米不等，首圈宽1厘米。呈银白灰色，有光泽。保存完好。属佩饰品（手饰）。此批银手镯均圆形，以18圈组成一体，首端分别錾刻有“四郎、四郎”、植物纹、缠枝花和“八思巴文”等字样和纹饰。两端均用银丝缠绕呈活动的套扣扣住。该批器物于1994年11月经国家文物鉴定委员会专家分别鉴定为二级文物，现均由常德博物馆收藏。

连珠双龙纹银手镯（共2件）

元代。1980年5月在临澧县新合乡龙岗村出土并征集。

银质，直径6.3厘米。呈银灰色，有光泽。保存完好。属佩饰品（手饰）。此两银手镯均龙首相对，一龙嘴张开，另一龙嘴含银珠一颗，由23对双层连珠组成。此两器物于1994年11月经国家文物鉴定委员会专家分别鉴定为二级文物，现由常德博物馆收藏。

银挖耳

元代。1980年5月在临澧县新合乡龙岗村出土并征集。

银质，通长16厘米。呈银灰色，有光泽。保存完好。属生活用品（挖耳器）。此挖耳呈柳叶形，长炳，挖耳在上端，挖长1厘米。该器物于2002年12月经湖南省文物鉴定委员会专家鉴定为二级文物，现由常德博物馆收藏。

云纹小银罐

元代。1980年5月在临澧县新合乡龙岗村出土并征集。

银质，通高2.5厘米，口径1.5厘米。呈银灰色，有光泽。小罐完好，盖上链残。属生活用品（盛物器）。此小银罐短颈，折肩，腹部至底有錾刻点线云纹。肩上有双耳环，盖呈伞形，上有菊瓣纹，盖上有一圆钮。罐内有一活动小圈。该器物造型美观，做工精细。2002 年 12 月经湖南省文物鉴定委员会专家鉴定为二级文物，现由常德博物馆收藏。

元代云纹小银罐

云纹银盒

元代。1980 年 5 月在临澧县新合乡龙岗村出土并征集。

银质，纵 6.7 厘米，横 5 厘米。呈银灰色，有光泽。保存完好。属其他用品（薰香用具）。此银盒四边为两对对称的月牙形，边沿有云纹带，中空，当中有镂空字形花，一边有两个小孔，另一边有镂空花纹，并有长方形和丁字形孔。该器物造型美观，工艺精细。1993 年 12 月经湖南省文物鉴定委员会专家鉴定为二级文物，现由常德博物馆收藏。

莲花八宝纹银器盖

元代。1980 年 5 月在临澧县新合乡龙岗村出土并征集。

银质，通高 3.1 厘米。顶径 2 厘米。呈银灰色，无光泽。保存完好。属其他用品（器物盖）。此银盖呈帽顶盖形，纹饰分两部分，上部用 22 丝捆作纹饰，下部分为八片莲瓣，分别刻有元宝、米、锅、鱼、灶、法号、火珠等物。顶部有两孔，顶内有对称的两个小套环。该器物小巧玲珑，精致美观。1993 年 12 月经湖南省文物鉴定委员会专家鉴为二级文物，现由常德博物馆收藏。

花形银杯

元代。1980 年 5 月在临澧县新合乡龙岗村出土并征集。

银质，口径 11 厘米，足径 5.5 厘米。呈银灰色，无光泽。残缺，足脱。属生活用品（饮酒具）。此银杯整体呈花形，口微卷，六道弧线由杯沿至底勾勒出花形。喇叭形圈足，已脱。该器物于 1993 年 12 月经湖南省文物鉴定委员会专家鉴定为二级文物，现由常德博物馆收藏。

荷花边银碗

元代。1987 年 5 月临澧县修梅乡太平村征集。

银质，通高 9.9 厘米，直径 15 厘米。呈褐色，暗无光泽。破损。属生活用品（餐具）。该碗敛口，圆唇，唇外饰一圈凸弦纹，花瓣筋外凹内凸，喇叭形圈足，通体素面。该器物于 2002 年 12 月经湖南省文物鉴定委员会专家鉴定为二级文物，现由临澧县博物馆收藏。

凤形银簪（共 3 件）

元代。1993 年元月石门县雁池乡邱家湾村村民黄先潮捐赠。

银质，通长 25 厘米，宽 3.5 厘米。呈灰、绿色，无光泽。保存完好，有锈绿。属佩饰品（头饰）。银簪为扁长单柄，上端镂雕成凤形，凤嘴含一串饰物，呈莲花形和鱼纹。该三件器物于1994年11月经国家文物鉴定委员会专家分别鉴定为二级文物，现由石门县博物馆收藏。

银发簪

元代。1993年元月石门县雁池乡邱家湾村村民黄先潮捐赠。

银质，通长19.5厘米，宽4.5厘米。呈灰、绿色，无光泽。大部分花叶脱落，仅存花叶也已变形，有锈绿。属佩饰品（头饰）。簪上部用细如发丝的银丝编制成花枝，每根花枝末端有花叶，有一朵用银片镂雕成的圆形菊花纹花卉。下部为扁平长柄，末端较尖，长柄錾刻“肖宅计”三字。该器物于1994年11月经国家文物鉴定委员会专家鉴定为二级文物，现由石门县博物馆收藏。

银发钗（共3件）

元代。1993年元月石门县雁池乡邱家湾村村民黄先潮捐赠。

银质，长18.3厘米，弯处宽1.5厘米。呈灰色，无光泽。保存完好。属佩饰品（头饰）。发簪由一根圆形银柱弯成“卩”形，弯处和双长足末端较之中段略粗，无纹饰。该三件器物于1994年11月经国家文物鉴定委员会专家分别鉴定为二级文物，现由石门县博物馆收藏。

常州沈正和上上赤叶金（共26片）

明代。1995年6月常德市城区修建武陵大道南路时，挖出一罐金器，当时被在场民工哄抢，后经武陵区公安分局城西派出所全力追缴，并于当年10月移交给常德博物馆。

金质，通长13.2厘米，宽8.1厘米。均呈金黄色，有光泽。有细裂纹，边沿小缺口多处，带泥。属其他用品（宫廷赏金）。此批叶金均呈长方形薄片，厚0.1毫米，表面为犀皮纹，正面左右两边均有模压长条铭文印记框和铭文。铭文内容：右边为“上上加赤”，从上往下竖读，左边上方为“常州”二字。从右至左横读，其下方为“沈正和”三字。均为楷书。该批器物于2002年12月经湖南省文物鉴定委员会专家分别鉴定为二级文物，现均由常德博物馆收藏。

明代叶金

镇江天宝字号十足叶金（共84片）

明代。1995年6月常德市城区修建武陵大道南路时，挖出一罐金器，当时被在场民工哄抢，后经武陵区公安分局城西派出所全力追缴，并于当年10月移交给常德博物馆。

金质，长8.7厘米，宽6.9厘米。均呈金黄色，有光泽。有细裂纹，边沿小缺口多处，带泥。属其他用品（宫廷赏金）。此批叶金均呈长方形薄片，厚0.1毫米。表面为犀皮纹。正面左右两边均有模压长条铭文印记框和铭文。铭文内容：上方为“镇江”二字，从右往左横读。其正下方为“天宝字号十足叶金”成两竖行对称排列。均为楷书。该批器物于2002年12月经湖南省文物鉴定委员会专家分别鉴定为二级文物，现均由常德博物馆收藏。

金陵宝兴楼十足叶金（共146片）

明代。1995年6月常德市城区修建武陵大道南路时，挖出一罐金器，当时被在场民工哄抢，后经武陵区公安分局城西派出所全力追缴，并于当年10月移交给常德博物馆。

金质，长11.5厘米，宽9厘米。均呈金黄色，有光泽。有细裂纹，边沿有小缺口多处，带泥。属其他用品（宫廷赏金）。此批叶金均呈长方形薄片，厚0.1毫米。表面为犀皮纹。正面左右两边均有模压长条铭文印记框和铭文。铭文内容：上方为“金陵”二字，从右往左横读。其正下方为“宝兴楼十足叶金”，从上往下竖读。均为楷书。该批器物于2002年12月经湖南省文物鉴定委员会专家分别鉴定为二级文物，现均由常德博物馆收藏。

鎏金莲花座金佛像（共6件）

明代。1980年3月临澧县望城乡清水村征集。

金质，通高6.8厘米，底径4.6厘米。呈金黄色，光洁润泽。保存完好。属宗教礼仪用品。该佛像头戴荷花帽，中央为一宝塔形饰物，帽饰垂肩。浓眉高鼻，目视前方，颈左右各有一莲蓬，脖套三串佛珠，一圈长佛珠垂于下腹。挺胸，双手自然叠放于腿之上。双臂缠以饰带对称手肘部，腕部戴有两串珠子。手臂饰带下垂于双腿旁。外表鎏金，内空，座前宽，后呈三角形。该批器物于1994年11月经国家文物鉴定委员会专家分别鉴定为二级文物，现由临澧县博物馆收藏。

嵌宝石金簪

明代。2007年5月临澧县杉板乡望夫台村发掘出土。

金质，通长14厘米。呈金黄、红、白色，光亮润泽。保存完好。属佩饰品（头饰）。该金簪上部双层捶打连接成椭圆形花卉，上嵌宝石两颗，一红一白。下部为扁尖足，呈竹叶片状。该器物于2009年7月经湖南省文物鉴定委员会专家鉴定为二级文物，现由临澧县博物馆收藏。

“西方接引”小薄金片

明代。1987年6月临澧县望城乡护城村征集。

金质，直径1.6厘米。金黄色，光洁润泽。背面有一条裂痕。属佩饰品。该金片圆形薄金羽片，中间有一四方形小眼，一面饰“西方接引”字样，另一面是素面。该器物于1994年11月经国家文物鉴定委员会专家鉴定为二级文物，现由临澧县博物馆收藏。

“腾霄骏”银马牌

明代。1988年9月常德市第四人民医院基建工地发掘出土。

银质，通长 11.4 厘米，宽 3.8 厘米。呈浅黑色，无光泽。保存完好。属丧葬用品（铭记牌）。该牌为记载“腾霄骏”的铭牌，体薄，呈长方形，正面有楷书“鞍辔全正德十三年八月内赏龙驹名曰腾霄骏，嘉靖五年三月内终”文字。该器物于 1994 年 8 月经湖南省文物鉴定委员会专家鉴定为二级文物，现由鼎城区文物处收藏，常德博物馆代为保管。

嘉庆通宝金币

清代。2000 年 8 月桃源县木塘垸乡杉木村出土征集。

金质，直径 4.3 厘米，穿长 1 厘米，厚 0.05 厘米。呈金黄色，光亮夺目。保存完好。属清代嘉庆年间币。此金币圆形，方穿，宽廓，背素面无纹，正面书楷体“嘉庆通宝”。金币锻制而成，不作流通货币，属花钱类。该器物于 2002 年 12 月经湖南省文物鉴定委员会专家鉴定为二级文物，现由桃源县文物管理所收藏。

嘉庆通宝金币

七、其他

蜻蜓眼琉璃珠（共 2 件）

战国时期。1987 年 3 月汉寿县株木山乡全赋村砖厂发掘出土。

琉璃质，腹围 1 厘米。呈蓝、白、黄色，无光泽。保存完好。属佩饰品。该琉璃珠近球形，中有穿孔，黑褐地上饰蓝色，饰有 9 个由土黄色和白色组成的蜻蜓花纹。该两件器物于 2002 年 12 月经湖南省文物鉴定委员会专家鉴定为二级文物，现由汉寿县文物管理所收藏，常德博物馆代为保管。

蜻蜓眼琉璃珠

战国时期。1988 年 9 月常德市第四人民医院基建工地发掘出土。

琉璃质，孔径 0.6 厘米，高 1.6 厘米。呈蓝、白色，无光泽。保存完好。属佩饰品（装饰）。该琉璃珠器形完整，有蜻蜓眼 6 个，为蓝色，眼周不均匀饰绿色圈带，白底。该器物于 2009 年 6 月经湖南省文物鉴定委员会专家鉴定为二级文物，现由鼎城区文物处收藏。

琉璃璧（共 2 件）

战国时期。一件为 1984 年在常德市德山发掘出土，另一件为 1991 年 1 月在常德市德山砖厂发掘出土。

均为琉璃质，一件直径 11.5 厘米，好径 4.3 厘米；另一件直径 8 厘米，好径 3 厘米。均呈乳白色，有光泽。均残缺已黏合。属丧葬用品（避邪物）。此两琉璃璧均一面光亮满饰乳丁纹，另－面呈乳丁纹底色，造型美观，纹饰分布有序。该两件器物于 2002 年 12 月经湖南省文物鉴定委员会专家分别鉴定为二级文物，现由常德博物馆收藏。

男雕衣木俑

战国时期。1981 年 6 月在常德市德山茅湾砖厂发掘出土。

木质，通高 56 厘米，肩宽 13 厘米，足底宽 13.5 厘米。呈深褐色，无光泽。边沿木屑弹起，左边残缺。属丧葬用品（冥器）。此木俑直立，头戴“山”字形帽，面部向正前方，两手对合曲于胸前，穿宽袖长衫，腰系－带宽 3.5 厘米。长衫将两脚盖住，姿态谦恭谨慎样。该器物于 2002 年 12 月经湖南省文物鉴定委员会专家鉴定为二级文物，现由常德博物馆收藏。

琉璃剑首

战国时期。2001 年 7 月在汉寿县聂家桥乡武峰山发掘出土。

琉璃质，直径 4.3 厘米，厚 0.4 厘米。呈淡青色，光洁润泽。保存完好。属佩饰品（剑装饰品）。此剑首圆形，正面中部微内凹呈圆形。其余满饰谷纹，背面粗糙无纹饰。该器物于 2002 年 12 月经湖南省文物鉴定委员会专家鉴定为二级文物。现由常德博物馆收藏。

谷纹琉璃璧

战国时期。1985 年 3 月在常德市德山茅湾砖厂发掘出土。

琉璃质，直径 9 厘米，肉径 3.4 厘米，厚 0.3 厘米。呈淡青色，有光泽。残成几块黏合，有一处高度腐蚀。属丧葬用品（避邪）。此琉璃璧半透明，正面饰乳丁纹，纹带与璧缘、璧孔之间各用一道凸弦纹隔开。该器物于 2002 年 12 月经湖南省文物鉴定委员会专家鉴定，认为该器做工精细，纹饰匀称，质地好，可惜破损。定为二级文物，现由常德博物馆收藏。

铁钮菱形圆圈纹滑石镜

东汉。1977 年 10 月在原常德县南坪乡发掘出土。

滑石质，直径 19.2 厘米，好径 2.5 厘米，厚 1 厘米。呈土黄色，暗淡无光。残黏合。属丧葬用品（避邪）。此滑石镜圆形，正面为菱形和四边形，四边形交点上有“O”形纹，外围有三个台阶式叠压的约 1 厘米宽边，背为素面。该器物于 2002 年 12 月经湖南省文物鉴定委员会专家鉴定为二级文物，现由常德博物馆收藏。

滑石猪（共 2 件）

东汉。1995 年 5 月鼎城区南坪乡粮店基建工地发掘出土。

滑石质，通长 8.4 厘米，通高 3.5 厘米。呈白色，无光泽。保存完好。属丧葬用品（冥器）。圆雕，长条形，一头双脚屈曲，全身伏地，另一头四足直立，均双耳贴背，以阴线刻出双眼、前额和嘴，特别是眼睛和前伸的嘴，把猪的特点表现得淋漓尽致。两

滑石猪

件器物于2002年12月经湖南省文物鉴定委员会专家分别鉴定为二级文物，现由鼎城区文物处收藏，常德博物馆代为保管。

滑石长尾鸡

东汉。1995年5月鼎城区南坪乡粮店基建工地发掘出土。

滑石长尾鸡

滑石质。通长7.5厘米，高5厘米。呈灰白色，无光泽。保存完好。属丧葬用品（冥器）。滑石鸡小圆首，长喙，长尾，阴线刻出双眼，双翅长羽，昂首凸腹立于石条之上。线条流畅，神情安详，形态逼真。该器物于2002年12月经湖南省文物鉴定委员会专家鉴定为二级文物，现由鼎城区文物处收藏，常德博物馆代为保管。

滑石面具

东汉。1995年5月鼎城区南坪乡粮店基建工地发掘出土。

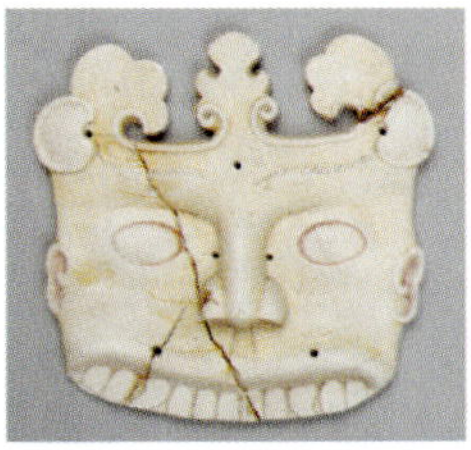

滑石面具

滑石质，通高23.5厘米，宽20.4厘米。白色，无光泽。有严重残缺。属丧葬用品（冥器）。面具以厚约1厘米近方形滑石浮雕线刻而成，面目狰狞。头顶山形攒尖，浅雕卷云纹。阴线浅刻凸眼圆睁，浮雕大鼻及对称双耳，阔嘴獠牙无下颌。该器物于2002年12月经湖南省文物鉴定委员会专家鉴定为二级文物，现由鼎城区文物处收藏，常德博物馆代为保管。

滑石璧

汉代。1984年9月桃源县青林乡黄楚村发掘出土。

滑石质，直径13.5厘米，厚0.6厘米，孔径1.6厘米。呈米黄色，无光泽。保存基本完好。属丧葬用品（礼器）。此滑石璧环形，一面素面无纹，另一面刻棋盘斜线纹。该器物于1994年11月经国家文物鉴定委员会专家鉴定为二级文物，现由桃源县文物管理所收藏，常德博物馆代为保管。

滑石耳杯

汉代。1982年8月桃源县三汊港乡马鞍村征集。

汉代滑石耳杯

滑石质，通长10厘米，宽7.3厘米，高2.5厘米。呈青色，无光泽。保存完好。属生活用品（酒具）。此滑石杯呈椭圆形，口两边附对称弧形耳，平底凸起，形成假圈足。该器物于1994年11月经国家文物鉴定委员会专家鉴定为二级文物，现由桃源县文物管理所收藏，常德博物馆代为保管。

滑石灯

汉代。1993年3月在常德市德山武陵酒厂桃花山39号汉墓中发掘出土。

滑石质，口径 10.4 厘米，底径 10.3 厘米，高 21.6 厘米。呈灰白色，有光泽。柄上残断后修复。属丧葬用品（冥器）。此滑石灯由圆形灯盘，方形底座和柱状柄组成。灯盘口微侈，深腹，高柱柄，中部三道凸弦纹。灯座高突棱形沿，平底。在灯盘的盘腹及口沿、灯柄的凸弦棱和灯座上均有圆圈纹和弦纹。该器物于 2009 年 6 月经湖南省文物鉴定委员会专家鉴定为二级文物，现由常德博物馆收藏。

滑石都尉印

西汉。1991 年 3 月在常德市德山肉联厂基建工地出土并收缴。

滑石质，长 2.9 厘米，宽 1.9 厘米，高 1.3 厘米。呈灰白色，无光泽。边沿残破。属丧葬用品（官印）。此印长方形体，方拱形钮，下有穿孔。印文阴刻“都尉”二字，字体不规则。该器物于 1994 年 11 月经国家文物鉴定委员会专家鉴定为二级文物，现由常德博物馆收藏。

“怀远将军”墓志

明代。1983 年 9 月临澧县杨板乡仙女村征集。

石质，底盖长 95 厘米，碑长 84 厘米，宽 67 厘米，厚 65 厘米。呈灰色。外边残缺，中间断裂。属宗教礼仪用品（记录墓主生平用）。墓志分盖、底两部分，互相吻合。碑文为汉字楷书。该墓志于 2002 年 12 月经湖南省文物鉴定委员会专家鉴定为二级文物，现由临澧县博物馆收藏。

铁钟

清代。2009 年 3 月汉寿县西竺山乡政府院内征集。

铁质，通高 155 厘米，直径 124 厘米。呈黑色，无光泽。保存完好。属祭祀用品。该铁钟生铁铸成，喇叭口，钮分 6 支与舞部相接。上聚拢正面一支钮上铸有一人面像。钲部四方铸“皇图巩固，帝道遐昌，风调雨顺，国泰民安”。正面二方分别铸有楷书铭文，一方为集资人姓名，一方记叙立钟时间、地点“乾隆三十年六月初一立（1765 年）敬献于冷水寺”。该器物于 2009 年 6 月经湖南省文物鉴定委员会专家鉴定为二级文物，现由汉寿县文物管理所收藏。

八、近、现代文物

林伯渠使用过的纸质代表证

近现代（1945 年）。1986 年 3 月在纪念林伯渠诞辰 100 周年暨林伯渠故居落成典礼上由其子女捐赠。

代表证长 27 厘米，宽 25 厘米。呈红、蓝色，保存完好。是林伯渠于 1945 年参加中国共产党第七次全国代表大会时所持证件。代表证通体为纸质，由布料包着，内页纸上印有蓝色“中国共产党第七次全国代表大会代表证”字样，楷书并加盖有红色椭圆形“中国共产党第七次全国代表大会秘书处”印章。该代表证于2000年12月经湖南省文物鉴定委员会专家鉴定为二级文物，现由林伯渠故居收藏。

林伯渠使用过的代表证

近现代（1949年）。1986年3月在纪念林伯渠诞辰100周年和林伯渠故居落成典礼上由其子女捐赠。

代表证长10厘米，宽6厘米。呈黄、白色，保存完好。是1949年林伯渠参加中华人民共和国成立筹备代表大会所持证件。通体由丝绸和纸合成。上部呈长方形，由一张方形纸和一块黄色丝绸组成，硬纸（白色）上印有“105林伯渠”字样。长方形丝绸上印有黑色字样“筹备代表”，正面字加盖有篆体字四方形图章。下部呈八字形，背面印有阿拉伯数字“3”。该代表证于2005年10月经湖南省文物鉴定委员会专家鉴定为二级文物，现由林伯渠故居收藏。

林伯渠使用过的代表证

近现代（1949年）。1986年3月在纪念林伯渠诞辰100周年和林伯渠故居落成典礼上由其子女捐赠。

代表证长10厘米，宽7.3厘米。呈红、蓝色，保存完好。是1949年林伯渠参加中国人民政治协商会议第一届全体会议时所持证件。代表证为纸质由硬壳纸心和红绸布料包装合成，呈四方形。证内印有姓名：林伯渠，代表单位及身份、年代，并贴有持证人相片。该证于2000年12月经湖南省文物鉴定委员会专家鉴定为二级文物，现由林伯渠故居收藏。

林伯渠使用过的金属瑞士手表

近现代（1936年）。1986年3月在纪念林伯渠诞辰100周年和林伯渠故居落成典礼上由其子女捐赠。

手表为瑞士造，通径3.3厘米，呈白色。通体为金属材料，表身圆形，无表带。表面为透明有机玻璃盖，表底部为钢质材料。字面为阿拉伯数，并有细小英文字样。该表于2000年12月经湖南省文物鉴定委员会专家鉴定为二级文物，现由林伯渠故居收藏。

林伯渠使用过的牛皮公文包

近现代（1949年）。1986年3月在纪念林伯渠诞辰100周年和林伯渠故居落成典礼上由其子女捐赠。

公文包长38厘米，宽45厘米。呈黑色，有破损。是林伯渠在担任中华人民共和国中央人民政府秘书长期间所用物品。公文包通体为牛皮质，呈长方形。包两边上部设有皮带提环，下部两边设有两金属皮带扣。该公文包于2000年12月经湖南省文物鉴定委员会专家鉴定为二级文物，现由林伯渠故居收藏。

林伯渠使用过的塑料盆

现代（1958年）。1986年3月在纪念林渠诞辰100周年和林伯渠故居落成典礼上由其子女捐赠。

塑料盆直径28厘米，深10厘米。呈黄色，保存基本完好，盆边沿有一裂缝，是林伯渠于1958年视察大连化工厂并参加投产庆典时所赠纪念品。盆为全塑料制作，呈圆形，圆口外卷，平底，口沿有一处被火烫的痕迹。该盆于2000年12月经湖南省文物鉴定委员会专家鉴定为二级文物，现由林伯渠故居收藏。

林伯渠使用过的铁皮包藤箱（共2件）

近代（1910年）。1986年3月在纪念林伯渠诞辰100周年和林伯渠故居落成典礼上由其后裔林明政捐赠。

箱长77厘米，宽48厘米，高24厘米。呈灰色，保存完好。是1910年期间林伯渠携原配夫人从东北回老家时，林伯渠的父母亲为儿媳新添置的家具。该箱通体为藤编织及铁皮包制而成，长方形。箱两端有锁扣，正中间有铁制手提环。箱体周围均为铁皮包制。该箱于2000年12月经湖南省文物鉴定委员会专家分别鉴定为二级文物，现由林伯渠故居收藏。

林伯渠使用过的小木箱（共2件）

清代末期。1986年3月在纪念林渠渠诞辰100周年暨林伯渠故居落成典礼上由其后裔林明政捐赠。

箱长45厘米，宽25厘米，高13厘米。呈深红色。保存完好。是林伯渠青年时代留学日本时所用之物。小木箱通体为木质，呈长方形，四角用铜质包制，底部四角有铜钮脚，中间有铜锁扣，锁两边由铜环组成。木箱涂有深红色油漆。两个小木箱于2000年12月经湖南省文物鉴定委员会专家分别鉴定为二级文物，现由林伯渠故居收藏。

林祖涵田黄石印章

近代（1920年）。1987年10月临澧县修梅乡凉水井村村民李宗生捐赠。

石质，高5.5厘米，面宽3厘米。呈淡黄色，保存完好。是林伯渠（原名林祖涵）生前遗物，国共合作时期多次用过此印章。印章用田黄石刻制，印体呈长方形，印面正方形，阴刻“林祖涵”字样，印顶部呈椭圆形。该印章于2000年12月经湖南省文物鉴定委员会专家鉴定二级文物，现由林伯渠故居收藏。

邓小平题“林伯渠同志故居”纸本横批

现代（1985年）。1986年3月在纪念林伯渠诞辰100周年暨林伯渠故居落成时，中共中央办公厅转寄林伯渠故居。

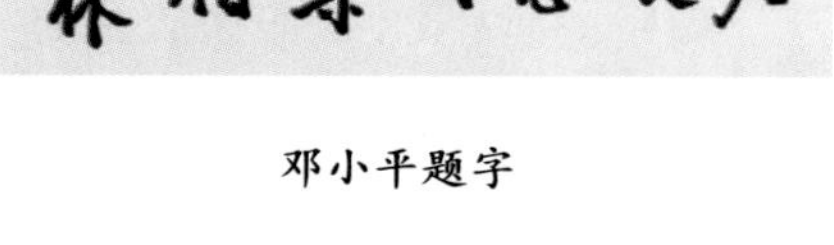

邓小平题字

横批为纸质，长 42 厘米，宽 30 厘米。白底黑字，保存完好。是邓小平为纪念林伯渠诞辰 100 周年暨林伯渠故居落成亲笔题写的匾额横批为宣纸书写，淡白色，装裱横条形，字体为草书，内容为“林伯渠同志故居”。该横批于 2000 年 12 月经湖南省文物鉴定委员会专家鉴定二级文物，现由林伯渠故居收藏。

胡耀邦题“怀念林伯渠同志”纸质条幅

现代（1986 年）。1986 年 3 月在纪念林伯渠诞辰 100 周年暨林伯渠故居落成时，中共中央办公厅转寄林伯渠故居。

条幅为纸质，长 23 厘米，宽 11 厘米。白纸黑字，保存完好。是胡耀邦为纪念林伯渠诞辰 100 周年暨林伯渠故居落成亲笔题写的条幅。条幅为宣纸书写，淡白色，呈长方形。字体为草书，内容为“怀念林伯渠同志”。该条幅于 2000 年 12 月经湖南省文物鉴定委员会专家鉴定为二级文物，现由林伯渠故居收藏。

林伯渠给陈彩夫先生的纸质信件

现代（1952 年）。1986 年 3 月在纪念林伯渠诞辰 100 周年暨林伯渠故居落成时由陈克琅捐赠。

信件为纸质，长 30 厘米，宽 21 厘米。淡黄色，宣纸书写，保存基本完好，无信封。是 1952 年林伯渠写给陈彩夫先生的信，其内容是交谈工作与生活之事。该信件于 2000 年 12 月经湖南省文物鉴定委员会专家鉴定二级文物，现由林伯渠故居收藏。

江泽民签名纸质簿

当代（1995 年）。1995 年 3 月 24 日江泽民来常德市桃源县桃花源参观后的亲笔签名。

签名簿为纸质，长 34.5 厘米，宽 24.5 厘米。呈黑、白色，保存完好。字体为行书，内容为“江泽民”，落款为：一九九五年三月二十四日于常德桃源县桃花源，共 22 字。该签名簿于 2009 年 7 月经湖南省文物鉴定委员会专家鉴定为二级文物，现由桃花源风景名胜管理处收藏。

第三节　国有馆（库）藏部分三级文物

全市国有馆（库）藏三级文物数量较多，共有 1451 件。由于受志书篇幅的限制，仅摘录如下有代表性的器物。

陶壶

战国时期。1986 年 9 月在汉寿县株木山乡全赋村砖厂发掘出土。

陶质，通高 28.5 厘米，口径 9.5 厘米。黑灰色，无光泽。圈足有一处残缺。属生活用品（盛储器）。此壶平盖有四个小纽，侈口，长颈，球形腹上一对称小耳。圈足微外撇，整体饰黑衣有剥落。该器物于 2009 年 6 月经湖南省文物鉴定委员会专家鉴定为三级文物，现由汉寿县文物管理所收藏。

铜剑

战国时期。1984 年 11 月在原常德地区常德县丹洲乡石灰砖厂出土并征集。

铜质，通长 48 厘米，中宽 4 厘米。呈黑色，有光泽。锈蚀，前锋弯。属古代兵器。此铜剑中脊隆起，腊较长，格呈凹形，圆茎，上有两道箍，茎首圆形。该器物于 2002 年 12 月经湖南省文物鉴定委员会专家鉴定为三级文物，现由常德博物馆收藏。

云纹铜戈

战国时期。1984 年 9 月在桃源县青林乡黄楚村发掘出土。

铜质，援长 12.5 厘米，内长 7.5 厘米，胡长 10 厘米。呈褐色，无光泽。保存完好。属古代兵器。此铜戈直援略上扬，中脊起棱，胡三穿，长方形内，中铸长方形孔，外端镂空云纹。该器物于 1994 年 11 月经国家文物鉴定委员会专家鉴定为三级文物，现由桃源县文物管理所收藏，常德博物馆代为保管。

铜斧

战国时期。1998 年 3 月石门县夹山吴阳国捐赠。

铜质，通长 5 厘米，宽 5 厘米，厚 1.8 厘米。呈灰、绿色，无光泽。銎体下方 2.8 厘米处有穿孔。属生产工具（砍伐器）。此铜斧椭圆形銎，下为靴形弧刃，刃钝。通体无纹饰，銎部上方有一道箍，有锈绿。该器物于 2009 年 7 月经湖南省文物鉴定委员会专家鉴定为三级文物，现由石门县博物馆收藏。

青铜虎钮錞于

战国时期。1989 年 10 月在石门县雁池乡金盆村出土并征集。

铜质，通高 43 厘米，口径 17.5 厘米，腹径 26.3 厘米。呈绿色，暗无光泽。虎尾残，腹部有穿孔，有锈蚀。属古代军乐器。此錞于肩部隆起呈圆鼓状，器身中空，腹横截面呈椭圆形，顶端椭圆形侈口平盆。平盆外圈均铸凸弦纹一道，中立虎钮，虎之躯体低矮瘦长，头顶平伸，双耳贴头，眉目清晰，口微张未镂空，腰微垂，尾残。平盆中间镶嵌绿色石片十处，其中九片嵌在虎的右侧。该器物于 1994 年 11 月经国家文物鉴定委员会专家鉴定为三级文物，现由石门县博物馆收藏。

伞骨铜构件

战国时期。1989 年 11 月在津市市新洲镇邵家嘴发掘出土。

铜质，通高 2.6 厘米，口径 4 厘米。呈铜绿色，无光泽。保存完好。属其他用品（伞构件）。此构件盖弓帽呈圆筒形，上端略粗，下端略细，内空。伞盖弓可插，侧面有一钩和穿。另有圆形铜箍一个，箍外表中间有凸棱一周，应为套在伞柄的顶端之用。该器物于 1993 年 12 月经湖南省文物鉴定委员会专家鉴定为三级文物，现由澧县博物馆收藏。

云纹玉璧

战国时期。1982 年 7 月在原常德市七一机械厂发掘出土。

玉质，直径 13.2 厘米，好径 4 厘米。呈青灰色，有光泽。残缺两处，裂纹七道。属丧葬用品（避邪）。此玉璧呈圆形，色青灰，内上近边沿有两道弦纹，全施云纹。该器物因残损于 1990 年 9 月经湖南省文物鉴定委员会专家鉴定为三级文物，现由常德博物馆收藏。

云纹玉环

战国时期。1983 年 6 月在临澧县民间征集。

玉质，直径 9 厘米，好径 4.7 厘米。呈青灰色，有光泽。边沿有缺口数处。属丧葬用品（避邪）。此玉环两面阳饰相同的一圈凸弦纹，肉上有浮雕的蝌蚪纹。该器物因残损于 1993 年 12 月经湖南省文物鉴定委员会专家鉴定为三级文物，现由常德博物馆收藏。

绿釉陶井

东汉。1977 年 9 月在常德地区常德市东江乡发掘出土。

陶质，通高 40.5 厘米，台宽 25 厘米。呈绿色，有光泽。残散架。属丧葬用品（冥器）。此陶井圆形，直腹，平底，口沿有方形井台，台上中央有一井架呈井字形，井架两边均有鋬，似“几”形，沿上呈“门”形架，中有半圆形小门。该器物于 2002 年 12 月经湖南省文物鉴定委员会专家鉴定为三级文物，现由常德博物馆收藏。

绿釉陶井

陶仓

东汉。1977 年 9 月在常德地区常德市东江乡发掘出土。

陶质，通高 14 厘米，直径 13 厘米。呈土黄色，暗无光泽。残黏合。属丧葬用品（冥器）。此陶仓圆形，弧形顶，直腹，上稍大。仓中间有一方形门。平底，空心。该器物于 2002 年 12 月经湖南省文物鉴定委员会专家鉴定为三级文物，现由常德博物馆收藏。

滑石兽面铺首

东汉。1977 年 10 月在原常德地区常德县南坪乡发掘出土。

滑石质，通高 24.3 厘米，宽 21 厘米。呈土黄色，无光泽。残黏合。属丧葬用品（冥器）。此物浮雕，眼大，鼻大，直鼻梁，面部丰满。两只耳呈月牙形附于脸旁，嘴大，外露一颗大獠牙，长约 3.5 厘米。宽额，眉上卷。上饰卷云纹两行，中心另有“凸”纹饰。该器物于 1993 年 12 月经湖南省文物鉴定委员会专家鉴定为三级文物，现由常德博物馆收藏。

东汉滑石兽面铺首

陶狗

东汉。1977年10月在原常德地区常德县南坪乡发掘出土。

陶质，通长23厘米，通高17厘米。呈土、绿色，无光泽。釉脱落。属丧葬用品（冥器）。此陶狗昂首，瞪眼，目视前方。嘴圆形前伸，前平，可见上下牙。双耳上竖，四腿直立后倾，尾上卷，似准备起跑状。全身施绿釉。该器物脱落于1993年12月经湖南省文物鉴定委员会专家鉴定为三级文物，现由常德博物馆收藏。

陶猫

东汉。1977年10月在原常德地区常德县南坪乡发掘出土。

陶质，通高29厘米，通长27厘米。呈红、绿色，暗淡无光。下额残缺，身残黏合。属丧葬用品（冥器）。此陶猫呈卧姿，抬头，长颈，面向前，双耳直立向上，嘴呈三角形，嘴上有刻划的胡须，猫尾下垂。器施绿釉，器中空。该器物于1993年12月经湖南省文物鉴定委员会专家鉴定为三级文物，现由常德博物馆收藏。

东汉四柱水阁陶楼

四柱水阁陶楼

东汉。1977年10月在原常德地区常德县南坪乡发掘出土。

陶质，通高32.5厘米，通长29厘米，宽15厘米。呈土黄色，暗淡无光。残修复，柱断。属丧葬用品（冥器）。此陶楼左右壁，后壁无窗。前面有对称的两房，单门高5厘米，宽3厘米。屋脊落在四柱上，楼台似桥呈弧形中高两头低。下空，有五级台阶，格围栏。屋尖有平行的瓦楞，可与陶屋分开。该器物于1993年12月经湖南省文物鉴定委员会专家鉴定为三级文物，现由常德博物馆收藏。

博山炉座

东汉。1977年10月在原常德地区常德县南坪乡发掘出土。

陶质，通高10厘米，口径7厘米。呈灰色，暗淡无光。残半截。属其他用品（底座）。此陶炉座子母口稍内敛，浅腹，束腰。底为盘状，外沿翘，盘内凹，底外中空。该器物于2002年12月经湖南省文物鉴定委员会专家鉴定为三级文物，现由常德博物馆收藏。

铜弩机

东汉。1977年10月在原常德地区常德市东江乡发掘出土。

铜质，通长17.5厘米，宽6厘米，通高11厘米。呈铜绿色，无光泽。保存完好。属古代兵器。此铜弩机整体由牙、望山、悬刀组成，近似枪扳机。1993年12月经湖南省文物鉴定委员会专家鉴定为三级文物，现由常德博物馆收藏。

玉蝉

东汉。1977 年 10 月在原常德地区常德市东江乡发掘出土。

玉质，通长 6.5 厘米，宽 3 厘米。呈淡绿、灰色，光洁润泽。保存完好。属丧葬用品(冥器)。此玉蝉翅收拢，以两条方向相反的弧形凸弦纹饰其双翅上，尾部呈“W”形，以示翅尖。背部刻七道并列勾纹，头部纹饰与真蝉相仿。体呈淡绿色，有点发灰。该器物于 1993 年 12 月经湖南省文物鉴定委员会专家鉴定为三级文物，现由常德博物馆收藏。

云纹玉璏

汉代。1977 年 10 月在原常德地区常德市东江乡发掘出土。

玉质，通长 6.5 厘米，宽 2.3 厘米。呈青灰色，有光泽。表面有一小块缺口。属佩饰品。此物整体呈扁长方形，两端均下卷，呈圆弧形。底部有一个扁长方形孔。耳面广施云气纹。该器物于 1993 年 12 月经湖南省文物鉴定委员会专家鉴定为三级文物，现由常德博物馆收藏。

东晋湘阴窑釉下褐彩四系盖罐

湘阴窑釉下褐彩四系盖罐

东晋。1984 年 3 月在津市市机电学校基建工地发掘出土。

瓷质，通高 10.9 厘米，口径 8.8 厘米，腹径 14.3 厘米。呈黄色，光洁润泽。已残破。属生活用品（盛储器）。此罐青黄色釉，子母口浅盖，盖顶有小平面，上面有一桥形钮。罐为矮颈圆肩，弧腹，平底。肩有对称四系，系及盖残，盖面釉下点褐彩。该器物于 2009 年 7 月经湖南省文物鉴定委员会专家鉴定为三级文物，现由津市市博物馆收藏。

铜瓶

西晋。1991 年 4 月在安乡县黄山头镇南禅湾刘弘墓发掘出土。

铜质，通高 6 厘米，体径 4.5 厘米。呈铜绿色，无光泽。严重锈蚀。属古代宗教礼仪用品。此铜瓶瓶顶呈菊花状，圆柱形，短颈，长圆身，平底，无纹饰。该器物于 1994 年 11 月经国家文物鉴定委员会专家鉴定为三级文物，现由安乡县文物管理所收藏，常德博物馆代为保管。

贴金钢匕首

西晋。1991 年 4 月在安乡县黄山头镇南禅湾刘弘墓发掘出土。

钢质，残长 22 厘米，锋长 18 厘米。呈铁黄色，有光泽。已残断成两截，并严重锈蚀。属古代兵器。此匕首锋刃与鞘锈结，鞘为夹纻贴金，格已残柄。近格处平贴凸形金片。格长 2 厘米，宽 4 厘米，凸部长 1 厘米，宽 0.3 厘米，金片为一龙一虎。该器物于 1994 年 11 月经国家文物鉴定委员会专家鉴定为三级文物，现由安乡县文物管理所收藏，常德博物馆代为保管。

青瓷唾盂

西晋。1991 年 4 月在安乡县黄山头镇南禅湾刘弘墓发掘出土。

瓷质，通高 11 厘米，直径 7.8 厘米。呈青黄色，光洁润泽。局部残缺。属其他用品（痰盂）。此物盘口，圆唇，束颈，鼓腹下收，平底。该器物于 2002 年 12 月经湖南省文物鉴定委员会专家鉴定为三级文物，现由安乡县文物管理所收藏。

青瓷回纹盘

西晋。1991 年 4 月在安乡县黄山头镇南禅湾刘弘墓发掘出土。

瓷质，通高 4.8 厘米，口径 4.4 厘米，底径 3.1 厘米。呈青黄色，光洁润泽。己残成数块，未黏合。属生活用品（餐具）。此瓷盘青黄釉不及底，口沿尖唇，外壁直，形成折纹。盘壁微弧，盘内近底有两道凹纹。盘内底釉下模印两圈曲折回纹带，镶篦纹边。纹带间有两道凹弦纹。平底假圈足，足高 0.4 厘米均残，部分釉脱。该器物于 1994 年 11 月经国家文物鉴定委员会专家鉴定为三级文物，现由安乡县文物管理所收藏，常德博物馆代为保管。

金发网

南朝。1991 年 4 月在津市市窑坡渡乡明道村砖厂发掘出土。

金质，通高 1.3 厘米，底径 1.2 厘米。金黄色，光洁润泽。严重残缺。属佩饰品（头饰）。此发饰呈网状，顶部錾刻菊花纹，整器满嵌金珠粒，十分华丽。2002 年 12 月经湖南省文物鉴定委员会专家鉴定为三级文物，现由津市市博物馆收藏。

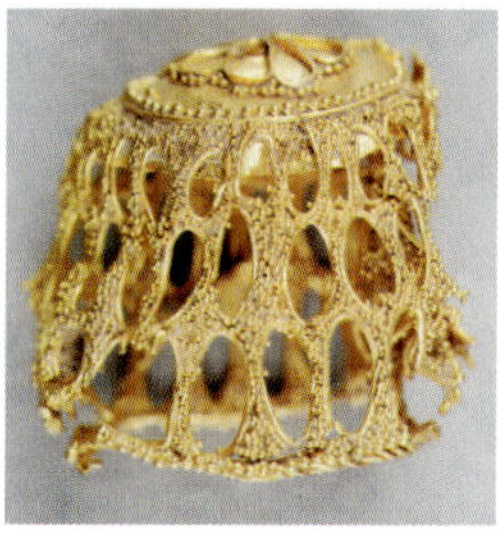

金发网

菱边纹花鸟铜镜

唐代。1983 年 4 月在原常德地区常德市东郊乡征集。

铜质，直径 9.5 厘米。呈黑色，有光泽。边沿处有小缺口。属生活用品（照面）。此铜镜镜面光亮，可见人影。镜背小弓形钮，无座，四颗花草相间一对飞雀和小鸟。边沿上有飞蝶和小花，边呈八菱形。该器物于 1993 年 12 月经湖南省文物鉴定委员会专家鉴定为三级文物，现由常德博物馆收藏。

八卦生肖图铜镜

唐代。1983 年 4 月在原常德市三湘酒厂征集。

铜质，直径 15 厘米。呈黑褐色，有光泽。有锈蚀。属生活用品（照面）。此铜镜圆形，半球形钮，荷叶座，座外为阳饰八卦生肖图。外区奔马与云纹相间，镜面平滑，葵沿。该器物于 1993 年 12 月经湖南省文物鉴定委员会专家鉴定为三级文物，现由常德博物馆收藏。

瑞兽葡萄纹铜镜

唐代。1982 年 2 月原常德市协运工程局上交。

铜质，直径 14.6 厘米，沿厚 1.4 厘米。呈黑色，有光泽。边沿和镜面有锈蚀起泡，沿缺两处。属生活用品（照面）。此铜镜镜面光滑，可见人影。背面兽钮，无座。内区为浮雕六海马葡萄纹；外区为浮雕十二鸟纹。边沿厚向上卷并有云纹。该器物于 1993 年 12 月经湖南省文物鉴定委员会专家鉴定为三级文物，现由常德博物馆收藏。

双鱼纹青瓷壶

唐代。1983 年 10 月由原湖南省书法家协会副主席李立捐赠给桃源县桃花源文物管理所。

瓷质，通高 19 厘米，口径 6.5 厘米，底径 10 厘米。呈褐色，有光泽。口沿残破。属生活用品（盛酒器）。壶侈口，长颈，鼓腹斜收，平底。腹作瓜菱形。流下堆塑双鱼纹，器身施褐色釉，底无釉，为长沙窑瓷器之佳品。该器物因残破于 1994 年 12 月经国家文物鉴定委员会专家鉴定为三级文物，现由桃源县文物管理所收藏。

“出门税”银锭

宋代。1984 年 1 月在原常德市三湘酒厂发掘基建工地发掘出土。

银质，通长 4.2 厘米，厚 1 厘米。呈银灰色，无光泽。保存完好。属古代货币。此银锭呈不规则形状，一端窄，一端宽，面平滑，錾有楷书“出门税”三字，底部布满蜂窝。该器物于 2002 年 12 月经湖南省文物鉴定委员会专家鉴定为三级文物，现由常德博物馆收藏。

青瓷瓜楞罐

宋代。2001 年 8 月在鼎城区灌溪乡黄土山发掘出土。

瓷质，通高 12 厘米，口径 8.8 厘米。足径 7.5 厘米。呈黄、红褐色，暗淡无光。保存基本完好，釉脱严重。属生活用品（盛储器）。此瓷罐卷唇，短束颈，溜肩，鼓腹，矮足，平底微内凹。颈至上腹施黄釉。颈、肩部各饰凹弦纹一周，上腹部为瓜楞纹。下腹至底露红褐色胎。该器物于 2002 年 12 月经湖南省文物鉴定委员会专家鉴定为三级文物，现由常德博物馆收藏。

大德元年铜权

元代。1989 年 4 月在常德市武陵区甘露寺收购。

铜质，通高 7.5 厘米。呈褐绿色。锈蚀严重。属其他用品（衡器件）。此铜权方形钮，圆形孔，鼓腹下收，上阴刻有铭文“大德元年”。腹上部有两圈凹弦纹。底座圆锥台，有三道弦纹。该器物于 1993 年 12 月经湖南省文物鉴定委员会专家鉴定为三级文物，现由常德博物馆收藏。

龙泉窑高足瓷碗

元代。1992 年 12 月在武陵区南坪乡出土并征集。

瓷质，通高 10.7 厘米，口径 11.8 厘米。呈黄青色，光洁润泽。保存完好。属生活用品（餐具）。此瓷碗敞口，束颈，圆腹下内收有折棱，高足呈竹节状。中部饰凸弦纹一周。足下部及底部露胎，中空，呈圆链形。该器物于 1994 年 4 月经国家文物鉴定委员会专家鉴定为三级文物，现由常德博物馆收藏。

三彩人物纹陶仓

元代。1987 年 5 月在澧县盐井发掘出土。

陶质，通高 23 厘米。呈红、黑、灰色，有土状光泽。釉脱，右后角有裂纹。属丧葬用器（冥器）。此陶仓黄绿彩，仓顶分三层，每层脊隔为四面，呈瓦楞状，脊上有四角。器身为四方形，正面最上开一小窗，窗左右两侧及下方为堆塑人物纹。背面绘有不清晰图案，两侧堆塑花草纹。六宽扁形状足，上绘有曲线纹。该器物于 1993 年 12 月经湖南省文物鉴定委员会专家鉴定为三级文物，现由澧县博物馆收藏，常德博物馆代为保管。

人物三彩陶仓

龙泉窑瓷碗

元代。2006 年 11 月在常德市城区水榭花城北城房产开发工地出土并征集。

瓷质，通高 6.4 厘米，口径 16.1 厘米，足径 5.5 厘米。呈豆青色，光洁润泽。口沿缺一处，腹上部一裂纹，碗内一圈疤痕。属生活用品（餐具）。此碗侈口，深腹，矮圈足。通体施豆青釉但不及底。碗内底正中印有海棠花一朵。该器物于 2009 年 6 月经湖南省文物鉴定委员会专家鉴定为三级文物，现由常德博物馆收藏。

“枢府”釉缠枝花折腹瓷碗

元代。2006 年 11 月在常德市城区水榭花城北城房产开发工地出土并征集。

瓷质，通高 4.5 厘米，口径 12.2 厘米，足径 4.8 厘米。呈卵白色，光洁润泽。腹部、底部残缺多处，已修复。属生活用品（餐具）。此碗侈口，折腹，矮圈足。通体施卵白釉。碗内壁下部“枢府”二字相对应，且下部及碗底饰缠枝花纹。该器物于 2009 年 6 月经湖南省文物鉴定委员会专家鉴定为三级文物，现由常德博物馆收藏。

“枢府”釉缠枝花折腹瓷碗

龙泉窑海棠花折腹瓷碗

元代。2006 年 11 月在常德市城区水榭花城北城房产开发工地出土并征集。

瓷质，通高 4.7 厘米，口径 13.3 厘米，足径 6.6 厘米。呈豆青色，光洁润泽。口沿两处残缺，腹部有一条裂纹。属生活用品（餐具）。此碗敞圆口，沿微向外，深腹，矮圈足。圈足宽大，中有一小凸乳丁。碗内外施豆青釉，内有一朵海棠花，足内无釉。该器物于2009年6月经湖南省文物鉴定委员会专家鉴定为三级文物，现由常德博物馆收藏。

龙泉窑双鱼梅子青瓷盘

元代。2006年11月在常德市城区水榭花城北城房产开发工地出土并征集。

瓷质，通高5.6厘米，口径20.2厘米，足径9.8厘米。呈梅子青色，光洁润泽。全器残黏合。属生活用品（餐具）。此盘敞口宽边，浅腹，圈足宽大。盘内底有模印的首尾相连的双鱼。内腹一周水草纹。全器施梅子青釉。圈足底心也施釉一周，外露灰白胎火石红。该器物于2009年6月经湖南省文物鉴定委员会专家鉴定为三级文物，现由常德博物馆收藏。

镂空双龙纹金头饰

元代。1980年5月在临澧县新合乡龙岗村出土后征集。

金质，通长19厘米。金黄色，有光泽。已残断为三截。属佩饰品（头饰）。此物镂空双龙，昂首夺珠。龙周围饰流云，两端呈三角形。该头饰于2002年12月经湖南省文物鉴定委员会专家鉴定为三级文物，现由常德博物馆收藏。

掐丝镂空花果纹金插

元代。1980年5月在临澧县新合乡龙岗村出土后征集。

金质，通长8.2厘米。金黄色，有光泽。失缺花果形松石13个。属佩饰品（头饰）。此金插呈蝴蝶形，插头掐丝镂空花果纹，左边为果，右边为花，下部圆茎较粗。该器物于1993年12月经湖南省文物鉴定委员会专家鉴定为三级文物，现由常德博物馆收藏。

连珠双龙纹银手镯

元代。1980年5月在临澧县新合乡龙岗村出土后征集。

银质，直径7.3厘米。银灰色，有光泽。保存完好。属佩饰品（手饰）。此手镯龙首相对，长2.2厘米，嘴张开，可见龙舌，由23个银珠组成，手镯为实心。该器物于1993年12月经湖南省文物鉴定委员会专家鉴定为三级文物，现由常德博物馆收藏。

鼓腹圈足银杯

元代。1980年5月在临澧县新合乡龙岗村出土后征集。

银质，通高6厘米，口径9厘米，足径3.3厘米。银灰色，无光泽。保存完好。属生活用品（酒具）。此银杯圆口，口沿厚，鼓腹，小圈足，整体素面。该器物于1993年12月经湖南省文物鉴定委员会专家鉴定为三级文物，现由常德博物馆收藏。

石雕人物像

明代。2007年在汉寿县西竺山乡乡政府院内征集。

花岗岩质地，通高2米，宽0.65米。呈灰色，无光泽。保存完好。属丧葬用品（祭祀品）。此人物像为文臣像，头戴高冠，大脸，身着宽袖大袍，衣纹清晰。须作三绺，手持笏，闭目养神，表露出一副与世无争的神态。该器物于2009年6月经湖南省文物鉴定委员会专家鉴定为三级文物，现由汉寿县文物管理所收藏。

石雕人物像

石雕虎

明代。2007年在汉寿县西竺山乡乡政府院内征集。

石质，通高86厘米，长90厘米。呈灰色，无光泽。保存完好。属丧葬用品（祭祀品）。此石虎造型为蹲坐在长方形石座上，两眼圆睁，前肢直伸，后肢下坐。雕刻精细，形象逼真。该器物于2009年6月经湖南省文物鉴定委员会专家鉴定为三级文物，现由汉寿县文物管理所收藏。

村姑瓷塑

明代。1982年4月在津市市后湖发掘出土。

瓷质，通高20厘米，座高1.1厘米。呈青蓝色，光洁润泽。头部断裂，花篮残破。属丧葬用品（冥器）。此瓷塑造型为一勤劳善良农家少妇形象，面目清丽，嫣然含笑，身段苗条匀称，头略左偏，戴耳坠，挽高髻，右手叉腰。左肩挎一篮，一脚前超作行走状。上身穿兰彩阔袖长衫，袖口卷起一匝。下着白彩齐足面折长裙，腰系粉青彩围裙。手脸、发髻、袖口均白彩，花篮为蓝白相间。底座露胎。该器物于1993年12月经湖南省文物鉴定委员会专家鉴定为三级文物，现由津市市博物馆收藏。

琉璃人物三彩瓷瓶

明代。1984年10月在澧县太青山双堰4队发掘出土。

瓷质，通高22.2厘米，口径8.8厘米，腹径16厘米，底径9.2厘米。三彩，光洁润泽。保存完好。属艺术品（陈设品）。此瓷瓶敞口，平唇，矮颈。唇口沿饰绿色琉璃，颈部饰黑色琉璃。斜肩，鼓腹，斜壁内收，六道褐色直弦纹将器身分为六部分，其身正面浮雕两人物相对而立。背面浮雕一人物立于祥云之中。所有人物外饰一周莲瓣锐光。器身饰简单缠枝纹，六瓣莲花纹底座。平底。该器物于2002年12月经湖南省文物鉴定委员会专家鉴定为三级文物，现由澧县博物馆收藏。

明代琉璃人物三彩瓷瓶

“西安王”铜马铃

清代。1984年3月在石门县夹山大兴村发掘出土。

铜质，通高3.2厘米，宽2.5厘米，厚2.1厘米。呈黄、黑色，有光泽。保存完好。属佩饰品（马饰）。此铜铃椭圆形微扁，桥形钮，下端开口，正中有弦纹两道，上有“西安”二字，下有“王”字铭文及云纹。该器物于1994年11月经国家文物鉴定委员会专家鉴定，认为此物与李自成禅隐夹山有关，定为三级文物，现由石门县博物馆收藏。

“奉天玉诏”铜牌

清代。1994年2月石门县太平街乡寒水村出土并由刘凡军捐赠。

铜质，长4.5厘米，宽1.3厘米，厚0.25厘米。呈黄色，有光泽。保存完好。属古代令符。此铜牌长条状，上端弧形，有象征性不穿圆孔，正面铸“奉天玉诏”楷书阳文。该器物于1996年11月经国家文物鉴定委员会专家鉴定，认为此物对研究李自成归隐石门夹山有重要价值。定为三级文物，现由石门县博物馆收藏。

粉彩人物六方瓶

清代。1987年由临澧县文化馆征集后移交。

瓷质，通高58厘米，口径19.1厘米，底径19厘米，足高4.5厘米。呈红、黄、蓝色，光洁润泽。保存完好。属艺术品（陈设品）。此瓶折沿，圆唇，束颈。颈部有两个绿色狮耳，广肩，折腹下微敛。向外折圈足并内平，露胎。整个器物呈六方形，内外施白釉，通体饰五彩寿星人物松树图，底有款识“宏寿”。该器物于2002年12月经湖南省文物鉴定委员会专家鉴定为三级文物，现由临澧县博物馆收藏。

青花双龙五孔蒜头瓷瓶

清代。1987年由临澧县文化馆征集后移交。

瓷质，通高25厘米，口径2.8厘米，底径11.5厘米。呈白、青色，光洁润泽。口沿有损痕。属艺术品（陈设品）。此瓶八瓣蒜头，长圆柱，五孔圆腹。头颈部饰青花草叶纹，腹部五孔饰青花双龙菊花图，底部有款识“乾隆年制”。该器物于2009年7月经湖南省文物鉴定委员会专家鉴定为三级文物，现由临澧县博物馆收藏。

铜佛像

清代。1984年11月在原常德地区常德县南坪乡征集。

铜质，通高23厘米，背宽9厘米。呈褐色，有光泽。金皮脱落，有锈斑。属宗教礼仪用品。此佛像为武神恶像，怒目而视。直立，头戴官帽，挺胸，武士装。右手弯曲于胸前，左手握拳下垂，脚穿长统靴。表面描金，脱落。该器物于1993年12月经湖南省文物鉴定委员会专家鉴定为三级文物，现由常德博物馆收藏。

铁炮

清代。1986年8月在汉寿县城关镇酒油厂基建工地出土后移交。

铁质，通长155厘米，口径8厘米。呈黑灰色，暗无光泽。保存完好。属清代武器。此铁炮呈圆形，炮口略呈喇叭状，后座粗实，有一导火索孔。炮中部两侧各伸出一支承架，尾部有一提手，用于调节炮的角度与方位。炮身铸有英文“TsuV”和类似商标的图案。该器物于 1993 年 11 月经湖南省文物鉴定委员会专家鉴定为三级文物，现由汉寿县文物管理所收藏。

青花釉里红蟠螭双耳侈口瓷瓶

清代。1987 年由临澧县文化馆收购后移交。

瓷质，通高 66 厘米，口径 19 厘米，底径 17.2 厘米。呈白、蓝、红色，光洁润泽。口残两处，蟠螭耳损坏一只。属艺术品（陈设品）。此瓶口微侈，平唇，直颈。颈部有一对蟠螭双耳，广肩，深腹，折底，露胎。侈口处至颈部饰一串珠莲花，耳中部饰一圈蓝色回形纹，颈部饰一圈缠枝莲花纹，肩部饰八朵兰花纹。整个腹部饰釉里红荷花白鹤图，内施白釉，矮圈足上饰一圈蓝色回形纹。该器物于 2002 年 12 月经湖南省文物鉴定委员会专家鉴定为三级文物，现由临澧县博物馆收藏。

透雕龙纹玉盖

清代。1986 年 10 月由常德市公安局收缴后移交。

玉质，通高 12.4 厘米，最宽处 2.4 厘米、最窄处 1.3 厘米。呈淡青色，光洁润泽。保存完好。属生活用品（碗盖）。此玉盖为子母口，盖顶有一平台，上有一条透雕正面盘龙，呈立体雕塑。龙发有多提，龙须长，尾有修饰，四足四趾，典型清代风格。该器物于 2002 年 12 月经湖南省文物鉴定委员会专家鉴定为三级文物，现由常德博物馆收藏。

龙纹玉带钩

清代。1986 年 10 月由常德市公安局收缴后移交。

玉质，通长 12.4 厘米，宽 2.6 厘米。呈淡青色，光洁润泽。保存完好。属佩饰品（皮带扣）。此带钩龙回首，嘴张开，浓眉凸眼。镂空长龙伏卧带钩之上。该器物于 2002 年 12 月经湖南省文物鉴定委员会专家鉴定为三级文物，现由常德博物馆收藏。

刻花硬玉璧

清代。2000 年 8 月在桃源县木塘垸乡杉木村出土并征集。

玉质，直径 5.5 厘米，好径 0.7 厘米，厚 0.7 厘米。呈青白色，光洁润泽。保存完好。属佩饰品。此玉璧呈圆形，圆穿，窄廓，肉两面各刻划菊花一株、蜜蜂一只。该器物于 2002 年 12 月经湖南省文物鉴定委员会专家鉴定为三级文物，现由桃源县文物管理所收藏。

镂空人物青玉牌

清代。1983 年 3 月由澧县文化馆移交。

玉质，直径 7.8 厘米，厚 0.4 厘米。呈青色，光洁润泽。保存完好。属佩饰品。此玉牌造型呈圆形，牌中央饰一男一女相互对视，女像一侧饰一蝙蝠纹。余空闲处饰以云纹和缠枝花纹。该器物于 2002 年 12 月经湖南省文物鉴定委员会专家鉴定为三级文物，现由澧县博物馆收藏，常德博物馆代为保管。

玉砚

清代。1985 年 8 月在津市市城区寄卖商店收购。

玉质，通长 8.8 厘米，宽 5.5 厘米，厚 1.4 厘米。呈青色，光洁润泽。保存完好。属其他用品（文房四宝之一）。此玉砚呈长方形，上端浮雕，抽象双龙纹。造型大方，做工精美。2002 年 12 月经湖南省文物鉴定委员会专家鉴定为三级文物，现由津市市博物馆收藏。

苔纹玛垴雕花瓶

清代。1990 年 4 月在常德市调剂商店征集。

玛垴质，通高 7.8 厘米，口径 3 厘米，底径 3 厘米。呈灰褐、黑色，有光泽。内底、器上有裂纹。属生活用品（盛储器）。此瓶扁圆形，瓶上全部呈苔纹灰褐色花纹并点缀一些带黑色的斑点。器的另一面有雕刻大叶片花纹从口沿延伸到瓶下部。该器物于 2002 年 12 月经湖南省文物鉴定委员会专家鉴定为三级文物，现由常德博物馆收藏。

左宗棠行书七言对联

清代。1980 年 9 月在原常德市城区民间征集。

纸质，纵 192 厘米，横 41 厘米。呈黑、黄、金黄色，有光泽。残损多处。属书法作品。

此对联天头长 23 厘米，地头长 12 厘米，边宽 5 厘米。上联：五更晓色来书幌；下联：万里清风上海涛。落款为：左宗棠，两枚朱红印章，一枚边长 4.5 厘米，印文为阴刻篆体“青宫太保恪靖伯”七字；另一枚边长 4 厘米，阳刻篆文“大学士章”四字。该对联于 1993 年 12 月经湖南省文物鉴定委员会专家鉴定为三级文物，现由常德博物馆收藏。

清代左宗棠行书七言对联

嘉庆青花缠枝牡丹花纹瓷盘

清代。1982 年 3 月在原常德市城区民间收购。

瓷质，通高 8.5 厘米，口径 29 厘米，足径 15 厘米。呈白、蓝色，光洁润泽。口沿磨损，内底掉瓷多处。属生活用品（餐具，盛菜用）。此瓷盘大沿口外撇，深腹，矮圈足。白地下绘青花，内饰缠枝牡丹花纹，方格纹，沿亦为缠枝牡丹花纹。外腹饰草叶纹三朵，足边露胎。该器物于 2002 年 12 月经湖南省文物鉴定委员会专家鉴定为三级文物，现由常德博物馆收藏。

光绪九子瓷攒盘

清代。1983 年在原常德市城区民间收购。

瓷质，通高4.5厘米，口径37厘米，足径37厘米。呈白、红、绿色，光洁润泽。保存基本完好。属生活用品（盛储器）。此瓷盘一套9件，中间一四方盘，4件为半边菱花形，另4件为长窄形，整体拼合成不规则四边形。每件白地，绘新彩牡丹花，小鸟纹，且有“花鸟依人，花鸟新香，花鸟清香，八大山人”等黑字。圈足较矮，2件底款“光绪年制”，每件器内底刻“月虫”二字。该器物于2002年12月经湖南省文物鉴定委员会专家鉴定为三级文物，现由常德博物馆收藏。

象牙朝笏

清代。桃源县文化馆在民间征集，1992年12月移交给县文物管理所。

牙骨质，通长53.5厘米，宽5.6厘米。呈黄色，无光泽。保存完好。属其他用品（官用朝笏）。此物呈长条板状，两端上翘，侧视弧形。背素面无纹饰，正面楷书铭文“喜施信士胡名元为祖父正果虔以象笏一端於光绪卅四年正月施八龙兴古寺西丈光霞大禅师法座子孙永宝用供应十方”五十字。铭文内容涉及佛事活动，是研究宗教的实物资料，有较高历史价值。该器物于2002年12月经湖南省文物鉴定委员会专家鉴定为三级文物，现由桃源县文物管理所收藏。

醴陵窑五彩瓷罗汉

民国。1987年由临澧县文化馆收购后移交。

瓷质，通高23.6厘米。呈白、红、蓝色，光洁润泽。保存完好。属艺术品（陈设品）。瓷罗汉光头，面带微笑，身披绿色衣裳，袒胸露乳，右手持佛珠并放于右膝上。该器物于2009年7月经湖南省文物鉴定委员会专家鉴定为三级文物，现由临澧县博物馆收藏。

附：

其他国有馆（库）藏三级文物名录（以入藏登记时间为序）

常德博物馆（634件）

名　称	数量（件）	时　代	来　源
连珠龙首纹金手镯	2	元代	发掘出土
雕花嵌绿菘石金戒指	1	元代	发掘出土
凤形金簪	1	元代	发掘出土
朵花形金簪	4	元代	发掘出土
朵花形金钗	13	元代	发掘出土
连环金钗	1	元代	发掘出土
菊花纹金钗	2	元代	发掘出土
花果形金簪	2	元代	发掘出土
钮纹金钗	2	元代	发掘出土

镂空双龙纹金头饰	1	元代	发掘出土
花卉纹金簪	1	元代	发掘出土
凤形金簪	2	元代	发掘出土
拱形金钗	2	元代	发掘出土
花形金插	1	元代	发掘出土
掐丝镂空花果纹金插	1	元代	发掘出土
花果纹金插	1	元代	发掘出土
花形金插	1	元代	发掘出土
掐丝花形金插	1	元代	发掘出土
火焰纹金插	2	元代	发掘出土
凤凰形金头饰	1	元代	发掘出土
双珠纹金簪	2	元代	发掘出土
金耳环	1	清代	单位移交
“西方接引”金片	1	清代	单位移交
金条	1	宋代	发掘出土
莲花纹金耳环	1	宋代	发掘出土
水波纹金耳环	1	宋代	发掘出土
金耳环	1	宋代	发掘出土
鱼形金耳环	1	宋代	发掘出土
朵花形金簪	1	元代	单位移交
镂空四叶纹金发片	1	元代	单位移交
圆银饼	7	元代	发掘出土
银锭	2	元代	发掘出土
多圈银手镯	1	元代	发掘出土
连珠双龙纹银手镯	4	元代	发掘出土
连珠纹银手镯	1	元代	发掘出土
刻花银勺	8	元代	发掘出土
长柄银勺	1	元代	发掘出土
鼓腹圈足银杯	3	元代	发掘出土
莲弧纹银杯	1	元代	发掘出土
花形银杯	1	元代	发掘出土
鼓腹银杯	3	元代	发掘出土
镀银铜碟	1	元代	发掘出土
银筷子	2	元代	发掘出土

银钗	1	元代	发掘出土
套环银钗	1	元代	发掘出土
龙首银簪	1	元代	发掘出土
兽面银铺首	1	唐代	发掘出土
束腰银锭	1	宋代	发掘出土
“出门税”银锭	1	宋代	发掘出土
银锭	1	清代	发掘出土
“大足县”银锭	1	清代	发掘出土
“内江县”银锭	1	清代	发掘出土
“浏阳县”银锭	1	清代	发掘出土
“辰洲府”银锭	1	清代	发掘出土
“长沙县”银锭	1	清代	发掘出土
“平江县李源茂”银锭	1	清代	发掘出土
鎏金环形银钗	2	民国时期	发掘出土
鎏金镂雕银花饰	2	民国时期	发掘出土
“熊天成”银簪	1	民国时期	发掘出土
鎏金镂空银挖耳	1	民国时期	发掘出土
银挖耳	1	民国时期	发掘出土
“大日本明治三十八年”银元	1	清代	发掘出土
元符通宝	1	宋代	发掘出土
嵌银木雕杯	1	民国时期	单位移交
银勺	1	唐代	发掘出土
“老宝华”银钗	1	唐代	发掘出土
“老宝窖”银钗	1	唐代	发掘出土
“杨顺”银簪	1	清代	发掘出土
银锭	6	清代	发掘出土
“中孚”银锭	1	清代	发掘出土
玉蝉	1	东汉	发掘出土
云纹玉璲	1	东汉	发掘出土
八方玉柱	1	东汉	发掘出土
玉鼻塞	2	东汉	发掘出土
翠玉碗	1	清代	民间征集
透雕龙纹玉盖	1	清代	民间征集
龙纹玉带钩	1	清代	民间征集

三螭纹玉杯	1	清代	民间征集
云纹玉环	1	战国时期	民间征集
翠玉雕瓜果饰件	1	清代	民间征集
碧玉长命福贵锁	1	清代	民间征集
云纹玉璧	1	战国时期	发掘出土
苔纹玛瑙雕花瓶	1	清代	拣选收购
水晶饰件	2	东汉	发掘出土
料鼻塞	1	东汉	发掘出土
琥珀饰件	1	东汉	发掘出土
玛瑙管	1	东汉	发掘出土
黑底白环圈料珠	1	战国时期	发掘出土
象牙朝匾	1	清代	拣选收购
翠面金戒指	1	清代	民间征集
七珍珠戒面金戒指	1	清代	民间征集
瑞兽葡萄纹铜镜	3	唐代	发掘出土
仙人纹四方形铜镜	1	宋代	发掘出土
草叶纹铜镜	1	宋代	发掘出土
状元及第铜镜	1	明代	发掘出土
四喜字铜镜	1	明代	发掘出土
仿汉“吕”字铜镜	1	宋代	发掘出土
双龙“君宜官”铭文铜镜	1	东汉	发掘出土
八卦生肖图铜镜	1	唐代	发掘出土
花鸟菱边纹铜镜	1	唐代	发掘出土
葵沿四神纹铜镜	1	唐代	发掘出土
菱花形人物故事纹铜镜	1	宋代	发掘出土
犀牛望月图铜镜	1	宋代	拣选收购
猛龙搅海纹铜镜	1	宋代	拣选收购
草叶纹铜镜	1	宋代	拣选收购
铭文铜镜	1	明代	拣选收购
菱形人物故事纹铜镜	1	宋代	拣选收购
三亭图铜镜	1	宋代	拣选收购
草叶纹铭文铜镜	1	宋代	拣选收购
龟鹤人物纹铜镜	1	宋代	拣选收购
龙凤纹银锭钮铜镜	1	宋代	拣选收购

神兽铭文铜镜	1	东汉	发掘出土
四喜铭文铜镜	1	明代	拣选收购
“余印虹记”铭文铜镜	1	明代	拣选收购
规矩乳丁纹铜镜	1	东晋	拣选收购
仿汉“宫小山造”铜镜	1	宋代	拣选收购
“赏得秦王”铭文铜镜	1	明代	拣选收购
菱形仙人纹铜镜	1	宋代	发掘出土
葵形湖州铭文铜镜	1	宋代	发掘出土
四神博局纹铜镜	1	新莽时期	发掘出土
双凤纹铜镜	1	宋代	发掘出土
葵沿铜镜	1	宋代	发掘出土
双剑纹铭文铜镜	1	明代	发掘出土
仿汉四乳神兽纹铜镜	1	宋代	发掘出土
连弧纹铜镜	1	东汉	发掘出土
双鱼龙纹四方铜镜	1	唐代	发掘出土
云锦地四叶鸟纹铜镜	1	战国时期	发掘出土
四山纹铜镜	1	战国时期	单位移交
连弧铭文铜镜	1	西汉	单位移交
“思念我君”铭文铜镜	1	元代	单位移交
福星高照人物纹铜镜	1	宋代	单位移交
铜弩机	1	东汉	发掘出土
铜矛镦	1	战国时期	发掘出土
铜戟	1	战国时期	发掘出土
双箍铜剑	1	战国时期	发掘出土
铜钺	1	战国时期	发掘出土
铜剑	1	战国时期	发掘出土
铜剑	2	战国时期	单位移交
双箍铜剑	4	战国时期	单位移交
铜斧	2	战国时期	单位移交
铜戈	1	战国时期	单位移交
蚁鼻铜钱	1	战国时期	单位移交
铜篦	1	元代	拣选收购
有鋬铜茶罐	1	元代	民间征集
“临乡右尉”铜印章	1	东汉	发掘出土

虎形铜带钩	1	东汉	发掘出土
虎形铜带钩	1	战国时期	发掘出土
“邓曾”铜私印	1	新莽时期	发掘出土
铜砝码	1	战国时期	发掘出土
铜佛像	1	清代	发掘出土
锡梳妆盒	1	宋代	民间征集
水波纹铜耳杯	1	战国时期	单位移交
铜耳杯	2	战国时期	单位移交
大德元年铜权	1	元代	拣选收购
至治元年铜权	1	元代	单位移交
铜砝码	1	战国时期	单位移交
龙形铜带钩	1	战国时期	单位移交
大德三年铜权	1	元代	发掘出土
绿釉陶井	1	东汉	发掘出土
陶仓	1	东汉	发掘出土
绿釉陶耳杯	1	东汉	发掘出土
双耳陶鼎	1	东汉	发掘出土
陶盘	1	东汉	发掘出土
陶小鸡	1	东汉	发掘出土
麻布纹陶罐	1	东汉	发掘出土
绿釉陶屋	1	东汉	发掘出土
陶盂	1	东汉	发掘出土
青瓷双耳罐	1	唐代	发掘出土
滑石兽面铺首	1	东汉	发掘出土
陶狗	2	东汉	发掘出土
方形陶盘	1	东汉	发掘出土
陶鐎壶	1	东汉	发掘出土
陶盂	1	东汉	发掘出土
陶豆	2	东汉	发掘出土
绿釉陶猫	2	东汉	发掘出土
绿釉四柱水阁陶楼	1	东汉	发掘出土
褐釉陶井	1	东汉	发掘出土
双耳陶鼎	2	东汉	发掘出土
陶厕所	1	东汉	发掘出土

陶盆	1	东汉	发掘出土
三层陶楼	1	东汉	发掘出土
陶博山炉座	1	东汉	发掘出土
双耳水波纹陶罐	1	东汉	发掘出土
黑陶屋	1	东汉	发掘出土
青瓷钵	1	东汉	发掘出土
水波纹陶罐	1	东汉	发掘出土
尖底陶瓶	1	东汉	发掘出土
绿釉陶鸽	1	东汉	发掘出土
水波纹兽足陶樽	1	东汉	发掘出土
陶灶	1	东汉	发掘出土
滑石蝉	1	东汉	发掘出土
陶罐	1	东汉	发掘出土
滑石博山炉	1	东汉	发掘出土
滑石勺	1	新莽时期	发掘出土
滑石圆壶	1	东汉	发掘出土
滑石圆壶	1	新莽时期	发掘出土
滑石案	1	东汉	发掘出土
滑石兽面方壶	1	东汉	发掘出土
滑石耳杯	1	新莽时期	发掘出土
滑石鐎壶	1	新莽时期	发掘出土
滑石碟	1	新莽时期	发掘出土
黑色三角形鸟兽纹石磬	1	清代	发掘出土
陶盂	1	东汉	发掘出土
双耳贴花陶罐	1	唐代	发掘出土
灰陶砚	1	唐代	发掘出土
滑石猪	1	唐代	发掘出土
滑石片	1	唐代	发掘出土
滑石檑药棒	1	唐代	发掘出土
墨晶器	1	宋代	发掘出土
陶碗	1	唐代	发掘出土
白瓷酒杯	1	唐代	发掘出土
长沙窑青釉绿彩水盂	1	唐代	发掘出土
长沙窑青釉双耳罐	1	唐代	发掘出土

长沙窑青瓷粉盒	1	唐代	发掘出土
长沙窑青釉贴花双耳瓷罐	1	唐代	发掘出土
长沙窑青瓷水盂	1	唐代	发掘出土
石盖模及残盖	1	唐代	发掘出土
青瓷碟	1	宋代	发掘出土
多角青釉陶罈	1	宋代	发掘出土
盘口陶壶	1	宋代	发掘出土
滑石砚	1	宋代	发掘出土
盘口青瓷壶	1	唐代	发掘出土
兽面褐斑青釉罐	1	唐代	发掘出土
四系橄榄瓶	1	元代	发掘出土
石锛	1	新石器时代	个人捐赠
石箭镞	1	唐代	发掘出土
长沙窑青瓷碗	2	唐代	发掘出土
青瓷双堆贴耳罐	1	唐代	发掘出土
滑石镜	1	西汉	发掘出土
滑石璧	1	西汉	单位移交
滑石砚	1	宋代	单位移交
滑石勺	2	东汉	单位移交
滑石方壶	1	东汉	单位移交
滑石井	1	东汉	单位移交
滑石方灯	1	东汉	单位移交
青瓷高足碗	4	元代	发掘出土
青瓷碟	1	元代	发掘出土
青花喜字瓷瓶	1	清代	拣选收购
青花荷叶鱼纹小瓷罈	1	清代	民间征集
青花龙凤纹瓷罈	1	清代	民间征集
童子瓷枕	1	民国时期	个人捐赠
青花瓷碗	2	明代	个人捐赠
七巧套式瓷攒盘	1	民国时期	个人捐赠
青花缠枝牡丹花纹瓷盘	1	清代	单位移交
双身宜心紫砂壶	1	清代	民间征集
铜印章	1	战国时期	发掘出土
鱼藻纹青瓷罈	1	元代	民间征集

四乳四虺纹铜镜	1	西汉	发掘出土
云锦地龙纹铜镜	1	战国时期	发掘出土
铜印章	1	战国时期	发掘出土
单钮铜矛	1	战国时期	发掘出土
铜天平	1	战国时期	发掘出土
铜戈鐏	1	战国时期	发掘出土
铜提梁卣	1	西汉	发掘出土
羽状纹地四山纹铜镜	1	战国时期	发掘出土
滑石镜	1	西汉	发掘出土
料鼻塞	1	东汉	发掘出土
玛瑙管	1	东汉	发掘出土
单钮铜矛	1	战国时期	民间征集
双鱼纹铜镜	1	元代	发掘出土
银锭	5	清代	发掘出土
“田县”银锭	1	清代	发掘出土
直立男木俑	2	战国时期	发掘出土
扁茎铜剑	1	战国时期	发掘出土
菱形人物纹铜镜	1	宋代	单位移交
带柄双凤纹铜镜	1	宋代	单位移交
黄釉方形印花瓷枕	1	宋代	发掘出土
云纹玉剑珥	1	东汉	发掘出土
蜻蜓眼琉璃珠	3	战国时期	发掘出土
连弧纹铜镜	1	秦	发掘出土
葵边双凤纹铜镜	1	唐代	发掘出土
羽状纹地八叶纹铜镜	1	战国时期	发掘出土
铁剑	1	战国时期	发掘出土
云纹铜戈钥	1	战国时期	发掘出土
圆圈纹套格铜剑	1	战国时期	发掘出土
鸟纹铜戈	1	战国时期	发掘出土
八叶四山纹铜镜	1	战国时期	发掘出土
青铜戈	1	战国时期	发掘出土
空首铜剑	1	战国时期	发掘出土
见日之光铭文铜镜	1	西汉	发掘出土
四乳四虺纹铜镜	1	东汉	发掘出土

铅饼	2	战国时期	发掘出土
壇钮铜印	1	战国时期	发掘出土
仿周双面铜印	1	西汉	发掘出土
龙泉窑高足瓷碗	2	元代	民间征集
黑陶鼓腹瓶	1	新石器时代	发掘出土
陶堆塑人物魂魄瓶	3	宋代	发掘出土
虎钮云纹滑石镜	1	西汉	发掘出土
云纹滑石镜	1	西汉	发掘出土
谷纹滑石璧	1	西汉	发掘出土
滑石杵臼	1	汉代	发掘出土
滑石耳杯	3	西汉	发掘出土
滑石方壶	1	西汉	发掘出土
“黄文”滑石印	1	西汉	发掘出土
左宗棠行书七言对联	1	清代	民间征集
沈翰四季山水屏	1	清代	单位移交
严元度墨龙屏	1	清代	单位移交
嵌玛瑙金簪	1	清代	民间征集
龙泉窑莲瓣纹瓷碗	1	明代	个人捐赠
葵沿双凤纹铜镜	1	宋代	发掘出土
花鸟纹铜镜	1	唐代	发掘出土
如意纹铭文铜镜	1	宋代	民间征集
菱形八卦纹铜镜	1	宋代	民间征集
连弧蝙蝠纹铜镜	1	东晋	发掘出土
铜戈	1	战国时期	发掘出土
四钮铜矛	1	战国时期	民间征集
素面铜镜	1	战国时期	发掘出土
铜带钩	2	战国时期	发掘出土
四山纹铜镜	1	战国时期	发掘出土
羽状纹地四叶纹铜镜	1	战国时期	发掘出土
铜璜形器	1	战国时期	发掘出土
铜剑	3	战国时期	发掘出土
铜矛镦	1	战国时期	发掘出土
铜戈蹲	1	战国时期	发掘出土
铜钺	1	战国时期	发掘出土

龙首铜带钩	1	战国时期	发掘出土
双箍铜剑	2	战国时期	发掘出土
空首铜剑	2	战国时期	发掘出土
扁茎铜剑	1	战国时期	发掘出土
短骹铜矛	3	战国时期	发掘出土
单系阔叶刃铜矛	1	战国时期	发掘出土
单系长骹铜矛	1	战国时期	发掘出土
铭文铜戈	1	战国时期	发掘出土
铜车饰	6	战国时期	发掘出土
铜弩机	1	战国时期	发掘出土
双箍铜剑	5	战国时期	发掘出土
空首铜剑	1	战国时期	发掘出土
宽内铜戈	1	战国时期	发掘出土
云纹玉璧	7	战国时期	发掘出土
琉璃管	2	战国时期	发掘出土
葫芦形金耳环	1	明代	发掘出土
束腰式玛瑙鼻塞	1	汉代	发掘出土
铜鼎	1	西汉	发掘出土
昭明铜镜	5	西汉	发掘出土
四乳四虺纹铜镜	3	西汉	发掘出土
见日之光铜镜	1	西汉	发掘出土
葵沿素面铜镜	1	宋代	发掘出土
葵沿铜镜	1	宋代	发掘出土
铜筷子	1	宋代	发掘出土
六方体玛瑙饰件	1	汉代	发掘出土
琥珀朝珠	1	清代	民间征集
紫罗兰球形玉珠	1	清代	民间征集
椭圆形翠玉牌	1	清代	民间征集
紫罗兰宝葫芦式玉坠子	1	清代	民间征集
亚字形小铜镜	1	宋代	发掘出土
双凤纹铜镜	1	宋代	发掘出土
双龙纹铜牌	1	民国时期	拣选收购
“敬上”铭文铜印章	1	战国时期	发掘出土
断柄二龙戏珠纹铜镜	1	宋代	民间征集

龙首玉梳	1	战国时期	民间征集
白玉簪	1	清代	民间征集
雍正早期青花瓷碗	1	清代	民间征集
雍正早期白瓷碗	1	清代	发掘出土
双耳变形鸟纹青瓷罐	1	西汉	发掘出土
青瓷盒	2	西汉	发掘出土
双耳变形鸟纹青瓷壶	3	西汉	发掘出土
双耳青瓷壶	1	西汉	发掘出土
双系盘口青瓷壶	1	西汉	发掘出土
青瓷耳杯	3	西汉	发掘出土
嘉庆十六年瓷墓志铭	1	清代	个人捐赠
豆青开片梅花纹瓷碗	1	元代	拣选收购
青瓷瓜楞罐	1	宋代	发掘出土
空首铜剑	1	战国时期	发掘出土
“常德路”铭文铜权	1	元代	民间征集
泥质灰陶勺	1	战国时期	单位移交
陶匜	1	战国时期	发掘出土
折腹镂孔高柄泥质灰陶豆	2	新石器时代	发掘出土
镂孔高柄圈足泥质灰陶盘口豆	1	新石器时代	发掘出土
泥质灰陶直腹瓶	1	新石器时代	发掘出土
泥质灰陶小鼎	1	新石器时代	发掘出土
泥质灰陶直腹瓶	1	新石器时代	发掘出土
泥质灰陶矮圈足豆	1	新石器时代	发掘出土
泥质黑陶高领壶	1	新石器时代	发掘出土
泥质灰陶壶	3	新石器时代	发掘出土
泥质灰陶镂孔圈足钵	1	新石器时代	发掘出土
泥质灰陶簋	1	新石器时代	发掘出土
泥质灰陶豆	1	新石器时代	发掘出土
泥质灰陶匜	1	战国时期	发掘出土
泥质灰陶勺	2	战国时期	发掘出土
泥质灰陶匜	1	战国时期	单位移交
泥质灰陶盘	1	战国时期	发掘出土
陶敦	1	战国时期	发掘出土
泥质灰陶长颈壶	1	战国时期	发掘出土

陶勺	2	战国时期	发掘出土
陶匕	1	战国时期	发掘出土
折沿陶盘	1	战国时期	发掘出土
葫芦形泥质灰陶勺	1	战国时期	单位移交
滑石耳杯	1	汉代	拣选收购
陶量器	1	三国时期	发掘出土
硬陶双耳罐	1	汉代	发掘出土
青瓷壶	1	汉代	发掘出土
绳纹圜底罐	1	战国时期	发掘出土
双系青瓷壶	1	汉代	发掘出土
网格纹陶罐	1	汉代	发掘出土
青瓷双耳壶	1	汉代	发掘出土
陶盖罐	1	战国时期	发掘出土
滑石方壶	1	汉代	发掘出土
滑石璧	2	汉代	发掘出土
滑石圆壶	1	汉代	发掘出土
陶匕	2	战国时期	发掘出土
陶匜	3	战国时期	发掘出土
陶勺	3	战国时期	发掘出土
双耳硬陶罐	1	汉代	发掘出土
泥质灰陶彩绘陶匕	1	战国时期	发掘出土
泥质灰陶灯	1	西汉	发掘出土
泥质灰陶匕	1	战国时期	发掘出土
彩绘陶匕	2	战国时期	发掘出土
彩绘陶豆	2	战国时期	发掘出土
陶勺	1	战国时期	发掘出土
彩绘陶匜	2	战国时期	发掘出土
陶匕	1	战国时期	发掘出土
滑石耳杯	6	汉代	发掘出土
滑石猪	2	汉代	发掘出土
滑石案几	1	汉代	发掘出土
滑石小扁壶	1	汉代	发掘出土
滑石灯	2	汉代	发掘出土
滑石圆壶	1	汉代	发掘出土

滑石璧	2	汉代	发掘出土
滑石小圆壶	1	汉代	发掘出土
陶壶	2	战国时期	发掘出土
彩绘陶盘	1	战国时期	发掘出土
彩绘陶壶	1	战国时期	发掘出土
彩绘陶敦	1	战国时期	发掘出土
彩绘陶鼎	1	战国时期	发掘出土
陶勺	1	战国时期	发掘出土
陶罐	1	战国时期	发掘出土
彩绘双系陶壶	1	战国时期	发掘出土
四系青瓷盘口壶	1	南朝	发掘出土
滑石带钩	3	汉代	发掘出土
滑石矛	1	汉代	发掘出土
滑石矛镦	1	汉代	发掘出土
滑石剑首	1	汉代	发掘出土
滑石剑鞘首、剑格、剑首	1	汉代	发掘出土
双耳青瓷壶	1	汉代	发掘出土
滑石镜	1	汉代	发掘出土
云纹滑石剑格	1	汉代	发掘出土
滑石环	2	汉代	发掘出土
石纺轮	1	汉代	发掘出土
湘阴窑青瓷碗	1	南朝	发掘出土
双系陶罐	2	宋代	发掘出土
青瓷双系罐	1	唐代	发掘出土
绿釉陶俑	1	东汉	发掘出土
绿釉陶罐	1	五代时期	发掘出土
人物魂魄罈	2	宋代	民间征集
多角魂魄罈	1	宋代	单位移交
人物魂魄罈	1	宋代	单位移交
双孔陶灶	1	东汉	发掘出土
红陶猪	1	唐代	发掘出土
红陶鸭	1	唐代	发掘出土
陶俑	1	汉代	发掘出土
陶俑	1	唐宋时期	发掘出土

陶衣箱	1	唐宋时期	发掘出土
陶火盆架	1	唐宋时期	发掘出土
陶盖罐	1	宋代	发掘出土
夹纻胎漆盒	1	战国时期	发掘出土
青石砖雕	1	清代	民间征集
铅饼	4	元代	发掘出土
三足铜盆	1	元代	发掘出土
玉璧底青瓷碟	1	唐代	发掘出土
玉璧底青瓷碗	2	唐代	发掘出土
龙泉窑青瓷碗	1	元代	发掘出土
龙泉窑瓷碗	1	元代	发掘出土
“枢府”釉折腹缠枝花瓷碗	1	元代	发掘出土
龙泉窑海棠花折腹瓷碗	1	元代	发掘出土
龙泉窑双鱼纹瓷盘	1	元代	发掘出土
异形青铜镖	3	战国时期	发掘出土
短铤三棱铜箭镞	5	战国时期	发掘出土
长铤三棱铜箭镞	2	战国时期	发掘出土
铜剑	1	战国时期	发掘出土
彩绘陶鼎	1	战国时期	发掘出土
青铜鸭带钩	2	战国时期	发掘出土
滑石盒	1	东汉	发掘出土
滑石盘	1	汉代	发掘出土
陶熏炉	1	西汉	发掘出土
金环	2	汉代	发掘出土
陶奁盒	1	汉代	发掘出土
立耳深腹大陶鼎	1	战国时期	发掘出土

澧县博物馆（424 件）

名　　称	数量（件）	时　代	来　源
红陶鬶	1	新石器时代	发掘出土
龙泉青瓷洗	1	元代	发掘出土
黑陶折腹壶	1	新石器时代	发掘出土
黑陶高足折腹壶	1	新石器时代	发掘出土
黑陶高足杯	1	新石器时代	发掘出土

渴釉陶仓	1	元代	发掘出土
龙泉窑青瓷印花碟	2	元代	发掘出土
刻划绳纹红陶罐	1	新石器时代	发掘出土
伞骨铜构件	1	战国时期	发掘出土
铜车辔	1	战国时期	发掘出土
铜削	3	春秋时期	发掘出土
扁茎铜剑	1	战国时期	发掘出土
四穿铜戈	1	战国时期	发掘出土
三穿铜戈	1	战国时期	发掘出土
铜矛	2	战国时期	发掘出土
双钮铜矛	1	战国时期	发掘出土
单钮铜矛	1	战国时期	发掘出土
单钮青铜矛	1	战国时期	拣选收购
双翼铜箭镞	12	战国时期	发掘出土
“大德元年”铜权	1	元代	个人捐赠
“潭洲路造”铜权	1	元代	单位移交
昭明铜镜	1	西汉	拣选收购
瑞兽葡萄纹铜镜	1	唐代	拣选收购
龙虎人物纹铜镜	1	宋代	拣选收购
菱边鸳鸯双龙纹铜镜	1	唐代	个人捐赠
彩绘陶敦	1	战国时期	发掘出土
人物纹陶瓶	1	宋代	发掘出土
陶磨	1	东汉	发掘出土
青瓷粉盒	1	宋代	发掘出土
三彩人物纹陶仓	1	元代	个人捐赠
铜箭镞	2	战国时期	发掘出土
铜矛镦	1	战国时期	发掘出土
三足铜炉	1	六朝	采集
浮雕人物纹铜镜	1	元代	拣选收购
四乳钉纹铜镜	1	西汉	拣选收购
莲弧龙纹铜镜	1	西汉	发掘出土
滑石猪	2	东汉	民间征集
锯齿纹博局图铜镜	1	新莽时期	拣选收购
铜矛	1	战国时期	发掘出土

铜戈	1	战国时期	发掘出土
空首铜剑	3	战国时期	发掘出土
双箍铜剑	4	战国时期	发掘出土
云纹玉环	2	春秋	发掘出土
银发钗	1	元代	发掘出土
“蒋茂龄”隶书七言联	1	清代	单位移交
“孙世灏”骏马图轴	1	现代	单位移交
“孙世灏”行书图轴	1	现代	单位移交
铜锅	1	元代	发掘出土
铜盆	2	元代	发掘出土
青瓷六系盘口瓶	1	隋朝	发掘出土
酱釉方格纹陶罐	1	东汉	发掘出土
长沙窑青瓷罐	1	唐代	发掘出土
水晶珠	1	春秋晚期	发掘出土
绿色琉璃珠	1	战国时期	发掘出土
绿色琉璃管	1	战国时期	发掘出土
陶绳纹玉环	1	春秋	发掘出土
伞头铜箭镞	2	战国时期	发掘出土
绳纹红陶钵	1	新石器时代	发掘出土
黑陶敞口杯	1	新石器时代	发掘出土
黑陶折腹瓶	1	新石器时代	发掘出土
小玉镯	3	元代	发掘出土
小玉璧	1	春秋晚期	发掘出土
方形玉佩	2	清代	拣选收购
玉璧	1	清代	拣选收购
银钗	2	元代	发掘出土
银簪	2	元代	发掘出土
月纹银钗	2	元代	发掘出土
银勺	9	元代	发掘出土
箭镞	1	战国时期	发掘出土
银烛台	1	清代	民间征集
冬青釉三星人物瓷瓶	1	清代	单位移交
雍正双象耳豆青瓷瓶	1	清代	单位移交
双狮耳双喜瓷瓶	1	清代	拣选收购

小天球瓷瓶	1	清代	拣选收购
粉彩双耳插花瓷瓶	1	清代	拣选收购
瓷钵	1	东晋	发掘出土
青瓷钵	1	西晋	发掘出土
豆青瓷盘	1	元代	发掘出土
小青瓷碗	1	西晋	发掘出土
三系鸡首瓷壶	1	西晋	发掘出土
四系瓷罐	1	东汉	发掘出土
琉璃人物纹三彩瓷瓶	1	明代	发掘出土
瓷香炉	1	清代	拣选收购
蓝花瓷盘	1	清代	个人捐赠
四系罐	1	晋代	发掘出土
蓝花瓷香钵	1	清代	个人捐赠
福寿棱形铜镜	1	宋代	拣选收购
葵沿铜镜	1	宋代	单位移交
小圆铜镜	1	宋代	单位移交
葵沿铜镜	1	宋代	单位移交
葵沿铜镜	1	明代	单位移交
双凤纹铜镜	1	宋代	拣选收购
葵沿素面铜镜	1	宋代	拣选收购
桃形铜镜	1	宋代	单位移交
有柄人物纹铜镜	1	宋代	单位移交
有柄乳钉规矩纹铜镜	1	宋代	单位移交
有柄葵沿铜镜	1	宋代	单位移交
双龙纹炉形铜镜	1	宋代	单位移交
小铜剑	1	战国时期	发掘出土
铜戈	2	战国时期	发掘出土
铜矛	2	战国时期	发掘出土
银锭	1	元代	单位移交
银元宝	22	明代	单位移交
单耳银杯	1	元代	发掘出土
银簪	6	元代	发掘出土
小银花	1	元代	发掘出土
金耳环	2	元代	发掘出土

银柄金簪	1	元代	单位移交
玉璧	1	西汉	单位移交
铜龟鹤	1	清代	单位移交
铜权	1	元代	拣选收购
双箍青铜剑	1	战国时期	发掘出土
铜剑	3	战国时期	发掘出土
铜箭镞	6	战国时期	发掘出土
铜印	1	汉代	单位移交
铜戈	3	战国时期	拣选收购
铜矛	6	战国时期	发掘出土
银挖耳簪	1	元代	发掘出土
豆青瓷碗	1	元代	发掘出土
银簪	1	明代	发掘出土
玉饰	1	战国时期	发掘出土
镂空人物纹青玉牌	1	明代	单位移交
镂空双面人物纹玉牌	1	明代	单位移交
方形梅花纹玉佩	1	明代	单位移交
龙带钩	1	明代	单位移交
玉佩	2	元代	发掘出土
銀虾簪	4	清代	单位移交
玉璧	1	新石器时代	发掘出土
粉彩九子瓷攒	1	清代	单位移交
龙泉窑豆青菊花纹瓷碗	1	元代	发掘出土
龙泉窑豆青瓷碗	2	元代	发掘出土
龙泉窑大瓷碗	1	元代	发掘出土
双鱼纹瓷水注	1	唐代	发掘出土
盘口瓷壶	1	南朝	发掘出土
大瓷盘	1	清代	单位移交
莲瓣水波纹铜镜	1	宋代	单位移交
莲瓣山水人物纹铜镜	1	宋代	单位移交
梅月纹瓶形柄铜镜	1	宋代	单位移交
带钮铜镜	1	清代	单位移交
小铜镜	1	汉代	单位移交
镀银铜耳杯	1	民国时期	个人捐赠

空首铜剑	1	战国时期	个人捐赠
木柄青铜矛	1	战国时期	发掘出土
空首青铜剑	1	战国时期	发掘出土
编钟	1	西周	单位移交
铜鼎	1	战国时期	单位移交
“张海”隶书中堂	1	现代	个人捐赠
“姜坤”《屈子沉吟》图立轴	1	现代	个人捐赠
“姜坤、郑小娟”国画立轴	1	现代	个人捐赠
“颜家龙”行书中堂	2	现代	个人捐赠
“颜家龙”书法条幅	1	现代	个人捐赠
“胡六皆”行书对联	1	现代	个人捐赠
“王学仲”行书对联	1	现代	个人捐赠
“颜家龙”行书对联	1	现代	个人捐赠
“史穆”行书中堂	1	现代	个人捐赠
“王超塵”隶书中堂	1	现代	个人捐赠
“李刚田”行书条幅	1	现代	个人捐赠
“邓先成”行书中堂	1	现代	个人捐赠
豆青瓷碟	1	元代	拣选收购
镂孔灰陶豆	1	新石器时代	发掘出土
陶壶	1	战国时期	单位移交
黑陶壶	1	战国时期	发掘出土
小陶罐	1	新石器时代	发掘出土
黑陶簋	1	新石器时代	发掘出土
黑陶豆	2	战国时期	单位移交
灰陶簋	1	商代	单位移交
灰陶罐	1	新石器时代	发掘出土
灰陶豆	2	商代	发掘出土
红陶鬶	1	新石器时代	单位移交
黑陶豆	1	战国时期	发掘出土
灰陶碗	1	西周	发掘出土
灰陶钵	1	西周	发掘出土
小陶鼎	1	新石器时代	单位移交
灰陶鼎	1	新石器时代	发掘出土
灰陶鼎	1	西周	发掘出土

灰陶簋	1	商代	发掘出土
灰陶罐	1	新石器时代	发掘出土
黑陶甑	1	新石器时代	发掘出土
灰陶瓶	1	新石器时代	发掘出土
鹰嘴灰陶罐	1	新石器时代	发掘出土
黑陶壶	1	新石器时代	发掘出土
灰陶罐	1	商代	发掘出土
黑陶鼎	1	新石器时代	发掘出土
彩陶仓	2	元代	单位移交
菊花纹豆青瓷洗	2	元代	发掘出土
豆青瓷碗	1	元代	发掘出土
双箍铜剑	1	春秋	发掘出土
铜马衔	2	春秋	发掘出土
铜矛	1	春秋	发掘出土
铜戈	1	春秋	发掘出土
圆头铜箭镞	1	春秋	发掘出土
三棱形铜箭镞	15	春秋	发掘出土
铁东洋刀	1	抗战时期	单位移交
盘口壶	1	隋代	发掘出土
瓷碗	2	隋代	发掘出土
滑石簪	2	晋代	发掘出土
三足瓷盘	1	晋代	发掘出土
瓷碗	1	晋代	发掘出土
小瓷碗	1	晋代	发掘出土
青瓷盘	1	晋代	发掘出土
铜镜	1	宋代	发掘出土
石凿	1	新石器时代	发掘出土
石钺	2	新石器时代	发掘出土
滑石碎条	1	新石器时代	发掘出土
滑石璧	1	新石器时代	发掘出土
小陶罐	1	新石器时代	发掘出土
小陶鼎	1	新石器时代	发掘出土
假腹黑陶豆	1	商代	发掘出土
黑陶盘	1	新石器时代	发掘出土

青花瓷洗	1	明代	单位移交
绿釉瓷罈	1	东汉	发掘出土
四系瓷罐	2	唐代	发掘出土
龙纹铜瓶	1	宋代	发掘出土
莲座铜佛像	1	清代	民间征集
铜敦	1	春秋	发掘出土
铜磬	1	元代	发掘出土
铜洗	1	元代	发掘出土
铜尊缶	1	春秋	发掘出土
棱形银碗	1	宋代	发掘出土
铜戈	1	商代	发掘出土
铜钺	1	春秋	发掘出土
四系盘口瓷壶	1	晋代	发掘出土
四系青瓷盖罐	1	晋代	发掘出土
青瓷盘	2	晋代	发掘出土
青瓷杯	3	晋代	发掘出土
瓜棱形高腹瓷瓶	1	元代	采集
石砚台	1	元代	采集
琉璃珠	1	战国时期	单位移交
铜带钩	1	战国时期	单位移交
铜矛	1	战国时期	发掘出土
空首铜剑	1	战国时期	发掘出土
同治酒罈	1	清代	单位移交
道光酒罈	1	清代	单位移交
铜斧	1	战国时期	单位移交
铜勺	1	战国时期	单位移交
铜砝码	1	战国时期	单位移交
石钺	1	新石器时代	发掘出土
青瓷壶	1	唐代	发掘出土
“抓革命促生产”瓷碗	1	现代	个人捐赠
双箍铜剑	1	战国时期	发掘出土
铜车饰	1	战国时期	单位移交
大铁钟	1	清代	民间征集
正堂石碑	1	清代	个人捐赠

黑陶壶	2	新石器时代	发掘出土
镂孔黑陶壶	3	新石器时代	发掘出土
灰陶壶	5	新石器时代	发掘出土
黑陶瓶	2	新石器时代	发掘出土
灰陶瓶	1	新石器时代	发掘出土
彩陶瓶	2	新石器时代	发掘出土
黑陶罐	2	新石器时代	发掘出土
灰陶罐	2	新石器时代	发掘出土
黑陶盖罐	1	新石器时代	发掘出土
小彩陶壶	1	新石器时代	发掘出土
小黑陶瓶	1	新石器时代	发掘出土
圜底戳印纹黑陶罐	1	新石器时代	发掘出土
小灰陶罐	2	新石器时代	发掘出土
小黑陶罐	1	新石器时代	发掘出土
灰陶盖甑	1	新石器时代	发掘出土
红陶碗	1	新石器时代	发掘出土
石矛	1	新石器时代	发掘出土
小石凿	1	新石器时代	发掘出土
小石斧	3	新石器时代	发掘出土
石钺	1	新石器时代	发掘出土
镂孔陶豆	1	新石器时代	发掘出土
镂孔圈足陶豆	1	新石器时代	发掘出土
陶瓶	2	新石器时代	发掘出土
海马葡萄纹铜镜	1	五代时期	民间征集
“三元及第”铭文铜镜	1	明代	发掘出土
静浪大和尚转墓志铭	1	清代	发掘出土
华阳王石狮子	1	清代	单位移交
黑陶豆	1	新石器时代	发掘出土
陶盖	1	新石器时代	发掘出土
陶壶	1	新石器时代	发掘出土
陶盖鼎	1	新石器时代	发掘出土
陶豆	3	新石器时代	发掘出土
镂孔陶壶	1	新石器时代	发掘出土
镂孔灰陶豆	1	新石器时代	发掘出土

小黑陶豆	1	新石器时代	发掘出土
陶纺轮	4	新石器时代	发掘出土
刻划符号陶盆	1	新石器时代	发掘出土
陶鼎甑套件	1	新石器时代	发掘出土
陶杯	1	新石器时代	发掘出土
镂孔陶壶	1	新石器时代	发掘出土
彩陶罐	1	新石器时代	发掘出土
彩陶釜	1	新石器时代	发掘出土
陶缸	1	新石器时代	发掘出土
提梁酒壶及保温木桶	1	民国时期	民间征集
“云南军械所”双系铜釜	1	民国时期	民间征集

石门县博物馆（192 件）

龙泉窑青瓷印花碟	4	元代	发掘出土
青花瓷碗	40	清代	发掘出土
青花瓷杯	19	清代	发掘出土
云雷纹陶簋	1	商代	发掘出土
镂孔高足陶豆	1	商代	发掘出土
陶壶	1	东汉	发掘出土
三彩陶屋	1	宋代	发掘出土
堆塑人物纹陶罈	2	宋代	发掘出土
屋顶式陶仓	1	宋代	发掘出土
堆塑人物纹陶仓	1	宋代	发掘出土
魂瓶	1	宋代	发掘出土
陶灶、釜、甑连体	1	东汉	发掘出土
亭顶式陶仓	1	元代	发掘出土
丝棉袜	1	清代	发掘出土
八卦护胸旗	1	清代	发掘出土
黄色丝巾	1	清代	发掘出土
马褂	1	清代	发掘出土
枕巾	1	清代	发掘出土
石斧	1	商代	采集
镂孔石斧	1	商代	个人捐赠
石锛	1	商代	发掘出土

“西安王”铜马铃	2	清代	民间征集
“永昌通宝”铜马铃	1	清代	民间征集
“成”字铜马铃	1	清代	民间征集
铜镜	1	宋代	个人捐赠
六方连弧有柄铜镜	1	宋代	个人捐赠
青铜剑	1	战国时期	民间征集
“西安王”铜马铃	1	明代	民间征集
铜马镫	1	明代	发掘出土
青铜斧	1	战国时期	发掘出土
铜壶	1	东汉	发掘出土
大口流铜执壶	1	元代	发掘出土
“成”字铜马铃	1	明代	民间征集
铜洗	1	汉代	单位移交
青铜虎钮錞于	17	战国时期	发掘出土
青铜矛	1	战国时期	发掘出土
“状元及第”铜镜	1	明代	个人捐赠
铜斧	1	战国时期	发掘出土
“奉天玉诏”铜牌	1	清代	个人捐赠
莲花纹银碗	1	明代	发掘出土
银发簪	1	明代	发掘出土
银手圈	1	明代	发掘出土
柳氏土官铁印	1	明代	民间征集
铁权	1	元代	发掘出土
梅花诗木刻板	1	清代	民间征集
支那撰述木刻残板	1	清代	民间征集
“共和茶社”木招牌	1	民国时期	民间征集
琉璃鼻塞	4	东汉	发掘出土
金耳环	1	宋代	发掘出土
银发簪	5	元代	个人捐赠
小瓷碗	6	东晋	发掘出土
金耳环	2	元代	发掘出土
铭文铜镜	1	元代	发掘出土
青石道光碑	1	清代	民间征集
“永昌通宝”铜钱	1	清代	个人捐赠

瓦当模	1	宋代	发掘出土
三棱铜箭镞	1	战国时期	个人捐赠
铜斧	1	战国时期	个人捐赠
铜带钩	2	战国时期	个人捐赠
银盘	1	元代	个人捐赠
银杯	1	元代	个人捐赠
莲花形银碗	1	元代	个人捐赠
梅花纹五瓣银碗	1	元代	个人捐赠
银锭	3	元代	民间征集
币印	4	汉代	个人捐赠
铁锄	1	秦汉时期	个人捐赠
青白釉瓷盒	1	宋代	发掘出土
青花釉里红大瓷盘	1	清代	民间征集
青花鱼纹盘	1	清代	民间征集
云龙纹双长足金钗	1	元代	发掘出土
忍冬花金簪	1	元代	发掘出土
“敕印”铭文石龟	1	明代	发掘出土
青瓷双耳罐	1	晋代	发掘出土
龙泉窑青瓷印花碟	2	元代	发掘出土
有段石斧	1	新石器时代	发掘出土
青铜双挂剑	1	战国时期	发掘出土
巴人铜钺	1	战国时期	民间征集
银元宝	1	清代	发掘出土
都天大法宝铁印	1	清代	发掘出土
铜斧	1	战国时期	个人捐赠
兽首铜鐎壶	1	汉代	个人捐赠
青铜剑	1	战国时期	民间征集
青花缠枝花卉纹小瓷罈	1	明代	民间征集
梨木刻冥币印版	1	民国时期	民间征集
青花花卉宝瓶图双耳瓷花瓶	1	清代	个人捐赠
五彩人物图双兽耳瓷花瓶	1	清代	个人捐赠
青花岁寒三友图瓷罈	1	清代	个人捐赠
青花缠枝纹烛台	1	清代	个人捐赠
“永昌”通宝	1	明代	个人捐赠

五彩人物图双兽耳瓷花瓶	1	清代	个人捐赠
“石门星星之火燎原革命造反兵团总司令部”印章	1	现代	民间征集
“石门地区无产阶级革命派文功武卫指挥部后勤部”财务专章	1	现代	民间征集

临澧县博物馆（116 件）

忍冬花金钗头饰	6	元代	发掘出土
忍冬花金簪	1	元代	发掘出土
金喇叭空心花头钗	1	元代	发掘出土
金喇叭花头钗	2	元代	发掘出土
金链条	1	清代	发掘出土
鎏金蝴蝶蝙蝠纹带钩	1	清代	发掘出土
象牙铭文压条	1	清代	发掘出土
象牙雕花梳	1	清代	单位移交
桃形花牌银项链	1	民国时期	拣选收购
月亮形花蓝图银项链	1	民国时期	拣选收购
双龙寿星图百家银锁	1	民国时期	拣选收购
孙中山头像菊花纹银链	1	民国时期	拣选收购
“泰丰银局”大银锭	1	明代	单位移交
龙凤纹玉盖扁壶	1	明代	拣选收购
透雕人兽花草纹圆形玉胸牌	1	明代	单位移交
龙纹方形墨玉牌	1	清代	拣选收购
龙纹玉饰件	1	战国时期	发掘出土
双龙纹玉佩	1	战国时期	发掘出土
荷花边银碗	1	元代	发掘出土
水晶小叶片	1	清代	单位移交
荷叶形水晶盂	1	明代	单位移交
狮头牛身水晶	1	明代	单位移交
雕花松鹤纹水晶笔筒	1	明代	单位移交
仿汉双耳活环焦叶云雷纹铜壶	1	宋代	民间征集
铜质景泰蓝圆形水洗	1	清代	拣选收购
托塔李天王铜造像	1	明代	拣选收购
荷叶边铜镜	1	宋代	拣选收购
铜鼎	2	战国时期	发掘出土
青铜剑	6	战国时期	发掘出土

薄铜匕首	1	战国时期	发掘出土
铜戈	4	战国时期	发掘出土
薄铜戈	2	战国时期	发掘出土
铜矛	12	战国时期	发掘出土
四系铜矛	1	战国时期	发掘出土
铜箭镞	4	战国时期	发掘出土
三戈戟	1	战国时期	发掘出土
铜薄形戈	1	战国时期	发掘出土
空首铜剑	2	战国时期	发掘出土
方形石水池	1	明代	拣选收购
滑石油灯	1	汉代	发掘出土
滑石钵	1	汉代	发掘出土
粉彩人物纹六方瓶	2	清代	单位移交
青花釉里红双蟠耳瓷瓶	1	清代	单位移交
青花山水亭榭图兽耳瓷瓶	1	清代	单位移交
青花天球瓶	1	清代	拣选收购
山水人物纹青花八方瓷盆	1	清代	拣选收购
“抓革命促生产”瓷碗	1	现代	民间征集
“斗私批修”小瓷碟	1	现代	民间征集
“三忠”瓷盖茶壶	1	现代	民间征集
纸质辛先满房屋产权所有证	1	现代	民间征集
纸质辛先满自由地使用证	1	现代	民间征集
荆江分洪奖状	1	现代	个人捐赠
小蓝花瓶	1	民国时期	拣选收购
青花白菜纹小瓷碗	3	明代	民间征集
青花兰草纹小瓷碗	3	明代	民间征集
青花瓷碗	1	明代	民间征集
雍正白瓷开片双耳尊	1	清代	单位移交
山水纹贴花紫砂盖壶	1	清代	单位移交
陶盖仓	1	汉代	发掘出土
抗日盖饭桶	1	抗战时期	拣选收购
黄釉兰草纹陶罈	1	宋代	发掘出土
沉香朝珠	1	清代	单位移交
水波纹青花瓷罐	1	明代	个人捐赠

铜箭镞	1	战国时期	发掘出土
缠枝花纹铜洗	1	元代	发掘出土
豆青瓷壶	1	宋代	个人捐赠
吊环小铜钟	1	清代	拣选收购
圆形浮雕龙纹玉牌	1	清代	个人捐赠
镂空竹节鹦鹉纹白玉佩	1	明代	单位移交
黄釉素面碗	1	宋代	民间征集
鱼纹陶碗	1	宋代	民间征集
嘉靖六年墓志铭	1	明代	发掘出土
青铜剑	1	战国时期	发掘出土
鎏金头饰	3	元代	发掘出土
金簪头饰	1	清代	收缴
圆梗金耳环	1	清代	收缴
葵瓣纹金戒指	1	清代	收缴
嵌金双耳宣德炉	1	明代	拣选收购

津市市博物馆（146 件）

浮雕瑞兽五福图杉木梁	2	清代	民间征集
浮雕瑞兽云纹杉木梁	2	清代	民间征集
浮雕富贵如意图杉木梁	2	清代	民间征集
醴陵窑五子罗汉	1	民国时期	民间征集
浮雕缠枝花草龙纹木梁	1	清代	民间征集
滑石猪	2	东晋	发掘出土
粉彩弥勒佛笔洗	1	民国时期	民间征集
“肆俩”铜权	1	清代	民间征集
银锭	1	元代	发掘出土
“王信”款银锭	1	元代	发掘出土
镂空人物纹柱础	4	清代	民间征集
透雕花鸟纹黄杨木眼镜盒	1	清代	民间征集
绣云龙纹缎面蟒袍	1	清代	发掘出土
八棱双龙纹铜镜	1	宋代	民间征集
空首铜剑	1	战国时期	发掘出土
铜壶	1	西汉	发掘出土
八弧葵边草叶纹湖州镜	1	宋代	发掘出土

“三十年”铜权	1	民国时期	民间征集
湘阴窑青瓷钵	1	东晋	发掘出土
鎏金银发钗	1	元代	发掘出土
双凤纹铜镜	1	宋代	民间征集
铜戈	1	战国时期	发掘出土
湘阴窑青瓷盏	1	南朝	发掘出土
滑石猪	7	东晋	发掘出土
铜戈鐏	1	战国时期	发掘出土
镂空梅花纹金发簪	1	元代	发掘出土
“光绪通宝”金币	1	清代	发掘出土
镂空龙鹏纹银发饰	1	东晋	发掘出土
象牙梵文印章	1	明代	民间征集
白玉龙首带钩	1	清代	民间征集
玉砚	1	清代	民间征集
镂空三多青玉牌	1	明代	民间征集
兽钮玉石印章	1	清代	民间征集
滑石璧	1	西汉	发掘出土
滑石印	1	东汉	发掘出土
锯齿形长方铜板	1	东周	发掘出土
红木盒钟形端砚	1	清代	民间征集
四兽纹四方铜镜	1	三国时期	民间征集
菱形云龙纹铜镜	1	唐代	发掘出土
四乳铜镜	1	东汉	发掘出土
菱形花鸟纹铜镜	1	唐代	民间征集
葵边团花铜镜	1	唐代	发掘出土
铜砝码	4	战国时期	发掘出土
铜印章	1	东晋	民间征集
铜戈	3	战国时期	发掘出土
空首铜剑	2	战国时期	发掘出土
双箍铜剑	3	战国时期	发掘出土
银斑铜戈	1	战国时期	发掘出土
长宜子孙连弧纹铜镜	1	东汉	民间征集
四神博局纹铜镜	1	东汉	发掘出土
涡纹四乳蟠虺纹铜镜	1	西汉	发掘出土

铜剑	1	东周	发掘出土
四乳四虺铜镜	1	东汉	发掘出土
长宜子孙铜镜	1	晋代	发掘出土
鎏金铜佛像	1	隋朝	民间征集
鎏金铜观音坐像	1	明代	民间征集
镂空提梁铜热炉	1	清代	民间征集
釉下点褐彩瓷钵	1	东晋	发掘出土
青瓷唾盂	1	南朝	发掘出土
仰覆莲花纹青瓷杯	1	南朝	发掘出土
青花缠枝牡丹纹瓷罐	1	清代	民间征集
青瓷双耳罐	1	唐代	发掘出土
青瓷盘	1	东晋	发掘出土
青瓷杯	1	隋朝	发掘出土
带托青瓷杯	1	东晋	发掘出土
瓷碗	1	唐代	发掘出土
湘阴窑青瓷钵	1	东晋	发掘出土
青瓷碗	1	宋代	发掘出土
青瓷托盘	1	南朝	发掘出土
湘阴窑青瓷杯	1	隋朝	发掘出土
村姑瓷塑像	1	明代	发掘出土
仿汉“日有（德）”连孤纹铭文镜	1	宋代	民间征集
青瓷灯	1	东晋	发掘出土
青瓷灯	1	南朝	发掘出土
湘阴窑青釉褐色点彩瓷钵	1	东晋	发掘出土
青瓷双系罐	1	唐代	发掘出土
釉下彩瓷碗	1	唐代	发掘出土
莲瓣纹瓷碗	1	元代	发掘出土
青瓷碗	1	唐代	民间征集
四系罐	1	东汉	发掘出土
青瓷杯	1	东晋	发掘出土
“韶山升起红太阳”瓷碗	1	现代	民间征集
“团结紧张、严肃活泼”瓷碗	1	现代	民间征集
雕山水图白瓷印盒	1	清代	个人捐赠
白瓷蓝釉人物纹笔筒	1	清代	民间征集

刘氏墓誌铭	1	清代	发掘出土
“安乡痒生傅公讳孙鋌之墓”誌铭	2	清代	发掘出土
张氏墓誌铭	1	明代	发掘出土
“镇国将军昭明公”墓誌铭	1	明代	发掘出土
“张母龚太君”墓誌铭	2	清代	民间征集
处士刘公墓誌铭	1	明代	发掘出土
“皮公之墓”墓誌铭	1	明代	发掘出土
磨制有柄小刮削器	1	新石器时代	发掘出土
“大德元年潭洲路造”铜权	1	元代	民间征集
磨制石铲	1	新石器时代	发掘出土
石钺	1	新石器时代	发掘出土
变形凤鸟纹双耳釉陶甑	1	西汉	发掘出土
尊形器	1	新石器时代	发掘出土
陶球	1	新石器时代	发掘出土
青瓷杯	1	东晋	发掘出土
滑石猪	1	东晋	发掘出土
青瓷碗	1	明代	发掘出土
褐釉瓷罐	1	宋代	发掘出土
青花龙纹瓷碗	1	明代	民间征集
青花鸡纹瓷水滴	2	明代	发掘出土
青花鸭纹瓷水滴	2	明代	发掘出土
湘阴窑釉下褐彩四系盖罐	1	东晋	发掘出土
湘阴窑青瓷碗	1	东晋	发掘出土
陶酒罈	1	清代	民间征集
青瓷碗	1	唐代	发掘出土
瓷碗	1	元代	发掘出土
青花瓷碗	1	明代	民间征集
释迦牟尼铜佛像	1	清代	民间征集
葵边湖州铜镜	1	宋代	发掘出土
青白釉瓷水滴	2	明代	发掘出土
釉下刻花陶壶	1	元代	发掘出土
滑石璧	1	汉代	发掘出土
湘阴窑青瓷四系罐	1	南朝	发掘出土
湘阴窑青瓷钵	1	晋代	发掘出土

青瓷高领罐	1	元代	发掘出土

桃源县文物管理所（130 件）

青花花草十字纹瓷罈	1	明代	单位移交
青花“福”字瓷碗	1	明代	收缴
青釉褐彩瓷水盂	1	唐代	民间征集
长沙窑青瓷双鱼纹壶	1	唐代	个人捐赠
莲花纹铜镜	1	宋代	发掘出土
山水人物纹莲弧铜镜	1	宋代	收缴
带柄铭文铜镜	1	宋代	拣选收购
鸾凤纹铜镜	1	唐代	拣选收购
莲弧昭明铜镜	1	汉代	发掘出土
规矩禽兽纹铜镜	1	汉代	拣选收购
双环耳弦纹铜鼎	1	战国时期	发掘出土
兽耳衔环铜洗	1	战国时期	发掘出土
长胡四穿铜戈	2	战国时期	发掘出土
弦纹铜戈鐏	2	战国时期	发掘出土
鸟形铜戈鐏	1	战国时期	发掘出土
铜矛	1	战国时期	发掘出土
双钮铜矛	1	战国时期	发掘出土
铜箭杆	8	战国时期	发掘出土
铜箭镞	4	战国时期	发掘出土
长援铜戈	1	战国时期	发掘出土
长胡三穿戈	1	战国时期	发掘出土
云纹铜戈	1	战国时期	发掘出土
空首铜剑	1	战国时期	发掘出土
双箍嵌松石宽叶铜剑	1	战国时期	发掘出土
铜空首剑	2	战国时期	发掘出土
铜剑	2	战国时期	发掘出土
双箍铜剑	2	战国时期	发掘出土
铜戈	2	战国时期	发掘出土
三棱箭镞	2	汉代	发掘出土
抗战铜墨盒	1	抗战时期	拣选收购
九叠纹铜印	1	明代	拣选收购

铜车辔	1	战国时期	发掘出土
铜马含	1	战国时期	发掘出土
铜辖	1	战国时期	发掘出土
锡马勒头饰	1	战国时期	发掘出土
锡泡	1	战国时期	发掘出土
牡丹纹金耳环	1	元代	拣选收购
孔雀牡丹纹金耳环	1	元代	拣选收购
盘口瓷壶	1	唐代	个人捐赠
象骨朝笏	1	清代	单位移交
漆木奁	1	战国时期	发掘出土
洒金木雕礼担	1	民国时期	单位移交
木雕西游记人物纹拐杖	1	民国时期	拣选收购
白玉玦	1	晋代	拣选收购
方格圈纹玉壁	1	汉代	发掘出土
铜马含	1	战国时期	发掘出土
铜轴套	2	战国时期	发掘出土
刻花玉壁	1	清代	发掘出土
嘉庆通宝银币	1	清代	发掘出土
青花水草纹瓷碗	14	明代	发掘出土
青花白菜纹瓷碗	18	明代	发掘出土
青花瓷碗	1	明代	发掘出土
青花纹山水人物瓷碟	3	明代	发掘出土
青花龙纹瓷碟	2	明代	发掘出土
青花水草纹瓷碟	1	明代	发掘出土
青花瓷杯	6	明代	发掘出土
青花瓷碟	1	明代	发掘出土
青花加彩六方山水纹瓷瓶	1	清代	拣选收购
光绪二龙戏珠青花瓷罈	1	清代	单位移交
铜匜	1	战国时期	发掘出土
平头铜箭镞杆	1	战国时期	发掘出土
柳叶形铜箭镞	1	战国时期	拣选收购
人形铜饰件	1	汉代	拣选收购
铜釜	1	汉代	发掘出土
陶仓	1	元代	拣选收购

三棱形铜箭镞	2	战国时期	发掘出土
“蔡文举”石墓誌	1	明代	拣选收购
蝉纹铜箭尾	1	战国时期	发掘出土
铜錞于	1	汉代	发掘出土
重鼻钮铜矛	1	战国时期	发掘出土
青瓷碗	1	元代	发掘出土

汉寿县文物管理所（182 件）

双箍铜剑	9	战国时期	发掘出土
三菱铜箭镞	1	战国时期	发掘出土
铜矛	20	战国时期	发掘出土
云纹铜戈鐏	1	战国时期	民间征集
影青釉印花瓷粉盒	1	宋代	拣选收购
湖州铜镜	1	宋代	发掘出土
铜戈	10	战国时期	发掘出土
隐花铜矛	1	战国时期	发掘出土
空首铜剑	1	战国时期	发掘出土
陶罐	1	战国时期	发掘出土
陶豆	2	战国时期	发掘出土
陶壶	1	战国时期	发掘出土
铜戟	2	战国时期	发掘出土
木梳	1	战国时期	发掘出土
木篦	1	战国时期	发掘出土
龙形玉佩	1	战国时期	发掘出土
龙形玉佩	1	战国时期	发掘出土
玛瑙环	1	战国时期	发掘出土
兽面铜带钩	1	战国时期	发掘出土
铜马铃	3	战国时期	发掘出土
生肖铜印	1	战国时期	发掘出土
铜官印	1	战国时期	发掘出土
彩绘陶勺	1	战国时期	发掘出土
陶勺	1	战国时期	发掘出土
青瓷四系盘口壶	1	晋代	发掘出土
铜剑	4	战国时期	发掘出土

瑞兽葡萄纹铜镜	1	唐代	发掘出土
湖州铜镜	1	宋代	拣选收购
“但愿人长久”炉形铜镜	1	元代	拣选收购
铜戈鐏	2	战国时期	发掘出土
铜铎	1	战国时期	发掘出土
环首铜小刀削	1	战国时期	发掘出土
鸭首铜带钩	1	战国时期	发掘出土
长铤三棱铜箭镞	1	战国时期	发掘出土
铜箭镞	2	战国时期	发掘出土
三棱形铜箭镞	3	战国时期	发掘出土
宋影青釉印花瓷粉盒	1	宋代	发掘出土
铁炮	6	清代	单位移交
彩绘陶匜	2	战国时期	发掘出土
彩绘陶盘	1	战国时期	发掘出土
铜矛镦	1	战国时期	发掘出土
彩绘陶勺	2	战国时期	发掘出土
琉璃璧	1	战国时期	发掘出土
素面铜镜	1	战国时期	发掘出土
陶罐	1	战国时期	发掘出土
石凿	1	新石器时代	个人捐赠
石锛	1	新石器时代	个人捐赠
滑石璧	1	西汉	民间征集
瓷灯	1	宋代	发掘出土
金饼	3	东汉	收缴
马蹄金饼	1	东汉	收缴
银饼	25	东汉	收缴
陶豆	1	战国时期	发掘出土
陶钵	1	战国时期	发掘出土
陶盘	1	战国时期	发掘出土
青瓷小罐	3	宋代	民间征集
浮雕石柱础	3	清代	民间征集
石虎	1	明代	民间征集
石狮	1	清代	民间征集
石羊	1	明代	民间征集

石鼓	1	清代	民间征集
石扶座	1	明代	民间征集
石人	1	明代	民间征集
石马	1	明代	民间征集
四山羽状纹地铜镜	1	战国时期	发掘出土
结婚证书	1	1951 年	民间征集
汉寿县人民政府聘书	1	1951 年	民间征集
湖南私立明义中学肄业证明书	1	1952 年	民间征集
桃源师范毕业证书	1	1955 年	民间征集
向秋英毕业证书	1	1959 年	民间征集
中国共产党汉寿县百禄桥人民公社委员会印章	1	1966 至 1976 年	单位移交
汉寿县百禄桥人民公社革命委员会印章	1	1966 至 1977 年	单位移交
中国共产党汉寿县百禄桥人民公社支部委员会印章	1	1966 至 1978 年	单位移交
帅孟奇有二华诞来宾签名簿	1	1998 年	个人捐赠
李铁映题帅孟奇同志故居纸质条幅	1	2009 年	单位移交
湖南省名人志编纂委员会中国档案出版社发给侯希贵的铜牌“湖南名人证书”	1	1999 年	单位移交
湖南省名人志编纂委员会颁发侯希贵的“湖南当代名人”铜牌	1	2000 年	单位移交

安乡县文物管理所（63 件）

金钗	1	西晋	发掘出土
蒲纹玉璧	1	西晋	发掘出土
玉猪	1	西晋	发掘出土
贴金钢匕首	1	西晋	发掘出土
青瓷大蕉叶纹四系盘口壶	1	西晋	发掘出土
青瓷四系盘口壶	3	西晋	发掘出土
青瓷壶	1	西晋	发掘出土
青瓷回纹盘	2	西晋	发掘出土
青瓷樽	1	西晋	发掘出土
铜瓶	1	西晋	发掘出土
研石	1	西晋	发掘出土
陶灯	1	西晋	发掘出土
铜直内戈	1	商代	发掘出土

铁帐架勾	1	西晋	发掘出土
石刀	1	新石器时代	发掘出土
多角力士驱鼠陶罂	1	宋代	采集
石斧	2	新石器时代	发掘出土
石凿	1	新石器时代	发掘出土
小口陶壶	1	新石器时代	发掘出土
陶鼎	1	新石器时代	发掘出土
长沙窑四棱点彩罈	1	唐代	采集
谷纹琉璃璧	1	汉代	民间征集
八卦铜镜	1	唐代	民间征集
铜鐎壶	1	东汉	发掘出土
青瓷碗	1	东晋	发掘出土
瓷砚	2	东晋	发掘出土
瓷碗	2	南北朝	发掘出土
花纹砖	1	晋代	发掘出土
褐釉绘花陶罐	1	宋代	发掘出土
陶球	1	新石器时代	发掘出土
吉语陶砖	2	东汉	民间征集
带卡银方框	1	西晋	发掘出土
铜盒	1	西晋	发掘出土
铜剑	1	西晋	发掘出土
铜叉饰	1	西晋	发掘出土
铁镜	1	西晋	发掘出土
青瓷唾盂	1	西晋	发掘出土
青瓷碗	7	西晋	发掘出土
铅坠	1	西晋	发掘出土
朱书陶地券	1	明代	发掘出土
“万冠钊”青石地券	1	清代	发掘出土
青瓷四系小罐	1	魏晋时期	发掘出土
链带纹白衣红陶盘	1	新石器时代	发掘出土
叶脉齿纹红陶盘	1	新石器时代	发掘出土
刻划纹红陶盘	1	新石器时代	发掘出土
中共安乡县委书记陶季玉烈士长衫	1	1926 年	个人捐赠
对越自卫反击战纸质证书	1	1979 年	民间征集

安生公社贫协竹木公章	1	1965 年	民间征集
大革命时期安乡县委书记张连桥文件箱	1	1938 年	个人捐赠
对越自卫反击战铝合金纪念章	1	1979 年	民间征集

鼎城区文物处（101 件）

菱形航海图铜镜	1	宋代	发掘出土
四螭四乳纹铜镜	1	西汉	拣选收购
带柄市景图铜镜	1	元代	发掘出土
云锦地四叶鸟纹铜镜	1	战国时期	发掘出土
菱花形航海纹铜镜	1	宋代	拣选收购
“千秋万岁”铭文铜镜	1	宋代	发掘出土
铜剑	5	战国时期	发掘出土
铜矛	7	战国时期	发掘出土
双箍铜剑	1	战国时期	发掘出土
环首铜刀	1	东汉	拣选收购
三足圆形铜案	1	元代	拣选收购
铜案	1	东汉	拣选收购
铜箭镞	1	战国时期	发掘出土
四山纹铜镜	1	战国时期	发掘出土
乳丁纹铜镜	1	东汉	发掘出土
滑石璧	3	汉代	发掘出土
滑石杯	1	汉代	发掘出土
滑石勺	1	汉代	发掘出土
褐釉蛙形陶水盂	1	晋代	采集
滑石豆	1	东汉	发掘出土
滑石壶	2	东汉	发掘出土
滑石案	2	东汉	发掘出土
“彭三武”滑石印	1	东汉	发掘出土
滑石灶	2	东汉	发掘出土
滑石耳杯	1	东汉	发掘出土
滑石杯	2	东汉	发掘出土
滑石灯	2	东汉	发掘出土
青瓷双耳壶	1	东汉	发掘出土
滑石博山炉	1	东汉	发掘出土

滑石盛水器	1	东汉	发掘出土
滑石灯（灯台）	1	东汉	发掘出土
环首铜刀	1	战国时期	发掘出土
铜戈	1	战国时期	发掘出土
铜箭镞	3	战国时期	发掘出土
木矛	1	战国时期	发掘出土
木戈	2	战国时期	发掘出土
金镶翠帽正	1	清代	收缴
亚字形铜镜	1	宋代	发掘出土
端砚	1	宋代	发掘出土
兽面铜铺首	3	战国时期	发掘出土
湘阴窑褐釉四系瓷盖罐	1	东汉	发掘出土
铜砝码	1	战国时期	发掘出土
方格纹双系陶罐	1	汉代	发掘出土
高领陶罐	1	汉代	发掘出土
多角陶罈	1	元代	发掘出土
银簪	2	明代	民间征集
铜壁插	1	战国时期	发掘出土
绿色琉璃串饰	1	战国时期	发掘出土
玉饰件	1	战国时期	发掘出土
云纹玉璧	1	战国时期	发掘出土
玉环	1	战国时期	发掘出土
铜车軎	4	战国时期	发掘出土
铜环	2	战国时期	发掘出土
银斑铜戈	2	战国时期	发掘出土
铜矛镦	3	战国时期	发掘出土
铜马衔	7	战国时期	发掘出土
铜盖弓帽	1	战国时期	发掘出土
铜管形器	1	战国时期	发掘出土
铜戈鐏	2	战国时期	发掘出土
连弧龙纹铜镜	1	西汉	发掘出土
星云纹镜	1	西汉	发掘出土
谷纹玉玦	1	战国时期	发掘出土
玉管	3	战国时期	发掘出土

玉珠	1	战国时期	发掘出土
云纹玉环	1	战国时期	发掘出土
玉环	1	战国时期	发掘出土
滑石扁壶	1	西汉	发掘出土
滑石印章	1	西汉	发掘出土
滑石镜	1	西汉	发掘出土
弦纹滑石镜	1	西汉	发掘出土

林伯渠纪念馆（69 件）

银灯盏	1	清代	个人捐赠
白铜盖暖壶	1	清代	个人捐赠
带盖端砚	1	清代	个人捐赠
京提二号毛笔	1	民国时期	个人捐赠
铁床	1	清代	个人捐赠
毛呢大衣	1	1949 年	个人捐赠
皮包（夹层）	2	1950 年	个人捐赠
木拐杖	1	1950 年	个人捐赠
鸟把手木拐杖	1	1957 年	个人捐赠
友谊车（胡志明赠）	1	1959 年	个人捐赠
中国人民政治协商会议纪念章	2	1949 年	个人捐赠
国庆铜质纪念章	1	1951 年	个人捐赠
中国人民政治协商会议全国委员会纪念铜质章	1	1949 年	个人捐赠
中国新民主主义青年团员第一次代表大会纪念章	1	近现代	个人捐赠
“林伯渠”印岩章	1	近现代	个人捐赠
“林伯渠”长形木章	1	1949 年	个人捐赠
林老给林范心先生电文	1	1921 年	个人捐赠
林老给秋胜同志的信	1	1951 年	个人捐赠
林老给陈彩夫先生的信	1	1952 年	个人捐赠
林老给陈永清、田夫等的信	1	1949 年	个人捐赠
林老给秉佑、秉棋的信	1	1949 年	个人捐赠
中央人民政府委员出入证	1	1950 年	个人捐赠
第一届全国人大代表当选证书	1	1954 年	个人捐赠
第二届全国人大代表当选证书	1	1959 年	个人捐赠
中共中央第八次全国代表大会通知书	1	1956 年	个人捐赠

国庆典礼请柬	1	1952 年	个人捐赠
国庆观礼注意事项	1	1952 年	个人捐赠
国庆典礼代表证（中央人民政府办公厅函件）	1	1952 年	个人捐赠
国庆典礼天安门检阅台图	1	1952 年	个人捐赠
林老给国云同志的题词	1	1936 年	个人捐赠
北京军区敬献的挽联	1	1960 年	个人捐赠
田汉的题字“林老千古”	1	1960 年	个人捐赠
王震题词	1	1986 年	馆内收藏
陈云题词	1	1986 年	馆内收藏
王首道题词	1	1986 年	馆内收藏
林伯渠使用过的七紫二羊毫毛笔	1	1949 年	个人捐赠
林伯渠年轻时在家使用过的棕质茶叶袋	1	清代	个人捐赠
林伯渠佩戴过的中国人民解放军战斗英雄代表会议纪念章	1	1955 年	个人捐赠
伯渠佩戴过的青年社会主义建设积极分子纪念章	1	1955 年	个人捐赠
林伯渠佩戴过的劳动光荣全国先进生产者代表纪念章	1	1956 年	个人捐赠
林伯渠佩戴过的和平鸽纪念章	1	1952 年	个人捐赠
林伯渠佩戴过的天安门图像纪念章	1	1955 年	个人捐赠
林伯渠佩戴过的中苏友好协会总会纪念章	1	1952 年	个人捐赠
林伯渠佩戴过的四方形天安门图像纪念章	1	1953 年	个人捐赠
林伯渠佩戴过的敦煌文物展览纪念章	1	1951 年	个人捐赠
林伯渠佩戴过的保卫世界和平和平鸽纪念章	1	1952 年	个人捐赠
林伯渠佩戴过的公历纪年鹰头型纪念章	1	公历纪年	个人捐赠
林伯渠佩戴过的“七一”纪念章	1	1921 年	个人捐赠
林伯渠佩戴过的北京党代会纪念章	1	1954 年	个人捐赠
林伯渠佩戴过的劳动创造人纪念章	1	公历纪年	个人捐赠
林伯渠佩戴过的中德友好纪念章	1	1953 年	个人捐赠
林伯渠佩戴过的巩固中苏友好保卫世界和平纪念章	1	公历纪年	个人捐赠
林伯渠佩戴过的 10 JAHREDDR	1	1951 年	个人捐赠
林伯渠使用过的清末金童引路铜币	1	清代	个人捐赠
林伯渠使用过的清光绪银元宝	1	清代	个人捐赠
林伯渠使用过的民国十八年造二毫银币	1	1929 年	个人捐赠
黄镇同志办公室给中共临澧县委的信和寄赠的《长征画集》	1	1986 年	馆内收藏
林祖涵名片	1	近现代	个人捐赠
林伯渠使用过的中华人民共和国第一届人大五次会议代表证	1	1954 年	个人捐赠

林伯渠使用过的全国人大二届一次会议出席证	1	1959 年	个人捐赠
林伯渠使用过的全国人大第二届二次会议出席证	1	1959 年	个人捐赠
周恩来请林伯渠夫妇参加欢迎蒙古总理招待会的请柬	1	1952 年	个人捐赠
中国人民解放军建军25周年体育运动会邀请林伯渠参加闭幕典礼的请柬	1	1952 年	个人捐赠
宋庆龄请林伯渠观看儿童剧团演出的请柬	1	1952 年	个人捐赠
中央人民政府革命军事委员会送给林伯渠的音乐舞蹈晚会节目单	1	1952 年	个人捐赠
林伯渠逝世时金映光夫妇、朱慧敬送的挽联	1	1960 年	个人捐赠

桃花源文物管理所（10 件）

“张震”行书《人间仙境桃花源》	1	当代	捐赠
“邹家华”行草题桃花源诗句	1	当代	捐赠
“方毅”行楷《桃花源书画集》	1	当代	捐赠
“何长工”行书《桃源观》横披	1	当代	捐赠
“毛致用”行书“让精神文明之花”条幅	1	当代	捐赠
“孙轶青”行书题桃花源诗句	1	当代	捐赠
“何继善”行草题桃花源诗句	1	当代	捐赠
“刘艺”行书杜牧诗立轴	1	当代	捐赠
“王学仲”行书十二言对联	1	当代	捐赠
“方成”“面壁”图人物画	1	当代	捐赠

第四节　民间收藏文物

常德历史文化遗存丰富，不仅地上地下文物资源和国有馆（库）藏文物储量多，在民间也蕴藏着大量珍贵的可移动文物。新中国成立后，特别是改革开放以来，随着社会经济发展，一支个人文物爱好、收藏者队伍应运而生。他们在民间广泛征集，古今兼收，雅俗共藏，寻宝、鉴宝、赛宝和藏宝活动风靡全市，一大批珍贵文物在他们手中得以珍藏。

全市民间收藏文物品类齐全，数量颇多，仅市城区文物收藏者收藏的各类文物就有数千件（套），其中不乏文物精品，有些还填补了国家文物收藏单位的空白。主要藏品有九大系列。

一、陶、铜、铁、瓷、玉器系列

年代较早的珍贵陶器一般为地下出土，受国家保护，流落到民间的很少。仅常德市某企业周波收藏了一定的陶器。如唐代青釉忍冬纹罐、唐代“朗州窑”旋涡纹彩陶瓮、宋代常德斗姆湖窑谷仓罐等。常德市交通局曾昭贵藏有一件清代紫砂包锡三镶玉花卉诗文海棠壶。该壶紫砂胎质，色泽深褐，胎底内款“范述曾制”阳文篆书印。壶形为海棠形状，壶盖、流、把均镶和田白玉。紫砂外包锡皮，一侧刻梅花纹，另一侧镌刻“雪满山中高士卧，月明林下美人来，石楳”。据查证，范述曾为江苏常州人，善制锡包紫砂镶玉壶。石楳姓朱名坚，又称朱石楳，是紫砂三镶壶的首创人。该壶为范述曾制胎，朱石楳包锡镶玉而成，工艺上别开生面，相映生辉，珠联璧合。

清代紫砂包锡三镶玉花卉诗文海堂壶

民间收藏的各个历史时期的铜器较多，主要有武陵区文体局周志辉收藏的直径为12厘米的汉代青铜高浮雕神兽镜；常德市某大型企业周波收藏的直径16.5厘米的唐代蟠龙纹铜镜、高23厘米的唐代带柄宝相花铜镜、直径13.5厘米的宋代双凤纹铜镜、直径17.5厘米的宋代“二仙过海”铜镜等。鼎城区政务中心贺盛福收藏的直径34厘米、高15.5厘米的汉代青铜兽耳旋纹双鱼洗，直径10.5厘米的汉代日光连弧纹铜镜，直径10厘米的汉代青铜八乳八鸟博局镜；湖南省益常高速公路公司秦光建收藏的直径9厘米的明代狮钮旋纹三足铜熏炉，清代铜牛首象腿水陆攻战狩猎图三足鼎，高54厘米的清代二十八星宿云蝠纹四兽狮钮铜香熏炉。常德日报社陈渝生收藏的明代青铜平安吉庆磬、清乾隆时期的铜嵌银象耳椭圆香炉等。

清晚期五彩花卉安缸

民间收藏的铁器较少，仅有常德市某大型企业周波收藏的高33厘米，口径44厘米的明代大明国湖广常德府桃源县隆武二年铁磬；高27厘米，口径27厘米的清代信士湛玉笋光绪三十三年铁磬；高27厘米，口径27厘米的清代湖广长沙协左营康熙五十二年铁磬。湖南省益常高速公路公司彭明坤收藏的二战时期的“井上真改”款、“东京寿屋”款等各式样的日本指挥刀共11把。

清乾隆霁蓝双耳瓶

民间收藏器物数量最多的为瓷器，以清代和民国时期为主，有少量宋代、元代和明代器物。常德市收藏协会副会长陈光跃收藏的宋代直径19.3厘米，高8.8厘米的官窑瓷碗，常德市公安局交警支队梁诺夫收藏的元代高31.5厘米的磁州窑梅瓶均保存完好，是年代较早的瓷器之一。常德市委办公室谈应来收藏的明代五彩锦地开光婴戏罐、明代青花松竹梅六方罐也是民间收藏中年代较早的瓷器。肖异收藏的清乾隆霁蓝双耳瓶高38厘米，盘口，长颈，鼓腹，圆足。颈部一对螭龙耳。造型美观端庄大气，霁蓝釉色纯正，如同蓝色宝石，釉面光润肥腴。常德市政府叶培民收藏的清晚期五彩花卉图案缸缸高 20.5 厘米，口径 17.5 厘米，造型优美，呈鸡心状，画工精湛，体现了古代五彩瓷器的华美。常德市诗墙公园王文平收藏的清同治粉彩人物开光花瓶，桃源县水利局叶立敏收藏的清代粉彩虫草纹瓜棱罐，常德市国土局朱自权收藏的清雍正粉彩瓜果盘，常德市政务中心杨军武收藏的清同治粉彩神仙人物折沿洗和清至民国各种规格，各种纹饰，各种釉色的帽筒，以及武陵区委邓纯彪收藏的各式瓷金炉，常德市收藏协会会长韩肃建收藏的民国时期各种瓷盒等等都各具特色。

民间玉器（包括象牙）收藏数量也较多，主要有常德市大河茶馆收藏的高 39 厘米的清代象牙苏武牧羊雕像、汉代白玉鸡心佩，常德市政府叶培明收藏的高 35 厘米的清代象牙加彩水月观音像，常德市收藏协会刘晖收藏的明代玉童子背如意摆件、清代玉持梅老翁挂件，常德市收藏协会副会长陈光跃收藏的清代雕玉蟹，常德日报社陈渝生收藏的白玉船和昌化鸡血石印章，鼎城区交警大队夏正威收藏的凤龙古玉，常德市交警支队梁诺夫收藏的清代双喜玉佩、玉如意，玉钱（咸丰元宝）、常德市交通规费征稽处梁辉收藏的唐代黄玉四山镜、明代青白玉留皮瑞兽，常德市交通局曾昭贵收藏的汉代青白玉螭龙纹剑格、清代白玉五福回纹扳指、象牙渔樵耕读诗文笔筒等等，其中不乏精品。

二、木质雕刻系列

木雕是明清时期常德乡村家具制作的一大特色，尤以桃源县、鼎城区、汉寿县为盛，其他区县也有此习俗。木雕家具以雕花床为主，兼有桌、椅、茶几、洗脸架等。木雕家具的木质选择颇有讲究，大户人家均采用香樟或红木，选料昂贵，一般农户大都采用柳木等低质木料。除木雕家具外，还有木雕门窗、堂匾、贺匾、神龛、屏风、插屏、楹联等木雕工艺品。新中国成立后，由于社会的进步和生活习俗的逐步改变，一些木雕家具的用途被逐渐淡化。特别是“文化大革命”中，被视为“四旧”而遭到毁灭性的破坏。一些幸免于难的器物除部分被国有收藏单位征集收藏外，其余的均成民间藏品。

清代潇湘八景拔步床

常德市大河茶馆收藏的清代潇湘八景拔步床为木雕家具中的精品。该床为香樟木雕，长 220 厘米，高 266 厘米，宽 250 厘米，器型硕大，品相完好。朱红生漆镏金，色泽富丽华贵。床檐雕饰潇湘八景，床面镂空雕龙凤花卉图案，雕工大气细腻，艺术风格鲜明，为典型的常德本土“桃源工”。据湖南省文物鉴定委员会专家考证，此床为目前国内唯一的“潇湘八景”题材木雕作品，它填补了潇湘八景品类的空白。常德市木器收藏爱好者成中笑收藏的清代楠木雕花小姐床、小姐椅、樟木洗脸架、柏木十条屏等；常德卷烟厂李哲伟收藏的清代红木靠背椅、红木茶几（2件）、梅兰竹菊红木榻、清乾隆宫廷造办处造竹簧镶紫檀雕西番莲蝙蝠纹文盒；常德市社科联曹光红收藏的清代木雕戏剧人物洗脸架、木雕八仙手杖；常德市木雕收藏爱好者刘冠西收藏的清代木雕“龙章凤姿”堂匾和若干木匾、木刻楹联；常德市财政局廖华春收藏的清代“双星并耀”人物花鸟木匾；常德市党史办魏胜权收藏的明代木雕立狮等等，都具有较强的代表性。

三、金银器系列

民间珍藏的金银器总量不多，器物的收藏价值也一般。常德市大河茶馆收藏的高16.5厘米的明代铜鎏金罗汉像，常德日报社陈渝生收藏的高11厘米、宽8厘米的清代鎏金天王像，湖南省益常高速公路公司秦光建收藏的高16厘米的清代鎏金释迦牟尼像，常德市委办谈应来收藏的南宋鎏金银盏、南宋银发饰一组、明代银发簪一组，湖南省交通系统甄平收藏的高12厘米的鎏金无量寿佛像等，为民间金银器收藏的代表器物。

四、石雕、奇石系列

常德大众园艺有限公司陈德喜从20世纪80年代开始，潜心收藏散落在民间的历代地砖、梁柱、斗拱、门窗、牌坊、华表等石雕件，先后投资过百万元，征集收藏各类石雕数百件，其中明代石雕器物有人物图像、石虎、石象、石兽、人物瑞兽柱墩；清代石雕有羊首、金刚、土地神、貔貅、石牛以及瑞兽图抱鼓石、双狮戏球抱鼓石、六方镂空雕花墩和刀马人门头、龙凤、松鹤、福寿图、十子连心、武松打虎等各种图形的石雕件若干。武陵区委邓纯彪收藏的民国石雕“祠孙文臣敬献”香炉也很具特色。

家住常德市城区鸿升别墅小区的马新龙爱好识别、收藏各类奇石。从1997年以来，他收藏各类奇石400多件，重20余吨，开辟了家庭藏石馆。其代表作有高63厘米、长41厘米、宽25厘米的“洞庭烟波图”，高39厘米、长38厘米、宽17厘米的“石涛画意”，高35厘米、长26厘米、宽14厘米的“穿山甲”等武陵画面石；高32厘米、长24厘米、宽19厘米的“双鹰图”武陵穿孔石等。常德诗墙公园管理处陈国安从1992年起鉴赏收藏奇石，他收藏各类奇石200多件，奇石作品和个人传略曾入编《中国奇石盆景根艺花卉大观》。代表作有高26厘米、长20厘米、宽10厘米的“秋韵”广西国画石；高26厘米、长23厘米、宽12厘米的“江南民居”武陵画面石；高21厘米、长21厘米、宽11厘米的“藏春”武陵文字石等。常德市武陵奇石协会王思远收藏奇石有几百方之多，其代表作有长48厘米、宽21厘米、高22厘米的“常德德山山有德”九龙壁石；有高33厘米、长26厘米、宽12厘米的“翠染霞山”云南草花腊石；有长17厘米、高12厘米、宽7厘米的“猎鹰”沅水画面石等。

五、古钱币系列

常德市人民银行王国平从1991年开始集藏钱币，主集中国历代古钱和地方纸币。2007年至2009年为主筹建了中国人民银行常德市中心支行“常德钱币陈列室”。他收藏的钱币主要有：“至正之宝”、“权钞伍钱”元代顺帝铸币（古泉铜品五十名珍之一）、“四布当釿”先秦时期楚国铸币、梁充釿金当寽、“龙凤通宝”，元末农民起义军韩林儿铸币、“咸丰重宝”、“宝源局星月当五十”，清代咸丰时期工部宝源局试样钱、“嗣统通宝（隐起文）”，太平天国时期贵州遵义号军铸币、“义记金钱”，太平天国时期浙江金钱会铸币以及常德官钱局乙巳年（1905）制钱一串文纸币，津市大丰商业银行贰拾枚纸币，合口农钱局铜元壹百枚纸币等。常德火车站家具城力新红木家具商场张昊主集花钱、清钱，集的铜十二生肖背龙凤云纹开炉大花钱，铜“福寿康宁”背仙鹤人物花钱，铜“万里封侯”背龙凤纹花钱，铜“吉庆有余”背戟鱼图花钱，铜刘海戏金蟾背山鬼花钱，铜“春夏秋冬”背十二时辰花钱等。常德市某大型国有企业周波收藏历代钱币1000余件（套），他收藏的先秦时期齐三字刀、燕尖首刀、燕明刀和中华苏维埃共和国国家银行（壹圆、伍角、壹角、贰角、伍分）纸币，为民间钱币收藏中所罕见。鼎城区交警大队孙世平收藏的一组共20枚广东民国银币也很具特色。

六、“文房四宝”系列

民间收藏中文房四宝收藏人数和器物数量都较多，收藏器物主要是各个时代、各种式样、各种质地的砚台以及笔筒、笔洗、墨盒等。常德卷烟厂李哲伟主藏古砚，现有历代古砚400多方，其收藏的明末清初时期江浙著名书画家李肇亨款未央宫瓦砚最具特色。该砚黄釉鲜亮温润，保存完好，铭文雕刻精细。砚背有“十三年敬造”铭文，正面铭文为“汉业既成未央是营温宣深间万瓦鳞次越口此年瓦稄之全登之丈圉用为砚田制自上师珍同圭壁物无弃材视此遗甓醉鸥李肇亨”。此砚于2007年参加中国收藏开封论坛展出并获银奖。他收藏的古砚精品还有：汉代研磨石板一组、晋代元康年号配红木天地盖砖砚、唐代龟形木质盖砚、宋代太极图抄手端砚、元代鱼化龙石砚、明代红丝石镶玉紫檀盒砚、“汪枋”款门字形朱砂澄泥砚、双足囊形苏州石砚、清代带红木镶玛瑙盒刘海戏金蟾端砚、带红木天地盖描金鼓形澄泥砚、带红木天地盖描金铭文琴式砚、民国“郑振铎”款圆形歙石盖砚等。常德市政务中心杨军武收藏的清代兰亭人物澄泥砚、瓶式歙砚。常德市医疗保险

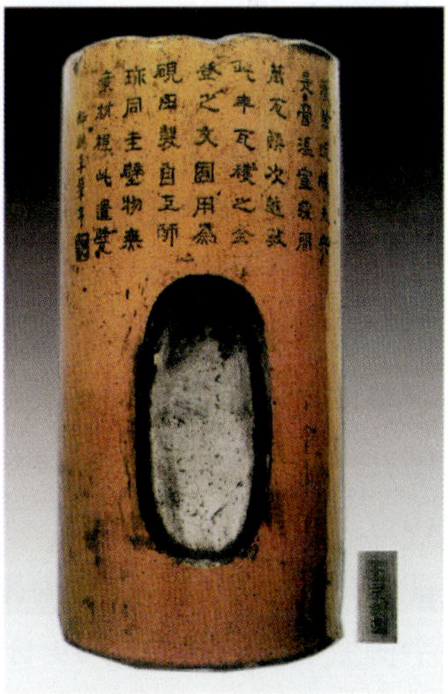

明代李肇亨款未央宫瓦砚

处陈光跃收藏的清代带盖童子献寿端砚等均为古砚之佳品。

常德市人寿保险公司周诗华对文房中的竹雕物件情有独钟，他珍藏的竹雕笔筒已成规模，其中有明代“三松”款笔筒、和合二仙笔筒、行孝图笔筒、清代松下高士图、松下仕女图、山水人物图、留青山水人物和“芷岩”款牧牛图、“光宇”款师授图、“玉卿”款、“雪樵”款、“张希黄”款诗文等竹雕笔筒，款式多样，雕刻精美，极具收藏价值。常德市大河茶馆收藏的清代象牙渔猎图笔筒、黄花梨笔筒，常德市委办谈应来收藏的清光绪“王炳荣”款雕瓷笔筒、清代瘿木笔筒，桃源县水利局叶立敏收藏的清代粉彩孔雀梅花纹瓷笔筒、浅绛彩人物诗文瓷方笔筒、青花瓷鱼化龙笔架、民国矾红龙纹瓷印泥盒，湖南省常益高速公路公司秦光建收藏的清代桃花红釉瓷笔洗、墨彩渔樵耕读瓷笔洗、粉彩鱼藻纹瓷笔洗、民国红釉人物纹日本瓷笔洗，常德市财产保险公司辜业林收藏的清代至民国各种款式、各种规格、各种纹饰的铜墨盒等都各具特色。

七、书画、报刊、文献系列

民间收藏旧书画、旧报刊、历史文献的人数较多，收藏品也五花八门。现供职于常德市某大型企业的陈波酷爱收藏字画，其收藏品有：“华君武”款虎兔漫画，“张一尊”款、“王遐举”款篆书对联，“胡爽庵”款松豹图，“韩美林”款奔马图，“王憨山”款群鸡图，“汪亚尘”款扇面，“张熊”款牡丹图，“钟增亚”款集归图等；鼎城区财政局周正福主藏和研究各类现代杂志创刊号，藏有包括《红旗杂志》《小说月报》《半月谈》《散文》《诗刊》《文艺学习》等杂志创刊号3000多种，报纸创刊号100多种；常德市古画收藏爱好者周亚夫收藏有明清时期流传在民间的道士画100余幅；鼎城区政务中心贺盛福收藏有清代刘以敬墨梅四条屏、清《论语注疏解》共8册（魏·何晏注，宋·刑昌校定，清·嘉庆二十六年江西南昌府学重刊宋本版）、《重刻昭明文选》共12册（梁·萧统编，唐·李善注，清·何义门评点，海录轩藏板，套红印制）、《绘图镜花缘》共12册（铜活字本，清光绪十四年上海启新书局发行）、民国鄢耆——龟兹文（梵文）贝叶经（256片）等。被誉为“红色收藏家”的黄明军近二十年来从事“红色收藏”，主藏有近现代中共党政要员、将军、名人信札，解放区书籍史料，日军侵华图片，“文化大革命”系列藏品等。他收藏的1946年版，大连大众书店印行的《毛泽东选集》合订本，1952年10月印制的中国共产党中央委员暨候补委员像，1976年毛泽东逝世告全党全军全国各族人民书手稿以及1917年10月第三卷第二号《新青年》杂志，1933年5月江西省兴国县苏维埃政府通行证，1933年11月红军时期的残废证书，1937年英文版发行的美国记者斯诺著《红星照耀中国》、1937年8月19日由邹韬奋编辑出版的《抗战三日刊》创刊号，解放战争时期孟良崮战役捷报，1946年5月15日《人民日报》创刊号、1949年4月刊发毛泽东主席发布渡江命令的《胶东日报》等，自成一家。

八、像章、奖章、纪念章系列

中共常德市委党史办魏胜权爱好毛泽东像章收藏，他收藏有各个时期、各个地方生产制作，各种规格、各种质地、各种颜色、各种形状的毛泽东像章 1.3 万余枚。先后在常德博物馆、韶山滴水洞景区举办个人毛泽东像章收藏展和毛泽东像章精品展。常德市武陵区育英小学谭家耀收藏有近现代，特别是抗日战争时期国民党政府和常德地方组织制作颁发的各类徽章（证章、奖章、纪念章）数百枚，其中有民国湖南省民众抗日自卫团桃源县团部、临澧县团部铜质证章、民国国民政府抗日救国忠勇杀敌自强不息、保国卫民铜质奖章、民国国民政府抗战胜利民族革命、抗日救国民族光荣铜质纪念章等。2009 年 7 月，他个人选送的“常德徽章红色历程——五六十年代本土徽章 230 枚集结号”，参加“物证常德 60 年”大型展览活动并荣获金奖。

九、其他藏品系列

常德市财政局廖春华收藏的衡器、量器颇具特色。有元代铜权（高 9.5 厘米，刻“至正四年，曹州水患，救灾司校准官命，曹州市井，公私来行，以此为准，违者严惩”字款）。清代黄杨木戥子秤、长 134 厘米，铜嵌“紫檀无情人有情师兄留念师弟王斌敬赠”字款的紫檀木杆秤。还有高 331 厘米的清光绪铜箍铭文木斗，高 18 厘米，刻有“光绪十年公平交易”的清光绪竹米升等。

武陵区文体局周志辉收藏的清代缂丝群仙祝寿图图高 166.2 厘米，宽 91.8 厘米，为缂丝绣织。缂丝又称刻丝，价值珍贵，有“一寸缂丝一寸金”之说，被称为“织中之王”。此幅群仙祝寿图缂丝用丰富的色彩、华丽的画面，展现了各路神仙或腾云，或驾鹤，纷纷赶来祝寿的喜庆场景。画面中神仙惟妙惟肖，仙童活泼可爱，仙女端庄美貌，仙翁怡然自得。整个画面结构完整，造型生动，色彩艳丽，“福、禄、寿”寓意尽在画中，为清代鼎盛时期织绣的代表作之一。湖南地矿局 403 队王永彦收藏的长 125 厘米、宽 36 厘米的清代戏剧人物湘绣；常德市发展改革委胡少仪收藏的高 111 厘米，宽 67 厘米的清代“松鹤延年”织绣、高 86 厘米，宽 44 厘米的清代“烟波万里”织绣和清末“古得琼花第一枝”、民国“三阳开泰”、“双猫迎春图”织锈；常德市武陵区育英小学谭家耀收藏的清代麒麟八宝绣、花卉博古插屏绣、宫廷花鸟枕顶绣（4 幅）、民间肚兜绣等都是民间织绣中的佳品。

常德市某金融单位陈森喜好收藏各类鼻烟壶，其中有清代玛垴伯乐相马鼻烟壶、琉璃套彩瓜果鼻烟壶、紫砂、墨玉鼻烟壶、随形玉鼻烟壶、琉璃蝉形鼻烟壶，近代白玉鼻烟壶、象牙雕玉兰花鼻烟壶、白绿色翡翠鼻烟壶，民国紫砂山水梅花图鼻烟壶等。

常德市收藏协会韩肃建收藏的古锁具、针线筒均成系列，藏品制作精致，小巧美观。其中锁类有明代铜葫芦形双开锁、清代铜人物锁、铜月琴形锁、铜金鱼形锁、铜密码锁、民国铜环锁、铜圆形八卦锁、铜大型牛尾锁、铜琵琶机关锁、铜人物板锁、镶银铜锁等。针线筒有明代锡万字纹针线筒、清代银刘海砍樵针线筒、纯银制、竹刻针线筒各一组、铜花卉纹针线筒、牛骨花瓶形针线筒、漆绘花瓶形针线筒等。

第三章　文物征集与鉴赏

常德各级文物部门、特别是各级博物馆（纪念馆）一直重视文物征集与鉴赏，在把文物征集当做丰富馆（库）藏品的重要手段的同时，积极组织开展文物鉴赏活动，以增强社会和广大人民群众热爱文物、保护文物的意识，辨别文物真伪，提高鉴赏能力，打击文物犯罪行为，规范文物市场。

第一节　文物征集

文物征集包括社会捐赠、单位移交、国家征集三种形式。常德历史悠久，文物资源丰富，除拥有大量不可移动文物外，还有数量众多的、流散于民间的可移动文物。上世纪70年代以前，常德虽然还没有独立的文物管理机构，文物征集未能纳入正常工作范围，但当时代管文物工作的各级文化馆仍陆续征集和保管有一批珍贵文物藏品。1979年，常德地区文物工作队成立，文物征集开始列入议事日程，内设征集保管组。1993年，常德博物馆成立，与常德市文物事业管理处两块牌子，一套人员，合署办公，内设征集管理科。2002年，常德博物馆与常德市文物处分开设置，内设考古部，文物征集保管纳入考古部管理，2004年成立由正、副馆长参与的文物征集工作领导小组，聘请部分离退休业务人员为文物征集顾问。2010年又单独设置征集保管部，先后制定包括文物征集范围、征集方式、征集制度等为主要内容的文物征集工作方案，使文物征集工作步入常态化、规范化、制度化管理轨道。各区、县（市）的文物征集工作随着文物管理机构的建立健全，特别是部分区、县（市）博物馆、纪念馆的成立而逐步得到加强。

20世纪80年代以前，文物征集的内容以历史文物为主，征集的方式主要是社会捐赠和单位移交。这一时期，人们文物收藏意识相对淡薄，国家意识较强，不少单位和个人自愿将所藏文物无偿捐赠、移交给国家，国有文物收藏单位征集文物的环境相对宽松且投入较少，大量社会流散文物陆续被征集，且不乏文物精品。如：常德博物馆征集收藏的五代时期的花鸟纹铜镜、东汉的车马铭纹铜镜，石门县博物馆征集收藏的宋代三彩陶屋、元代莲花纹银碗，临澧县博物馆征集收藏的明代圆形方玉琮、元代白瓷黑花人物纹瓷枕，澧县博物馆征集收藏的宋代影青釉刻花梅瓶，津市市博物馆征集收藏的龙饰鎏金铜件铠甲、十四世纪印度德里金币，桃源县文物管理所征集收藏的汉代双鱼铭文铜洗、晋代虎牙将军银印，临澧县林伯渠故居纪念馆征集收藏的林伯渠荣获或使用过的妇女工作者棉布奖状、林祖涵长方形印章、毛中山装呢上衣、大木箱、牛皮公文包等，后来均被鉴定为国家一级文物。1980年，临澧县原新合乡龙港村一村民在平整土地时挖出一元代金银器窖藏，内有杯、簪、钗、镯等金银器200余件（套），后卖给了临澧县人民银行。常德地区文物工作队闻讯后立即前往予以全部征集收藏。这批金银器在1994年全市馆藏文物集中鉴定时，鉴定为一级文物的就有50余件。80年代以前，各文博单位先后征集收藏的二级、三级文物数量更多。

90年代，随着社会经济的发展，人们的价值观念不断增强，文物鉴赏水平逐步提高，民间收藏文物的热潮开始兴起，民间文物收藏者与国有文博单位在文物征集上竞争激烈。这时文物征集的方式主要靠有偿收购，按质论价。国有文博单位由于征集经费不足，在竞争中往往处于劣势，文物征集数量急剧减少，质量也明显下降。尽管如此，但通过努力，征集工作还是取得一定的成效。常德博物馆1996年征集的一件西汉“垣地”弦纹青瓷长颈瓶后被鉴定为一级文物。还有一批数量可观的二级文物和三级文物。如常德博物馆征集收藏的元代龙泉窑高足瓷碗、石门县博物馆征集收藏的元代双系管流铜壶、津市市博物馆征集收藏的五代时期缠枝梅铜钱纹铜镜、金代海浪纹铭文铜镜、桃源县文管所征集收藏的元代龙泉窑莲花纹瓷盘、明代青花白菜纹瓷碗、汉寿县文管所征集收藏的元代影青釉菊瓣纹四足瓷香炉等。这一时期的文物征集还有一个显著特点，就是文物征集的范围逐步扩大，在继续征集历史文物的同时，增加社会主义革命和社会主义建设时期的文物（简称社建文物）和民俗文物的征集。从1996年开始，全市各文博单位按照国家文物局和湖南省文物局的要求，广泛征集社会主义革命和社会主义建设期间（1949～1979年）有关重大历史事件、重要革命运动和重要人物的、具有纪念意义和历史价值的社建文物。截止2000年，仅常德博物馆就征集各类实物、图片、文献资料等社建文物共1521件（套），其中有68件（套）被湖南省文物鉴定委员会专家鉴定为珍贵文物。1998年，常德博物馆第二期建设工程（南北专题馆）竣工，为充实馆内展览内容，开始筹备“常德民俗展”大型展览，先后在常德、湘西自治州、怀化等地民间征集并展出有关服饰、生产、人生、信仰、游艺、饮食、居住等方面的民俗文物共500余件（套）。石门县博物馆也举办湘西北“土家族民俗风情展”，征集、展出各类土家族民俗文物200余件（套）。

2000年以后，文物征集工作环境发生根本性变化。这期间，由于改革开放不断深入，经济迅速发展，人民群众生活水平普遍提高，社会更加安定和谐，盛世收藏成为一种时尚，一种财富拥有的标志，全市范围内出现全民淘宝的热潮。民间文物收藏者队伍迅速发展。仅常德市收藏者协会会员就有百余人，各区县（市）民间收藏者也有一定规模，他们分散在社会各个领域，各个阶层，广泛征购和收藏流散于民间的文物。国有文博单位征集文物，只能进入各类文物市场或从个人收藏者手中按市场经济规律运作。虽然各级政府安排一定的文物征集费，但在那些精品文物面前只能望物兴叹。这一时期的文物征集成效甚微。为使国有文博单位走出文物征集工作的困境，市、县两级财政不断加大投入，将文物征集费由原来的专项补助改为确定基数纳入年度预算，并逐年增加。市财政从2002年起，为常德博物馆每年预内安排2万元，2004年增加到3万元，2010年增加到20万元，2012

年增加到50万元。部分区县（市）财政也将文物征集费纳入年度预算，其基数逐年增加。

第二节　文物鉴赏

常德的文物鉴赏工作起步于20世纪六七十年代。那时全市虽然还没有建立文博管理机构，但市（原常德地区）县两级文化馆均配有专职或兼职文物专干，他们是常德最早的文物鉴赏者。

80年代至90年代初，随着市、县两级文物管理机构相继建立健全和常德博物馆及部分区县（市）博物馆的先后成立，引进一批高学历文物专业人才，加上原有的专业人员，文物鉴赏工作队伍基本形成，文物鉴赏成为各级文博单位的一项日常性的工作，鉴赏活动逐步开展。

90年代以后，特别是进入21世纪，常德文物鉴赏工作不断兴盛，鉴赏队伍不断扩大，鉴赏活动开展频繁，鉴赏水平迅速提高，鉴赏成果日益显现。

在鉴赏队伍建设方面，各级文博单位都重视文物鉴赏专业人才培养，在积极创造条件，鼓励自学成才的基础上，适时选拔和推荐有关人员参加国家文物局、湖南省文物局、湖南省博物馆等单位组织的各类文物鉴定培训班学习。常德市文物局、常德博物馆多次组织开展文物鉴定人员培训。全市先后参加国家级文物鉴定培训的有5人次；参加省级文物鉴定培训的有33人次；参加市级文物鉴定培训的有60余人次。通过自学深造和层层培训，涌现一批文物鉴赏的专业人才，他们当中有许多老一辈的文物工作者，如常德市文物局已故干部潘能艳、退休干部董国安，常德博物馆已故干部秦自知、退休干部肖俊兰，澧县文物处退休干部曹传松，鼎城区文管所已故干部宋杰、安乡县文管所退休干部雷明、临澧县博物馆退休干部黄孝元、侯玉梅以及石门县博物馆的龙西斌等，特别是现年80多岁的常德博物馆退休干部杨启乾，具有各类文物鉴定的知识与能力，尤其在金银器、古印章、古字画等文物的鉴赏上有较深的造诣，至今还热衷于文物鉴赏活动，并担任常德博物馆文物征集的顾问。他撰写的《奇诡神秘的东晋铜幻人俑》《湘西北出土巴式青铜器考略——兼论战国晚期楚、巴、秦关系》《常德楚墓出土的两件战国漆器考》等文物鉴赏文章均在省级以上刊物发表。同时，一批后起之秀脱颖而出，如常德市文物局的王永彪、彭瑞，常德博物馆的文智、龙朝彬、李文涓、徐小林，澧县文物处的封建平、曹毅，津市市文管所的彭佳、谭远辉、汉寿县文管所的李绍南、鼎城区文物处的马跃华、临澧县博物馆的吴修明等均为常德文物鉴赏的佼佼者。他们不仅有较高的学历和专业知识，也有丰富的工作阅历和实践经验。常德博物馆考古部主任龙朝彬擅长出土文物的鉴定，特别是在陶器、铜器的鉴赏上造诣颇深。他编著的《常德出土铜镜》，既是一本对外宣传用书，也是一部文物鉴赏佳作。常德博物馆征集保管部主任李文涓从事文物征集保管工作近二十年，对全市馆（库）藏各类珍贵文物如数家珍。长期的工作实践积累了丰富的鉴赏知识，她先后撰写并在省级以上报刊发表各类文物鉴赏文章20余篇，其中《常德市博物馆馆藏元代窖藏金银器》一文于2007年被湖南省博物馆馆刊第四辑刊用。该文图文并茂，共2万余字，对1980年征集入藏的214件（套）金银器进行全面介绍和赏析，是一篇具有较高水平的鉴赏作品。该文被评为湖南省社会科学基金课题《湖南宋元窖藏金银器的发现与研究》（06yB141）阶段性成果优秀作品。除国有文博单位的文物鉴赏人才外，随着文物收藏热的兴起，全市民间也涌现一批文物鉴赏行家。

在文物鉴赏方面，主要参与和组织了三个方面的活动。一是认真组织全市国有文博单位馆（库）藏文物适时集中鉴定。1994年12月，聘请国家文物鉴定委员会专家组一行7人来常，在常德博物馆首次进行为期一周的文物鉴定。参加此次鉴定的有全市各国有文博单位馆（库）藏文物共2000余件（套），被鉴定为国家一级文物的有124件（套）、二级文物312件（套）、三级文物823件（套）。之后，又于2002年、2009年先后两次聘请湖南省文物鉴定委员会专家到常德，对全市新近发掘出土的文物进行集中鉴定。二是积极开展社会文物鉴赏活动，宣传、普及文物鉴赏知识。市文物局、常德博物馆每年在开展“文物法宣传活动周”和“5·18国际博物馆日”“文化遗产日”宣传活动期间，都组织一批专业人员上街为公众免费咨询，进行文物鉴定，多年来共为社会鉴定各类文物500余件（套）。各区、县（市）文博单位每年也开展类似活动。近20年来市博物馆征管部为广大市民义务鉴定文物数万人次。三是全力支持参与有关部门、社会团体组织的义务鉴定、鉴赏活动。2009年4～10月，常德市文物局、常德博物馆、常德市档案馆、常德日报社、常德市社科联、常德市收藏家协会联合举办“常德物证60年”庆典活动，庆祝中华人民共和国成立60周年。文物局、博物馆选派文物鉴定专家李文涓自始至终参加了这一活动。在半年多的时间里她参与征集，鉴定了常德市60年来反映人民生产、生活重大变化的实物、图片、文字资料等数万件套社建文物，好评如潮。同年8～10月，她又作为特邀代表参加了湖南省文物局、湖南省文物鉴定中心、常德市文物局、常德市收藏协会举办，常德大河茶馆承办的“湖南省第二届鉴宝”活动。湖南经视金鹰纪实频道全程直播，得到社会各界好评。

第四章　文物调查及数据库管理系统建设

“文物调查及数据库管理系统建设”项目（以下简称“文物调查项目”）是一项由国家文物局、财政部共同主导的文化遗产领域数字化建设基础工程。此项工程，以摸清国有馆（库）藏文物状况、提高文物管理水平为基本目标，以调查馆（库）藏珍贵文物资源、采集文物基础信息为基本形式，以数字化影像采集技术、数据存储技术和现代网络技术为基本手段。从2001年开始国家“文物调查项目”，首先在山西、辽宁、河南、甘肃四省试点，2005年在湖北、湖南、河北、浙江、广西、四川、陕西7省区推广。根据国家和省文物局确定的目标，常德“文物调查项目”任务是完成全市国有文物收藏单位馆（库）藏文物调查、珍贵文物文本、影像采集和审核、汇总、录入、报送工作；通过执行“文物调查项目”，初步建立起常德市二级网络数据中心，与湖南省文物数据中心网络连接，为逐步建立部分区县（市）基层文博单位第三层信息网点，最终构建成省、市互连两级三层结构的文物信息网络夯实基础。常德市文博系统按照省文物局的统一安排，从2005年10月开始着手“文物调查项目”，历经5年，于2010年10月圆满结项。

第一节　队伍组建与培训

2005年8月21日，常德市文物处成立常德市“文物调查及数据库管理系统建设”项目领导小组，配备两套工作班子，一套负责全市馆（库）藏文物文本、影像采集；一套负责影像合成和调查项目整理、审核、报送。各区县（市）文物部门也成立相应的工作班子，全市参与文物调查项目的工作人员40人。同时，还在文博系统内部聘请了3名具有副高职称的业务人员组成项目专家组进行技术指导。队伍组建之后，市文物处先后6次派员参加湖南省文物局组织的“文物调查项目”业务培训，参训人员150人次。市文物处还自行举办“文物调查项目”业务培训4次，参训人员100余人次。

第二节　工作步骤与成效

“文物调查项目”工作量大，时间跨度长，根据国家和省文物局的要求，分阶段进行，分步实施。

2005年8～12月，组建班子，宣传发动。认真组织学习、领会国家和省文物局会议精神，明确工作任务，成立“文物调查项目”领导班子，组建工作队伍；讨论制订工作方案，编制经费预算；召开全市“文物调查项目”工作动员会，对相关人员业务培训；指导各区、县（市）文物行政主管部门采取相应措施，配合市局开展工作。

2005年12月~2006年12月，集中培训，文本采集。重点对文本采集人员、数据采集录入人员、馆藏文物数据软件管理系统操作人员进行培训；为工作单位配置文本数据录入和影像采集设备；组织各单位分散进行文本采集。

2007年1~12月，文本审核，采集珍贵文物影像。对已采集的文本先由各文物收藏单位专业人员和法人代表进行初审，再由市"文物调查项目"专家组进行复审，然后由市"文物调查项目"领导小组项目负责人进行终审。在文本审核的同时进行珍贵文物影像采集。

2008年10月~2009年9月，清库核对，鉴定文物。主要是对全市国有文物收藏单位的馆（库）藏文物进行彻底地清库核对，2009年6~7月聘请湖南省文物鉴定委员会专家组，对全市2000余件新增文物进行集中鉴定，并对529件新增上级文物文本及影像及时采集和审核。

2009年10月~2010年6月，资料汇总合成，录入复审。对审核确定后的文本数据、影像图片等资料汇总，进行合成录入、复审，然后进入湖南省文物数据中心，一级文物报送国家文物数据中心。全市从11家国有文物收藏单位2万余件（套）文物藏品中共采集文物藏品文本5032份，经过审核上报4030份，其中珍贵文物文本2915份；采集珍贵文物6个方位影像图片123CB/43326张（NEF/JPG各一套），其中合成珍贵文物图片18216张（JPG格式）；合成珍贵文物电子文本2915套。

2010年6~8月，结项申报、检查评估。市文物局对"文物调查项目"进行初步小结，向省文物局呈送项目结项申请报告，请省文物局"文物调查项目"领导小组派员进行检查评估与验收。2008年8月，省文物局"文物调查项目"领导小组对常德检查验收，珍贵文物文本、影像采集率均达100%；数据报送率达100%，文物信息必填项采集率、文物信息准确率均达100%；影像采集角度、方位、清晰度、电子文本检索均符合技术规范；任务完成的结项申请报告及数据报送工作程序均达到省文物局规定的要求。

"文物调查项目"系统建设促进了全市馆（库）藏文物数据库管理系统建设，为提升全市馆藏文物管理水平奠定了良好基础。全市初步建立起一个拥有1台主电脑、19台子电脑、1套电子文本数据软件和具有专业人员操控的市级文物数据管理中心，并实现与省文物数据中心的网络连接。市级文物数据中心的初步建立，为逐步建立部分区县基层文博单位第三层信息网点，构建省、市互连两级三层结构的文物信息网创造了条件。

第五章　国有博物馆（纪念馆）免费开放

常德博物馆2004年开始实行对未成年人、老年人、残疾人、现役军人等特殊群体免费参观，2007年12月1日向全社会免费开放，成为湖南省最早向社会免费开放的地市级博物馆。2008年2月，中共中央宣传部、财政部、文化部、国家文物局联合下发《关于全国博物馆、纪念馆免费开放的通知》。市本级和相关区县市宣传、财政、文化、文物部门积极响应，迅速行动，先后成立领导小组，制订工作方案，认真做好免费开放的各项准备。到2008年年底，全市6个国有博物馆、纪念馆全部实行对外免费开放。

第一节　免费开放范围和内容

中共中央宣传部、财政部、文化部、国家文物局下发《关于全国博物馆、纪念馆免费开放的通知》，对免费开放范围明确界定："全国各级文化文物部门归口管理的公共博物馆、纪念馆，全国爱国主义教育示范基地全部免费开放。其中，文物建筑及遗址类博物馆暂不实行全部免费开放，继续对未成年人、老年人、现役军人、残疾人和低收入人群等特殊群体实行减免门票等优惠政策。博物馆、纪念馆按照市场化运作举办的特别（临时）展览，可根据实际情况确定门票价格。"根据这个文件精神，经请示市宣传、文化主管部门同意，确定全市现有6家国有博物馆、纪念馆（常德博物馆、临澧县博物馆、澧县博物馆、石门县博物馆、津市市博物馆、林伯渠故居纪念馆）在2008年10月1日前全部实行向社会免费开放。

免费开放的具体内容：一、现有基本陈列和自办、联办的各类临时展览；二、此后新办（自办、联办）的基本陈列和各类临时性展览；三、已经开辟和以后开辟的观众休息室、包裹寄存、车辆停放处及文博信息咨询、文物古董鉴定等服务项目。

第二节　免费开放前期准备

市县两级国有博物馆（纪念馆）在免费开放前，在思想认识、软硬环境的改善方面，做了大量的前期准备工作，为免费开放创造条件。

常德博物馆在认真总结以往免费开放经验的基础上，重点在四个方面改进：一、合理调整馆内人员结构，修订完善各项规章制度。对馆内部分工作人员的岗位进行微调，新增临时聘用人员，重点加强展览部、保卫部的力量，在展室内配备保安人员；对接待、讲解、展室内部安全保卫等方面的规章制度进行修订和补充；对开、闭馆时间进行调整，全年除每周星期一闭馆外，其余时间天天开馆。二、不断充实展出内容，全面提升展览水平。在原有5个基本陈列的基础上推出“常德名人馆”，对原“常德历史文物展”进行重新设计和布展，在内容和形式上实现新突破。三、营造优美舒适参观环境，完善服务设施。馆内先后进行馆舍屋顶维修、外墙清洗、门窗油漆、院内绿化整治，配备绿化管理、卫生保洁人员。在公共场所张贴永久性公益广告，设置安全、卫生、禁烟、参观指南和观众须知等标示，院内划定规范的机动车、自行车停放处。馆内还新开辟影视厅、游客接待中心和观众休息处，配备残疾人、婴儿专用车，残疾人厕位及无障碍通道等。四、积极开展对外宣传，推出系列免费服务。先后与20多所大、中、小学签订馆校共建德育教学基地协议，合理安排学生参观时间。利用“世界文化遗产日”“国际博物馆日”等特定节日多次组织有关文博专家学者深入大中学校和社会向学生及公众举办文博专业知识讲座，还通过广播电视、报刊、信息网络等新闻媒体大力宣传免费开放。馆内实行免费咨询文博信息，免费物品寄存，免费文物鉴定，免费发放有关资料，免费停放车辆等。

石门县博物馆积极贯彻落实中共中央《关于进一步加强未成年人思想道德建设的若干意见》，从2004年5月1日起就对未成年人团体、残疾人、现役军人、老年人等特殊人群实行免费参观。2008年4月又按照对社会免费开放的要求，先后对馆舍进行全面的维修；对售票室（该馆实行免费不免票）和部分展室的设施及展出内容进行改造和调整；修订完善有关规章制度，制定《免费开放工作方案》《免费开放管理办法》《免费开放参观须知》《免费开放安全应急预案》；确定免费开放的开放范围、服务项目、方式方法和开放时间；馆内重要部位安装可视监控系统，增添消防、环卫设备。还开辟物品寄存、游客休息处。经过充分准备，于10月1日向社会免费开放，是常德较早免费开放的县级博物馆之一。

临澧县博物馆也采取统一思想认识，切实加强领导，制定和完善各项规章制度，添置安全保卫设备，网罗培养人才，提升服务水平等四项措施，做好免费开放的多项准备。他们还按标准向社会招聘讲解员，并对所有讲解人员进行集中业务培训。全馆工作人员实行统一着装，挂牌上岗，讲究仪表，规范服务。

澧县博物馆为实行免费开放先后筹措资金20万元，改造扩大展室面积，新办一个基本陈列，添置安装全程监控设备和安全检测仪器，开辟包裹寄存、游客休息场所，组织有关人员外出参观学习，吸取外地免费开放的经验。

津市市博物馆从2008年1月1日起就实行对外免费开放，是全市免费开放最早的县级博物馆。在免费开放前，馆内添置闭路电视监控设备，进一步加强安全防范措施。在博物馆院落临街面进行美化、亮化，修建仿古式透视围墙、碑廊等。

林伯渠纪念馆2008年3月以前集中学习、领会精神、统一认识。4月拟定免费开放的初步意见，逐级向上汇报，争取县宣传、财政、和文化主管部门的支持。5月至9月成立领导小组，制定具体工作方案，搞好门票收入清理结算；完成游客接待中心和环保公厕修建，开辟饮食、休闲、娱乐等服务项目；确定参观线路，树立参观游览标识牌；聘用培训临时保安员、讲解员。10 月 1 日正式对外免费开放。

第三节 免费开放保障机制

博物馆、纪念馆免费开放的保障机制主要是靠财力支撑、体制改革和管理创新。博物馆、纪念馆的性质和功能决定博物馆、纪念馆是重要的公共文化资源，具有鲜明的公益性特征，同时也决定各级财政部门要承担相应职责，保障博物馆、纪念馆资金投入。从 2008 年开始，常德市、县两级政府，特别是宣传、文化、财政和文物主管部门以免费开放为契机，加强对博物馆、纪念馆的管理和指导，帮助博物馆、纪念馆调整思路，逐步实现“三个结合”，建立和完善“三种机制”。

一、与公益类文化事业单位改革总体要求相结合，进一步加大对博物馆、纪念馆的资金投入力度，建立博物馆、纪念馆经费保障机制。市县两级财政将博物馆、纪念馆所需资金纳入年度预算，并逐年增加。在重点保证人员经费、办公经费的前提下，统筹安排免费开放所需的配套设施建设、设备更新、新增接待能力、新增服务项目和改进服务手段等方面的专项补助经费；通过国家和省文物主管部门中央财政也为市县两级博物馆、纪念馆分别给予了免费开放补助经费。2009 ~ 2011 年，各级财政为市县两级博物馆（纪念馆）下拨免费开放专用经费共 725 万元，其中常德博物馆 350 万元、区县博物馆（纪念馆）375 万元。

二、与构建公共财政体制相结合，进一步完善财政投入方式，建立博物馆、纪念馆工作激励机制。在免费开放中，中央和地方财政设立专项奖励资金，主要用于奖励积极改善陈列布展、经常举办临时展览、努力提升服务能力、创造良好社会效益的有特色、有贡献的博物馆、纪念馆。这种机制的建立，充分调动了全市国有博物馆、纪念馆的积极性，他们一方面主动出击，千方百计多办展览，办好展览，使展览活动更加丰富多彩；另一方面不断拓展服务领域，改善服务方式和手段，向社会提供全面的、优质的、更加人性化的服务。

三、与博物馆、纪念馆运行规律相结合，进一步深化内部改革，建立博物馆、纪念馆内部管理创新机制。市县两级博物馆、纪念馆在宣传、文化、文物主管部门的指导下，认真研究和把握博物馆、纪念馆的运行规律，按照国家关于文化事业单位体制改革的要求和部署，以深化内部人事制度改革为突破口，优化组织结构，整合人力资源，全面加强队伍建设，在单位内部普遍实行因事设岗，因岗定人，按照公开、公正、公平的原则，推行聘用制和岗位目标管理责任制，馆领导和中层干部竞争上岗，一般工作人员双向选择，优胜劣汰。通过优化组合，建立一支适应免费开放、适应博物馆事业发展的工作队伍。

第四节　免费开放主要成果

博物馆、纪念馆免费开放体现时代的进步，是博物馆事业大发展大繁荣的必然趋势，博物馆事业最基层的市县两级博物馆、纪念馆是免费开放的最大受益者。

一、免费开放促进人们思想观念更新，为博物馆（纪念馆）事业的发展注入新的活力。长期以来，市县两级政府和有关部门由于各种原因，对博物馆的作用与功能缺乏认识，扶植力度不大，加之各级博物馆、纪念馆思想观念陈旧，管理方式单一，工作活力不足，事业发展缓慢。在免费开放过程中，通过认真学习、深刻领会中宣部、财政部、文化部、国家文物局下发的《关于全国博物馆、纪念馆免费开放的通知》精神，全市各级各部门思想认识更新，工作力度加大。各级博物馆、纪念馆免费开放是社会主义文化大发展，大繁荣的体现，是加强社会主义核心价值体系建设和公民思想道德建设的有效手段，是实现和保障人民群众基本文化权益、共享文化发展成果的积极行动，有利于发挥博物馆、纪念馆作为公益性文化机构的社会价值。各级政府将博物馆、纪念馆视为公益性文化事业单位，逐步加大经费投入力度，为博物馆事业大发展，大繁荣奠定了坚实基础。博物馆、纪念馆打破传统管理模式，工作重心从求生存逐步转移到求发展上来，步入快速发展，全面提升的轨道。坚持以人为本，贴近实际、贴近群众，准确把握免费开放后观众及其精神文化需求呈现出多层次、多方面、多样式的特点，陈列展览推陈出新，管理、服务不断创新机制，全市博物馆事业呈现前所未有的生机与活力。

二、免费开放促进馆内软、硬件建设，全面提升接待能力和服务水平。各级博物馆（纪念馆）以免费开放为契机，合理使用各级财政给予的补助经费，有计划地进行馆舍维修、院容整治、设备更换，新增服务项目，展室调整扩容、展览内容更新提质，馆藏文物管理逐步向信息化、网络化过渡。外观环境不断改善，内部软、硬件设施不断完善，各博物馆（纪念馆）以一种全新的面貌呈现在世人面前，成为广大市民和游客的重要去处。

三、免费开放吸引广大观众踊跃参观游览，博物馆（纪念馆）自身价值得到升华。免费开放以前，市县两级博物馆（纪念馆）尽管票价低，但由于受经济条件的制约，绝大部分市民，特别是一些低收入等弱势群体仍然“望馆兴叹”，博物馆（纪念馆）长年门庭冷落。免费开放后，博物馆（纪念馆）一改以往“门可罗雀”的情景，每年接待人数成几倍、甚至十几倍增长。据统计，全市6家博物馆（纪念馆）免费开放前的2007年，共接待境内外观众13.6万人次，免费开放后的2009年，接待境内外观众达42.17万人次，是2007年的4倍多。现在各家博物馆（纪念馆）都已成为大、中、小学校，机关团体、军队、企事业单位的“爱国主义教育基地”“国防教育基地”“廉政建设教育基地”和重要的旅游景点。每年境内外游客接待量不断攀升。

表 2－5－4－1

各级财政 2009 至 2011 年下拨免费开放补助经费

单位：万元

单位	国家财政			常德市财政			区县（市）财政			累计
	2009 年	2010 年	2011 年	2009 年	2010 年	2011 年	2009 年	2010 年	2011 年	
常德博物馆	110	110	110	10	10	–	–	–	–	350
临澧县博物馆	20	20	20	–	–	–	1	1	1	63
石门县博物馆	29	29	40	–	–	–	–	–	–	98
澧县博物馆	31	31	40	–	–	–	3	3	3	114
津市市博物馆	16	16	16	–	–	–	–	–	–	48
林伯渠故居	15	15	15	–	–	–	2.5	2.3	2.3	52.1
合计	221	221	241	10	10	–	6.5	6.3	6.3	725.1

表 2－5－4－2

博物馆（纪念馆）免费开放后历年接待观众人数

单位：万人次

单位	2009 年		2010 年		2011 年	
	本地	外地	本地	外地	本地	外地
常德博物馆	12.89	8.21	6.23	3.84	5.68	4.34
临澧县博物馆	7	1	8	1.8	9	2.6
石门县博物馆	11.43	5.5	10.5	5.1	8.7	2.4
澧县博物馆	4.2	0.85	13.7	5.3	20	6.9
津市市博物馆	2.65	1.4	3.3	0.17	3.5	0.2
林伯渠故居	4	1.5	4.5	1	4.5	0.8
合计	42.17	18.46	46.23	17.21	51.38	17.24

第三篇《

文博事业管理

第三篇　文博事业管理

常德文博事业的管理与全国各地一样，实行属地管理，即由市、县两级人民政府负责管理。市、县两级人民政府将文博事业的发展纳入本级社会和经济发展总体规划，并制定详尽的年度计划。为确保总体规划和年度计划的实施，从1979年开始，市、县两级政府先后成立文物事业管理机构，明确了单位性质、工作职能、人员编制、经费渠道、主管部门等。此后根据事业发展和工作需要，逐步改变机构性质、提高级别、增加编制。为了充分利用和展示本地的文物资源，不断扩大其内外影响，市本级和部分有条件的县（市）还先后开辟和修建了博物馆，并成立相应的管理机构，作为公益性事业单位，具体从事文物收藏、保管、展示等项业务工作。市、县两级政府为加强对文物工作的领导，还成立由政府各有关部门组成的文物管理委员会，作为综合协调机构，研究处理文博事业发展中的重大问题。

上级文物主管部门对下级文物主管部门实行业务指导。如文物保护单位的定级确认；文物保护单位的申报、维修；地下文物考古调查、勘探发掘；馆藏文物的鉴定、保管和安全防范；文博工作队伍的业务培训；文物专项经费的申报及使用等。

第一章　文博事业管理机构

常德市文博事业管理机构经历了一个从无到有，不断发展和完善的过程。1979年以前，常德地区仅成立有专署文物管理委员会（属协调机构）和桃花源文物管理所（成立于1964年，仅限于对桃花源景区的文物管理）。1979年7月成立的常德地区文物工作队，标志着常德有了独立的文物管理机构，但仅限于从事具体的业务工作，没有行政管理职能。进入20世纪80年代，特别是1988年常德地改市以后，市、县两级文博事业管理机构不断建立健全，工作职能不断加强。

现有文博工作管理机构包括综合协调机构、行政管理机构、事业管理机构、经营单位和民间组织等，这些机构的性质和工作职能虽各有不同，但共同任务都是加强对文物的保护和管理，促进文博事业健康发展。

第一节　综合协调机构

文物综合协调机构是市、县两级人民政府根据国务院和湖南省人民政府的要求，为加强对文物工作的领导而成立的以市、县人民政府分管领导和市、县人民政府各有关组成单位主要负责人组成的“文物管理委员会”。其主要工作职能是讨论确定市、县文博事业中长期发展规划；制定和发布地方文物保护规章；研究协调文物保护工作中的有关重大问题。

常德早在1951年5月就成立有“常德专署文物委员会”，后又因机构变更和人事变动进行过多次调整。1988年常德地改市以后，于1991年重新成立“常德市文物管理委员会”，并在1996年、2000年、2008年先后三次进行过调整。2008年5月调整的“常德市文物管理委员会”由以下单位和人员组成：

主　任：万成贞　市人民政府副市长

副主任：陈智慧　市人民政府副秘书长

诸戈文　市委宣传部副部长、市文化局局长

成　员：任绪义　市发改委副主任

黄金陵　市建设局副局长

贾建华　市公安局副局长

李旺国　市教育局副局长

彭建武　市国土资源局副局长

刘启仪　市规划局副局长

梅　宏　市财政局工会主席

陈谋建　市物价局副局长

何英杰　市司法局工会主席

黄功宽　市民族宗教局局长

成　健　市文物局局长

唐鸿君　市旅游局纪检组长

王立林　市地税局副局长

余自贵　市工商局纪检组长

易启桂　常德海关副关长

谭巩固　建行常德市分行副行长

市文物管理委员会下设办公室，负责处理日常事务。办公地点设市文物局，由成健兼任办公室主任。

为保证“文物管理委员会”的连续性，常德市人民政府办公室在常政办函〔2008〕

53 号《关于调整常德市就业工作领导小组等机构组成人员的通知》中明确："今后，市就业工作领导小组、市人民政府妇女儿童工作委员会、市文物管理委员会、市非物质文化遗产保护工作领导小组成员如有变动，由相应岗位的人员自然递补，市政府办不再行文。"

全市 9 个区、县（市），除武陵区外，8 个区、县（市）都成立有"文物管理委员会"，在文物保护和文博事业的发展中起到至关重要的作用。

第二节　行政管理机构

常德市文物行政管理机构有常德市文物局和各区、县（市）文物管理所（处）。作为市、县两级文物行政主管部门，在市、县两级人民政府的领导下，分别独立行使本级文物行政管理的工作职能。贯彻执行文物法律法规和文物保护工作方针，拟订并组织实施文博事业发展规划和年度计划，建立健全检查监督机制；协调和指导文物保护工作，履行文物行政执法督察职责，依法查处各类文物违法事件，协同有关部门打击文物犯罪，整顿规范文物市场；审核、申报基本建设工程中地下文物保护项目，承担相应项目的文物调查、考古勘探和抢救性发掘任务；负责各级文物保护单位的审核、申报，建立健全文物保护单位管理制度，依照规定的程序审核和组织文物保护单位的维修；组织开展文物宣传和文物科学研究；加强对各级各类博物馆、纪念馆的指导与管理；切实保证馆（库）藏文物的安全；抓好文博工作队伍建设，统筹规划，适时组织文博专门人才培训；编制和申报文物事业经费预算，管理和监督文物专项经费使用；承办各级人民政府和上级业务主管部门交办的其他事项。

一、常德市文物局

1979 年成立的常德地区文物工作队是市本级最早的文物管理机构。1988 年，常德地区撤区建市，常德地区文物工作队更名为常德市文物工作队，为正科级事业单位，内设考古研究组、征集保管组、行政保卫办公室，人员编制 19 人。之后，机构名称、单位性质、级别和工作职能又经过了几次调整。1993 年，常德市文物工作队升格为常德市文物事业管理处，为副处级事业单位，与新成立的常德博物馆实行两块牌子、一套班子、合署办公。内设文物科、陈列科、征集管理科、保卫科、办公室，人员编制 27 人。1996 年，常德市人事部门根据文物工作的性质和事业发展的需要，将常德市文物事业管理处确定为国家公务员参管单位，对 14 名工作人员实行了公务员过渡。随着机构改革的不断深入，2001 年 10 月，常德市人民政府决定将常德市文物事业管理处与常德博物馆分开设置，更名为常德市文物处，作为政府的工作部门，内设综合科、文物科、博物馆科。配备全额拨款事业编制 11 名，实行公务员管理制度。2008 年 3 月，常德市编制委员会办公室下文批复常德市文物处更名为常德市文物局，其单位性质、工作职能、内设机构、人员编制不变。

常德市文物局（队、处）历届领导班子组成人员：

第一任（常德市文物工作队）时间：1989 年 5 月至 1994 年 2 月。

队　长：缺

党支部书记：易志茹，1989 年 5 月任，主持单位全面工作。

副队长：董国安，1989 年 5 月任。

副队长：徐序白，1989 年 5 月任，1993 年 3 月免。

第二任（常德市文物事业管理处）时间：1994 年 2 月至 2001 年 2 月。

党支部书记：郑庆蒙，1994 年 5 月任，主持单位全面工作。

主　任：易志茹，1994 年 2 月任，2001 年 1 月免。

副主任：董国安，1994 年 4 月任。

副主任：阙桂质，1995 年 2 月任。

副馆长：周勇军（班子成员），1994 年 4 月任，1995 年 8 月免。

第三任（常德市文物处）时间：2001 年 2 月至 2001 年 10 月。

主　任：何渝念，2001 年 1 月任，2001 年 10 月免。

党支部书记：郑庆蒙。

副主任：董国安。

副主任：阙桂质。

第四任（常德市文物处）时间：2001 年 10 月至 2003 年 3 月。

主任兼书记：郑庆蒙，主任职务 2001 年 10 月任，书记职务 2003 年 3 月免。

副主任：董国安，2002 年 1 月免。

副主任：阙桂质。

副主任：王永彪，2002 年 1 月任。

副书记：周世维，2002 年 3 月任。

纪检书记：周世维，2002 年 3 月任。

第五任（常德市文物处）时间：2003 年 3 月至 2004 年 9 月。

主　任：郑庆蒙，2004 年 9 月免。

党支部书记：任民政，2003 年 3 月任，2004 年 9 月免。

副主任：阙桂质。

副主任：王永彪。

副书记、纪检书记：周世维。

第六任（常德市文物处）时间：2004 年 9 月至 2008 年 3 月。

主　任：任民政，2004 年 9 月任，2008 年 3 月免。

党支部书记：成健，2004 年 9 月任，2008 年 3 月免。

副主任：阙桂质。

副主任：王永彪。

副书记、纪检书记：周世维。

第七任（常德市文物局）时间：2008年3月至2010年12月。

局　长：成健，2008年3月任。

党支部书记：裴劲锋，2008年3月任。

副局长：阚桂质，2008年3月任。

副局长：王永彪，2008年3月任。

副书记、纪检书记：周世维，2008年3月任。

常德市文物局第七任领导班子成员合影

（从左至右依次为周世维、阚桂质、成健、裴劲锋、王永彪）

二、区、县（市）文物管理处（所）

澧县文物处

澧县文物处的前身是澧县文物事业管理所，成立于1983年。1996年升格为澧县文物事业管理处，为全额拨款的正科级事业单位，2001年更名为澧县文物处，与澧县博物馆两块牌子、一套班子、合署办公。2010年有在编人员27名。办公地点在县城关镇澧州文庙院内。1988年至1995年，由曹传松任所长，李德全、周乃国、肖永松先后担任副所长。1996年至1998年，曹传松任主任，罗宏武任党支部书记，龚道权任副主任。1999年至2004年，朱汉清任主任，曹传松任党支部书记，龚道权任副主任。2005年至2010年，熊莲珍任主任兼党支部书记，李锡政、曹毅、任爱平、冯湘新、叶小丽、罗安华先后担任副主任。

鼎城区文物处

鼎城区文物处的前身为鼎城区文物事业管理所，成立于1991年，为全额拨款的股级事业单位。2005年，升格为副科级，更名为文物处，属国家公务员参管单位。2010年有在编人员13名，有独立的办公楼和文物库房，地址在武陵镇鼎城区文化局院内。1991年至1993年，由刘敏任所长，马跃华任副所长。1994年至1995年，由伍育勋任所长，刘少锋任党支部书记，马跃华、彭德智任副所长。1996年至2004年，由彭德智任所长兼党支部书记，马跃华、沈勇、杨世球先后任副所长。2005年至2010年，由马跃华任主任，吕志坚、樊明武先后任党支部书记，杨世球、沈勇先后任副主任。

石门县文物管理所

石门县文物管理所成立于1984年，为全额拨款的股级事业单位，1987年与新成立的石门县博物馆两块牌子、一套班子、合署办公。2010年有在编人员12名，办公地点在石门文庙内。2006年，石门县人民政府重新对县文物管理所的工作职能、人员编制进行了规定，明确负责全县文物管理与保护工作，从县博物馆划拨全额事业编制4名，并实行公务员管理制度。2010年年底，常德市编委下文，同意石门县文物管理所升格为副科级事业单位，并更名为石门县文物局。1988年至2010年，石门县文物管理所所长，一直由石门县文化局副局长龙西斌兼任，余学群、马宏、袁健先后担任副所长。

安乡县文物管理所

安乡县文物管理所成立于1990年，为全额拨款的股级事业单位，2010年有在编人员8名，办公地点在安乡县文化局院内。1990年至1993年，负责人雷明。1993年至1994年，所长吴建安。1994年至1999年，所长江先德，副所长张孝云。2000年至2010年，所长程政财，副所长张瑛（2007年免）、陶勇刚（2007年任）。

汉寿县文物管理所

汉寿县文物管理所成立于1991年，为全额拨款的股级事业单位，2010年有在编人员7名。1999年自筹资金在县城关镇修建了单独院落，有办公用房60平方米，文物库房80平方米。第一任所长李五老（1991年至1993年）；第二任所长刘正芳，副所长徐铁军、李绍南、工会主席刘建辉（1994年至2006年）；第三任所长徐铁军，党支部书记李文，副所长李绍南，工会主席刘建辉（2007年至2010年）。

桃源县文物管理所

桃源县文物管理所成立于1990年，为全额拨款的股级事业单位，2005年12月升格为副科级事业单位，2010年有在编人员11名，办公地址在桃源县文化馆院内。1990年至

1993年2月，所长龚桂平，冯泽云、王柏松、方荣华先后担任副所长；1993年2月至1995年6月，所长张跃忠，副所长姚天寿、王英党；1995年6月至1995年10月，所长陈新权，副所长姚天寿、王英党；1995年10月至1998年5月，所长雷月新，副所长王英党、吴萌；1998年5月至1999年2月，所长万帮国，副所长王英党、吴萌；1999年2月至2003年2月，所长王英党，副所长郭志刚（兼党支部书记）、吕勇；2003年2月至2004年3月，所长吕勇，副所长王英党（兼党支部书记）、张纯；2004年3月至2006年1月，所长王英党，副所长张纯、毛雪莲；2006年2月至2009年11月，县文化局副局长罗平兼任所长，党支部书记王英党，副所长张纯、毛雪莲、钟仕杰；2009年12月至2010年，县文化局副局长李林霞兼任所长，党支部书记王英党，副所长张纯、毛雪莲、钟仕杰。

临澧县文物管理所

临澧县文物管理所成立于1986年，为全额拨款的股级事业单位，配备事业编制8名，从成立开始就和临澧县博物馆实行两块牌子、一套班子、合署办公。1986年至1993年7月，所长兼党支部书记王作太，黄孝先、侯玉梅先后任副所长；1993年8月至1995年，所长兼党支部书记姜一焕，副所长侯玉梅、马云建；1996年至1997年，所长侯玉梅，党支部书记姜一焕，副所长马云建；1998年至2002年，所长姜一焕，党支部书记王作太，副所长侯玉梅、兰晖、李勇华；2003年，所长苏玲，党支部书记董宗林，副所长兰晖、顾新民；2004年至2006年，所长史新林，董宗林、兰晖、朱辉、黎春林先后任副所长；2007年至2010年，所长空缺，党支部书记吴修明（主持全面工作），兰晖、董宗林、朱辉、黎春林先后任副所长。

津市市文物管理所

津市市文物管理所成立于1987年，为全额拨款的股级事业单位，定编2人，1990年增至6名。1997年，津市市博物馆成立后，文物管理所与博物馆实行两块牌子、一套人员、合署办公。2006年3月津市市人民政府决定对文物管理所主要负责人予以了高配（副科级）。1988年至1989年，所长空缺，副所长李传发；1990年2月至1992年2月，所长李传发；1992年3月至1994年1月，所长王文松；1994年2月至1999年2月，所长陈本金；1999年3月至2003年2月，所长赵小平，党支部书记邱平安；2003年2月至2006年3月，所长彭佳，党支部书记陈本金；2006年3月至2010年12月，所长彭佳（津市市文化局党组成员，副科级），党支部书记杨力。

三、其他文物管理处（所）

桃花源文物管理所

桃花源文物管理所成立于1964年，是常德境内成立最早的文物管理机构。1990年以前，除负责省级文物保护单位桃花源的保护与管理外，还代管桃源县的文物保护和管理工作。1990 年与新成立的桃源县文物管理所实行两块牌子、一套班子、合署办公，归口县文化局领导。1991 年，桃花源文物管理所与桃源县文物管理所分开设置，桃花源文物管理所归属于新成立的桃花源风景名胜管理处（副处级单位）领导。2007 年升格为副科级事业单位，定编 5 人，办公场所和经费由管理处统一安排。第一任所长王柏松（1992 年至 1997 年），副所长方荣华；第二任所长方荣华（1998 年至 2007 年），副所长刘新农；第三任所长邹林雪（2008 年），副所长刘新农；第四任所长刘新农（2009 年至 2010 年）。

石门夹山文物管理所

1992 年，中共石门县委、县人民政府研究决定成立湖南省石门夹山寺森林公园管理局，下设办公室、园林管理处、文物管理处、宗教事务管理处。1994 年更名为湖南省石门夹山国家森林公园管理处，属石门县人民政府下设机构，副处级单位。根据工作需要，1998 年 7 月，夹山国家森林公园管理处办公会议研究决定成立文物管理所，属管理处下设机构，定编 2 名，由管理处干部兼任，主要负责夹山森林公园区域内的文物保护和管理。第一任所长熊哲然（1998 年至 1999 年）；第二任所长熊哲荣（1999 年至 2000 年）；第三任所长彭志强（2000 年至 2002 年）；第四任所长覃事健（2003 年至 2005 年）；第五任所长康丽平（2008 年至 2010 年）。

澧县城头山古文化遗址管理处

城头山古文化遗址管理处成立于 2002 年 7 月，为全额拨款的正科级事业单位。与同时成立的澧县城头山古文化遗址博物馆实行两块牌子、一套人员。主要职责是负责城头山古文化遗址的保护、管理和出土文物陈列展览。内设机构有办公室、博物馆部、财务部，现有在编人员 12 人。有独立的办公场所，地址在澧县城头山。管理处主任罗宏武，杨成、龚道权、杨军、赵丛旭先后担任副主任。2010 年 12 月开始，澧县县委宣传部副部长刘勇兼任主任和遗址博物馆馆长，全面协调城头山古文化遗址的开发。

第三节　事业管理机构

事业管理机构是从 20 世纪 80 年代后期开始相继成立的市、县两级博物馆（纪念馆）。这些博物馆（纪念馆）均属全民所有制、全额拨款的事业单位。其主要工作职责是：征集、收藏、修复、保管和展示本级各类国有可移动文物；进行历史文物基本陈列，适时举办各类展览，普及历史文物知识，不断丰富广大人民群众精神文化生活；加强馆藏文物保护的科学研究，制定和完善馆藏文物保护和管理规范，提高馆藏文物保护和管理水平；做好馆藏文物的安全保卫，积极开展馆内外文物交流活动。

常德博物馆

常德博物馆成立于 1993 年 7 月，与当时一并成立的常德市文物事业管理处实行两块牌子、一套人员、合署办公。博物馆未单独明确其性质、级别，也未设内部机构，根据人事需要，只任命了一名副馆长，是处馆领导班子成员之一。博物馆的工作职能由文物事业管理处陈列科承担。2001 年 10 月，在机构改革中，常德市人民政府决定将常德市文物事业管理处与常德博物馆分开设置。12 月 28 日，常德市编制委员会办公室正式下文，明确常德博物馆为正科级、全额拨款事业单位，独立行使博物馆工作职能，归口常德市文化局，市文物主管部门对其进行业务指导。内设机构有考古部、展览部、保卫部、办公室，定编 26 名。领导班子职数配备：馆长 1 名；副馆长 2 名；工会主席 1 名（2007 年增配）。馆长孙泽洪（2001 年 12 月任），副馆长毛效华（2001 年 12 月任），副馆长文智（2001 年 12 月任），工会主席王光霞（2007 年 8 月任）。

区、县（市）博物馆

澧县博物馆（成立于 1985 年）、石门县博物馆（成立于 1987 年）、临澧县博物馆（成立于 1986 年）、津市市博物馆（成立于 1997 年）均为国有全额拨款的股级事业单位。以上四家博物馆都与本县（本级）文物管理所（处）实行两块牌子、一套人员、合署办公。人员统一使用，工作统一安排。其馆长、副馆长职务都由文物管理所（处）负责人兼任或由文物管理所（处）指定人员担任。澧县城头山古文化遗址博物馆（成立于 2002 年）为国有全额拨款的正科级事业单位。

林伯渠纪念馆

林伯渠纪念馆成立于 1986 年，是中共老一辈无产阶级革命家林伯渠故居修缮落成后专门成立的名人故居管理机构。属国有全额拨款的、具有独立法人资格的股级事业单位，2010 年有事业编制 5 名，归口临澧县文化局领导。办公地址在临澧县修梅镇凉水井村林伯渠故居旁。第一任馆长：颜家庆（1986 年 3 月至 1989 年 3 月）；第二任馆长：杨承模（1989 年 7 月至 1990 年 3 月）；第三任馆长：汪祝武（1990 年 3 月至 1991 年 12 月）；第四任馆长：邹纯粹（1992 年 3 月至 1999 年 9 月）；第五任馆长：苏玲（2001 年 1 月至 2003 年 3 月）；第六任馆长：严清涛（2003 年 10 月至 2010 年 12 月）。

第四节　经营单位和民间组织

一、经营单位

经营单位是文博系统内部成立的、通过正式登记注册、具有独立法人资格，以赢利为目的经营机构。全市先后成立有两家此类机构、即常德市文博实业发展公司和湖南省文物商店津市市经营部。

常德市文博公司

常德市文博公司成立于 1993 年 8 月，属集体所有制经营单位，先后配备集体所有制编制 5 人，属常德市文物事业管理处、常德博物馆内部机构。该公司成立的初衷是在常德博物馆建成开馆后，逐步开办类似于文物商店的文物仿制品、工艺美术品、各类纪念品的加工、销售以及其他经营服务项目，实行自主经营，独立核算，自负盈亏。后来由于各方面的原因未能实施。从 1994 年起，公司由处馆统一管理，公司经理由处馆任命，公司人员由处馆统一调剂使用，财务由处馆统一核算。主要工作职责管理房屋租赁、露天舞场、大型商品展销引进等经济创收项目。1996 年，公司名存实亡，在编人员一直由处馆安排使用。文博公司的成立，虽然顺应了当时经济发展潮流，曾在处馆的经济创收工作中发挥过一定的作用，但随着经济和政治体制改革的不断深化，其所进人员的安置至今成为棘手的遗留问题。

湖南省文物商店津市市经营部

湖南省文物商店津市市经营部成立于 1993 年 1 月，属集体所有制经营单位，配备集体所有制编制 3 人，由津市市文物管理所管理。该经营部主要从事民间流散文物的收购与销售，同时也为湖南省文物商店代购代销社会流散文物。财务管理实行自收自支，独立核算，自负盈亏。1999 年 10 月，经营部在机构改革中被注销，在编人员先后转为全民所有制编制，划归津市市博物馆使用。

二、民间组织

常德市境内从事文博工作的民间组织不多，仅常德市和个别区县成立有收藏协会，归口对应的民政部门管理，文物部门对其进行业务指导和市场监管。其主要功能是弥补国有单位对社会流散文物征集收藏的不足，广泛凝聚文物收藏爱好者，积极开展各类文物收藏、鉴赏、交流和展示活动，同时激活和规范城区文物市场，促进流散文物合法流通。

常德市收藏协会成立于 2003 年 5 月，拥有会员数百名，收藏有流散历史文物、社建文物等上万件。收藏协会成立后，在进行收藏、鉴赏的同时，还组织开展了一系列交流、展示活动。2003 年在常德市体育馆成功举办全国第十二届票证、烟标收藏交流大会；2004 年与常德卷烟厂联合，在常德博物馆举办烟标、烟具展览；2005 年为纪念抗战胜利 60 周年，配合常德博物馆举办抗战文物展；2006 年在常德市再就业广场举办湘鄂边民间收藏品交流大会；2007 年邀请湖南省文物鉴定委员会、湖南省文物商店专家，专程到常德为市民免费鉴宝；2008 年在沅州石雕博物馆举办民间民俗收藏品展览。2009 年，与《常德晚报》联合举办“物证常德 60 年”大型民间寻宝展示活动，时间跨度达半年之久，近万名市民踊跃参加，一时轰动常德城，受到市政府的表彰和广大市民的好评。随着收藏活动的开展，协会还涌现出一大批享誉省内外的收藏家。他们中有石雕收藏家梁平，他投资数千万元，创办全国首家集饮茶与收藏为一体的大河茶馆暨沅州石雕博物馆，这是全国唯一的一家民间石雕博物馆；红色收藏家魏胜权，藏有毛泽东像章 1 万多枚，不仅在常德博物馆举办红色收藏展，还在韶山管理局的支持下，进驻韶山滴水洞开办毛主席像章专题展览；票证收藏家罗成武，收藏全国各地各时期的各种粮票3万多枚，多次举办票证展，成为全国有名的“粮票王”；帽筒收藏家杨军武，收藏各种瓷帽筒400余件，是全国收藏帽筒数量最多的收藏者之一；“砚痴”李哲伟，收藏四大名砚达300余方。还有叶培明精美的瓷盘收藏、周诗华的文房四宝收藏、周波的古铜镜收藏、陈德喜的石雕收藏、辜业林的刻铜墨盒收藏、谭家耀的徽章收藏、韩肃建的锁具收藏、秦光建的赏瓶收藏、邓纯彪的香炉收藏、张炼钢的连环画收藏、王思远的奇石收藏、刘建兵的烟标收藏等，在省内外收藏界都产生一定的影响。协会中先后有15名会员被湖南省收藏协会授予首届“湖南收藏家”的称号，13名会员被授予“常德收藏家”的称号。常德市收藏协会还大力募集资金，创办《常德收藏》杂志，每年定期出版。同时，协会还与市级媒体合作在《常德日报》、《常德晚报》、常德电视台开辟“收藏阁”“家有收藏”“周末鉴宝”“沅澧收藏”等专题栏目。全国几十家媒体先后报道协会的活动动态和工作经验，在全省，乃至全国收藏界产生一定影响。常德市收藏协会地址：常德市再就业广场藏友沙龙（常德市工人文化宫后门）。会长：韩肃建。副会长：陈渝生、曹光红、陈德喜、李哲伟、杨军武、辜业林、秦光建、梁诺夫、谭家耀。

第二章 文物宣传、保护与维修

文物宣传、保护与维修是文博事业的一个重要组成部分，也是各级政府、文博单位的一项重要工作职能。20 世纪 80 年代以前，常德由于没有独立的文博管理机构，国家也还未出台相应的文物法律法规，社会对文物的概念和文物保护意识还比较淡薄，再加上受经济条件等因素的制约，文物宣传、保护与维修工作未能列入政府及其部门的重要议事日程。1988 年后，随着常德市、县两级文博管理机构的建立健全和国家、省里文物法律、法规的相继颁布，全社会对文物价值的认识迅速提高，对文物的保护意识明显增强。到 90 年代中期，全市文物宣传、保护和维修工作开始步入常态化管理轨道。

第一节 文物宣传

1994 年以来，常德的文物宣传工作影响深远，为树立文物部门形象，促进文物事业惠及民生，推动文物事业健康发展发挥了重要的作用。

一、宣传队伍

全市文物宣传工作有三支基本队伍。一是骨干队伍。文物宣传是市、县两级文物主管部门和国有博物馆（纪念馆）的主要工作职责之一，其工作人员是文物宣传的骨干力量。在工作安排上，常年实行一般宣传工作有人分管，重要宣传活动共同参与，市文物主管部门将宣传工作纳入各区县（市）年度考核，实行目标管理。二是乡镇业余队伍。各乡镇都明确了一批乡镇文物宣传员。从 1995 年开始，市文物处就在部分乡镇广泛开展“文物之友”联谊活动，成立“文物之友”联谊会，将一批热爱、热心于文物事业的人员吸收为常德“文物之友”。到 2008 年，这支队伍已发展到 100 多人，他们既是文物保护员，也是文物信息员，更是文物宣传员。三是媒体生力军。《常德日报》、《常德晚报》、市、县电视台、广播电台等新闻媒体，多年来均积极参与文博事业，主动与文博单位联姻，开辟文博工作专题栏目，对全市文物事业的发展进行大量的宣传报道，成为全市文物宣传中的一支生力军。

二、宣传内容

文物宣传有六大具体内容。一是国家和地方文物法律、法规，重点是《中华人民共和国文物保护法》《中华人民共和国文物保护法实施条例》《湖南省文物保护条例》等；二是国家关于文物保护、文物宣传的方针、政策，如“保护为主，抢救第一，合理利用，加强管理”的方针，“贴近实际、贴近生活、贴近群众、惠及民生”的原则等；三是境内丰富的文物资源，特别是重要文物资源的历史价值及其保护、开发和利用；四是各级政府发展文物事业，加强文物保护的重要举措和所取得的丰硕成果，重点是文物保护“五纳入”工作；五是本市范围内发生的重要事件，开展的重要活动以及在业务活动中的重要举措；六是在文物事业发展中涌现的各类先进典型及其优秀事迹。长期以来，市文物主管部门不断加大对县级文博单位的考核力度，把任务细化、量化，实行严格的岗位目标考评。在时间安排上，既有常年性、分散性的工作任务，也有突击性、集中性的宣传活动。2001 年以前，除日常性的文物宣传外，每年 11 月下旬都开展全市性文物宣传周活动。2002 年以后，每年 5 月 18 日新增以“博物馆：沟通文化的桥梁”“我爱博物馆，牵手青少年”“博物馆与共同的遗产”“博物馆与旅游”“促进社会变化发展的力量”等为主题的“5・18”国际博物馆日宣传活动。2006 年 6 月 10 日，是国家确定的全国第一个文化遗产日。从这年开始，全市每年 6 月 10 日都以不同的主题，统一开展大型的“文化遗产日”宣传活动。这些固定的、统一的、集中性活动的开展，既增加了文物宣传的内容、时间，又扩大了文物宣传的声势和影响。

三、宣传形式与效果

利用固定场地和设施，进行常年性宣传。常德市文物局、常德博物馆坚持在馆舍正中位置常年悬挂巨幅宣传标语，在临街围墙辟有专用宣传橱窗，每年定期更换宣传内容三到四次。澧县文物处（博物馆）、石门县文管所（博物馆）、临澧县文管所（博物馆）、津市市文管所（博物馆）、林伯渠故居和有独立院落的鼎城区文物处、汉寿县文物局也都有固定的宣传阵地，做到宣传内容常办常新。

选择重要时机，集中开展大型宣传活动。2003 年 11 月，宣传贯彻重新修订后的《中华人民共和国文物保护法》，市文物处在一年一度的文物宣传周活动中，认真组织开展以宣传新文物法为主题的六项大型活动。在市城区步行街组织一次连续一周的街头宣传活动，共印发《文物保护法》1000 余册，散发各类宣传资料 5000 余份；组织一次《文物保护法》宣讲骨干学习培训班，参加学习和培训的有 60 多人次；召开一次学习《文物保护法》专家座谈会，参加座谈的有全市有关部门和单位的行家 20 余人；对全市文博系统干部职工进行一次《文物保护法》基本内容的考试，参加考

常德博物馆临街宣传橱窗

试人员110人，占全系统总人数的94.3%，考试及格率达97%；与市政府法制办、市司法局联手，将《文物保护法》纳入常德市“五五”普法内容；联系组织新闻媒体对《文物保护法》的学习、宣传进行一次系列报道，并对个别违反法规损毁文物的行为进行公开曝光处理。在抓好自身宣传工作的同时，还注重加强对各区、县（市）宣传活动的引导。此次宣传周活动中，全市有5个区县（市）政府领导发表电视讲话；3个区县（市）举办县直文化单位的领导、业务骨干、乡镇宣传委员、乡镇文化站辅导员参加的学习“新法”培训班；6个区县（市）组织“新法”内容考试；4个区县（市）已将“新法”纳入“五五”普法内容。该年的文物宣传周活动是历年来规模最大、内容最多、效果最好的一次。2006年6月10日我国的第一个“文化遗产日”。为隆重纪念这一重要活动日，认真做好文化遗产的保护和宣传，常德市人民政府副市长张元英向全市人民发表题为“保护文化遗产，促进社会和谐”的电视讲话。市文物处抓住这一契机，制定和印发“文化遗产日”宣传活动方案，组织全市文博系统积极参与各级政府举办的大型街头宣传活动，出动宣传车辆6台，设立文物咨询点8处，发放各类宣传资料1万余份。市本级在城区步行街文化广场举行“2006中国湖南常德保护和珍惜历史文化遗产”万人签名活动，湖南省人大副主任沈瑞庭、庞道沐、文化厅厅长金则恭等省市领导和各界人士1万余人参加活动并在巨幅长卷上郑重签名。这次活动的盛况由湖南经济电视台进行现场直播，湖南卫视也进行专题转播。2009年的“5·18”国际博物馆日宣传活动是常德市历年来最有特色的宣传活动日之一。此次活动以“博物馆与旅游”为主题，市政府副市长万成贞在《常德日报》上发表题为《大力营造文物“大保护、大利用、大惠民”社会氛围》的书面讲话，在全市产生重要影响。之后，市县两级文物、旅游部门主动联姻，开展一系列宣传活动，为文物资源的充分利用，文博工作惠及民生统一思想认识。

及时掌握部门工作信息，把宣传融入部门工作。2008年、2009年的“文化遗产日”活动期间，常德市文化局分别在澧县、桃源县举办澧水流域、沅水流域民间鼓王大赛活动。市文物局抓住这一契机，分别与澧县文物处、桃源县文物管理所在城关镇最繁华地段进行文物资源大型宣传活动，通过图片资料展出、文物咨询、鉴定，电视录像播放、文物书籍借阅等形式广泛宣传，扩大声势，达到了文物宣传的最佳效果。2010年6月，为庆祝建国六十周年和改革开放三十周年，常德市社科联、档案局、《常德晚报》联合举办《物证常德六十周年展览》活动，从6月到10月，历时150天，面向全市先后征集、评选出入围参展的社建文物2000余件，参与征集、选送展品的人数达3000多人次。市文物局、常德博物馆把这一活动当作对广大市民进行文物宣传的一次极好机会，多方配合，全员参与，为其提供场地，给予技术指导，进行文物鉴定，传播文物知识，使文物宣传工作和展览活动双赢。

借助新闻媒体力量，打造宣传精品。各新闻媒体历来对文物事业情有独钟，跟踪采访，及时报道。各级文物部门积极配合，热心提供新闻线索，共同营造文物宣传的良好氛围。澧县城头山古文化遗址发掘后，引来众多媒体关注。1998 年 5 月 25 日，中央电视台与国家文物局联合拍摄大型电视艺术片《中华文明之光》，在城头山古文化遗址举行开机仪式，城头山古遗址首次通过荧屏展现在国人面前。2005 年 9 月 24 日，中央电视台《见证，发现之旅·解密城头山》电视纪录片摄制组进驻澧县，连续拍摄20 余天，于10 月 14 日举行封镜仪式。该片共分 4 集，播放时间 120 分钟，先后在中央电视台 2 套、4 套、7 套、10 套节目中多次播放。2010 年 5 月，城头山遗址被制作成大型模型在上海世博会中国馆展出，被誉为“中国最早的城市”此后，中央电视台新闻中心特选派大型纪录片《世博的记忆》摄制组一行 4 人到城头山遗址进行为期一天的现场拍摄，又将城头山遗址丰富的文化内涵做了进一步的诠释，再次向世界人民宣传中华民族的灿烂历史文化。城头山古文化遗址的相关报道还有：1994 年 2 月 22 日《人民日报》的“湖南发掘澧县城头山古城遗址”；1994 年 2 月 22 日《人民日报》［海外版］的“城头山古城遗址考古获重大成果——众多动植物遗存首次发现”；《人民日报海外版》2011 年 6 月 24 日第 15 版的“6000 年前的阳光普照大地”；1992 年 3 月 15 日的《中国文物报》“洞庭湖区史前考古又获重大成果——澧县城头山屈家岭文化城址被确认”；1997 年 1 月 31 日《南方周末》的“六千年古城横空出世”；1999 年 1 月 5 日《湖南日报》的“百名专家倡议重写中华古史”；《湖南日报》2010 年 5 月 2 日第 2 版的“中国馆里的湖湘智慧”；1996 年 6 月 20 日台湾《天下日报》的“古城的发掘是中国人的骄傲湖南人的荣耀”；2002 年 1 月 1 日香港《大公报》的“湖南澧县三遗址列为重点保护”；1998 年 12 月 12 日《三湘都市报》的“中日联手叩问澧阳平原——来自城头山考古工地的报告”；2002 年 12 月 2 日《潇湘晨报》的“谋划城头山遗址开发”等。

石门县文物管理所、博物馆极为重视通过新闻媒体对文物工作的宣传。早在 1989 年 1 月 18 日中国文化报就采访报道《石门县博物馆馆小办大事，充分利用地方优势搞活文物陈列开放》的事迹。2007 年 6 月，配合长沙电视台政法频道《X 档案》栏目组拍摄石门燕尔洞古人类化石遗址，制作了一期《龙骨谜踪——寻根湖南人的祖先》专题节目，先后在长沙政法频道、湖南都市频道、湖南教育频道、石门电视台播出。2009 年 5 月，配合潇湘晨报《星期天地理》专栏记者到石门采访并报道石门燕尔洞古人类化石遗址的发现、发掘和保护等相关情况。同年 9 月，长沙电视台政法频道《X 档案》栏目组又到石门拍摄《石门发掘出土虎钮錞于》专题节目，后分别在长沙政法频道、湖南都市频道、湖南教育频道播出。石门夹山寺也备受各新闻媒体的关注。1995 年 7 月，中央电视台科技频道拍摄、制作和播放《李自成禅隐夹山文献文物纪实》；1995 年 8 月，中央电视台财经频道拍摄、播放《夹山风光》；1995 年 3 月湖南卫视拍摄、制作和播放《江总书记到夹山》；1997 年 12 月《人民日报》市场专栏七版刊登“千年古刹石门夹山寺”；1996 年 4 月 9 日《光明日报》第五版刊登“石门夹山说——史学界再探李自成归宿问题”；1994 年 4 月 21 日《中国图片报》刊登了“夹山寺茶禅真有道，李闯王归宿应无争”等。

2007 年 12 月，安乡县人民政府举行了“汤家岗遗址考古发现之旅”大型宣传活动。由湖南省文化厅、文物局、文物考古研究所、常德市政府、市文化局、文物局等有关单位的领导和新华社湖南分社，中新社湖南分社、湖南日报、潇湘晨报、三湘都市报、长沙晚报、当代商报、湖南电视台经视频道、常德日报、湖南红网等 20 余家新闻媒体的记者组成“考古发现之旅”考察团，对正在进行第三次发掘的安乡县汤家岗遗址和黄山头地区文物资源进行为期两天的实地考查，并举行汤家岗遗址“考古发现之旅”新闻座谈会。之后，多家新闻媒体相继进行重点报道，全面展示安乡境内的文物资源。

安乡汤家岗遗址“考古发现之旅”新闻座谈会现场采访

2008 年 12 月，湖南省文物考古研究所对汉寿县百禄桥乡马栏嘴遗址进行成功发掘并有重要发现，认定该遗址为距今 5600 ~ 6500 年新石器时代大溪文化聚落遗址。为了宣传马栏嘴遗址的历史价值，汉寿县人民政府举行该遗址考古发掘成果新闻发布会，参会的有湖南省文物局、湖南省文物考古研究所和新华社湖南分社、湖南日报、湖南卫视、湖南经视、三湘都市报、湖南红网以及常德日报、常德晚报、常德电视台、汉寿电视台、汉寿政府网等新闻媒体共 30 余人。会后，各媒体纷纷给予报道，为该遗址成功申报为省级文物保护单位创造了条件，也为提升汉寿县文化品质，扩大知名度，促进该县文化遗产保护工作发挥积极作用。

常德市、县两级新闻媒体更是以宣传、报道本地文物资源和文物事业发展为己任，多渠道，全方位为文物保护奔走呼号。《常德日报》、《常德晚报》、常德电视台、常德人民广播电台、常德尚一网和各区、县（市）电视台、广播电台等新闻媒体，除常年、及时给予宣传报道外，均开辟有文博工作专题栏目，定期摄制专题节目。2007 年，临澧电视台安福视点栏目拍摄《楚风、楚韵、楚城——安福文物积淀的见证》为主题的电视专题片，以九里楚墓群、申鸣城、宋玉城和宋玉、申鸣等楚国名地名人为主要内容，全面介绍临澧丰富的文物资源及其文化内涵。此片分上、中、下三集，制成光碟，在县电视台多次播放，使全县广大群众对文物产生浓厚兴趣，保护文物蔚然成风。

编辑出版研究专著和普及读物，重点推介。1999 年 4 月，澧县政协学习文史委员会、澧县文物事业管理处联合编辑出版六千年史前文化的发祥地——《城头山古文化遗址》（资料专辑），全面介绍城头山古文化遗址的发现、发掘的过程及其重要成就。该书有国家主席江泽民、中纪委原常务副书记曹庆泽、湖南省人大常委会原主任刘夫生的题词；还有中国历史博物馆原馆长俞伟超、北京大学考古系教授严文明、山东省文物考古研究所研究员、张学海、湖南省文物考古研究所研究员、所长何介钧等一批资深文物专家在现场发掘和参加学术论证会的照片。

2001 年 9 月，由常德市政协学习文史委员会编辑、中国文联出版社出版的常德文史第十二辑：常德历史典故与传说选粹——《沅澧遗韵》一书，重点推介“诗韵悠悠桃花源”“人间胜景夹山寺”“巍巍千载铁经幢”“魁星点斗笔架城”“廛烟霏微澧州城”“九祖道场古大同”和长留浩气壮湖湘——常德会战阵亡将士纪念公墓、中华文明之光——城头山古文化遗址，以及桃源采菱城、马援石室、临澧九里楚墓群、常德德山楚墓群、常德南坪汉墓群等文物古迹，是一本进行文物宣传的普及读物。

2002 年 1 月，安乡县人大常委会主任樊明雪主编的《安乡之恋》一书，由湖南人民出版社出版发行。该书以大量的篇幅介绍安乡县悠久的历史和灿烂的文化，特别是对省级文物保护单汤家岗遗址、划成岗遗和刘弘墓等文物古迹进行重点推介，在安乡的文物宣传和保护工作中发挥重要作用。

2003 年 3 月，由中共常德市委党校校长曾祥永等主编、光明日报出版社出版发行的常德旅游系列丛书之三《锦绣河洑》，在全面介绍河洑山自然旅游资源的同时，重点推介宋朝散大夫张頣墓志、宋故宝文阁待制张颉墓志、道教圣地太和观、河洑山下崔婆井等文物古迹。

2006 年至 2010 年，常德市“文化名城”建设领导小组组织编写“建设文化名城系列丛书”。其中有三部丛书对常德文物的宣传产生重要影响。第一部是 2008 年 1 月常德市文物处编著，湖南师范大学出版社出版发行的《常德文物荟萃》。该书共 20 多万字，以图文并茂的形式，全面概述常德文物资源的同时，重点介绍了 50 处不可移动文物，176 件馆藏珍贵文物，是常德第一部对外宣传的文物专著。第二部是 2009 年 6 月市党史办副主任应国斌编著，中国文联出版社出版发行的《常德历代名人》。该书从不同的角度对桃花源的桃川宫、探月亭、津市市药山寺、惟俨墓、石门夹山寺灵泉禅院、闯王陵、汉寿青文胜墓等文物古迹分别予以介绍，特别是向世人展现一大批常德近现代名人的珍贵历史照片。

《常德文物荟萃》《常德历代名人》《常德民藏集雅》组照

第三部是 2010 年 10 月由常德市政府副巡视员叶培明、原常德日报社副总编陈渝生主编，湖南美术出版社出版发行的《常德民藏集雅》。该书印刷精美，图文并茂。以 50 多位常德民间收藏爱好者为红线，把 1000 多件藏品串联起来，涉及古代陶器、瓷器、青铜器、古钱币、玉器、书画、织绣、文房四宝、古籍善本，竹木牙雕、鼻烟壶、匾额楹联、石雕造像等古董珍玩，还有票证、像章、连环画、书报、烟标、赏石、打火机等近现代、当代艺术精品。这本书的出版，从另一个侧面宣传常德丰厚的文物资源。为了全方位、多角度推介和宣传石门县的文物资源，石门县文化局副局长兼石门县博物馆馆长龙西斌编著的大型地方文化研究丛书《神奇石门》之《文博卷》一书，于2007年5月由大众文艺出版社正式出版。该书作为此套文化研究丛书的首卷，约21万字，分为九篇，各篇又分成若干章，收录整理石门县境内具有重要历史、科学、艺术价值的现存各类文物、古迹，是常德市县级文博单位中唯一的一部文博专著。

第二节　文物保护

文物是不可再生的资源，加强对现有文物资源的保护，是文物事业发展的一个重要方面。常德的文物保护工作起步于20世纪80年代末，实行政府主导，部门配合，社会参与的工作机制，到21世纪初进入鼎盛时期。

一、文物保护单位“四有”工作

文物保护单位“四有”即《中华人民共和国文物保护法》第二章第十五条规定的“各级文物保护单要有保护范围，有标志说明，有记录档案，有保护机构或专人管理”，这是文物保护的一项基础性工作。1990年，鼎城区人民政府和文化、文物部门率先在全市开展文物保护单位“四有”工作，取得显著效果。全区49处文物保护单位（其中省保1处，县保48处）的“四有”工作任务完成100%。1991年3月，常德市文物工作队在鼎城区主持召开文物保护“四有”工作现场经验交流会，学习推广鼎城区经验，全面部署全市文物保护“四有”工作。会后，各区、县（市）迅速行动，文物保护单位“四有”工作全面铺开。

澧县文物处从1991年开始，对境内县级以上文物保护单位划定保护范围，树立保护标志，60%的保护单位建立记录档案。还聘请业余保护员，与全县423处文物点所在乡镇政府签订保护协议，与业余保护员签订文物保护责任状，明确保护员的职责和义务，文物保护工作落到实处。

1991年9月，石门县人民政府办公室下发《关于在全县开展文物保护单位“四有”工作的通知》，要求县建设、规划、国土、公安等相关部门，积极配合文化、文物部门认真开展文物保护单位“四有”工作，使全县文物保护单位“四有”工作任务得到落实。

安乡县在第三次全国文物普查之前共有文物保护单位和文物保护点108处，其中省级保护单位6处、市级保护单位1处、县级保单位34处，分布于全县各乡镇。1991年县文物管理委员会成立后，要求文物保护单位所在乡镇和文物点较多的行政村先后成立文物保护管理领导小组，根据需要配备一定数量的兼职文物保护员。全县共有文物保护领导小组12个，兼职文物保护员32名。兼职文物保护员由县文物主管部门统一颁发文物保护员证，每年给予一定的报酬，队伍基本稳定。

临澧县文物管理所从1988年开始组织专门班子，抽调专职人员，会同各乡镇文化站，对第二次全国文物普查中发现的142处不可移动文物，仔细踏勘，查清范围，测量面积，采集文物标本，拍摄照片，绘制平面图，建立台账。划出保护范围，落实保护人员。为全面完成文物保护单位“四有”工作打下坚实基础。

2003年，常德市文物处根据国家文物局、湖南省文物局关于进一步做好文物保护单位“四有”工作的要求，在全市开展第二轮文物保护单位“四有”工作，成立由市、县两级文物主管部门主要负责人参加的“四有”工作领导小组，分别建立专门工作班子，制定、印发《常德市完成文物保护单位“四有”工作任务实施方案》。以新颁布的《中华人民共和国文物保护法》为指导，以国家关于“保护为主、抢救第一、合理利用、加强管理”的文物工作方针为原则，强化文物保护基础工作，高标准建立和完善一套规范的“四有”工作运行管理机制，掌握科学的工作方法，明确任务，加强责任，严格标准，全面完成各项工作任务，不断提高文物保护单位“四有”工作水平。历经宣传发动、调查摸底、重点突击、全面实施、总结验收五个阶段，到2004年年底，全面完成了各级各类文物保护单位“四有”工作任务。对所有文物保护单位按级别划定、调整了保护范围及其建设控制地带；统一撰写按程序审定各级文物保护单位说明词，刻制和树立了保护标志碑；按照国家文物局和省文物局的规范，建立和完善各级文物保护单位档案。全市统一印制登记表格，规定记录内容。全国重点文物保护单位一式四份，省级文物保护单位一式三份，市、县级文物保护单位一式两份。记录档案形成后，市、县两级文物行政部门均设立文物保护单位记录档案专室或专柜，确定专人管理；建立健全各级文物保护单位管理机构，配备专、兼职管理人员。城头山古文化遗址、彭头山遗址、八十垱遗址、余家牌坊、桃花源古建筑群五处全国重点文物保护单位都先后成立了文物管理所（处）。省级文物保护单位也建立相应的管理机构，市、县级文物保护单位实行委托相关单位负责管理或聘用兼职管理人员管理。全市共建立文物保护单位管理机构186个，聘用专、兼职文物保护单位管理人员305人；全面了解和掌握了非文物保护单位文物点的分布情况，确定了一批不可移动文物点，并树立相应的保护标志，向社会公布。

两年的工作实践，为后来开展文物保护单位“四有”工作积累了丰富的经验。2004年以后，随着文物保护单位数量和级别的变化，全市文物保护单位“四有”工作及时跟进，在全省一直处于领先地位。

二、文物保护“五纳入”工作

1997年，国务院发布《关于加强和改善文物工作的通知》（国发〔1997〕13号），要求各地、各部门将文物保护纳入经济和社会发展计划，纳入城乡建设规划，纳入财政预算，纳入体制改革，纳入各级领导责任制。统称文物保护“五纳入”。“五纳入”是建立国家保护为主，动员全社会共同参与的文物保护新体制的核心，是全面建设小康社会必须大力发展先进文化的重要内容，也是国家保护文物、发展博物馆事业的基本措施。“五纳入”有力地推动了文物、博物馆事业的发展。

湖南省人民政府于1997年10月发布《关于加强和改善文物工作的通知》，要求全省迅速贯彻落实国务院《通知》精神，全面推进文物保护“五纳入”工作。省政府在不断加大自身文物保护“五纳入”工作力度的同时，先后确定两批文物保护“五纳入”试点县，并两次召开现场会，为各市、州全面落实文物保护“五纳入”工作提供经验。

常德市文物保护“五纳入”工作在市政府的高度重视下，取得了实质性进展。1997年，澧县、汉寿县被选定为湖南省第一批文物保护“五纳入”试点县，1998年6月参加湖南省政府在浏阳市主持召开的全省第一次文物保护“五纳入”工作现场经验交流会，并作典型发言。1998年安乡县、石门县被选定为全省第二批文物保护“五纳入”试点县。市本级和其他区、县（市）的“五纳入”工作也按照相关要求有序推进。

纳入经济和社会发展计划，文博事业发展的任务和目标更加明确。市、县两级在编制本地中、长期经济和社会发展计划时，把文物保护列入其中，并占有一定的篇幅。文物资源比较丰富的区、县，在明确本地文物工作总体发展目标的同时，还分别就文物资源的保护和利用，文物保护单位的维修，博物馆、纪念馆建设等提出具体的目标任务和工作措施。2004年，中共常德市委，常德市人民政府为加快常德发展，提出“工业强市、文化名城、和谐常德”的战略口号，成立文化名城建设领导小组办公室，编制出台《文化名城建设总体方案》，将常德市城区及周边包括古墓葬系列、古城墙系列、古井系列和石柜系列在内的十多处不可移动文物的保护、开发和利用纳入“文化名城”建设总体规划，使城区及周边文物资源的保护有了切实保障。中共澧县县委、澧县人民政府为打造文化品牌，促进当地经济发展，十分重视以城头山、彭头山、八十垱遗址为重点的澧阳平原史前遗址群的保护和利用，先后编制出台《城头山古文化遗址总体保护规划》《彭头山遗址保护规划》《八十垱遗址保护规划》。还主动配合湖南省文物局、湖南省文物考古研究所召开澧阳平原片区文化遗址保护“十二五”规划联席会，起草澧阳平原片区文化遗址保护“十二五”规划，并与湖南城市学院签订了编制澧阳平原片区文化遗址保护“十二五”规划合同。2010年12月，湖南省文物局召开全省“十二五”文物保护规划会议，将该项目纳入全省“十二五”文物保护重点项目。中共临澧县委、县人民政府把林伯渠故居的保护、开发和利用纳入全县经济和社会发展计划，2009年成立以县委书记黄清宇为总指挥、县长车世忠为组长，县委办、县政府办、县委宣传部、县财政局、发展改革局、文广新局、旅游局、国土资源局、环保局、电力局、劳动和社会保障局、水利局、林业局、农业局、建设局、修梅镇政府等有关部门和单位主要负责人组成的林伯渠故居规划建设领导小组，下设办公室和综合调度、故园建设、陵园建设、观光农业园建设4个工作小组。按照“保护管理、开发利用、社会教育”和突出“故园、陵园、田园”三大特色的原则，聘请北京建筑学院刘临安院长编制林伯渠故居整体保护、建设、开发和利用规划。2010年各个项目建设正式启动。市、县两级文物部门按照本地总体发展计划，分别编制文物保护和文博事业发展中、长期计划。为实现全市文物长期保护和文博事业可持续发展奠定了基础。

纳入城乡基本建设规划，文物保护举措实现历史性突破。文物保护进入各级政府城乡基本建设总体规划，并在城乡基本建设中，将文物保护纳入各级政府统一的审批程序。1999年，市、县两级文物部门，按照政府的统一要求，1999～2020年文物保护规划进入各级规划部门统一编制的1999～2020城乡基本建设的总体规划。市、县两级政府在大力整治经济环境，压减行政审批、收费项目的过程中，保留了基本建设中有关文物保护的审批、收费项目，并且先后进入各级政务服务中心。市本级政务服务中心于2002年4月挂牌成立，开设文物保护审批、办证、收费窗口。到2003年年底，全市8个区、县（市）的文物保护审批、办证、收费全都进入本地政务中心，彻底解决全市长期以来城乡基本建设中文物保护不能进入统一审批程序的问题。按照文物法律、法规的有关规定，各级政务中心文物窗口对城乡基本建设中文物保护的项目审批（大型基本建设工程项目中文物保护由省以上文物行政主管部门审批），在进行基本建设工程时，建设单位事先报告文物行政部门，由文物行政部门组织文物考古发掘专业人员对工程范围内有可能埋藏文物的地方进行考古调查、勘探后签署审批意见，并收取一定的文物勘探费。如通过调查勘探，确认地下埋藏有文物，由文物行政主管部门组织抢救性发掘，并对发掘出土文物进行科学保护，其勘探、发掘和文物保护费用按政府物价部门核定的标准，由建设单位支付。从1995年至2010年，全市受理城乡基本建设中文物保护审批项目480多个，按规定收取文物勘探、发掘和保护经费1014.38万元。

纳入财政预算，文博事业发展有了财力保障。1997年至2010年，是市、县两级财政对文博事业经费不断增加的时期，文博事业得以较快发展。两级财政在保证各文博单位人头经费和适当增加公用经费的基础上，相继将文物征集费、文物保护费等项目确定基数，纳入年度预算。市本级（市文物处、常德博物馆）1997年财政预算拨款仅29.5万元，2010年，市财政给市文物局和常德博物馆两家预内拨款基数增加到233.9万元，是1997年的11倍。全市文博系统1997年预算拨款仅93.4万元，2010年增加到693.4万元，是1997年的7.4倍。除预算内拨款大幅度增加外，市、县两级财政1997年至2010年，给各文博单位先后拨付专项补助经费共1910.2万元，其中市财政拨付1031万元、区县财政拨付879.2万元。由于财政经费投入增加，市、县两级文博单位用于文物征集和文物保护维修的经费也逐年增加。2001年，全市用于文物征集的经费5.3万元，2002年增加到8.7万元；用于文物保护维修的住费2001年18.6万元，2002年增加到54.9万元。各文博单位的工作条件得到相应改善，8个区县（市）文管所（博物馆）6个有单独的院落和相应的办公场所。

纳入体制改革，文博事业发展的体制机制创新力度进一步加大。1988 年以来，常德先后进行过四次较大范围的体制改革。第一次是 1988 年至 1989 年的地改市；第二次是从 1995 年开始的全面推行公务员管理制度；第三次是 2001 年的精简机构，压缩编制，提高工作效能以及单位内部的一系列改革；第四次是 2008 年的工作职能调整。在这几次改革中，全市文物保护和管理的力量不仅没有削弱，而且得到加强。机构更加健全，队伍不断壮大，工作职能强化。地改市以后，常德地区文物工作队更名为常德市文物工作队，人员编制比地改市以前增加 6 名。1993 年，常德市文物工作队升格为常德市文物事业管理处，同时新成立常德博物馆，两家合署办公，人员编制增加到 27 名。1996 年，常德市文物事业管理处被列为国家公务员参管单位，部分行政管理人员实行公务员过渡。2001 年 10 月，常德市文物事业管理处与常德博物馆分开设置，成为常德市人民政府的工作部门，更名为常德市文物处。2008 年，为了强化行政管理职能，常德市文物处又更名为常德市文物局。除武陵区未设文物保护与管理机构外，其余 8 个区、县（市）均一直保留有文物管理所。继澧县文物管理所于 1995 年升格为文物事业管理处（正科级）之后，先后有鼎城区文物管理所升格为文物处（副科级），汉寿县文物管理所升格为文物局（副科级），石门县、桃源县、津市市文物管理所党政一把手实行高配，均为副科级。桃花源、澧县城头山、石门夹山、国有西洞庭农场也都设置有成建制的文物保护和管理机构。

纳入各级领导责任制，文博事业发展的组织领导体系、监督体系建立健全。市、县两级政府除指定专人分管文物工作外，还将文物保护纳入绩效考核的范畴。年初制定岗位目标责任制，强化责任，年终检查验收，奖优责劣。常德市人民政府 1990 年成立由政府各相关职能部门主要领导组成的常德市文物管理委员会，根据单位和人事变化进行多次调整，使这一协调机构在文物保护中发挥重要作用。市、县两级人大常委会和政协对文物保护也极为重视。早在 1990 年，常德市第一届人民代表大会常务委员会就作出了《关于切实做好文物保护工作的决议》。之后，在 1997 年、1999 年，市人大又先后两次对全市文物保护工作进行执法检查，发现问题，督促整改。市人大、市政协除多次组织人大代表、政协委员对文物保护进行视察外，每年“两会”期间还组织撰写、提交文物保护的建议和提案。仅市文物处从 1998 年以来就先后接收和办理各类建议、提案 30 余件。

三、部分重点文物保护单位有效保护

铁经幢保护

铁经幢原位于常德市德山孤峰岭乾明寺左侧，是一座铸造于北宋时期的古代宗教纪念性建筑物。因乾明寺在“文化大革命”中被毁，铁经幢无人管理。1979 年，常德地区行政公署经请示湖南省人民政府同意，将其搬迁至常德市城区滨湖公园内。1982 年，国务院公布为第二批全国重点文物保护单位。1989 年，常德市政府安排专项资金，由文物主管部门用花岗石材修筑四周围栏，竖立保护标志，并与滨湖公园管理处签订保护协议，划定保护范围。

公园免费开放后，管理难度加大，游人攀爬幢体拍照、玩耍行为屡禁不止，严重威胁铁经幢的安全。1992 年，湖南省文物局拨款 10 万元，批准将铁经幢搬迁至正在修建的常德博物馆院内，后由于博物馆修建存在资金缺口，此项经费经请示省文物局同意挪作他用。2002 年，铁经幢的搬迁再次被列入议事日程，常德市人民政府向国家文物局呈送铁经幢搬迁的请示，国家文物局批复同意搬迁，并安排专项经费。市文物处于 2003 年上半年拿出详细的搬迁方案，并完成幢体基座的设计与构筑。后因市政府在文化名城建设中对文物资源的配置有通盘考虑而未能实施。2006 年，德山乾明寺重新修建竣工，有关人员建议将铁经幢物归原处，迁回乾明寺统一保护和管理。2008 年 5 月，常德市人民政府第 11 次常务会议决定将铁经幢迁回德山乾明寺。

城头山遗址保护

城头山古文化遗址位于澧县车溪乡南岳村，是一处目前国内发现时代最早的古城址。从 1991 年开始，湖南省文物考古研究所先后 12 次对此进行考古发掘，发掘面积达 6064 平方米。其中 1992 年和 1997 年两次的发掘均被国家文物局评为当年全国“十大考古新发现”之一，考古发掘成果举世瞩目。1996 年 11 月，国务院公布为第四批全国重点文物保护单位。

澧县人民政府对城头山古文化遗址的保护高度重视，从 1995 年开始，先后采取四条过硬措施：一是建立保护和管理机构。2002 年 7 月，澧县城头山古文化遗址管理处和澧县城头山古文化遗址博物馆正式成立，为正科级事业单位，实行两块牌子、一套人员。人员编制由 2002 年的 6 名增加到 2010 年的 12 名。在遗址附近修建办公用房和文物陈列室，使遗址保护、管理工作责任落到实处。二是优化遗址保护环境。县政府根据《中华人民共和国文物保护法》《湖南省文物保护条例》的有关条款，就做好城头山古文化遗址的保护管理工作及时向各基层单位下发通知，向广大民众发布公告，严格规定遗址保护范围内不准从事任何建设工程，不得乱挖、取土和葬坟，遗址上的民房限期拆除，影响遗址保护和考古挖掘的现代坟墓逐步迁葬，对不听劝阻，蓄意破坏遗址的行为依法严厉打击。三是对考古发掘裸露遗迹实施有效保护。争取国家安排专项保护经费，先后在 800 平方米的西南城墙剖面保护区、1500 平方米的南门壕沟遗存保护区、1575 平方米的居住遗存保护区、1400 平方米的制陶作坊遗存保护区、1200 平方米的公共墓葬遗存保护区、1750 平方米的东门稻田遗存保护区、800 平方米的道路遗存保护区等七处重要遗存保护区搭建临时简易保护棚，避免文化遗存遭受自然损毁。四是认真组织遗址保护课题研究。城头山古文化遗址大面积发掘后，如何防止地下水对文化遗存侵渗危害，是遗址保护中的突出难题。为解决这一难题，澧县政府牵头，组织有关考古专业人员集中攻关，先后投入资金 30 多万元，在国家、省、市有关部门的支持下，经过无数次试验，终于发明“土遗址窄槽注浆防渗技术”，2002 年通过国家级专家组评审鉴定投入保护使用。2003 年获得常德市科学技术进步二等奖。

彭头山遗址保护

彭头山遗址位于澧县大坪乡孟坪村，是一处长江中游地区发现年代最早的新石器时代遗址。1988 年，湖南省文物考古研究所对此进行首次考古发掘，取得重大发掘成果。2001 年 6 月经国务院公布为第五批全国重点文物保护单位。

从 2005 年开始，澧县文物管理处按照县政府的要求，着手彭头山遗址保护规划和实施方案的编制工作，与北京建工建筑设计研究院共同研究编制的《彭头山遗址保护规划》、《彭头山遗址环境整治与展示利用方案》分别于 2009 年和 2011 年获得国家文物局审批通过，为彭头山遗址保护工作奠定了基础。2010 年国家文物局安排专项资 20 万元，对彭头山遗址实施有效保护，拆除遗址本体上废弃的砖窑一座；对出入遗址区的小道进行了硬化处理。

八十垱遗址保护

八十垱遗址位于澧县梦溪乡五福村，是一处重要的新石器时代遗址。1993 年至 1997 年，湖南省文物考古研究所先后六次对此进行部分发掘，取得重大发掘成果。2001 年 6 月国务院公布为第五批全国重点文物保护单位。

从 2005 年开始，澧县文物管理处按照县政府的要求，着手八十垱遗址保护规划和实施方案的编制工作，与北京建工建筑设计研究院共同研究编制的《八十垱遗址保护规划》、《八十垱遗址环境整治与展示利用方案》分别于 2009 年和 2011 年获得国家文物局审批通过，为开展八十垱遗址的保护工作奠定了基础。2010 年，八十垱遗址保护工程项目开始全面实施。国家文物局先后安排专项资金 160 万元，重点实施了 5 个保护项目。拆迁和改造了叠压在遗址上的房屋两栋；对遗址发掘区采取回填保护（重点保护区内填埋坑洞，表层覆土保护）；疏浚遗址四周古河道，采用树桩、小山竹、芦席为水体驳岸做护坡，护砌堰塘；新建景区大门，树立保护标志与界碑；恢复考古发掘探方六个，对遗址周边 2000 米防洪灌溉渠道进行疏浚清淤，加修机埠，及时排涝，对出入遗址区的小道进行硬化处理。

余家牌坊保护

余家牌坊位于澧县车溪乡牌楼村，是一座建于清道光年间的石质“节孝坊”。其造型生动，雕刻工艺精湛，为湖南省内石质牌坊中所罕见，具有很高的艺术价值。2006 年 5 月，经国务院公布为第六批全国重点文物保护单位。

澧县县政府于1979年在牌坊周边征地400平方米，修建钢筋混凝土围栏。2010年，澧县文物管理处按照县政府的要求，与武汉大学、湖北省文化厅古建筑保护中心共同研究编制《余家牌坊保护规划》，交国家文物局审批。2011年10月，县文物管理处对余家牌坊例行安全检查时，发现牌坊南向基座下均匀散落牌坊构件和大量白色粉末，立即向县政府和省、市文物主管部门汇报，引起各方的高度关注。11月20日，湖南省文物局特邀古建筑、石质文物保护、文物病害分析、环境保护等方面的专家对余家牌坊石质酥化、剥落等问题进行现场勘察，专题研究该牌坊的抢救性保护问题。西安文物保护修复中心前总工程师甄广全、武汉大学测试中心教授童华、武汉大学资源与环境科学学院教授吴峰、武汉大学历史学院教授倪婉、长沙历史文化名城专家组成员刘叔华等参与勘察研究保护性措施。专家分析论证认为水和以硫化物、氯化物、硅化合物为代表的酸性阴离子以及可溶盐的协同作用是牌坊石质劣化的主要原因，其污染来源是新澧化工有限公司大量排放的二氧化硫。根据专家建议，澧县县政府迅速采取临时性保护措施：对距牌坊100米内的村级公路进行车速控制，限速5千米/时，牌坊周边修建防震沟；搭建保护工作棚，防水隔酸；对牌坊的濒危构件进行抢救性保护；委托武汉大学、湖北省文化厅古建筑保护中心编制《余家牌坊抢救性保护方案》上报国家文物局，通过专家论证后，实施永久性保护。

汤家岗遗址保护

汤家岗遗址位于安乡县安全乡汤家岗村，是一处重要的新石器时代遗址，遗址总面积近4万平方米。1978年、1990年和2007年，湖南省文物考古研究所先后进行三次发掘，均有重要发现。1996年湖南省人民政府公布为省级文物保护单位。

安乡县人民政府对汤家岗遗址保护极为重视，2009年，成立汤家岗遗址保护、开发与利用领导小组，由县政府主要领导和文化、国土、建设、规划、环保、公安等职能部门主要负责人组成，下设办公室，全面启动汤家岗遗址的保护、开发与利用。委托湖南省文物考古研究所设计规划中心对整个保护区进行统一规划设计，县财政前期投入近800万元，先后修建环汤家岗遗址6000米长的水泥公路，疏通环遗址四周沟渠5000米，有效降低遗址范围内地下水位；修建3座500多平方米的钢架、砖混结构保护棚，对已发掘的露天遗迹进行有效保护；将遗址区原有村民住宅迁址；栽种树苗近万株、表土地毯草8000余平方米。2010年又投入近20万元用于遗址主区的道路建设。

第三节　文物保护单位维修

文物保护单位的维修主要是对那些人为或自然损毁严重的地面古建筑及个别已发掘的重要古墓葬的修缮。维修的原则是恢复原貌，修旧如旧。履行严格的审批程序：全国重点文物保护单位的维修报国家文物局审批，省、市、县级文物保护单位的维修，分别报省、市、县人民政府或文物行政主管部门审批。承接文物保护单位维修工程的施工单位必须具有相应的资质条件。文物保护单位维修的经费来源，有使用单位的主要由使用单位自筹，国家和省文物主管部门给予适当补助；没有使用单位的，按文物保护单位的级别，分别由各级人民政府拨付专项资金，同时向上级有关部门申请一定的专项补助经费。

全市文物保护单位的维修起步于20世纪70年代末期，当时的维修项目和投入的维修资金均极为有限。到80年代特别是90年代以后，文物保护单位的维修列入了各级人民政府和文物行政主管部门的工作议事日程，走上了常态化、规范化的轨道。维修经费得到保障，维修项目增多，维修规模扩大。

桃花源古建筑群维修

桃花源古建筑群位于桃源县桃花源风景名胜区，现存古建筑大都建于明代和清代，主要有桃花观、集贤祠、蹑风亭、探月亭、水源亭、遇仙桥、方竹亭等，与1973年新建的菊圃（包括陈列室、回廊、头门）和1982年以来先后修复的水源亭、碑廊、秦人古洞、既出亭、问路桥、高举阁、水府阁、问津亭、桃川宫、天宁碑院等建筑，合称为桃花源古建筑群。1959年，桃花源被湖南省人民政府公布为省级文物保护单位后，1964年成立桃花源文物管理所，从1979年至1988年，先后募集资金160多万元，对部分古建筑进行多次小规模的维修。桃花源1992年成立风景名胜区管理处，2006年被国务院公布为第六批全国重点文物保护单位，定为国家AAAA级旅游景点，对外影响迅速扩大，文物的保护与维修工作也随之得到全面加强。从1998年到2010年的12年间，桃花源风景名胜区管理处先后筹措资金，聘任符合古建维修资质条件的桃源县建筑安装责任有限公司，对桃花源古建筑群进行了20个项目的维护和修缮，维修总金额达868.5万元。

桃花源古建筑群维修现场

1. 桃川宫重塑神像工程。动工时间：1998年1月3日。竣工时间：1998年3月20日。维修内容：按道教规范重塑大殿内供奉神像。维修工程决算为21.3万元，资金来源：桃花源风景名胜区管理处自筹。

2. 桃源山天宁碑院左右厢房维修。维修原因：局部木作、屋面琉璃瓦、木制构件损坏严重。动工时间：1998年2月13日。竣工时间：1998年4月13日。维修内容：局部木作维修、更换，屋面琉璃瓦拆换，木制构件油漆等。维修工程决算：31.39万元，资金来源：桃花源风景名胜区管理处自筹。

3. 桃花观大堂屋面修整。维修原因：屋面全面渗漏；椽、檩及檐檩枋、卷棚、戗角、屋脊腐烂；卷草堆画脱落。动工时间：1999 年 6 月 3 日，竣工时间：1999 年 8 月 3 日。维修内容：屋面全面翻检；更换已朽椽、檩；檐檩枋、卷棚、戗角、屋脊修整；卷草堆画恢复；屋面添瓦等。维修工程决算 1.56 万元。资金来源：桃花源风景名胜区管理处自筹。

4. 桃花山碑廊维修。动工时间：1999 年 8 月 11 日。竣工时间：1998 年 9 月 25 日。维修内容：添置花岗岩石柱；原有石柱岩质风化，麻面、蜂窝处理；石柱安装、铁链安装、焊接；涂刷防锈漆等。维修工程决算 2.86 万元。资金来源：桃花源风景名胜区管理处自筹。

5. 桃源山水府阁屋面整修。动工时间：2001 年 1 月 3 日。竣工时间：2001 年 3 月 5 日。维修内容：重新油漆；维修和更换木作；更换部分琉璃瓦。维修工程决算 19.2 万元。资金来源：桃花源风景名胜区管理处自筹。

6. 桃花山高举阁屋面及地坪维修。动工时间：2001 年 1 月 5 日。竣工时间：2001 年 3 月 3 日。维修内容：全面重新油漆；木作维修与更换；部分琉璃瓦更换。维修工程决算 3.16 万元。资金来源：桃花源风景名胜区管理处自筹。

7. 桃花山玄亭全面维修。动工时间：2003 年 1 月 8 日。竣工时间：2003 年 3 月 1 日。维修内容：全面油漆；木作维修等。维修工程决算 7.3 万元。资金来源：桃花源风景名胜区管理处自筹。

8. 桃花山白云轩全面维修。动工时间：2004 年 8 月 1 日。竣工时间：2004 年 9 月 15 日。维修内容：全面油漆；木作维修等。维修工程决算 3.23 万元。资金来源：桃花源风景名胜区管理处自筹。

9. 桃花山临仙馆全面维修。动工时间：2004 年 8 月 5 日。竣工时间：2004 年 9 月 18 日。维修内容：全面油漆；木作维修；彩绘等。维修工程决算 5.55 万元。资金来源：桃花源风景名胜区管理处自筹。

10. 桃花山集菊圃屋面及围墙维修。动工时间：2005 年 1 月 5 日。竣工时间：1998 年 2 月 10 日。维修内容：全面油漆；木作维修；彩绘；围墙粉刷等。维修工程决算 8.66 万元。资金来源：桃花源风景名胜区管理处自筹。

11. 桃川万寿宫整体维修。施工单位：湖北省殷祖古建园林有限公司。单位资质：国家一级。动工时间：2010 年 10 月 9 日。竣工时间：2011 年 8 月。维修内容：琉璃瓦全部新贴；新做预制斗拱 56 个；维修斗拱 116 个；屋面全部现浇；油漆、彩绘、涂料全面重做；室内地面局部休整等。决算金额 731.5 万元。资金来源：桃花源风景名胜区管理处自筹。

澧州文庙维修

澧州文庙位于澧县城关镇，迁建于明代初年，距今已有 500 多年历史，是湘西北地区规模最大、保护最完好的大型庭院式建筑。1983 年 10 月，经湖南省人民政府公布为省级文物保护单位。从 1983 年开始至 2006 年，在省、市有关部门和当地社会知名人士的大力支持下，澧县人民政府先后四次对澧州文庙进行维修，维修总金额达 300 多万元。

第一次维修是 1983 年 5 月 ~ 1985 年 1 月，由省文化厅和县政府拨款共 77 万元，县文物部门组织实施。先后完成了澧州文庙内大成门及名宦、乡贤祠、东、西厢房、大成殿及东西行廊、崇圣祠及忠义、节孝祠、宫墙、钟鼓楼等六大项目的落架维修和所有建筑油漆、彩绘。并安装、添置了避雷设施和消防装备。

澧州文庙维修现场

第二次维修是 1988 年，由澧县文化局倡导社会各界集资 3 万元，由县文物部门组织实施，完成了院内泮池清淤、池壁修复防漏、维修恢复状元桥、平整、硬化泮池周围地面等维修任务。

第三次维修是 2004 年，中共澧县县委、县人民政府决定再次对澧州文庙进行一次大规模的维修，县财政拨款 150 万元，民间先后募捐 33 万元，接受捐赠孔子铜像一尊，香案一座。此次维修的主要项目有：大成殿、崇圣祠及耳房、钟鼓楼全面维修；东、西行廊、头门、宫墙恢复；新建文庙大门等。还对院内所有地面、电路、消防避雷设施以及文物展室展柜进行了升级改造。

第四次维修是 2006 年，由澧县文物管理处筹资 40 万元，维修内容主要是维修原残存的石质栏杆，恢复大成门后所有石质栏杆。

花瓦塔维修

花瓦塔位于澧县宜万乡花瓦村，始建于宋代，是湖南省境内现存建造年代最早的古塔建筑之一。1983 年，湖南省人民政府公布为省级文物保护单位。

该建筑由于常年失修，塔体损毁不堪，倾斜严重。经部分县人大代表、政协委员和文化、文物部门多次呼吁，维修工作终被列入议事日程。2010 年 11 月，湖南省文物考古研究所通过对花瓦塔周边的考古调查和发掘，找到了花瓦塔倾斜开裂的原因，据此编制《花瓦寺塔维修方案》。2010 年 12 月，湖南省文物局下达《关于实施澧县花瓦塔抢救性维修的批复》。2011 年省文物局拨款 10 万元，澧县人民政府拨款 50 万元，2011 年 8 月 24 日进行公开招标，由湖南省神匠文物保护古建园林工程有限公司中标。维修工程自 9 月启动，12 月底竣工，历时 3 个月。主要维修项目八项。采用砖缝压力注浆加固塔体；采用错缝搭接对裂缝进行修补；采用钢板箍埋固定塔体；拆除顶层，恢复塔刹；维修地宫；修建塔坪；塔体外表装饰维修；安装避雷设施。通过维修，花瓦塔得到有效保护，重现昔日光彩。

澧州古城墙维修

澧州古城墙位于澧县城关镇，始建明代洪武初年。2006 年湖南人民政府公布为省级文物保护单位。

早在 1985 年，澧县人民政府拨款 5000 元对与古城墙同一整体的八方楼进行过维修，主要是加固楼体，翻修屋面。1995 年，县政府拨款 20 万元，维修澧县一中至兰江公园段近 300 米长的古城墙，主要维修项目是墙体外墙整修、恢复箭垛。2003 年 7 月，澧县文物处安排资金 5000 元维修被雨水冲毁的小南门。2007 年，因八方楼楼体年久失修，破败不堪，澧县人民政府又拨款 60 万元，文物处组织民间筹资 40 万元，对八方楼进行了落架维修。维修工程于 2007 年年底正式动工，2008 年 7 月竣工。主要维修项目有校正楼体、更换瓦面、恢复楼内阶梯、安装避雷设施、油漆彩绘等。2010 年，为配套八方楼建设，澧县人民政府拨款 70 万元对八方楼至兰江公园段 180 米城墙进行维修。主要维修项目为恢复内墙、恢复箭垛、恢复城墙路面、修整外墙等。

石门文庙维修

石门文庙位于石门县城关镇。始建于宋代，现存文庙建于明弘治十七年（1504），是湖南省境内保存最完好的县级文庙之一。2002 年 5 月，经湖南省人民政府公布为省级文物保护单位。石门县政府和文化、文物部门极为重视对文庙的维护和修缮，从 1992 年至 2009 年，先后对文庙进行过五次维修。

1. 文庙钟楼修缮。维修原因：为完善文庙整体结构，恢复文庙原有面貌，迎接石门县文物管理委员会成立庆典大会召开。主持单位：石门县博物馆。施工单位：石门县易家渡镇建筑工程队。批准单位：常德市文物处。起止时间：1992 年 3 ~ 7 月。维修内容：按原貌修复钟楼，做到修旧如旧。维修技术处理：六方形青石基座，雕花栏板，楼体为木质二层结构，六面镂空雕花门扇，并施以彩绘，六角攒顶建筑。质量评价：按质按量如期完成维修任务，造型精美。经费来源：湖南省文物局拨款 5 万元，石门县人民政府拨款 3 万元。

2. 文庙道贯古今楼修缮。维修原因：为完善文庙整体结构，恢复文庙本庙本来面貌，改善石门县博物馆办公条件。主持单位：石门县博物馆。施工单位：石门县易家渡镇建筑工程队。批准单位：湖南省文物局。起止时间：1994 年 12 月 ~1995 年 5 月。维修内容：

按原貌修复道贯古今楼，做到修旧如旧。维修技术处理：主体外观为二层硬山式人字封火墙，砖木结构，所有窗户为仿古雕花样式，一层木门设雕花落地罩，正大门设石方柱和石门顶，墙面一律为外红内白，梁枋等施墨线点金旋子彩绘，廊板天花施金琢墨团龙天花彩绘，所有门窗、柱等按传统仿古建筑饰朱红油漆。质量评价：按设计要求如期完成维修任务，与文庙整体风格相协调。经费来源：湖南省文物局分年度拨款10万元，石门县博物馆自筹资金22万元。

3. 文庙东厢房、棂星门、礼乐器库修缮、文庙古建筑全面整修及油漆彩绘。维修原因：为完善文庙整体结构，加强文庙整体保护，恢复文庙本来面貌，迎接1999年8月由石门县博物馆承办的第八届明史国际学术讨论会在石门县召开。主持单位：石门县博物馆。施工单位：浏阳市镇头建筑园林有限责任公司。批准单位：湖南省文物局。起止时间：1998年11月~1999年7月。维修内容：按原貌修复东厢房、棂星门、礼乐器库；对头门、道贯古今楼、东西厢房、东西碑廊、大成门、文武官厅、大成殿、钟鼓楼等所有古建筑重新油漆彩绘。维修技术处理：东厢房参照西厢房硬山式修复，砖木结构，蓝绿色琉璃瓦，所有门窗为仿古雕花样式，饰朱红油漆，梁枋等施墨线点金旋子彩绘，廊板天花施金琢墨团龙天花彩绘。棂星门为钢混结构，盖黄色琉璃瓦，斗拱、雀替雕刻彩绘，以青石抱鼓、青石雕狮托柱。乐礼器库为砖木结构，屋面盖绿色琉璃瓦，仿古雕花门窗，饰苏式彩绘。油漆彩绘项目是对文庙内所有古建筑重新施以彩绘，以旋子彩绘和苏式彩绘为主。质量评价：东厢房、棂星门、礼乐器库按设计要求如期完工，油漆彩绘工程按清代官式风格彩绘，既具有皇宫建筑款式，又有湖南地方彩绘特点，色彩鲜艳，线条流畅，美观大方。经费来源：湖南省文物局分年度拨款50万元，石门县人民政府分年度拨款80万元，石门县博物馆自筹资金50万元。

4. 文庙泮池、状元桥维修。维修原因：原桥栏板发生严重倾斜，危及游客安全；恢复桥体原貌；迎接2009年8月举行的石门县考取清华、北大学子状元踩桥祭孔活动举行。主持单位：石门县博物馆。施工单位：桃源县永乐园林雕塑工艺厂。批准单位：湖南省文物局。起止时间：2009年6~8月。维修内容：对泮池进行彻底清淤，采用汉白玉对状元桥进行原貌修复。维修技术处理：桥体全部用汉白玉石砌成，望柱为方形云头纹，桥面两侧分别雕云龙纹、凤纹栏板，泮池四周栏板刻暗八仙、八宝等纹饰，桥头桥尾分别加麒麟、宝象图抱鼓。质量评价：按设计要求如期完工，造

石门文庙的维修现场

型优美，雕刻精细，位于文庙的红墙碧瓦之中，更显素雅美丽。经费来源：石门县博物馆自筹资金12万元。

5. 文庙再次油漆彩绘。维修原因：因南方潮湿天气导致文庙彩绘大面积剥落、霉损，恢复石门文庙雕梁画栋的本来面貌。主持单位：石门县博物馆。施工单位：浏阳市镇头建筑园林有限责任公司。批准单位：湖南省文物局。起止时间：2009年9～12月。维修内容：对头门、道贯古今楼、棂星门、东西碑廊、东西厢房、钟鼓楼、大成门、文武官厅、大成殿、等古建筑重新油漆彩绘。维修技术处理：油漆彩绘工程以旋子彩绘和苏式彩绘为主，上盖透明清漆，以防剥落和霉变。质量评价：按设计要求如期完工，色彩鲜艳，雕梁画栋，美观大方。经费来源：湖南省文物局拨款10万元，石门县人民政府拨款2万元，石门县博物馆自筹资金33万元。

闯王陵维修

闯王陵位于石门县夹山森林公园内，始筑于清代，后被毁。1993年由石门县人民政府投资在原址上修复，作为明末农民起义领袖李自成的纪念建筑。由纪念馆、陵卫、紫石牌坊、神道、陵寝、明楼、碑廊、野拂塔等组成，1996年1月经湖南省人民政府公布为省级文物保护单位，由石门县夹山国家森林公园管理处使用管理。

2002年至2009年，石门县夹山国家森林公园管理处先后三次对闯王陵进行部分项目的维修。

1. 纪念馆、陵卫、明楼维修。维修原因：屋面腐朽、坍塌。主持维修单位：湖南壶瓶山旅游开发有限公司。监理单位：石门县质量技术监督站。批准单位：湖南省文物局。维修起止时间：2002年10月至2003年6月。维修内容：纪念馆整体重修、陵卫、明楼实行屋面维修。维修技术处理：纪念馆取消中间4根内金柱，便于布展，增加使用面积。增加屋面防腐、防化、防火力度，增加水电安装及消防设备。维修队伍：湖南省浏阳市镇头建筑园林有限责任公司。维修评价：如期完工，质量合格。维修经费来源及数量：总投入为145万元。由湖南壶瓶山旅游开发有限公司自筹。

2. 陵寝维修。维修原因：因陵寝出现了不同程度的基础下沉和破损，屋面腐朽和部分坍塌。主持维修单位：石门县夹山国家森林公园管理处。监理单位：石门县文物管理所。批准单位：湖南省文物局。维修起止时间：2009年3月21日至2009年8月8日。维修内容：室内外地坪整修；陵寝一、二层屋面现浇及更换新瓦；整体油漆彩绘；四周地面及地宫防水防潮处理及墙面安装花岗岩等。维修技术处理：油漆彩绘完后罩聚氨脂清漆，门窗及雀替的所有雕刻做局部贴金处理。维修队伍：湖南省浏阳市镇头建筑园林有限责任公司。维修质量评价：合格。维修经费来源及数量：总投资为45万元，由石门县财政拨款。

3. 紫石牌坊维修。维修原因：紫石牌坊系一座四柱三顶石牌楼，采用澧水流域紫色大理石雕刻而成。该石质地硬且碎，早年即见细微裂纹。“5·12”汶川大地震后，受震波影响，裂纹已变成明显的断裂缝，明间龙门枋、大额枋、小额枋均见裂缝，特别是明间龙门枋已完全断裂。主持维修单位：石门县夹山国家森林公园管理处。批准单位：石门县文物管理所。维修时间：2009 年 8 月。维修内容：清除断裂缝口污垢，削宽缝口，用强力胶、进口云石胶调兑拌匀灌于缝中，用重型千斤顶使缝隙完全复合到位，再在断裂处两边横向开槽，嵌入预备钢筋，用同色石粉兑云石胶灌满缝口，表面用同色真石漆局部处理。对联、牌匾字体花纹重新勾勒（照原色），其他部位做局部修饰。维修队伍：湖南省浏阳市镇头建筑园林有限责任公司。维修质量评价合格。维修经费 1 万元，由夹山管理处自筹。

夹山寺维修

夹山寺位于石门县夹山国家森林公园内，其建筑始建于唐，千百年来，历尽兴衰。至明代，由于兵火连年，殿宇大多被毁。清代顺治年间，有奉天玉大和尚隐居于此，率众僧重建，后又因年久失修和多次遭人为损毁，仅存三殿一厢房。到 20 世纪八九十年代前后，石门县人民政府和有关部门先后筹资相继在原址恢复重建了部分殿宇。现有大雄宝殿、大悲殿、天王殿、山门、涌花厅、洗墨池、玉玺井、放生池、塔林，紫石牌坊以及钟、鼓楼等建筑。1983 年湖南省人民政府重新公布夹山寺为省级文物保护单位。1992 年，划归森林公园管理处使用管理。2004 年至 2010 年，先后五次进行了重点维修。

1. **天王殿维修。**维修原因：室内木柱腐朽，屋面，椽条、瓦片自然毁损。主持维修单位：湖南壶瓶山旅游开发有限公司。监理单位：石门县文物管理所。批准单位：常德市文物处。维修起止时间：2004 年 8 月至 2005 年 2 月。维修内容：全面翻修，按原色整体油漆彩绘。维修技术处理：木质屋面更换为水泥现浇屋面，在工艺、材料上做到与原建筑风貌保持一致。维修队伍：湖南省浏阳市镇头建筑园林有限责任公司。维修质量评价：总体合格。总投入为 40 万元。由湖南壶瓶山旅游开发有限公司自筹。

2. **法堂维修。**维修原因：屋面，椽条、瓦片自然毁损。主持维修单位：夹山灵泉禅院。批准单位：石门县文物管理所。维修起止时间：2004 年 10 月至 2005 年 3 月。维修内容：屋面翻修，整体油漆彩绘。维修队伍：湖北大冶殷祖古建公司。维修质量评价：总体合格。总投入为 30 万元。由灵泉禅院自筹。

3. **大悲殿维修。**维修原因：木立柱虫蛀，屋顶椽条、瓦片自然毁损、油漆彩绘完全脱落等。主持维修单位：灵泉禅院。监理单位：石门县文物管理所。批准单位：湖南省文物局。维修起止时间：2008 年 10 月至 2009 年 12 月。维修内容：更换腐朽木柱、屋面翻修、重新油漆彩绘。维修队伍：湖北大冶殷祖古建公司。维修质量评价：总体合格。总投入 150 万元。省文物局拨款 10 万元，其余由夹山灵泉禅院自筹。

4. **山门殿、钟鼓楼维修。**维修原因：屋顶椽条、瓦片自然损毁、油漆脱落。主持维修单位：灵泉禅院。批准和监管单位：石门县文物管理所。维修起止时间：2009 年 10 月至 2010 年 3 月。维修内容：屋面维修、更换椽条、盖瓦、全面油漆。维修队伍：湖北大冶殷祖古建公司。维修质量评价：总体合格。总投入为 20 万元。由灵泉禅院自筹。

5. 夹山牌楼维修。维修原因：屋顶坍塌。主持维修单位：夹山国家森林公回管理处。批准、监管单位：石门县文物管理所。维修起止时间：2010 年 9 月至 11 月。维修内容：屋顶维修、油漆彩绘。维修队伍：湖南省浏阳市镇头建筑园林有限责任公司。维修质量评价：总体合格。总投入为 17 万元，由石门县财政拨款。

星子宫古建筑群维修

星子宫古建筑群位于桃源县热市镇星德山，是一处具有浓厚地方建筑特色的道教文化场所，归属民间宗教组织（道教）管理和使用。

此建筑群始建于明代，清康熙年间曾遭火灾，道光九年（1829）开始逐步增修至现在规模。“文化大革命”中因破“四旧”被严重损毁。1994 年初由本地人士黄大仲、张福阶、周树堂等人倡议，桃源县境内部分单位、周边群众、桃源籍台胞捐资 10 余万元对星子宫古建筑群进行全面修复。修复工程自 1994 年 4 月开始至 1999 年 5 月结束，历时五年共耗资 14 万元（不包括建筑石料），恢复重建文昌阁、观音阁等石质建筑，整修百步磩石级游路、加固王爷殿石质栏杆，维修了星子宫主殿、山门及百子堂等建筑。通过全面修复，该建筑群基本恢复原来面貌，2002 年 5 月湖南省人民政府公布为第七批省级文物保护单位。

荣定王墓维修

荣定王墓是明宪宗朱见深后裔、荣恭王的儿子朱翊鈖及其二妃李氏、杨氏的合葬墓，明万历二十六年（1598），朱翊鈖受封荣定王。该墓位于常德市德山粮油加工厂。荣定王墓早年被盗。20 世纪 50 年代，湖南省文物考古人员对此墓进行清理，墓室内还遗留有石案及八方圹志。因此墓墓制庞大，建筑结构雄伟，石棺床雕刻纹饰精细，圹志楷书刚劲有力，是研究明代社会历史、物质文化的重要实物史料，具有重要的保护价值。1956 年 7 月湖南省人民委员会公布为省级文物保护单位，是常德境内公布最早的文物保护单位。

荣定王墓年久失修，墓室内渗水垮塌严重，地面周边环境恶劣，长期处于无人管理的状态。从 2007 年开始，该墓的维修被列入议事日程，先后由湖南省文物局、常德市政府拨款连续进行两次维修。2007 年 12 月至 2008 年 6 月，湖南省文物局拨款 18 万元，由湖南省弘古建筑有限公司对墓室内须弥座（棺座）及墓室内地面和部分青砖墙体进行了全面修缮；2008 年 6 月至 2009 年 6 月，常德市政府文化名城建设领导小组办公室安排资金 20 万元，由湖南天鹰建设有限公司对墓室进行防渗漏处理，对地面周边环境进行绿化美化。

林伯渠故居维修

林伯渠故居位于临澧县修梅镇凉水井村，始建于清代同治年间，是中共老一辈无产阶级革命家林伯渠出生和童年、青少年时代生活所在地。在“文化大革命”中，故居遭损毁。1986 年，为纪念林伯渠诞生 100 周年，中共临澧县委、临澧县人民政府在国家、省、市有关领导和部门的大力支持下，对故居按原样进行全面修复。1996 年，湖南省人民政府将其公布为省级文物保护单位。

林伯渠故居恢复重建后，曾进行过多次小型局部维修。2005 年，根据当时故居存在部分屋面漏雨、墙体局部开裂、部分木质构件糟朽、木门、木窗局部变形、屋后山体滑坡、屋内地面凸凹不平、排水系统淤堵等七大安全隐患，临澧县人民政府决定乘纪念林伯渠诞辰 120 周年之机，对故居进行一次全面维修。经请示湖南省文物局批准，并由湖南省文物干部培训中心设计制定了详尽的维修方案，从 2005 年 4 月开始，到 2006 年 3 月，历时近一年，除全面完成故居的维修任务之外，还在故居前扩建广场，竖立林伯渠铜像。资金投入达 200 多万元。

常德会战阵亡将士纪念公墓维修

常德会战阵亡将士纪念公墓位于常德市城区青年南路，1944 年由中国国民党军第七十四军驻常留守处修建，1945 年抗战胜利后，又重新修整。纪念公墓包括墓冢、纪念塔、纪念牌坊、纪念亭等建筑。“文化大革命”期间，纪念公墓内部分建筑和碑文严重损毁，墓冢被废弃。1981 年，原常德市（现武陵区）人民政府恢复纪念塔上的碑文，之后又相继进行维修，逐渐恢复原貌。1996 年 1 月湖南省人民政府将其公布为省级文物保护单位。为了保护好这一纪念性建筑，2009 年 10 月 ~2010 年 6 月，湖南省文物局、常德市人民政府文化名城建设领导小组办公室共计拨款 40 万元，常德市文物局主持，湖南弘古建筑有限公司承建，对纪念公墓的纪念塔、纪念牌坊、纪念亭进行了维修。

帅孟奇故居维修

帅孟奇故居位于汉寿县坡头镇陈家湾村，是中共老一辈无产阶级革命家帅孟奇出生和青少年时期生活过的地方。2008 年第三次全国文物普查时发现，2011 年 1 月湖南省人民政府公布为第九批省级文物保护单位。

帅孟奇故居始建于清光绪二十一年（1895），因年代久远，自然损毁严重。湖南省文物局批准并安排经费，从 2008 年开始至 2010 年，由汉寿县文物局组织分期分批进行修缮，维修面积 250 平方米，维修经费共 40 万元。

在重点抓好全国重点文物保护单位和省级文物保护单位维修的同时，市、县两级人民政府和文物主管部门高度重视市级文物保护单位和县级文物保护单位的维修，先后筹集资金，对部分市、县级文物保护单位进行了适时修缮。2004 年，中共常德市委、常德市人民政府提出“工业强市、文化名城、和谐常德”的发展战略，成立文化名城建设领导小组并下设办公室，把文物资源的开发和利用作为文化名城建设的重要载体，由市“名城办”安排专项资金，市建设、园林、文化、文物等职能部门先后对常德市城区及其周边的常德古城墙、笔架城、四眼井、丝瓜井、白龙井、崔婆井以及抗战时期碉堡、地堡群和沅水北岸防洪石柜系列等十多处市级文物保护单位进行维修。

修缮后的常德“四眼井”

石门县境内的覃氏祖祠、陈振亚烈士故居、野佛维禅师塔；桃源县境内的文昌阁、殷家桥、盘龙桥、两溪桥；汉寿县境内的抗日将士阵亡公墓、杨么墓、邹蕴真墓；临澧县境内的佘市桥等市、县级文物保护单位，采取分级负责的办法，也得到一定程度维修。

第三章　文物行政执法

《中华人民共和国文物保护法》《湖南省文物保护条例》等一系列文物法律法规颁布以来，常德市、县两级文物部门在政府的重视与支持下，不断加强文物行政执法工作，完善机制，强化措施，执法力度逐步加大，执法效果显著，有力保障了文物安全，促进了文博事业发展和繁荣。

第一节　文物行政执法主体

《中华人民共和国文物保护法》总则第八条规定：“国务院文物行政部门主管全国文物保护工作。地方各级人民政府负责本行政区域内的文物保护工作。县级以上地方人民政府承担文物保护工作的部门对本行政区域内的文物保护实施监督管理。”第九条规定：各级“公安机关、工商行政管理部门、海关、城乡建设规划部门和其它有关国家机关，应当依法认真履行所承担的保护文物的职责，维护文物管理秩序”。根据法律规定，市、县两级文物、公安、工商等职能部门各司其职，整体联动，共同构筑成常德文物行政执法的主体。

中华人民共和国文物行政执法证

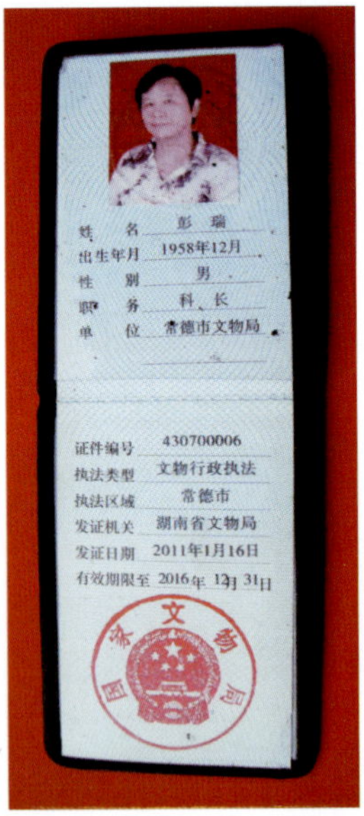

中华人民共和国文物行政执法证

作为文物行政执法主体之一的市、县文物主管部门，由于机构成立时间相对晚，工作机制尚未完全建立，执法经验不足，力量薄弱，文物行政执法工作曾一度受到严重影响。1993 年，常德市文物工作队升格为常德市文物事业管理处，其工作职能由原来的纯事业单位转变为具有行政管理工作职能的事业单位，代表市政府独立行使文物执法权。2003 年 5 月常德市机构编制委员会办公室批准成立常德市文化市场稽查支队文物稽查大队，与市文物处文物科两块牌子、一套人员、合署办公。之后，各区、县（市）相继成立文化市场稽查大队文物稽查中队。全市文物执法机构更加完善，力量进一步加强。新成立的文物稽查机构实行“双重”领导，所有稽查队员统一着装，持证上岗。纵向，湖南省文化市场稽查总队文物稽查支队给予业务指导，定期进行业务培训，并安排专项经费用于添置服装和必要的设备；横向，纳入地方行政执法统一管理，由市人民政府法制办公室统一培训发证，规范执法行为。全市共配备文物稽查持证人员 33 人，其中市本级 8 人、区、县（市）25 人。

市、县两级文物稽查机构的主要工作职能是代表市、县两级文物主管部门行使文物法律、法规赋予文物行政管理部门的相关职责、职能，宣传、贯彻文物保护管理的法律、法规和规章；加强文物保护的巡查监督，依法制止和查处各类文物违法行为；受理本行政区域内文物违法行为的举报和投诉；组织联络，协同市、县相关行政执法部门实施文物行政执法联合行动；总结、交流文物行政执法工作经验，向政府有关部门及时反映完善有关法律、法规和规章的建议等。

第二节　文物行政执法内容

一、行政审批

常德市政务服务中心文物服务窗口

文物法律法规赋予文物行政主管部门的行政审批事项有十一项（包括行政许可和非行政许可以及办事服务项目），根据授权，从 1993 年开始，市县两级文物部门都先后分散办理过一些零星文物行政审批事项。2002 年 4 月，常德市政务服务中心成立，开辟有文物行政审批、办证、收费窗口。到 2003 年年底，全市 8 个区县（市）均先后成立政务服务中心，开辟文物行政审批窗口。所有文物行政审批事项全部进入各级政务服务中心统一办理。为进一步规范行政审批行为，建立行为规范、运转协调、公正透明、廉洁高效的行政管理体制，根据《中华人民共和国行政许可法》《中华人民共和国文物保护法》《湖南省文物保护条例》等有关法律法规，常德市文物处 2005 年组织编制《常德市文物处行政审批项目实施程序》，将十一项文物行政审批项目，向全市公布。对市级文物保护单位的保护范围内进行其他建设工程或者爆破、钻探、挖掘等作业审批；对市级文物保护单位建设控制地带内的建设工程设计方案审核；对市级文物保护单位实施原址保护措施审批；对市级文物保护单位改变用途审批；对当地人民政府出资帮助修缮的非国有不可移动文物转让，抵押或者改变用途的审批；对国有文物收藏单位之间因举办展览，科学研究需借用国有馆藏文物备案审批；对非国有文物收藏单位和其他单位举办展览需借用国有馆藏文物审批；对市级文物保护单位和其他不可移动文物修缮审批；对古建筑内设置生产用火审批；对古建筑内安装电器设备审批；对博物馆处理不够入藏标准无保存价值的文物或标本审批。在明确行政审批项目的同时，还对项目审批的法律依据、审批条件、申报资料、收费依据、审批时限和审批程序等都作出了相应的规定。在以上十一项审批项目中，以第一项审批和执行的数量居多。从 1995 年至

2010年仅市文物处（局）共审批和执行的项目有400余件。

各区、县（市）区域内（武陵区除外）的文物行政审批，参照市里确定的项目内容和实施程序，由各区、县（市）文物处（所）负责拟定，在各区、县（市）政务服务中心统一办理。

二、行政或刑事处罚

除公安、工商、海关和城建规划等部门实施的处罚外，市县两级文物行政部门对文物违法违规尚不构成犯罪行为的依法处罚。从1998年起，常德市和各区、县（市）两级文物行政主管部门按照文物法律法规的要求，多次对部分违法违规行为进行处罚。为进一步加大处罚力度，规范执法，2005年，市文物处根据文物法的有关规定，将市、县两级文物行政主管部门实施的处罚内容归纳为7个方面共27条，向社会公布，全面实施。

（一）有下列行为之一，尚不构成犯罪的：

1. 擅自在文物保护单位的保护范围内进行建设工程或者爆破、钻探、挖掘等作业的；

2. 在文物保护单位的建设控制地带内进行建设工程，其工程设计方案未经文物行政部门同意，报城乡建设规划部门批准，对文物保护单位的历史风貌造成破坏的；

3. 擅自迁移、拆除不可移动文物的；

4. 擅自修缮不可移动文物、明显改变文物原状的；

5. 擅自在原址重建已全部毁坏的不可移动文物，造成文物破坏的；

6. 施工单位未取得文物保护工程资质证书，擅自从事文物修缮、迁移、重建的；

7. 刻划、涂污或者损坏文物尚不严重的，损毁文物保护单位标志的。

处罚种类：警告、责令改正、罚款。

处罚的法律依据：《中华人民共和国文物保护法》第六十六条，《湖南省文物保护条例》第三十八条。

（二）有下列行为之一的：

1. 转让或者抵押国有不可移动文物，或者将国有不可移动文物作为企业资产经营的；

2. 将非国有不可移动文物转让或者抵押给外国人的；

3. 擅自改变国有文物保护单位的用途的。

处罚种类：责令改正、没收违法所得、罚款。

处罚的法律依据：《中华人民共和国文物保护法》第六十八条。

（三）有下列行为之一，尚不构成犯罪的：

1. 文物收藏单位未按照国家有关规定配备防火、防盗、防自然损坏的设施的；

2. 国有文物收藏单位法定代表人离任时未按照馆藏文物档案移交馆藏文物，或者所移交的馆藏文物与馆藏文物档案不符的；

3. 将国有馆藏文物赠与、出租或者出售给其他单位、个人的；

4. 违反《中华人民共和国文物保护法》第四十条、第四十一条、第四十五条规定处置国有馆藏文物的；

5. 挪用或者侵占依法调拨、交换、出借文物所得补偿费用的。

处罚种类：责令改正、没收违法所得、罚款。

处罚的法律依据：《中华人民共和国文物保护法》第七十条。

（四）有下列行为的：

买卖国家禁止买卖的文物或者将禁止出境的文物转让、出租、抵押给外国人，尚不构成犯罪的。

处罚种类：责令改正、没收违法所得、罚款。

处罚的法律依据：《中华人民共和国文物保护法》第七十一条。

（五）有下列行为之一，尚不构成犯罪的：

1. 发现文物隐匿不报或者拒不上交的；

2. 未按照规定移交拣选文物的。

处罚种类：追缴文物、罚款。

处罚的法律依据：《中华人民共和国文物保护法》第七十四条。

（六）有下列行为之一的：

1. 改变国有未核定为文物保护单位的不可移动文物的用途，未依照文物法律法规报告的；

2. 转让、抵押非国有不可移动文物或者改变其用途，未依照文物法律法规规定备案的；

3. 国有不可移动文物的使用人拒不依法履行修缮义务的；

4. 考古发掘单位未经批准擅自进行考古发掘、或者不如实报告考古发掘结果的；

5. 文物收藏单位未按照国家有关规定建立馆藏文物档案、管理制度、或者未将馆藏文物档案、管理制度备案的；

6. 违反《中华人民共和国文物保护法》第三十八条规定，未经批准擅自调取国有馆藏文物的；

7. 国有馆藏文物损毁未报文物行政部门核查处理，或者国有馆藏文物被盗、被抢或者丢失，文物收藏单位未及时向公安机关或者文物行政部门报告的；

8. 文物商店销售文物或者拍卖企业拍卖文物，未按照国家有关规定作出记录或者未将所作记录报文物行政部门备案的；

9. 在文物埋藏区内进行工程建设，在文物埋藏区以外进行大型工程建设，建设单位未按规定程序向文物行政部门申报，并未经考古调查、勘探进行工程建设的。

处罚种类：责令改正。

处罚的法律依据：《中华人民共和国文物保护法》第七十五条、《湖南省文物保护条例》第三十九条。

（七）有下列行为的：

1. 任何单位和个人在工程建设或者生产活动中，发现地下文物，未及时报告当地人民政府文物行政部门，未保护好现场，继续施工或者生产的；

2. 任何单位和个人阻挠文物行政部门和考古发掘单位的工作人员进行考古调查、勘探、发掘。在考古发掘结束前，擅自在考古发掘区域内继续施工或者进行生产活动的。

处罚种类：责令停止一切施工或者生产活动。

处罚的法律依据：《湖南省文物保护条例》第四十条。

根据这些条款，从 2005 年开始至 2010 年止，市县两级文物主管部门先后对 60 余起文物违法违规事件进行过行政处罚。还对 40 余起拒不执行行政处罚和一些公然违法犯罪的案件移交并积极协助司法部门强制执行或给予刑事处罚。其中典型案例有：

汉寿县三起盗掘古墓案

1991 年 3 月，汉寿县毓德铺镇一座清代墓葬被盗掘。汉寿县文物管理所协同县公安局毓德铺镇派出所立案侦查，将被盗掘的 3 件文物全数追缴，给予盗掘者当地人李某拘留 15 天，罚款 1000 元的处罚。

1993 年 6 月，汉寿县株木山乡全赋村一座战国墓被盗掘。汉寿县文物管理所协同县公安局株木山乡派出所立案侦查，将被盗掘的文物全部追回，盗掘者本地人周某被汉寿县人民法院判处有期徒刑 3 年。

2010 年 4 月 23 日，汉寿县聂家桥乡大包堆战国墓被盗掘，盗掘人周某（湖南邵阳人）当场被村民抓获。汉寿县文物管理所与县公安局聂家桥乡派出所密切配合，立案侦查，将被盗掘文物全部追缴，并将周某移送汉寿县人民检察院提起公诉，由汉寿县人民法院公开审理，判处有期徒刑 3 年。

武陵区私掘古墓案

1994 年 10 月，武陵区芦山乡谭子口村何某夫妻俩在自家承包地发现并私掘一座汉代古墓，挖出各类文物 25 件（套）藏匿在自己家中。常德市文物处接到举报后，立即派员前往与之交涉，动员其将文物交给国家遭到拒绝。市文物处报案，武陵区公安分局派出警力前往依法搜查，将这批文物全数追缴，对何某夫妻俩给予了行政拘留的处罚。

汉寿县损毁文物案

1994 年 12 月，汉寿县西竺山乡西湖村砖厂在未报告文物部门进行文物勘探发掘的情况下，取土时将塔园商周至汉代古文化遗址（县级文物保护单位）推毁。汉寿县文物管理所依照法律法规，作出了砖厂法人代表写出公开检查、处以 5000 元罚款的处理，但西湖村砖厂拒交罚款，县文物管理所遂向汉寿县人民法院申请强制执行。

常德市城区哄抢“叶金”案

1995 年 5 月，常德市城区修建武陵大道时，建设工地挖掘出一包“叶金”，被一批民工哄抢并逃逸。常德市文物处接到施工单位常德市华达公司员工黄国政（曾担任过乡镇文化站辅导员）报案后，立即派员赶往现场，与常德市华达公司和常德市公安局武陵分局城西派出所负责人商讨追缴对策，决定由城西派出所抽调得力干警连夜出击。经过一星期的努力，追回叶金 300 多片，共 1.3 公斤，移交给常德博物馆。后经专家鉴定，这批“叶金”是明代遗物，含金量达 98%，属国家二级文物。因举报、追缴有功，黄国政受到了湖南省人民政府表彰；城西派出所得到湖南省文物局奖励（奖金 1 万元）。

澧县盗掘古墓案

1995 年 3 月，澧县车溪乡南岳村严某兄弟俩伙同他人盗掘已发掘的屈家岭文化时期墓葬，盗取陶罐、陶鼎等文物数件。澧县文物处和公安局侦破此案后，对主犯严某兄弟交澧县检察院依法提起公诉，澧县人民法院以盗掘古墓葬罪分别判处两人 5 年和 3 年有期徒刑。

常德市德山寨子岭古墓盗掘案

1998 年 10 月 28 日上午，汉寿县毛家滩乡大同村村民张某从常德市德山打工回家，途经常德市德山经济开发区德山乡何家坪村十二组寨子岭路段时，发现一群人围观修路时开山挖出的一座裸露墓穴，当即赶回家，邀集两名兄弟赶往德山盗掘。三人用携带的钯、锹、钻子、手电筒等作案工具连夜轮流对古墓棺材用钻子进行开掘，在棺材底部凿出 0.4 米×0.3 米×0.1 米的盗洞，盗得铜镜 1 件、陶器 4 件，对该古墓造成严重破坏。在三人继续作案时，被当地群众发现并举报。常德市文物处迅即派员与常德市公安局德山分局干警赶往现场将其抓获。后经文物部门鉴定，该墓是常德市城区范围内规模最大、保存最完好、规格最高的一座战国古墓，所盗掘的文物虽属一般文物，但具有极高的学术研究价值。1999 年 1 月 29 日，常德市武陵区人民检察院以被告人张某三兄弟犯盗掘古墓葬罪向常德市武陵区人民法院提起公诉。武陵区人民法院于 1999 年 2 月 26 日公开审理了此案，28 日进行了宣判。鉴于主犯张某在羁押期间主动配合公安机关查出一批违法人员的表现，给予从轻处罚，三人分别判处拘役四个月，处罚金一千元。

澧县损毁文物案

1998 年 7 月，澧县房管处进行房产开发时未报告文物部门同意，擅自拆毁了地处澧县城关镇中心地带的县级文物保护单位周拔贡故居，在社会上造成了极大的负面影响。事件发生后，澧县文物处依法上诉到澧县人民法院，判处房管处罚款 2 万元。县政府将案情通报全县。

澧县文物盗窃案

1999 年 5 月，澧县金罗镇黄某伙同其他犯罪分子，采取翻墙入室的方法潜入澧县博物馆展区进行文物盗窃，被县公安巡警抓获，追回了全部被盗文物，黄某被县法院以盗窃文物罪依法判处有期徒刑5年。

汉寿县两起哄抢文物案

2001年7月，汉寿县西竺山乡八角村一村民偶然发现一座东汉墓，暴露出一批金银饼，当时被村民哄抢一空。汉寿县文物管理所和县公安局、西竺山派出所接到举报后，全力进行追缴，将57件珍贵文物全部追回，并于2002年10月15日移交给汉寿县文物管理所收藏。后经湖南省文物鉴定专家组鉴定，这批文物中一级文物4件、二级文物21件、三级文物29件。

2001年11月，汉寿县三和乡宝塔铺村砖厂，取土时推出2件西周早期青铜铙，被当地村民哄抢并据为己有。汉寿县文物管理所执法人员与县公安局三和乡派出所干警连夜追缴，成功将失去的2件珍贵文物追回。这两件青铜铙2002年湖南省文物鉴定专家组鉴定为国家一级文物。

桃源县狮虎岗古墓盗掘案

2003年5月8日，桃源县青林回族、维吾尔族乡黄楚村4组村民刘某，得知该村狮虎岗附近有古墓葬后，便邀集同组村民华某共同策划盗掘此处古墓葬。他们以华某猪栏为遮掩，深夜秘密进行盗掘，次日10时被青林乡公安派出所干警、桃源县文物管理所工作人员当场抓获。经立案、调查取证后，移交桃源县人民检察院提起公诉，桃源县人民法院于2004年1月9日开庭审理，依法以盗掘古墓葬罪判处刘某有期徒刑10个月，并处罚金人民币3000元；判处华某有期徒刑8个月，并处罚金3000元。

鼎城区古墓盗掘案

2006年4月中旬，鼎城区文物处接群众举报，鼎城区石公桥镇覃家村柳挡遗址（县级文物保护单位）战国时期古墓葬被盗掘。文物处执法人员迅急赶往现场，发现该遗址区域内一座战国时期古墓被盗掘，留下一开口2米见方、深3米的朝天墓口，墓内器物被盗，立即与鼎城区公安局石公桥派出所联手侦察。经勘察现场，了解案情，走访当地群众后认定，本地周某等5人有作案重大嫌疑。通过传讯，周某等5人对盗掘古墓葬一事供认不讳。鼎城区公安局依法，将其刑事拘留，并追缴被盗掘文物10余件，其中战国铜剑2把（后经湖南省文物鉴定委员会专家鉴定为三级文物）。

临澧县两起盗掘古墓案

2007年9月30日，临澧县公安局和县文物管理所分别接到临澧县九里乡文物保护员陈家庆、潘卫阳报告，位于临澧县九里乡省级文物保护单位九里楚墓群保护范围内的双峰包北包有被盗迹象。县文管所执法人员会同九里派出所干警立即前往侦察，发现被盗古墓顶部被人用炸药炸开直径约1米、深10米的不规则盗洞，洞壁有上下交错的脚窝，但棺椁尚未盗开，经分析还会继续盗掘，决定布网守候。10月4日凌晨，将再次前往盗掘的3

名犯罪嫌疑人当场抓获，并缴获安徽牌照的作案商务车一辆和其他作案工具。经审讯，犯罪嫌疑人分别为江苏省东海县人张某，安徽省凤阳县人邵某、吴某。据 3 人交代，参与此地盗掘的共有 7 人，还有 4 人均系河南人。县公安局迅急抽调警力前往河南，先后将犯罪嫌疑人于某、张某、庄某 3 人抓获。2008 年 5 月 6 日，临澧县人民法院对张某等 6 名犯罪嫌疑人公开审判，作出一审判决（临澧县人民法院〔2008〕临刑初字第 28 号）。被告人张某犯盗掘古墓葬罪，判处有期徒刑 12 年，并处罚金 5000 元；被告人张某犯盗掘古墓葬罪，判处有期徒刑 10 年，并处罚金 4000 元；被告人于某犯盗掘古墓葬罪，判处有期徒刑 6 年，并处罚金 3000 元；被告人邵某犯盗掘古墓葬罪，判处有期徒刑 6 年，并处罚金 3000 元；被告人庄某犯盗掘古墓葬罪，判处有期徒刑 6 年，并处罚金 3000 元；被告人吴某犯盗掘古墓葬罪，判处有期徒刑 5 年，并处罚金 3000 元。2009 年在河南省公安部门协同下又将犯罪嫌疑人王某抓获归案，并于 2010 年 2 月以盗掘古墓罪被判处有期徒刑 5 年。

2009 年 9 月 1 日，临澧县文物管理所接到群众举报，近期有些不明身份的人经常在临澧县省级文物保护单位九里楚墓群一带活动，有盗掘古墓的嫌疑。得此信息后，县文物管理所与县文化局、公安局派员联合出击，连日蹲点守候，于 9 月 4 日深夜当场抓获犯罪嫌疑人 2 名。之后又将张某等其他 5 名参与盗掘的犯罪嫌疑人抓获，并缴获了大量作案工具和作案车辆，追缴了盗掘出土文物 21 件。经湖南省文物鉴定委员会鉴定，被盗墓葬为战国封君级墓葬，盗掘的文物中有三级文物 9 件、一般文物 12 件。2010 年 7 月，临澧县人民法院对此盗墓团伙进行了公开审判，并作出一审判决（临澧县人民法院〔2010〕临刑初字第 31 号）：被告人唐某犯盗掘古墓葬罪，判处有期徒刑 10 年，并处罚金 1 万元；被告人帅某犯盗掘古墓葬罪，判处有期徒刑 10 年，并处罚金 1 万元；被告人汤某犯盗掘古墓葬罪，判处有期徒刑 10 年，并处罚金 1 万元；被告人邓某犯盗掘古墓葬罪，判处有期徒刑 10 年，并处罚金 1 万元；被告人张某犯盗掘古墓葬罪，判处有期徒刑 7 年零 6 个月，并处罚金 5000 元；被告人帅某犯盗掘古墓葬罪，判处有期徒刑 3 年，缓刑 5 年，并处罚金 5000 元；被告人符某犯盗掘古墓葬罪，判处有期徒刑 3 年，缓刑 4 年，并处罚金 5000 元。

桃源县月形山古墓盗掘案

月形山位于桃源县西安镇大水田村同心组，山上分布陈氏宗族墓近百座，其中清光绪七年（1881）陈今奇夫妇合墓塚规模之大，石雕工艺之精湛属全省罕见。该墓坐东朝西，岩石栏杆围砌。西端设石雕祭台、墓门，门两侧石围镶嵌飞鸟走兽石板，每块用石柱间隔；东端立四封三间牌坊式墓石碑，碑帽飞檐翘角，滚龙缠柱，墓碑两侧石板浮雕行龙飞凤及金童玉女人物图案，纹饰形象生动，石刻精湛，工艺考究。2011 年 7 月 22 日，湖南省新化县上梅镇犯罪嫌疑人杨某一行 6 人深夜驱车墓地将该墓墓碑构件滚龙石柱二根盗走，运往家中藏匿，伺机出卖。7 月 29 日晚 8 时，当该盗墓团伙再次盗窃墓碑构件石雕板时，其中 2 名犯罪嫌疑人被西安镇派出所干警当场抓获，并追回失窃龙柱。8 月，该案移交桃源县人民检察院提起公诉，桃源县人民法院依法进行审判。

第三节　文物行政执法规范

常德市文物处（局）历来十分重视文物执法规范建设，不断加强文物执法监督，维护文物执法的整体形象。按照市政府的要求，先后制定出台一系列文物行政执法规范。

2004 年 2 月出台的《常德市文物行政执法违法和错案责任追究制度》，是一项对文物行政执法部门和执法人员自我约束的规范性制度。该项制度共有十条。

2004 年 4 月根据《湖南省人民政府批转省监察厅关于建立健全行政审批程序性规定和责任追究办法意见的通知》（湘政发〔2002〕28 号）文件精神，结合全市文物行政执法行政审批情况，出台《常德市文物处关于违反行政审批程序性规定的责任追究办法》，该办法共有四大项二十二小项。2008 年，为全面落实中共常德市委、常德市人民政府优化经济发展环境的有关精神，进一步改进机关工作作风，提高行政工作效能，制定出台《常德市文物处优化经济发展环境若干制度》和《常德市文物处优化经济发展环境与加强机关行政效能建设公开承诺》，对文物行政执法进一步规范。2010 年 7 月，在认真总结以往行政执法经验教训的基础上，根据有关法律法规，制定《常德市文物局行政处罚自由裁量权适用标准（试行)》，并以常文物通〔2010〕6 号文件正式发布。该适用标准既有法律依据，又视违法行为的情节程序，提出具体的处罚标准，便于掌握和操作。

第四章　文博工作队伍建设

常德市现有文博工作队伍由三部分人员组成。一是市、县两级文物行政执法主管部门、国有文博单位的专职人员，这是全市文博工作队伍的主体，担负着全市文物保护工作的全面任务。二是乡镇文化站文物兼职管理人员、行政村、街道社区（居委会）及其有关单位按照文物保护单位“四有”工作的要求聘用的专职或兼职文物保护员，还有市、县两级文物主管部门根据工作需要聘用的文物信息员。这批人员大都以兼职和业余为主，协助负责某一区域或某一文物点的保护，及时向各级文物主管部门提供文物保护信息。三是以文物收藏、展示为主的民间个体文物爱好者（包括民办博物馆员工），他们主要在工作之余，从事社会流散文物的收藏、鉴赏、研究、展示和交流，是一支异常活跃的队伍。

第一节　队伍发展历程

新中国成立初期，常德境内尚无文物管理人员。1958 年，石门县文化馆最先配备了 1 名文物专干。1963 年，常德专署成立文物工作队，在专署文教科编制内明确 2 名文物专干。1964 年，桃源县成立桃花源文物管理所，配有文物专干 2 名。之后，其他县（市）相继在文化馆明确 1 名兼职文物干部。这些数量极为有限的文物专职和兼职干部，构成常德最早文博工作队伍的雏形。“文化大革命”中，文物保护受到“破四旧”（旧思想、旧文化、旧风俗、旧习惯）的冲击，文物管理机构被撤销，文物干部被遣散。从 1974 年开始，原有的文物机构和配备的专、兼职文物干部先后予以恢复。1979 年，常德地区文物工作队正式成立，配备人员编制 19 名。1988 年，先后有澧县、石门县、临澧县成立文物管理所和博物馆，实行两块牌子、一套人员、合署办公；津市市成立文物管理所；临澧县成立独立的林伯渠故居纪念馆。汉寿县、安乡县、常德县（今鼎城区）、桃源县、常德市（今武陵区）原配备的文物兼职干部明确为文物专职干部。全区文博工作队伍人数达到 66 人，初具规模。1989 年以后，常德实行地改市，文博事业面临新的发展机遇，工作队伍得到发展和壮大。1994 年，常德市文物工作队升格为常德市文物事业管理处，与新成立的常德博物馆合署办公，人员编制在原有基础上增加一倍多。这期间，除武陵区文物管理工作上交给市管之外，安乡县、汉寿县、桃源县、鼎城区都先后成立文物管理所，津市市建立博物馆（与文管所合署办公），澧县成立城头山文物管理处和博物馆，石门夹山寺成立文物管理所，都配备和增加相应的人员编制。2010 年，全市国有文博单位有在职总人数 173 人，比 1988 年增加两倍多。

乡镇（街道）一级对文物工作的兼管始于 1974 年。从这一年开始，各县（市）陆续恢复和发展因“文化大革命”而处于停滞状态的乡镇（街道）文化站，到1988年，全市乡镇（街道）文化站达到321个，配备文化辅导员327人。这一时期，文物保护工作纳入乡镇（街道）文化站的工作范围，由文化辅导员兼管。这批文化辅导员在兼管文物工作的实践中，忠于职守，尽职尽责，很快熟悉和掌握文物保护的基本常识，是一支乡镇（街道）最早的文物工作队伍。现在市、县两级文博单位中的许多工作骨干，甚至是主要负责人都是来自于这一时期的乡镇（街道）文化辅导员。20世纪90年代中期，由于乡镇机构改革，绝大部分乡镇（街道）文化站被精简，乡镇一级文博工作队伍力量有所削弱。2005年，根据有关精神，被精简的乡镇（街道）文化站又开始恢复，截至2010年，全市乡镇（街道）文化站达278个，占乡镇（街道）总数的97%，恢复到1988年的水平。

文物保护员队伍是根据文物保护单位“四有”工作全面开展而建立的。文物保护单位“四有”即：有保护范围，有标志说明，有记录档案，有保护机构或专人管理。全市文物保护单位“四有”工作从1991年开始全面启动，2003年进行重点突击，检查验收，2004年基本完成。根据文物保护单位级别，选拔聘用专职文物保护员6人，兼职文物保护员347人。

文物信息员队伍前身是1996年6月成立的“常德文物之友”。1995年前后，全市范围内，特别是常德市城区周边大规模基本建设的兴起，文物保护，尤其是地下文物的保护任务十分艰巨。为切实加强城市基本建设中的文物保护，常德市文物事业管理处在市城区周边乡村选拔聘用30人为“常德文物之友”，并颁发聘用证书。这支队伍通过文物部门短期培训后，直接参与地下文物的考古发掘，搜集了解及时向文物部门提供有关土地征用、建设项目开工等信息，便于文物部门及时就文物保护采取有效措施。2004年，“常德文物之友”更名为文物信息员，人数发展到90人，范围也从城区周边扩展到各区、县（市）。各区、县（市）文物主管部门也建立了一支相类似的队伍。

个体文物工作队伍主要是常德市城区2002年成立的沅州石雕博物馆、2010年成立的红色记忆博物馆两家民办博物馆的员工和市县两级文物收藏爱好者。两家民办博物馆共有员工114人，2003年成立的常德市收藏协会在册会员200余人。

第二节　专业队伍人员结构

1988年，全市专业文博工作队伍虽然初具规模，但队伍内部结构不尽合理。由于文博管理机构刚刚组建，工作人员从各单位抽调，行政管理的人员居多，懂业务的人员偏少；年龄较大者居多，年轻人偏少；低学历者居多，科班出身者偏少。专业结构、年龄结构、知识结构均不成比例。常德撤区建市以后，随着市县两级文博事业管理机构的进一步建立健全，文博工作队伍在不断发展壮大的同时，人员结构、知识结构也发生明显变化。

工作分类逐步细化，岗位设置趋向合理，业务工作更加突出。工作队伍中，除配备一定比例的行政管理人员外，专业技术人员配备比例较大，门类基本齐全。包括考古发掘、陈列展览（包括讲解）、征集保管（包括文物鉴定）、文物修复等。全市共有各类业务人员94人，占总人数的54.3%。

分配引进、定向培训、鼓励自学，队伍知识结构不断改变。全市现有专业队伍中，具有大学专科以上学历的人数达到112人，占总人数的64.7%；具有高、中、初级技术职称的83人（高级7人、中级21人、初级55人），占总人数的48%。

自然补充，合理流入。随着时间推移，一批最早从事文博工作的同志因年事已高，陆续退出工作岗位，2001年前后，因机构和人事制度改革，一批老同志提前离岗。各文博单位利用编制空缺，先后引进一批年富力强的工作人员。从2001年至2010年10年间，全市文博系统共引进各类人员60余人。

表3-4-2-1

常德市国有文博单位队伍结构

单位：人

单位	在编总人数			知识结构						备注
	总数	其中		文化程度			技术职称			
		男	女	本科	大专	其他	高级	中级	初级	
常德市文物局	13	7	6	6	6	1	–	–	–	–
常德博物馆	26	11	15	13	6	7	4	3	9	–
澧县文物处（博物馆）	33	15	18	8	11	14	1	3	5	–
石门文管所（博物馆）	11	6	5	4	5	2	1	–	10	–
临澧文管所（博物馆）	15	10	5	–	8	7	–	1	6	–
津市文管所（博物馆）	10	8	2	3	6	1	1	5	2	–
安乡县文管所	8	4	4	1	3	4	–	4	3	–
汉寿县文管所	11	5	6	5	2	4	–	1	6	–
桃源县文管所	11	9	2	2	7	2	–	–	3	–

续上表

单位	在编总人数			知识结构						备注
	总数	其中		文化程度			技术职称			
		男	女	本科	大专	其他	高级	中级	初级	
鼎城区文物处	11	8	3	3	7	1	–	2	6	–
林伯渠故居纪念馆	5	3	2	1	4	–	–	–	3	–
桃花源文物管理所	3	2	1	1	2	–	–	1	–	–
石门夹山文物管理所	4	3	1	2	2	–	–	1	–	–
澧县城头山文物处	12	6	6	1	9	2	–	–	2	–
合　计	173	98	75	50	78	45	7	21	55	–

表3－4－2－2

常德市国有文博单位队伍结构

单位：人

单位	行政管理人员				专业技术人员				备注
	单位领导成员	综合管理人员	文物执法人员	安全保卫人员	考古发掘人员	陈列展览人员	征集保管人员	文物修复人员	
常德市文物局	5	8	8	–	–	–	–	–	–
常德博物馆	4	7	–	2	6	4	3	1	–
澧县文物处博物馆	5	3	8	2	9	5	2	2	–
石门文管所博物馆	5	2	6	1	5	5	2	1	–
临澧文管所博物馆	4	3	6	2	8	3	2	2	–

续上表

单位	行政管理人员				专业技术人员				备注
	单位领导成员	综合管理人员	文物执法人员	安全保卫人员	考古发掘人员	陈列展览人员	征集保管人员	文物修复人员	
津市文管所博物馆	5	2	7	2	6	1	1	1	–
安乡文管所	2	2	4	1	3	–	1	–	–
汉寿文管所	4	4	4	2	1	1	2	1	–
桃源文管所	2	2	5	1	4	–	1	–	–
鼎城文物处	2	2	2	1	3	–	1	–	–
林伯渠故居纪念馆	2	1	1	1	–	2	1	–	–
城头山文物处、博物馆	3	5	–	2	–	1	1	–	–
桃花源文物管理所	1	2	–	1	–	2	1	–	–
石门夹山文管所	2	1	–	–	–	2	–	–	–
合计	46	44	51	17	45	24	17	8	–

说明：1. 文物执法人员是指持有统一颁发的文物行政执法证的人员；2. 综合管理人员包括文秘、后勤保障和其他业务科（股）室工作人员；3. 由于有些人员既是单位领导成员，又是行政执法人员，也兼有专业技术方面的工作职责，因此表中有些栏目的数字有重叠。

第三节　专业队伍业务培训

1985 年，国家文物局委托全国部分名牌大学开办文物、博物馆干部进修班，后又在湖南省成立中南五省文物干部培训中心。湖南省文物局从 1985 年开始，先后委托湖南师范大学、湘潭大学、武汉大学、南开大学、复旦大学等高等学校开办两年制文博进修班，系统培训全省在职文博干部。除此之外，国家和省文博单位还利用各自优势，适时举办各类短期培训班，为各级各类文博工作者进行系统的学习深造提供条件。

常德市文博工作队伍自组建以来，市县两级文物行政主管部门都把队伍的教育培训作为一项重要工作来抓，成效显著。

一、脱产进修。全市先后选派11名在职干部到北京大学、湖南师范大学、武汉大学、复旦大学等名校的历史、文博专业脱产进修。这批干部学成归来后都已成为全市文博工作队伍的中坚力量。

二、短期培训。积极参与国家和省文物行政主管部门及其所属相关业务单位举办的各类专业培训。从1988年到2010年，全市有12人次参加国家级文博单位组织的各类短期业务培训，有219人次参加省级文博单位组织的各类短期业务培训。同时还发挥自身优势，适时举办行政管理、文物法规、行政执法、文物普查、文物鉴定、文物修复、考古发掘、文物讲解、文物库房管理、文物安全保卫等系列短期培训班共19期，培训内容覆盖文博工作的各个门类，参训365人次，全市在职人员平均参训两次以上。除市级组织的系列培训之外，各区、县（市）文物主管部门在加强在职干部队伍培训的同时，还把业务培训工作延伸到各乡镇。澧县、石门县文物处（所）对聘用的文物保护员、信息员进行多次培训。安乡县、汉寿县文物所会同县文化主管部门，举办过由乡镇党委宣传委员、文化站文化辅导员参加的文物保护集中培训。

三、跟班实践。认真组织有关业务人员参加省内外重要业务活动，在考古发掘实践中跟班学习。从1991年开始到2010年，湖南省文物考古研究所连续12次组织对澧县城头山古文化遗址进行科学考古发掘，市文物局（处）将此作为培养锻炼全市考古发掘工作队伍的极好机会，每次都全力以赴，将市县两级文物考古发掘人员派往现场，跟班学习，配合省里进行发掘，仅此项目，全市跟班学习的考古发掘人员就达150人次以上。2002年至2008年，市文物处、常德博物馆组织考古发掘人员先后8次赴重庆，与重庆市文物考古研究所联合，对三峡库区部分地下文物进行抢救性发掘。参加发掘人员达60余人次，累计时间一年以上。这次考古跨省联合行动既对三峡库区的文物保护做出了贡献，又在实践中培训和锻炼了考古发掘工作人员。

通过以上多种形式培养，全市文博工作队伍的业务素质普遍得到了提高，基本适应了事业发展的需要。

表3－4－3－1

常德市文博系统参加省以上单位业务培训情况

年　月	主办单位	培训形式	培训内容	培训地点	受训时间	参训人数	备　注
1988.9	湖南省文物局	委培进修	文博、考古专业	湖南师大	脱产2年	3	－

续上表

年　月	主办单位	培训形式	培训内容	培训地点	受训时间	参训人数	备　注
1988.9	湖南省文物局	委培进修	文博考古专业	复旦大学	脱产2年	2	其中1人进修1年
1988.9	国家文物局	委培进修	文博考古专业	北京大学	脱产1年	5	–
1989.6	国家文物局	短期	文物鉴定	北京故宫	30天	3	–
1990.9	国家文物局	委培进修	文物鉴定	华东师大	脱产1年	1	–
1991.3	国家文物局	短期	区、县文物所长培训	山东泰安	30天	2	–
1991.11	湖南省文物局	短期	考古发掘	湖南省桃江县	60天	12	发掘现场培训
1992.4	湖南省文物局	短期	古建筑测绘	湖南省汨罗县	40天	7	–
1992.4	湖南省博物馆文物商店	短期	文物保护库房管理	省博物馆	20天	11	–
1995.5	湖南省文物局	短期	文物库房保管	省博物馆	10天	9	–
1996.8	湖南省文物局	短期	文物“四有”工作	长沙	5天	11	–
1998.12	湖南省博物馆	短期	陈列展览与讲解	长沙	5天	8	–
1998.9	湖南省文物局	短期	行政执法	长沙	15天	20	–
1999.5	湖南省文物局	短期	文博理论	长沙	10天	10	–
2000.9	湖南省文物局	短期	区、县文物所长培训	长沙县板仓	30天	9	–
2000.11	湖南省文物考古研究所	短期	考古发掘	澧县城头山	60天	24	发掘现场培训
2001.4	湖南省考古所	短期	文物修复	石门夹山	15天	9	–
2003.10	国家文物局	短期	文物鉴定	山东泰安	20天	3	–
2004.4	湖南省法制办湖南省文化厅	短期	文物行政执法	长沙	10天	38	–

续上表

年　月	主办单位	培训形式	培训内容	培训地点	受训时间	参训人数	备　注
2005.11	国家文物局	短期	漆木器脱水技术	湖北荆州	15天	3	–
2006.5	湖南省文物局	短期	文物鉴定	省博物馆	5天	5	–
2008.3	国家文物局	短期	文物普查	广西南宁	7天	1	–
2008.4	湖南省文物局	短期	文物普查	长沙	7天	28	–
2010.3	湖南省文物局	短期	文物普查	长沙	3天	3	–
2010.4	省博物馆学会	短期	博物馆教育工作	长沙	7天	7	–
合　计	–	–	–	–	–	231	–

表3－4－3－2

常德市文物局（处）主办各类业务培训情况

序号	举办时间 年　月	培训班名称	主持科室	培训地点	培训天数	参训人数	备　注
1	1988.6	考古发掘培训班	市文物队	临澧县	40	23	现场培训
2	1988.8	库房保管员培训班	市文物队	常德	5	10	–
3	1989.7	全市文博专业职称考试培训班	市文物队 市职改办	常德	5	40	–
4	1990.10	文物鉴定人员培训班	市文物队	常德	3	11	–
5	1993.8	陈列讲解人员培训班	陈列科	常德	5	15	–
6	1994.10	库房保管员培训班	征管科	常德	3	10	–
7	1995.6	考古发掘人员培训	文物科	常德烟厂	15	24	现场培训
8	1997.7	讲解员培训	陈列科	常德	3	12	–
9	1998.11	安全保卫人员培训	保卫科	常德	2	17	–
10	1999.3	陈列展览制作培训班	陈列科	常德	3	10	–

续上表

序号	举办时间 年　月	培训班名称	主持科室	培训地点	培训天数	参训人数	备　注
11	2000. 11	文物信息员队伍培训	文物科	常德	2	30	–
12	2001. 4	文物行政执法培训班	文物科	常德	3	33	–
13	2002. 12	区、县（市）文物所（处）长培训班	办公室	常德	10	15	集中培训后外出考察
14	2005. 6	讲解员培训班	博物馆科	常德	3	12	–
15	2006. 5	库房保管员（数据库建设）培训班	博物馆科	常德	2	20	–
16	2008. 7	库房保管员岗位资质培训	博物馆科	常德	2	14	–
17	2009. 2	文物普查业务培训班	文物科	常德	3	28	–
18	2009. 5	安全保卫人员培训	博物馆科	常德	2	11	–
19	2010. 11	考古发掘人员培训	文物科	常德	2	30	现场培训
合　计		–	–	–	–	365	–

第四节　部分优秀人才事迹简介

常德市文博工作队伍虽然组建的时间很短，但经过二十多年实践工作的磨炼和多途径培养，一批热爱文博事业、适应文博事业发展需要，具有创新精神和专业技能的较高素质人才脱颖而出。在他们当中，既有行政管理的优秀人才，又有业务工作的佼佼者；既有非科班出身，被誉为“拓荒者”的老一辈文物工作者，又有高等院校毕业的后起之秀；既有扎根文博事业，视文物为生命的热血男儿，又有淡泊名利，不畏艰难，巾帼不让须眉的成功女性；既有开拓进取，敢为人先的有志之士，又有爱岗敬业，默默奉献的平凡人。他们虽然工作岗位不同，没有惊天动地的故事，但有一个共同点，就是在平凡的工作中都以优异的成绩和突出的贡献先后受到各级人民政府的奖励，其中还有人受到省、部级以上单位的表彰。

潘能艳——一把锄头考古的探墓专家

潘能艳，男，1944 年 8 月出生于湖南省安乡县安全乡槐树村，汉族、中共党员，大专学历。1960 年中学毕业后回家务农，当过民办教师。1977 年 9 月至 12 月，受槐树村党支部委派，参加湖南省第六期文物考古培训班学习，从此他与文物考古工作结下了不解之缘。1978 年至 1985 年，先后被聘用到湖南省东江水电站文物考古队、衡阳市博物馆、长沙市文物工作队、常德地区文物工作队从事临时性考古工作。由于业务水平提高快，工作业绩突出，1985 年 12 月破格录用为常德地区文物工作队干部。1988 年 9 月至 1991 年 1 月被选送到北京大学考古系文博干部进修班学习深造并取得优良成绩。毕业后仍在常德市文物处从事专业考古工作，先后任文物科副科长、科长，并过渡为国家公务员。2002 年 2 月在机构改革中提前离岗。2004 年 6 月 10 日因车祸不幸逝世。

潘能艳在长达 25 年的文博工作生涯中，始终刻苦钻研考古专业知识，先后写下了 10 多万字的业务学习笔记。他长期坚持大胆地向实践学习，在田野考古中学习考古，迅速成长为湖南省内颇有名气的考古能手，常德文博系统文物考古和勘探发掘的主要骨干。他能够熟练地对古遗址、古窑址、古墓葬进行勘探发掘，还具备文物修复、拓片、绘图、测量、拍照、制卡和资料整理等一整套专业技能，特别是在迅速、准确地寻找和识别古墓葬方面有很深的造诣，被同事们称之为“找墓专家”。他对文物事业兢兢业业，不辞辛劳。盛夏，顶着烈日跋山涉水在荒山野岭；严冬，冒着风雪穿梭在基建工地。三湘大地，遍布着他深深的足迹；沅澧两岸，洒下了他辛勤的汗水。他身患腰椎骨增生、肾结石等多种疾病，从不轻言病休，经常带着病痛战斗在考古发掘的第一线。是人们公认的“工作狂”“老黄牛”。他第一个在安乡县境内发现了属于大溪文化时期的古遗址——汤家岗新石器时代遗址，并写下了《我县发现一古遗址》的报道发表在 1982 年第 4 期《考古》季刊上，引起了考古界的重视，为后期汤家岗遗址的成功发掘打下了很好的基础；他，热爱文物胜过热爱自己的生命，在文物考古发掘中勇敢地站在保护文物的最前沿，多次冲破来自各方面的巨大压力，在无数次谩骂声和暴力威胁中，横躺在推土机的推铲前，不顾生命安危与同事们一道抢救出了一件又一件珍贵的历史文物。20 多年来，他亲身参与调查勘探和发掘的古遗址近万平方米，古墓葬数千座，经他之手出土的各类器物达 5000 余件之多。他先后 12 次被评为全省、全市文博系统先进工作者或优秀共产党员，常德市政府两次给他记三等功。他逝世后，文博界的同行撰联纪念他：“一把锄头考古足迹遍三湘四水，两只巧手绘图硕果传万代千秋。”这正是他一生的真实写照。

曹传松——文博系统享受国务院特殊津贴第一人

曹传松、男，1946 年 11 月出生，湖南省澧县人，大学文化，中共党员，文博研究员。现任中国楚文化研究会理事、中国孔庙保护协会理事，中国考古学会会员、湖南省考古学会理事、湖南省博物馆学会会员、中国摄影家协会湖南分会会员。1973 年年初调澧县文化馆工作，同年 6 月被派往国家文物局主办的文物干部培训班学习，1974 年 1 月结业后任澧县文化馆文物专干兼摄影专干。1984 年、1985 年，澧县文物管理所、澧县博物馆先后成立，曹传松首任文物管理所所长并兼任博物馆馆长。1996 年澧县文物管理所升格为文物事业管理处，首任文物事业管理处主任。1999 年至 2002 年改任党支部书记，2006 年退休。

曹传松在文博战线辛勤耕耘 30 多年，是澧县文物管理所、博物馆和城头山博物馆的主要创建者。他虽担任着基层主要领导职务，但始终工作在文物保护、考古研究第一线。20 世纪 70 年代，冒着政治生命危险在“文化大革命”的劫难中保住了澧洲文庙、古城墙、遇仙楼、多安桥、蜚云塔等一批重要的文物古迹。他致力于田野考古，和助手们一道，在澧县境内进行了全方位的文物普查，先后调查发现史前至商周时期的古遗址、古城址、古墓葬等地下文物埋藏点近 4000 多处，其中彭头山、八十垱、城头山三处古文化遗址均属于国内重大发现，先后被国务院公布为全国重点文物保护单位；公布为省、市、县级文物保护单位的有 60 多处。他着力于新石器早期文化、商周时期文化、楚文化以及古建筑、古陶瓷、古钱币等方面的研究，先后撰写了《浅论洞庭湖北岸石器时代文化》《澧水下游三处旧石器遗址调查报告》《湘西北楚城调查与探讨》《楚悬棺葬浅析》《论楚带龛墓》《浅论澧州文庙》等研究文章 30 余篇，其中 20 多篇在省级以上专业刊物发表，还先后出席国际国内学术会议 20 多次。他首次提出的关于“澧县彭头山遗址是长江流域最早的一种新型考古学文化，应该命名为彭头山文化”的观点，已得到国内外学术界认可。他撰写的《1991 年城头山屈家岭城址试掘简报》（第二执笔）、《湖南澧县新石器时代早期遗址调查报告》、《澧水下游楚文化分期及其相关问题》三篇论文分别获湖南省社科院优秀成果奖、湖南省考古成果一等奖和省文物系统优秀论文奖。城头山古文化遗址部分发掘后，他在有关部门的支持下，致力于发掘现场遗迹保护的研究，以他为课题组长的攻关组，发明了“土遗址窄槽注浆防渗技术”，经有关专家评定，该项技术达到了国内领先水平，并填补了国内空白，被评为常德市 2003 年科技进步奖二等奖。由于曹传松的特殊贡献，从 2005 年起享受国务院特殊津贴，成为全市文博系获得此殊荣的第一人。2006 年荣获全国文博系统先进个人金牌奖；2006 年 5 月，被湖南省人民政府授予省级劳动模范称号。他还曾 20 多次被评为省、市、县先进工作者，其中有 3 次立功。

李传发——文物保护与文物宣传的开路先锋

李传发，男，生于1933年，湖南省常德市澧县双林人，大专文化程度。1981年任津市市文化馆文物专干，1987年津市市文物管理所成立后，于1988年8月任副所长（所长空缺），1990年2月任所长，1994年退休。

李传发担任文物专干期间，正是津市市文博事业发展的起步阶段。为了使文博工作有一个好的开端，他到任不足两个月，就主动请缨，为津市市人民政府起草了“关于加强文物保护管理的布告”，1982年津市市人民政府正式发布。这是在《中华人民共和国文物保护法》颁布之前，常德市有史以来第一个带有地方法规性质的文物保护文告。之后，他将“布告”张贴到津市市的每一个角落，进行广泛宣传，并以此为契机，走村串巷、废寝忘食，创造了一种以文物宣传促进文物保护，以文物保护促进文博事业发展的工作方式，在湖南省文博系统独树一帜。被湖南省文化厅文物处总结为“津市模式”向全国文博系统推介，产生了轰动效应。全国各地先后有近百个文博单位来津市市学习取经。津市市文物管理所和李传发本人也因此多次受到各级领导部门的表彰和奖励。1990年6月，湖南省文化厅在津市市召开表彰大会，国家文物局和湖南省文化厅分别给予津市市文物管理所5万元和2万元的奖励；1991年10月，李传发被评为“全国文化系统先进工作者”，出席了由国家文化部、人事部在北京召开的表彰大会，受到江泽民、李瑞环、李铁映等党和国家领导人的亲切接见。

龙西斌——文物保护与文物资源开发的有功之臣

龙西斌，男，土家族，中共党员，1957年11月出生于湖南省石门县罗坪乡。1974年3月招聘为石门县罗坪乡文化站文化辅导员，1980年2月借调到石门县文化馆，1981年委派到湘潭大学历史系学习文博专业，1982年2月任石门县文化局文物专干，其间参加成人自考获大专文凭，被人事部门破格录用为国家干部。1984年3月石门县文物管理所成立，首任文物管理所所长。1987年6月石门县博物馆成立后，又兼任博物馆馆长。1988年9月至1990年8月到北京大学考古系文博、考古专业进修。1994年5月任石门县文化局副局长兼文物管理所所长、博物馆馆长，1995年晋升为文博副研究馆员。2007年9月至2009年12月在中共湖南省委党校函授班法律专业学习毕业，获大学本科文凭。2010年3月任石门县夹山国家森林公园管理处常务副主任、副书记并继续兼任石门县文物管理所所长、博物馆馆长。他还是湖南省文化厅聘任的省文化系统高级职称评审委员会委员、中国管理科学研究院学术委员会聘任的特约研究员、海南师范学院聘任的客座教授、中国明史学会、湖南省考古学会、湖南省博物馆学会理事、湖南省李自成归宿研究会常务副会长兼秘书长。

龙西斌从事文博工作三十多年，对常德市文博事业的发展，特别是对石门县文博事业的发展做出了巨大贡献。他先后筹备、组建了石门县文物管理所和石门县博物馆，使石门县成为全市最早建立健全文博管理机构的区县之一。博物馆成立后，虽然馆舍面积较小，却以功能设施齐全，管理服务规范闻名于省内外。从建馆以来，先后组织举办了60多个不同内容的陈列展览，是全市办展数量最多的博物馆，被国家和省文物主管部门的领导誉为“馆小能办大事”。

他千方百计争取募集资金300多万元，先后两次对石门文庙进行全面修缮，使这座具有地方特色、极具保存价值的古建筑得以恢复原貌。

他是明末农民起义领袖李自成归宿问题研究的积极倡导者。从1980年起就参加了李自成归宿问题的调查、发掘、研究，先后四次为主筹备了在石门县召开的全国性李自成归宿学术研讨会，1999年还筹备召开了第八届明史国际学术讨论会。主编和参与主编出版了《李自成禅隐夹山考实》《第八届明史国际学术讨论会论文集》《李自成终归何处》三部关于李自成归宿问题的专著，使“李自成禅隐夹山”成为学术界的主流说。

他在文博、考古专业学术研究方面成绩斐然，他先后在《文物天地》《中国文物报》《考古》《湖南考古辑刊》《湖南博物馆学文集》等专业刊物先后发表了20多篇论文和调查报告。2007年还主编出版了一部20多万字的大型地方文化丛书《神奇石门·文博卷》，由大众文艺出版社出版发行。

他是连续几届的常德市、石门县两级人大代表，他经常利用工作之余深入基层，调查研究，积极为市、县两级经济建设、社会发展建言献策，特别是在文物保护、文博事业发展方面提出了很多有价值的议案，多次被评为市、县人大代表活动积极分子，《常德日报》、常德电视台《代表风采》栏目重点介绍了他的事迹。他在事业上成绩显著，1988年以来，先后12次被市、县两级人民政府记功或嘉奖；1993年和1997年分别被中共石门县委、县政府评为“拔尖人才”和“十佳公仆”；1995年被常德市政府评为“全市先进工作者”；1997年被中共常德市委、市政府评为“常德市跨世纪学术技术后备带头人”；1998年被常德市文化局评为“全市首届十佳文艺工作者”；2000年被中共常德市委、市政府评为“常德市优秀专业技术人员”；2001年被常德市文化局、人事局、文联评为“常德市有突出贡献的文化艺术工作者”；1998年被人事部、国家文物局授予“全国文物博物馆系统先进工作者”称号；2009年国家文物局对其颁发从事文物、博物馆工作三十年以上荣誉证书。

文　智——全省文物考古事业的巾帼模范

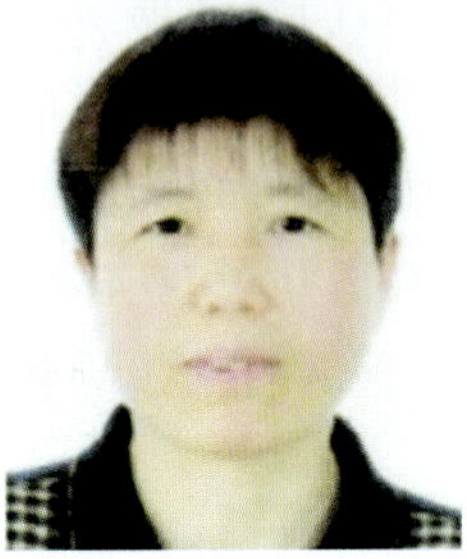

文智，女，汉族，1964 年 10 月出生，湖南省桃源县三汊港乡人，中共党员，大学本科学历，1986 年 7 月武汉大学历史系考古专业毕业分配在常德地区文物工作队从事文物考古工作，现任常德博物馆副馆长、副研究馆员。

文智参加工作以来，主要从事野外文物考古调查、勘探和发掘，是市本级文物考古发掘的主要业务骨干。她不仅参与了湖南省文物考古研究所组织的安乡县汤家岗古遗址、澧县城头山古城址等多处重要遗址的考古发掘，而且 20 多年如一日主导了本市范围内数十处地下文物考古调查、勘探发掘工作，常德市每一处考古工地都留下了她的足迹，洒下了她的汗水。她从 2002 年开始连续七次带队到重庆市参与三峡库区地下文物抢救性发掘。在考古发掘的实践中，撰写了具有重要研究价值的发掘报告。如《湖南常德德山寨子岭一号楚墓》《湖南常德德山战国墓出土鸟篆铭文戈》《湖南常德南坪“汉寿左尉”墓清理简报》等，分别在《湖南考古辑刊》《江汉考古》《考古》等专业刊物上发表。她作为一名年轻女性，不仅具有丰富的文物考古专业知识和技能，而且具有爱岗敬业，敢作敢为，无私无畏的精神。在常年考古发掘工作中，身处荒山野岭，沟港湖汊，她克服了无数常人难以想象的困难，在严寒酷暑，孤独寂寞面前，矢志不移，充实乐观，无怨无悔，一干就是二十多年，受到人们的由衷敬佩。她曾多次被评为全市先进工作者；2003 年 10 月被中共常德市委、市政府授予“三八”红旗手光荣称号，同年被常德市人民政府记二等功；2004 年 12 月被湖南省人民政府记一等功；2005 年被湖南省人民政府授予省级劳动模范称号。

刘正芳——基层文物工作的拓荒者

刘正芳，男，1949 年 12 月出生，汉寿县人，中共党员，大专文化，1968 年参加工作，先后从事文化、文物工作 40 多年，1994 年 5 月至 2006 年 10 月任汉寿县文物管理所所长，中级技术职称，2010 年退休。

汉寿县地处洞庭湖滨，历史悠久，地理位置特殊，地面地下文物资源十分丰富。由于各种原因，全县文物工作起步较晚。1991 年以前，县境内文物保护单位没有几处，库房中文物没有几件，文物事业由县文化馆代管，工作人员仅有一名文物专干。1991 年，虽然成立了县文物管理所，但长期居无定所，人心涣散，工作处于停滞状态，全县文物事业还是一处未曾开垦的处女地。1994 年 5 月，时任汉寿县影剧院经理的刘正芳受命接任汉寿县文物管理所所长，他怀着“开茅荒”的心情走马上任。

上任伊始，他抓的第一件事是文物管理所的安居工程，“先治窝，再治坡”，改善条件，凝聚人心。他千方百计争取资金，选址、征地，修起了独立院落，建起了办公用房、文物库房和文物陈列室，还集资修建了干部职工宿舍，文管所有了属于自己的安身之处。

在以后的日子里，他全身心投入业务工作，坚持以《中华人民共和国文物保护法》《湖南省文物保护条例》等文物法律法规为上方宝剑，全县文物工作争地位、开局面、强基础、见成效。他深入调查，摸清底子，报请县人民政府确认和公布了一批县级文物保护单位，并争取县政府安排了一定的专项经费，对这批文物保护单位分别竖立了保护标志，划定了保护范围，建立了记录档案，明确了保护单位和保护人员，文物保护单位“四有”工作很快跨入全市直至全省先进行列。在做好县级文物保护单位全面保护工作的同时，积极做好市级以上文物保护单位的申报，改写了全县境内没有一处市级以上文物保护单位的历史。现在全县除拥有多处县级文物保护单位外，还有市级文物保护单位 11 处、省级文物保护单位 1 处。他积极争取县政府和有关部门的重视与支持，全面实施文物保护“五纳入”工作。从 1995 年开始，汉寿县文物管理所就逐步介入被视为“禁地”的城乡基本建设项目的审批，并依法收取了一定的费用。到 2002 年，全县文物保护工作的审批正式进入县政府政务服务中心，是全市最先进入政务中心统一审批程序的区县之一。他运用文物法律法规的威力，严厉打击以盗掘古墓、哄抢和损毁文物的文物违法犯罪行为。与公安、法院等职能部门查处了 7 起违法案件，追回和收缴珍贵文物 30 余件。净化了境内文物保护工作环境，增强了广大人民群众的文物保护意识。他高度重视业务建设，重视专业培训，尊重专业人才，积极组织参与省、市主持的地下文物勘探和发掘活动，独立进行县境内基本建设项目中地下文物的抢救性发掘。使文管所不仅具有了独立的地下文物勘探和发掘的能力，而且还发掘出土了大批文物，丰富了本所库藏。

一分耕耘，一分收获。刘正芳多年垦荒的辛劳，结出丰硕成果。县文物管理所从 1995 年起至 2002 年，连续八年被评为全市文博系统年度目标考核先进单位，1997 年被评为全省文博系统文物宣传先进单位；1998 年汉寿县被湖南省政府确定为全省第一批文物保护“五纳入”工作试点县，1999 年参加了湖南省人民政府主持召开的全省文物保护“五纳入”工作现场经验交流会，受到省政府表彰。刘正芳多次在县里立功获奖，多次被评为全市、全省文博系统先进个人，1998 年被湖南省文物管理委员会授予文物保护单位“四有”工作先进工作者称号。

谭远辉——自学成才的绘图高手

谭远辉，男，1955 年出生，湖南省津市市人。中共党员，高中文化，现任津市市文物管理所干部，副研究馆员。

谭远辉是一个自学成才的文物工作者，他出身农民，参加工作前文化程度不高，文物考古专业知识几乎是一片空白。参加工作特别是分配到文博系统后，立志从头开始，自学成才。利用工作之余系统地学习了文博考古等专业书籍，很快熟悉和掌握了文物考古的基本知识和工作技能，特别是在考古发掘资料整理、绘图方面造诣颇深，成为湖南省考古界闻名的资料整理和绘图能手。他先后受聘参加了澧县城头山古文化遗址、八十垱古遗址、沅陵县虎溪山一号汉墓以及三峡库区等重大项目的考古发掘，在发掘中主要担任绘图工作，多年的工作实践使他积累了丰富的考古发掘知识。他撰写发表考古调查报告发掘简报及研究文章30余篇，约50万字。2006年，他受常德市文物局委托编写大型考古发掘报告《沅水下游楚墓》，独立承担所有资料整理、绘图及文字撰写工作，仅用两年多时间便完成了100多万字，分上、中、下三册的报告编写任务。该报告由文物出版社出版后，得到了考古界高度评价。谭远辉考古绘图技能出类拔萃，他还先后为北京大学考古文博学院主编的《金牛山古人类遗址发掘报告》、湖南省文物考古研究所主编的《长沙马王堆二、三号汉墓》《城头山遗址》、湖南省博物馆等单位主编的《长沙楚墓》以及云南省文物考古研究所主编的《八塔台与横大路》等大型考古发掘报告绘图。2009年，湖南省文物考古研究所借调他从事全省考古绘图专业人员培训辅导，为全省培养了一批合格的考古绘图人才。谭远辉自学成才的事迹和对文物考古方面的贡献，受到了各级各部门的表彰和奖励。2004年，他被湖南省内多名考古专家、学者联名推荐，由湖南省文化厅、人事厅破格晋升为文博副研究馆员；中共常德市委宣传部、常德市文化局、人事局、文联、科技局等部门分别授予他“常德市学习之星”“常德市有突出贡献的文化艺术工作者”“常德市优秀专业技术人才”等称号；津市市人民政府授予他“津市市十佳科教工作者”称号并为他记大功一次。

肖俊兰——优秀文物库房保管员

肖俊兰，女，汉族，1943出生，湖南省安乡县人，中共党员，高中文化，文博馆员。1980年调入常德地区文物工作队，长期从事文物征集、鉴定和库房保管工作，1999年退休。

肖俊兰在常德博物馆工作二十多年，看似工作岗位平凡，却担负有馆藏文物安全的重大责任。她忠于职守、兢兢业业和一丝不苟的工作态度，换来了市本级馆（库）藏文物的绝对安全。20世纪80年代，她经手入藏的精品文物有3000余件，保管的流散文物有4000余件，还为湖南省文物商店收购并交接各类文物5万余件，各类文物的清点、登记、入藏、交接无一差错。为了加强馆藏文物的科学管理，她按照国家和省文物行政主管部门的要求，对入藏的精品文物和保管的流散文物均建有总账、分类账，每件文物还建有卡片，一式两卡，每张卡片上有器物照片，账、卡、物三相符。为馆（库）藏文物规范管理奠定了坚实的基础。1982年全国文物库房抽签检查和1988年全省文物库房定点检查，综合成绩均名列全省第一。1980年至1993年，市本级文物库房先后进行了5次调整，每次文物出库、入库，仅大木箱就有150个之多。各类文物的清点、分类、入箱，然后又按此方法入库，工作量非同寻常，她一丝不苟，一手操办，无一件文物损毁或丢失，领导和专家称赞是“一个奇迹”。在认真抓好市本级文物库房管理的同时，她还多次主动要求对各区、县（市）文物库房保管人员进行培训，用自身经历和所悟知识进行面对面地交流，手把手地操作，为全市建设一支合格的文物库房保管员队伍做出了积极贡献。

她的工作事迹得到了各级组织的充分肯定，曾连续几次被评为常德市文化系统先进工作者或优秀共产党员。1989 年、1992 年、1994 年和 1997 年分别评为“湖南省文物安全保卫先进工作者”“湖南省馆藏文物清库建档先进个人”“湖南省《文物保护法》宣传周活动先进个人”。1989 年被国家文物局、公安部授予“全国文物安全保卫先进工作者”称号。2008 年 10 月其个人小传被编入由国家文物局主编、中国文物出版社出版的《中国当代文博专家志》一书。

龙朝彬——常德“十百千人才工程”的储备人才

龙朝彬，男，1966 年出生，湖南省澧县人，中共党员。1986 年考入西北大学考古专业学习，1990 年 6 月毕业，获史学学士学位。同年 7 月分配到常德市文物工作队，2002 年晋升为文博副研究馆员，2004 年取得国家级文物考古发掘领队资格，现任常德博物馆考古部主任。

龙朝彬进入文博队伍后，一直从事田野考古工作，先后参加了澧县城头山、湘西里耶、重庆市三峡库区、常德南坪等处的古遗址、古墓葬的考古发掘，还主持了常德市境内数十处墓葬及遗址的清理工作，先后为主发掘古墓葬上千座，古遗址千余平方米，出土包括数十余件一、二级珍贵文物在内的各类文物数千件套，无一损毁和丢失。他擅长专业写作与研究，在工作之余撰写了各类通讯稿件 100 余篇共 20 余万字，被《中国文物报》《常德日报》等媒体聘为特约通讯员，多次被湖南省文物局评为优秀文物宣传员。他积极潜心研究业务，在《文物》、《考古》等专业刊物上发表了近 50 万字的学术论文和专业报告，并有专著《常德出土铜镜》一书，目前在整理撰写《沅水下游汉墓》大型考古专业报告。他知识广泛，业务精通，工作热情高，2004 年，被常德“十百千人才工程”确定为常德市储备人才，是常德市建设文化名城领导小组特聘专家。先后七次被评为全市文博系统先进工作者。

程政财——临危受命、爱岗敬业的文物所长

程政财，男，1952 年 6 月出生，汉族，湖南省安乡县人，大专文化，中共党员，文博馆员职称，现任安乡县文物管理所所长。

1993 年至 2000 年，安乡县文物管理所原有老同志先后退休或调离，业务骨干外流，单位无人主事，经费紧缺，人心涣散，工作停滞。

尽管县委宣传、文化主管部门先后几次更换负责人，但都未能从根本上改变现状。2000 年 3 月在安乡县文化馆任职的程政财，受命担任文物管理所第四任所长。当时年龄已近半百的他，在剪不断、理还乱的窘境中，凭着对事业的忠诚，从头开始，一步一个脚印地开展工作，在困难面前不畏

惧，不气馁，处处身先士卒，率先垂范。多方争取领导重视与支持。他上任不久，县政府就召开全县文物保护工作会议，颁发了文物保护的文件和通告，加大了全县文物法规宣传和文物保护力度。2001 年将文物保护纳入县政务中心的工作范围，进入基本建设统一审批程序，是全市最早将文物行政审批纳入政务中心统一审批程序的区县，安乡因此被湖南省人民政府确定为全省第二批文物保护“五纳入”试点县。之后，他又按照上级要求，认真组织全县范围内第三次文物普查，普查覆盖面达 100%，通过普查，在原有文物点的基础上，新发现文物点 23 处，并对全县文物保护单位和新老文物保护点树立了统一的保护标志，绘制了《安乡县文物保护单位分布图》。在全县文物事业迅速发展的同时，工作环境和条件也得到逐步改善。外流业务骨干回来了，经费困难状况基本解决了（已由原来的差额拨款改为全额拨款），办公用房和文物库房建立起来了，办公设施一应俱全，各项工作进入全市文博系统先进行列。从 2002 年开始到 2010 年，连续九年被评为常德市文博系统年度目标管理先进单位，程政财本人多次被省、市、县有关部门评为先进工作者，2010 年还荣获国家文物局授予的“全国文物工作先进个人”称号。

周庆国——馆藏文物安全的守护神

周庆国，男，1948 年 12 月生，常德市鼎城区人，中共党员，初中文化。1981 年 10 月从部队转业到常德地区文物工作队，先后任保卫干部、财务会计。1993 年任常德市文物事业管理处（常德博物馆）保卫科副科长，1998 年任保卫科科长。2001 年因病提前退休。

常德市馆藏珍贵文物数量众多，馆藏文物的安全是文物处、博物馆工作的重中之重。周庆国担任保卫科长近 10 年间，正是市文物处、常德博物馆工作头绪最多，单位院内情况最复杂，保卫工作任务最繁重的时期。1993 年，常德博物馆主体馆落成开馆，几千件珍贵文物要进馆入库；1994 年，国家和湖南省文物鉴定委员会专家组首次到常德进行文物级别鉴定，除鉴定常德博物馆的馆藏文物外，还要将各区、县（市）馆（库）藏文物押运到市里集中鉴定；1996 年，常德博物馆开始筹办“常德历史文物展”、“常德工业品展览”两个大型展览并组织对外展出；1998 年，常德博物馆第二期工程（南北专题馆）建设正式动工。再加上这些年还要执行省市“以文补文、以文养文”的经济创收政策，多渠道开辟创收项目。以上各项活动规模之大，时间之长，来往人员情况之复杂，对馆藏文物的安全形成了极大的威胁。在这种复杂的情况下，周庆国带领一帮人，十年如一日，扎根岗位，夜以继日，严防死守，任劳任怨，终保馆藏文物安然无恙。他培养了一支合格的保卫工作队伍，建立和完善了一套内部安全保卫规章制度。常德博物馆建成后，馆舍内部虽然安装有电子监控、防盗报警设备，但由于当时设备和人员操作的技术含量都不高，在一定程度上馆藏文物的安全保卫还是以人防为主。1993 年，在市政府和有关职能部门重视与支持下，常德博物馆争取到了 8 名经济警察的编制，通过严格挑选，组建了常德博物馆经警队。队伍组建后，他一切按照军事化的要求进行管理，实行统一着装、统一食宿、统一作息时间、统一学习和训练，并与警员同甘共苦，使之迅速成为一支训练有素、作风过硬、纪律严明的队伍，不仅担负了馆内安全保卫的任务，而且还在配合文物行政执法中发挥了重要作用。在规章制度建设方面，保卫科除遵守当时处（馆）制定的各项规章制度外，内部自成体系，先后制定和完善了一整套组织严密，无懈可击的安全保卫制度，共 6 大项 46 条。在执行上他率先垂范，即使在执行中受到伤害，他仍然坚持原则，毫不退让，自觉维护制度的严肃性。

周庆国担任保卫科长的十年，是常德博物馆经警队建制最规范，队伍最稳定，警员素质最高，内部制度最完善，安全保卫工作成绩最突出的十年。十年中，常德博物馆先后 6 次被常德市公安局、武陵区公安分局评为内保先进单位，经警队先后 5 年被常德市经警大队评为优秀警队。周庆国先后 5 次被武陵区公安分局评为内保工作先进个人，1998 年被国家文物局授予“全国文物安全先进工作者”称号。

第五章　文博事业经费

文博事业经费是市、县两级文物行政管理部门和博物馆、纪念馆每年预算所需费用，是全市国有文博单位赖以生存和文博事业发展的基本保证。文博事业经费分为人员经费和公用经费两大类。人员经费包括工资、补助工资、奖金福利等；公用经费有公务费、设备购置费、修缮费以及文物保护、文物普查、文物征集、文物保管、陈列展览、考古发掘、文物科学研究和文物宣传教育等业务活动经费。

第一节　经费来源

1988 年以前，常德市的文博事业经费主要靠地方财政预算拨款和国家少量的专项补助，经费数量极为有限，经费来源渠道比较单一。随着撤区建市，改革开放的逐步深入，经济建设快速发展，经济实力显著增强，文博事业得到较快发展。国家和地方政府不断加大对文博事业的投入，加之社会各界的支持，自身活力不断增强，全市文博事业经费来源渠道不断拓宽。除各级财政预算内拨款和专项补助外，文博事业的经费来源增加了事业收费、社会赞助、经济创收等项目。

一、预算内拨款

预算内拨款是市、县两级财政根据两级文博单位每年编制的年度经费预算，经审核后确定拨付的全年使用经费。这项经费是文博事业经费来源的主渠道。地方财政预算内拨款是从文博单位建立时开始实行的，拨款基数根据每年的实际情况而确定。预算项目和拨款数额随着地方财政收入的增长而逐年增加。1993 年，全市文博系统财政安排的预算内文博事业经费为 56. 55 万元。到 2010 年增加到 693. 4 万元，是 1993 年的 12. 2 倍。

表 3 -5 -1 -1

常德市文博系统历年地方财政预算内拨款情况

单位：万元

年度	市本级	安乡县	汉寿县	澧县	鼎城区	临澧县	桃源县	石门县	津市市	林伯渠纪念馆	城头山	夹山	小计
1988	15	0. 2	–	3	–	1. 2	2. 6	3	1. 5	1	–	–	27. 5
1989	15. 4	0. 2	–	4	–	1. 3	2. 6	3	6	1	–	–	29. 9
1990	15. 4	0. 2	–	5	–	1. 7	2. 6	4	6. 5	1	–	–	29. 9

续上表

年度	市本级	安乡县	汉寿县	澧县	鼎城区	临澧县	桃源县	石门县	津市市	林纪伯念渠馆	城头山	夹山	小计
1991	18.5	0.2	3	6	1.5	2	2.6	4	2.4	1.2	–	–	41.4
1992	18.7	1	3	7	5.3	2.1	2.7	4	2.8	1.2	–	1.5	49.3
1993	20.5	1.1	3	8	5.4	2.8	3.1	6	3.9	1.2	–	1.5	56.55
1994	23.8	1	4	9	4.1	4	2.8	5	3.9	1.2	–	1.8	60.6
1995	23.8	1.8	5	10	4.5	4.3	4.7	5	3.9	1.2	–	2	66.27
1996	24.3	2	5	12	6.2	4.5	15	7	7.5	1.5	–	1.8	86.8
1997	29.5	2.5	7	14	8.8	4.5	5	13	6	1.5	–	1.6	93.4
1998	32.4	2.9	8	15	9.8	4.6	6.2	12	6	1.5	–	1.5	99.9
1999	32.1	4.1	8	17	9.8	5.7	6	13	6	1.7	–	2	105.4
2000	37.7	4.1	9	20	9.2	6	11	15	7	1.7	–	2	122.7
2001	37.9	5.5	10	25	10.8	7.8	8	12	9	2	–	2.6	139.8
2002	155.2	9.4	10	28	15.8	9	11	15	10	2	–	2.4	267.8
2003	86.8	6.2	13	30	11.6	17	21.46	15	10	2	8.6	1.3	222.9
2004	97.8	8	15	35	17.6	23	12.9	16	11.3	2	25.8	1.3	265.7
2005	143.9	10	12	40	16.2	25	19.72	29	10.5	5	35.9	1.3	348.5
2006	133.1	12.2	23	48.7	16.5	30	29.43	35	12.7	5	36.2	1.3	383.1
2007	215	13.3	23	69	18.3	32	30.1	36	21	5	55.8	1.3	519.8
2008	183.9	13.4	42	82	26.9	35	29.04	37	24.5	7	39.5	2.3	522.5
2009	203.5	13.6	39	83	32.4	43	32.1	41	25.8	8	47	6	574.4
2010	233.9	16.3	84	84	56.4	45	37.9	45	28.5	9	43.4	10	693.4
合计	1798.1	129.98	336	654.7	278.1	311.5	296.6	375	226.7	63.9	292.2	45.5	4807.4

说明：1. 以上统计数字只限于市、县两级财政下拨的人员经费、公用经费两大项。公用经费中包括公务费、设备购置费、文物征集费等纳入年度预算项目的费用。每年不在年度预算内临时下拨的专项经费如基建、陈列展览、文物普查、文物维修等经费不在此表统计之列。2. 市本级和澧县、临澧县、石门县、津市市的统计数字均包括同级博物馆的经费。3. 桃花源文管所的所有支出均由桃花源风景名胜管理处统一安排，其经费未予统计。

二、专项补助

专项补助是各级财政不固定、不定期给予部分文博单位重要项目和重要业务活动的补助经费。从1991年开始，国家和湖南省财政每年都安排有一定的文博事业专项经费，由国家和湖南省文物行政主管部门掌握使用，主要用于对全国、全省部分文博单位重要项目和重要业务活动的资助。被资助的项目一般是基本建设（修建博物馆、纪念馆）、文物保护（国家重点文物保护单位和省级文物保护单位的维修）、文物普查、文物科学研究、馆藏文物安全管理、博物馆（纪念馆）免费开放等。除了国家和省财政的专项经费外，常德市和各区、县（市）财政也对以上部分项目给予一定的专项补助。1991年至2010年，国家、省、市、区县四级财政先后给市县两级文博单位拨付的专项补助经费达6529万元。其中市直文博单位2927万元；区县（市）文博单位3602万元。

表3－5－1－2

各级财政下拨专项补助经费情况（1991～2010年）

单位：万元

年　度	国家财政		湖南省财政		常德市财政		区县财政	小计
	市本级	区、县	市本级	区、县	市本级	区、县		
1991	–	–	–	15	300	–	3.4	318.4
1992	–	–	–	9	320	–	3.8	332.8
1993	–	–	–	6	348	–	6.4	360.4
1994	–	–	–	6.5	5	2	6.4	19.9
1995	–	–	10	28.7	1	2	8.4	50.3
1996	–	–	5	13	7.5	2	22	49.5
1997	–	–	–	10	44	5	12	71
1998	–	–	3.7	24	213	–	10.3	251
1999	–	–	29.5	15	150	–	13	207.5
2000	–	5	5	26	27.1	–	19.6	82.7
2001	–	–	9	19.5	70	–	19.6	118.1
2002	–	10	3	30	35	–	22.6	100.6
2003	–	10	10	23	17.5	5	35.4	100.9
2004	–	590	55	18.5	13.6	15	30.5	722.6
2005	–	–	8	62	32	12	99.7	213.7

续上表

年度	国家财政		湖南省财政		常德市财政		区县财政	小计
	市本级	区、县	市本级	区、县	市本级	区、县		
2006	185	50	224	15	72.6	12	71.2	629.8
2007	76	82	58.9	38	153.8	33	62.4	504.1
2008	–	211	45.3	26.8	40	3	110.5	436.6
2009	110	448	25.7	69	40.5	–	257	950.2
2010	110	635	27	85	37.3	–	115.4	1009.7
合计	481	2041	519.1	540	1927.9	91	929.6	6529.8

三、事业性收费

文博系统有两项事业性收费。一是各级博物馆、纪念馆的参观门票。1988 年到 2006 年，全市六家国有博物馆、纪念馆都先后主办并不断更新一批不同形式和内容的陈列展览，为了弥补事业经费的不足，经有关主管部门同意，按物价部门核定的标准，实行对外售票有偿参观。但由于多方面的原因，门票收入甚微。随着经济条件的不断改善，常德博物馆于 2007 年在全省率先实行对外免费开放。从 2008 年起，其他博物馆、纪念馆也全都实行对社会免费开放，从而使这项事业性收费成为历史。二是市、县两级文物主管部门按照文物法规等的规定向有关建设单位收取各类基本建设用地范围内地下文物调查勘探和考古发掘的经费。按照文物法律规定的权限，大型基本建设（征地面积 6.6 公顷以上）如铁路、高速公路、水库、电站等修建项目中的文物勘探和发掘费用均由省级以上文物行政主管部门收取，中、小型基本建设项目（征地面积 6.6 公顷以下）中的文物勘探和发掘费，由市、县两级文物行政主管部门报请省级文物行政主管部门同意后收取，并承担文物勘探和发掘任务。1990 年前后，由于全市基本建设项目不多，规模也不大，所收费用极为有限。到了 1995 年，随着经济建设高潮的到来，全市范围内各类基本建设项目逐年增多，特别是进入到 21 世纪后，各地厂矿企业的修建和房地产开发如雨后春笋，既给文物部门带来了文物保护的繁重任务，文物勘探和发掘费用也随之增加。从 1995 年至 2010 年，全市文物系统共收取文物勘探、考古发掘经费 1014 万元，其中市本级 494 万元、区县（市）520 万元。这些勘探和发掘经费，主要用于征地范围内地下文物的勘探和发掘。支付勘探、发掘的劳动力工资，购置勘探、发掘所用工具、设备，考古发掘人员临时住房租赁和生活补贴；用于出土文物的技术处理、修复和科学保管、考古研究和发掘资料整理等开支。

表 3－5－1－3

常德市文物系统文物勘探、发掘收费情况（1995～2010 年）

单位：万元

年度	市本级	安乡县	汉寿县	澧县	鼎城区	临澧县	桃源县	石门县	津市市	小计
1995	9.55	–	2	4	1	0.3	3.5	4.5	1.5	26.35
1996	15.7	1.1	3	4	1.1	0.2	4	10.9	2.6	42.6
1997	15.4	1.5	3	4	1.5	0.3	1.2	5.2	3	35.1
1998	20.74	–	2	4	1.2	0.5	4.8	3.4	2	38.64
1999	17.66	0.6	2	6	1.5	0.4	4.6	1.5	4.6	38.86
2000	10.06	–	3	6	1.7	0.7	2.1	2.1	6	31.66
2001	52.2	0.7	3	8	1.8	1	8	2	4	80.7
2002	37.8	–	2	8	2	1.5	1	1.6	3	56.9
2003	11.68	3.75	2	8	1.5	1.2	7.2	2	1	38.33
2004	15.9	–	2	10	4.3	2	5.6	5	8.5	53.3
2005	47	2.68	3	10	3.5	1.5	3.5	4	0.7	75.88
2006	28.5	4.69	3	11	4.8	2	3	6.5	0.5	63.99
2007	47.78	8.53	5	11	4	2.5	2.4	1.2	1.5	83.91
2008	68.52	5.78	10	13	8.3	2	1.8	1	0.5	110.9
2009	42.47	5.2	15	20	6.8	2	–	2	1.3	94.77
2010	53.26	15.33	20	30	5.6	3	7.6	2	5.7	142.49
合　计	494.02	49.87	80	157	50.6	21.1	63.3	51.3	46.4	1014.38

四、“以文补文”收入

“以文补文”收入是各级各类文博单位，主要是博物馆、纪念馆依靠自身条件，在政策允许的前提下，为弥补事业经费的不足而开展的经营活动所得赢利。常德市文博系统的“以文补文”活动是在改革开放精神指引和全国、全省文化系统广泛开展经济创收的大气候影响下逐步开展起来的，兴起于 20 世纪 80 年代中期。当时称之为“以文补文”，即在搞好本职工作的同时，积极开辟一些与文化相关的经营项目，实行有偿服务，以增加收入，发展事业。兴盛于20世纪90年代。这一时期将“以文补文”拓展为经济创收，即开展的有偿服务活动不仅局限于与文化相关的项目，逐步渗透到商业、旅游、宗教、服务行业等领域。据统计，1994年至2001年，全市文博系统6家博物馆（纪念馆）“以文补文”纯收入共260万元，其中常德博物馆107万元，区县（市）博物馆（纪念馆）153万元。进入21世纪后，由于社会和经济的较快发展，各级财政对文博事业的经费投入不断增加，各文博单位工作条件逐步得到改善，加之社会上对文博系统在创收活动中处理“两个效益”（经济效益和社会效益）的关系议论较多，特别是财政体制改革，各单位的创收收入都被本级财政作为预算外收入全额征缴，并作为基数纳入年度综合预算，文博单位经济创收的热情逐渐减退，原有创收项目大都被取缔或停办，有些有偿服务项目陆续改为免费服务。“以文补文”、经济创收活动逐渐淡去。但作为一个时期的产物，虽然时间短暂，但给当时处境十分艰难的文博单位提供了生存和发展空间。常德市文物处、常德博物馆在1994年至2001年合署办公期间，除偿还修建博物馆基建欠款外，每年正常支出需60万元，而财政预算拨款不到40万元，20多万元的经费缺口全由创收解决。

表3－5－1－4

常德市文博系统“以文补文”、经济创收收入情况（1994～2001年）

单位：万元

年度	常德博物馆	石门县博物馆	澧县博物馆	临澧县博物馆	津市市博物馆	林伯渠纪念馆	小计
1994	10	2.5	2	4.5	1.9	3.5	24.4
1995	11.89	3	2	10	－	3.5	30.39
1996	12.61	5	2	6	－	3.5	29.11
1997	15.7	7.8	3	7	－	3.5	37
1998	9.55	5	3	6	－	3.5	27.05
1999	7.65	7.9	3	12	－	4	34.55
2000	20.94	4.7	4	5	－	4	38.64
2001	19.49	5	4	6	－	5	39.49
合计	107.83	40.9	24	56.5	1.9	30.5	260.63

说明：1. 常德市文物处以及石门、澧县、临澧、津市文物管理所（处）都和本级博物馆同属一个单位，创收收入均为两家共同所有。

2. 安乡县、汉寿县、鼎城区、桃源县文物管理所（处）等文博单位也有一定的创收收入，因数量不多，未予统计。

五、社会赞助

文博事业是公益性文化事业的重要组成部分，历来受到社会各界的广泛关注和支持。常德文博系统来自社会的赞助主要在1990年以后，赞助的形式有各级政府组织的单位和个人募捐；有企业和社会知名人士自愿捐助。参与赞助的既有单位，也有个人；既有本地籍人士，也有外地甚至境外捐助者。赞助的项目重点是较大型的基本建设、重要文物的保护、维修以及文物安全保卫设施等。赞助的内容主要是资金，也有实物赞助。

1990年，中共常德市委、常德市人民政府顺应文化事业发展的需要和广大市民的强烈要求，决定修建常德博物馆。为了多方筹措资金，在地方财政重点投入和积极争取上级有关部门支持的同时，广泛进行社会募捐。成立由市委、市政府主要领导挂帅、市直各有关单位主要负责人组成的“常德博物馆建设募捐领导小组”进行广泛宣传，全面开展募捐活动，赢得社会各界人士慷慨解囊。截至1992年年底，共有100多个单位参与赞助，近1.5万人参与募捐，赞助与募捐金额达100多万元。

（一）参与赞助的单位及金额（排名不分先后）

常德卷烟厂7万元、常德市环保局4万元、常德湘北工贸总公司3.5万元、常德通用机械厂2万元、常德市粮食局2万元、常德烟草专卖局2万元、湘北水泥一厂2万元、深圳政华贸易公司1万元、常德市冶煤局1万元、常德市林业局5000元、常德市酿酒公司5000元、常德市化纤厂5000元、常德运输分公司5000元、常德七一机械厂5000元、工商银行常德支行4000元、常德军分区3000元、湖南外运常德分公司2000元、常德市棉麻公司2000元、国营西湖农场2000元、常德电视台2000元、常德市文化局4万元、常德烟草工业机械厂3万元、常德市化工厂2万元、国营西洞庭农场2万元、常德市金属材料公司2万元、常德变压器厂1.26万元、常德市农业局1万元、常德市水电局沙河电排1万元、常德洞庭制药厂5000元、常德德城宾馆5000元、常德市轴承厂5000元、湖南柴油机制造厂5000元、湖南常德粮食机械厂4000元、常德市医药局3000元、常德市第一人民医院2000元、常德市生资公司2000元、常德601矿2000元、常德有线电厂2000元、常德市保险公司2000元、常德市土产进出口公司1000元、常德市音像公司1000元、中国人民银行常德市支行1000元、常德龙凤山水泥一厂1000元、常德龙凤山水泥二厂810元、常德市茶业公司500元、常德工程公司设计院500元、常德市信托投资公司500元、常德市人汽公司500元、常德市石油公司500元、常德市图书馆400元、常德市华达公司300元、常德市文物工作队500元、常德市经贸进出口公司300元、常德市进出口分公司300元、常德市供销社300元、常德武陵区对台办200元、常德市有线电视台200元、常德市滨湖影剧院200元、常德市德山影剧院200元、湖南省长沙市文物工作队500元、湖南省长沙市博物馆500元、常德市工贸进出口公司500元、常德市制革厂500元、常德市土产公司800元、常德市常伟公司800元、常德市田牧公司700元、常德德佳娱乐城100

元、常德运输公司800元、常德输电管理所800元、常德市文化市场管理办公室500元、常德市戏剧学校500元、常德市包装公司300元、常德市武陵戏剧团300元、常德市外经服务公司300元、常德市戏剧研究工作室300元、常德市卫生局200元、常德市人民广播电台200元、桃源县文化市场管理办公室100元、常德广播电视大学100元、常德菱园大楼2000元、常德汽车改装厂2000元、常德市电影公司1200元、常德市畜产品进出口公司1000元、常德纺织品进出口公司1000元、建设银行常德支行2000元、地质413队2000元、常德市群众艺术馆1600元、中国银行常德支行1000元、常德市粮油进出口公司1000元。常德华南光电仪器厂捐助价值10万元的防火、防盗监控设备。

（二）参与募捐的个人（排名不分先后）

捐款10万元的1人：侯希贵。

捐款1万元以上的3人：段珊益、巢中立、吴启梅。

捐款5000元的1人：张和平。

捐款1000元以上的10人：杨明甫、席道栋、李卫红、杨守博、徐金辉、张建国、薛祚勇、陈作耕、蔡长松、杨冬菊。

捐款500元以上的4人：陈亚湘、黄道望、伍杏初、高凌。

捐款200元以上的14人：杨国政、李元秋、程刚、汤长平、王国政、聂启元、陈毅湘、方家荣、李本立、郝兆新、胡武陵、赵瑛、刘念凿、伊镇忠。

捐款100元以上的126人：庞道沐、吴定宪、罗寅阶、韩林安、彭孟芝、陈德铨、杨万柱、刘昌进、钦时中、李江、刘佳时、余先好、许厚明、邵启发、陈彬、刘士六、李丰茂、王大元、朱练成、孟宝生、杨功裕、代平安、谢海泉、张振国、马桂迟、伍龙章、杨俊树、贺大国、朱宏盛、宋炳文、商羡元、沈文锋、利广才、龙任章、李明安、雷延平、邓延国、文政国、李辉、覃道达、张祥生、李恩群、聂国权、涂王明、方子珍、朱法崇、鲁国雄、李继跃、周秀娥、潘仁和、熊择友、赵立新、周正湘、邓振新、李光锐、程明才、曾昭富、刘大德、罗铁山、孙孟清、程刚、胡大发、蔡出枸、徐南云、王行一、黄昭厚、何光福、代锦云、马文松、蒋祥银、陈子年、黄浩琦、万松林、胡玲玲、孙常喜、董国安、李军、武德力、万振湘、曲文杰、窦长清、陆训寿、曾菊林、杨荣族、李传森、胡知杰、符志华、杨新明、彭梅桃、张联盟、代靓、杨俊树、叶嘉荣、殷圣先、严雨膏、刘伊文、田拍清、梅贞涛、罗宴、庹朝明、邹于清、胡舆冒、刘克建、唐克利、潘道林、徐彩武、陈文权、李爱军、揭玲莉、蔡立杨、贾冬临、李少夫、夏伟、李平、郑宣陆、黄明禹、腾如林、黄萍、田新运、杨金石、代振国、余桃安、郁明德、谭净宇、王中明、李莫荣、阳池生。

另外，捐款50元以上的有147人；40元以上的有16人；30元以上的442人；20元以上的1018人；10元以上的11314人。

部分区、县（市）文博单位也争取了一定的社会赞助。

澧县文物处1988年进行澧州文庙维修时向社会募捐3万元。2004年再次维修时，澧县知名人士周磊明、欧阳雪初、赵昌友、高云安、彭潮五人共捐赠了33万元，王焕庆捐献孔子铜像1尊、香案1座，总价值35万元。2007年，澧州古城墙、八方楼等文物古迹维修，又在民间募集资金40万元。

2004年，为了加强城头山古文化遗址的保护与开发，中共澧县县委、县人民政府号召全县各界积极捐款，城头山文物处先后接收30多家单位、20余位知名人士的捐资共80.5万元。

石门县文物管理所在对石门文庙进行多次重点维修时，共向社会各界争取赞助资金100多万元。1999年香港孔子学院院长汤恩佳向其捐赠孔子铜像一尊，价值30万元。

2009年，湖南省浙江商会常务副会长林志台先生个人捐资50万元，修建了临澧县林伯渠故居纪念牌坊。

第二节　管理体制

文博单位是国家的重要事业机构。全市各级文博单位的事业经费实行市、县两级财政全额拨款和上级财政专项补助的管理办法。预算内经费实行单位、主管部门、财政三级管理。各文博单位从成立之日起，都具有财务独立核算资格，属本级财政二级拨款单位，在财政、银行设有独立账户，单位设立财务岗位。工作程序是每年下半年由单位编制下年度经费预算，报主管局（文化局）审查通过后再报财政局审核确定。预算确定后，由文博单位拟定全年经费开支项目和使用计划，报主管局和财政。财政审定同意后定期拨付给主管局，再由主管局拨到单位，这种管理体制一直沿袭到2001年。从2002年开始，为进一步深化财政管理体制改革，市、县两级财政都成立会计核算中心，实行国库集中支付，对所有行政事业单位采取统一报账、统一管理。各文博单位也相继取消账户，原有财会人员改为财务联络员，所有经费收入和支出均纳入会计核算中心统一管理的范围。

专项补助经费实行多层管理。根据事业发展的需要，国家和湖南省财政每年都安排一定的文博事业发展专项补助经费。这类经费由国家、省财政和文物行政主管部门共同掌握，各文博单位申报，按程序拨付。争取这类经费的程序是：上年度分别向国家和省文物局拟定申请补助项目和金额的文字报告，由市文物处（局）汇总，分门别类，统一呈报（向国家文物局申报的项目，由省文物局统一审核呈报）。国家文物局和省文物局于下年度根据各地申报的情况，按轻重缓急拿出具体方案，经会商财政部门同意后，由财政统一下拨。国家和省里安排的经费都由省财政厅直接下拨到市、县财政，由市、县财政安排并监督使用。

文博事业经费的收支建立严格的监督机制。各文博单位除按规定向本级财政和文化主管部门进行财务月报、季报、年报，自觉接受监督和检查外，还要不定期地接受本级审计部门的财务审计。单位法人代表离任后，审计部门对法人任职期间单位财务情况进行一次全面的离任审计。

第三节　内部财务管理

加强单位内部财务管理，用好、盘活有限的事业经费，是各文博单位的一项重要工作，也是文博事业发展的必要条件。管理的内容主要包括预算管理、收入管理、支出管理、财产物资管理、资金管理和预算结余管理、财务分析与监督；加强经营单位财务工作的指导监督等。

常德市文博系统各单位历来重视内部财务管理，紧密联系实际，抓认识，抓基础，抓规范，增收节支，逐步摸索出适应文博事业发展的财务管理办法。

加强领导。文博单位经费极其有限，既要吃饭，又要搞建设，如何把有限的资金用在刀刃上，使其发挥最大效益，各单位切实加强领导，着重抓了四个方面的工作。明确单位主要负责人分管财务工作。把财务工作作为单位的头等大事来抓，确保单位的高效运转；配齐财务管理人员，加强监督，规范管理。尽管单位人员编制紧，财务人员按要求配到位，并明确相对独立的计财室；让财务人员直接参与单位内部重大事项决策。如参加领导班子会、党支部委员会、行政办公会等，凡涉及经费使用的问题，充分听取财务人员的意见，采纳其合理化的建议；注重财务人员思想、业务素质培养，鼓励他们服从安排，爱岗敬业，不断提高基本业务素质和管理水平。

严控开支。在经费筹措使用过程中严把三个环节。算好"一本账"。根据单位小，工作性质特殊，资金来源全靠财政拨款等实际情况，集思广益，千方百计开辟创收渠道，对每年所需费用一笔一笔地算，认认真真地扣（指紧缩开支），挨挨擦擦地喊（指不厌其烦地向领导汇报争取经费），细细末末地凑。然后根据可用财力制定详细的年度支出预算，量入为出，逐月安排，不用过头钱。严格收支"两条线"。文博单位要保持正常运转，在很大程度上依赖预算外资金，加强对预算外资金管理，充分发挥预算外资金的作用，是财务管理的重要内容。为加强管理，堵塞漏洞，发挥好预外算资金的作用，各文博单位在财会人员中明确专人负责预算外资金的管理与监督，直接参与创收项目的经营和各项费用的收支，跟踪监督文物考古勘探发掘中的收费和支出；所有预算外资金一律专户储存，纳入单位的综合预算，由财务室统收统支，严禁现金坐支。牢把支出"三道关"。该保的坚决保。保干部职工的工资和政策范围内的基本福利，维护单位内部稳定；保业务工作的正常开展。不管困难有多大，每年都要安排一定的业务经费，努力完成年初规定的各项业务工作任务；保应该上缴的各种税费，维护国家和地方的整体利益；保单位正常工作和生活秩序，保当地政府组织开展的各项中心工作所需费用。如水电费的支出、文明创建、环境整治、设备设施维修、防汛抢险、抗灾救灾、扶贫帮困等。该压的坚决压。压缩非业务性开支。压招待费，控制规格，降低标准，减少陪客，坚持不在豪华餐馆就餐，不进高档娱乐场所消费，实行对口接待；压差旅费。主要是控制出差人数，限定开支标准，严格控制公款旅游。压行政办公经费。实行所有办公用品由政府统一采购。该砍的坚决砍。砍掉加班补助、误餐补助、双休日、节假日值班补助等；砍掉办公设备设施的添置与更换，因陋就简，艰苦奋斗，勤俭办事业。

健全制度。各文博单位注重长效机制建设，量化目标管理。1997 年，市文物处、常德博物馆根据单位内部存在的“坐大船”“大一统”“大锅饭”的弊端，进行人员结构、管理体制、财力安排三个方面的大胆改革。在财力安排上全面推行量化目标管理，处馆内部以科室为单位分灶吃饭，独立核算，自负盈亏，增收节支。处馆按各科室实际在岗人数拨给部分人头经费和医药费；根据科室的工作职能，年初一次性确定业务经费，包干使用，节余留用，超支不补；对有经济收入的科室，年初一次性确定上缴处馆经费指标，奖优责劣。处馆内部六个科室按照四个层次进行财力安排。文物科、办公室由处馆拨给人头基本工资，其余一切费用自理；陈列科由处馆拨给人头工资，其余一切费用自理；征管科由处馆拨给人头工资和政策规定的医药费，其余一切费用自理；保卫科、财务室由处馆负责人头经费和医药费，年初一次性确定业务经费指标。通过量化目标管理，调动了全体干部职工的积极性。陈列科 12 人，参观展示，过去一直等客上门，实行量化目标管理后，规定全年每人组织 2000 名观众、完成 4000 元门票收入。为完成目标任务，他们充分发挥主观能动性千方百计上门找客，几乎跑遍了城区所有企事业单位和中小学校，取得了可观的经济效益，全年参观人数和门票收入达到了建馆以来的最高纪录。全馆社会和经济效益大幅提升。各项工作正常运转、干部职工工资福利、奖金及时发放，偿还债务 15 万元，消除了财务赤字。强化约束机制。制订和完善各项财务管理制度，是规范财务支出行为的重要环节。市文物处、常德博物馆先后制订一系列财务管理制度，所订制度共有八大项 68 条，涉及财务管理的方方面面。在审批制度方面，坚持一支笔，除分管财务工作的领导外，其他人员一律签字无效；在接待制度方面，所有接待任务，由办公室主任一人归口管理，其他人员经办的接待费用，不予报销。制度制订以后，在执行和落实的过程中，坚持原则，敢于碰硬，维护制度的严肃性。对任何事、任何人一视同仁，不搞特殊化；制度的修订和补充，必须先经单位集体研究并交干部职工大会讨论通过后方予实施，民主决策，民主管理，公开透明。

文博系统内部财务管理经验，得到了政府和主管部门的充分肯定。市文物处、常德博物馆 1995 年、1996 年、1997 年连续三年被市财政局评为预算外资金管理先进单位。1998 年在常德市政府召开的市直单位财务管理经验交流会上作了《加大理财力度，努力增收节支，充分发挥财务工作的管理和监督职能》的典型发言。澧县文物处（博物馆）、石门县文物管所（博物馆）、临澧县博物馆等单位先后多次受到当地政府和文化主管部门的表彰。

附 录

附　录

附录一

中华人民共和国文物保护法

（2002年10月28日第九届全国人民代表大会常务委员会第三十次会议通过）

第一章　总　则

第一条　为了加强对文物的保护，继承中华民族优秀的历史文化遗产，促进科学研究工作，进行爱国主义和革命传统教育，建设社会主义精神文明和物质文明，根据宪法，制定本法。

第二条　在中华人民共和国境内，下列文物受国家保护：

（一）具有历史、艺术、科学价值的古文化遗址、古墓葬、古建筑、石窟寺和石刻、壁画；

（二）与重大历史事件、革命运动或者著名人物有关的以及具有重要纪念意义、教育意义或者史料价值的近代现代重要史迹、实物、代表性建筑；

（三）历史上各时代珍贵的艺术品、工艺美术品；

（四）历史上各时代重要的文献资料以及具有历史、艺术、科学价值的手稿和图书资料等；

（五）反映历史上各时代、各民族社会制度、社会生产、社会生活的代表性实物。

文物认定的标准和办法由国务院文物行政部门制定，并报国务院批准。

具有科学价值的古脊椎动物化石和古人类化石同文物一样受国家保护。

第三条　古文化遗址、古墓葬、古建筑、石窟寺、石刻、壁画、近代现代重要史迹和代表性建筑等不可移动文物，根据它们的历史、艺术、科学价值，可以分别确定为全国重点文物保护单位，省级文物保护单位，市、县级文物保护单位。

历史上各时代重要实物、艺术品、文献、手稿、图书资料、代表性实物等可移动文物，分为珍贵文物和一般文物；珍贵文物分为一级文物、二级文物、三级文物。

第四条　文物工作贯彻保护为主、抢救第一、合理利用、加强管理的方针。

第五条　中华人民共和国境内地下、内水和领海中遗存的一切文物，属于国家所有。

古文化遗址、古墓葬、石窟寺属于国家所有。国家指定保护的纪念建筑物、古建筑、石刻、壁画、近代现代代表性建筑等不可移动文物，除国家另有规定的以外，属于国家所有。国有不可移动文物的所有权不因其所依附的土地所有权或者使用权的改变而改变。

下列可移动文物，属于国家所有：

（一）中国境内出土的文物，国家另有规定的除外；

（二）国有文物收藏单位以及其他国家机关、部队和国有企业、事业组织等收藏、保管的文物；

（三）国家征集、购买的文物；

（四）公民、法人和其他组织捐赠给国家的文物；

（五）法律规定属于国家所有的其他文物。

属于国家所有的可移动文物的所有权不因其保管、收藏单位的终止或者变更而改变。

国有文物所有权受法律保护，不容侵犯。

第六条 属于集体所有和私人所有的纪念建筑物、古建筑和祖传文物以及依法取得的其他文物，其所有权受法律保护。文物的所有者必须遵守国家有关文物保护的法律、法规的规定。

第七条 一切机关、组织和个人都有依法保护文物的义务。

第八条 国务院文物行政部门主管全国文物保护工作。

地方各级人民政府负责本行政区域内的文物保护工作。县级以上地方人民政府承担文物保护工作的部门对本行政区域内的文物保护实施监督管理。

县级以上人民政府有关行政部门在各自的职责范围内，负责有关的文物保护工作。

第九条 各级人民政府应当重视文物保护，正确处理经济建设、社会发展与文物保护的关系，确保文物安全。

基本建设、旅游发展必须遵守文物保护工作的方针，其活动不得对文物造成损害。

公安机关、工商行政管理部门、海关、城乡建设规划部门和其他有关国家机关，应当依法认真履行所承担的保护文物的职责，维护文物管理秩序。

第十条 国家发展文物保护事业。县级以上人民政府应当将文物保护事业纳入本级国民经济和社会发展规划，所需经费列入本级财政预算。

国家用于文物保护的财政拨款随着财政收入增长而增加。

国有博物馆、纪念馆、文物保护单位等的事业性收入，专门用于文物保护，任何单位或者个人不得侵占、挪用。

国家鼓励通过捐赠等方式设立文物保护社会基金，专门用于文物保护，任何单位或者个人不得侵占、挪用。

第十一条 文物是不可再生的文化资源。国家加强文物保护的宣传教育，增强全民文物保护的意识，鼓励文物保护的科学研究，提高文物保护的科学技术水平。

第十二条 有下列事迹的单位或者个人，由国家给予精神鼓励或者物质奖励：

（一）认真执行文物保护法律、法规，保护文物成绩显著的；

（二）为保护文物与违法犯罪行为作坚决斗争的；

（三）将个人收藏的重要文物捐献给国家，或者为文物保护事业作出捐赠的；

（四）发现文物及时上报或者上交，使文物得到保护的；

（五）在考古发掘工作中作出重大贡献的；

（六）在文物保护科学技术方面有重要发明创造或者其他重要贡献的；

（七）在文物面临破坏危险时，抢救文物有功的；

（八）长期从事文物工作，作出显著成绩的。

第二章 不可移动文物

第十三条 国务院文物行政部门在省级、市、县级文物保护单位中，选择具有重大历史、艺术、科学价值的确定为全国重点文物保护单位，或者直接确定为全国重点文物保护单位，报国务院核定公布。

省级文物保护单位，由省、自治区、直辖市人民政府核定公布，并报国务院备案。

市级和县级文物保护单位，分别由设区的市、自治州和县级人民政府核定公布，并报省、自治区、直辖市人民政府备案。

尚未核定公布为文物保护单位的不可移动文物，由县级人民政府文物行政部门予以登记并公布。

第十四条 保存文物特别丰富并且具有重大历史价值或者革命纪念意义的城市，由国务院核定公布为历史文化名城。

保存文物特别丰富并且具有重大历史价值或者革命纪念意义的城镇、街道、村庄，由省、自治区、直辖市人民政府核定公布为历史文化街区、村镇，并报国务院备案。

历史文化名城和历史文化街区、村镇所在地的县级以上地方人民政府应当组织编制专门的历史文化名城和历史文化街区、村镇保护规划，并纳入城市总体规划。

历史文化名城和历史文化街区、村镇的保护办法，由国务院制定。

第十五条 各级文物保护单位，分别由省、自治区、直辖市人民政府和市、县级人民政府划定必要的保护范围，作出标志说明，建立记录档案，并区别情况分别设置专门机构或者专人负责管理。全国重点文物保护单位的保护范围和记录档案，由省、自治区、直辖市人民政府文物行政部门报国务院文物行政部门备案。

县级以上地方人民政府文物行政部门应当根据不同文物的保护需要，制定文物保护单位和未核定为文物保护单位的不可移动文物的具体保护措施，并公告施行。

第十六条 各级人民政府制定城乡建设规划，应当根据文物保护的需要，事先由城乡建设规划部门会同文物行政部门商定本行政区域内各级文物保护单位的保护措施，并纳入规划。

第十七条 文物保护单位的保护范围内不得进行其他建设工程或者爆破、钻探、挖掘等作业。但是，因特殊情况需要在文物保护单位的保护范围内进行其他建设工程或者爆破、钻探、挖掘等作业的，必须保证文物保护单位的安全，并经核定公布该文物保护单位的人民政府批准，在批准前应当征得上一级人民政府文物行政部门同意；在全国重点文物保护单位的保护范围内进行其他建设工程或者爆破、钻探、挖掘等作业的，必须经省、自治区、直辖市人民政府批准，在批准前应当征得国务院文物行政部门同意。

第十八条 根据保护文物的实际需要，经省、自治区、直辖市人民政府批准，可以在文物保护单位的周围划出一定的建设控制地带，并予以公布。

在文物保护单位的建设控制地带内进行建设工程，不得破坏文物保护单位的历史风貌；工程设计方案应当根据文物保护单位的级别，经相应的文物行政部门同意后，报城乡建设规划部门批准。

第十九条 在文物保护单位的保护范围和建设控制地带内，不得建设污染文物保护单位及其环境的设施，不得进行可能影响文物保护单位安全及其环境的活动。对已有的污染文物保护单位及其环境的设施，应当限期治理。

第二十条 建设工程选址，应当尽可能避开不可移动文物；因特殊情况不能避开的，对文物保护单位应当尽可能实施原址保护。

实施原址保护的，建设单位应当事先确定保护措施，根据文物保护单位的级别报相应的文物行政部门批准，并将保护措施列入可行性研究报告或者设计任务书。

无法实施原址保护，必须迁移异地保护或者拆除的，应当报省、自治区、直辖市人民政府批准；迁移或者拆除省级文物保护单位的，批准前须征得国务院文物行政部门同意。全国重点文物保护单位不得拆除；需要迁移的，须由省、自治区、直辖市人民政府报国务院批准。

依照前款规定拆除的国有不可移动文物中具有收藏价值的壁画、雕塑、建筑构件等，由文物行政部门指定的文物收藏单位收藏。

本条规定的原址保护、迁移、拆除所需费用，由建设单位列入建设工程预算。

第二十一条 国有不可移动文物由使用人负责修缮、保养；非国有不可移动文物由所有人负责修缮、保养。非国有不可移动文物有损毁危险，所有人不具备修缮能力的，当地人民政府应当给予帮助；所有人具备修缮能力而拒不依法履行修缮义务的，县级以上人民政府可以给予抢救修缮，所需费用由所有人承担。

对文物保护单位进行修缮，应当根据文物保护单位的级别报相应的文物行政部门批准；对未核定为文物保护单位的不可移动文物进行修缮，应当报登记的县级人民政府文物行政部门批准。

文物保护单位的修缮、迁移、重建，由取得文物保护工程资质证书的单位承担。

对不可移动文物进行修缮、保养、迁移，必须遵守不改变文物原状的原则。

第二十二条 不可移动文物已经全部毁坏的，应当实施遗址保护，不得在原址重建。但是，因特殊情况需要在原址重建的，由省、自治区、直辖市人民政府文物行政部门征得国务院文物行政部门同意后，报省、自治区、直辖市人民政府批准；全国重点文物保护单位需要在原址重建的，由省、自治区、直辖市人民政府报国务院批准。

第二十三条 核定为文物保护单位的属于国家所有的纪念建筑物或者古建筑，除可以建立博物馆、保管所或者辟为参观游览场所外，如果必须作其他用途的，应当经核定公布该文物保护单位的人民政府文物行政部门征得上一级文物行政部门同意后，报核定公布该文物保护单位的人民政府批准；全国重点文物保护单位作其他用途的，应当由省、自治区、直辖市人民政府报国务院批准。国有未核定为文物保护单位的不可移动文物作其他用途的，应当报告县级人民政府文物行政部门。

第二十四条 国有不可移动文物不得转让、抵押。建立博物馆、保管所或者辟为参观游览场所的国有文物保护单位，不得作为企业资产经营。

第二十五条 非国有不可移动文物不得转让、抵押给外国人。非国有不可移动文物转让、抵押或者改变用途的，应当根据其级别报相应的文物行政部门备案；由当地人民政府出资帮助修缮的，应当报相应的文物行政部门批准。

第二十六条 使用不可移动文物，必须遵守不改变文物原状的原则，负责保护建筑物及其附属文物的安全，不得损毁、改建、添建或者拆除不可移动文物。

对危害文物保护单位安全、破坏文物保护单位历史风貌的建筑物、构筑物，当地人民政府应当及时调查处理，必要时，对该建筑物、构筑物予以拆迁。

第三章 考古发掘

第二十七条 一切考古发掘工作，必须履行报批手续；从事考古发掘的单位，应当经国务院文物行政部门批准。

地下埋藏的文物，任何单位或者个人都不得私自发掘。

第二十八条 从事考古发掘的单位，为了科学研究进行考古发掘，应当提出发掘计划，报国务院文物行政部门批准；对全国重点文物保护单位的考古发掘计划，应当经国务院文物行政部门审核后报国务院批准。国务院文物行政部门在批准或者审核前，应当征求社会科学研究机构及其他科研机构和有关专家的意见。

第二十九条 进行大型基本建设工程，建设单位应当事先报请省、自治区、直辖市人民政府文物行政部门组织从事考古发掘的单位在工程范围内有可能埋藏文物的地方进行考古调查、勘探。

考古调查、勘探中发现文物的，由省、自治区、直辖市人民政府文物行政部门根据文物保护的要求会同建设单位共同商定保护措施；遇有重要发现的，由省、自治区、直辖市人民政府文物行政部门及时报国务院文物行政部门处理。

第三十条 需要配合建设工程进行的考古发掘工作，应当由省、自治区、直辖市文物行政部门在勘探工作的基础上提出发掘计划，报国务院文物行政部门批准。国务院文物行政部门在批准前，应当征求社会科学研究机构及其他科研机构和有关专家的意见。

确因建设工期紧迫或者有自然破坏危险，对古文化遗址、古墓葬急需进行抢救发掘的，由省、自治区、直辖市人民政府文物行政部门组织发掘，并同时补办审批手续。

第三十一条 凡因进行基本建设和生产建设需要的考古调查、勘探、发掘，所需费用由建设单位列入建设工程预算。

第三十二条 在进行建设工程或者在农业生产中，任何单位或者个人发现文物，应当保护现场，立即报告当地文物行政部门，文物行政部门接到报告后，如无特殊情况，应当在二十四小时内赶赴现场，并在七日内提出处理意见。文物行政部门可以报请当地人民政府通知公安机关协助保护现场；发现重要文物的，应当立即上报国务院文物行政部门，国务院文物行政部门应当在接到报告后十五日内提出处理意见。

依照前款规定发现的文物属于国家所有，任何单位或者个人不得哄抢、私分、藏匿。

第三十三条 非经国务院文物行政部门报国务院特别许可，任何外国人或者外国团体不得在中华人民共和国境内进行考古调查、勘探、发掘。

第三十四条 考古调查、勘探、发掘的结果，应当报告国务院文物行政部门和省、自治区、直辖市人民政府文物行政部门。

考古发掘的文物，应当登记造册，妥善保管，按照国家有关规定移交给由省、自治区、直辖市人民政府文物行政部门或者国务院文物行政部门指定的国有博物馆、图书馆或者其他国有收藏文物的单位收藏。经省、自治区、直辖市人民政府文物行政部门或者国务院文物行政部门批准，从事考古发掘的单位可以保留少量出土文物作为科研标本。

考古发掘的文物，任何单位或者个人不得侵占。

第三十五条 根据保证文物安全、进行科学研究和充分发挥文物作用的需要，省、自治区、直辖市人民政府文物行政部门经本级人民政府批准，可以调用本行政区域内的出土文物；国务院文物行政部门经国务院批准，可以调用全国的重要出土文物。

第四章　馆藏文物

第三十六条 博物馆、图书馆和其他文物收藏单位对收藏的文物，必须区分文物等级，设置藏品档案，建立严格的管理制度，并报主管的文物行政部门备案。

县级以上地方人民政府文物行政部门应当分别建立本行政区域内的馆藏文物档案；国务院文物行政部门应当建立国家一级文物藏品档案和其主管的国有文物收藏单位馆藏文物档案。

第三十七条 文物收藏单位可以通过下列方式取得文物：

（一）购买；

（二）接受捐赠；

（三）依法交换；

（四）法律、行政法规规定的其他方式。

国有文物收藏单位还可以通过文物行政部门指定保管或者调拨方式取得文物。

第三十八条 文物收藏单位应当根据馆藏文物的保护需要，按照国家有关规定建立、健全管理制度，并报主管的文物行政部门备案。未经批准，任何单位或者个人不得调取馆藏文物。

文物收藏单位的法定代表人对馆藏文物的安全负责。国有文物收藏单位的法定代表人离任时，应当按照馆藏文物档案办理馆藏文物移交手续。

第三十九条 国务院文物行政部门可以调拨全国的国有馆藏文物。省、自治区、直辖市人民政府文物行政部门可以调拨本行政区域内其主管的国有文物收藏单位馆藏文物；调拨国有馆藏一级文物，应当报国务院文物行政部门备案。

国有文物收藏单位可以申请调拨国有馆藏文物。

第四十条 文物收藏单位应当充分发挥馆藏文物的作用，通过举办展览、科学研究等活动，加强对中华民族优秀的历史文化和革命传统的宣传教育。

国有文物收藏单位之间因举办展览、科学研究等需借用馆藏文物，应当报主管的文物行政部门备案；借用馆藏一级文物，应当经国务院文物行政部门批准。

非国有文物收藏单位和其他单位举办展览需借用国有馆藏文物的，应当报主管的文物行政部门批准；借用国有馆藏一级文物，应当经国务院文物行政部门批准。

文物收藏单位之间借用文物的最长期限不得超过三年。

第四十一条 已经建立馆藏文物档案的国有文物收藏单位，经省、自治区、直辖市人民政府文物行政部门批准，并报国务院文物行政部门备案，其馆藏文物可以在国有文物收藏单位之间交换；交换馆藏一级文物的，必须经国务院文物行政部门批准。

第四十二条 未建立馆藏文物档案的国有文物收藏单位，不得依照本法第四十条、第四十一条的规定处置其馆藏文物。

第四十三条 依法调拨、交换、借用国有馆藏文执取得文物的文物收藏单位可以对提供文物的文物收藏单位给予合理补偿，具体管理办法由国务院文物行政部门制定。

国有文物收藏单位调拨、交换、出借文物所得的补偿费用，必须用于改善文物的收藏条件和收集新的文物，不得挪作他用；任何单位或者个人不得侵占。

调拨、交换、借用的文物必须严格保管，不得丢失、损毁。

第四十四条 禁止国有文物收藏单位将馆藏文物赠与、出租或者出售给其他单位、个人。

第四十五条 国有文物收藏单位不再收藏的文物的处置办法，由国务院另行制定。

第四十六条 修复馆藏文物，不得改变馆藏文物的原状；复制、拍摄、拓印馆藏文物，不得对馆藏文物造成损害。具体管理办法由国务院制定。

不可移动文物的单体文物的修复、复制、拍摄、拓印，适用前款规定。

第四十七条 博物馆、图书馆和其他收藏文物的单位应当按照国家有关规定配备防火、防盗、防自然损坏的设施，确保馆藏文物的安全。

第四十八条 馆藏一级文物损毁的，应当报国务院文物行政部门核查处理。其他馆藏文物损毁的，应当报省、自治区、直辖市人民政府文物行政部门核查处理；省、自治区、直辖市人民政府文物行政部门应当将核查处理结果报国务院文物行政部门备案。

馆藏文物被盗、被抢或者丢失的，文物收藏单位应当立即向公安机关报案，并同时向主管的文物行政部门报告。

第四十九条 文物行政部门和国有文物收藏单位的工作人员不得借用国有文物，不得非法侵占国有文物。

第五章　民间收藏文物

第五十条 文物收藏单位以外的公民、法人和其他组织可以收藏通过下列方式取得的文物：

（一）依法继承或者接受赠与；

（二）从文物商店购买；

（三）从经营文物拍卖的拍卖企业购买；

（四）公民个人合法所有的文物相互交换或者依法转让；

（五）国家规定的其他合法方式。

文物收藏单位以外的公民、法人和其他组织收藏的前款文物可以依法流通。

第五十一条 公民、法人和其他组织不得买卖下列文物：

（一）国有文物，但是国家允许的除外；

（二）非国有馆藏珍贵文物；

（三）国有不可移动文物中的壁画、雕塑、建筑构件等，但是依法拆除的国有不可移动文物中的壁画、雕塑、建筑构件等不属于本法第二十条第四款规定的应由文物收藏单位收藏的除外；

（四）来源不符合本法第五十条规定的文物。

第五十二条 国家鼓励文物收藏单位以外的公民、法人和其他组织将其收藏的文物捐赠给国有文物收藏单位或者出借给文物收藏单位展览和研究。

国有文物收藏单位应当尊重并按照捐赠人的意愿，对捐赠的文物妥善收藏、保管和展示。

国家禁止出境的文物，不得转让、出租、质押给外国人。

第五十三条 文物商店应当由国务院文物行政部门或者省、自治区、直辖市人民政府文物行政部门批准设立，依法进行管理。

文物商店不得从事文物拍卖经营活动，不得设立经营文物拍卖的拍卖企业。

第五十四条 依法设立的拍卖企业经营文物拍卖的，应当取得国务院文物行政部门颁发的文物拍卖许可证。

经营文物拍卖的拍卖企业不得从事文物购销经营活动，不得设立文物商店。

第五十五条 文物行政部门的工作人员不得举办或者参与举办文物商店或者经营文物拍卖的拍卖企业。

文物收藏单位不得举办或者参与举办文物商店或者经营文物拍卖的拍卖企业。

禁止设立中外合资、中外合作和外商独资的文物商店或者经营文物拍卖的拍卖企业。

除经批准的文物商店、经营文物拍卖的拍卖企业外，其他单位或者个人不得从事文物的商业经营活动。

第五十六条 文物商店销售的文物，在销售前应当经省、自治区、直辖市人民政府文物行政部门审核；对允许销售的，省、自治区、直辖市人民政府文物行政部门应当作出标识。

拍卖企业拍卖的文物，在拍卖前应当经省、自治区、直辖市人民政府文物行政部门审核，并报国务院文物行政部门备案；省、自治区、直辖市人民政府文物行政部门不能确定是否可以拍卖的，应当报国务院文物行政部门审核。

第五十七条 文物商店购买、销售文物，拍卖企业拍卖文物，应当按照国家有关规定作出记录，并报原审核的文物行政部门备案。

拍卖文物时，委托人、买受人要求对其身份保密的，文物行政部门应当为其保密；但是，法律、行政法规另有规定的除外。

第五十八条 文物行政部门在审核拟拍卖的文物时，可以指定国有文物收藏单位优先购买其中的珍贵文物。购买价格由文物收藏单位的代表与文物的委托人协商确定。

第五十九条 银行、冶炼厂、造纸厂以及废旧物资回收单位，应当与当地文物行政部门共同负责拣选掺杂在金银器和废旧物资中的文物。拣选文物除供银行研究所必需的历史货币可以由人民银行留用外，应当移交当地文物行政部门。移交拣选文物，应当给予合理补偿。

第六章　文物出境进境

第六十条 国有文物、非国有文物中的珍贵文物和国家规定禁止出境的其他文物，不得出境；但是依照本法规定出境展览或者因特殊需要经国务院批准出境的除外。

第六十一条 文物出境，应当经国务院文物行政部门指定的文物进出境审核机构审核。经审核允许出境的文物，由国务院文物行政部门发给文物出境许可证，从国务院文物行政部门指定的口岸出境。

任何单位或者个人运送、邮寄、携带文物出境，应当向海关申报；海关凭文物出境许可证放行。

第六十二条 文物出境展览，应当报国务院文物行政部门批准；一级文物超过国务院规定数量的，应当报国务院批准。

一级文物中的孤品和易损品，禁止出境展览。

出境展览的文物出境，由文物进出境审核机构审核、登记。海关凭国务院文物行政部门或者国务院的批准文件放行。出境展览的文物复进境，由原文物进出境审核机构审核查验。

第六十三条 文物临时进境，应当向海关申报，并报文物进出境审核机构审核、登记。

临时进境的文物复出境，必须经原审核、登记的文物进出境审核机构审核查验；经审核查验无误的，由国务院文物行政部门发给文物出境许可证，海关凭文物出境许可证放行。

第七章　法律责任

第六十四条 违反本法规定，有下列行为之一，构成犯罪的，依法追究刑事责任：

（一）盗掘古文化遗址、古墓葬的；

（二）故意或者过失损毁国家保护的珍贵文物的；

（三）擅自将国有馆藏文物出售或者私自送给非国有单位或者个人的；

（四）将国家禁止出境的珍贵文物私自出售或者送给外国人的；

（五）以牟利为目的倒卖国家禁止经营的文物的；

（六）走私文物的；

（七）盗窃、哄抢、私分或者非法侵占国有文物的；

（八）应当追究刑事责任的其他妨害文物管理行为。

第六十五条 违反本法规定，造成文物灭失、损毁的，依法承担民事责任。

违反本法规定，构成违反治安管理行为的，由公安机关依法给予治安管理处罚。

违反本法规定，构成走私行为，尚不构成犯罪的，由海关依照有关法律、行政法规的规定给予处罚。

第六十六条 有下列行为之一，尚不构成犯罪的，由县级以上人民政府文物主管部门责令改正，造成严重后果的，处五万元以上五十万元以下的罚款；情节严重的，由原发证机关吊销资质证书：

（一）擅自在文物保护单位的保护范围内进行建设工程或者爆破、钻探、挖掘等作业的；

（二）在文物保护单位的建设控制地带内进行建设工程，其工程设计方案未经文物行政部门同意、报城乡建设规划部门批准，对文物保护单位的历史风貌造成破坏的；

（三）擅自迁移、拆除不可移动文物的；

（四）擅自修缮不可移动文物，明显改变文物原状的；

（五）擅自在原址重建已全部毁坏的不可移动文物，造成文物破坏的；

（六）施工单位未取得文物保护工程资质证书，擅自从事文物修缮、迁移、重建的。

刻划、涂污或者损坏文物尚不严重的，或者损毁依照本法第十五条第一款规定设立的文物保护单位标志的，由公安机关或者文物所在单位给予警告，可以并处罚款。

第六十七条　在文物保护单位的保护范围内或者建设控制地带内建设污染文物保护单位及其环境的设施的，或者对已有的污染文物保护单位及其环境的设施未在规定的期限内完成治理的，由环境保护行政部门依照有关法律、法规的规定给予处罚。

第六十八条　有下列行为之一的，由县级以上人民政府文物主管部门责令改正，没收违法所得，违法所得一万元以上的，并处违法所得二倍以上五倍以下的罚款；违法所得不足一万元的，并处五千元以上二万元以下的罚款：

（一）转让或者抵押国有不可移动文物，或者将国有不可移动文物作为企业资产经营的；

（二）将非国有不可移动文物转让或者抵押给外国人的；

（三）擅自改变国有文物保护单位的用途的。

第六十九条　历史文化名城的布局、环境、历史风貌等遭到严重破坏的，由国务院撤销其历史文化名城称号；历史文化城镇、街道、村庄的布局、环境、历史风貌等遭到严重破坏的，由省、自治区、直辖市人民政府撤销其历史文化街区、村镇称号；对负有责任的主管人员和其他直接责任人员依法给予行政处分。

第七十条　有下列行为之一，尚不构成犯罪的，由县级以上人民政府文物主管部门责令改正，可以并处二万元以下的罚款，有违法所得的，没收违法所得：

（一）文物收藏单位未按照国家有关规定配备防火、防盗、防自然损坏的设施的；

（二）国有文物收藏单位法定代表人离任时未按照馆藏文物档案移交馆藏文物，或者所移交的馆藏文物与馆藏文物档案不符的；

（三）将国有馆藏文物赠与、出租或者出售给其他单位、个人的；

（四）违反本法第四十条、第四十一条、第四十五条规定处置国有馆藏文物的；

（五）违反本法第四十三条规定挪用或者侵占依法调拨、交换、出借文物所得补偿费用的。

第七十一条　买卖国家禁止买卖的文物或者将禁止出境的文物转让、出租、质押给外国人，尚不构成犯罪的，由县级以上人民政府文物主管部门责令改正，没收违法所得，违法经营额一万元以上的，并处违法经营额二倍以上五倍以下的罚款；违法经营额不足一万元的，并处五千元以上二万元以下的罚款。

第七十二条 未经许可，擅自设立文物商店、经营文物拍卖的拍卖企业，或者擅自从事文物的商业经营活动，尚不构成犯罪的，由工商行政管理部门依法予以制止，没收违法所得，非法经营的文物，违法经营额五万元以上的，并处违法经营额二倍以上五倍以下的罚款；违法经营额不足五万元的，并处二万元以上十万元以下的罚款。

第七十三条 有下列情形之一的，由工商行政管理部门没收违法所得、非法经营的文物，违法经营额五万元以上的，并处违法经营额一倍以上三倍以下的罚款；违法经营额不足五万元的，并处五千元以上五万元以下的罚款；情节严重的，由原发证机关吊销许可证书：

（一）文物商店从事文物拍卖经营活动的；

（二）经营文物拍卖的拍卖企业从事文物购销经营活动的；

（三）文物商店销售的文物、拍卖企业拍卖的文物，未经审核的；

（四）文物收藏单位从事文物的商业经营活动的。

第七十四条 有下列行为之一，尚不构成犯罪的，由县级以上人民政府文物主管部门会同公安机关追缴文物；情节严重的，处五千元以上五万元以下的罚款：

（一）发现文物隐匿不报或者拒不上交的；

（二）未按照规定移交拣选文物的。

第七十五条 有下列行为之一的，由县级以上人民政府文物主管部门责令改正：

（一）改变国有未核定为文物保护单位的不可移动文物的用途；未依照本法规定报告的；

（二）转让、抵押非国有不可移动文物或者改变其用途，未依照本法规定备案的；

（三）国有不可移动文物的使用人拒不依法履行修缮义务的；

（四）考古发掘单位未经批准擅自进行考古发掘，或者不如实报告考古发掘结果的；

（五）文物收藏单位未按照国家有关规定建立馆藏文物档案、管理制度，或者未将馆藏文物档案、管理制度备案的；

（六）违反本法第三十八条规定，未经批准擅自调取馆藏文物的；

（七）馆藏文物损毁未报文物行政部门核查处理，或者馆藏文物被盗、被抢或者丢失，文物收藏单位未及时向公安机关或者文物行政部门报告的；

（八）文物商店销售文物或者拍卖企业拍卖文物，未按照国家有关规定作出记录或者未将所作记录报文物行政部门备案的。

第七十六条 文物行政部门、文物收藏单位、文物商店、经营文物拍卖的拍卖企业的工作人员，有下列行为之一的，依法给予行政处分，情节严重的，依法开除公职或者吊销其从业资格；构成犯罪的，依法追究刑事责任：

（一）文物行政部门的工作人员违反本法规定，滥用审批权限、不履行职责或者发现违法行为不予查处，造成严重后果的；

（二）文物行政部门和国有文物收藏单位的工作人员借用或者非法侵占国有文物的；

（三）文物行政部门的工作人员举办或者参与举办文物商店或者经营文物拍卖的拍卖企业的；

（四）因不负责任造成文物保护单位、珍贵文物损毁或者流失的；

（五）贪污、挪用文物保护经费的。

前款被开除公职或者被吊销从业资格的人员，自被开除公职或者被吊销从业资格之日起十年内不得担任文物管理人员或者从事文物经营活动。

第七十七条　有本法第六十六条、第六十八条、第七十条、第七十一条、第七十四条、第七十五条规定所列行为之一的，负有责任的主管人员和其他直接责任人员是国家工作人员的，依法给予行政处分。

第七十八条　公安机关、工商行政管理部门、海关、城乡建设规划部门和其他国家机关，违反本法规定滥用职权、玩忽职守、徇私舞弊，造成国家保护的珍贵文物损毁或者流失的，对负有责任的主管人员和其他直接责任人员依法给予行政处分；构成犯罪的，依法追究刑事责任。

第七十九条　人民法院、人民检察院、公安机关、海关和工商行政管理部门依法没收的文物应当登记造册，妥善保管，结案后无偿移交文物行政部门，由文物行政部门指定的国有文物收藏单位收藏。

第八章　附　则

第八十条　本法自公布之日起施行。

附录二

湖南省文物保护条例

（2005年9月29日湖南省第十届人民代表大会常务委员会第十七次会议通过，自2005年11月1日起施行）

第一章　总　则

第一条　根据《中华人民共和国文物保护法》和《中华人民共和国文物保护法实施条例》，结合本省实际，制定本条例。

第二条　本省行政区域内属于《中华人民共和国文物保护法》第二条规定的文物的保护，适用本条例。

第三条　各级人民政府负责本行政区域内的文物保护工作。

县级以上人民政府文物行政部门对本行政区域内的文物保护实施监督管理；园林、宗教、旅游、房产管理、教育等单位，在文物行政部门的监督和指导下，对其所管理的文物保护单位进行保护和管理；其他有关部门在各自的职责范围内，负责做好文物保护工作。

第四条　县级以上人民政府应当将文物保护事业纳入国民经济和社会发展计划，所需文物保护经费列入本级财政预算，并随着财政经常性收入增长而增加。

鼓励通过捐赠等方式依法设立文物保护社会基金，专门用于文物保护。

第五条　各级人民政府应当重视文物保护，贯彻保护为主、抢救第一、合理利用、加强管理的方针，正确处理经济建设、社会发展与文物保护的关系，确保文物安全。

第六条　县级以上人民政府文物行政部门和教育、科技、新闻出版、广播电视等行政部门应当做好文物保护的宣传教育工作，提高全社会的文物保护意识。

任何单位和个人都有依法保护文物的义务，并有权检举、控告和制止破坏文物的行为。

第七条　物保护工作中作出显著成绩的单位或者个人，由人民政府或者有关行政部门给予奖励。

第二章　不可移动文物

第八条　县级以上人民政府应当依法对各级文物保护单位划定必要的保护范围，作出标志说明，建立记录档案，并区别情况设置专门机构或者安排专人负责管理。

县级以上人民政府文物行政部门应当根据不同文物的保护需要，制定文物保护单位和尚未核定公布为文物保护单位的不可移动文物的具体保护措施，并公告施行。

对各级文物保护单位和尚未核定公布为文物保护单位的不可移动文物，任何单位和个人不得损毁、侵占。

第九条 全国重点文物保护单位和省级文物保护单位的保护范围，由当地县级人民政府文物行政部门会同规划行政部门提出意见，经省文物行政部门会同规划行政部门划定后，报省人民政府批准公布。其中，全国重点文物保护单位的保护范围，应当报国务院文物行政部门备案。

市级和县级文物保护单位的保护范围分别由设区的市、自治州和县级人民政府文物行政部门会同规划行政部门划定，报同级人民政府批准公布，并报上一级人民政府文物行政部门备案。

第十条 根据文物保护的实际需要，经省人民政府批准，可以在文物保护单位的周围划出一定的建设控制地带。

全国重点文物保护单位和省级文物保护单位的建设控制地带，由当地县级人民政府文物行政部门会同规划行政部门提出意见，经省文物行政部门会同规划行政部门划定后，予以公布；市级和县级文物保护单位的建设控制地带，分别由当地设区的市、自治州和县级人民政府文物行政部门会同规划行政部门划定后，予以公布。

第十一条 在文物保护单位的保护范围内不得有下列行为：

（一）进行其他工程建设或者爆破、钻探、挖掘等作业；

（二）射击、毁林开荒、葬坟等；

（三）存放易燃、易爆、放射性、腐蚀性物品；

（四）污染文物保护单位及其环境；

（五）其他危害文物保护单位安全及其环境的行为。

因特殊情况需要在文物保护单位的保护范围内进行其他工程建设或者爆破、钻探、挖掘等作业的，必须保证文物保护单位的安全，并经核定公布该文物保护单位的人民政府批准，在批准前应当征得上一级人民政府文物行政部门同意；在全国重点文物保护单位的保护范围内进行其他工程建设或者爆破、钻探、挖掘等作业的，必须经省人民政府批准，在批准前应当征得国务院文物行政部门同意。

第十二条 在文物保护单位建设控制地带内进行工程建设，不得破坏文物保护单位的历史风貌，其工程设计方案应当按文物保护单位的级别，事先征得相应的文物行政部门同意，并报规划行政部门批准。

在文物保护单位的保护范围和建设控制地带内，对已有的危害文物保护单位安全或者污染文物保护单位及其环境的设施，当地人民政府应当责令限期治理；对已有的影响文物保护单位历史风貌的建筑物或者构筑物，由当地人民政府组织改建或者搬迁。

第十三条 建设工程选址，应当尽可能避开不可移动文物；因特殊情况不能避开的，对文物保护单位应当尽可能实施原址保护。

尚未核定公布为文物保护单位的不可移动文物，因建设工程特殊需要必须迁移异地保护或者拆除的，经设区的市、自治州人民政府文物行政部门同意后，报县级人民政府批准。

第十四条 不可移动文物的修缮、保养、迁移，必须遵守不改变文物原状的原则。

文物保护单位修缮工程设计方案应当按文物保护单位的级别，报相应的文物行政部门批准；未核定为文物保护单位的不可移动文物修缮工程设计方案，应当报登记的县级人民政府文物行政部门批准。文物保护工程施工应当按照文物行政部门批准的修缮工程设计方案进行；如需变更已批准的修缮工程设计方案中的重要内容，必须经原审批机关批准。

文物保护单位的修缮、迁移、重建，由取得文物保护工程资质证书的单位承担。

第十五条 改变国有文物保护单位的管理体制，应当根据文物保护单位的级别征得上一级人民政府文物行政部门同意，报原核定公布该文物保护单位的人民政府批准。改变全国重点文物保护单位的管理体制，由省人民政府报国务院批准。

第十六条 国有不可移动文物不得转让、抵押。建立博物馆、保管所或者辟为参观游览场所的国有文物保护单位，不得作为企业资产经营。

第十七条 不可移动文物的使用单位，必须遵守不改变文物原状的原则，不得损毁、改建、添建或者拆除不可移动文物，并按照国家有关规定，设置安全消防设施，采取安全措施，负责保护建筑物及其附属文物的安全。

第十八条 县级以上人民政府应当组织规划、建设、文物、国土等部门编制历史文化名城和历史文化街区、村镇的保护规划。

在历史文化街区、村镇进行工程建设，不得破坏其布局、环境和历史风貌。

历史文化街区、村镇的布局、环境、历史风貌等遭到严重破坏，不再符合规定条件的，由省规划行政部门会同省文物行政部门报省人民政府核准撤销，并予以公布。

第三章　考古发掘

第十九条 从事考古发掘工作的单位必须取得国务院文物行政部门批准的资质证书。

考古发掘必须按规定报国务院文物行政部门批准。因建设工程紧迫或者文物面临破坏进行的抢救性发掘，经省文物行政部门同意，可先行发掘，并及时补办发掘批准手续。

配合建设工程进行的考古调查、勘探、发掘，由省文物行政部门组织实施；遇有重要发现的，由省文物行政部门指定发掘单位。

第二十条 考古发掘出土的文物，按照国家规定由省文物行政部门或者国务院文物行政部门指定的国有文物收藏单位收藏，任何单位或者个人不得隐匿、侵占、扣留。经省文物行政部门或者国务院文物行政部门批准，从事考古发掘的单位可以保留少量出土文物作为科研标本。

第二十一条 县级以上人民政府应当组织文物等行政部门对本行政区域内的地下文物进行勘查，划定地下文物埋藏区，并予以公布。

第二十二条 在文物埋藏区内进行工程建设，建设单位取得建设项目选址意见书后，应当向省文物行政部门或者其委托的设区的市、自治州人民政府文物行政部门申请考古调查、勘探。

在文物埋藏区以外进行大型工程建设，建设单位应当按照前款规定的程序申请考古调查、勘探。

考古调查、勘探中发现文物的，由当地人民政府文物行政部门会同建设单位共同商定保护措施；遇有重要发现的，由省文物行政部门及时报国务院文物行政部门处理。

第二十三条 任何单位和个人在工程建设或者生产活动中，发现地下文物，应当立即停止施工或者生产，保护现场，并及时报告当地人民政府文物行政部门。

文物行政部门接到报告后，应当在二十四小时内赶到现场，并在三日内提出处理意见。

第二十四条 任何单位和个人不得阻挠文物行政部门和考古发掘单位的工作人员进行考古调查、勘探、发掘。在考古发掘结束前，任何单位和个人不得擅自在考古发掘区域内继续施工或者进行生产活动。

考古发掘结束后，组织发掘工作的文物行政部门应当立即将处理意见书面通知建设单位。

第二十五条 配合建设工程进行的考古调查、勘探、发掘所需费用，列入建设单位工程预算，由建设单位支付。具体办法按照国家有关规定执行。

第四章 馆藏文物和民间收藏文物

第二十六条 博物馆、纪念馆和其他文物收藏单位的文物库房和文物陈列展览区，应当按照国家有关规定，配备安全消防设施，并达到风险等级安全防护标准。公安机关应当将文物收藏单位列为重点安全防范单位。

对不具备收藏珍贵文物条件的国有文物收藏单位收藏的珍贵文物，省文物行政部门可以指定具备条件的文物收藏单位代为收藏。

第二十七条 文物收藏单位应当建立严格的管理制度，对收藏的文物进行鉴定，区分等级，逐件登记，设置藏品档案并报主管的文物行政部门备案。具体办法由省文物行政部门制定。

设区的市、自治州和县级人民政府文物行政部门应当建立本行政区域内的馆藏文物档案；省文物行政部门应当建立全省馆藏三级以上文物档案，并将一级文物藏品档案报国务院文物行政部门备案。

第二十八条 文物收藏单位的法定代表人对馆藏文物的安全负责。国有文物收藏单位的法定代表人离任时，应当办理馆藏文物移交手续，并接受文物行政部门的指导和监督。

第二十九条 省文物行政部门可以调拨本行政区域内国有文物收藏单位馆藏文物。

国有文物收藏单位文物藏品的交换，应当按照国家规定，严格履行报批手续。交换馆藏二、三级文物，应当报省文物行政部门批准；交换馆藏一级文物，由省文物行政部门报国务院文物行政部门批准。

第三十条 文物收藏单位以外的公民、法人和其他组织，可以收藏通过合法方式取得的文物，其收藏的文物除国家禁止流通的以外，可以依法采取捐赠、交换、转让或者通过文物拍卖企业拍卖等方式进行流通。国家机关、部队、国有企业事业单位收藏、保管的文物属于国家所有，非经国家允许，不得进行买卖。

鼓励文物收藏单位以外的公民、法人和其他组织将其收藏的文物捐赠给国有文物收藏单位或者出借给文物收藏单位展览和研究。

第三十一条 文物行政部门和工商行政管理部门应当加强对文物经营活动的监督管理。

文物的购销，由国务院文物行政部门或者省文物行政部门依法批准设立的文物商店经营；文物的拍卖，由取得国务院文物行政部门颁发的文物拍卖许可证的拍卖企业经营。其他单位或者个人不得从事文物的购销、拍卖等商业经营活动。

第三十二条 人民法院、人民检察院、公安机关、海关和工商行政管理部门依法没收的文物，应当登记造册，妥善保管，结案后及时、无偿移交文物行政部门，由文物行政部门指定的国有文物收藏单位收藏。

第五章 文物利用

第三十三条 各级人民政府应当重视文物保护，正确处理文物保护和利用的关系。

旅游发展应当遵守文物保护工作的方针，禁止对文物进行破坏性利用。

第三十四条 利用国有文物的参观游览场所，应当从所获得的门票收入中提取一定比例用于文物保护；国有博物馆、纪念馆、文物保护单位等的事业性收入，全部用于文物保护。具体办法由省财政行政部门会同省文物行政等有关部门制定。

第三十五条 文物收藏单位应当充分发挥馆藏文物的作用；通过举办展览、科学研究等活动，加强对中华民族优秀的历史文化和革命传统的宣传教育。

第三十六条 核定公布为文物保护单位的纪念建筑物、古建筑或者代表性建筑，可以在文物行政部门指导下，建立博物馆、纪念馆或者辟为参观游览场所。

第三十七条 博物馆、纪念馆的文物陈列品禁止拍摄的，应当有标志说明。

对文物保护单位进行电影电视拍摄，拍摄单位应当提前十五日向文物所在地文物行政部门提出申请。拍摄时，不得用文物作道具。申请拍摄文物的单位应当采取必要措施确保文物安全，并按照有关规定支付费用。

新闻单位因采访需要拍摄考古发掘现场的，应当经省文物行政部门批准，专题类、直播类拍摄活动应当由省文物行政部门报国务院文物行政部门批准。

第六章 法律责任

第三十八条 违反本条例第十四条第二款规定，未经批准擅自对文物保护单位进行修缮或者擅自变更已批准的文物保护单位修缮工程设计方案中的重要内容进行施工的，由文物行政部门责令改正；明显改变文物原状的，处五万元以上五十万元以下罚款。

第三十九条 违反本条例第二十二条第一款、第二款规定，未经考古调查、勘探进行工程建设的，由文物行政部门责令改正。

第四十条 违反本条例第二十三条第一款、第二十四条第一款规定的，由文物行政部门责令停止施工或者生产活动；必要时，文物行政部门可以报请当地人民政府通知公安机关协助保护现场。

第四十一条 人民法院、人民检察院、公安机关、海关和工商行政管理部门违反本条例第三十二条规定，对依法没收的文物结案后不及时移交或者未按规定无偿移交文物行政部门的，对直接负责的主管人员和其他责任人员依法给予行政处分。

第四十二条 国家行政机关工作人员违反本条例规定，滥用职权、玩忽职守、徇私舞弊的，依法给予行政处分。

第四十三条 违反本条例规定，造成文物损毁、灭失的，依法承担民事责任；构成犯罪的，依法追究刑事责任。

第四十四条 违反本条例其他规定，《中华人民共和国文物保护法》和其他有关法律法规规定了法律责任的，依照有关法律法规给予处罚。

第七章 附 则

第四十五条 本条例自 2005 年 1 1 月 1 日起施行。1986 年 9 月 27 日湖南省第六届人民代表大会常务委员会第二十一次会议通过的《湖南省文物保护条例》同时废止。

附录三

常德市文物处行政审批项目实施程序

（常德市文物处2005年印发）

常德市文物处（局）行政审批项目、依据和实施程序（一）

审批项目	在市级文物保护单位的保护范围内进行其他建设工程或者爆破、钻探、挖掘等作业审批
法律依据	《中华人民共和国文物保护法》第十七条、第二十九条；《湖南省文物保护条例》第十一条
审批条件	一、因特殊情况需要在文物保护单位的保护范围内进行其他建设工程或者爆破、钻探、挖掘等作业的 二、必须保证文物保护单位的安全
申报资料	一、文物保护单位的保护范围内作业申请表 二、规划或国土部门审批的用地范围红线图
收费依据	湘价费〔2001〕74号文件
审批时限	6个工作日（不含市政府所需时间）
审批程序	一、受理申请（市政务中心文物处窗口受理申请）。时限：即时 二、审查。1. 有关科室现场调查，时限：2个工作日；2. 征求省文物行政主管部门的意见，时限：3个工作日；3. 报请市人民政府决定 三、窗口办理回复（市政务中心文物处窗口工作人员）。时限：1个工作日

常德市文物处（局）行政审批项目、依据和实施程序（二）

审批项目	在市级文物保护单位建设控制地带内的建设工程设计方案审核
法律依据	《中华人民共和国文物保护法》第十八条，《湖南省文物保护条例》第二十条
审批条件	一、不破坏文物保护单位的历史风貌 二、不得建设污染文物保护单位及其环境的设施
申报资料	一、建设工程设计方案审核申请表 二、拟建工程征地国土红线图、规划批准蓝图 三、建设工程的设计方案
收费依据	不收费
审批时限	8个工作日

续上表

审批程序	一、受理申请（市政务中心文物处窗口受理申请）。时限：即时 二、审查（文字审查、领导签批均在窗口完成）。1. 有关科室现场勘查，时限：2个工作日；2. 征求省文物行政主管部门的意见，时限：3个工作日；3. 分管领导签批，时限：2个工作日 三、窗口办理回复（市政务中心文物处窗口工作人员），时限：1个工作日

常德市文物处（局）行政审批项目、依据和实施程序（三）

审批项目	对市级文物保护单位实施原址保护措施审批
法律依据	《中华人民共和国文物保护法》第二十条、《湖南省文物保护条例》第十三条
审批条件	一、因特殊情况不能避开文物保护单位 二、不改变保护单位原址原状
申报资料	一、对市级文物保护单位实施原址保护申请表 二、保护实施方案 三、专家意见书
收费依据	不收费
审批时限	5个工作日
审批程序	一、受理申请（市政务中心文物处窗口现场受理），时限：即时 二、审查（文字审查、领导签批均在窗口完成）。1. 有关科室现场考察，时限：2个工作日；2. 分管领导签批准，时限：2个工作日 三、窗口办理回复（市政务中心文物处窗口工作人员），时限：1个工作日

常德市文物处（局）行政审批项目、依据和实施程序（四）

审批项目	国有市级文物保护单位改变用途的审批
法律依据	《中华人民共和国文物保护法》第二十三条、《湖南省文物保护条例》第十六条
审批条件	一、确有必需改作博物馆、保管所或者参观游览场所之外的用途； 二、不改变文物原貌
申报资料	一、改变用途申请表； 二、改变用途范围、时限等说明书； 三、实施的具体方案； 四、保护单位现状照片及文字说明

续上表

收费依据	不收费
审批时限	6个工作日（不合市政府所需时间）
审批程序	一、受理申请（市政务中心文物处窗口现场受理申请），时限：即时。 二、审查；1. 有关科室现场考察，时限：2个工作日；2. 征求省文物行政主管部门的意见，时限：3个工作日；3. 报请市人民政府决定。 三、窗口办理回复（市政务中心文物处窗口工作人员），时限：1个工作日

常德市文物处（局）行政审批项目、依据和实施程序（五）

审批项目	由当地人民政府出资帮助修缮的非国有不可移动文物转让、抵押或者改变用途的审批
法律依据	《中华人民共和国文物保护法》第二十五条、《湖南省文物保护条例》第十五条
审批条件	一、不改变文物原状； 二、不得转让、抵押给外国人
申报资料	一、文字申请表； 二、改变用途、范围、时限说明书； 三、其他转让、抵押的有关证书、材料文本
收费依据	不收费
审批时限	5个工作日
审批程序	一、受理申请（市政务中心文物处窗口现场受理申请），时限：即时。 二、审查（文字审查、领导签批均在窗口完成）。1. 有关科室现场考察，时限：2个工作日；2. 分管领导签批，时限：2个工作日。 三、窗口办理回复（市政务中心文物处窗口工作人员），时限：1个工作

常德市文物处（局）行政审批项目、依据和实施程序（六）

审批项目	国有文物收藏单位之间因举办展览、科学研究需借用国有馆藏文物备案
审批依据	《中华人民共和国文物保护法》第四十条
审批条件	一、借用人有必要的保护借用馆藏文物的措施； 二、借用的最长期限不超过3年； 三、展览、科研活动已经有关部门批准

续上表

申报资料	一、借用国有馆藏文物备案申请表； 二、馆藏文物借用清单； 三、科研、展览报告批复； 四、保护措施
收费依据	不收费
审批时限	5个工作日
审批程序	一、受理申请（市政务中心文物处窗口现场受理申请），时限：即时。 二、审查（文字审查、领导签批均在窗口完成）。1. 有关科室初审，时限：2个工作日；2. 分管领导签批，时限：2个工作日 三、窗口办理回复（市政务中，心文物处窗口工作人员），时限：1个工作日

常德市文物处（局）行政审批项目、依据和实施程序（七）

审批项目	非国有文物收藏单位和其他单位举办展览需借用国有馆藏文物审批
法律依据	《中华人民共和国文物保护法》第四十条
审批条件	一、已在文物行政主管部门登记的非国有文物收藏单位和其他具有独立法人资格的单位； 二、有高标准、规范化的文物展厅； 三、有严格的安全保卫措施，安全设施齐全； 四、展览已经有关部门批准
申报资料	一、借用国有馆藏文物审批申请表； 二、馆藏文物借用清单； 三、展览活动批复报告； 四、文物安全应急方案
收费依据	不收费
审批时限	5个工作日
审批程序	一、受理申请（市政务中心文物处窗口现场受理），时限：即时。 二、审查（文字审查、领导签批均在窗口完成）。1. 有关科室初审，时限：2个工作日。2. 分管领导签批，时限：2个工作日。 三、窗口办理回复（市政务中心文物处窗口工作人员），时限：1个工作日

常德市文物处（局）行政审批项目、依据和实施程序（八）

审批项目	市级文物保护单位和其他不可移动文物修缮审批
法律依据	《中华人民共和国文物保护法》第二十一条、《湖南省文物保护条例》第十四条
审批条件	一、修缮由取得文物保护工程资质证书的单位承担； 二、修缮不改变文物原状
申报资料	一、文物保护单位修缮方案； 二、资金来源证明； 三、文物保护工程资质证书
收费依据	不收费
审批时限	8 个工作日
审批程序	一、受理申请（市政务中心文物处窗口现场受理申请），时限：即时。 二、审查（文字审查、领导签批均在窗口完成）。1. 有关科室现场勘查，时限：2 个工作日。2. 征求省文物行政主管部门的意见，时限：3 个工作日。3. 分管领导签批，时限：2 个工作日。 三、窗口办理回复（市政务中心文物处窗口工作人员），时限：1 个工作日

常德市文物处（局）行政审批项目、依据和实施程序（九）

审批项目	在古建筑内设置生产用火审批
法律依据	《国务院对确需保留的行政审批项目设定行政许可的决定》（国务院令第 412 号）
审批条件	一、不得在古建筑主要殿堂进行生产用火； 二、有严格的防火安全措施
申报资料	一、古建筑内设置生产用火申请表； 二、古建筑照片、布局图； 三、生产用火用途、范围说明； 四、防火应急方案
收费依据	不收费
审批时限	5 个工作日
审批程序	一、受理申请（市政务中心文物处窗口现场受理），时限：即时。 二、审查：（文字审查、领导签批均在窗口完成）。1. 有关科室现场考察，时限：2 个工作日。2. 分管领导签批，时限：2 个工作日。 三、窗口办理回复（市政务中心文物处窗口工作人员），时限：1 个工作日

常德市文物处（局）行政审批项目、依据和实施程序（十）

审批项目	在古建筑内安装电器设备审批
法律依据	《国务院对确需保留的行政审批项目设定行政许可的决定》（国务院令第412号）
审批条件	一、确属建设需要； 二、施工单位为取得行业相应技术等级资格的施工队伍； 三、设计、施工严格执行电气安全技术规程
申报资料	一、古建筑现状照片及文字说明； 二、电器设计安装详图； 三、设计、施工单位资质证书
收费依据	不收费
审批时限	5个工作日
审批程序	一、受理申请（市政务中心文物处窗口受理申请），时限：即时。 二、审查（文字审查、领导签署批均在窗口完成）。1. 有关科室现场考察，时限：2个工作日。2. 分管领导签批，时限：2个工作日。 三、窗口办理回复（市政务中心文物处窗口工作人员），时限：1个工作日

常德市文物处（局）行政审批项目、依据和实施程序（十一）

审批项目	博物馆处理不够入藏标准，无保存价值的文物或标本审批
法律依据	《中华人民共和国文物保护法》、《国务院对确需保留的行政审批项目设定行政许可的决定》（国务院令第412号）
审批条件	一、国有博物馆； 二、单位学术委员会已审议通过； 三、已经省文物鉴定委员会鉴定
申报资料	一、博物馆处理文物或标本审批申请表； 二、专家鉴定意见； 三、处理文物清单
收费依据	不收费
审批时限	5个工作日
审批程序	一、受理申请（市政务中心文物处窗口现场受理申请），时限：即时 二、审查（文字审查、领导签批均在窗口完成）。1. 有关科室实物考察，时限：2个工作日。2. 分管领导签批批，时限：5个工作日 三、窗口办理回复（市政务中心文物处窗口工作人员），时限：1个工作日

附录四

《常德市文物行政执法违法和错案责任追究制度》

（常德市文物处2004年2月印发）

第一条 为建立健全文物行政执法监督机制，提高文物行政执法水平，保证秉公办案，严格执法，维护国家、公民、法人和其他组织的合法权益，根据有关法律法规的规定，结合我市文物工作实际，制定本制度。

第二条 全市各级文物行政管理部门和依法委托的执法人员在行政执法职责中，由于故意或过失，违反国家法律法规，做出错误的处理决定，或不履行法定义务的，依照本制度追究责任。

第三条 文物行政执法和错案责任追究，应当坚持实事求是、有错必纠、责罚相当、教育与惩戒相结合的原则。

第四条 各级文物行政管理部门应当建立以执法责任制为中心的各项规章制度，严格按照执法程序办案，规范执法活动，强化监督制约机制。各级领导应当以身作则，严格执法，加强对执法人员的培训和管理，避免、减少错案的发生。

第五条 文物行政执法人员在工作中有下列情形之一的，应当追究责任：

1. 超越法定权限的；
2. 所办案认定事实不清，主要证据不足的；
3. 使用文物法律法规错误的；
4. 违反法定程序和期限的；
5. 隐匿、销毁违法证据，更改案卷材料，不如实作调查记录和笔录的；
6. 丢失或损毁案卷材料，致使案件无法结案的；
7. 对应当履行的法定职责，在法定期限内拒不履行或不予答复的；
8. 处理结果显失公平的；
9. 在办案中索贿、受贿的；
10. 在执法中有其他违法行为的。

第六条 文物行政执法违法和错案责任人和责任区分：

1. 文物行政执法人故意或者过失造成执法违法和错案的，由承办人承担责任。
2. 稽查文物市场经营活动违法行为超越权限的，由承办人承担责任。
3. 承办人的意见经审批出现错误的，由审批人承担主要责任，承办人承担相应责任；因承办人故意隐匿相关材料或提供虚假情况而导致错案的，由承办人承担主要责任；承办的正确意见未被审批人采纳而导致错误的，由审批人承担责任。
4. 违反法定程序和期限的，由承办人承担责任。
5. 为包庇违法人员而隐匿、销毁违法证据、更改案卷材料，不如实记载调查笔录的，由办案人员承担责任。

6. 丢失或者损毁案卷材料致使案件无法结案的，由直接责任人员承担责任。

7. 由于任用不具有执法资格的人员执法，导致执法违法和错案的，在追究承办人责任的同时，追究用人失职者的责任。

第七条　执法违法和错案责任的追究：

1. 错案和执法情节轻微，主动纠正，危害不大的，给予责任人批评教育，责令检查或通报批评；

2. 执法违法和错案后果比较严重，尚未构成犯罪的，除对责任人进行批评教育外，可酌情给予行政处分；

3. 执法违法和错案责任人行为构成犯罪，移送司法机关依法追究刑事责任；

4. 文物行政执法人员因执法违法或错案给当事人造成损失的，依照《中华人民共和国赔偿法》的规定给予赔偿。

第八条　执法违法和错案追究程序：

1. 追究执法违法和错案由责任人所在机关或上级机关确定；

2. 追究执法违法和错案责任人的责任，由其所在单位法制机构执行，涉及干部行政处理的按照干部管理权限和有关程序办理；

3. 执法违法和错案责任人对处理不服，可依据有关规定向有关机关反映；

4. 文物行政管理部门对执法违法错案责任人的追究处理情况，应当及时报告上一级文物行政管理部门，情节严重的应同时报本级人民政府和本级人大常委会备案。

第九条　文物行政执法人员在执法中具有下列情形之一，尚未造成严重后果的不予追究责任：

1. 文物行政执法中难以认定的疑难案件；

2. 定案后出现新证据，使原认定事实和案件性质发生变化的；

3. 错误的处理决定，于执行前自行发现并及时纠正的。

第十条　对执法违法和错案责任的监督：

1. 文物行政执法人员有本制度第五条所列行为之一的，公民、法人和其他组织有权揭发、检举和举报、投诉，文物行政管理部门应当认真受理，依法查处；

2. 各级文物行政管理部门应当建立内部执法评议制度，对在一定时间内办结的案件进行集体检查，发现并纠正错案和执法违法行为；

3. 上级文物行政管理部门对下级文物行政管理部门实行错案和执法违法责任追究的情况负有检查监督的责任，上级文物行政管理部门发现下级文物行政管理部门有执法和错案不纠正的，应责令其纠正并追究直接有关人员的责任，对有争议的错案和执法过错，上级文物行政管理部门可以直接调查，提出处理意见，交下级文物行政管理部门执行。

附录五

常德市文物处关于违反行政审批程序性规定的责任追究办法

（常德市文物处2004年4月印发）

一、行政审批过错责任追究的范围：

行政审批过错责任是指行政审批工作人员，故意或过失违规行使行政审批职权，侵害行政审批相对人合法权益，根据行政审批规定应承担的责任。有下列情形之一的应当确认为违规行政行为：

1. 超越行政审批程序性规定职权或者不履行行政审批程序性规定职责的；

2. 违反行政审批规定程序的；

3. 擅自委托行政审批或者授权不明和再委托的：

4. 适用法律、法规和规章错误的；

5. 乱收费或者随意减免收费的；

6. 投诉举报的其他违规行政行为。

二、违规行政审批行为的确认：

1. 实施行政审批行为的政务中心窗口对原行政审批行为进行修正，重新作出具体行政审批行为的，确定原具体行政审批行为为违规行政审批行为的；

2. 市文物处检查发现确认原具体行政审批行为为违规行政审批行为的；

3. 上级行政机关发现原具体行政审批行为违规，作出纠错决定的，确认原具体行政行为审批为违规行政审批行为的；

4. 监察部门撤销或变更原具体行政审批行为的，确认原具体行政审批行为为违规行政审批行为的。

三、行政审批过错责任的划分：

对行政审批过错单位及其审批人员，因故意或过失造成违规行政行为的，按下列规定确定责任人：

1. 承办人、勘验人违规审批的，由承办人、勘验人承担责任；

2. 因审核人、复核人、批准人更改或授意更改事实、证据造成违规审批的，由审核人、复核人、批准人承担责任；

3. 审核人、批准人未纠正承办人、承办机关的违规审批行为，造成审批错误的，由承办人或承办机关、审核人、批准人分别承担相应责任；

4. 单位负责人指使或授意承办人违规审批的，由该负责人承担主要责任，承办人承担相应责任；

5. 对应当提请集体讨论决定的复杂、重大行政审批项目不提请讨论，造成违规审批的，由承办人和有关负责人承担责任，集体讨论作出的决定造成违规审批的，由主要负责人承担责任；

6. 因内部职责划分不清出现违规审批，责任人难以确定的，由主要负责人承担责任。

四、对应追究行政审批过错责任人，视情节轻重，依据管理权限或报上级批准，给予下列处理：

1. 诫勉谈话；
2. 通报批评；
3. 责令检查，赔礼道歉；
4. 调离行政审批岗位；
5. 警告、记过、记大过、降级、撤职、开除；
6. 造成经济损失的，由故意或有重大过失的责任人承担部分或全部赔偿费用。

附录六

常德市文物处优化经济发展环境若干制度

（常德市文物处2008年印发）

一、政务公示制度

（一）公示内容：

1. 本单位工作职责、办事依据、程序及时限、承办人及承办结果、办事纪律；
2. 行政许可事项名称、法律依据；
3. 要求申请人提交的申请材料目录；
4. 行政许可条件、程序和期限；
5. 收费依据、标准、缴纳方式；
6. 举报、投诉的途径；
7. 单位地址、邮政编码、受理申请的电话号码和电子邮箱、网站等。

（二）公示方式：

在市政务服务中心文物窗口公布。

（三）公示解释权：

申请人对公示内容有疑问的，由文物科负责解释。

二、服务承诺制度

（一）以下环节必须作出服务承诺：

1. 受理阶段接待热情、耐心解答，不与服务相对人发生纠纷。
2. 审批阶段公正、公平、公开，遵守审批程序，按时办结，让群众满意。
3. 办理和回复登记造册，分门别类依程序处理，并立档备查。

（二）遵守诚信，对违诺人员，视情给予批评教育或纪律处分；造成严重后果的按有关规定追究责任。

（三）及时查处举报投诉，对举报人保密。

三、限时办结制度

（一）凡依法受理的行政审批事项，按行政审批程序及时办理。

（二）本单位受理的行政审批事项（需上报省里的除外），一般不得超过3个工作日，遇有特殊情况需请示主管领导批准顺延，并向申请人说明其原因，尽快办理。

（三）实行首办责任制，责任人因不履行本制度，造成工作损失的，依照有关规定给予纪律处分，造成严重后果的追究其相关责任。

四、问责制度

（一）根据省、市优化经济发展环境的有关规定，单位工作人员在优化经济发展环境方面不认真或不履行职责，造成严重过错的，进行责任追究。

（二）问责的种类包括：责令书面检查、取消当年评先评优资格、通报批评、调离岗位、给予纪律处分、追究法律责任。

（三）问责制在本单位党的支部委员会的领导下，由纪检书记按照上级相关规定条款实施。

五、首问责任制度

（一）首问责任是指本单位的所属工作人员对管理和服务对象的诉求首次接问人的一项责任（即首问责任人）。

（二）首问责任人对首问事项负责到底，若要转交给诉求事项职责范围内的单位或个人，必须先建立转办台账，搞好交接，不准首问不管或久拖不办。

（三）首问责任人不履行或没正确履行职责，造成工作损失或影响的，追究首问责任人的责任，造成严重后果的，同时追究相关人员的责任。追究首问责任人的责任按《问责制度》办理。

六、绩效考评制度

（一）绩效考评制度，是将行政效能与单位和个人的业绩相结合进行考核的一项考评奖惩制度，并与干部年度考核、工作目标考核相结合，作为奖惩和选拔任用的重要依据。

（二）绩效考评内容：

1. 德、能、勤、绩四个方面；

2. 全年目标任务完成情况；

3. 社会承诺执行情况；

4. 工作效率；

5. 群众投诉及投诉处理情况。

（三）考核方法：平时考核与年终考核相结合，绩效考核结果与奖惩和选拔任用挂钩，凡绩效考核不合格的不得评优评先。

附录七

常德市文物处优化经济发展环境与加强机关行政效能建设公开承诺

（常德市文物处2008年印发）

1. 坚持依法行政。严厉查处各类违反文物法律法规的违法活动，强化文物工作的宣传、管理与监督，确保文物保护单位、保护设施完好。

2. 规范文物执法行为。坚持依法行政，秉公执法，不徇私枉法，公平公正，不搞暗箱操作。严格执行“罚缴分离”，收支两条线制度，坚决杜绝“三乱”现象。

3. 加强对文物执法队伍的管理与监督，提高执法人员的执法水平。不准收受礼品礼金，不准参与妨碍执行公务的各种邀请活动，接受群众监督。

4. 规范文物行政审批，简化办事程序。文物行政许可、核准和审批一律公开办事程序和条件，并进入政务中心办理，实行“一门受理，一条龙服务”。

5. 严格执行市政府优化经济环境“十项制度”，严肃查处干扰、破坏经济环境的人和事。对群众的举报，做到认真查实，严肃处理，并将处理结果向社会公布。

附录八

常德市文物局行政处罚自由裁量权适用标准（试行）

（常德市文物局2010年7月印发）

序号	法律依据		违法行为、情节和程度		处罚标准
1	《中华人民共和国文物保护法》第66条：有下列行为之一，尚不构成犯罪的，由县级以上人民政府文物主管部门责令改正，造成严重后果的，处5万元以上50万元以下的罚款；情节严重的，由原发证机关吊销资质证书	（一）擅自在文物保护单位的保护范围内进行建设工程或者爆破、钻探、挖掘等作业的	一般	尚未对文物本体造成破坏，修缮后可恢复原状的	责令改正，并处5万元~10万元罚款
			严重	尚未对文物本体主体部分造成破坏，被破坏文物经修缮后基本可恢复原状的	责令改正，并处10万元~30万元罚款
			特别严重	对文物本体造成大面积破坏，经修缮后仍无法恢复原状的。	责令改正，并处30万元~50万元罚款；原发证机关吊销资质证书
		（二）在文物保护单位的建设控制地带内进行建设工程，其工程设计方案未经文物行政部门同意，报城乡建设规划部门批准，对文物保护单位的历史风貌造成破坏的	一般	能立即停止违法行为，主动接受调查处理，消除违法行为后能够恢复文物保护单位历史风貌的	责令改正，并处5万元~10万元罚款
			严重	建设工程施工面积大于文物保护单位保护面积，高度高于文物主体，消除违法行为后基本可恢复原貌的	责令改正，并处10万元~30万元罚款
			特别严重	建设工程主体已完成，消除违法行为后仍无法恢复原貌的	责令改正，并处30万元~50万元罚款；原发证机关吊销资质证书
		（三）擅自迁移、拆除不可移动文物的	一般	能立即停止违法行为，主动接受调查处理，尚未对文物本体造成较大破坏，经修缮后可恢复原状的	责令改证，并处5万元~10万元罚款
			严重	尚未对文物主体造成破坏，经修缮后基本可恢复原状的	责令改正，并处10万元~30万元罚款

续上表

<table>
<tr><th>序号</th><th colspan="2">法　律　依　据</th><th colspan="2">违法行为、情节和程度</th><th>处罚标准</th></tr>
<tr><td rowspan="7">1</td><td rowspan="7">《中华人民共和国文物保护法》第66条：
有下列行为之一，尚不构成犯罪的，由县级以上人民政府文物主管部门责令改正，造成严重后果的，处5万元以上50万元以下的罚款；情节严重的，由原发证机关吊销资质证书</td><td></td><td>特别严重</td><td>对文物主体造成严重破坏，经修缮后仍无法恢复原状的</td><td>责令改正，并处30万元~50万元罚款，原发证机关吊销资质证书</td></tr>
<tr><td rowspan="3">（四）擅自修缮不可移动文物，明显改变文物原状的</td><td>一般</td><td>能立即停止违法行为，主动接受调查处理，尚未明显改变文物主体原状的</td><td>责令改正，并处5万元~10万元罚款</td></tr>
<tr><td>较重</td><td>明显改变文物主体原状的</td><td>责令改正，并处10万元~30万元罚款</td></tr>
<tr><td>严重</td><td>擅自大面积修缮不可移动文物，明显改变文物整体风貌的</td><td>责令改正，并处30万元~50万元罚款，原发证机关吊销资质证书</td></tr>
<tr><td rowspan="3">（五）擅自在原址重建已全部毁坏的不可移动文物，造成文物破坏的</td><td>一般</td><td>造成文物轻微破坏的</td><td>责令改正，并处5万元~10万元罚款</td></tr>
<tr><td>较重</td><td>造成文物较大范围破坏的</td><td>责令改正，并处10万元~30万元罚款</td></tr>
<tr><td>严重</td><td>造成文物严重破坏的</td><td>责令改正，并处30万元~50万元罚款，原发证机关吊销资质证书</td></tr>
</table>

续上表

序号	法律依据		违法行为、情节和程度		处罚标准
1	《中华人民共和国文物保护法》第66条： 有下列行为之一，尚不构成犯罪的，由县级以上人民政府文物主管部门责令改正，造成严重后果的，处5万元以上50万元以下的罚款；情节严重的，由原发证机关吊销资质证书	（六）施工单位未取得文物保护工程资质证书，擅自从事文物修缮、迁移、重建的	一般	擅自修缮、迁移、重建尚未公布为文物保护单位的不可移动文物	责令改正，并处5万元~10万元罚款
			较重	擅自修缮、迁移、重建市级、县级文物保护单位	责令改正，并处10万元~30万元罚款
			严重	擅自修缮、迁移、重建省级、全国重点文物保护单位	责令改止，并处30万元~50万元罚款，原发证机关吊销资质证书
		刻划、涂污或者损坏文物尚不严重的，或者损毁依本法第十五条第一款规定设立的文物保护单位标志的，由公安机关或文物所在单任给予警告，可以并处罚款	一般	尚未公布为文物保护单位的不可移动文物	警告
			较重	市级、县级文物保护单位	警告，并处100元以下罚款
			严重	省级、全国重点文物保护单位	警告，并处100~200元罚款
2	《中华人民共和国文物保护法》第68条： 有下列行为之一的，由县级以上人民政府文物主管部门责令改正，没收违法所得。违法所得1万元以上的，并处违法所得2倍以上5倍以下的罚款；违法所得不足1万元的，并处5000元以上2万元以下的罚款	（一）转让或者抵押国有不可移动文物，或者将国有不可移动文物作为企业资产经营的	一般	主动接受调查处理，及时消除违法行为，违法所得不足1万元的	责令改正，没收违法所得，并处5000元以上1万元以下罚款
			较重	违法所得不足万元的	责令改正，没收违法所得，并处1万元以下2万元以上罚款
			严重	违法所得万元以上的	责令改正，没收违法所得，并处2~5倍的罚款

续上表

序号	法律依据		违法行为、情节和程度		处罚标准
2	《中华人民共和国文物保护法》第68条： 有下列行为之一的，由县级以上人民政府文物主管部门责令改正，没收违法所得。违法所得1万元以上的，并处违法所得2倍以上5倍以下的罚款；违法所得不足1万元的，并处5000元以上2万元以下的罚款	（二）将非国有不可移动文物转让或者抵押给外国人的	一般	主动接受调查处理，及时消除违法行为，违法所得不足1万元的	责令改正，没收违法所得，并处5000元以上1万元以下罚款
			较重	违法所得不足万元的	责令改正，没收违法所得，并处1万元以上2万元以下罚款
			严重	违法所得1万元以上的	责令改正，没收违法所得，并处2~5倍罚款
		（三）擅自改变国有文物保护单位的用途的。	一般	主动接受调查处理，及时消除违法行为，违法所得不足1万元的	责令改正，没收违法所得，并处5000元以上1万元以下罚款
			较重	违法所得不足1万元的	责令改正，没收违法所得，并处1万元以上2万元以下罚款
			严重	违法所得1万元以上的	责令改正，没收违法所得，并处2~5倍罚款

续上表

序号	法律依据		违法行为、情节和程度		处罚标准
3	《中华人民共和国文物保护法》第70条：有下列行为之一，尚不构成犯罪的，由县级以上人民政府文物主管部门责令改正，可以并处2万元以下的罚款。有违法所得的，没收违法所得	（一）文物收藏单位未按照国家有关规定配备防火、防盗、防自然损坏的设施的	一般	文物收藏三级风险单位未按照国家有关规定配备防火、防盗、防自然损坏的设施的	责令改正，并处1万元以下罚款
			较重	文物收藏二级风险单位未按照国家有关规定配备防火、防盗、防自然损坏的设施的	责令改正，并处1万元~1.5万元罚款
			严重	文物收藏一级风险单位未按照国家有关规定配备防火、防盗、防自然损坏的设施的	责令改正，并处1.5万元~2万元罚款
		（二）国有文物收藏单位法定代表人离任时未按照馆藏文物档案移交馆藏文物，或者所移交的馆藏文物与馆藏文物档案不符的	一般	主动接受调查处理，及时消除违法行为，数量少于5件的	责令改正，并处5000元以下罚款
			较重	数量少于20件的	责令改正，并处1万元~1.5万元罚款
			严重	数量多于20件的	责令改正，并处1.5万元~2万元罚款
		（三）将国有馆藏文物赠与、出租或者出售给其他单位、个人的	一般	主动接受调查处理，将国有馆藏文物赠与、出租或者出售给其他单位、个人的一般文物数量少于5件的	责令改正，并处5000元以下罚款
			较重	将国有馆藏文物赠与、出租或者出售给其他单位、个人的三级文物或者文物数量少于5件的	责令改正，并处1万元~1.5万元罚款
			严重	将国有馆藏文物赠与、出租或者出售给其他单位、个人的三级以上文物或者文物数量多于20件的	责令改正，并处1.5万元~2万元罚款

续上表

序号	法律依据		违法行为、情节和程度		处罚标准
3	《中华人民共和国文物保护法》第70条：有下列行为之一，尚不构成犯罪的，由县级以上人民政府文物主管部门责令改正，可以并处2万元以下的罚款。有违法所得的，没收违法所得	（四）违反本法第四十条、第四十一条、第四十五条规定处置国有馆藏文物的	一般	主动接受调查处理，处置国有馆藏一般文物数量少于5件的	责令改正，并处5000元以下罚款
			较重	处置国有馆藏三级以上文物或者文物数量少于50件的	责令改正，并处1万元～1.5万元罚款
			严重	处置国有馆藏三级以上文物或者文物数量多于50件的	责令改正，并处1.5万元～2万元罚款
		（五）挪用或者侵占依法调拨、交换、出借文物所得补偿费用的	一般	主动接受调查处理，挪用或者侵占依法调拨、交换、出借一般文物所得补偿费用少于1000元的	责令改正，并处5000元以下罚款
			较重	挪用或者侵占依法调拨、交换、出借文物所得补偿费用1000～3000元的	责令改正，并处1万元～1.5万元罚款
			严重	挪用或者侵占依法调拨、交换、出借文物所得补偿费用3000元以上，尚不构成犯罪的	责令改正，并处1.5万元～2万元罚款
4	《中华人民共和国文物保护法》第七十一条：买卖国家禁止买卖的文物或者将禁止出境的文物转让、出租、质押给外国人，尚不构成犯罪的，由县级以上人民政府文物主管部门责令改正，没收违法所得，违法经营额1万元以上的，并处违法经营额2倍以上5倍以下的罚款；违法经营额不足1万元的，并处5000元以上2万元以下的罚款		一般	主动动接受调查处理，买卖国家禁止买卖的文物或者将禁止出境的文物转让、出租、质押给外国人的一般文物不足5000元的	责令改正，并处5000～1万元罚款
			较重	违法经营额不足1万元的	责令改正，并处1万元～2万元罚款
			严重	违法经营额1万元以上的	责令改正，并处2～5倍罚款

续上表

序号	法律依据		违法行为、情节和程度		处罚标准
5	《中华人民共和国文物保护法》第七十四条：有下列行为之一，尚不构成犯罪的，由县级以上人民政府文物主管部门会同公安机关追缴文物；情节严重的，处5000元以上5万元以下的罚款	（一）发现文物隐匿不报或者拒不上交的	一般	主动接受调查处理，隐匿不报或者拒不上交的一般文物少于5件的	追缴文物，并处5000～1万元以下罚款
			较重	隐匿不报或者拒不上交的珍贵文物或一般文物少于10件	追缴文物，并处1万元～3万元罚款
			严重	隐匿不报或者拒不上交的珍贵文物3件以上或一般文物10件以上	追缴文物，并处3万元～5万元罚款
		（二）未按照规定移交拣选文物的	一般	主动接受调查处理，未按照规定移交拣选的一般文物少于5件的	追缴文物，并处5000～1万元以下罚款
			较重	未按照规定移交拣选的珍贵文物或一般文物少于20件	追缴文物，并处1万元～3万元罚款
			严重	未按照规定移交拣选的珍贵文物3件以上或一般文物20件以上	追缴文物，并处3万元～5万元罚款
6	《中华人民共和国文物保护法实施条例》第五十五条：违反本条例规定，未取得相应等级的文物保护工程资质证书，擅自承担文物保护单位的修缮、迁移、重建工程的，由文物行政主管部门责令限期改正；逾期不改正，或者造成严重后果的，处5万元以上50万元以下的罚款；构成犯罪的，依法追究刑事责任		一般	能立即停止违法行为，主动接受调查处理，尚未对文物本体造成较大破坏，经修缮后，可恢复原状的	责令改正，并处5万元～10万元罚款
			严重	尚未对文物主体造成破坏，经修缮后基本可恢复原状的	责令改正，并处10万元～30万元罚款
			特别严重	对文物主体造成严重破坏，经修缮后仍无法恢复原状的	责令改正，并处30万元～50万元罚款，原发证机关吊销资质证书

续上表

序号	法律依据	违法行为、情节和程度		处罚标准
7	《中华人民共和国文物保护法实施条例》第五十六条：违反本条例规定，未取得资质证书，擅自从事馆藏文物的修复、复制、拓印活动的，由文物行政主管部门责令停止违法活动；没收违法所得和从事违法活动的专用工具、设备；造成严重后果的，并处1万元以上10万元以下的罚款；构成犯罪的，依法追究刑事责任	一般	主动接受调查处理，一般文物少于5件的	责令改正，没收，并处1万元～3万元罚款
		较重	三级文物或文物数量少于10件	责令改正，没收，并处3万元～5万元罚款
		严重	珍贵文物3件以上或一般文物20件以上	责令改正，没收，并处5万元～10万元罚款
8	《中华人民共和国文物保护法实施条例》第五十八条：违反本条例规定，未经批准擅自修复、复制、拓印、拍摄馆藏珍贵文物的，由文物行政主管部门给予警告；造成严重后果的，处2000元以上2万元以下的罚款；对负有责任的主管人员和其他直接责任人员依法给予行政处分	一般	主动接受调查处理，一般文物少于5件的	警告，并处2000～5000元罚款
		较重	三级文物或文物数量少于10件的	警告，并处5000～1万元罚款
		严重	珍贵文物3件以上或一般文物20件以上的	警告，并处1万元～2万元罚款
9	《湖南省文物保护条例》第三十八条：违反本条例第十四条第二款规定，未经批准擅自对文物保护单位进行修缮或者擅自变更已批准的文物保护单位修缮工程设计方案中的重要内容进行施工的，由文物行政管理部门责令改正；明显改变文物原状的，处5万元以上50万元以下罚款	一般	立即停止违法行为，主动接受调查处理，尚未对文物本体造成较大破坏，经修善后可恢复原状的	责令改正，并处5万元～10万元罚款
		严重	尚未对文物本体造成破坏，经修缮后基本可恢复原状的	责令改正，并处10万元～30万元罚款
		特别严重	对文物主体造成严重破坏，经修缮后仍无法恢复原状的	责令改正，并处30万元～50万元罚款；原发证机关吊销资质证书

编后记

《常德市文物志（1988－2010）》是对近20多年来常德市文物资源的综合性调查和文物事业发展成果的总结。本书精装大16开本，收入文字近70万字，各类图表、照片近200幅，编辑和出版格式按常德市方志办和出版社的要求统一规范。

《常德市文物志（1988－2010）》的编修工作从2011年4月开始启动，编纂工作者在搜集查阅大量文献资料的基础上，于2012年10月形成初稿。之后经历了文博系统内部专家集中评审，常德市文物局（队、处）历届法人代表和市文物局现职主要领导审稿三个阶段，2013年10中旬形成送审稿。2013年12月，经申报市方志办批准，组织召开了专家评审会。2014年4月送中国方志出版社审稿。2014年6月市方志办终审验收，并报市政府批准出版。

《常德市文物志（1988－2010）》的编修工作自始至终都是在常德市文物局集体领导下进行的，现职领导的重视与关心是编纂工作的原动力；常德市方志办对本志的编纂给予了精心指导；常德博物馆和各区、县（市）文物局（处、所），博物馆以及桃花源、石门夹山文物管理所、澧县城头山文物管理处、临澧林伯渠故居纪念馆、常德沅州石雕博物馆、常德红色记忆博物馆等单位给予了大力支持和通力合作。在此一并表示衷心感谢！在编纂过程中，本志参阅、引用和摘录了《常德地区志·文物志》《澧县城头山》《常德文物荟萃》《常德民藏集雅》等专著相关的部分内容，在此对这些专著的编著者深表谢意。还要特别感谢市文物局和常德博物馆的阚桂质、王永彪、龙朝彬、李文涓、徐小林等专业人员对本志的精心审校。

由于有些文书档案资料不够齐全，本志专业性较强，各类专业术语及生僻字较多，加上编纂水平有限，可能会有少量内容遗漏，差错亦在所难免，敬请社会各界提出宝贵意见。

编者

2014年6月